Anton Ochsenkühn

macOS Sonoma

Handbuch + Videokurs

amac-buch Verlag
PREMIUM
Videobuch

amac
BUCH VERLAG

Anton Ochsenkühn

macOS Sonoma

Handbuch + Videokurs

ISBN 978-3-95431-097-5

Hergestellt in Deutschland

Trotz sorgfältigen Lektorats schleichen sich manchmal Fehler ein. Autoren und Verlag sind Ihnen dankbar für Anregungen und Hinweise!

amac-buch Verlag
Erlenweg 6
86573 Obergriesbach
E-Mail: info@amac-buch.de
http://www.amac-buch.de
Telefon 08251/827137
Telefax 08251/827138

Inhaltsverzeichnis

!

In diesem Buch finden Sie viele Lernvideos, die Sie ganz einfach über einen entsprechenden QR-Code aufrufen können. Aktivieren Sie die Kamera auf dem iPad oder iPhone und positionieren Sie diese über dem QR-Code. Sogleich wird auf dem Display ein gelber Hinweis erscheinen, den Sie antippen. So gelangen Sie direkt zum Video. Alternativ können Sie den angegebenen Hyperlink am Computer eintippen und so das entsprechende Video im Browser aufrufen. Wir haben die Filme für die Browser Safari und Firefox hergestellt. Sie können also z. B. auch einen Windows-PC nehmen und mit einem der beiden Browser diese Videos genießen.

Übrigens, alle Videos sind auf der Seite zu finden unter:

http://macos2023.amac-buch.de

Willkommen bei macOS Sonoma!

Seit nunmehr über 35 Jahren nutze ich Mac-Computer, und ich habe alle Betriebssystemversionen der vergangenen drei Jahrzehnte intensiv begleitet. Von macOS Sonoma – alias macOS 14 – war ich auf Anhieb restlos begeistert. Die Benutzeroberfläche macht von Anfang an richtig Spaß: Alles ist schön anzusehen, einfach zu bedienen und richtig performant.

Sollten Sie gerade Ihren ersten Mac erworben haben, dann starten Sie mit macOS Sonoma direkt mit dem besten Betriebssystem, das Apple jemals für einen Computer entwickelt hat.

Als Umsteiger von Windows werden Sie viele Ähnlichkeiten entdecken, und doch gibt es auf dem Mac enorm pfiffige Funktionen, die den täglichen Umgang mit einem Computer erleichtern. Denn neben dem Betriebssystem macOS finden Sie viele nützliche Applikationen bereits installiert vor:

- Mit *Safari* haben Sie einen sehr leistungsfähigen und einfach zu bedienenden Browser zur Hand.
- Via *Mail* können Sie bequem formatierte E-Mails erstellen und mit Dateianhängen versehen, und auch die Verwaltung vieler Mail-Accounts ist problemlos möglich.
- Mit der *Nachrichten*-App können Sie Texte, URLs und viele weitere Dinge vom Mac aus senden und empfangen.
- Wenn Sie *iCloud* verwenden, dann werden die Daten aus den Apps *Kalender*, *Erinnerungen*, *Notizen*, *Sprachmemo*, *Aktien* etc. im Handumdrehen in Apples Datenwolke übertragen. Von dort aus gelangen sie ohne weiteres Zutun auf Ihre mobilen Geräte wie iPhone, iPad und Apple Watch.

Viele weitere nützliche Dinge könnte ich hier aufzählen, aber darum geht es ja im vorliegenden Buch: Ich werde Ihnen alle Funktionen von macOS so vorstellen, dass Sie sie nachvollziehen und sofort nutzen können.

Anhand vieler Tipps zeige ich Ihnen, wie Sie macOS effizient einsetzen. Sie lernen auch viele Tastaturkürzel kennen, mit denen Sie Ihren Computer in Zukunft optimal bedienen werden.

So bleibt mir nur noch, Ihnen eine spannende Lektüre und viel Freude auf Ihrer Entdeckungsreise durch macOS zu wünschen.

Ihr Anton Ochsenkühn, Oktober 2023 ochsenkuehn@mac.com

Kapitel 1

Installation von macOS Sonoma

Voraussetzungen für macOS Sonoma

Bei dem Betriebssystem macOS Sonoma sind eine Reihe älterer Apple-Rechner mit Intel-Prozessoren von dem Update ausgenommen. Folgende Liste zeigt Ihnen, ob Sonoma auch auf Ihrer Hardware installiert werden kann:

- MacBook Pro (2018 oder neuer)
- MacBook Air (2018 oder neuer)
- Mac mini (2018 oder neuer)
- iMac (2019 oder neuer) und iMac Pro (2017 oder neuer)
- Mac Studio (2022 und neuer)
- Mac Pro (2019 oder neuer)

Sofern die Hardwarevoraussetzungen erfüllt sind, können Sie grundsätzlich macOS auf Ihren Rechner installieren. Sinnvoll ist es zudem, mindestens 4 Gigabyte Arbeitsspeicher zu haben. Während des Installationsprozesses sollten etwa 20 Gigabyte auf dem Datenträger frei sein, damit die Installation problemlos durchgeführt werden kann.

Wenn Sie sich nun an die Installation machen, gibt es grundsätzlich zwei Möglichkeiten: Entweder Sie installieren das Betriebssystem macOS komplett neu, oder Sie führen ein Update von einem älteren System durch.

Wann kann eine Neuinstallation sinnvoll sein? Nun, es kann sein, dass Sie einen neuen Rechner erworben haben und diesen komplett neu installieren möchten. In diesem Fall ist Sonoma als Betriebssystem bereits vorinstalliert und Sie müssen lediglich die letzten Konfigurationsschritte erledigen, die ich Ihnen gleich zeigen werde (*Systemassistent*). Wie Sie einen Rechner komplett neu aufsetzen und installieren möchten, dann finden Sie die Anleitung hierfür im Anhang des Buches ab Seite 536.

macOS 14 und Apple Silicon

Seit dem Herbst 2020 hat Apple schrittweise neue Rechner vorgestellt, die mit den Apple eigenen Prozessoren (wie dem M1, M1 Pro, M1 Ultra, M2 etc.) ausgestattet sind. Alle Programme von Softwareherstellern müssen somit auf die neue Plattform umgestellt werden. Nicht umgebaute Apps laufen via Rosetta 2 ebenfalls auf den Apple-Prozessoren. Rosetta 2 ist eine Art Übersetzungsroutine, die Programmcode, der für Intel optimiert ist, für die Apple-Prozessoren übersetzt und von macOS installiert wird, sobald es benötigt wird. Besser ist es natürlich, wenn die Programme nativ für die Apple-Prozessoren gebaut werden.

Aber da die Prozessoren von Apple ebenfalls in den iPhone- und iPad-Modellen zum Einsatz kommen, sind viele Apps dieser Geräte nunmehr ebenfalls auf den Mac-Computern mit Apple Silicon lauffähig. Über zwei Millionen iPhone- bzw. iPad-Apps können damit potenziell auf den Macs der Zukunft laufen.

Aber zurück zu Sonoma: Alles was Sie hier im Buch vorfinden, wurde sowohl unter Intel als auch auf Apple-Silicon-Testgeräten für Sie getestet. Bis auf die App Boot Camp-Assistent, die nur auf Intel-Rechnern funktionieren wird, sind alle Beschreibungen im Buch für beide Plattformen anwendbar.

Update eines bestehenden Betriebssystems auf macOS Sonoma

> **!** Obwohl die Installationsroutinen von Apple sehr zuverlässig arbeiten, ist es durchaus zu empfehlen, vor dem Update eine Sicherungskopie zu machen. Im einfachsten Fall verwenden Sie hierzu **Time Machine**.

APFS – Apple File System

Das hat Apple clever gelöst: Auf allen Apple-Geräten – wird nunmehr APFS als Dateisystem eingesetzt. Apple hat dieses Filesystem 2016 vorgestellt und bereits mit iOS 10.3 alle iPads und iPhones erfolgreich auf APFS konvertieren lassen. Was ist nun ein Dateisystem? Ganz einfach: Es ist die Basis für alle Dinge, die auf einem IT-Gerät laufen wie das OS, wie die Apps, wie die abgelegten Daten etc. Das Dateisystem ist das Fundament, so dass alles so läuft, wie es läuft. Etwa 20 Jahre lang wurde HFS verwendet (Hierarchical File System). Apple bezeichnet HFS auch als Mac OS Extended.

Durch moderne Speichermedien wie SSD-Laufwerke und die enorme Anzahl von Daten auf einem Datenträger, war die Einführung eines modernen Dateisystems eigentlich überfällig. Seit Mojave bekommen Sie nun dieses Dateisystem! Die Umstellung ist enorm – aber nur unter der Haube. Sie werden später beim Arbeiten am Mac wohl kaum etwas merken, außer dass viele Dinge, vor allem im Finder, nun deutlich schneller vonstatten gehen. Dennoch ist der Wechsel des Dateisystems so, als würden Sie bei einem Haus den Keller auswechseln.

> **!** Sie müssen also unbedingt ein Backup Ihres Computers erstellen, bevor Sie von älteren Systemen und HFS nun auf macOS und APFS wechseln!

Wie schon erwähnt, ist APFS optimiert für Flash-Speicher wie es auch SSDs sind. Doch auch festplattenbasierte Computer werden seit macOS Mojave davon unterstützt (genauso wie Rechner mit Fusion Drive). Zudem können APFS-formatierte Datenträger dynamisch in deren Größe verändert werden. Durch Schnappschüsse können effizient Datensicherungen Ihres Rechners erzeugt werden, auf die man im Problemfall wieder zurückgreifen kann. Zudem ist die Verschlüsselung sogar auf Dateiebene möglich.

Fakt ist aber auch, dass macOS (Oktober 2023) aktuell noch einige Defizite in der Nutzung von APFS aufweist, die Sie unbedingt gleich jetzt kennenlernen sollten:

- Ist ein Datenträger von HFS auf APFS konvertiert worden, gibt es erstmal kein Zurück. Soll der Datenträger von APFS auf HFS umgewandelt werden, muss er dazu gelöscht werden und verliert alle Daten. Wohingegen bei der Konvertierung von HFS auf APFS alle Daten erhalten bleiben!

Das Festplattendienstprogramm bietet die Funktion „In APFS konvertieren“ an.

- APFS-formatierte Datenträger können nur von 10.12.6 (Sierra) und von 10.13 (High Sierra) sowie von 10.14 (Mojave) bzw. 10.15 (Catalina) und macOS 11 und neuer gelesen und beschrieben werden. Haben Sie Mac-Rechner mit älteren Systemversionen, dann haben Sie keinen Zugriff auf z. B. externe Datenträger im APFS-Format. Verwenden Sie hierbei also weiterhin HFS.

Wenn Sie also nun macOS auf einem Mac installieren, wird automatisch Ihre Macintosh HD in APFS konvertiert und das aktuellste System namens macOS 13 aufgespielt. Wie schon erwähnt, werden Sie wohl gar nichts merken, außer dass viele Aktionen wie z. B. Kopiervorgänge etc. deutlich flotter ablaufen werden.

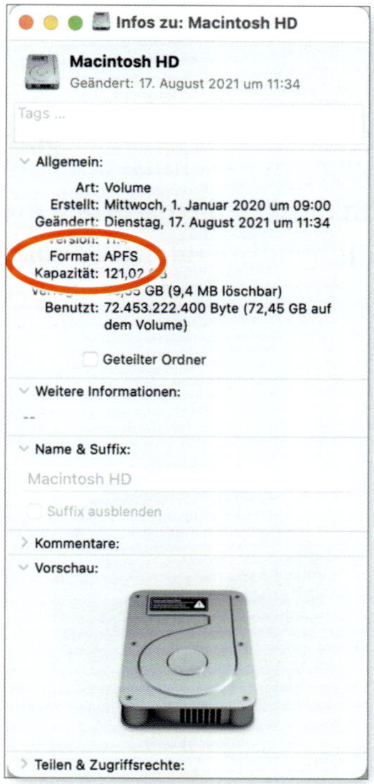

Auf Apple-Rechnern wird seit macOS Mojave automatisch zu APFS konvertiert.

! Und ohne dass Sie es bemerkt haben, hat macOS Ihren internen Datenspeicher zweigeteilt. Auf dem einen Volume ist das Betriebssystem samt aller notwendigen Files und auf dem zweiten befinden sich alle Benutzerdaten.

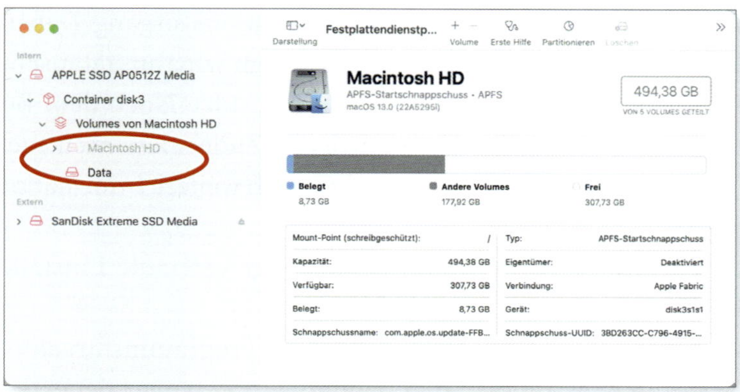

Im APFS-Container sind zwei Volumes erzeugt worden – ganz automatisch.

Download aus dem App Store

Holen Sie über den *App Store* das Installationsprogramm für macOS und führen Sie über einen Doppelklick die Installationsroutine aus, die sich nach Abschluss des Downloads im *Programme*-Ordner befindet. Ähnlich wie bei der frischen Installation müssen Sie natürlich die Lizenzbedingungen akzeptieren. Und als *Datenträger* wählen Sie selbstverständlich Ihre interne *Macintosh HD* aus.

Laden Sie macOS Sonoma kostenfrei aus dem App Store herunter und starten dann die Installation.

Und sogleich beginnt über den Button *Installieren* der Installationsvorgang. Dabei bleiben alle Ihre Daten auf Ihrer Macintosh HD erhalten, lediglich das Betriebssystem wird ausgetauscht.

Ist das Update erfolgreich abgeschlossen, erfolgt ein Neustart. Nach dem Bootprozess können Sie anschließend Ihre Apple-ID sowie die iCloud konfigurieren. Zudem lässt sich auch Siri gleich aktivieren. Eventuell – abhängig von der Vorgängerversion – werden noch weitere Informationen abgefragt. Näheres dazu finden Sie auf Seite 23.

Sobald das Update durchgeführt wurde, könnten Sie einige vertraute Einstellungen überprüfen und gegebenenfalls korrigieren.

Neben Spotlight muss auch das Programm Mail beim ersten Programmstart aktualisiert werden. Zudem kann das erste Time Machine Backup nach dem Update etwas länger dauern. Denn Sie haben ja ein komplett neues OS eingespielt.

Wenn Sie nun während der Arbeit an macOS feststellen, dass der Rechner jedes Mal beim Klicken auf den Schreibtisch alle Fenster ausblendet und seitlich wegschiebt, dann könnten Sie das ändern: **Systemeinstellungen** -> **Schreibtisch & Dock** -> **Zum Anzeigen von Schreibtischobjekten auf Hintergrund klicken** und hier von **Immer** auf **Nur in Stage Manager** umschalten..

Neuer Rechner: Systemassistent

Haben Sie einen neuen Rechner erworben bzw. das Betriebssystem komplett neu installiert, begrüßt Sie nach dem ersten Neustart der *Systemassistent*, der Sie in wenigen Schritten zur Grundkonfiguration Ihres Rechners führt.

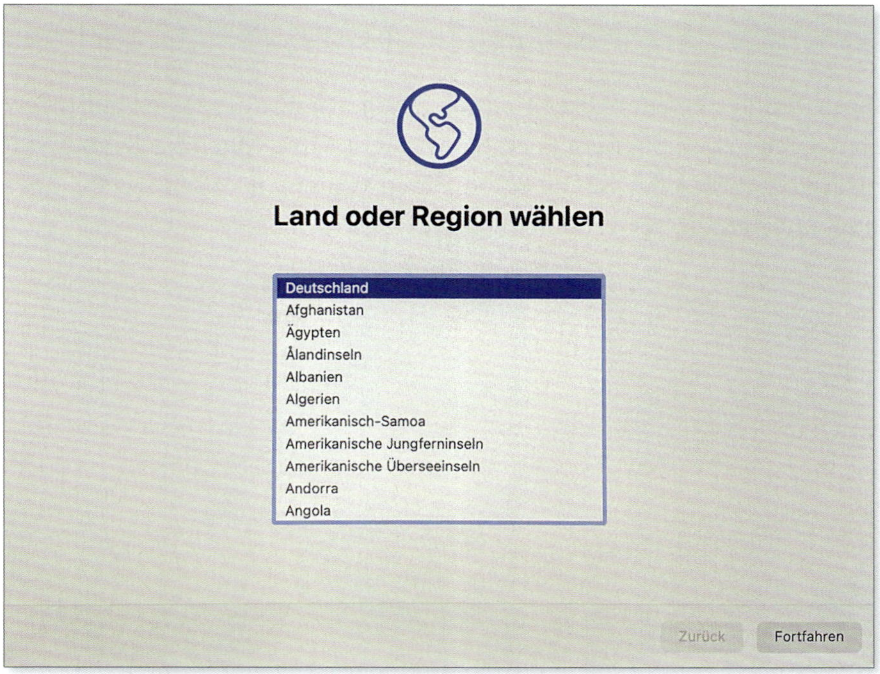

Das Apple-Betriebssystem heißt Sie willkommen und die Erstkonfiguration kann starten.

Über *Fortfahren* geht es stets zum nächsten Schritt. So definieren Sie das Land, die *Anredeform* und notfalls weitere Bedienungshilfen. Dann können Sie nun Ihr WLAN-Netzwerk auswählen, falls Sie nicht sowieso schon per Ethernet mit dem Internet verbunden sind. Über *Andere Netzwerkoptionen* können Sie gezielt auswählen, ob Sie ein kabelgebundenes Internet oder WLAN verwenden. Mit der Eigenschaft *Mein Computer ist nicht mit dem Internet verbunden* wird faktisch der Internetzugang deaktiviert.

! Es ist an der Stelle sehr nützlich, wenn Ihr Rechner eine aktive Internetverbindung, entweder per WLAN oder per Ethernet, verfügbar hat. Denn nur dann kann die Installation in vollem Umfang stattfinden.

! Sofern Sie keine Internetverbindung haben, wird noch der Computeraccount angelegt und damit ist Ihr Rechner fertig konfiguriert. Sie sehen diese Schritte gleich im weiteren Ablauf. Haben Sie aber Ihr Netzwerk bereits konfiguriert, kommt eine Reihe weiterer sinnvoller Konfigurationsschritte auf Sie zu.

Nach der Auswahl der Internetverbindung erhalten Sie noch einige Informationen über den Datenschutz und dann kommen Sie schon zum Migrationsassistenten.

Migrationsassistent

Sie sehen im unteren Teil des Fensters drei Möglichkeiten, wie Sie die Daten auf Ihren neuen Mac übertragen können: Entweder haben Sie bereits einen Mac, ein Time-Machine-Backup oder einen anderen Datenträger, der Daten enthält, oder Sie möchten Daten von einem Windows-PC übertragen. Möchten Sie jetzt keine Daten übertragen, verwenden Sie die Eigenschaft *Später*.

Informationen auf diesen Mac übertragen.

> **!** Der **Migrationsassistent** ist im Ordner **Dienstprogramme** untergebracht und kann jederzeit nachträglich gestartet werden, um die Daten von einem bestehenden System auf das neue System zu übernehmen. Alle weiteren Informationen zum Migrationsassistenten finden Sie im Anhang ab Seite 538.

Apple-ID und iCloud

Als Nächstes können Sie die *Apple-ID* eintragen. Die Apple-ID ist, wie Sie auch später noch sehen werden, eine sehr mächtige Eigenschaft. Wenn Sie bereits ein iPhone oder ein iPad besitzen, haben Sie wohl schon eine Apple-ID, um in den jeweiligen App Stores nach Apps zu suchen und Apps auf Ihr Gerät zu übertragen. Sie können an dieser Stelle die gleiche Apple-ID eingeben, um am Computer mit den gleichen Zahlmethoden später im iTunes Store, im App Store etc. zu bezahlen. Sie können sich aber auch eine neue Apple-ID für Ihren Rechner besorgen.

> **!** Ich empfehle Ihnen eine einheitliche **Apple-ID** sowohl für Ihre mobilen iOS-Geräte als auch für Ihre stationären macOS-Geräte zu verwenden. Weitere Informationen erhalten Sie in Kapitel 9.

Die Apple-ID lässt sich auch zu einem späteren Zeitpunkt einrichten bzw. auch gar nicht verwenden. Wenn Sie auf *Später einrichten* klicken, arbeiten Sie ohne Apple-ID und können diese später in den *Systemeinstellungen* bzw. im *App Store*, *Bücher*, *Musik*, *Podcasts* oder *TV* konfigurieren.

Systemassistenten fortsetzen

Im nächsten Fenster müssen Sie die Lizenzbedingungen akzeptieren, bevor es weiter geht. Anschließend wird ein erster Computeraccount (lokaler Benutzer) auf Ihrem System angelegt. Geben Sie sowohl bei *Vollständiger Name* als auch bei *Accountname* die gewünschten Informationen ein und vergeben Sie ein Passwort. Sie können auch gleich ein Symbol für den Benutzer auswählen. Dazu klicken Sie rechts oben auf das angezeigte Bild und wählen ein anderes aus.

> **!** Der erste Benutzer, den Sie im Betriebssystem anlegen, ist ein **Administrator**. Der Administrator hat weitreichende Eigenschaften und Funktionen. Deswegen sollte man sich hier sehr genau überlegen, wie dieser Administratoraccount definiert werden soll. Sie können jederzeit nachträglich über die **Systemeinstellungen –> Benutzer:innen & Gruppen** gewisse Eigenschaften des Administratoraccounts, wie das Passwort etc., ändern. Auch der vollständige Name ist nachträglich editierbar, der Accountname jedoch ist nicht einfach änderbar.

Jetzt erfolgen einige weitere Einstellungen wie *Wo ist?*, die *Ortungsdienste* sowie die *Zeitzone* und die Übertragung von Daten zur Produktverbesserung einrichten können. Wenn Sie diese Einstellungen lieber manuell durchführen wollen, dann klicken Sie auf *Einstellungen anpassen*. Anschließend werden Sie einzeln danach gefragt, ob die jeweiligen Dienste aktiviert werden sollen.

Jetzt haben Sie es gleich geschafft! Der nächste Schritt beinhaltet eventuell die Konfiguration von *Touch ID*, wenn Sie ein MacBook mit Touch Bar besitzen. Das Scannen der Fingerabdrücke bzw. das Einrichten von Touch-ID können Sie auch auf einen späteren Zeitpunkt verschieben.

In den nächsten Schritten müssen Sie noch entscheiden, mit welcher Oberfläche Sie Ihren Mac bedienen wollen und ob Sie die *Bildschirmzeit* und *Siri* schon konfigurieren möchten. Sie können zwischen einer hellen oder dunklen Benutzeroberfläche wählen oder es automatisch vornehmen lassen. Diese Einstellungen können Sie auch nachträglich in den *Systemeinstellungen* ändern. Damit sind alle wichtigen Einstellungen erledigt und es kann losgehen.

Ein neuer Benutzer

Durch die Konfiguration haben Sie nun einen ersten neuen Benutzer – den Computeraccount bzw. Admin-Account – erstellt. Dieser hat sehr weitreichende Befugnisse und deshalb ist es ratsam, einen zweiten Benutzer anzulegen, mit dem Sie normalerweise arbeiten.

In den *Systemeinstellungen –> Benutzer:innen & Gruppen* finden Sie hierzu die passenden Funktionen. Sie finden die Systemeinstellungen entweder im Apfel-Menü oder im Dock am unteren Bildschirmrand.

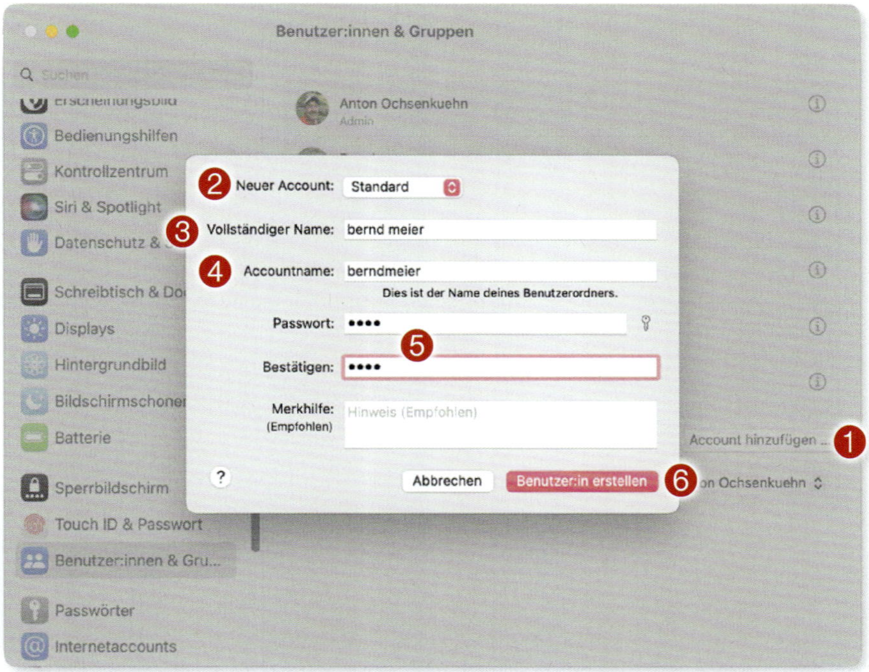

Ein neuer Benutzer wird angelegt.

Klicken Sie zunächst auf Account hinzufügen ❶ und geben Sie Ihre Admindaten ein. Dann können Sie einen neuen Standard-Benutzer ❷ mit all seinen Daten anlegen. Neben dem Namen ❸ geben Sie hierzu den *Accountnamen* ❹ und das *Passwort* zweimal ein ❺.

> **!** Das Eingabefeld **Vollständiger Name** kann Sonderzeichen sowie Vor- und Zuname enthalten. Der **Accountname** hingegen erlaubt keine Sonderzeichen. Des Weiteren kann der vollständige Name nachträglich jederzeit geändert werden. Der **Accountname** hingegen nicht.

Sind alle Daten eingetragen, wird via *Benutzer:in erstellen* ❻ der neue User angelegt. Gehen Sie nun in das Apfel-Menü und loggen Sie sich über den Eintrag am unteren Ende des Menüs als Admin-User aus (*admin abmelden*). Dann erscheint das Anmeldefenster, damit Sie sich als neuer User einloggen können.

Kapitel 2

Der erste Eindruck

Die Benutzeroberfläche

Sobald Sie sich als User an Ihrem Mac eingeloggt haben, erscheint die Benutzeroberfläche des macOS-Betriebssystems. Dabei erkennen Sie auf den ersten Blick eine ganze Reihe von wichtigen Elementen.

So zeigt sich macOS Sonoma nach dem ersten Einloggen.

Den meisten Platz auf dem Bildschirm nimmt natürlich der *Desktop* oder Schreibtisch ein ❶. Im unteren Bereich des Bildschirms finden Sie das *Dock* ❷. Das Dock dient im Wesentlichen dazu, Programme auf dem Computer zu starten und die Übersicht über die gestarteten Programme zu behalten. Doch dazu später mehr. Am oberen Rand des Bildschirms sehen Sie die *Menüleiste* ❸ und am linken Rand der Menüleiste finden Sie das Apfel-Symbol, welches das *Apfel-Menü* repräsentiert ❹. Des Weiteren sehen Sie rechts vom Apfel-Menü den Begriff *Finder* ❺. Dies sagt Ihnen, dass Sie derzeit mit dem Finder arbeiten. Werden andere Applikationen gestartet, ändert sich das Aussehen der Menüleiste.

Bleiben wir bei der Menüleiste und schauen wir uns die Icons im rechten Bereich an. Bei ❻ sehen Sie die *Menulets*. Diese geben Ihnen Auskunft über bestimmte Zustände im Betriebssystem, zum Beispiel über die Funktionalität von Bluetooth, WLAN, den Batterieladezustand bei tragbaren Macs etc. Das aktuelle Datum und die Uhrzeit sowie den Wochentag können Sie einblenden lassen ❼. Und auch die Suchlupe der Funktion *Spotlight* ❽. Damit haben Sie eine sehr ausgeklügelte und raffinierte Suchfunktion über alle Dateien, Programme und Informationen auf Ihrem Rechner. Auch *Siri* ❾, der intelligente Sprachassistent, ist in der Menüleiste vorhanden. Neu in macOS ist das Kontrollzentrum ⓫, das viele Anwender bereits vom iPhone oder iPad kennen werden. Zu guter Letzt ❿ finden Sie unter dem Datum die neue *Mitteilungszentrale* inkl. Widgets, die man bereits vom iPhone und iPad kennt.

Doch lassen Sie uns nun die Elemente noch etwas detaillierter betrachten und die eine oder andere gewünschte Einstellung vornehmen.

Das Dock

Wie erwähnt, dient das Dock unter anderem dazu, Programme zu starten. Eine Reihe von Programmsymbolen finden Sie bereits unten im Dock.

Das Dock, wie es sich standardmäßig präsentiert.

Wollen Sie beispielsweise ein Programm starten, um Internetseiten anzusehen, ist dafür das vorinstallierte Programm *Safari* Ⓐ zuständig. Voraussetzung ist natürlich, dass Sie den Internetzugang vorher eingerichtet haben. Aber dazu mehr im nächsten Kapitel. Möchten Sie auch E-Mails senden und empfangen, hat Apple auch hierzu das notwendige Programm bereits auf Ihrem Rechner installiert. Bei Ⓑ sehen Sie das Programm namens *Mail*. *Siri* erkennen Sie an dem bunten runden Icon Ⓓ. Möchten Sie über das Internet via Bildtelefon mit Freunden oder Bekannten sprechen, ist dafür das Programm *FaceTime* Ⓔ bereits auf Ihrem Rechner vorbereitet und muss lediglich gestartet und Ihren Bedürfnissen entsprechend konfiguriert werden.

Ist keines der erwähnten Programme gestartet, läuft auf jeden Fall der *Finder* Ⓒ. Der Finder repräsentiert das Betriebssystem und ist dafür verantwortlich, dass Sie an Ihrem Rechner mit Maus und Tastatur etc. arbeiten können. Ist also keine andere Applikation im Vordergrund, ist der Finder stets für Sie verfügbar und stellt seine Funktionen bereit.

Sicherlich haben Sie am rechten Rand des Docks bereits den *Papierkorb* G entdeckt. Wie bei anderen Computersystemen auch dient der Papierkorb dazu, nicht mehr benötigte Dateien und Ordner zu löschen.

Möchten Sie das Dock Ihren Bedürfnissen entsprechend anpassen, finden Sie eine dünne Trennlinie H innerhalb des Docks. Wenn Sie dort mit der Maus draufzeigen, erscheint ein weißer Doppelpfeil, mit dem Sie bei gedrückter Maustaste durch einfaches Ziehen nach oben oder unten die Größe des Docks verändern können. Überhaupt teilt diese Trennlinie das Dock in zwei Bereiche: Der linke Bereich dient der Ablage von Programmsymbolen, wohingegen der rechte Bereich für Dateien, Ordner, zuletzt benutzte Programme oder auch minimierte Fenster Verwendung findet. Aber auch dazu später mehr.

Wenn Sie nun zum Beispiel das Programm *Safari* A starten, werden Sie erkennen, dass das Programmicon einige Male hüpft und das Programmfenster anschließend auf dem Bildschirm erscheint. Schön wäre es nun, wenn Sie über das Dock auch eine Rückmeldung bekämen, dass dieses Programm bereits gestartet ist. In früheren Versionen des Apple-Betriebssystems war diese Funktion standardmäßig so konfiguriert, dass jedes gestartete Programm ein kleines Symbol unterhalb des Programmicons erhielt. Und dies können Sie auch in macOS einstellen. Verwenden Sie hierfür im Dock das Icon mit der Nummer F, die *Systemeinstellungen*. Die Systemeinstellungen dienen dazu, Eigenschaften des Betriebssystems rasch zu modifizieren. Klicken Sie einmal auf das Symbol namens *Systemeinstellungen* und das dazugehörige Fenster mit einer Reihe von weiteren Symbolen erscheint.

▶I Das Dock den Bedürfnissen anpassen 02_01

http://macos2023.amac-buch.de/#02_01

Das Dock am unteren Bildschirmrand kann über die dazugehörigen **Systemeinstellungen** den eigenen Bedürfnissen angepasst werden.

Der Schreibtisch

Wie bereits eingangs erwähnt, nimmt der Schreibtisch (*Desktop*) den größten Teil Ihres Mac-Bildschirms ein. Der Schreibtisch hat dabei ein voreingestelltes Hintergrundbild. Dieses Hintergrundbild kann aber jederzeit ausgewechselt werden. Hierzu bemühen Sie erneut die *Systemeinstellungen*. Doch wir wollen an dieser Stelle die Systemeinstellungen über einen anderen Weg aufrufen. Klicken Sie auf das *Apfel-Symbol* links oben in der *Menüleiste*: Damit öffnen Sie das *Apfel-Menü*. Im Apfel-Menü finden Sie ebenfalls den Eintrag *Systemeinstellungen*.

Die Systemeinstellungen können über das Apfel-Menü geöffnet werden.

Es gibt also auch beim Apple-Betriebssystem, ähnlich wie bei Windows oder anderen Systemen, meist mehrere Wege, um eine Funktion auszulösen. Sie erhalten erneut das Fenster mit den Systemeinstellungen; wählen Sie dort den Bereich *Hintergrund* aus und Sie gelangen zur Definition des Hintergrundbilds. Sie sehen, standardmäßig ist das Bild von Apple als Bildschirmhintergrund vorgesehen. Im linken Bereich finden Sie unterhalb des Begriffs *Apple* verschiedene Ordner, die weitere Hintergrundbilder für Sie bereithalten.

▶I Schreibtisch 02_02

http://macos2023.amac-buch.de/#02_02

Der Schreibtisch hat standardmässig ein Hintergrundbild, das aber natürlich geändert werden kann. Sie können ein beliebiges Foto verwenden. Und wenn Sie möchten, können die Hintergrundbilder sich auch automatisch ändern.

Transparenz und dunkle Oberfläche

Wer bereits mit anderen Versionen von macOS gearbeitet hat, der vermisst vielleicht die Funktion *Transparente Menüleiste*, die bisher in den Einstellungen des Schreibtischs zu finden war. In macOS ist diese Funktion zu den *Bedienungshilfen* in den *Systemeinstellungen* verschoben worden. Dort finden Sie in der Kategorie *Anzeige* nun die Funktion *Transparenz reduzieren*. Zudem kann dort ebenfalls die *Größe der Menüleiste* von *Standard* auf *Groß* geändert werden.

▶I Transparenz und Dark Mode 02_03

http://macos2023.amac-buch.de/#02_03

Weitere Einstellungen sind möglich, um das Erscheinungsbild Ihres Rechners zu ändern. Dafür sind erneut die **Systemeinstellungen** notwendig.

Kontextmenü bzw. rechte Maustaste (ctrl-Taste)

Wie bei Windows- oder Unix-Systemen gibt es auch beim Apple-Betriebssystem ein Kontextmenü, dass mit der rechten Maustaste geöffnet wird. Beim Apple-Betriebssystem wird diese *Sekundärklick* genannt. Es ist also durchaus sinnvoll, Funktionen, die man häufig benötigt, schnell und effizient über den *Sekundärklick* aufzurufen. Zunächst einmal ist der Sekundärklick auf der Maus und dem Trackpad gut versteckt. Es gibt aber einen einfachen Weg, ihn dennoch aufzurufen. Wenn Sie die *ctrl*-Taste gedrückt halten und mit der Maus zum Beispiel auf den Schreibtisch klicken, erscheint das dazugehörige *Kontextmenü*.

▶I Kontextmenü bzw. rechte Maustaste 02_04

http://macos2023.amac-buch.de/#02_04

Wenn Sie von Windows gewohnt sind, mit der rechten Maustaste stets ein Kontextmenü zu holen, um wichtige Funktionen im schnellen Zugriff zu haben, dann müssen Sie beim Mac nicht darauf verzichten. Es gibt zwei Wege, das Kontextmenü hervor zu zaubern. Doch sehen Sie selbst.

Die Menüleiste

Wie bereits angedeutet, ändert die Menüleiste je nach verwendetem Programm ihr Erscheinungsbild.

Die Menüleiste bei der Verwendung von verschiedenen Programmen.

Wenn Sie diese drei Bildschirmfotos vergleichen, erkennen Sie, dass die Menüleiste je nach verwendetem Programm unterschiedliche Einträge aufweist. Wenn Sie genauer hinsehen, bemerken Sie, dass eine Reihe von Funktionen bei nahezu allen Programmen immer wieder vorkommt: Das *Apfel-Menü* ❶ ganz links in der *Menüleiste* ist immer zu sehen, unabhängig davon, mit welchem Programm Sie arbeiten. Bei ❷ lesen Sie den Namen des Programms – abhängig davon, ob Sie im Finder, in Kontakte, in Keynote, Numbers, Word, Excel etc. arbeiten, wird oben links der Name des gerade aktiven Programms eingeblendet. Dies hilft Ihnen als neuem, etwas unerfahrenem Anwender zu erkennen, in welcher Applikation Sie aktuell unterwegs sind. In dem Menü des Programmnamens finden Sie auch immer die Funktion, das dazugehörige Programm wieder zu beenden. Es ist stets der letzte Eintrag, der den Namen des Programms trägt und zusätzlich die Funktion *beenden*.

> **!** Dabei sehen Sie, dass eine Reihe von Funktionen zeitsparender Tastenabkürzungen aufgerufen werden können. So steht beispielsweise hinter **Safari beenden** das Tastenkürzel **cmd + Q**. Wir werden im Buch immer wieder, wenn es notwendig und sinnvoll erscheint, eine Funktion auch über Tastenkürzel (Tastenkombinationen, Shortcuts) aufrufen. Unsere Schreibweise wird dabei die folgende sein: Wenn Sie die Taste **cmd** und die Taste **Q** gleichzeitig bedienen müssen, verwenden wir als Schreibweise **cmd + Q**.

Der *Finder* hingegen kann nicht nur gewaltsam beendet werden und startet danach sofort wieder. Denn das Programm *Finder* muss ständig aktiv sein, damit Sie mit Ihrem Apple-Computer arbeiten können.

Aber wieder zurück zu den Funktionen der Menüleiste. Ähnlich verhält es sich auch bei den anderen Menüs, die in nahezu allen Programmen verfügbar sind. Zum Beispiel finden Sie rechts sehr oft bei Applikationen die Begriffe *Fenster* ❸ und *Hilfe* ❹. Letzterer dient dazu, die programminterne Hilfefunktion aufzurufen. Diese ist, abhängig vom jeweiligen Programm, manchmal im Internet hinterlegt oder bei der Installation des Programms auf den Datenträger des Rechners übertragen worden. Ist die Hilfe ausschließlich im Internet verfügbar, muss natürlich ein Internetanschluss gewährleistet sein. Über *Fenster* ❸ erhalten Sie Funktionen, die den Umgang mit mehreren Fenstern erleichtern. Des Weiteren finden Sie in nahezu allen Programmen auf einem Apple-System den Menüpunkt *Ablage* ❻. Unter *Ablage* verbirgt sich eine Reihe sinnvoller Funktionen im Zusammenhang mit der jeweiligen Applikation.

Das „Ablage"-Menü der Programme TextEdit (links) und Safari (rechts).

Wie Sie anhand des Bildschirmfotos sehen, finden Sie in dem Programm Safari die Funktionen ebenso vor. Und so verhält es sich nicht nur mit den Programmen TextEdit oder Safari, sondern sehr viele Applikationen im Apple-System verwenden die gleichen Menüeinträge.

Hier sehen Sie eine Reihe von sinnvollen Funktionen, die bei der Arbeit mit dem Programm *TextEdit* im *Ablage*-Menü erscheinen. TextEdit ist eine kleine Anwendung, mit der Sie sehr rasch Texte verfassen können. Selbst das Erstellen von Tabellen oder das Abspeichern als Internetseite ist hierbei möglich. Wir werden das Programm TextEdit an anderer Stelle noch einmal genauer betrachten. Aber zurück zu den Funktionen, die sich im *Ablage*-Menü ❻ von TextEdit verbergen. Denn dort finden Sie eine Reihe von Befehlen, die in sehr vielen Programmen identisch verwendet werden.

Funktion	Beschreibung	Shortcut
Neu	Erstellt ein neues Dokument bzw. öffnet ein neues Fenster in der dazugehörigen Applikation.	cmd + N
Öffnen	Öffnet ein mit dem Programm erstelltes Dokument bzw. Fenster.	cmd + O
Sichern	Speichert ein Dokument mit einem Dateinamen an einem Ablageort auf einem Datenträger ab.	cmd + S
Schließen	Schließt das aktuelle Fenster eines Programms, ohne dabei das Programm zu beenden.	cmd + W
Drucken	Überträgt das aktuelle Dokument an einen angeschlossenen und korrekt installierten Drucker.	cmd + P

Woher kommt das? Ganz einfach! Apple erlässt Richtlinien für alle Programmierer, die Applikationen (Programme) für den Mac erstellen. Diese Richtlinien sehen vor, dass jede Applikation eine von Apple vordefinierte Menüstruktur einhalten muss. Und das *Ablage*-Menü muss eben diese Funktionen auflisten, was für Sie und uns als Anwender den enormen Vorteil bringt, dass wir relativ zügig mit noch unbekannten Programmen umgehen können, weil wir wissen, dass im *Ablage*-Menü die entsprechenden Funktionen aufgelistet sein werden.

Ebenso verhält es sich mit dem *Bearbeiten*-Menü ❺. Auch im *Bearbeiten*-Menü findet der Mac-Anwender eine ganze Fülle von Funktionen, die in nahezu allen Applikationen identisch sind. Deshalb auch an dieser Stelle eine kurze Beschreibung dieser Features.

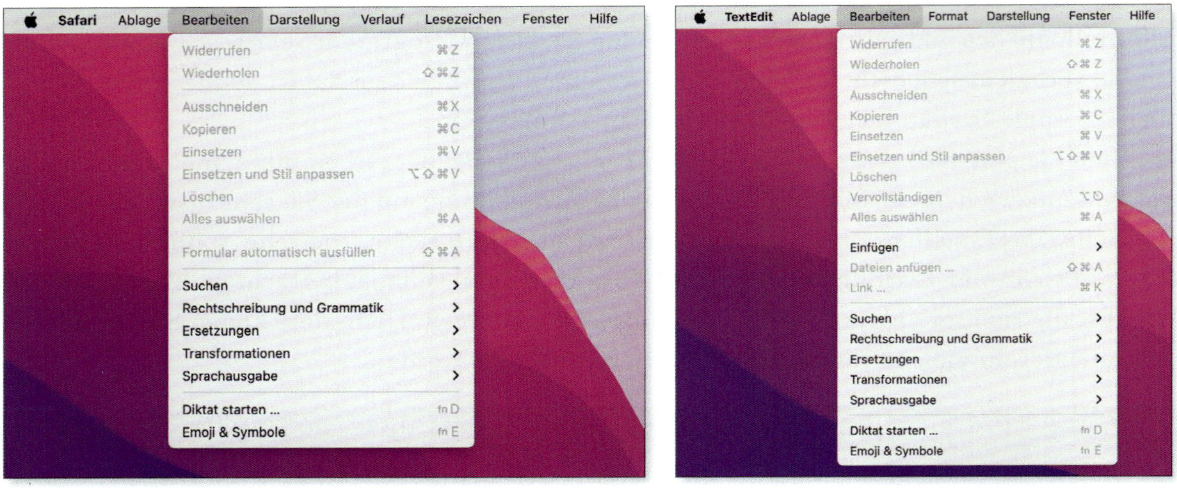

Das „Bearbeiten"-Menü am Beispiel von Safari bzw. TextEdit.

Funktion	Beschreibung	Shortcut
Widerrufen bzw. Eingabe widerrufen	Die in dem Programm zuletzt ausgeführte Aktion kann hiermit rückgängig gemacht werden.	cmd + Z
Wiederholen	Die zuletzt im Programm ausgewählte Funktion kann erneut angewendet werden.	cmd + Shift + Z
Ausschneiden	Ein markierter Texts oder eine Grafik innerhalb eines Dokuments wird über Ausschneiden entfernt und in die Zwischenablage verschoben.	cmd + X
Kopieren	Die Markierung innerhalb eines Dokuments wird über die Funktion Kopieren in die Zwischenablage kopiert.	cmd + C
Einsetzen	Der Inhalt der Zwischenablage wird an der aktuellen Cursorposition eingefügt.	cmd + V
Alles auswählen	Alle Elemente, die sich im aktuellen Dokument befinden, werden damit markiert, also ausgewählt.	cmd + A
Löschen	Löschen des ausgewählten Textes oder Bildes bzw. nach links buchstabenweise löschen	Backspace
Entfernen	Buchstabenweise nach rechts löschen	fn + Backspace bzw. Entf.-Taste

Menulets und Kontrollzentrum

Im rechten Bereich der Menüleiste können Sie eine ganze Reihe von Hilfsmitteln einklinken, die Ihnen raschen Zugriff auf häufig verwendete Funktionen ermöglichen. Diese Hilfsmittel nennt man *Menulets*. Wie aber kommen die Menulets in die Menüleiste? Und was kann man mit diesen Menulets alles anstellen? Beim Start Ihres Rechners finden Sie bereits – je nach verwendeter Hardware – eine Reihe von Menulets in der Menüleiste vor.

Die Standardmenulets bei einem tragbaren Mac.

▶I Menulets in der Menüleiste 02_05

http://macos2023.amac-buch.de/#02_05

Über die Menulets kann man auf viele wichtige Funktionen ganz schnell zugreifen. Besonders platzsparend gelingt der Zugriff auf viele Funktionen über das **Kontrollzentrum (Systemeinstellungen –> Kontrollzentrum)**. Doch es gibt hierbei wichtige Details zu entdecken, die Sie in diesem Film sehen können.

Fensterbedienung

Sie haben es sicher schon bemerkt: Immer, wenn Sie ein Programm starten oder eine Funktion aufrufen, erscheint ein Fenster, in dem die dazugehörigen Aufgaben und Einstellungen vorgenommen werden können. Ein Fenster ist stets dazu da, um innerhalb eines Programms entsprechende Funktionen aufzurufen.

Das Aussehen eines Fensters.

Wie Sie anhand des Bildschirmfotos sehen, verfügt ein Fenster über eine ganze Reihe von Funktionen. Beginnen wir zunächst mit der *Titelleiste* ❷. Die Titelleiste enthält – wie der Name schon sagt – in der Mitte den Namen des Fensters bzw. Dokuments. Und wenn Sie das Fenster an der Titelleiste anklicken, können Sie es bei gedrückter Maustaste beliebig verschieben. Scheint Ihnen das Fenster von der Größe her nicht passend, fahren Sie an einen beliebigen Rand des Fensters – der Mauszeiger verwandelt sich daraufhin in einen schwarzen Doppelpfeil ❶ – und Sie können die Größe anpassen.

> **!** Besonders elegant gelingt die Größenanpassung, wenn Sie eine Ecke des Fensters ansteuern. Denn dort können Sie Höhe und Breite gleichzeitig verändern. Anwender, die bereits mit früheren Versionen von macOS gearbeitet haben, werden feststellen, dass nun die Größenänderung eines Fensters an jeder Kante und Ecke erfolgen kann. Hält man zudem die **Shift**-Taste gedrückt, wird das Fenster proportional vergrößert bzw. verkleinert.

Soll ein Fenster geschlossen werden, können Sie zum Beispiel den roten Knopf in der linken oberen Ecke des Fensters ❸ anklicken. Sie können ein Fenster auch über den gelben Knopf (dieser befindet sich neben dem Schließen-Knopf) minimieren, um es für kurze Zeit beiseitezulegen. Tippen Sie dazu einmal auf den Minimieren-Button und sogleich verschwindet das Fenster im Dock. Und zwar legt sich das Fenster auf der rechten Seite des Docks zwischen Trennlinie und Papierkorb ab. Ein erneutes Antklicken mit der Maus bringt das Fenster wieder aus dem Dock heraus nach oben und Sie können damit weiterarbeiten.

> **!** Wenn Sie die Funktion **Schließen** über die Tastatur ausführen möchten, verwenden Sie die bereits bekannte Tastenkombination **cmd + W**. Das Minimieren wird in sehr vielen Programmen über die Tastenkombination **cmd + M** ausgelöst.

Neben dem roten und dem gelben Knopf finden Sie als dritten im Bunde noch einen grünen Button ❺. Der grüne Button hat drei Funktionen: das Fenster auf eine optimale Größe einzustellen, den Vollbildmodus zu aktivieren und Fenster auf die rechte oder linke Bildschirmseite bewegen. Klicken Sie auf den Button, wird der Vollbildmodus aktiviert.

Der Vollbildmodus ist eine absolut geniale Funktion, denn Sie können damit das Fenster mit einem Klick an die Größe Ihres Monitors anpassen. Und das Schöne ist, dass außer diesem einen Fenster alle anderen Informationen auf Ihrem Bildschirm verschwinden. Denn dieses Vollbildfenster verdrängt alle weiteren Informationen, die andere Programme Ihnen möglicherweise auf dem Monitor anzeigen möchten. Der Vollbildmodus ist somit eine sehr effiziente und nützliche Technik.

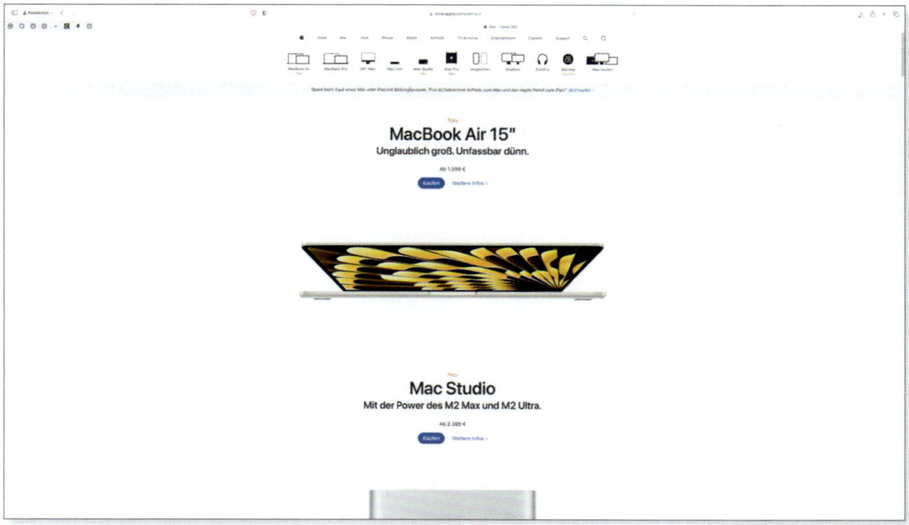

Safari im Vollbildmodus.

Wie aber verlässt man den Vollbildmodus wieder? Dazu gibt es zwei ganz einfache Möglichkeiten: Drücken Sie die *esc*-Taste auf Ihrer Tastatur oder fahren Sie mit der Maus an das obere Ende des Bildschirms – sogleich wird die Menüleiste eingeblendet und Sie können erneut den grünen Knopf links oben anklicken.

Die zweite Funktion des grünen Knopfs ist das Optimieren der Fenstergröße. Wenn Sie den grünen Knopf mit gedrückter *alt*-Taste anklicken, wird die Fenstergröße soweit verändert, damit Sie so wenig wie möglich im Fenster scrollen müssen. Klicken Sie danach erneut mit der *alt*-Taste auf den grünen Button, springt das Fenster zurück zur vorherigen Größe. Das heißt: Sie wechseln zwischen Ihrer individuell eingestellten Größe und einer optimierten Fenstergröße hin und her. Alternativ zum Klicken mit der *alt*-Taste können Sie auch die Funktion *Zoomen* aus dem Menü *Fenster* verwenden.

Es kann aber auch sein, dass – obwohl das Fenster optimal eingestellt ist – nicht alle Inhalte sichtbar sind. Ist dies der Fall, erhalten Sie waagrechte und senkrechte Rollbalken in Ihrem Fenster. Damit gibt Ihnen das Betriebssystem die visuelle Rückmeldung, dass derzeit nicht alle Elemente angezeigt werden können ❹. Sie können nun mit der Maus die weiteren Inhalte des Fensters zum Vorschein bringen. Verwenden Sie zum Beispiel an einem tragbaren Apple-Computer das eingebaute Trackpad oder an einem stationären Mac Pro, iMac oder Mac mini die Magic Mouse bzw. das Magic Trackpad, um weitere Elemente über die Rollbalken sichtbar zu machen.

▶I Fenstertechnik in macOS 02_06

http://macos2023.amac-buch.de/#02_06

Fenster können minimiert, maximiert oder in Vollbilddarstellung erscheinen. Selbst das Nebeneinanderlegen von Fenstern ist ganz einfach möglich. Und was es mit den Rollbalken auf sich hat und noch einiges Mehr sehen Sie in diesem Video.

Finder-Fenster

Aber kommen wir noch einmal zurück zur Darstellung von Fenstern. Das Finder-Fenster entspricht in fast allen Eigenschaften einem Fenster, wie Sie es in anderen Programmen vorfinden. Öffnen Sie nun ein Finder-Fenster. Dazu klicken Sie auf das *Finder*-Symbol links im Dock. Daraufhin erscheint ein neues Fenster – das *Finder-Fenster.*

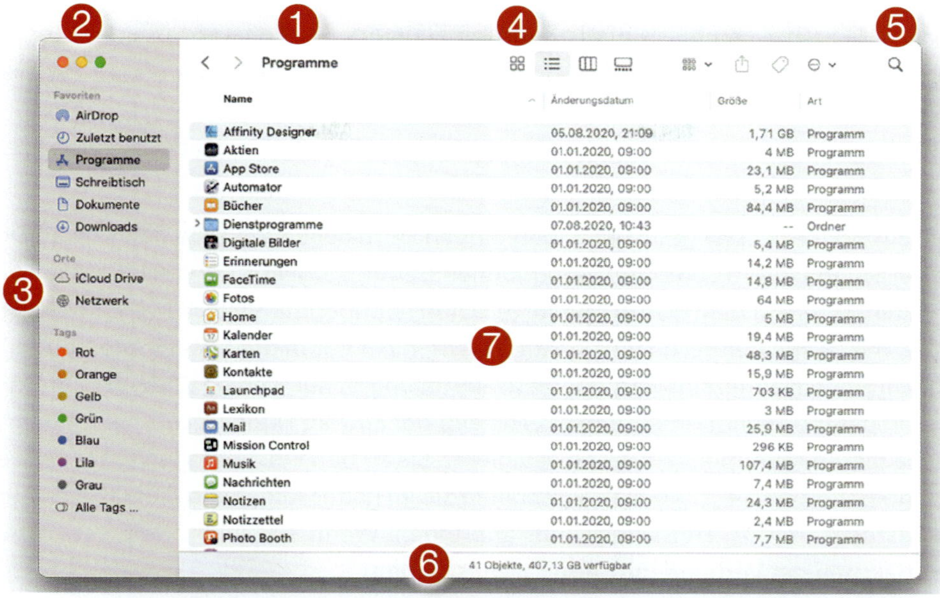

Ein Finder-Fenster mit all seinen Elementen.

Selbstverständlich verfügt das Finder-Fenster auch über die Standardfunktionen zur Fensterbedienung, wie die *Titelleiste* ❶ oder die bonbonfarbenen Knöpfe links oben zum Schließen, Minimieren oder Optimieren bzw. den Vollbildmodus (als Tastenkombination *cmd* + *ctrl* + *F*) ❷. Darüber hinaus aber bietet das Finder-Fenster einige Spezialitäten. Zum Beispiel finden Sie an der linken Seite eines Finder-Fensters die *Seitenleiste* mit verschiedenen Gruppierungen wie *Favoriten*, *Orte* oder *Tags* ❸. Die Funktionalität der Seitenleiste ist für die tägliche Arbeit sehr nützlich und wird an anderer Stelle noch im Detail besprochen.

Des Weiteren sehen Sie unterhalb der Titelleiste, die hier den Namen *Programme* enthält, einige Icons. Das ist die *Symbolleiste* ❹. In die Symbolleiste kann eine Reihe von weiteren nützlichen Funktionen eingebracht werden. Ebenso finden Sie in der Symbolleiste die *Suchfunktion* ❺. Das ist nichts anderes als eine Spotlight-Suche, die in diesem Fall über Dateien, Ordner und deren Inhalte ausgeführt wird. Auch die Spotlight-Suchfunktion innerhalb des Finders wird ebenso wie die Symbolleiste und die Konfiguration der Seitenleiste noch im Detail betrachtet.

Am unteren Rand des Fensters finden Sie die *Statusleiste* ❻ (*Darstellung –> Statusleiste einblenden*). Die Statusleiste liefert einige grundsätzliche Daten über die dargestellten Informationen. An dieser Stelle können Sie erkennen, dass das Finder-Fenster namens *Programme* 41 Objekte enthält und insgesamt auf diesem Datenträger derzeit gut 407 Gigabyte verfügbar sind. Um die Statusleiste ein- bzw. auszublenden, verwenden Sie den Menüpunkt *Darstellung*.

Die Programmliste selbst erscheint als Inhalt des Fensters ❼. Fenster anderer Programme können ebenfalls verschiedenste Elemente aufweisen. Wir werden, sobald wir uns einige Programme genauer ansehen, auch deren Elemente und Funktionsweisen diskutieren.

Ein Tipp soll an dieser Stelle nicht unerwähnt bleiben:

> **!** Wenn Sie ein Finder-Fenster geöffnet haben, finden Sie in der Seitenleiste den Eintrag **Orte**. Dort werden alle derzeit mit Ihrem Computer verbundenen Geräte aufgelistet und seit Catalina nicht mehr der interne Datenträger auf dem sich Ihre Benutzerdaten befinden!!!!. Viele Anwender haben es gern, dass die Geräte, mit denen der Rechner in Kontakt steht, nicht nur in der Seitenleiste, sondern auch direkt auf dem Schreibtisch angezeigt werden. Diese Einstellung ist nur wenige Klicks weit entfernt. Wechseln Sie hierzu in das Programm **Finder** und es erscheint der Eintrag **Finder** rechts neben dem Apfel-Menü. Wählen Sie diesen Menüpunkt aus und navigieren Sie zu den **Einstellungen** (oder verwenden Sie die Tastenkombination **cmd + ,** (Komma). Nun sollten Sie im Reiter **Allgemein** die Häkchen bei **Festplatten, Externe Festplatten, CDs, DVDs und iPods** anbringen. Wenn Sie viel im Netzwerk arbeiten, könnte auch das Häkchen bei **Verbundene Server** nicht schaden.

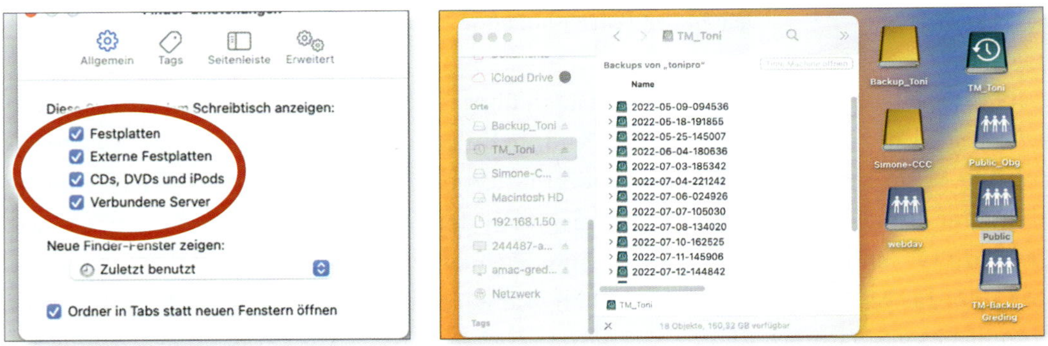

Über die Finder-Einstellungen erscheinen die Laufwerke direkt auf dem Schreibtisch.

Damit haben Sie eine sehr nützliche Funktion aktiviert, die den Zugriff auf Datenträger deutlich beschleunigt, da Sie nun nicht stets ein Finder-Fenster öffnen müssen, um darauf zugreifen zu können, sondern die Datenträger direkt auf dem Schreibtisch vorfinden.

> **!** Wenn Sie einen tragbaren Mac mit Apple Silicon besitzen, dann sollten Sie unter **Systemeinstellungen -> Datenschutz & Sicherheit** die Funktion **Verbinden von Zubehör** auf **Immer** stellen, damit externe USB- oder Thunderbolt-Geräte sich verbinden und genutzt werden können.

> **!** Leider unterstützen derzeit noch nicht alle Programme diese Funktionalität. Die meisten Apple-Programme sind in der Lage, sich nach einem Neustart wieder in dem Zustand zu präsentieren, den sie vor dem Ausschalten hatten. Leider müssen andere Softwareanbieter diese Funktionalität erst in ihre Applikationen integrieren.

Trotzdem sollten Sie die Funktion in jedem Fall verwenden, sobald Sie den Rechner ausschalten möchten. Sicher haben Sie *Neustart* im Apfel-Menü gesehen. Ein Neustart ist ein sofortiges Durchstarten Ihres Computers. Im Regelfall ist ein Neustart erforderlich, wenn sich an der Konfiguration Ihres Rechners nach einer Installation etwas geändert hat. Meistens haben diese Installationsprogramme als letzten Schritt den Neustart bereits integriert. Deshalb werden Sie auf die Funktion *Neustart* im Regelfall eher selten zugreifen müssen. Auch an dieser Stelle möchte ich Ihnen zwei Tipps mit auf den Weg geben, wie Sie mit diesen Funktionen noch effizienter umgehen.

Tipp 1

Sicher haben Sie schon bemerkt, dass hinter den Begriffen *Neustart* bzw. *Ausschalten* im Apfel-Menü jeweils drei Pünktchen stehen. Diese drei Pünktchen finden Sie an diversen Stellen innerhalb von Menüpunkten der Menüleiste. Sie geben Ihnen die Information, dass nach Anklicken dieses Menüeintrags ein weiteres Fenster erscheinen wird, in dem Sie zusätzliche Eingaben machen können. Wenn Sie den Rechner ausschalten möchten, kann es aber sein, dass Sie dieses Zwischenfenster nicht zu Gesicht bekommen möchten, sondern Ihren Rechner schnell und ohne weiteren Dialog ausschalten wollen.

▶I Pfiffige Funktionen mit der Menüleiste 02_07

http://macos2023.amac-buch.de/#02_07

Je nach verwendeter App werden in der Menüleiste Befehle eingeblendet. Viele Menüeinträge sind dabei ähnlich, so dass man als Anwender sich schnell zurecht finden kann. Über die alt-Taste kann man noch weitere pfiffige Zusatzfunktionen aufrufen.

Tipp 2

Wenn Sie die Funktionen *Neustart*, *Ausschalten*, *Ruhezustand* noch schneller aufrufen möchten, so empfiehlt sich der Einsatz von Shortcuts.

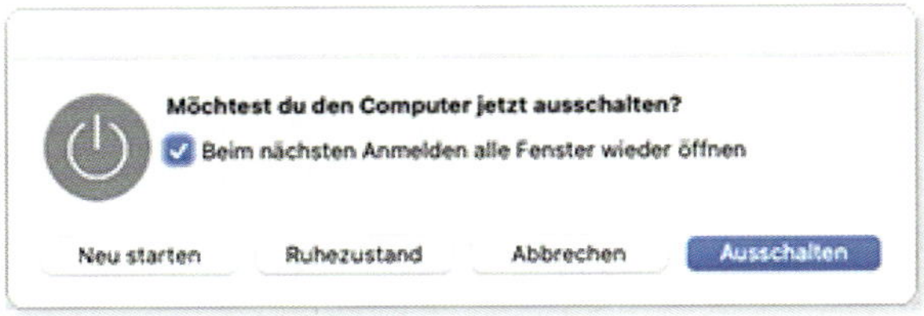

Ausschalten, Neustart oder Ruhezustand? Verwenden Sie „r" (restart) für einen Neustart, „s" (sleep) für den Ruhezustand oder die „Enter"-Taste fürs Ausschalten. Mit „esc" wird der Dialog abgebrochen bzw. geschlossen.

Funktion	Tastenkombination
Ausschalt-Dialog aufrufen	ctrl + Auswurftaste ⏏ bzw. ctrl + Ein/Aus-Taste ⏻
Alle Programme beenden und dann neu starten	cmd + ctrl + Auswurftaste ⏏ bzw. cmd + ctrl + Ein/Aus-Taste ⏻
Ruhezustand aufrufen	cmd + alt + Auswurftaste ⏏ bzw. kurz auf die Ein/Aus-Taste ⏻ drücken
Abmelden	cmd + Shift + Q
Abmelden ohne Rückfrage	cmd + Shift + alt + Q
Bildschirm sperren	cmd + ctrl + Q

Die *cmd-*, *ctrl-* und *alt*-Taste genauso wie die *Shift*-Taste finden Sie links von der *Leertaste*, wohingegen sich die *Auswurftaste* bzw. *Ein/Aus-Taste* (bei den tragbaren Macs) ganz rechts oben auf bzw. neben Ihrer Tastatur befindet, oder ganz rechts in der Touch Bar zu finden ist. Diese Auswurftaste dient eigentlich dem Auswerfen von externen Datenträgern, kann aber mit allerlei weiteren Funktionen versehen werden.

! Beachten Sie bitte, dass durch zu langes Gedrückhalten (ca. fünf Sekunden) der Ein/Aus-Taste der Rechner sofort ausgeschaltet wird. Dabei gehen alle nicht gesicherten Dokumente verloren. Diese Zwangsmaßnahme verwendet man nur, wenn der Rechner „eingefroren" ist und nicht mehr reagiert.

! Einen tragbaren Mac-Computer klappen Sie einfach zu, um diesen schlafen zu legen. Es ist nicht notwendig, ihn vorher auszuschalten. Wir der Rechner wieder aufgeklappt, steht er sofort wieder zur Verfügung. Dieser elegante Schlafmodus benötigt sehr wenig Akkukapazität und sollte unbedingt genutzt werden.

Kapitel 3

Mit dem Mac ins Internet

Mit dem Mac ins Internet

Keine Frage, wenn Sie einen Apple-Rechner besitzen, müssen Sie mit dem Internet Kontakt aufnehmen. Auf den folgenden Seiten gebe ich Ihnen wichtige Tipps und Informationen, wie diese Kontaktaufnahme möglichst problemfrei stattfinden kann. Dabei ist es unerheblich, ob Sie einen stationären Mac oder einen mobilen Mac Ihr Eigen nennen. Für beide Arten von Computern werden hier die wichtigsten Features aufgelistet.

Zugang zum Internet

Neben WLAN ist Ethernet (LAN) die zweite Schnittstelle mit der Netzwerkzugang hergestellt werden kann. Nutzen Sie beispielsweise *Systemeinstellungen –> WLAN* um sich mit einem Drahtlosnetzwerk zu verbinden.

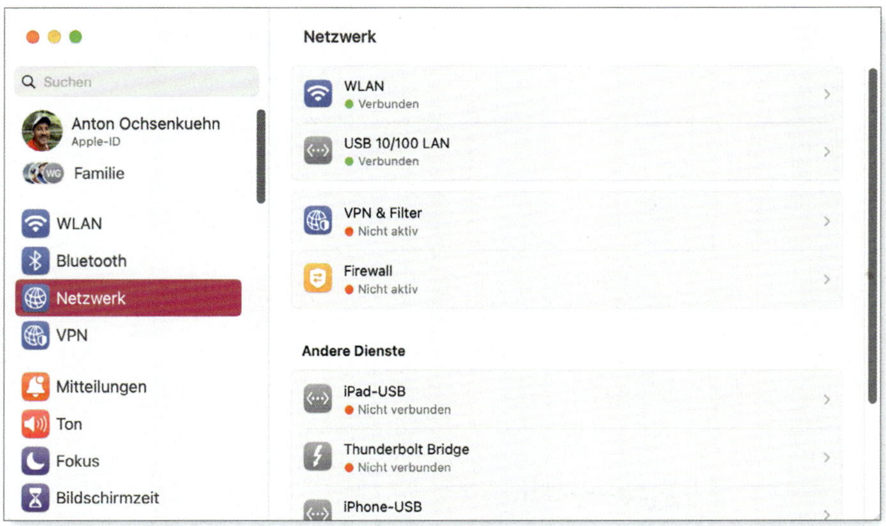

Es genügt, wenn Sie sich für einen aktiven Anschluss - LAN oder WLAN - entscheiden.

▶I Netzwerk konfigurieren 03_01

http://macos2023.amac-buch.de/#03_01

Wenn der Mac-Computer ins Internet soll, dann müssen die jeweiligen Einstellungen vorgenommen werden. Via **Systemeinstellungen –> Netzwerk** können Sie alle dafür notwendigen Einstellmöglichkeiten finden.

Umgebungen

Bevor Sie nun beginnen, die verschiedenen Möglichkeiten, ins Internet zu gelangen, zu konfigurieren, ist es ratsam, für jede Art des Internetzugangs eine eigene Umgebung zu definieren. Somit können Sie rasch zwischen verschiedenen Umgebungen wechseln und damit die Art ändern, wie Sie auf das Internet bzw. das Netztwerk zugreifen möchten. Wichtig ist dies besonders für Anwender, die einen mobilen Mac ihr Eigen nennen und an verschiedenen Orten und über unterschiedliche Wege mit dem Internet in Verbindung treten wollen.

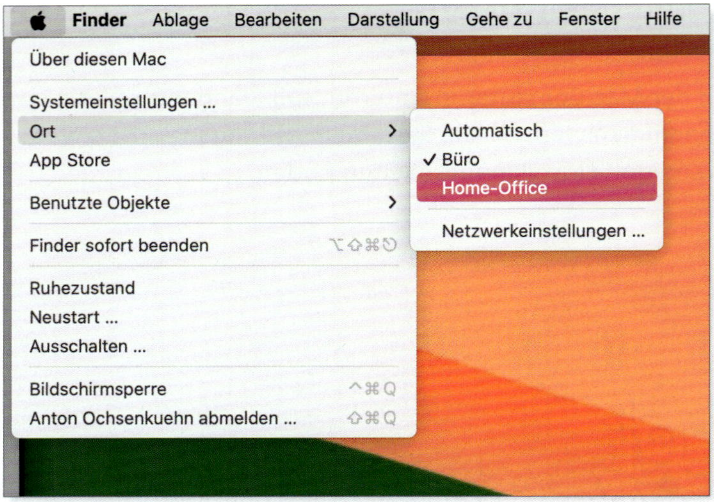

Via „Systemeinstellungen -> Netzwerk" und den drei Punkten rechts unten können neue Umgebungen erstellt werden.

Sobald Sie eine neue Umgebung erstellt haben, können Sie die Netzerkeinstellungen wie DNS, Proxies, etc. vornehmen. Erstellen Sie dann eine weitere Umgebung und konfigurieren nun diesen Zugang.

Über das *Apfelmenü* -> *Ort* können Sie rasch zwischen den Umgebungen wechseln.

iPhone bzw. iPad und persönlicher Hotspot

Sofern Sie ein iPhone oder iPad besitzen, können Sie dort die Funktion *Persönlicher Hotspot* aktivieren.

> **!** Informieren Sie sich jedoch zunächst bei Ihrem Telefonanbieter, ob dies vertraglich gestattet ist oder ob eventuell Zusatzkosten auf Sie zukommen.

Damit wird eine Verbindung zwischen Ihrem Computer und dem iPhone hergestellt. Dies kann beispielsweise über WLAN oder auch über Bluetooth geschehen. Ist die Verbindung hergestellt, können Sie am Computer den Browser starten oder das E-Mail-Programm Ihrer Wahl öffnen, und über das iPhone werden die Daten aus dem Internet auf Ihren Rechner übertragen. Sie beenden die Internetverbindung über das iPhone, indem Sie entweder

1. die WLAN-Verbindung trennen oder
2. bei einem der beiden (iPhone oder Computer) Bluetooth deaktivieren oder
3. am iPhone die Funktion *Persönlicher Hotspot* wieder deaktivieren oder
4. das USB-Kabel abziehen.

> **!** Wenn Sie einen iPhone-Vertrag haben, der ein bestimmtes Datenvolumen vorsieht, werden natürlich die Daten, die Sie so über den Computer absurfen, dem Datenvolumen Ihres Mobilfunkvertrags hinzugerechnet und schmälern damit das Transfervolumen, das für die mobile Nutzung des Internets auf dem iPhone zur Verfügung steht. Sprechen Sie also mit Ihrem Provider, der Ihnen sicherlich ein attraktives Angebot machen wird.

Der Zugang zum Internet über das iPhone ist natürlich besonders geeignet für Benutzer, die einen mobilen Mac besitzen. Die Funktion *Persönlicher Hotspot* finden Sie am iPhone oder iPad im Bereich *Einstellungen*.

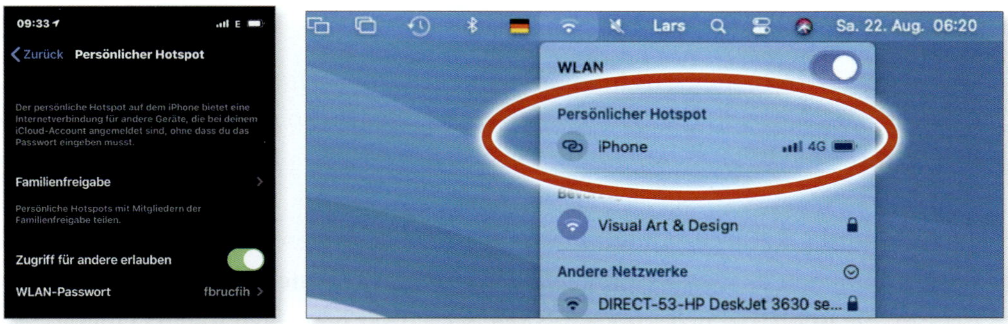

„Persönlicher Hotspot" in den iPhone-Einstellungen (links). Das iPhone bietet sich am Mac als Hotspot an (rechts).

Aktivieren Sie also die Funktionalität *Zugriff für andere erlauben*, indem Sie im oberen Teil den Schieberegler nach rechts schieben. Darunter sehen Sie die Möglichkeit, wie nun Ihr Computer mit dem iPhone in Kontakt treten kann. Sie können entweder über Bluetooth, WLAN oder USB-Kabel die Verbindung zwischen dem iPhone und Ihrem Mac herstellen. Um die Verbindung über WLAN aufzubauen, wählen Sie an Ihrem Mac das Menulet für WLAN und sogleich sollte in der Liste der verfügbaren Hotspots auch Ihr iPhone erscheinen. Wählen Sie also nun das Gerät *iPhone* aus und geben Sie das Passwort ein, das vorher auf dem iPhone-Bildschirm vorgegeben wurde.

Soll die Verbindung statt über WLAN per Bluetooth erfolgen, sollten Sie darauf achten, dass an beiden Geräten Bluetooth eingeschaltet ist. Um Bluetooth auf dem iPhone zu aktivieren, gehen Sie erneut in die *Einstellungen* zu *Bluetooth*. Über den Schieberegler kann Bluetooth nun am iPhone aktiviert werden.

Um vom Mac aus in Kontakt mit dem iPhone zu treten, sind die *Systemeinstellungen* aufzurufen und dort der Bereich *Bluetooth*. Nachdem im iPhone Bluetooth aktiv ist, erscheint das Gerät sogleich im Fenster und via *Verbinden* können Sie die Kontaktaufnahme starten.

Für die Bluetooth-Verbindung ist es notwendig, dass einmal über die Eingabe eines Codes die Authorisierung zwischen beiden Geräten eingeleitet wird. Wäre diese Eingabe nicht notwendig, könnte ja jeder über Ihren freigeschalteten Internetzugang auf dem iPhone kostenlos, das heißt, auf Ihre Rechnung, im

Internet surfen. Die Codeabfrage stellt also sicher, dass ausschließlich Ihr Computer mit diesem Gerät ins Internet gelangt.

> **!** Die Bluetooth-Funktionalität hat im Vergleich zu WLAN den Nachteil, dass die beiden Geräte weniger weit voneinander entfernt sein dürfen. Das heißt, die Entfernung darf bei WLAN 10, manchmal sogar bis zu 15 Meter betragen. Bluetooth ist dagegen nur für einen Bereich von 1 bis 3 Metern geeignet und im Regelfall ist auch die Geschwindigkeit langsamer.

Entscheiden Sie sich also für eine der beiden drahtlosen Möglichkeiten – Bluetooth oder WLAN –, um Ihr iPhone für den Internetzugang an Ihrem Rechner zu verwenden.

> **!** Nicht nur Apples Geräte können eine Internetverbindung zur Verfügung stellen; auch Android-Mobiltelefone sind in der Lage, meist durch Zusatzsoftware, einen Hotspot bereitzustellen und somit einen Internetzugang für den Rechner verfügbar zu machen.

Wenn Sie die Verbindung kabelgebunden über ein USB-Kabel herstellen möchten, funktioniert das durch einfaches Anschließen an den Rechner. Sollten Sie das iPhone zum ersten Mal an den Rechner anschließen, müssen Sie noch die Sicherheitsabfrage auf dem iPhone bestätigen. Tippen Sie einfach auf *Vertrauen*. Der Rest passiert nun vollautomatisch. Das iPhone wird als legitimer Netzanschluss erkannt und in den Netzwerkeinstellungen aufgenommen. Dort sollte nun in der linken Spalte ein grüner Punkt vor *iPhone-USB* stehen, das Kennzeichen für eine erfolgreiche Koppelung.

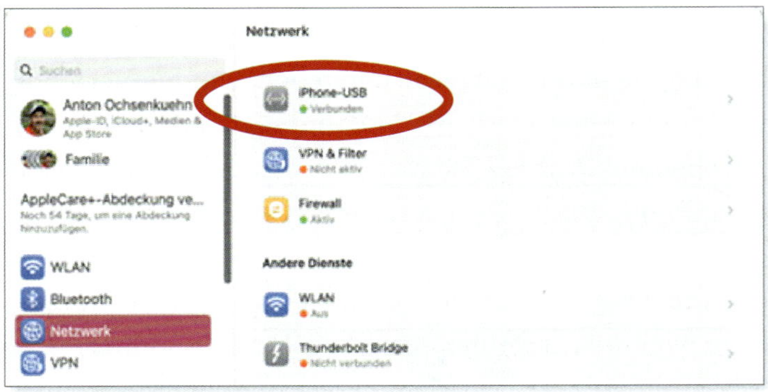

Wenn Sie dem Computer vertrauen, wird das iPhone als neuer Anschluss in den Netzwerkeinstellungen auftauchen.

Starten Sie nun an Ihrem Mac eine Internetanwendung, zum Beispiel Safari oder Mail. Sobald das Programm gestartet wird und eine Anfrage an das Internet sendet, wird auf dem iPhone die Internetverbindung aktiviert. Sie erkennen dies an einem blauen Band im oberen Bereich des iPhone-Bildschirms.

Der persönliche Hotspot ist eingerichtet.

Instant Hotspot

Seit iOS 8 in Verbindung mit macOS gibt es die Funktion, dass der Mac automatisch darauf zugreifen kann, wenn Sie im WLAN-Menü das iPhone oder iPad auswählen. Dann können Sie ganz automatisch die Datenverbindung des iPhones/iPads für Ihren Mac nutzen. Sie müssen das Gerät dazu nicht in die Hand nehmen und auch kein Passwort eingeben.

Wählen Sie das iPhone oder iPad einfach in der Liste aus, und Handoff macht den Rest.

Sie sehen neben den Gerätenamen auch gleich noch ein paar Daten zum Gerät: Netzstärke und -Art sowie den Akkustand.

> **!** macOS kann darüberhinaus in Verbindung mit mindestens iOS 8 noch SMS-Texte über die Nachrichten-App versenden bzw. Telefonate annehmen oder über das iPhone starten (Seite 142 und Seite 132).

Die drahtlose Verbindung ins Internet über WLAN

Drahtlos ins Internet zu gelangen, macht sehr viel Spaß, denn Sie müssen nicht an einem bestimmten Rechner sitzen, um kabelgebunden Kontakt mit dem Internet aufzunehmen. Sie bewegen sich in Ihrer Firma, in Ihrem Haus und haben überall Zugriff auf das drahtlose Internet. Wie wird der Internetzugang hergestellt? Sie verbinden sich via WLAN mit einem WLAN-Router oder einem WLAN-Modem. WLAN bzw. Wi-Fi ist die Abkürzung für drahtloses Netzwerk. Sie können von jedem Anbieter Geräte kaufen, die Ihnen diese WLAN-Funktionalität zur Verfügung stellen. Bekannt sind hierbei die Speedport Router der Telekom sowie die Fritzbox-Geräte der Firma AVM aus Berlin. Dabei sind zwei Dinge zu erledigen: Zum einen ist das Gerät zu konfigurieren, damit es in das Internet kommt, zum anderen ist Ihr Rechner zu konfigurieren, damit er mit diesem Gerät drahtlos in Kontakt treten kann.

Haben Sie Ihren Router korrekt konfiguriert und WLAN aktiviert, dann können Sie an den Rechner gehen und über das WLAN-Menü in der Menüleiste auf die Basisstation zugreifen.

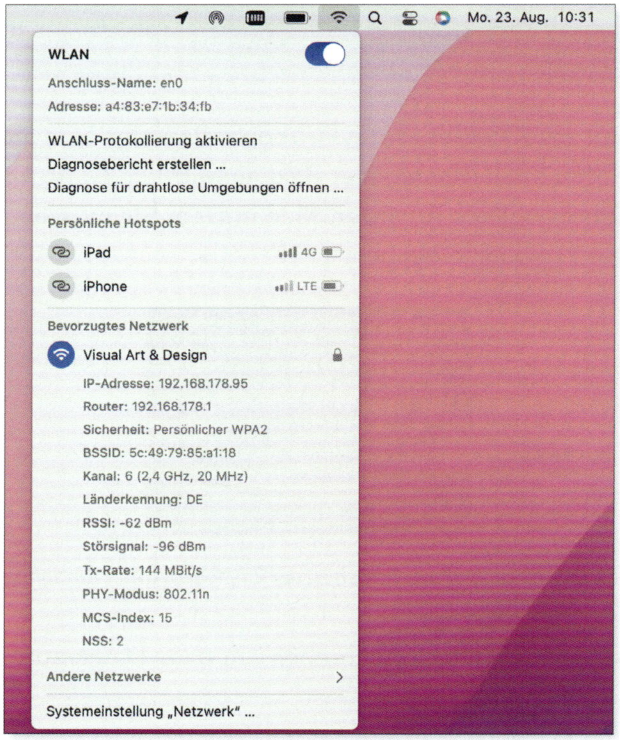

Das WLAN „Visual Art & Design" meldet sich und kann verwendet werden. Wenn Sie die „alt"-Taste gedrückt halten, während Sie das WLAN-Menü aufklappen, dann erhalten Sie Zusatzinformationen zum WLAN.

Arbeiten Sie mit der Methode *Passwort,* erscheint hinter der Basisstation ein Schlosssymbol. Das heißt: Will jemand mit dieser Basisstation arbeiten, muss er über das korrekte Passwort verfügen. Geben Sie also das Passwort ein und fügen Sie es im Normalfall wieder zum *Schlüsselbund* hinzu. Dann merkt sich Ihr Computer das Passwort für die Drahtlosverbindung und Sie brauchen in Zukunft nie mehr das Passwort einzugeben, wenn Sie mit diesem Rechner im Internet arbeiten wollen.

> **!** Ist beispielsweise Ihr iPhone oder iPad bereits erfolgreich mit dem WLAN verbunden, dann kann das Kennwort einfach und drahtlos auf den Mac übertragen werden. Notwendig hierfür ist, dass beide Geräte nah beieinander sind und Bluetooth sowie WLAN aktiv sind.

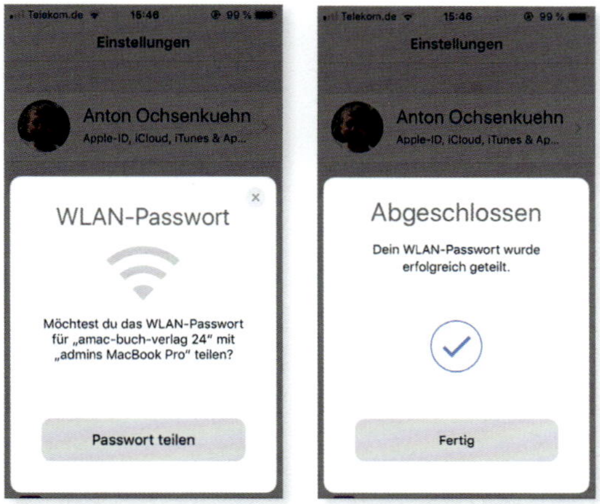

Das WLAN-Kennwort wird verschlüsselt vom iPhone auf den Mac übertragen.

Natürlich funktioniert das auch in die andere Richtung: Sie können den erfolgreichen Login am Mac an iPhone oder iPad weitergeben.

Zugang zum Internet über Hotspots

Wie Sie sicher wissen, gibt es an vielen Stellen Internetzugänge. Sie finden sie an Bahnhöfen, an Flughäfen, auf öffentlichen Plätzen, an Schulen, an Universitäten etc. Was müssen Sie an Ihrem Rechner einstellen, um über einen derartigen Hotspot ins Internet zu gelangen?

Im Regelfall genügt es, eine Umgebung an Ihrem Rechner zu erstellen, bei der Sie WLAN als Netzwerkkomponente aktivieren – die anderen können Sie dabei deaktivieren –, und zudem die Eigenschaft *DHCP* einzuschalten. Praktisch ist es außerdem, sich in der Menüleiste den WLAN-Status anzeigen zu lassen. Denn dann können Sie ganz einfach über das Menüleistensymbol nachschauen, ob Sie Drahtlosnetzwerke empfangen können.

> **!** Sobald Sie in den Systemeinstellungen bei **Netzwerk** für **WLAN** die Funktion **Auf Netze hinweisen** einschalten, wird wie beim iPhone sofort eine Liste von WLAN-Hotspots auf dem Bildschirm erscheinen und Sie können mit einem Klick die Verbindung aufnehmen.

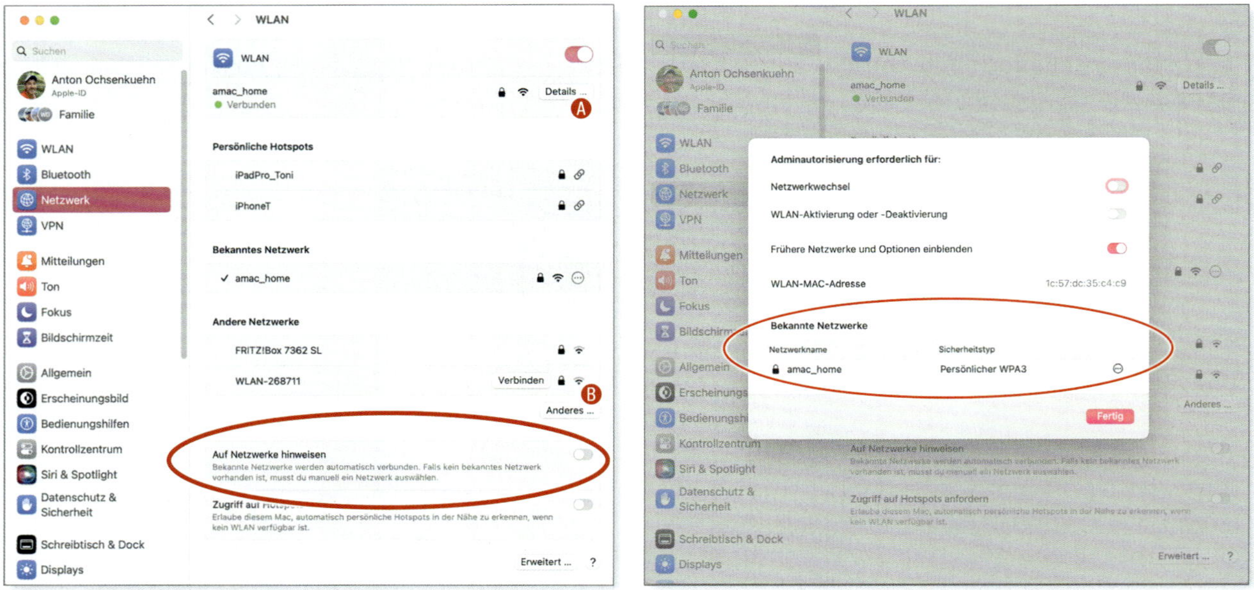

Über „Erweitert" können Sie unter „WLAN" einige Dinge einstellen. Bei „Bekannte Netzwerke" sollten Sie ab und an alle Netzwerke entfernen, die Sie schon länger nicht mehr benötigt haben.

Zudem sollten Sie bei Ⓐ *Details* prüfen, ob die Funktion *Automatisch mit diesem Netzwerk verbinden* aktiv ist. Achten Sie dabei ebenfalls darauf, wie der *Datensparmodus* eingestellt ist. Nutzen Sie das WLAN im Büro oder zu Hause, dann sollte dieser ausgeschalten sein. Wird z. B. das iPhone verwendet, könnte es sinnvoll sein, den Sparmodus zu aktivieren, um das Datenkontingent nicht unnötig zu belasten.

Und noch ein Detail: Bei manchen Drahtlosnetzwerken wird die Eigenschaft *unsichtbar* verwendet. Um mit diesen Netzwerken Kontakt aufzunehmen, wählen Sie *Anderes* Ⓑ und tragen den Netzwerknamen nunmehr händisch ein.

Die öffentlichen Drahtlosnetzwerke haben meist kein Passwort, das heißt, Sie können die Verbindung mit diesen Netzwerken aufbauen. Wenn Sie dann aber eine Internetseite ansteuern, wird häufig vom Provider eine Seite vorgeschaltet, auf der Sie Zugangsdaten eingeben müssen. Sofern Sie dies erfolgreich erledigt haben, wird die Internetverbindung aufgebaut. Im Regelfall wird der Preis minutenweise abgerechnet. Am Ende Ihrer Sitzung sollten Sie wieder das erste Browserfenster hervorholen, um die Internetverbindung mit dem Provider zu trennen.

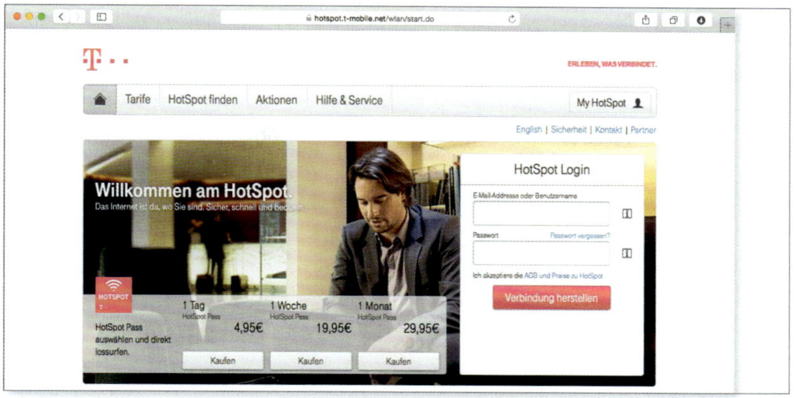

Die Einwahlseite eines Telekom-Hotspots.

Sicherheit im Internet

Sobald Ihr Computer mit dem Internet verbunden ist, ist er ein Bestandteil davon. Damit können andere Computer mit Ihrem Rechner Kontakt aufnehmen. Das Apple-Betriebssystem liefert deshalb eine integrierte *Firewall* mit, um ungeschützten Blicken einen Riegel vorzuschieben.

▶I Sicherheit im Internet 03_02

http://macos2023.amac-buch.de/#03_02

Wenn Ihr Mac-System mit dem Internet verbunden ist, dann besteht grundsätzlich Gefahr. Durch einige Einstellungen **Systemeinstellungen –> Netzwerk –> Firewall** und (**Systemeinstellungen –> Datenschutz & Sicherheit**) können Sie Ihren Computer relativ schnell absichern. Was möglich ist, zeigt dieser Film.

iCloud+

iCloud+ ist ein zusätzliches Sicherheitspake, das für alle iCloud Abos und für Apple One Abos zur Verfügung steht. Via *Privat-Relay* wird Ihre IP-Adresse verborgen und somit kann z. B. in Safari niemand sehen, wer man ist und welche Webseite man besucht hat. Diese Funktion können Sie in den *Einstellungen –> Ihr Name (Apple-ID, iCloud, Medien & App-Store) –> iCloud –> Privat Relay* aktivieren.

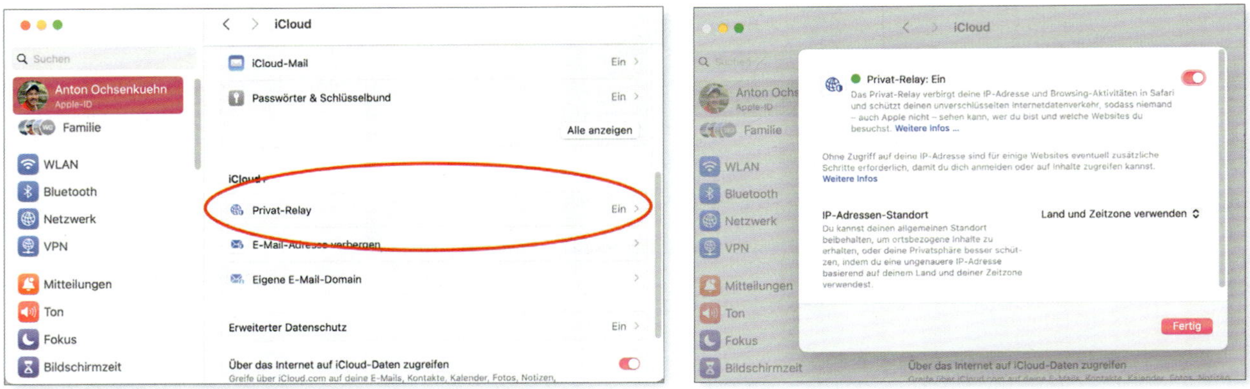

Die Einstellungen für „Privat-Relay" in iCloud+ sind rasch vorgenommen.

Mit der Funktion *E-Mail-Adresse verbergen* können Sie neue E-Mail Adressen erzeugen, die die Nachrichten an Ihr persönliches Postfach weiterleiten, aber Ihr Gegenüber die „richtige" E-Mail-Adresse dabei nicht zu Gesicht bekommt. Dazu wählen Sie *E-Mail-Adresse verbergen* und tippen auf *Neue E-Mail-Adresse erstellen.* Anschließend können Sie noch einen Namen und eine Notiz hinzufügen, damit man später noch weiß, wofür man diese verwendet hat. Nun können Sie diese E-Mail verwenden.

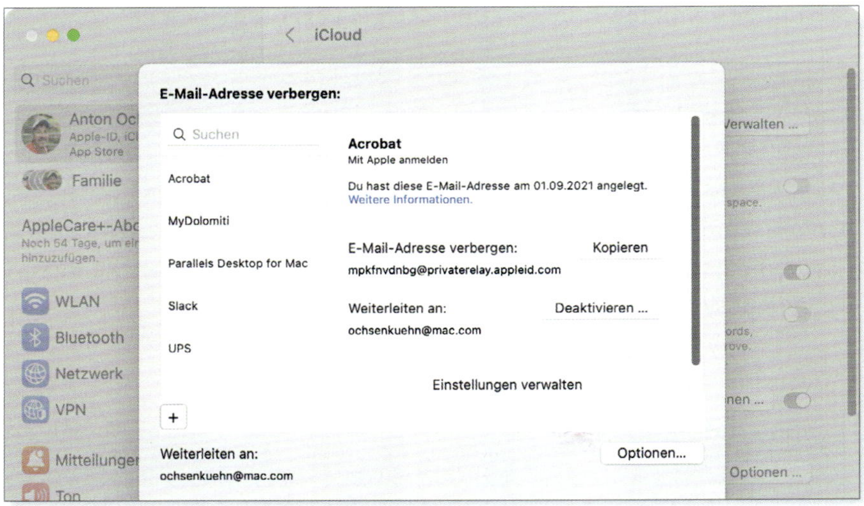

Mit „iCloud+" können Sie individuelle E-Mail Adressen erstellen, damit Sie ihre „richtige" E-Mailadresse nicht überall preisgeben müssen.

Kapitel 4

Safari, Mail, FaceTime & Co.

Safari, Mail, FaceTime & Co.

Nachdem nun der Internetzugang erfolgreich eingerichtet wurde, bietet das Apple-Betriebssystem eine Reihe von Standardfunktionen an, um mit dem und im Internet arbeiten zu können. Die erste und vordringlichste ist natürlich das *Surfen* im Internet unter Verwendung eines Browsers. Dieser Browser ist bereits in Ihrem Betriebssystem installiert und hört auf den Namen *Safari*. Wer ein iPhone oder ein iPad sein Eigen nennt, wird diesen Browser bereits von den mobilen Geräten kennen. Die Version, die auf macOS läuft, hat jedoch eine Menge weiterer sehr nützlicher Funktionen zu bieten.

Safari

Safari ist der von Apple vorinstallierte Browser. Aktuell in der Version 16 und wird von Apple sukzessive aktualisiert und im Funktionsumfang erweitert. Die Aktualisierungen und Erweiterungen spielt Ihnen dabei das Apple-Betriebssystem bequem über die Softwareaktualisierung ein.

Lassen Sie mich zunächst einige wichtige Bedienungskommandos auflisten:

cmd + L und weitere raffinierte Grundfunktionen

Mit dieser Tastenkombination gelangen Sie zur Eingabezeile, also in das Feld, in dem die URL steht. Damit können Sie auch ohne Verwendung von Maus oder Trackpad in die Adressleiste springen und die dort stehende Adresse mit der neuen Zieladresse überschreiben bzw. eine Internet-Suche auslösen. Das geht im Regelfall deutlich schneller, als es mit der Maus zu erledigen ist. Bedenken Sie dabei auch, dass die meisten Internetseiten gar kein vorangestelltes *www* mehr benötigen. Möchten Sie also beispielsweise die Website *www.spiegel.de* ansurfen, genügt im Regelfall die Eingabe von *spiegel.de*. Sicher haben Sie zudem bemerkt, dass bei der Internet-Suche standardmässig Google Vorschläge eingeblendet werden. Sie können diese deaktivieren: *Einstellungen –> Suchen –> Suchmaschinenvorschläge einbeziehen*.

▶I Safari – wichtige Funktionen 04_01

http://macos2023.amac-buch.de/#04_01

Safari ist einfach in der Bedienung. Aber es gibt eine Menge nützlicher Dinge zu entdecken, die die Arbeit damit noch deutlich schneller machen. Hervorzuheben ist hierbei der Reader-Modus, der eine alternative Darstellung der Internetseite erzeugt. In diesem Video sehen Sie, was hierbei alles möglich ist.

Favoritenleiste

Die *Favoritenleiste* finden Sie normalerweise direkt unter der Adressleiste. Sollte sie nicht sichtbar sein, dann blenden Sie sie mit der Menüfunktion *Darstellung –> Favoritenliste einblenden* (*cmd + Shift + B*) ein. Dort ist bereits eine Reihe von Begriffen wie Apple, Yahoo, Twitter etc. eingebracht worden. Besonders schick ist, dass Sie diese vorgefertigten Favoriten ganz simpel mit Tastenkombinationen ansteuern können. Um z. B. den zweiten Eintrag zu öffnen, drücken Sie die Kombination *cmd + alt + 2*. So können Sie also relativ einfach mit den Tasten *cmd + alt + 1* bis *cmd + alt + 9* wichtige Internetseiten in der Favoritenleiste rasch aufrufen.

Internetseiten, die Ihnen besonders gut gefallen, können Sie natürlich selbst als Favorit übernehmen. Surfen Sie dazu die gewünschte Internetseite an und geben Sie hernach die Tastenkombination *cmd + D* ein, um diese Website als Lieblingsseite zu kennzeichnen und in die Favoritenleiste aufzunehmen.

! Sie können natürlich auch einfach mit der Maus das Website-Icon links neben der Adresse an die gewünschte Position in der Lesezeichenleiste ziehen.

Mitteilungen

Es gibt Internetseiten, die Ihnen anbieten können, Sie über das aktuelle Geschehen via Mitteilungen zu informieren. Anhand des Bildschirmfotos sehen Sie, wie das funktioniert:

1. Öffnen Sie die Internetseite, dessen Mitteilungen Sie erhalten wollen. Nach einigen Sekunden erscheint die Anfrage zur Erlaubnis von Mitteilungen.
2. Bestätigen Sie die Nachfrage mit *Erlauben*.
3. Über *Safari –> Einstellungen –> Websites –> Mitteilungen* können Sie es nochmals prüfen, bzw. den Eintrag wieder entfernen.

4. Dieser Eintrag wird sich dann ebenso in die *Systemsteinstellungen –> Mitteilungen* einklinken. Dort können Sie das Erscheinungsbild der Mitteilungen noch definieren.

Internetseiten können Sie via Mitteilungen auf dem Laufenden halten.

PDF-Dateien anzeigen

Safari hat eine Menge Zusatzfunktionen, um mit PDF-Dateien optimal umgehen zu können.

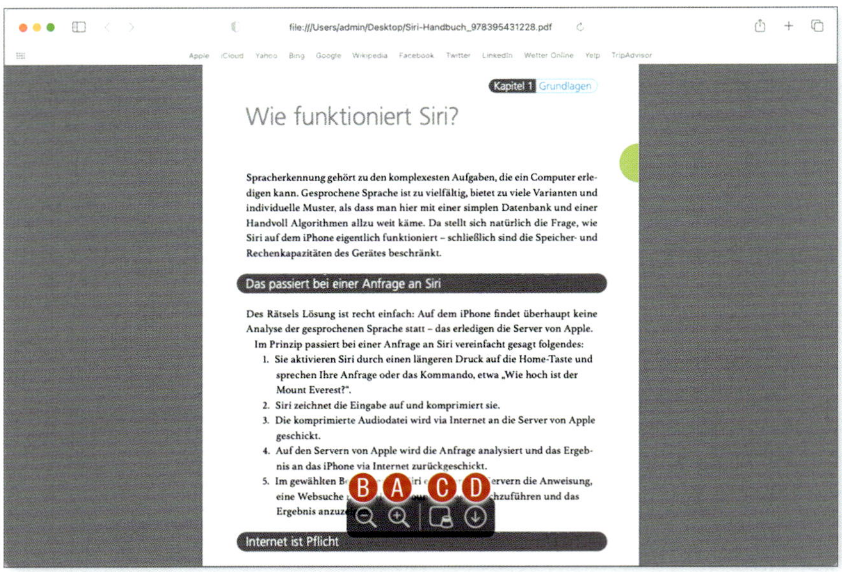

Eine PDF-Datei wird mit Safari betrachtet.

Wenn Sie mit dem Mauszeiger an den unteren Rand der PDF-Datei fahren, werden vier Icons mit den Zusatzfunktionen *Vergrößern* **A**, *Verkleinern* **B**, *PDF in Vorschau öffnen* **C**, *PDF im Downloads-Ordner sichern* **D** eingeblendet.

Ebenso ist die Verwendung der rechten Maustaste auf der PDF-Datei möglich, um das Kontextmenü aufzurufen. Dort erhalten Sie weitere sehr nützliche Features.

Das Kontextmenü einer PDF-Datei in Safari.

Favoriten, Lesezeichen und Leseliste

Das Eingeben einer URL - also einer Internetadresse – ist dann lästig, wenn man diese Seite häufig benötigt. Deshalb verfügt Safari über einige Funktionen, die Sie kennen sollten.

▶I Wichtige Internetseitenadressen verwalten 04_02

http://macos2023.amac-buch.de/#04_02

Damit Sie nicht jedes Mal die Internetadresse eintippen müssen, stehen Ihnen Funktionen wie **Lesezeichen**, **Favoriten** und **Leseliste** zur Verfügung. Wie man damit umgeht, zeigt dieser Film.

Web-Apps in Safari

Häufig verwendete Webseiten können nun als eigene Icons ins Dock gelegt werden und sind so mit einem Klick wieder abrufbar.
Rufen Sie eine Ihrer Lieblingswebseiten auf und navigieren zu *Ablage -> Zum Dock hinzufügen* (alternativ verwenden Sie das Teilen-Menü).

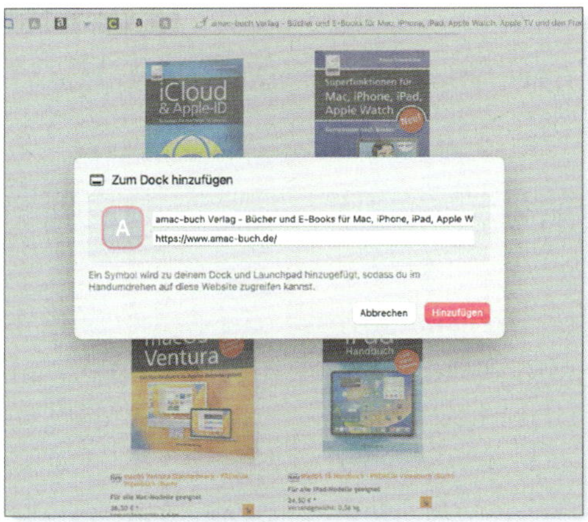

In der ersten Zeile geben Sie den Begriff an, wie die Web-App heissen soll.

Sobald das Icon nun im Dock ist, können Sie es anklicken und ohne den Start von Safari (!) wird die Webseite geöffnet. Zudem erscheinen diverse Menüpunkte.

Eine Web-App verhält sich genauso, als würden Sie die Internetseite mit Safari nutzen.

Anzeige der Lesezeichenleiste bzw. Dauer des Verlaufs

Über die Safari-Einstellungen können Sie das Erscheinungsbild und die Funktionsweise von Safari ändern. Benutzen Sie dazu die Tastenkombination *cmd* + , (Komma) bzw. den Menüpunkt *Safari –> Einstellungen* und die dort aufgelisteten Funktionen. Im Bereich *Allgemein* finden Sie den Eintrag *Objekte aus Verlauf entfernen*. Standardmäßig ist dort *Nach einem Monat* ausgewählt. Das heißt, nach einem Monat beginnt Safari automatisch, die ältesten Internetseiten zu löschen. Sie können aber auch einen anderen Zeitraum definieren; von einem Tag bis hin zu einem Jahr haben Sie alle Möglichkeiten. Wählen Sie *Manuell*, um den Verlauf individuell Ihren Bedürfnissen anzupassen.

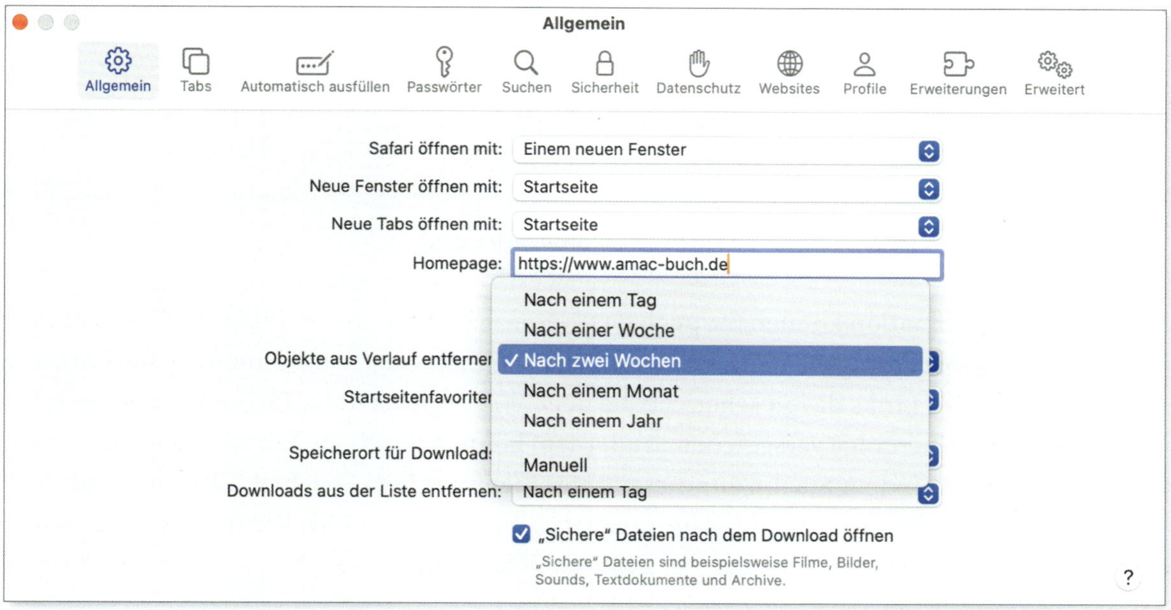

Einstellungen für den Verlauf in Safari.

Tabbed Browsing

Safari unterstützt bereits seit der Version 2 das *Tabbed Browsing*; das bedeutet, dass Sie in einem einzigen Browserfenster mehrere Internetseiten gleichzeitig ansehen können. Der Vorteil ist das rasche Hin- und Herwechseln zwischen den *Tabs*. Im Normalfall wird es ja so sein, dass Sie eine Internetseite aufrufen und von dort zu einer zweiten und dritten Seite weitersurfen. Über die *Vor*- und *Zurück*-Buttons < > können Sie rasch in Ihrem Verlauf hin- und herblättern.

> **!** Wenn Sie über ein Trackpad oder ein Magic Trackpad verfügen, ist das Vor- und Zurückblättern noch deutlich einfacher: Verwenden Sie dazu zwei Finger und wischen Sie nach links bzw. nach rechts. :-)

Wenn Sie hingegen einen neuen Tab aufrufen, bleibt die alte Information erhalten und im neuen Tab werden die neuen Informationen dargestellt. Um einen neuen Tab zu erstellen, benutzen Sie einfach die Tastenkombination *cmd* + *T*. Damit erhalten Sie im selben Fenster einen zusätzlichen Reiter, in dem Sie eine neue Adresse eingeben können. Sie können in einem einzigen Browserfenster beliebig viele Tabs öffnen.

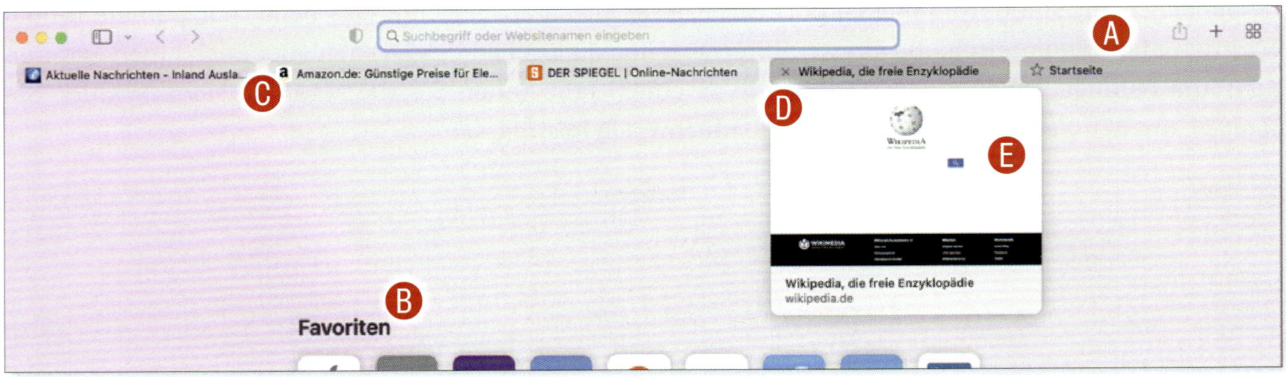

Tabs in einem Browserfenster.

Statt der Tastenkombination können Sie auch das kleine +-Zeichen in der Tableiste **A** verwenden, um einen neuen Tab hervorzubringen. Wird ein neuer Tab erstellt, werden standardmäßig die Startseite bzw. Favoriten dargestellt **B**. Links davon sehen Sie die derzeit geöffneten Tabs **C**. Sie können natürlich die Tabs beliebig in der Reihenfolge verschieben. Außerdem können Sie einen Tab zu einem eigenständigen Browserfenster machen, indem Sie ihn aus dieser Tabreihenfolge herausziehen. Um einen Tab zu schließen, klicken Sie ihn an und dann das links im Tab erscheinende kleine *x* **D**. Wenn Sie mit der Maus über ein Tab fahren, zeigt Safari eine Vorschau der geöffneten Seite an.

! Es gibt auch eine Tastenkombination, um alle Tabs mit einem Klick zu schließen. Drücken Sie einfach die **alt**-Taste, wenn Sie auf ein x zum Schließen eines Tabs klicken.

! Möchten Sie einen Link in einer Website nicht direkt aufrufen, sondern in einem neuen Tab bereitstellen, halten Sie beim Anklicken des Links einfach die **cmd**-Taste gedrückt. So wird die Internetseite in einem neuen Tab bereitgestellt. Übrigens können Sie mit **Shift + Klick** einen Link direkt in die Leseliste bringen, wohingegen **alt + Klick** einen Download unmittelbar startet.

▶I Tabs in Safari 04_03

http://macos2023.amac-buch.de/#04_03

Sie können in einem Fenster mehrere Webseiten als sogenannte Tabs geöffnet haben. Wie man Tabs erzeugt und verwaltet, zeigt dieser Film. Dabei werden Sie zudem erfahren, wie man Tabs fixiert (**Website-Pins**) und damit noch schneller auf wichtige Informationen zugreifen kann.
Übrigens: Über die rechte Maustaste und **Tab loslösen** können die fixierten Tabs wieder entfernt werden.

▶I Tabgruppen 04_04

http://macos2023.amac-buch.de/#04_04

Neu in Safari ist die Möglichkeit mehrere Tabs zu sogenannten Tabgruppen zusammen zu fassen. Wie einfach das geht, sehen Sie in diesem Video.

Profile in Safari

Es gibt eine weitere interessante Option, seine Favoriten, Lesezeichen, Cookies etc. zu verwalten und diese nennt sich *Profile*.

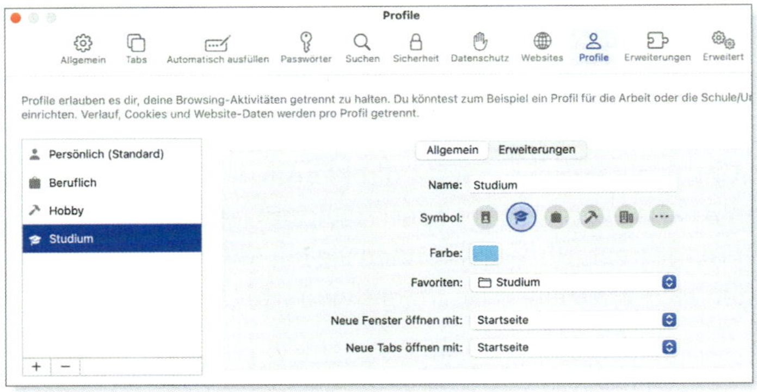

Via „ Safari -> Einstellungen -> Profile" können Sie für verschiedene Anwendungszwecke Profile erstellen.

Jedes Profil hat seine eigenen Favoriten, seinen Verlauf, eine individuelle Startseite, seine Lesezeichen, Cookies, Erweiterungen und so fort. Damit können Sie im Handumdrehen zwischen z. B. beruflichen und privaten Webseiten umschalten.

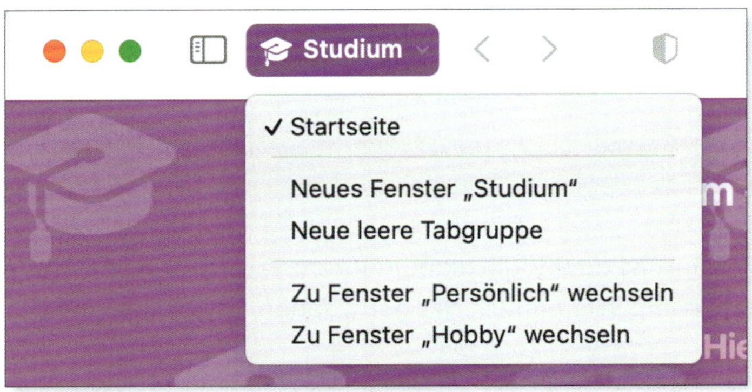

Tippen Sie in Safari oben links neben den farbigen Fensterpunkten auf das Icon und dann wählen Sie das gewünschte Profil aus.

▶I Profile in Safari 04_profile

http://macos2023.amac-buch.de/#04_profile

Sehen Sie in diesem Video, wie man Profile erstellt, mit Inhalt befüllt und zwischen Profilen wechselt.

! Haben Sie iCloud in Verwendung, dann werden diese Profile an Ihr iPad und an das iPhone weitergereicht und umgekehrt natürlich genauso.

Downloads

Wenn Sie von einer Internetseite aus einen Download starten, so erscheint ein neues Icon rechts in der Symbolleiste.

Das Icon zeigt einen stattfindenden Download an.

Sofern Sie auf dieses kleine Symbol klicken, erscheint das Fenster *Downloads*, in dem alle aktuellen Downloadvorgänge aufgelistet werden.

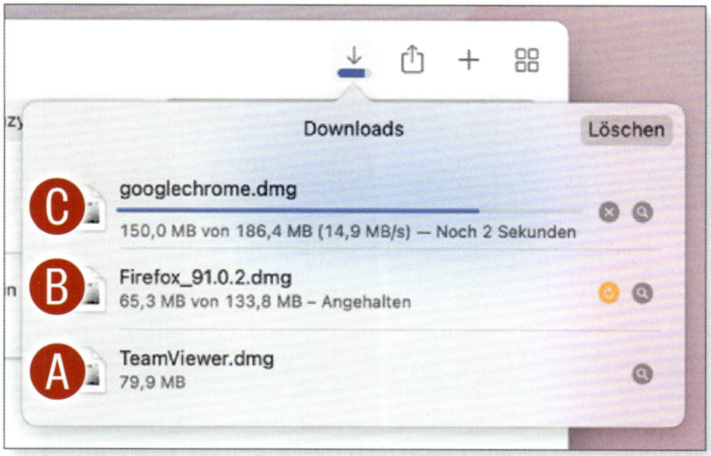

Das Downloadfenster mit einem aktiven Download.

Während ein Download stattfindet, sehen Sie den Status Ihres Downloads mit der Verbindungsgeschwindigkeit und der verbleibenden Zeitdauer C. Auf der rechten Seite können Sie durch das Anklicken des kleinen *x*-Symbols einen Download abbrechen. Abgebrochene Downloads sehen aus wie bei B gezeigt. Über den weißen Pfeil auf orangefarbenem Grund können Sie den Download jederzeit fortsetzen bzw. neu starten. Abgeschlossene Downloads erscheinen wie bei A. Sie sehen rechts daneben das kleine Lupensymbol, mit dem Sie den Ablageort eines jeden Downloads direkt erreichen können. Standardmäßig ist in Safari der *Downloads*-Ordner eingestellt, in dem alle Downloads landen. Einträge des *Download*-Fensters können direkt per Drag & Drop auf den Desktop oder in ein E-Mail-Fenster bewegt werden.

Sie können den *Downloads*-Ordner unter *Safari –> Einstellungen* bei *Allgemein* auswählen. Bei *Speicherort für Downloads* sollte der Ordner *Downloads* ausgewählt sein. Diesen Ordner *Downloads* finden Sie übrigens auch unten in Ihrem *Dock*. Über diesen Ordner haben Sie also sehr schnell Zugriff auf die aus dem Internet heruntergeladenen Dateien.

> Auch die Programme **Mail** und **Nachrichten** verwenden standardmäßig diesen **Downloads**-Ordner (**Einstellungen -> Allgemein**). Deshalb ist es eine gute Idee, den Ordner im Dock des Betriebssystems zu belassen, um rasch auf die darin enthaltenen Dateien zugreifen zu können.

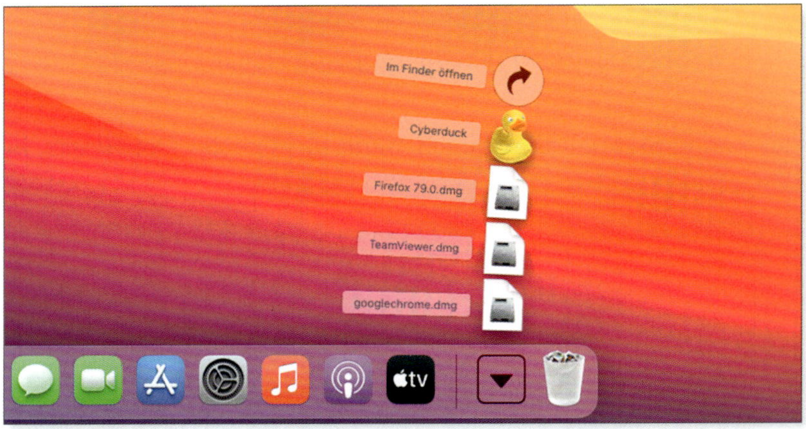

Der „Downloads"-Ordner im Dock.

Erweiterungen und Websites-Einstellungen

Der Funktionsumfang von Safari kann mit Plug-Ins bzw. Erweiterungen aufgewertet werden. Via *Safari –> Safari-Erweiterungen* gelangen Sie auf eine Internetseite, um dort neue Funktionen zu erhalten. Fehlende Plug-Ins werden meist direkt auf der Internetseite aufgezeigt und können von dort aus im Regelfall geladen werden. Eine äusserst sinnvolle Erweiterung ist *AdBlock*, mit der Sie quasi werbebannerfrei durchs Internet surfen können.

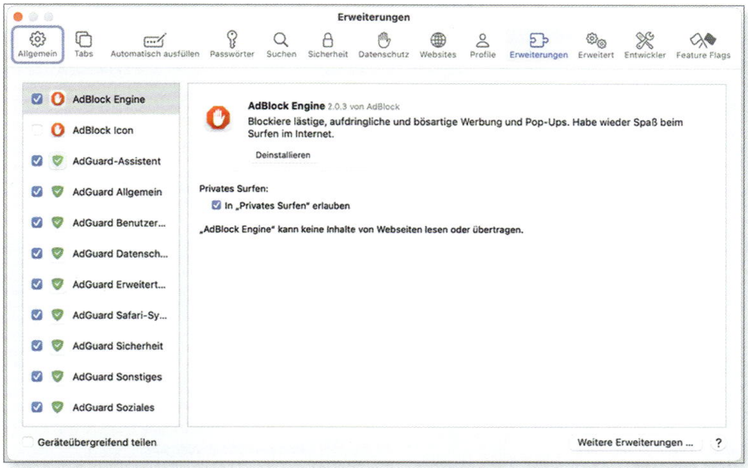

Unter „Safari –> Einstellungen –> Erweiterungen“ sehen Sie alle derzeit installierten Erweiterungen. Die Aktualisierung der Erweiterungen findet über den App Store statt.

▶I Erweiterungen und Websites-Einstellungen 04_05

http://macos2023.amac-buch.de/#04_05

Mit optionalen Plugins können Sie den Funktionsumfang von Safari erweitern und zum Beispiel Werbeeinblendungen auf Internetseiten unterbinden. Weitere Feineinstellungen finden Sie unter **Einstellungen –> Websites**. Was möglich und sinnvoll ist, zeigt dieser Film.

Stummschaltung

Viele Leute hören während der Arbeit am Rechner oder beim Surfen im Internet Musik. Sehr oft werden dafür Webradio oder Streamingdienste wie Spotify verwendet. Wenn man nun im Hintergrund in einem eigenen Safari-Tab die Musik abspielen lässt und in einem anderen Tab im Internet surft, kann es schon mal vorkommen, dass man vorübergehend die Musik stummschalten will – zum Beispiel, wenn man einen Film über YouTube ansehen will. Bisher musste man erst den Tab ausfindig machen, in dem die Musik läuft, und diesen dann eventuell schließen. Mit der Stummschalten-Funktion von Safari ist dies nicht nötig.

Sobald Sie einen Tab bzw. eine Seite öffnen, auf der etwas abgespielt wird, sehen Sie im Tab und in der Adresszeile ein Lautsprechersymbol. Ein Mausklick auf dieses Symbol schaltet den jeweiligen Tab stumm.

Das Lautsprechersymbol in der Adresszeile hingegen schaltet den ganzen Safari stumm, was sehr nützlich ist, wenn Sie z. B. zwischendrin einen Telefonanruf erhalten. Weitere Feineinstellungen für die Webseite können Sie über *Einstellungen –> Websites* vornehmen.

Durch einen Rechtsklick auf das Lautsprechersymbol wird das Kontextmenü geöffnet, das noch weitere Funktionen zur Verfügung stellt. Sie können dort u. a. das Stummschalten aller Tabs wieder aufheben.

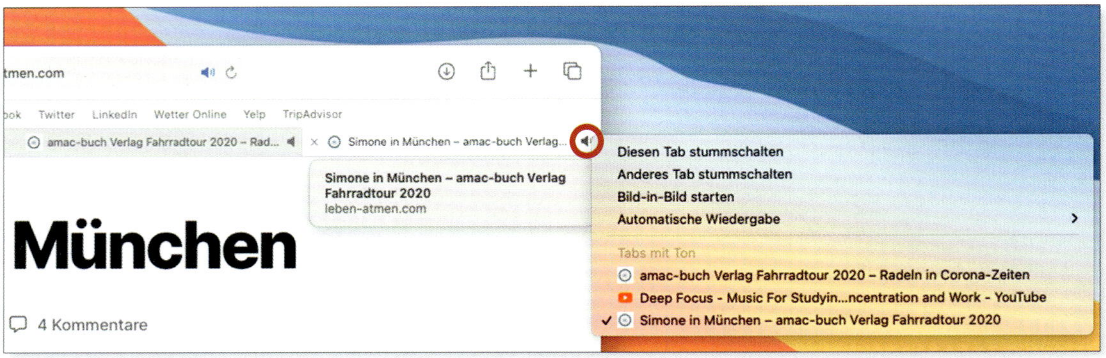

Die Tabs in Safari können auf stumm geschaltet werden.

Weitere Features in Safari

Wenn Sie den lieben langen Tag mit Safari arbeiten und Internetseiten ansteuern, sammeln sich eine Menge Daten an. Via *Safari –> Verlauf löschen* können Sie mit einem Vorgang reichlich Ballast abwerfen. Dabei können Sie noch entscheiden, aus welchem Zeitraum die Daten gelöscht werden sollen.

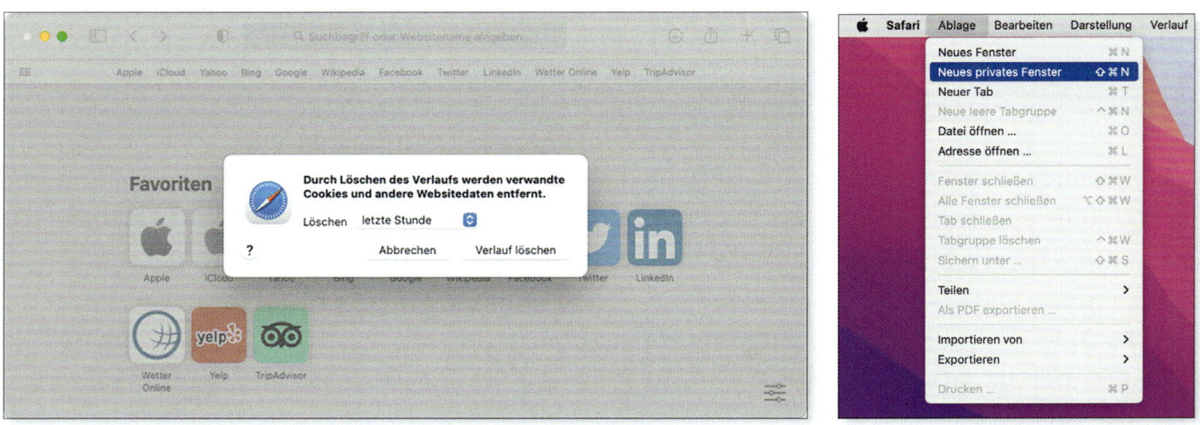

Im Menüpunkt „Safari“ finden Sie nützliche Funktionen.

> **!** Wenn Sie den Menüpunkt mit gedrückter **alt**-Taste aufrufen, dann erscheint die Option **Verlauf löschen und Websitedaten behalten**. Damit wird zwar auch der Verlauf entfernt, aber alle sonstigen Daten wie z. B. Cookies bleiben erhalten.

Privates Surfen

Safari hat noch eine weitere sehr interessante Funktion, das private Surfen. Dieses Feature können Sie nutzen, wenn Sie im Menü *Ablage* die Funktion *Neues privates Fenster* (*cmd* + *Shift* + *N*) auswählen. Das Private Surfen findet dadurch in einem eigenen Fenster statt.

Wie Sie dem Hilfetext entnehmen können, hinterlassen Sie nun beim Surfen im Internet keinerlei Spuren. Das heißt, im Verlauf wird nicht mitprotokolliert, welche Internetseiten Sie angesteuert haben. Diese Funktion ist dann äußerst nützlich, wenn Sie beispielsweise an einem fremden Rechner einfach nur mal kurz mit Safari einige Informationen aus dem Internet abrufen wollen. Schalten Sie auf *Privates Surfen* um, damit der Besitzer des Rechners nicht erkennen kann, welche Internetseite Sie in der Zwischenzeit aufgerufen haben.

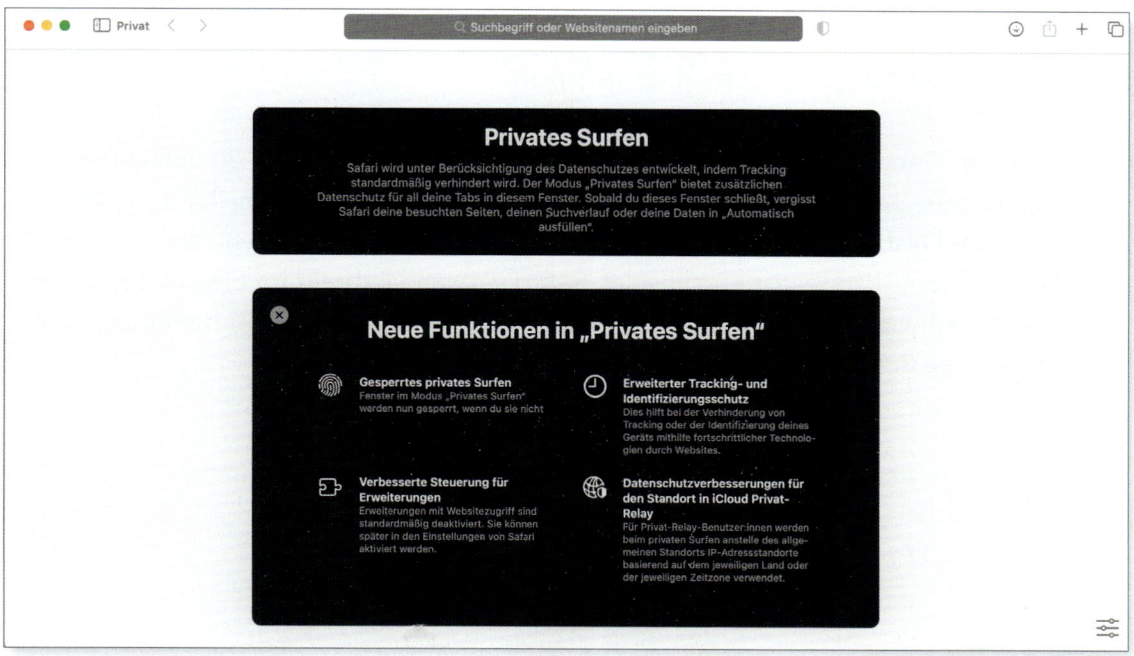

Privates Surfen.

Webseiten ablegen und weitergeben

Vielleicht kennen Sie auch folgendes Problem: Sie sind auf einer Internetseite und sehen sehr interessante Informationen. Nachdem aber Internetseiten einem kurzen Aktualisierungszyklus unterliegen, kann es notwendig werden, die aktuell dargestellten Informationen zu archivieren. Verwenden Sie hierzu den Befehl *Ablage –> Sichern unter,* um die Internetseite als Webarchiv auf Ihrem Rechner in Sicherheit zu bringen. Damit wird eine Datei erstellt. Diese Datei können Sie jederzeit durch einen Doppelklick mit dem Programm Safari öffnen und sehen dann den Zustand der Internetseite zum damaligen Zeitpunkt.

▶I Webseiten sichern, ablegen und teilen 04_06

http://macos2023.amac-buch.de/#04_06

Interessante Informationen im Internet sollten abgelegt werden, denn wer weiss, ob diese anderntags bereits nicht mehr auffindbar sind.
Welche Möglichkeiten Sie hierbei haben, sehen Sie in diesem Film.

Autorisierungscode automatisch übernehmen

Seit macOS Mojave können Sie übrigens per SMS übermittelte Codes direkt im Safari-Browser nutzen. Wenn Sie beispielsweise per Telebanking eine Überweisung autorisieren wollen, dann erhalten Sie ja stets die PIN per SMS. Und bislang mussten Sie diese dann von Ihrem iPhone ablesen oder in der Nachrichten-App nachschauen. Dieser Umweg ist nun absolet. Safari verwendet direkt im Eingabefeld diesen Autorisierungscode. Damit das so funktioniert, muss beim iPhone die SMS-Weiterleitung für den Mac-Rechner aktiviert werden (siehe Seite 132)

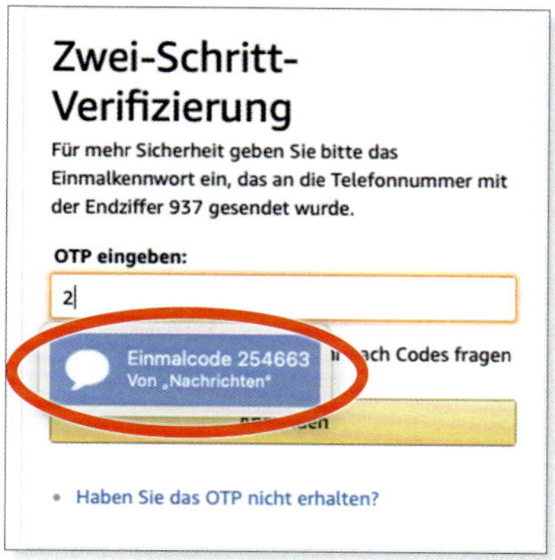

Safari verwendet die Codes, die an die Nachrichten-App versendet wurden. Diese können direkt nach dessen Verwendung gelöscht werden (rechts).

Übersetzen

Vielleicht haben Sie es schon bemerkt: Ab und an bekommen Sie in der Eingabezeile von Safari den Hinweis, dass eine Übersetzung verfügbar sei. Zudem erscheint rechts in der Eingabezeile ein entsprechendes Icon.

Safari erkennt fremdsprachige Texte und kann diese in die deutsche Sprache übersetzen, was wirklich erstaunlich gut funktioniert.

Safari und Formulare

Und sicher kennen Sie die Situation auch: Sie haben übers Internet etwas eingekauft und müssen nun Ihre Daten zum Abschluss des Bestellvorgangs eintragen. Hier unterstützt Sie Safari ebenfalls. Geben Sie in den *Einstellungen –> Autom. ausfüllen* Ihre Kontaktdaten an, damit Safari die Daten in Zukunft automatisch in Formulare eintragen kann.

Einstellungen für das Ausfüllen von Formularen in Safari.

Sind die Einstellungen korrekt vorgenommen worden, können Sie in Zukunft via *Bearbeiten –> Formular automatisch ausfüllen* (*cmd + Shift + A*) rasch Ihre Kontaktdaten verwenden.

Kennwörter und iCloud

Internetseiten-Kennwörter können direkt in Safari gespeichert werden. Wenn Sie zum Beispiel in Safari am Computer eine Internetseite ansteuern und dort Ihre Benutzerkennung hinterlassen, fragt Safari sofort an, ob Sie das zugehörige Passwort speichern möchten.

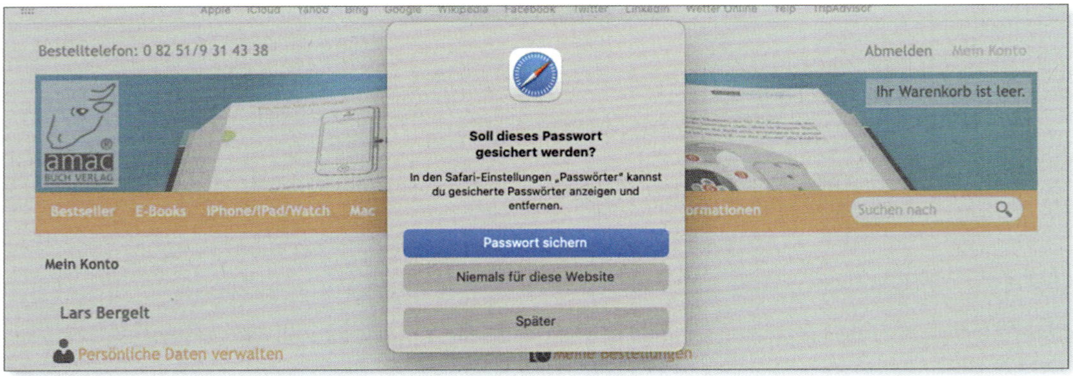

Safari fragt, ob das Passwort gespeichert werden soll.

Sofern Sie hier mit *Passwort sichern* antworten, merkt sich Safari die Internetseite und die dazugehörigen Zugangsdaten und listet diese auch in den *Einstellungen* im Bereich *Passwörter* auf. Dieser Bereich ist besonders geschützt und kann nur eingesehen werden, wenn Sie Ihr Benutzerpasswort eingeben.

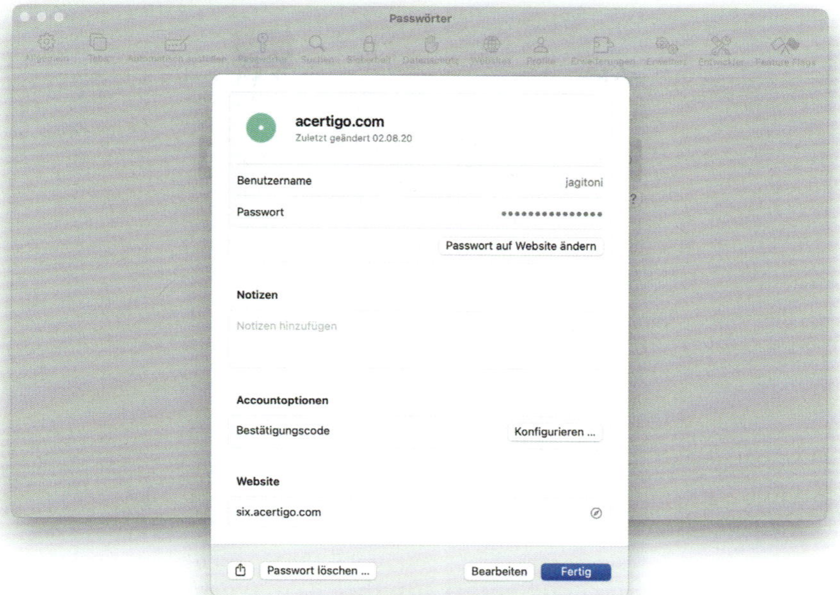

Ihre Zugangsdaten können Sie unter „Safari –> Einstellungen –> Passwörter" oder in „Systemeinstellungen –> Passwörter" einsehen.

Über einen Klick auf *Passwört löschen* können Sie die Einträge wieder aus der Liste löschen. Wenn Sie ein Passwort einsehen wollen, müssen Sie es nur anklicken und schon erscheint es Klartext.

Schlüsselbund in der iCloud

Noch deutlich praktischer ist der *Schlüsselbund* in Apples iCloud. Sie als Anwender haben dabei zwei Vorteile:

1. Die Kennwörter und Kreditkartendaten (ohne Sicherheitscode) von macOS können so verschlüsselt und für jedermann uneinsehbar zu Ihren iOS-Geräten übertragen werden.

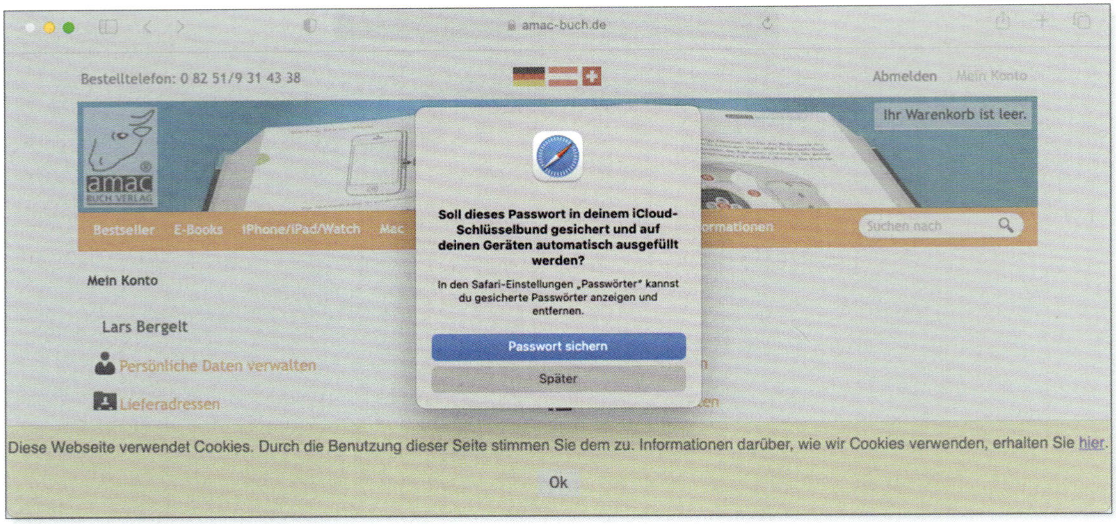

Passworteingaben kann sich Safari (macOS und iOS) merken und über die iCloud zur Verfügung stellen.

2. Beispielsweise kann sich Safari nun autark um Ihre Kennwörter kümmern. Bei notwendiger Passwortanfrage einer Internetseite erzeugt das Programm selbstständig ein Passwort, merkt sich dieses Passwort und hält es für die iOS-Geräte bereit.

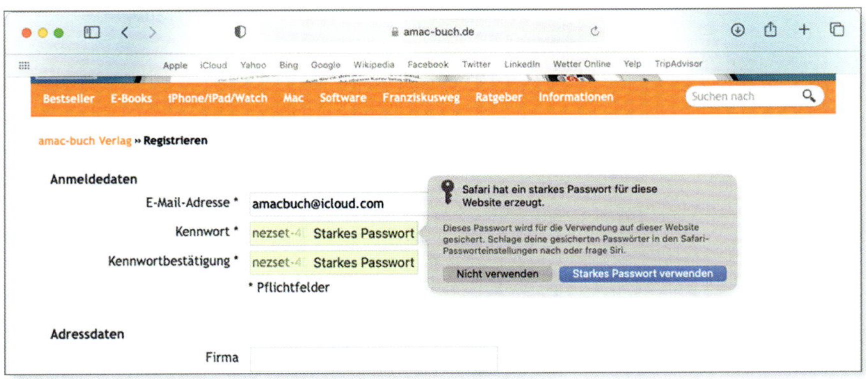

Safari erzeugt von sich aus ein sicheres (starkes) Passwort und speichert es in den iCloud-Schlüsselbund. Falls Sie ein anderes Passwort haben wollen, klicken Sie auf das Schlüsselsymbol.

Ein iCloud-Schlüsselbund kann unter macOS oder unter iOS erzeugt werden.

> **!** Wie man einen iCloud-Schlüsselbund einrichtet, nutzt und verwaltet, wird ausführlich im Buch „iCloud & Apple-ID“ erläutert.

iCloud & Apple-ID, ISBN 978-395431-085-2, € 22,50 amac-buch Verlag

Bild-in-Bild-Videos

In Safari haben Sie die Möglichkeit, Videos in einem eigenen kleinen Fenster abzuspielen, während man im Hintergrund bequem weiterarbeitet. Auf diese Weise können Sie z. B. eine Nachrichtensendung verfolgen, während Sie gleichzeitig Ihre E-Mails checken.

Die Funktion „Bild-in-Bild" ist sehr leicht aufzurufen. Wenn Sie auf einer Internetseite ein Video geöffnet haben, finden Sie in der Abspielleiste ein eigenes Symbol ❶ für das Bild-in-Bild-Video. Wenn Sie es anklicken, wird das Video in einem kleinen Fenster in der Bildschirmecke abgespielt. Sie können das Videofenster anschließend in jede Ecke des Displays verschieben und größer bzw. kleiner ziehen. Auch können Sie zu einem anderen Programm wechseln – das Videofenster wird immer im Vordergrund erscheinen. Um es zu schließen, können Sie entweder links oben auf das X-Symbol klicken ❷ oder das Symbol ❸ verwenden.

> **!** Die Funktion „Bild-in-Bild" gibt es auch in iTunes. Dort können Sie ebenfalls einen Film in einem eigenen Fenster abspielen lassen.

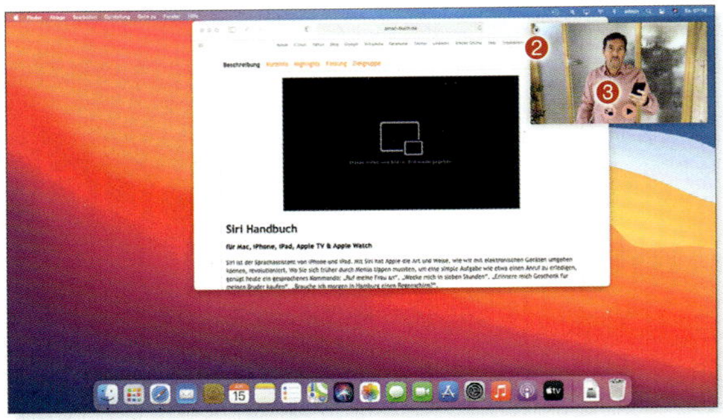

Videos in Safari und iTunes können in einem eigenen Fenster abgespielt werden.

Datenschutz

Sie haben sicher schon bemerkt, dass Safari beim Eintragen eines Suchbegriffs in der Adressleiste sofort darunter potenzielle Suchoptionen anbietet. Wollen Sie das unterbinden, sollten Sie in den *Einstellungen* bei *Suchen* die entsprechende Funktion deaktivieren.

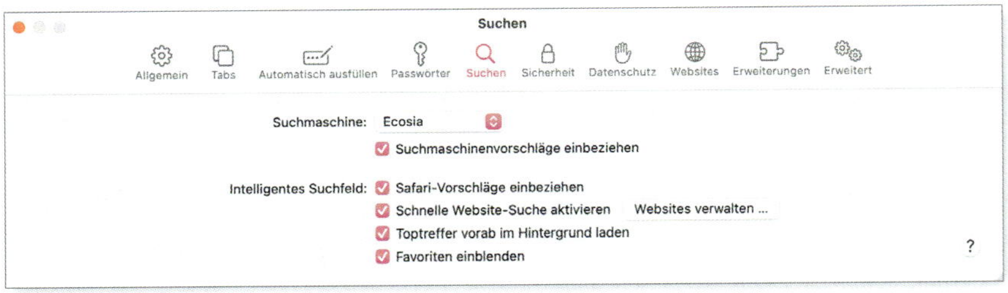

Die Einstellungen für die Internetsuche.

Ebenso kann das Website-Tracking abgelehnt werden, was eine sehr empfehlenswerte Einstellung ist, um weniger Spuren im Internet zu hinterlassen. Diese Option finden Sie bei *Datenschutz*.

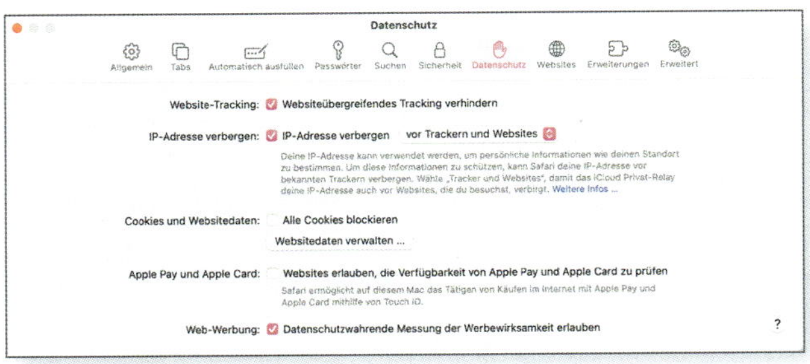

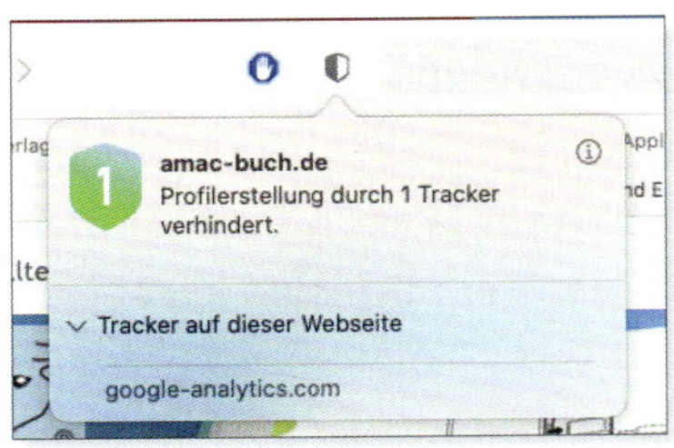

Im Bereich „Datenschutz" finden sich sehr interessante Grundeinstellungen für Safari. Sobald das Tracking aktiv ist, können Sie über das Icon neben der URL-Leiste einsehen, wieviele und welche Tracker verhindert werden konnten.

Tastenkombinationen

Um in Safari schnell und effektiv zu arbeiten, ist der Einsatz von Tastenkombinationen unerlässlich. Hier nun eine kleine Übersicht über die wichtigsten Tastenkombinationen von Safari.

Funktion	Tastenkombination
Den Focus auf die Eingabeleiste für die Internetadresse legen	cmd + L
Text vergrößern bzw. verkleinern	cmd + Plustaste bzw. cmd + Minustaste
Eine neue Seite im Privatmodus öffnen	cmd + Shift + N
Eine Bildschirmseite nach oben/unten springen	Bild-auf- bzw. Bild-ab-Taste
Ins nächste Eingabefeld springen	Tab-Taste
Liste mit zuletzt geöffneten Seiten öffnen	Auf „Zurück"-Pfeil klicken, Maustaste halten
Alle Tabs schließen	alt + Klick auf Schließenbutton eines Tabs
Zum Anfang einer Internetseite springen	cmd + Pfeil nach oben
Zum Ende einer Internetseite springen	cmd + Pfeil nach unten
Datei herunterladen und nicht automatisch im Browser öffnen lassen	alt + Klick auf Downloadlink
Hyperlink in neuem Tab öffnen	cmd + Klick
Aktuelle Seite als Lesezeichen sichern	cmd + D
Eine Seite zurückblättern	cmd + Pfeil nach links
Eine Seite vorwärtsblättern	cmd + Pfeil nach rechts

Wenn Sie in *Einstellungen –> Allgemein* bei z. B. *Neue Fenster* öffnen die Eigenschaft *Startseite* eingestellt haben, dann wird eben diese präsentiert.

Diese Startseite können Sie rechts unten durch Antippen der Regler noch anpassen.

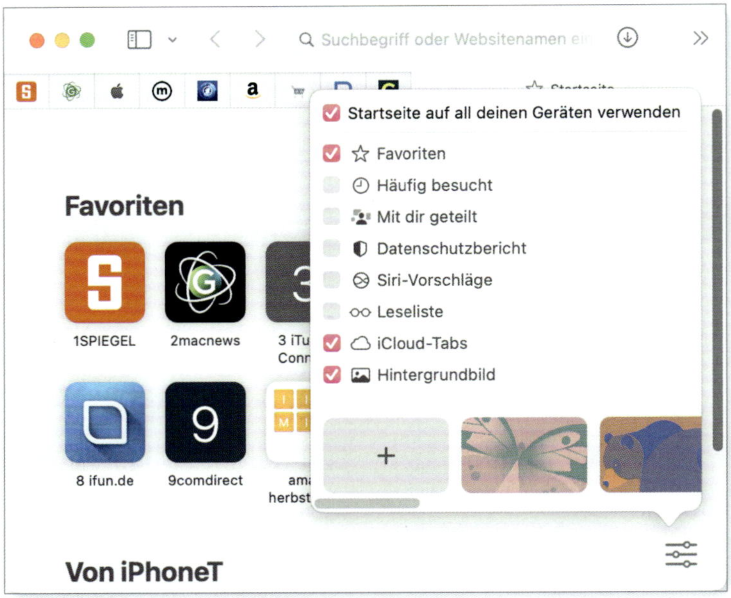

Neben den Icons, die die Startseite zeigen soll, können Sie ein Startseitenhintergrundbild einrichten.

Internetaccounts verwalten

Wer bereits ein iPhone oder ein iPad sein Eigen nennt, kennt die Funktionalität: Auch macOS kann natürlich mit E-Mails umgehen. Und ähnlich wie beim iPhone oder iPad kann dabei eine ganze Reihe von E-Mail-Accounts definiert werden und es gibt eine zentrale Applikation namens *Mail*, die sich um den E-Mail-Verkehr kümmert. Doch zunächst müssen die Zugangsdaten eingetragen werden, damit der Kontakt mit den E-Mail-Servern auch reibungslos klappt.

> ! macOS ist sehr clever. Sobald Sie zum Beispiel via Safari Ihren Google-Mail-Account ansteuern, erkennt das System dies und fragt sofort nach, ob dieser Account in die Systemeinstellungen übernommen werden soll.

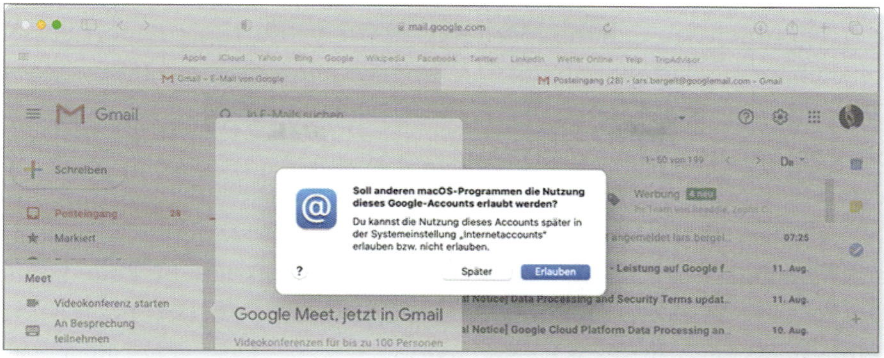

Google-Account wurde erkannt und kann in die Systemeinstellungen übernommen werden.

Systemeinstellungen „Internetaccounts"

In den *Systemeinstellungen* findet sich dazu ein sehr nützliches Tool, und zwar der Button *Internetaccounts*. Diese zentrale Funktion ist dazu gedacht, Accounts zu spezifizieren, die auch im Rahmen des Programms *Mail* zur Verwendung kommen.

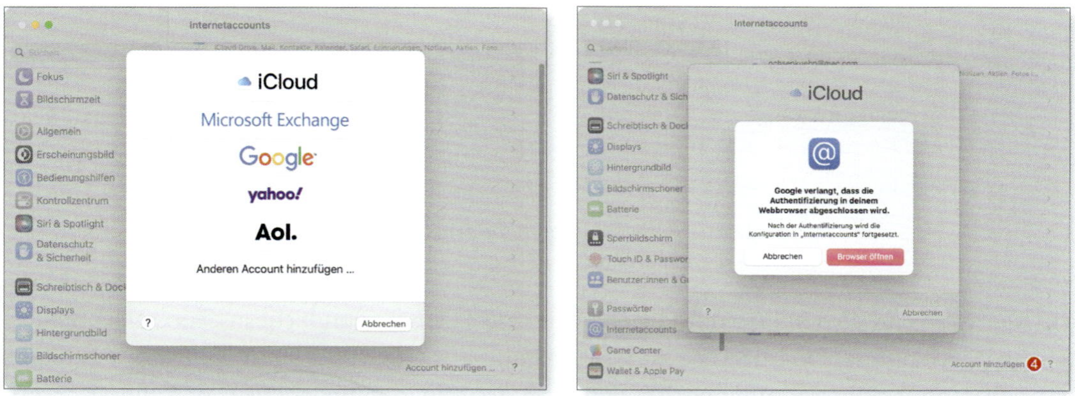

Einen neuen Account erstellen.

Wie Sie anhand des Bildschirmfotos sehen, habe ich mich für einen Google-Account entschieden und die entsprechenden Daten, meinen Namen, die E-Mail-Adresse und das Passwort, eingetragen. Der Account wird nach der Eingabe überprüft. Waren alle Daten korrekt, bietet Ihnen der nachfolgende Bildschirm die Möglichkeit, diesen Account für die Programme *Mail*, *Kalender, Kontakte* und *Notizen* zu verwenden.

Entscheiden Sie über das Anbringen von Häkchen, für welche Programme dieser Account verfügbar sein soll. In jedem Fall sollten Sie die Option *Mail* verwenden, um damit auf Ihre E-Mails zugreifen zu können. *Kalender* bringt Ihnen den reibungslosen Zugriff auf die Kalenderdaten, die Sie also nun sowohl online, zum Beispiel über Google, als auch mit den Programm *Kalender* auf Ihrem Mac pflegen können.

Haben Sie die Einstellungen Ihren Bedürfnissen entsprechend definiert, klicken Sie auf *Fertig*, um diesen Account in die Liste aufzunehmen.

Somit wurde bereits ein erster Account angelegt ❶. Die Einzelheiten zum Account sehen Sie rechts daneben bei *Details* ❷. Darunter bekommen Sie noch einmal die Bestätigung, mit welchen Programmen dieser Account zusammenarbeiten soll ❸. Über einen Doppelklick in eine Zeile können Sie direkt zur jeweiligen Applikation, also Mail, Kalender und Notizen, gelangen, um dort noch Feineinstellungen für den Account vorzunehmen.

Soll ein weiterer Account angelegt werden, klicken Sie auf *Account hinzufügen* ❹. Und auch das Folgende kann zuweilen notwendig werden: nämlich das Löschen eines Accounts ❺.

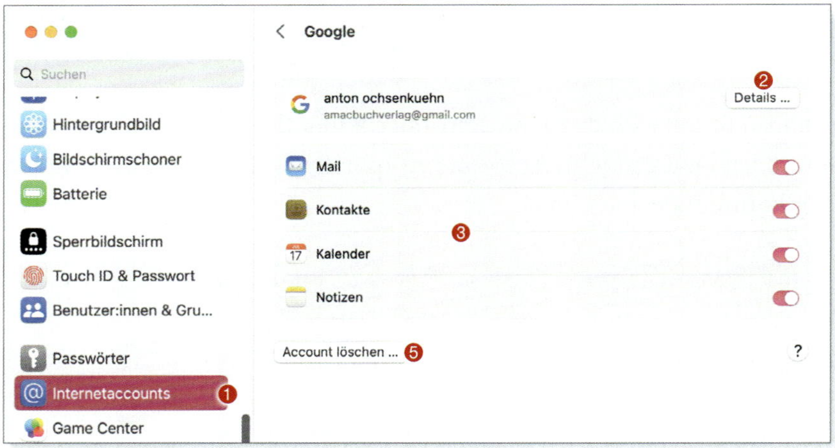

Die Systemeinstellung „Internetaccounts".

> **!** Bitte beachten Sie, dass bei **Account löschen** ❺ unter Umständen nicht in allen relevanten Programmen die Daten gelöscht werden. Wenn Sie zum Beispiel an das Programm Mail denken, mit dem Sie E-Mails empfangen oder gesendet haben, bedeutet **Account löschen** lediglich, dass dieser Account nicht mehr in Mail angelegt ist, aber der bisherige E-Mail-Verkehr natürlich im Programm erhalten bleibt.

Wir wollen nun einen weiteren Account definieren. Wenn Sie dazu auf *Account hinzufügen* klicken, erscheint wieder die Liste der Accounttypen. Dabei sind folgende E-Mail-Anbieter gelistet:

- iCloud,
- Microsoft Exchange,
- Google,
- Yahoo,
- AOL

Verfügen Sie also über einen Zugang bei einem dieser Anbieter, ist die Definition eines neuen Accounts von Apple bereits hinterlegt und damit rasch erledigt. Wenn Sie aber einen E-Mail-Account bei einem anderen Provider haben, sollten Sie den Button *Andere* anklicken.

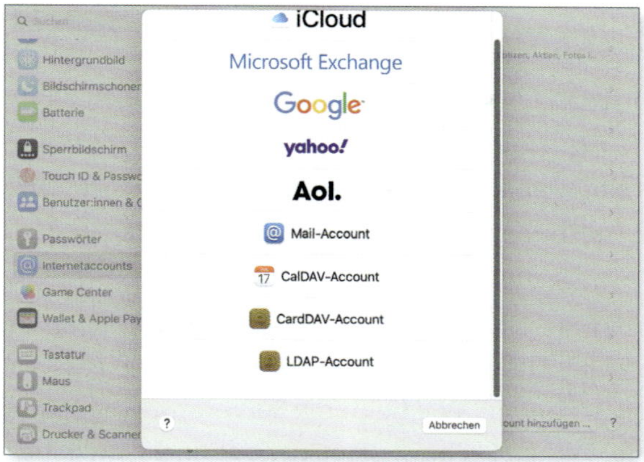

Weitere Accounttypen auswählen.

Wie Sie anhand der dazugehörigen Icons erkennen, sind diese Accounts speziellen Applikationen zugeordnet. Zum Beispiel ist ein *LDAP-Account* für die Definition von Adress- und Kontaktdaten zuständig; das dazugehörige Programm auf dem Mac, das hierbei mit Informationen gefüttert wird, ist *Kontakte*. Sie sehen also in der Liste der Accounttypen, dass entweder das Programm Mail, Nachrichten, Kalender oder das Programm Kontakte von der Erstellung eines Accounts beeinflusst wird.

Wir möchten nun einen weiteren *Mail-Account* definieren, wählen dazu die entsprechende Option aus und geben im nächsten Fenster die dazugehörigen Daten ein. Sind alle Daten eingetragen, klicken Sie auf *Anmelden* und das Programm versucht, über das Internet mit dem E-Mail-Anbieter in Kontakt zu treten.

Einen weiteren E-Mail-Account anlegen.

> **!** Sie sollten also beim Erstellen neuer Accounts unbedingt darauf achten, dass eine aktive Internetverbindung besteht. Nur so ist gewährleistet, dass die Einstellungen über das Internet verifiziert werden und der Account später auch funktioniert.

Sofern Sie eine E-Mail-Adresse bei einem nicht gelisteten Provider haben, werden entsprechenden Serverdaten nicht automatisch eingetragen. Das Apple-Betriebssystem ist also nicht in der Lage, für Ihren Provider die entsprechenden Daten zu liefern. Geben Sie also die Serverdaten manuell ein, die Sie von Ihrem Provider erhalten haben. Sofern es sich um einen E-Mail-Account handelt, wird über *Anmelden* das Programm *Mail* gestartet und Sie müssen die Erstellung des Accounts noch abschließen.

> **!** Bevor Sie einen Account definieren, sollten Sie alle dazu notwendigen Daten zusammentragen. Im Fall eines E-Mail-Accounts sind das Daten wie Name, E-Mail-Adresse, Passwort, aber auch die Serverdaten: Ist es ein IMAP- oder ein POP-Server? Wie heißt die Serveradresse für ausgehende, wie heißt die Adresse für eingehende E-Mails? Fragen Sie bei Ihrem Provider nach, um die entsprechenden Informationen zu bekommen und an dieser Stelle erfolgreich eintragen zu können.

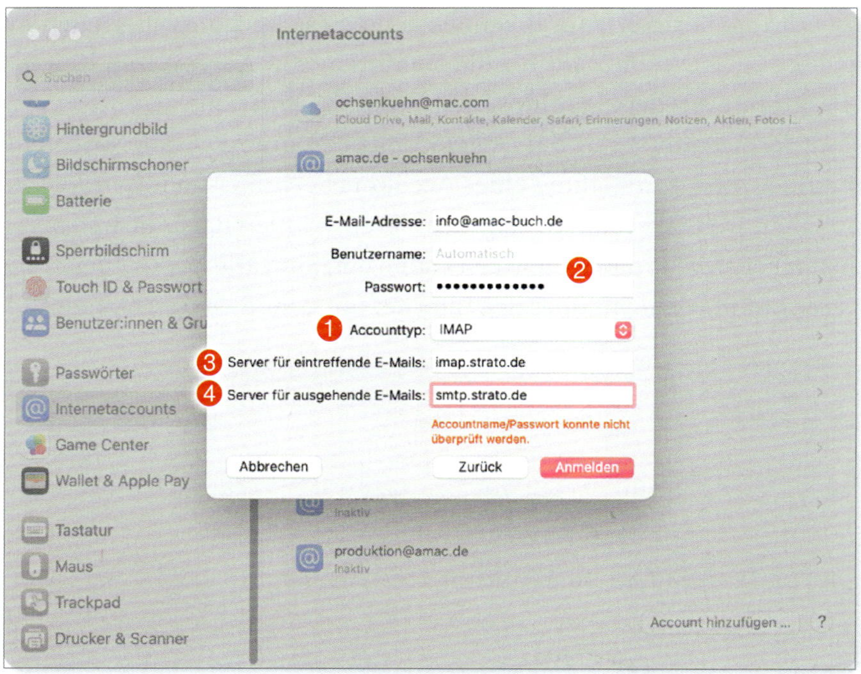

Einen E-Mail-Account erzeugen.

Zunächst einmal ist es wichtig, dass Sie wissen, mit welcher Art von Server Sie kommunizieren ❶. Sie haben dort die Wahl zwischen

- POP und
- IMAP.

Der *Benutzername* und das *Passwort* ❷ sind Ihre Zugangsdaten, mit denen Sie sich beispielsweise auch auf der Website des E-Mail-Anbieters einloggen würden, um Ihre E-Mails im Browser zu lesen. Wichtig wird es dann bei dem korrekten Eintrag im Feld *Server für eintreffende E-Mails* ❸. Das ist also der Computer, auf dem im Internet Ihre E-Mails zur Verfügung stehen – der Server, mit dem das Programm Mail kommunizieren muss, um Ihre E-Mails abzurufen.

Wann immer es geht, sollten Sie beim Servertyp *IMAP* bzw. *Exchange* verwenden. Der Hintergrund ist ein ganz einfacher: Haben Sie nämlich zusätzliche Geräte wie ein iPad oder ein iPhone, möchten Sie ja auch dort Ihre E-Mails empfangen und betrachten. Sowohl IMAP als auch Exchange haben die Eigenschaft, dass die E-Mails eigentlich im Internet liegen und auch dort verwaltet werden. Das heißt: Wenn Sie auf Ihrem iPad oder iPhone eine E-Mail gelesen haben, wird sie als gelesen markiert und wird genauso im Programm Mail dargestellt. Haben Sie bereits auf eine E-Mail geantwortet, wird auch diese gesendete E-Mail auf allen weiteren Geräten zur Verfügung stehen. Anders hingegen verhält sich ein *POP-Account.* Beim POP-Account werden alle E-Mails auf das abrufende Gerät heruntergeladen. Das heißt: Wenn Sie also auf einem Computer mit dem Programm Mail Ihre E-Mails empfangen und damit gearbeitet haben (Mails in verschiedene Ordner verschoben, gelesen und beantwortet etc.) und Sie dann anschließend mit einem mobilen Gerät wie einem iPhone oder iPad die E-Mails erneut abrufen, werden diese E-Mails auf Ihr zweites Gerät heruntergeladen. Sie sind also nicht auf dem gleichen Stand, den Sie auf Ihrem Rechner vorher erzeugt haben. Deshalb sind IMAP und Exchange heute erste Wahl, um mit E-Mail-Daten zu arbeiten.

Anschließend ist es notwendig, dass Sie den zweiten Server definieren, mit dem Sie arbeiten müssen: *Server für ausgehende E-Mails* ❹. Wichtig ist hier wieder der korrekte Eintrag eines SMTP-Servers. Das ist also der Rechner im Internet, über den Ihre E-Mails versendet werden. Sind alle Einstellungen korrekt, klicken Sie auf *Anmelden* und sogleich werden die Daten überprüft.

> **!** Sollten Sie nachträglich eine Änderung in den Accountinformationen vornehmen wollen, können Sie das nun – sofern es sich um einen E-Mail-Account handelt – bequem im Programm Mail tun. Gehen Sie dort über den Menüpunkt **Mail –> Einstellungen** und Sie finden im Bereich **Accounts** die hinterlegten Zugangsdaten bei **Servereinstellungen** für den E-Mail-Zugang.

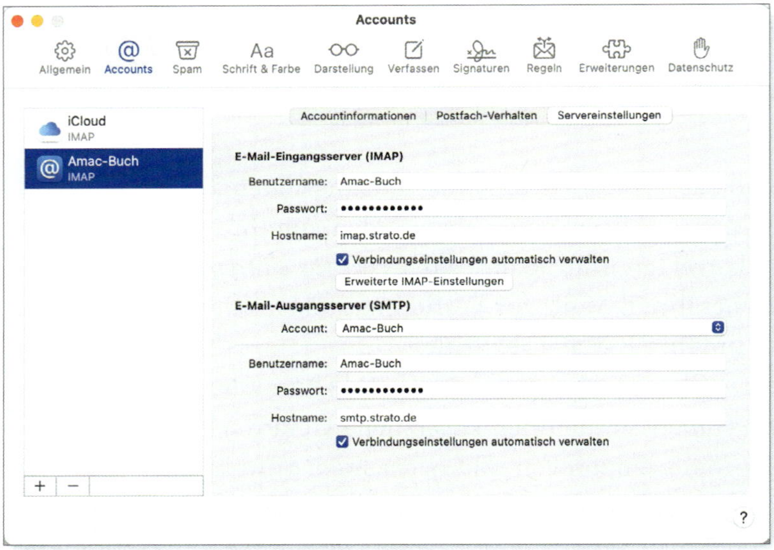

Accountinformationen im Programm Mail.

Haben Sie statt eines E-Mail-Accounts einen Account für Kalender, für Kontakte oder für Nachrichten hinterlegt, sind auch dort diese Einstellungen nachträglich einsehbar und natürlich korrigierbar. Das nachfolgende Bildschirmfoto zeigt Ihnen beispielhaft das Programm Kalender, bei dem im Reiter *Accounts* der Google-Account zu sehen ist.

Google-Account im Programm Kalender.

> **!** In allen Apple-Programmen wie Mail, Kalender, Kontakte etc. kommen Sie immer sehr rasch in die Einstellungen, indem Sie die Tastenkombination **cmd + ,** (Komma) verwenden.

Kommen wir nun noch einmal zurück zu den Systemeinstellungen *Internetaccounts*. Sie können hier noch eine beliebige Anzahl von Accounts anlegen, um die Programme Mail, Kontakte, Nachrichten und Kalender mit Informationen zu versorgen.

Das Programm Mail

Import von E-Mails im Programm Mail

Aber nun zum Programm Mail und dessen Accounts. Haben Sie bereits vorher mit einem anderen Computer oder einem anderen Programm Ihre E-Mails verwaltet, bietet Ihnen das Programm Mail auch die Funktion, diese Daten von nun an mit Mail weiterzuverwenden. Zuständig hierfür ist der Menüpunkt *Ablage –> Postfächer importieren*.

> ! Sie sehen im Menüpunkt **Ablage** auch den Eintrag **Account hinzufügen**, was nichts anderes bedeutet, als einen neuen Account über die Systemeinstellungen anzulegen.

Sobald Sie diesen Eintrag aufrufen, zeigt Ihnen das Programm Mail, aus welchen anderen Applikationen E-Mail-Informationen geladen werden können.

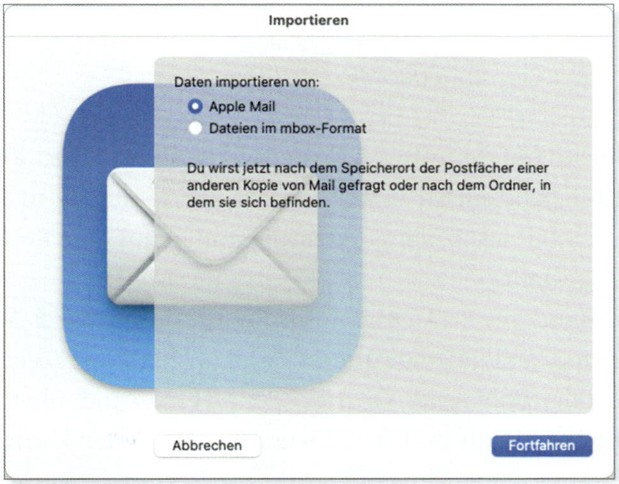

Importieren von Postfächern für Mail.

Sie sehen also, neben Apple Mail-Daten auch das mbox-Format einlesen kann. Je nach Auswahl des Importformats unterscheidet sich die weitere Vorgehensweise. Im Regelfall haben Sie binnen weniger Minuten Ihren bestehenden E-Mail-Verkehr erfolgreich in das Programm *Mail* übertragen und können damit weiterarbeiten.

Mail-Fenster

Haben Sie nun das Programm *Mail* gestartet und erfolgreich Accounts angelegt, präsentiert sich Ihnen das Programm möglicherweise in der folgenden Darstellung:

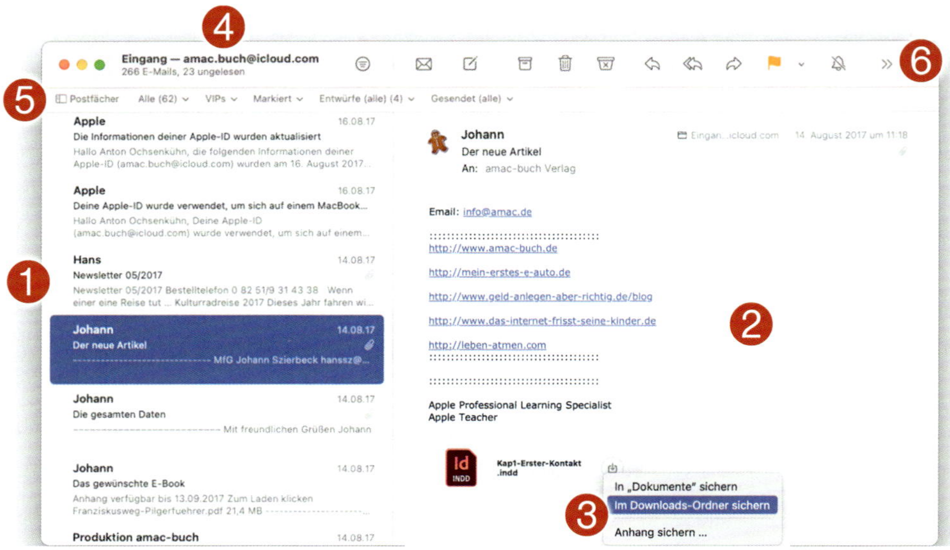

Überblick Mail-Fenster.

Sie sehen zunächst auf der linken Seite Ihren Posteingang ❶ und dort alle E-Mails, die vom Server erfolgreich übermittelt wurden. Klicken Sie eine E-Mail in der Spalte an, so erscheint rechts daneben ❷ der Inhalt und Sie können die Mail lesen. Tippt oder klickt man auf eine E-Mail doppelt, wird ihr Inhalt in einem eigenen Fenster dargestellt.

Des Weiteren sehen Sie anhand des Bildschirmfotos bei ❸, dass diese E-Mail einen Dateianhang enthält. Kleinere Dateien werden direkt geladen und in der App Mail angezeigt. Größere Dateien können von Ihnen in den *Dokumente*- oder *Downloads*-Ordner oder an einen anderen Ort gelegt werden. Nachdem sich ja nun eine ganze Reihe von E-Mails in Ihrem Posteingang befinden kann, gibt es die Möglichkeit, die E-Mails zu sortieren. Standardmäßig wird nach Datum sortiert, und zwar erscheint die neueste E-Mail ganz oben.

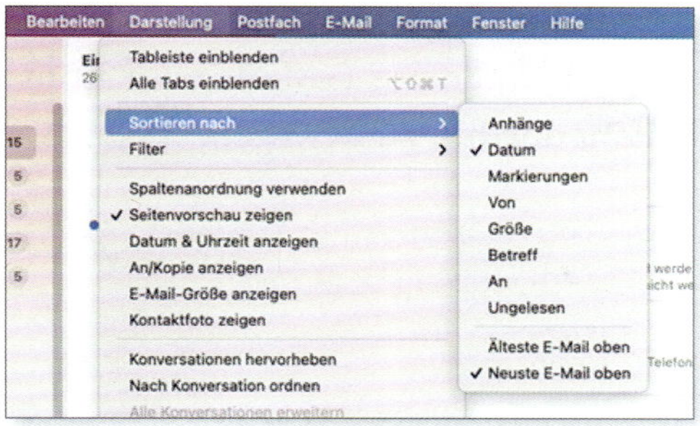

Die Sortierung der E-Mails kann über das Menü „Darstellung" eingestellt werden.

Sie sehen also: Sie können Ihre Mails nach Absender, Größe, Betreff, Empfänger etc. sortieren lassen.

Aber wieder zurück zum Mail-Fenster. Wir haben ja vorhin mehrere E-Mail-Accounts angelegt. Wie Sie sehen, erscheint oben im Titel ❹ der Eintrag, in welchem E-Mail-Account und in welchem Ordner des jeweiligen Accounts Sie gerade arbeiten. Sie erkennen in unserem Beispiel, dass wir derzeit im Account namens *amac.buch@icloud.com* den *Eingang* einsehen, und wir finden dort 113 E-Mails. Nun haben wir aber mehrere Accounts angelegt und möchten auch eine Übersicht über diese bekommen. Klicken Sie hierzu im Mail-Fenster auf den Button *Postfächer*.

! Die Funktion **Postfächer** ❺ ist übrigens in der Favoritenleiste untergebracht. Diese kann über das Menü **Darstellung** auch ausgeblendet werden. Doch ist sie überaus nützlich, weil man damit raschen Zugriff auf wichtige Elemente hat. Klicken Sie hierzu jeweils auf das kleine Dreieck nach unten, um weitere Einträge auflisten zu lassen.

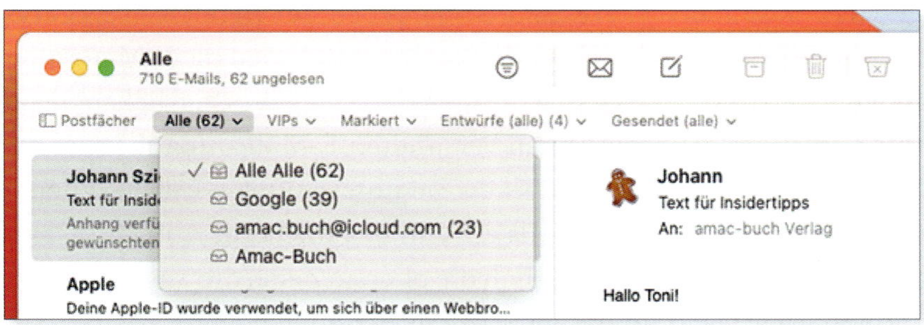

Favoritenleiste erlaubt raschen Zugriff auf wichtige Dinge.

Sie können des Weiteren auch eigene Ordner oder Postfächer in die Favoritenleiste ziehen. Dazu sollten Sie die Übersicht der Postfächer einblenden und dann per Drag & Drop das gewünschte Element in die Favoritenleiste ziehen. Auch die Reihenfolge der Favoritenleistenelemente kann angepasst werden. Um

Einträge aus der Leiste zu entfernen, ziehen Sie sie nach unten aus der Leiste heraus. Wie ein Dock-Icon verpufft dann der Eintrag. Außerdem können Sie E-Mails oder Konversationen auf einen Eintrag der Favoritenleiste ziehen, um das Element dorthin zu bewegen.

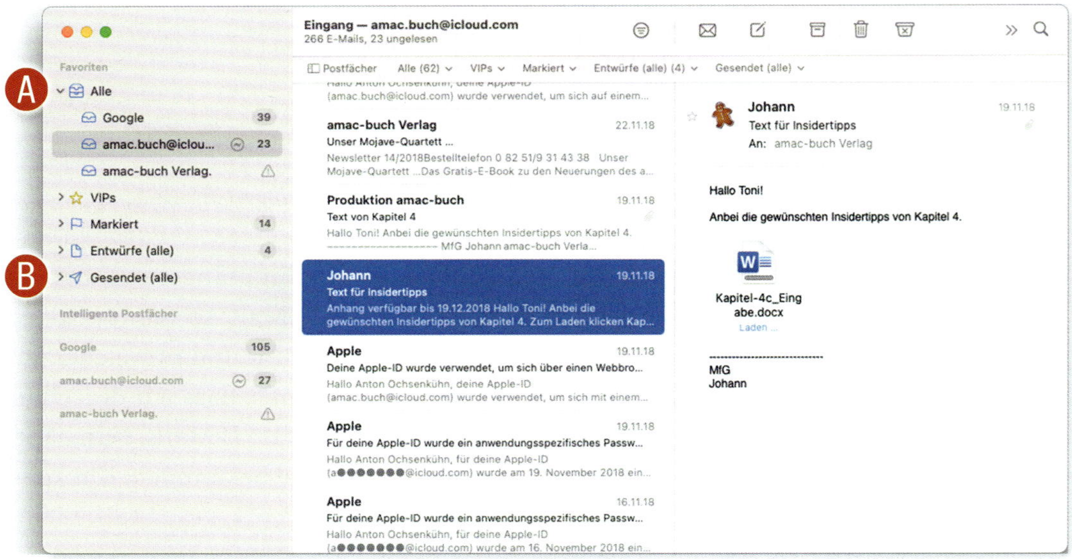

Dreispaltige Darstellung in Mail.

Sie sehen in einer neuen Spalte ganz links im Bereich *Favoriten*, dass wir derzeit drei E-Mail-Accounts aktiviert haben, nämlich einen Google-Account, einen iCloud-Account und einen namens *amac-buch Verlag*. Und Sie können über diese dritte Spalte in die verschiedenen E-Mail-Accounts gelangen und dort die E-Mails begutachten. Besonders interessant ist natürlich der Bereich *Alle* A (haben Sie nur einen E-Mail-Account, dann steht dort *Eingang*), denn dieser sammelt Ihnen die E-Mails aller Accounts in einer Darstellung zusammen. Ebenso verhält es sich übrigens bei *Gesendet* B. Klicken Sie den Begriff *Gesendet* an, erhalten Sie eine Auflistung aller von Ihnen versandten E-Mails, unabhängig davon, über welchen Account die Nachrichten gesendet wurden. Klicken Sie unterhalb von *Gesendet* den jeweiligen Account an, können Sie die von dort versendeten E-Mails einzeln begutachten.

Ein Element im Mail-Fenster fehlt noch, nämlich die oberste Zeile, die *Symbolleiste*. In der Symbolleiste finden Sie eine Reihe von wichtigen Funktionen, wie das Erstellen neuer E-Mails, das Antworten etc. Im rechten Teil der Symbolleiste finden Sie die Suchfunktion, die Ihnen über Spotlight das Durchsuchen Ihrer E-Mails ermöglicht. Und ganz links in der Ecke finden Sie wieder den grünen Knopf für den Vollbildmodus, um das Programm Mail ohne die zusätzlichen Symbolleisten betreiben zu können.

Eine neue E-Mail erstellen

Soll nun mit dem Programm Mail eine neue E-Mail verfasst werden, verwenden Sie den dazugehörigen Button in der Symbolleiste links oder führen Sie die Aktion durch die Tastenkombination *cmd + N* aus. Daraufhin erhalten Sie ein neues E-Mail-Fenster.

▶I Neue E-Mail erstellen 04_07

http://macos2023.amac-buch.de/#04_07

Im Programm **Mail** können jede Menge Informationen in eine E-Mail übernommen werden. Und über das **Teilen**-Menü können von anderen Apps Informationen sofort per E-Mail weitergereicht werden.

Wenn Sie an einem Mac eine E-Mail schreiben, werden Sie das @-Zeichen benötigen. Für die Anwender, die bisher mit Windows-Systemen gearbeitet haben, sei verraten, dass Sie das @-Zeichen über die Tastenkombination *alt + L* erreichen können. Überhaupt unterscheidet sich die Apple-Tastatur ein wenig von einer Windows-Tastatur, deshalb nachfolgend einige wichtige Shortcuts für häufig genutzte Sonderzeichen:

Tastenkombination	Zeichen
alt + L	@
alt + E	€
alt + Shift + E	‰ (Promille)
alt + Ü	• (Aufzählungspunkt)
alt + G	©
alt + R	®
alt + Shift + 7	\ (Backslash)
alt + 7	| (Pipe)

! Weitere Zeichen bzw. Emojis erhalten Sie, wenn Sie via **cmd + ctrl + Leertaste** die **Zeichenübersicht** zum Vorschein bringen.

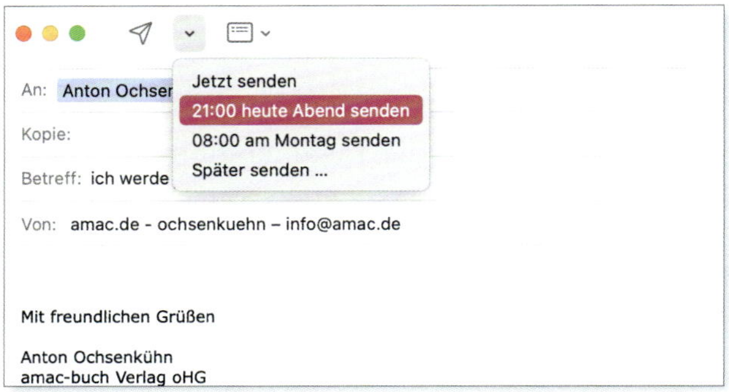

Haben Sie neben dem Sende-Pfeil das Häkchen nach unten schon entdeckt? (links) Damit können Sie E-Mails zeitverzögert versenden. Und wenn Sie schnell reagieren, können Sie das Senden widerrufen (rechts). Dieser Hinweis erscheint in der linken Spalte ganz unten für eine bestimmte Zeitspanne (Einstellungen –> Verfassen –> Senden)

!

Möchten Sie sich beim Schreiben Ihrer E-Mail mit der Tastatur durch den Text bewegen, verwenden Sie die **cmd**-Taste zusammen mit der **Pfeiltaste nach links** oder **rechts**, um an den Zeilenanfang bzw. das Zeilenende zu gelangen. Mit **cmd + Pfeiltaste nach oben** oder **unten** gelangen Sie an das obere oder untere Ende Ihrer E-Mail.

!

Wenn Sie sehen möchten, was das Programm Mail gerade tut, zum Beispiel eine E-Mail versenden oder Ihren Posteingang auf neue Mails überprüfen, ist es ein guter Rat, über den Menüpunkt **Fenster** die **Aktivität** nach vorn zu holen.

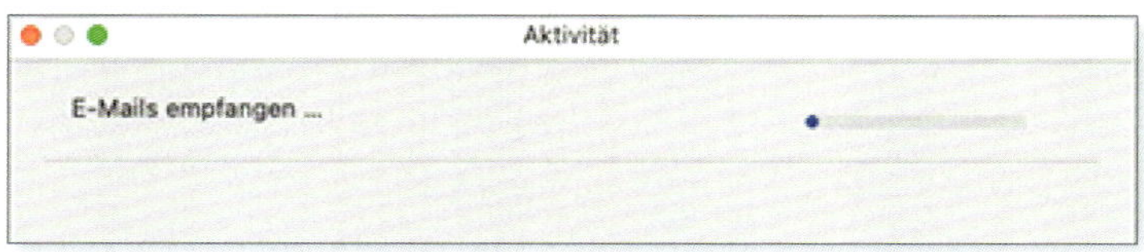

Aktivitätsfenster in Mail.

Dort erhalten Sie in verschiedenen Balken dargestellt, welche Aktionen das Programm gerade ausführt. Über den Menüpunkt *Fenster* haben Sie weitere nützliche Funktionen im Zugriff: Um das *Hauptfenster* hervorzuholen, benutzen Sie die Tastenkombination *cmd + 0*.

Wenn Sie überprüfen möchten, ob alle E-Mail-Accounts auch mit den dazugehörigen Servern problemlos kommunizieren, wählen Sie im Menüpunkt *Fenster* den Eintrag *Verbindung prüfen*.

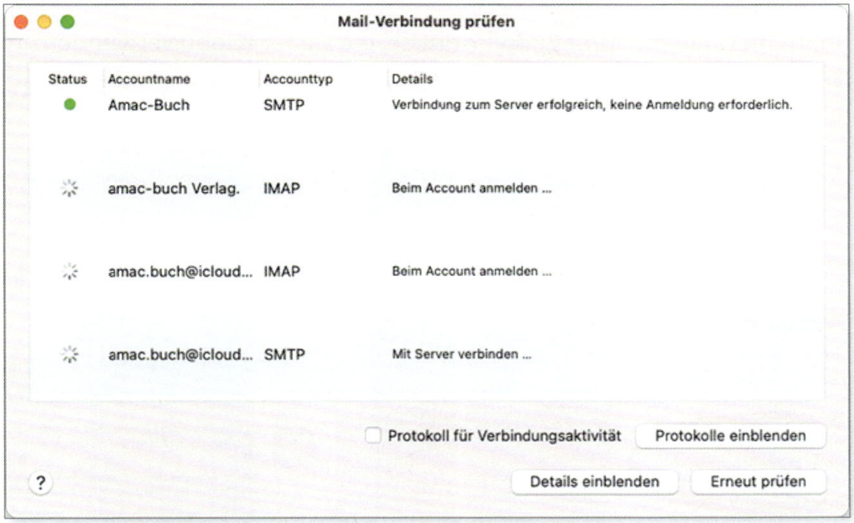

Verbindung prüfen in Mail.

Mail Drop

Das Versenden von großen Dateianhängen ist meistens eine Zitterpartie, da Sie nicht wissen, wie groß das Postfach des Empfängers ist und ob dieses die E-Mail mit dem großen Anhang aufnehmen kann. Mit der Funktion *Mail Drop* ist dies nun kein Problem mehr. Das Programm Mail nutzt beim Versenden von großen Dateianhängen Ihren iCloud-Account, um dort die Anhänge zwischen zu speichern. Apple nennt diese Funktion Mail Drop. Der Anhang ist also nicht komplett in die E-Mail integriert, sondern wird gesondert übertragen und erst bei Bedarf heruntergeladen. Damit wird das Postfach des Empfängers nicht belastet und der Versand von großen Dateien ist damit problemfrei. Ihnen bleibt der Umweg über FTP-Server, Dropbox, OwnCloud oder andere Cloud-Speicher erspart.

> **!** Da der iCloud-Account zum Zwischenspeichern der E-Mail-Anhänge genutzt wird, beschränkt dessen Größe auch die Größe der E-Mail-Anhänge. Ein normaler iCloud-Account hat 5 GByte kostenlosen Speicher.

Was muss man für Mail Drop einstellen? Eigentlich gar nichts! Es funktioniert alles automatisch. Sie schreiben wie gewöhnlich eine E-Mail mit Anhang und versenden Sie. Den Rest erledigt Apple.

> **!** Mail Drop funktioniert nur mit Ihrer E-Mail-Adresse, die Sie für iCloud verwenden. Im Regelfall ist dies Ihre Apple-ID. E-Mail-Adressen, die bei anderen Provider (GMX, Telekom, etc.) registriert sind, können Mail Drop nicht verwenden.

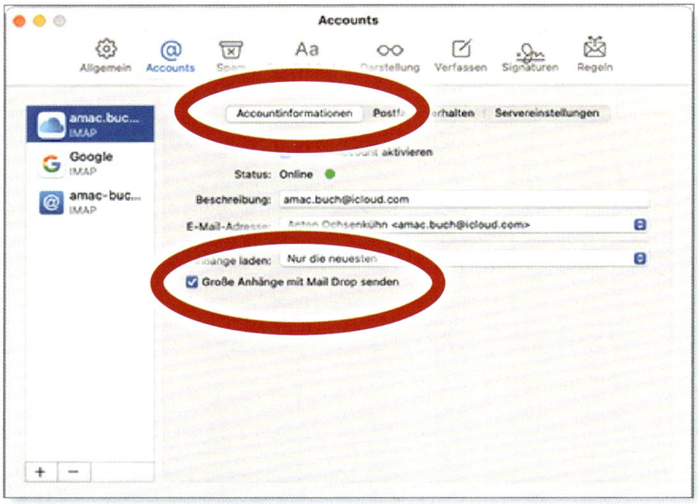

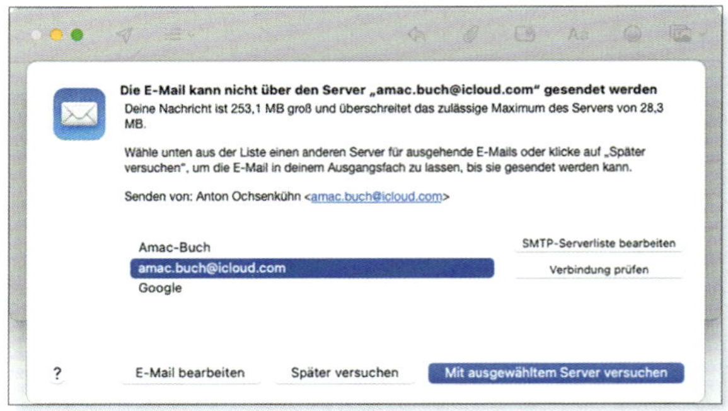

Mail Drop kann auch ausgeschaltet werden (links), was aber zu Problemen beim Versenden führen kann (rechts).

Mail Drop ist standardmäßig für die iCloud-Adresse eingeschaltet. Sie können es aber auch deaktivieren, um Dateianhänge wie gewöhnlich in der E-Mail integriert zu verschicken. In den *Einstellungen* bei *Accounts* finden Sie im Bereich *Accountinformationen* die Funktion *Große Anhänge mit Mail Drop senden*, die Sie bei Bedarf ausschalten können.

Was muss der Empfänger tun? Eigentlich nur ganz wenig. Wenn der Empfänger auch mit dem Programm Mail arbeitet, wird der Anhang ganz normal im Hintergrund heruntergeladen. Er merkt eigentlich nichts davon, dass der Anhang bei iCloud gespeichert ist.

Wenn der Empfänger allerdings mit einer älteren Version von Mail arbeitet, oder ein anderes E-Mail-Programm im Einsatz hat, steht in der E-Mail eine Aufforderung zum Herunterladen der Daten, die zeitlich beschränkt ist. Wenn diese Aufforderung angeklickt wird, startet der Internetbrowser und der Anhang wird über den Browser auf den Datenträger geladen. Er liegt dann normalerweise im *Download*-Ordner des Rechners.

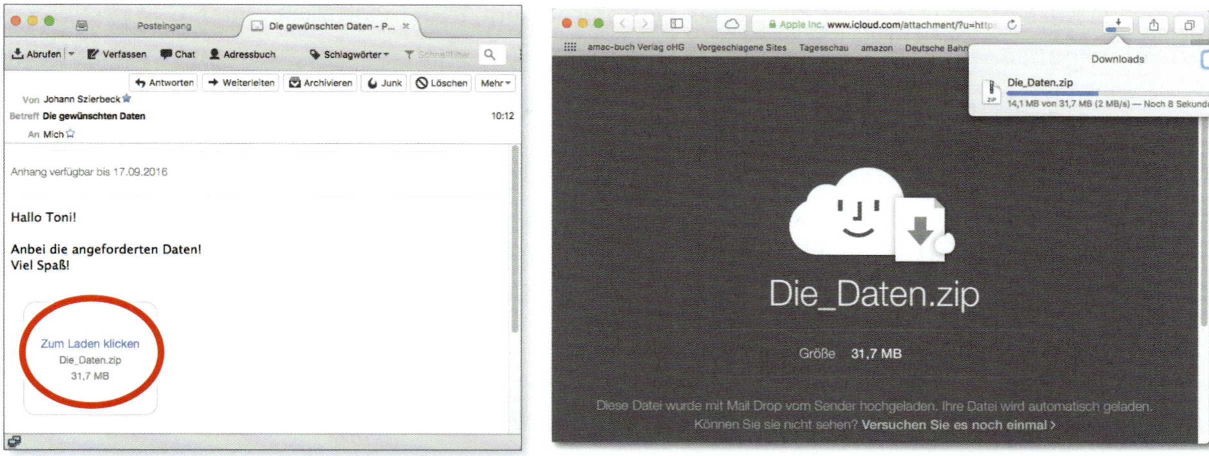

Auf älteren oder anderen Mail-Programmen muss der Anhang über den Internetbrowser geladen werden.

E-Mails empfangen und verwalten

Das Programm Mail ist standardmäßig so eingerichtet, dass es alle fünf Minuten neue E-Mails aus dem Internet abholt und in Ihren Posteingang einsortiert. Selbstverständlich kann dieses Zeitintervall konfiguriert werden. Wählen Sie dazu im Menüpunkt *Mail* wieder die *Einstellungen*. Über den Bereich *Allgemein* gelangen Sie in die Grundeinstellungen.

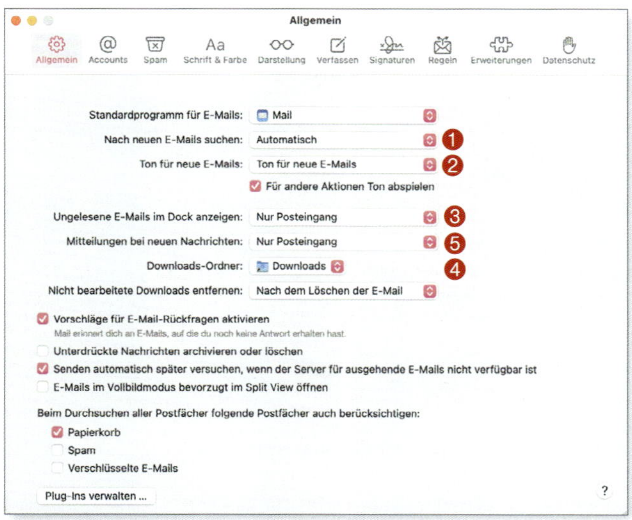

Allgemeine Einstellungen des Programms Mail.

Geben Sie bei *Nach neuen E-Mails suchen* ❶ das Zeitintervall ein, in dem Sie nach neuen E-Mails suchen möchten. Dort können Sie ein Intervall auswählen oder die Eigenschaft *Manuell* verwenden, um selbst zu definieren, wann neue E-Mails geladen werden sollen. Darunter können Sie bei *Ton für neue E-Mails* ❷ einen Klang auswählen, der abgespielt wird, sobald eine neue E-Mail Ihren Rechner erreicht.

Sicher haben Sie schon bemerkt, dass das Mail-Icon im Dock die Anzahl der noch nicht gelesenen E-Mails darstellt. Diese Eigenschaft ist standardmäßig eingeschaltet und zu finden bei ❸ *Ungelesene E-Mails im Dock anzeigen*. Dort könnten Sie definieren, welchen Ordner Mail auslesen und als Information im Dock-Icon darstellen soll. Die Option *Nur Posteingang* ist hier eine sehr gute Wahl.

Anzeige ungelesener E-Mails im Dock-Icon.

Und natürlich erscheinen neue E-Mails ebenso in den Benachrichtigungen. Die Feineinstellungen hierzu finden Sie unter *Systemeinstellungen –> Mitteilungen*. Vergessen Sie an dieser Stelle nicht, in den Einstellungen bei ❹ als Downloadordner den Ordner *Downloads* beizubehalten. Das heißt, wenn Sie E-Mail-Anhänge erhalten, werden diese nach dem Herunterladen in den *Downloads*-Ordner übertragen. Sie erinnern sich: Dieser Ordner ist auch im Dock hinterlegt. Dadurch haben Sie schnellen Zugriff auf alle Anhänge, die Ihnen per E-Mail übermittelt wurden.

Mail arbeitet natürlich mit der Mitteilungszentrale zusammen. Stellen Sie ein, welche neuen Nachrichten ❺ (zum Beispiel nur VIP) in der Mitteilungszentrale dargestellt werden sollen.

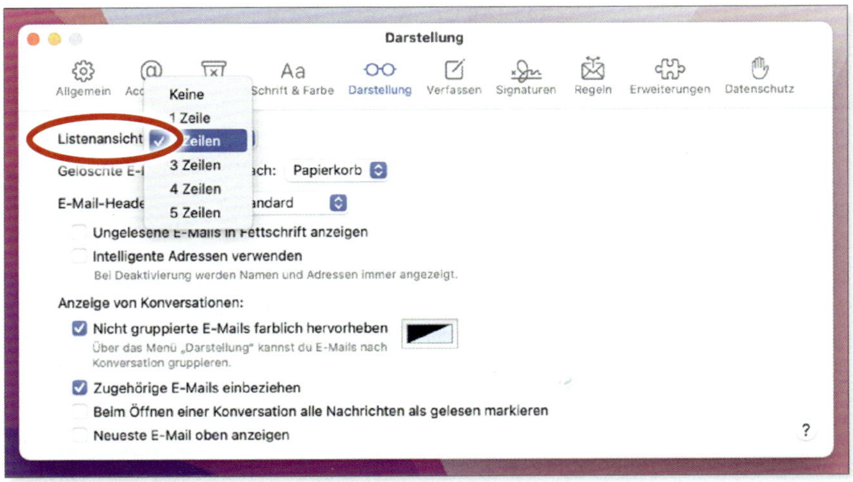

Definition der Listenansicht.

Außerdem können Sie in den Einstellungen bei *Anzeigen* die *Listenansicht* justieren. Wenn Sie *Keine* auswählen, wird in der Liste der E-Mails nach der E-Mail-Adresse nur noch der Betreff angezeigt und eben keine weitere Zeile mit dem Inhalt der E-Mails. Je mehr Zeilen Sie anzeigen lassen, desto weniger E-Mails passen auf Ihren Bildschirm.

Haben Sie vorhin in den *Einstellungen* den Empfang von E-Mails auf *Manuell* umgestellt, müssen Sie als Anwender ab und an die E-Mails auch von Ihren Servern abrufen. Hierzu finden Sie im Menü *Postfach* die notwendigen Einträge.

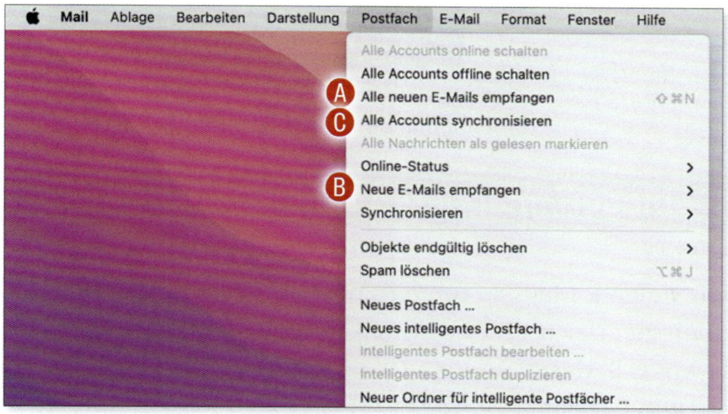

Neue E-Mails abrufen.

Verwenden Sie den Menüeintrag *Alle neuen E-Mails empfangen* bzw. die Tastenkombination *cmd + Shift + N* **A**, um die Abfrage für alle Accounts zu starten. Wollen Sie nur einen bestimmten Account auf neue E-Mails prüfen, verwenden Sie den Menüpunkt *Neue E-Mails empfangen* und wählen dann den dazugehörigen Account aus **B**.

> **!** Sofern Sie Ihre E-Mail-Postfächer mit verschiedenen Geräten abrufen, also beispielsweise mit einem iPad, iPhone oder einem weiteren Computer, so ist es durchaus sinnvoll, ab und an den Menüpunkt **Alle Accounts synchronisieren** **C** auszuführen. Damit geben Sie dem Programm Mail Bescheid, dass es nicht nur die Posteingänge, sondern auch Unterordner bzw. den Ordner **Gesendet**, der ja ebenfalls im Internet existiert, mit Ihrem lokalen Ordner synchronisieren und damit abgleichen soll. Haben Sie lediglich einen iCloud-E-Mail-Account, so heisst der Menüpunkt **„iCloud" synchronisieren** statt **Alle Accounts synchronisieren**. Sie gewährleisten so, dass die E-Mails im Internet absolut identisch mit der lokalen Version auf Ihrem Rechner sind.

Sicher haben Sie schon bemerkt, dass Sie unterhalb der Symbolleiste über die Begriffe *Ausblenden*, *Eingang*, *Gesendet* etc. raschen Zugriff auf Ihre E-Mails erhalten. Noch interessanter ist – Sie sehen es am

Begriff *Alle*, aber auch bei *Gesendet* –, dass Sie durch das Anklicken des kleines Pfeils daneben nicht nur in den kompletten Posteingang hineinsehen, sondern, sofern Sie mehrere Accounts definiert haben, sich alle Posteingänge einzeln anzeigen lassen können.

Posteingang mit Unterordnern.

▶I E-Mails filtern, ablegen, markieren und in Postfächer bewegen 04_08

http://macos2023.amac-buch.de/#04_08

Wer mit vielen E-Mails zu tun hat, der sucht händeringend nach Funktionen, um sich die Arbeit zu erleichtern. In diesem Video sehen Sie eine Fülle von Tricks, die Ihnen helfen wie z. B. das

- Filtern von E-Mails
- Markieren durch farbliche Kennzeichnung bzw. als VIP-Absender
- Erstellen neuer Postfächer und dem Ablegen von E-Mails

Sollten Sie bestimmte Postfächer vermissen wie z. B. *Gesendet (alle)* oder *Papierkorb (alle)* etc. dann verwenden Sie das Plus-Icon neben dem Begriff Favoriten.

Weitere Postfächer lassen sich über das Plus-Symbol einblenden.

! Die Filterfunktion wechselt standardmässig zwischen gelesenen und ungelesenen E-Mails. Aber über **Darstellung –> Filter** stehen weitere Funktionen zur Verfügung.

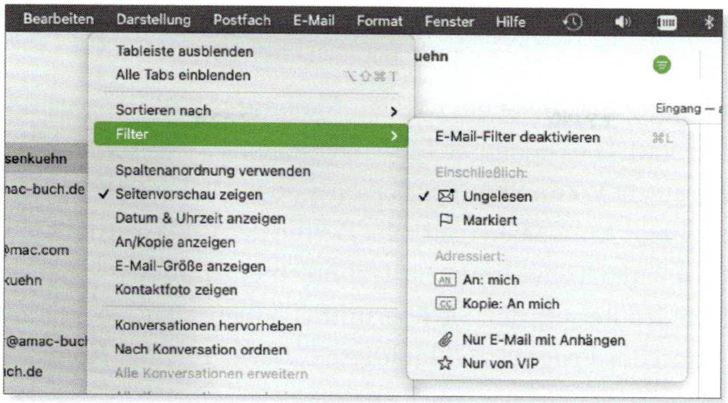

Raffinierte Filterfunktionen finden Sie im Menüpunkt „Darstellung".

▶I Regeln und intelligente Postfächer 04_09

http://macos2023.amac-buch.de/#04_09

Die App Mail bietet Ihnen weitere pfiffige Funktionen an, wie Sie der E-Mailflut Herr werden können. Nutzen Sie die sogenannten **Regeln** und **Intelligente Postfächer**. Zusätzlich ist das Aktivieren des **Spam**-Filters empfehlenswert.

Eine weitere Möglichkeit besteht darin, sich an empfangene oder gesendete E-Mails zu einem späteren Zeitpunkt erinnern zu lassen.

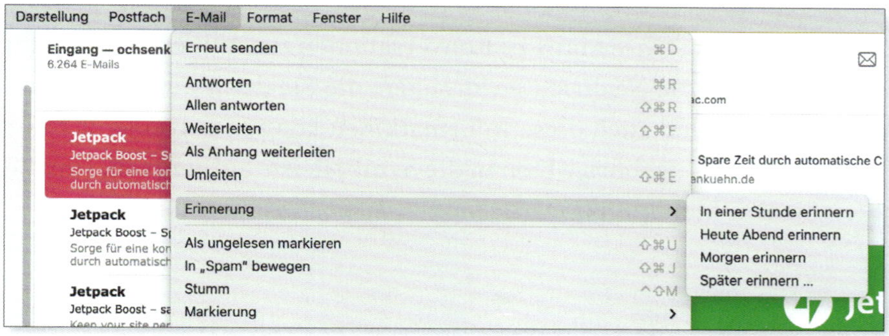

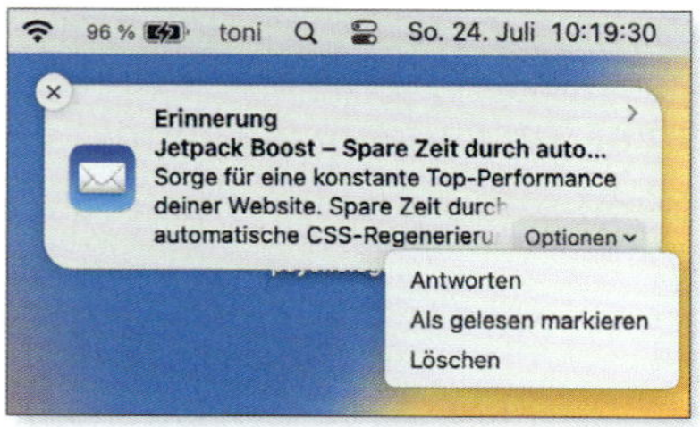

Wenn Sie sich an eine E-Mail erinnern lassen wollen, dann verwenden Sie den Menüpunkt „E-Mail –> Erinnerung" oder verwenden das Kontextmenü.

Konversationen

Wenn Sie in einen Posteingang hineinsehen, werden Sie häufig E-Mails vorfinden, die mit einer blauen Nummer mit Pfeil versehen sind. Dies bedeutet: Mail hat hier eine *Konversation* gekennzeichnet. Was aber ist eine Konversation? Ganz einfach: Wenn Sie einer Person eine E-Mail senden, wird diese Person im Regelfall auf Ihre E-Mail antworten. Beim Antworten bleibt der Betreff der E-Mail erhalten. Und genau damit arbeitet das Programm Mail: Es erstellt die Konversation aufgrund einer Analyse der Betreffzeilen. Die antwortende Person stellt im Regelfall vor den Betreff, den Sie übermittelt haben, ein *Re:* oder ein *Aw:* für *Reply*, zu Deutsch *Antwort*. Und daraufhin kann das Programm Mail diese E-Mails zu einer Konversation zusammenführen.

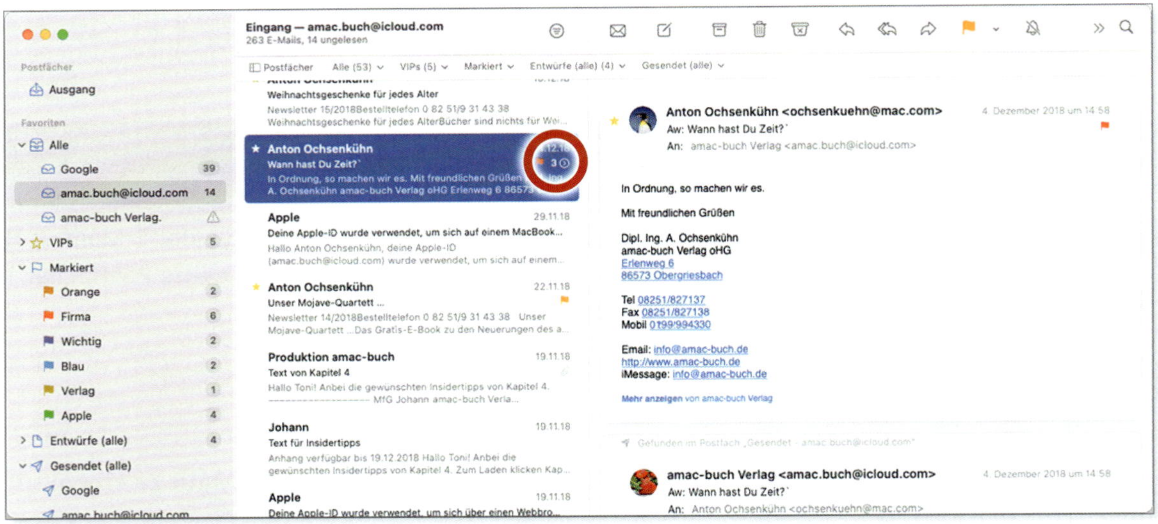

E-Mail-Konversation.

Das Programm Mail fasst also die Antworten auf Ihre Mails zu Konversationen zusammen. Interessant wäre es nun, zusätzlich zu den Antworten noch die Nachrichten zu sehen, die Sie der jeweiligen Person während der Konversation übermittelt haben. Und auch diese Informationen können eingeblendet werden. Am einfachsten gelingt dies, indem Sie das zugehörige Icon in die Symbolleiste aufnehmen. Um die Symbolleiste zu modifizieren, wählen Sie den Menüpunkt *Darstellung –> Symbolleiste anpassen*.

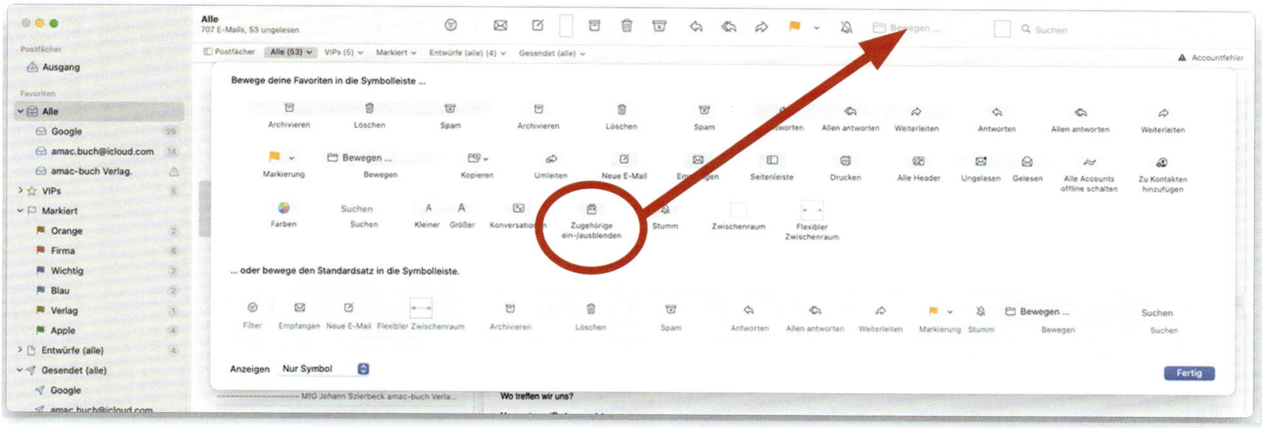

Symbolleiste in Mail anpassen.

Nehmen Sie nun das Symbol *Zugehörige E-Mails ein-/ausblenden* und ziehen Sie es an einen Platz innerhalb Ihrer Symbolleiste, um rasch auf diese Funktionen zugreifen zu können. Sie sehen eine Reihe weiterer sehr nützlicher Funktionen, die ebenfalls in die Symbolleiste aufgenommen werden können, wie zum Beispiel die *Drucken*-Funktion oder das Umschalten von *Gelesen* zu *Ungelesen*.

> **!** Bauen Sie also die Symbolleiste nach Ihren Wünschen um, indem Sie die entsprechenden Funktionen einfügen. Falls Sie die Symbolleiste wieder in die Ursprungsversion zurückbringen möchten, bewegen Sie einfach die **Standardsymbolleiste** am unteren Rand per Drag & Drop nach oben, und schon haben Sie die manuellen Änderungen rückgängig gemacht.

Mit *Fertig* quittieren Sie die Modifikation der Symbolleiste und finden nun oben das neue Icon. Klicken Sie das Icon *Zugehörige E-Mails* an, um auch die E-Mails dargestellt zu bekommen, die Sie dem Empfänger zwischendurch übermittelt haben.

Klicken Sie erneut auf das Icon, werden die von Ihnen in der Konversation erstellten E-Mails wieder ausgeblendet. Wollen Sie die E-Mails nicht nach Konversation sortieren lassen, verwenden Sie den Menüpunkt *Darstellung* und entfernen das Häkchen bei *Nach Konversationen ordnen*.

Aber noch einmal zurück zur Darstellung der Konversation. Sobald Sie auf die Ziffer ❶ klicken, wird im Eingang die Konversation eingeblendet. Klicken Sie erneut, um die Liste zuzuklappen. Über das Menü *Darstellung* können Sie via *Alle Konversationen reduzieren* das in einem Arbeitsschritt tun. *Alle Konversationen erweitern* hingegen zeigt im gesamten Eingang alle Einträge an.

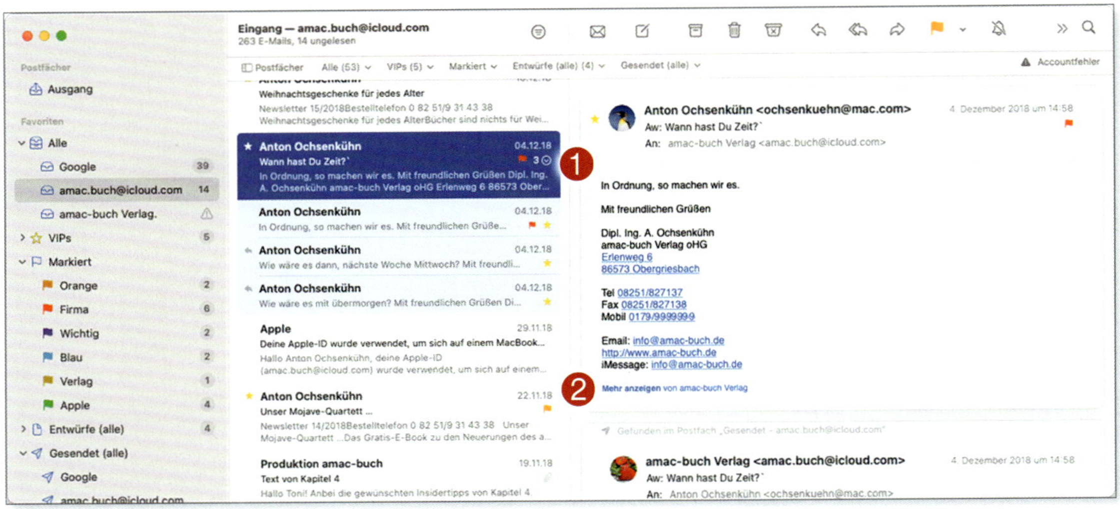

Arbeiten mit Konversationen.

Des Weiteren sehen Sie in der rechten Spalte des Fensters den Begriff *Mehr anzeigen von xyx* ❷. Damit wird innerhalb der Konversation der zitierte Text zusätzlich dargestellt. Standardmäßig ist in vielen Mailprogrammen eingestellt, dass bei einer Antwort der Originaltext als Zitat zusätzlich mitgeliefert wird. Auch Mail kennt diese Einstellung (*Einstellungen –> Verfassen*).

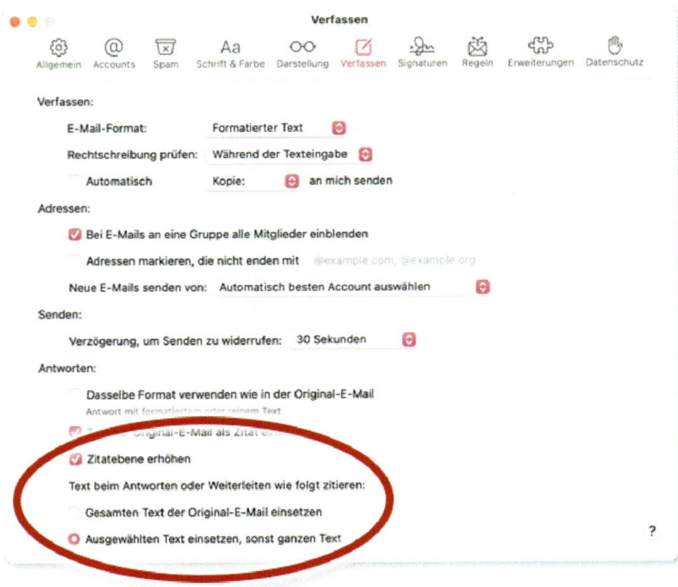

Zitieren beim Beantworten einer E-Mail.

Aber nochmals zu den Konversationen. Sie können eine komplette Konversation auch als Gesamtes in andere Ordner oder Postfächer verschieben. Ziehen Sie die Zeile dazu per Drag & Drop in der Spalte *Eingang* einfach in ein anderes Postfach.

Gesamte Konversation verschieben.

Soll lediglich eine E-Mail der Unterhaltung verschoben werden, klicken Sie die E-Mail an – sie wird mit blauer Umrandung hervorgehoben – und ziehen sie an die gewünschte Position.

! Haben Sie eine E-Mail von einer Person erhalten, deren Kontaktdaten Sie bislang noch nicht hatten, können Sie das über das Programm Mail rasch ändern. Klicken Sie die E-Mail der Person an und wählen Sie im Menüpunkt **E-Mail** den Eintrag **Absender zu Kontakte hinzufügen**.

Aber das Programm Mail ist noch cleverer und kann noch deutlich mehr Informationen aus einer E-Mail an andere Programme weitergeben.

Data Detector

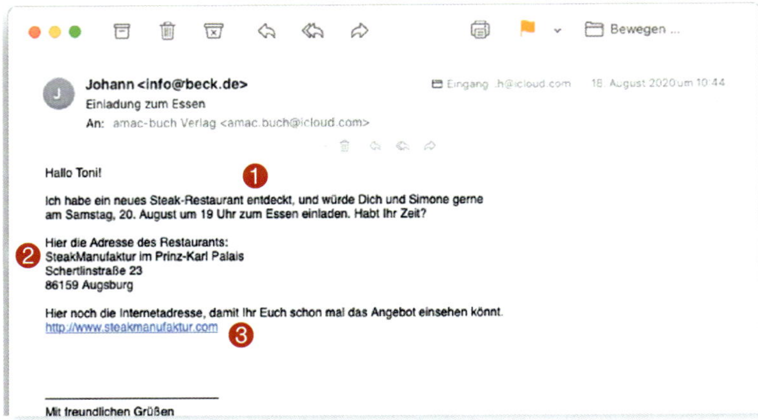

Data Detector.

Wenn Sie sich die oben stehende E-Mail genauer ansehen, sehen Sie dort eine ganze Reihe von Informationen. Zum Beispiel sehen Sie in der E-Mail die Angabe eines Termins ❶. Wenn Sie mit der Maus auf diesen Termin zeigen, wird Ihnen ein kleines Symbol eingeblendet, mit dem Sie nun weitere Funktionen aufrufen können.

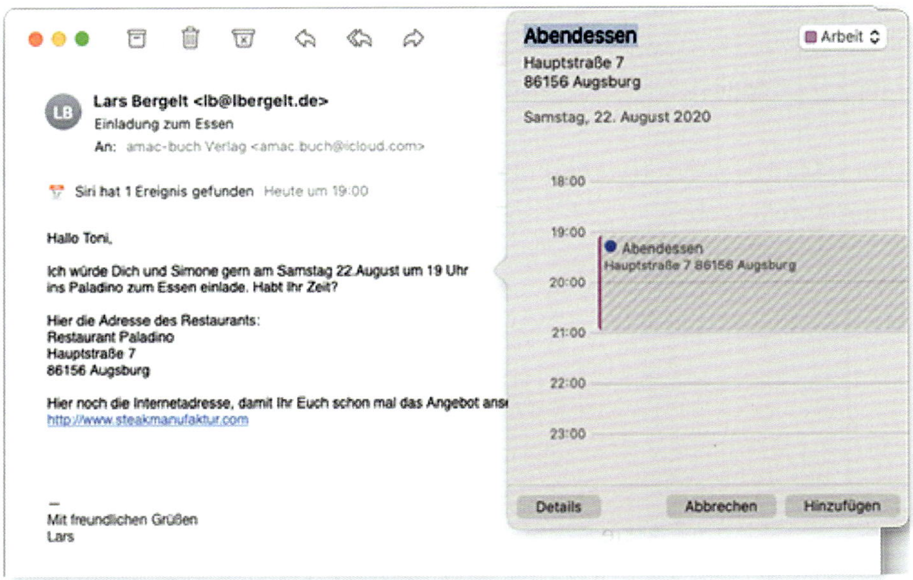

Aufruf der Data-Detector-Funktion.

Diesen weißen Pfeil im grauen Quadrat werden Sie an verschiedenen Stellen finden, wenn Sie über die E-Mail fahren: bei den Adressinformationen, bei den Telefoninformationen etc. Ähnlich wie beim iPhone und auch beim iPad erkennt also auch das Apple-Betriebssystem, dass es sich hierbei um Daten handelt, die in anderen Programmen relevant sein könnten. Bei Angabe eines Termins ist es durchaus sinnvoll, diesen an das Programm *Kalender* weiterzureichen. Daher bietet Mail Ihnen diese Möglichkeit an dieser Stelle an.

Wenn Sie auf eine Adressinformation zeigen ❷, wird Ihnen Mail anbieten, aus diesen Daten einen neuen Kontakt zu erstellen, also einen neuen Kontakteintrag, bzw. diese Daten einem bereits bestehenden Kontakteintrag hinzuzufügen. Außerdem versucht das Karten-Programm, den Ort grafisch darzustellen.

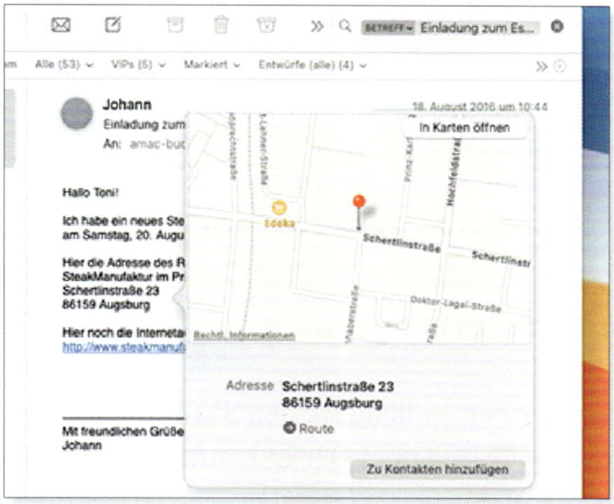

Mail zeigt den Ort als Mini-App des Programms Karten an.

Oder: Jemand übersendet Ihnen innerhalb einer E-Mail eine Internetadresse ❸. Auch hierfür können Sie mit der Maus auf die entsprechende Information fahren und dann die *URL-Vorschau* aufrufen. Eine Vorschau der hinterlegten Webadresse erscheint nun ganz ohne Verwendung des Browsers Safari in einem extra Fenster. Möchten Sie die Internetseite tatsächlich in Safari öffnen, klicken Sie rechts oben den Button *Öffnen mit Safari* an.

Intelligente Empfehlungen

Eine sehr gute Funktion in Mail sind die intelligenten Empfehlungen. Wenn Sie eine E-Mail erhalten, in deren Text z. B. die Rede von einem Termin ist, so bietet Mail Ihnen an, den Termin automatisch in den Kalender zu übertragen. Das Gleiche gibt es auch für Adressdaten in einer E-Mail, die bereits bei Ihren Kontakten gespeichert sind. Diese können nun sehr einfach und schnell aktualisiert werden.

Termine zum Kalender hinzufügen

Haben Sie eine E-Mail erhalten, in deren Inhalt ein Termin erwähnt wird, wird im oberen Bereich automatisch die Möglichkeit eingeblendet, den Termin oder das Ereignis in den Kalender aufzunehmen. Dazu müssen Sie auf *Hinzufügen* klicken.

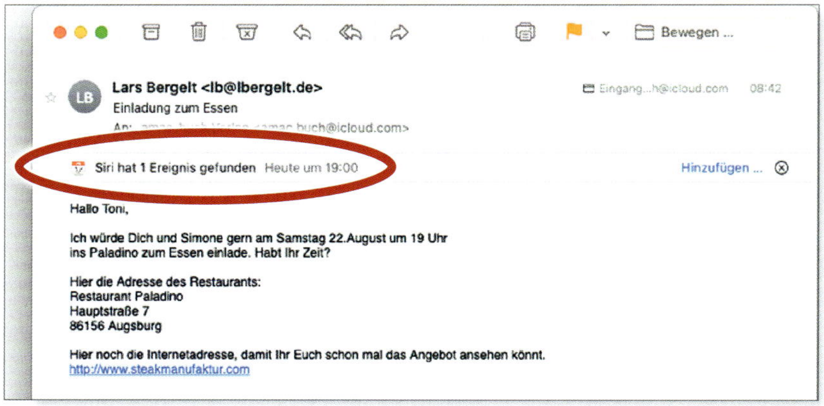

Mail hat den Termin bzw. das Ereignis in der E-Mail erkannt.

Nun wird ein kleines Fenster geöffnet, in dem Sie den Termin bzw. das Ereignis noch benennen und ändern können. Neben dem Namen ❶ und dem Ort ❷ können Sie auch festlegen, zu welchem Kalender das Ereignis hinzugefügt werden soll ❸.

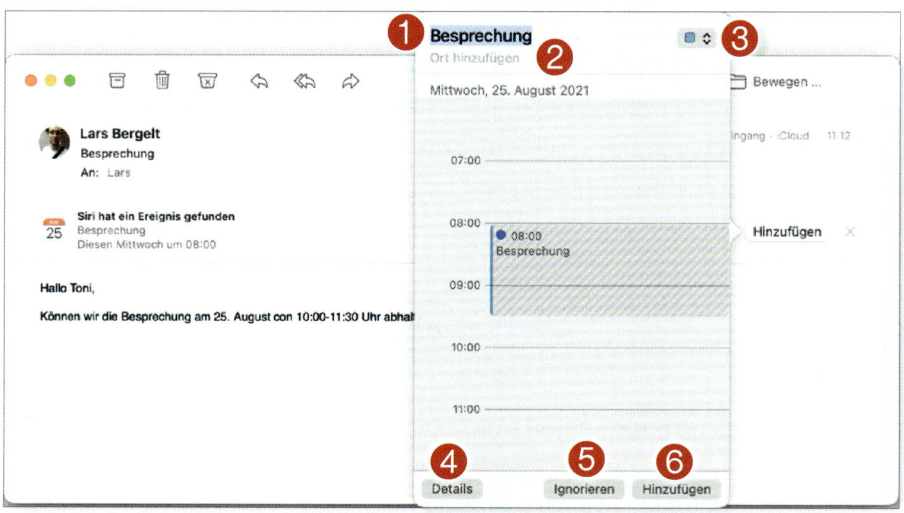

Ein neuer Termin wird erstellt.

Um noch weitere Eigenschaften, wie z. B. die Dauer zu ändern, müssen Sie auf *Details* ❹ klicken. Damit werden alle Einstellungen für den Termin geöffnet, und Sie können nun u. a. die Dauer oder die Teilnehmer ändern bzw. eintragen. Ein Mausklick auf *Zum Kalender hinzufügen* ❺ trägt den Termin dann endgültig in Ihren Kalender ein. Mit *Ignorieren* ❻ können Sie das Fenster schließen, ohne den Termin eintragen zu lassen.

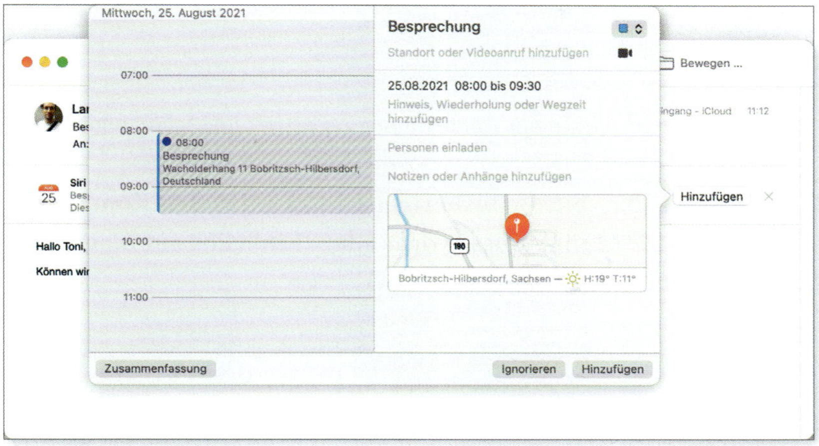

In den eingeblendeten Details können Sie noch weitere Eigenschaften für den Termin ändern.

Adressen neu anlegen und aktualisieren

Neben neuen Terminen kann Mail auch Kontaktdaten anhand einer E-Mail aktualisieren bzw. neu anlegen. Wenn Sie z. B. in Ihren Kontakten nur den Namen und die E-Mail-Adresse einer Person gespeichert haben, haben Sie die Möglichkeit, automatisch die Adresse oder Telefonnummer hinzuzufügen. Voraussetzung dafür ist das Vorhandensein dieser Daten in einer E-Mail.

Wenn Sie eine E-Mail von einer Person erhalten, deren Kontaktdaten noch unvollständig sind, so haben Sie im oberen Bereich von Mail die Möglichkeit, das Kontaktprofil zu vervollständigen. Dazu klicken Sie auf *Update*.

Mail hat für diesen Absender noch unvollständige Kontaktdaten registriert und schlägt nun vor, diese zu aktualisieren.

Nun öffnet sich ein Fenster, in dem Sie die bisherigen Einträge für den Kontakt sehen. In unserem Beispiel sind nur der Name und die E-Mail-Adresse vorhanden. Ein Klick auf *Kontakt aktualisieren* überträgt die Adress- und Telefondaten aus der E-Mail.

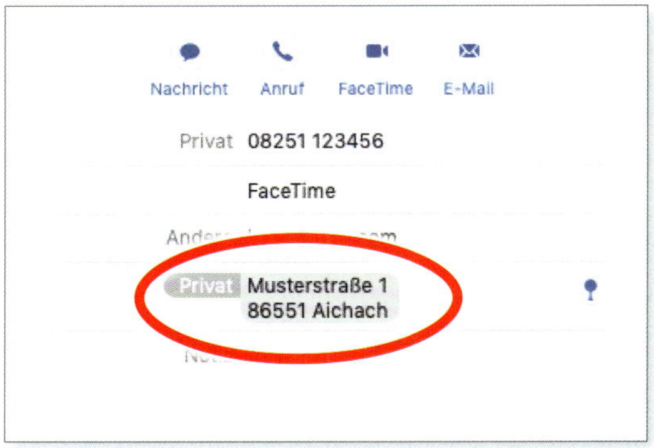

Der Kontakt enthält bisher nur die E-Mail-Adresse und hat nach der Aktualisierung auch die Telefonnummern und die Adresse (rechts).

> **!** Mit dieser Funktion können Sie ebenfalls direkt neue Kontakte erstellen. Oder aber Sie verwenden die Data Detector-Funktion (siehe Seite 106). Dazu müssen Sie mit der Maus nur auf die Adressdaten in der E-Mail zeigen, bis eine gestrichelte Umrandung mit einem Pfeil eingeblendet wird. Wenn Sie diesen Pfeil anklicken, öffnet sich ein Fenster, in dem Sie nun die Person als neuen Kontakt hinzufügen können.

E-Mails mit Dateianhängen

Wenn Sie E-Mails mit Dateianhängen erhalten, können Sie via Mail einige sehr nützliche Dinge damit anstellen. Die nachfolgende Funktionsleiste erhalten Sie, wenn Sie mit der Maus auf die Trennlinie zwischen Kopf und Inhalt zeigen.

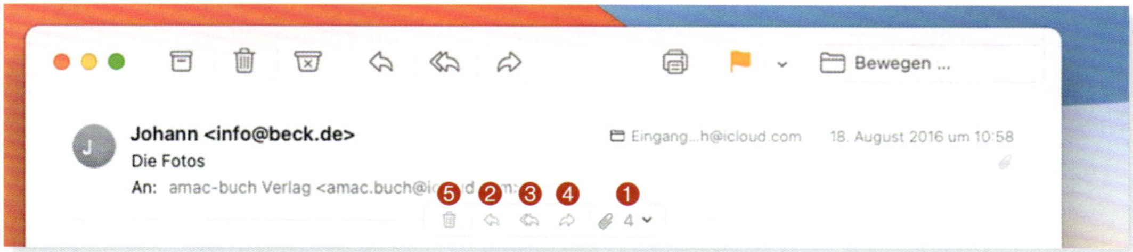

Eine E-Mail mit Dateianhang (Attachment).

Sie erkennen anhand der Büroklammer ❶, dass eine oder mehrere Dateien angehängt sind.

> **!** Wie Sie anhand des Bildschirmfotos sehen, können Sie ❷ hier auch gleich auf **Antworten**, **Allen Antworten** ❸, **Weiterleiten** ❹ oder auf **Löschen der E-Mail** ❺ klicken. Alternativ verwenden Sie **cmd + R** für Antworten oder den Menüpunkt **E-Mail** mit einer Reihe weiterer nützlicher Features.

Aber zurück zum Dateianhang. Via Ⓐ können Sie ein Vorschaufenster für den Dateianhang aufrufen. Das ist enorm nützlich, um schon mal einen Blick auf den Dateianhang werfen zu können. Von dort aus kann die Datei dann an ein anderes Programm übergeben werden. Diese Funktion heißt *Übersicht* und wir werden sie noch detaillierter betrachten.

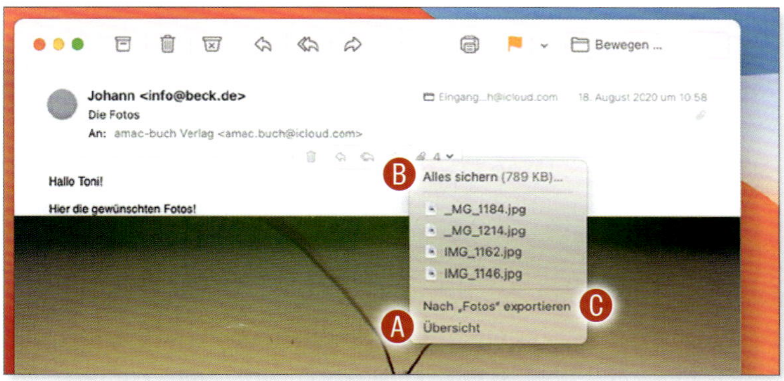

Ablegen von Dateianhängen.

Via *Sichern* bzw. *Alles sichern* **B** kann der Dateianhang auf den Datenträger in einen beliebigen Ordner verschoben werden.

> **!** Der Dateianhang kann sich aber auch als Icon innerhalb der E-Mail befinden. Ziehen Sie dieses Icon zum Beispiel per Drag & Drop auf den Schreibtisch. Damit umgehen Sie die Sichern-Funktion.

Wurden Bilddateien angehängt, können diese mit einem Klick an Fotos weitergereicht werden **C**. Wollen Sie selbst per E-Mail Dateianhänge versenden, haben Sie dazu drei verschiedene Möglichkeiten:

1. Öffnen Sie in Mail per *cmd* + *N* ein neues E-Mail-Fenster.

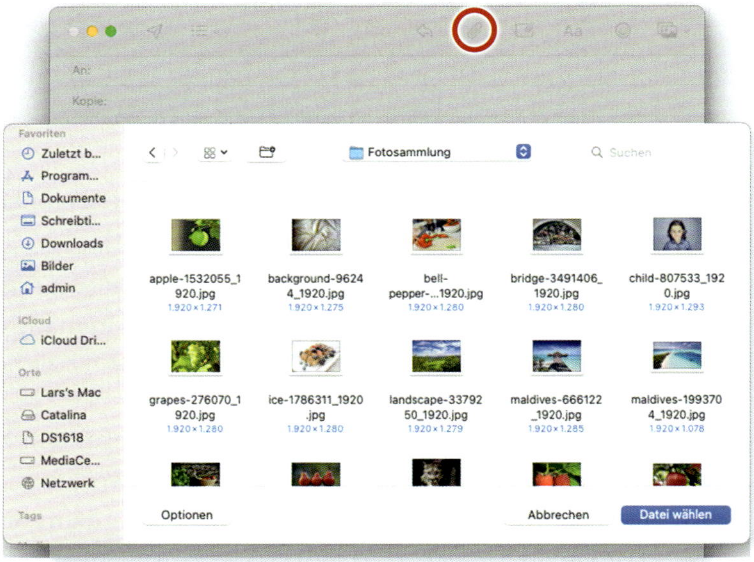

Mehrere Dateianhänge auswählen.

Klicken Sie in der Symbolleiste die Büroklammer an und wählen Sie die Dateien aus. Wenn Sie die *cmd*-Taste gedrückt halten, können Sie mehrere Dateien gemeinsam markieren. Alternativ dazu können Sie per Drag & Drop Dateien aus dem Finder in das geöffnete E-Mail-Fenster ziehen.

> **!** Damit die Empfänger des Anhangs keine Probleme beim Öffnen haben, sollten Sie unbedingt die Option **Anhänge immer Windows-kompatibel senden** aus dem Menü **Bearbeiten** bei **Anhänge** einschalten. Damit ist sichergestellt, dass auch Empfänger, die unter Windows arbeiten, die Anhänge ohne Probleme weiterverarbeiten können.

2. Apropos Finder: Sie können dort ebenfalls eine oder mehrere Dateien markieren und via Kontextmenü als E-Mail-Anhang versenden ❶.

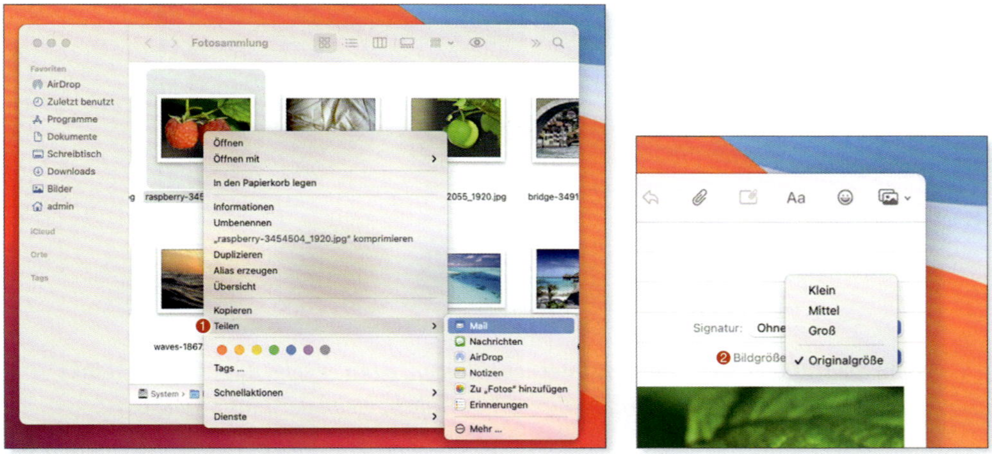

E-Mail-Anhang per Kontextmenü.

Daraufhin wird ein neues E-Mail-Fenster erscheinen, das die Dateianhänge enthält. Geben Sie noch den oder die Empfänger an, tragen Sie den Betreff und zusätzlichen Text ein und versenden Sie die E-Mail. Falls es Bilddateien sind, können Sie bei ❷ die Größe und damit die Qualität der Bilder einstellen.

3. Viele Programme bieten direkt den Versand der geöffneten Datei per E-Mail an. Entsprechende Einträge finden sich meist im Menüpunkt *Ablage* bzw. *Datei* und bei Apple-Programmen wie Pages unter *Teilen*.

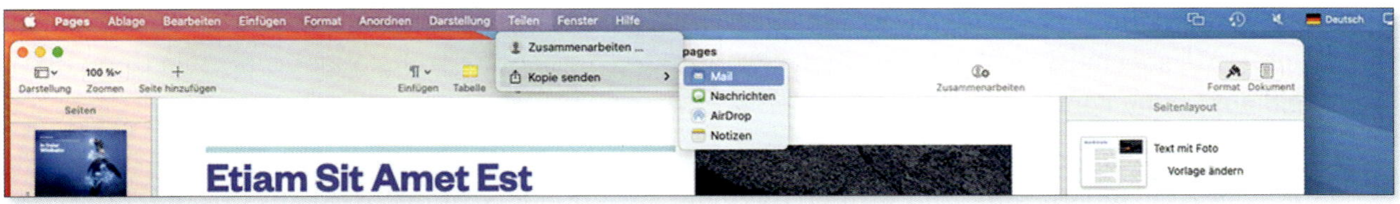

E-Mail-Anhänge direkt im Programm erzeugen.

Durch Auswahl der betreffenden Funktionen wird die Datei an Mail übergeben und in einem neuen E-Mail-Fenster dargestellt.

> **!** Ich habe gerne folgende Einstellung in Mail konfiguriert: **Bearbeiten –> Anhänge –> Anhänge immer am Ende der Mail einfügen**. Damit werden die Dateien unterhalb des Textes in die E-Mail eingebaut.

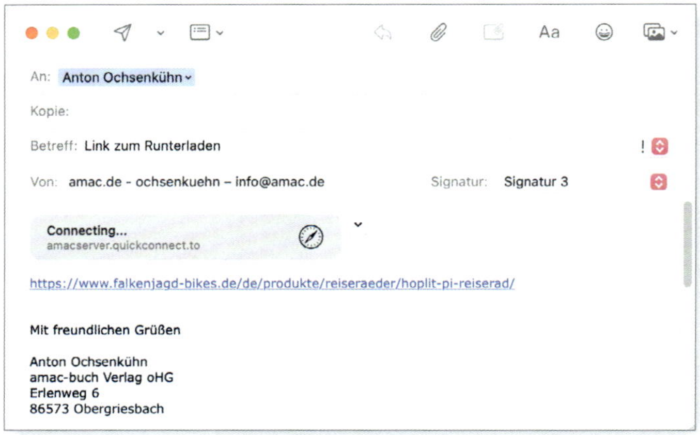

Wenn Sie statt Dateien Links ins Internet einfügen, kann es sein, dass statt des Links eine Vorschau erzeugt wird. Ist das nicht möglich, bleibt der Link so wie er ist.

Dokumente fotografieren und anhängen

Seit macOS Mojave gibt es eine neue Möglichkeit mit Ihrem iPhone oder iPad ein Dokument abzufotografieren und als Anhang zu verschicken. Dabei wird beim Fotografieren die perspektivische Verzerrung automatisch korrigiert. Das fotografierte und gerade ausgerichtete Dokument kann dann als Anhang in eine E-Mail hinzugefügt werden. Verwenden Sie dafür die Funktion *Von iPhone oder iPad einfügen –> Dokument scannen* aus dem Menü *Ablage*.

!

Voraussetzung für das Scannen von Dokumenten ist die Nutzung der gleichen Apple-ID auf beiden Geräten. Dabei muss die Apple-ID mit der Zwei-Faktor-Authentifizierung abgesichert sein.Unter **appleid.apple.com** können Sie die 2FA aktivieren.

Erstellen Sie eine neue E-Mail und wählen die neue Funktion aus. Sofort wird auf Ihrem iPhone/iPad die Kamera-App gestartet und Sie können das gewünschte Dokument abfotografieren. Wenn Sie auf dem iPhone/iPad auf *Sichern* tippen, wird das Dokument zum Mac übertragen und in die E-Mail platziert. Das gescannte Dokument wird dabei als PDF-Anhang in die E-Mail hinzugefügt.

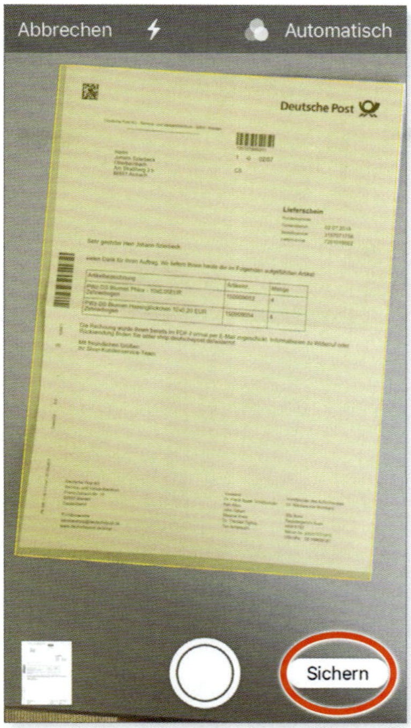

Auf dem iPhone wird das Dokument abfotografiert und dann automatisch in entzerrter und zugeschnittener Form zu Mail übertragen und in die neue E-Mail eingefügt.

Anmerkungen und Markierungen im Mail-Anhang

In Mail haben Sie die Möglichkeit, bei E-Mail-Anhängen direkt Anmerkungen und Markierungen vorzunehmen. Dies war bisher der App Vorschau vorbehalten. In der Vergangenheit musste man den Anhang in Vorschau öffnen, dort seine Kommentare hinzufügen und das Ganze wieder per E-Mail zurückschicken. Dieser Vorgang entfällt, da Sie Anmerkungen, Kommentare und Markierungen direkt in Mail vornehmen können. Dies funktioniert mit Anhängen in den Formaten PDF, JPEG, PNG, TIFF und sogar mit Photoshop-Bildern.

Die Vorgehensweise ist dabei denkbar einfach. Wenn Sie eine E-Mail mit Anhang erhalten haben und darauf antworten, müssen Sie den Anhang an die Antwort dranhängen. Normalerweise werden Antwort-E-Mails ohne den empfangenen Anhang verschickt. Damit dieser nun dabei ist, klicken Sie auf das Symbol ❶. Damit wird der ursprüngliche Anhang in der Antwort-E-Mail aufgenommen. Wenn Sie nun danach mit der Maus auf den Anhang zeigen, erscheint rechts oben ein kleiner Pfeil ❷ mit dem Sie das Menü zum Markieren öffnen können.

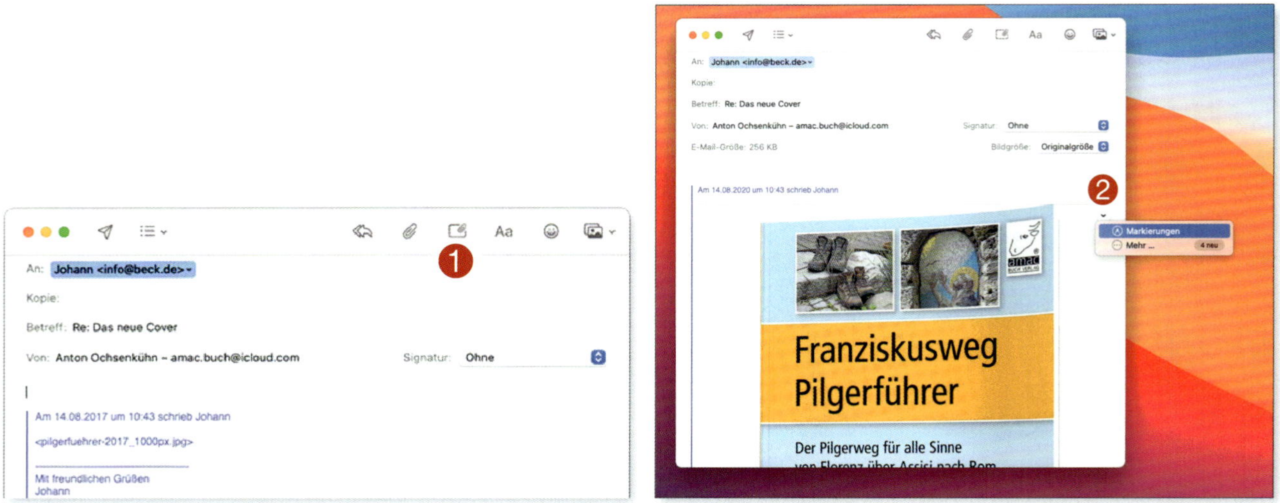

In der Antwort-E-Mail ist der Anhang noch nicht dabei (links). Sobald dieser hinzugefügt ist, steht das Menü mit den „Markierungen" zur Verfügung (rechts).

Wenn Sie die Funktion *Markierungen* aus dem Menü auswählen, wird der Anhang in einem eigenen Fenster geöffnet und erhält eine eigene Werkzeugleiste mit unterschiedlichen Markierungsfunktionen. Mit den Werkzeugen können Sie nun direkt im Anhang Ihre Kommentare bzw. Markierungen hinzufügen.

> **!** Falls es sich bei dem Anhang um ein PDF-Formular handelt, können Sie das Formular direkt ausfüllen und verschicken. Dazu müssen Sie ebenso den Markierungsmodus verwenden.

Ein E-Mail-Anhang wird kommentiert (links). Mit der Lupe kann man Bereiche auch vergrößert anzeigen lassen (rechts).

❶ Mit diesem Werkzeug können Sie Bereiche kennzeichnen, als hätten Sie einen Stift in der Hand. Nach dem Kennzeichnen werden krumme Linien automatisch begradigt.

❷ In dieser Werkzeuggruppe finden Sie geometrische Formen zum Markieren. Dort ist auch ein Linien- und Pfeilwerkzeug enthalten. Desweiteren finden Sie hier auch eine Lupe, mit deren Hilfe Sie einzelne Bereiche vergrößert darstellen können.

❸ Um Textanmerkungen hinzuzufügen, verwenden Sie dieses Werkzeug.

❹ In PDF-Dateien können Sie damit Textpassagen markieren, wie mit einem Marker.

❺ Mit diesen Werkzeugen können Sie den Anhang unterschreiben. Dazu können Sie entweder das Trackpad oder die Kamera Ihres Macs verwenden. Für die Kamera müssen Sie Ihre Unterschrift zuerst auf ein Blatt Papier schreiben und dieses anschließend in die Kamera halten.

❻ In dieser Werkzeuggruppe finden Sie unterschiedliche Linienstärken und -arten. Es enthält auch noch verschiedene Pfeilarten.

❼ Mit diesen beiden Werkzeugen können Sie die Farbe für die Linien bzw. Flächen einstellen.

❽ Dieses Menü enthält die Einstellungen für die Textkommentare. Dort können Sie Schriftart, Schriftgröße, Schriftfarbe, Schriftstil und Ausrichtung festlegen.

❾ Die Funktion ist für das Drehen um 90 Grand gegen den Uhrzeigersinn. Um die Drehung im Uhrzeigersinn vorzunehmen, halten Sie die alt-Taste gedrückt.

⑩ Dieses Werkzeug kann das Bild bzw. PDF beschneiden. Dazu müssen Sie die Ränder des Anhang mit der Maus verschieben, um den Bildausschnitt festzulegen.

Insgesamt gesehen sind die Markierungen in Mail eine sehr angenehme und nützliche Sache. Besonders Personen, die sehr viel mit Korrekturen zu tun haben, wie z. B. in der Grafikbranche, aber auch im Office-Bereich, werden diese Funktionen begrüßen.

E-Mails löschen

E-Mails können bekanntlich auch gelöscht werden. Klicken Sie dazu auf die betreffende E-Mail und verwenden Sie die *Rückschritt-(Backspace-)*Taste. Die Mail wird dann sofort in den Papierkorb gelegt. Natürlich können Sie mit der *cmd*-Taste mehrere E-Mails gemeinsam markieren. Zusammenhängende E-Mails in der Liste können über die *Shift*-Taste ausgewählt werden. Klicken Sie also die erste Mail in der Liste an, halten Sie die *Shift*-Taste gedrückt und klicken Sie dann die letzte gewünschte E-Mail an.

! Natürlich können die E-Mails ebenso per Drag & Drop in den Papierkorb gezogen werden.

Des Weiteren können Sie über das Menü *E-Mail –> Bewegen in* diese Mails ebenfalls in den Papierkorb befördern. Besonders elegant ist die Arbeit mit Konversationen: Mit einem Arbeitsschritt kann so eine komplette Konversation in den Papierkorb gezogen werden.

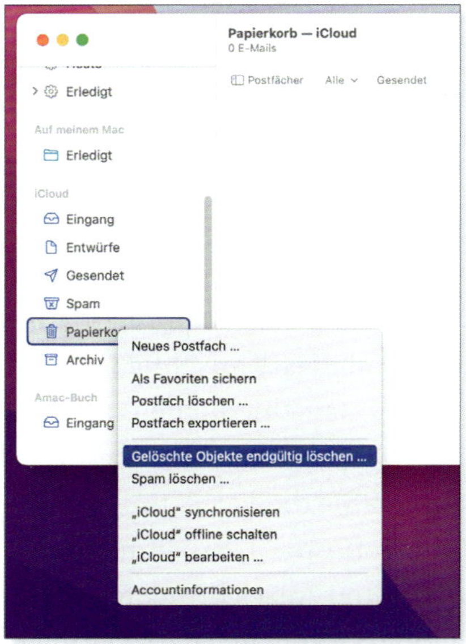

Hiermit wird der Papierkorb geleert.

Bedenken Sie, dass die Elemente im Papierkorb anschließend noch gelöscht werden müssen, um sie endgültig vom Rechner zu verbannen. Holen Sie dazu mit der *ctrl*-Taste das Kontextmenü des Papierkorbs hervor und wählen Sie *Gelöschte Objekte endgültig löschen* aus.

> **!** Über Time Machine, das ein Backup aller Daten Ihres Rechners erstellt hat, könnten Sie versehentlich gelöschte E-Mails wiederherstellen.

Wischgesten

Eine Funktion, die es auf den iOS-Geräten bereits seit einiger Zeit gibt, finden Sie nun auch bei Mail auf dem Mac: das Löschen und Markieren von E-Mails per Wischgeste. Wenn Sie auf Ihrem Trackpad mit zwei Fingern nach links wischen, können Sie eine ausgewählte E-Mail direkt löschen. Mit einem Wisch nach rechts kann die E-Mail als ungelesen bzw. gelesen gekennzeichnet werden, ganz genau so wie auf dem iPhone oder iPad.

> **!** Die Wischgesten können Sie ebenfalls mit einem Finger auf der Apple Magic Mouse ausführen und diese funktionieren genauso wie beim Trackpad.

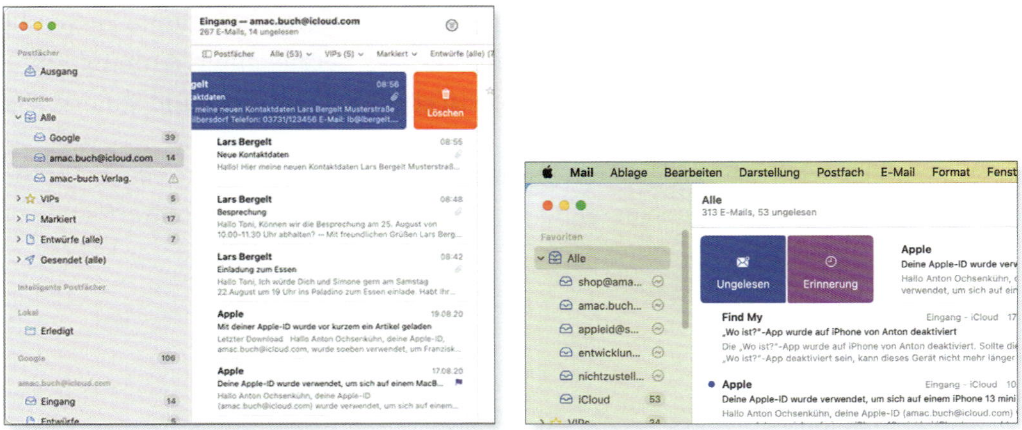

E-Mails können mit einer Wischgeste gelöscht oder als ungelesen markiert werden.

Suchfunktion innerhalb von Mail

Selbstverständlich ist die im Betriebssystem integrierte *Spotlight*-Suche auch im Programm Mail vorhanden. Sie sehen die Sucheingabe im rechten oberen Eck des Hauptfensters von Mail. Verwenden Sie die Tastenkombination *cmd* + *alt* + *F*, um ohne Verwendung der Maus oder des Trackpads in das Suchfeld zu gelangen. Geben Sie dort einen Text ein. Dies kann entweder ein Absender oder Empfänger, eine E-Mail-Adresse oder ein Teil des Betreffs sein oder eben auch ein beliebiger Text, der im Rahmen einer E-Mail vorkommt.

Suchfunktion mit dem Begriff „apple".

Sie sehen sofort, dass nach Eingabe des Suchtextes das Programm Mail darunter eine Reihe von weiteren Optionen einblendet. Das heißt: Der Begriff *apple* kann also entweder im Absender, im Empfänger, im Betreff oder schlicht und ergreifend im E-Mail-Text vorkommen. Nachdem es aber mehrere Personen gibt, möchte das Programm Mail nun wissen, ob ich die Suche auf eine bestimmte Person beschränken möchten. Außerdem hat das Programm Mail erkannt, dass es bereits einen Anhang gibt, in dem der Begriff *app* vorkommt. Sie sehen also, die Suchfunktion ist schnell ausgeführt und äußerst leistungsfähig.

> **!** Selbstverständlich können Sie durch weitere Suchbegriffe Ihre Fundstellenliste einschränken. Übrigens: In der Liste aller Fundstellen werden besonders relevante Treffer direkt als Toptreffer hervorgehoben.

Die besten Fundstellen finden Sie direkt unter „Toptreffer".

Natürlich können Sie innerhalb einer E-Mail die Suche nutzen. Verwenden Sie *cmd + F* und tippen Sie den Suchbegriff ein. Sogleich werden darunter die Fundstellen aufgelistet.

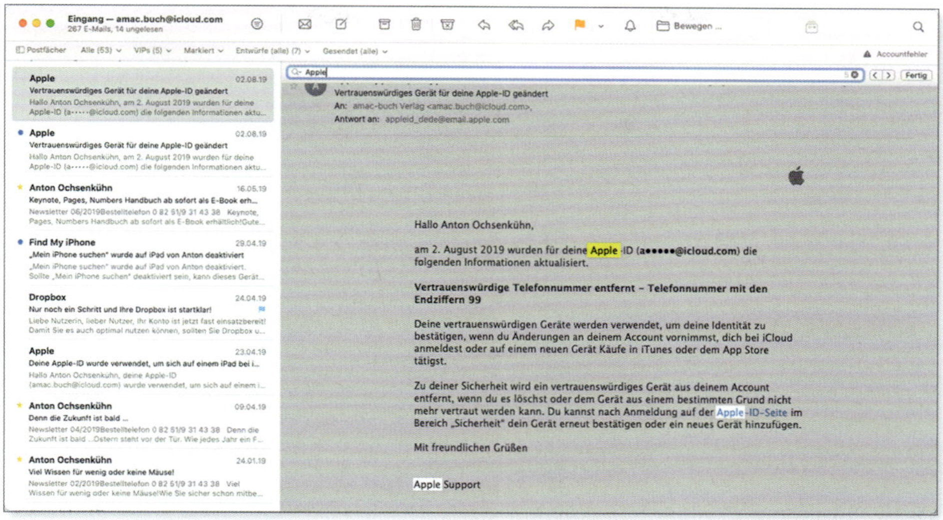

Die Suchfunktion steht ebenfalls für den Inhalt von E-Mails zur Verfügung.

Accountinformationen und Archivierung

Viele Postfächer sind, was die Größe anbelangt, leider reglementiert. Deshalb ist es eine gute Idee, ab und an zu überprüfen, ob die Grenzen bald erreicht werden. Das Programm Mail bietet eine sehr einfache Möglichkeit, die Postfachinformationen (Accountinformationen) einzusehen. Wählen Sie dazu in den *Postfächern* das Postfach an, das Sie überprüfen möchten, und holen Sie über das Kontextmenü (rechte Maustaste) die *Accountinformationen* hervor.

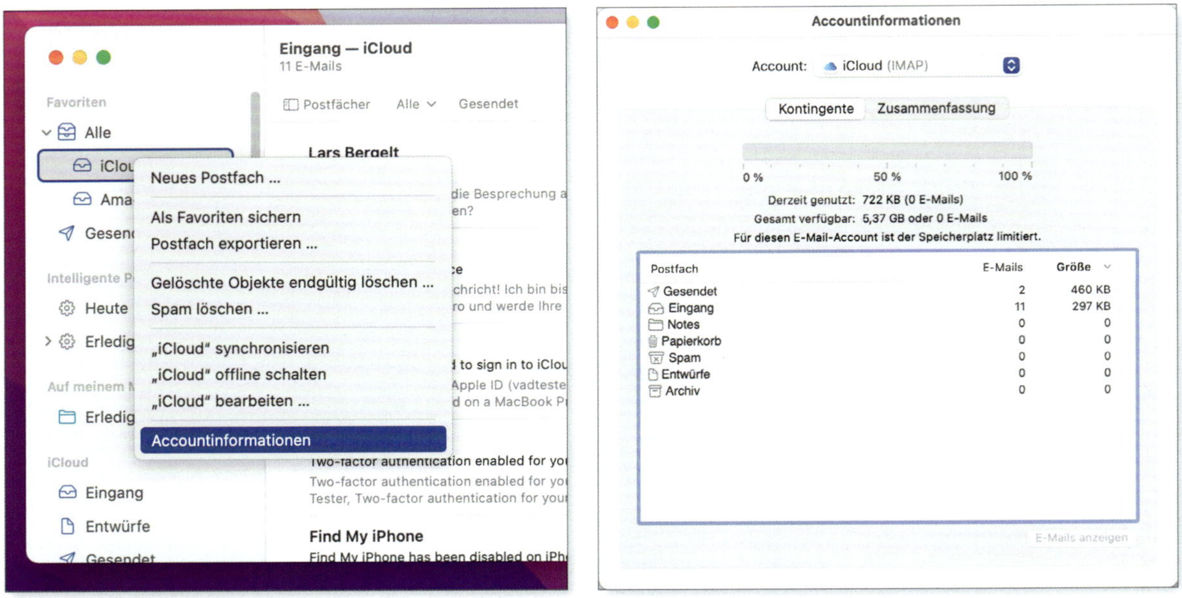

Accountinformationen einsehen.

Wie Sie anhand des Bildschirmfotos sehen, ist es in der Tat so, dass das über 2 Gigabyte große Postfach derzeit bereits zu fast 90 Prozent ausgelastet ist. Es ist daher eine gute Idee, E-Mail-Informationen des Postfachs zu archivieren und sie danach aus dem Programm Mail zu löschen, um den ungenutzten Bereich des Postfachs zu vergrößern. Wie aber sind die E-Mails zu archivieren? Auch das erledigt das Programm Mail sehr einfach. Um ein Postfach zu archivieren, klicken Sie das betreffende Postfach mit der rechten Maustaste an und wählen im Kontextmenü den Eintrag *Postfach exportieren*. Wählen Sie nun noch den Ablageort des zu exportierenden Postfachs aus und sogleich überträgt das Programm Mail die in dem Postfach befindlichen E-Mails in einer Exportdatei auf Ihrem Datenträger. Ist der Export erfolgreich abgeschlossen, können Sie die E-Mails aus dem Programm Mail löschen, um damit Ihrem Server wieder etwas Luft zu verschaffen.

! Die exportierten Postfächer werden als **.mbox-Dateien** exportiert. Sollten Sie später Ihre alten E-Mails wieder einlesen wollen, führt der Weg über den Menüpunkt **Ablage -> Postfächer importieren**, um dort den Eintrag **Dateien im .mbox-Format** auszuwählen. So können zuvor exportierte Daten erneut in das Programm Mail eingelesen werden.

Vollbildmodus

Der Vollbildmodus in Mail hält besondere Funktion parat. So ist es nun möglich, beim Schreiben einer neuen E-Mail oder beim Lesen das E-Mail-Fenster am unteren Bildschirmrand abzulegen, um das Hauptfenster einzusehen. Besitzer eines iPhone oder iPad kennen diese Funktion vielleicht schon von ihren Geräten. Wie im Finder müssen Sie bei Mail im Vollbildmodus nur auf den gelben Minimierenknopf links oben klicken, um das Fenster an den unteren Rand zu legen. Ein Mausklick auf das abgelegte Fenster vergrößert es wieder.

Ein Mausklick auf den gelben Minimierenknopf ...

... legt das E-Mail-Fenster an den unteren Bildschirmrand.

Zusätzlich zum Ablegen des Fensters können Sie in Mail nun auch mit Tabs arbeiten, um so mehrere E-Mails gleichzeitig in einem Fenster zu haben. Wenn Sie z. B. eine neue E-Mail schreiben, können Sie einen Tab öffnen, indem Sie die Tastenkombination *cmd* + *N* verwenden. Mit dieser Tastenkombination können Sie weitere Tabs öffnen und gleichzeitig mehrere E-Mails im Vollbildmodus bearbeiten.

Hinweis: Haben Sie in den Mail-Einstellungen bei *Allgemein* die Funktion *E-Mails im Vollbildmodus bevorzugt in Split View öffnen* aktiv, dann werden neue E-Mails in einem geteilten Fenster geöffnet.

! Die Tabs funktionieren auch außerhalb des Vollbildmodus. Wie das funktioniert können Sie in Kapitel 9 ab Seite 427 nachlesen.

Nachrichten

Auch das Programm *Nachrichten* ist über das iPhone und das iPad auf den Mac gekommen. Es dient schlicht und ergreifend dazu, zwischen iOS-Geräten und macOS-Geräten *iMessages* auszutauschen und SMS-Nachrichten zu senden bzw. zu empfangen. iMessages sind quasi SMS-Nachrichten, die Apple kostenlos verteilt. Diese Nachrichten können im Gegensatz zu einer SMS deutlich mehr Text enthalten und zudem auch Bilder und Videoinformationen übertragen. Notwendig ist eine Apple-ID. Deshalb ist der erste Weg, um mit dem Programm Nachrichten zu arbeiten, das Eintragen einer Apple-ID, sofern dies nicht schon bei der Installation geschehen ist.

Nachrichten-App einrichten

Um die App „Nachrichten" zu nutzen, benötigenSie eine Apple-ID.

Wurde ein Rechner neu installiert und dabei bereits die **Apple-ID** hinterlegt, ist diese in allen relevanten Programmen eingetragen, also auch im Programm Nachrichten. Ebenso verhält es sich, wenn ein neuer Benutzer unter macOS auf dem Rechner aktiviert wird. Auch dort kann sofort eine Apple-ID eingetragen werden, die dann im Programm Nachrichten zur Verfügung steht.

Kommen wir noch einmal auf die tragbaren iOS-Geräte zurück. Das iPhone beispielsweise verfügt über eine eindeutige Telefonnummer. Das heißt, hier können die Nachrichten auch vom Telefon versendet werden, ohne dass eine Apple-ID eingetragen ist. Es kann aber zudem eine Apple-ID eingetragen werden, sodass auch unter dieser ID die Nachrichten auf dem iPhone ankommen.

Die iMessage-Einstellungen am iPhone.

Das iPad hingegen verfügt, auch wenn es eine SIM-Karte enthält, nicht über eine eigene Telefonnummer. Beim iPad ist also im Bereich *Nachrichten* eine Apple-ID zu hinterlegen, damit der Nachrichtenaustausch funktionieren kann.

Ist nun am Computer im Programm Nachrichten die gleiche Apple-ID eingetragen wie am iPhone oder iPad, werden sämtliche Nachrichten automatisch synchronisiert. Das heißt, eine einmal begonnene Konversation auf dem Rechner kann anschließend lückenlos auf dem iPhone oder iPad weiterverwendet werden.

> **!** Die Übertragung der **iMessages** wird übrigens von Apple verschlüsselt, und ist zur Zeit (Stand: Oktober 2023) nicht zu knacken.

Nachricht erstellen

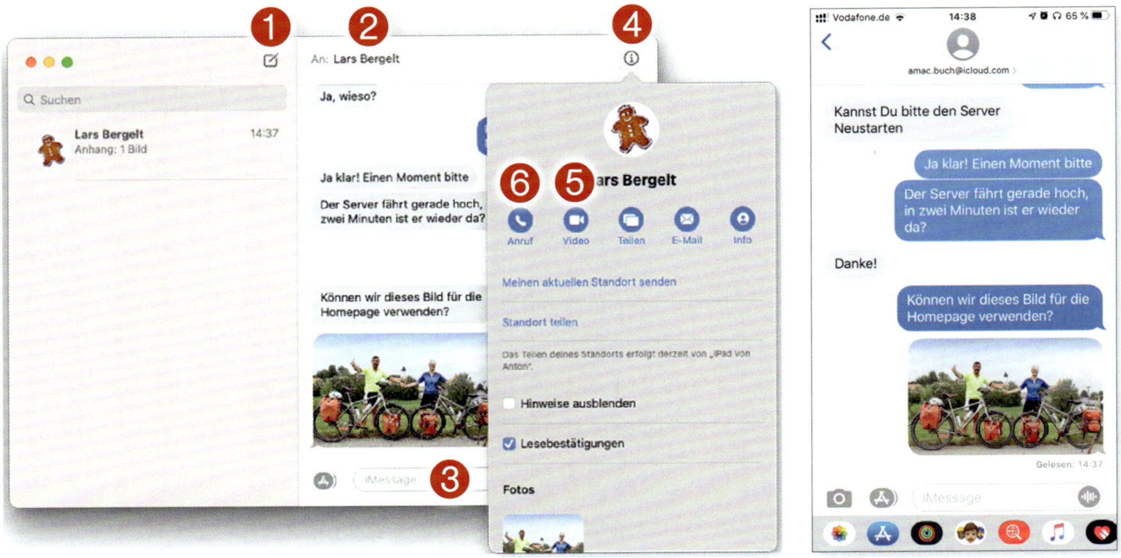

Konversation im Programm Nachrichten auf dem Mac (links) und auf dem iPhone (rechts).

Wenn Sie mit einer neuen Person in direkten Kontakt treten möchten, klicken Sie auf das Icon ❶, um eine neue Nachricht zu erstellen und eine neue Konversation aufzubauen. Geben Sie daneben im Feld *An* ❷ entweder die Apple-ID des Empfängers oder, sofern Sie wissen, dass er über ein iPhone verfügt und dort auch die entsprechende Funktion aktiviert hat, die Mobiltelefonnummer des Ansprechpartners ein. Am unteren Rand des Nachrichtenfensters ❸ tragen Sie nun die Nachricht ein. Um an die neue Nachricht neben der Textinformation ein Bild anzuhängen, ziehen Sie das betreffende Bild einfach per Drag & Drop in das Eingabefeld. Und wenn Sie möchten, verwenden Sie noch ein Smiley, um Ihrer Nachricht eine persönliche Note zu verleihen.

Falls Ihnen das eintippen zu mühsam ist, dann klicken Sie auf das Mikrofonsymbol und sprechen eine Nachricht. Klicken Sie anschließend auf *Senden*, wird die Sprachnachricht verschickt.

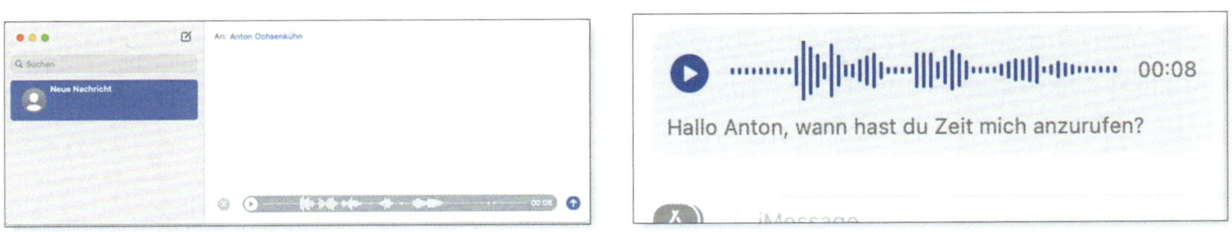

Mit der App „Nachrichten" können auch Sprachnachrichten verschickt und empfangen werden. Und praktisch ist die neue Transkribierfunktionalität (rechts).

Damit Sie zu einem späteren Zeitpunkt noch nachvollziehen können, welche Sprachnachrichten Sie verschickt haben, sollten Sie nach dem Versand auf die Option *Behalten* klicken. Tun Sie dies nicht, wird die Sprachnachrit nach ca. zwei Minuten aus der Konversation entfernt.

Sprachnachrichten werden aus der Konversation entfernt, wenn man nicht die Option „Behalten" benutzt.

> **!** Selbst Videodateien in HD-Qualität können via iMessage (Nachrichten) verschickt werden. Öffen Sie dazu die **Details** ❹ und klicken auf das Kamerasymbol ❺, damit startet eine FaceTime-Videokonferenz. Via ❻ können Sie ein Telefonat führen (FaceTime-Audio).

Sobald Sie nun mit der *Returntaste* die Nachricht absenden, wird versucht, die Nachricht zuzustellen. Und nachdem der iMessages-Dienst nur auf Apple-Geräten funktioniert, erhalten Sie auch gleich eine Rückmeldung, ob die Nachricht gesendet werden konnte.

Nachricht konnte nicht gesendet werden.

Ja, auch das ist möglich: Sie können sich eine Lesebestätigung zusenden lassen. Dazu muss aber Ihr Gegenüber diese Funktion aktiviert haben. Die diesbezügliche Funktion finden Sie in den *Nachrichten –> Einstellungen* im Reiter *iMessage* im unteren Bereich. Aktivieren Sie die Option *Lesebestätigung senden*.

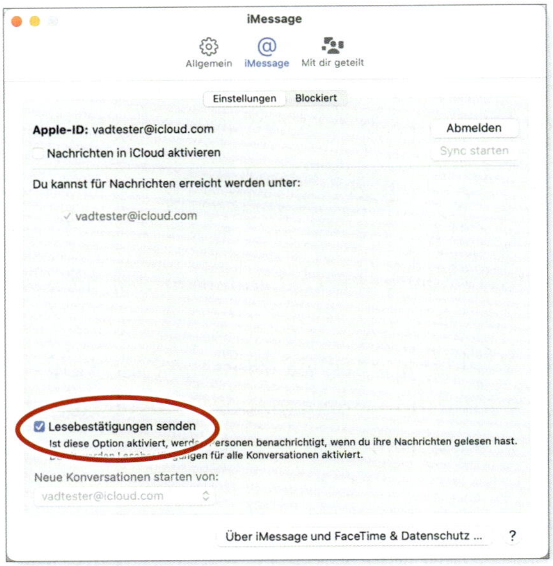

Lesebestätigung senden.

Sie können auch weitere E-Mail-Adressen hinzufügen, unter denen Sie ebenfalls Nachrichten empfangen können (*Systemeinstellungen –> Ihr Name (Apple-ID, iCloud, Medien & App Store) –> Name, Telefon, E-Mail)*. Wenn Sie eine weitere E-Mail-Adresse eintragen, wird Apple Ihnen wenig später eine E-Mail senden und Sie auffordern, die zusätzlich eingetragene Adresse zu überprüfen. Sobald Sie in der E-Mail auf den Button *Jetzt bestätigen* klicken, gelangen Sie auf eine Internetseite von Apple, auf der Sie Ihre Apple-ID noch einmal eintragen müssen. Haben Sie dort alle Daten korrekt spezifiziert, gehen Sie über *Adresse bestätigen*, um diese zusätzliche E-Mail-Adresse an FaceTime zu koppeln. Sogleich wird Ihnen Apple dies bestätigen.

> **!** Der Überprüfungsprozess muss nur einmal stattfinden. Das heißt: Wenn Sie ihn beispielsweise in macOS ausgeführt haben, können Sie die weiteren E-Mail-Adressen auch am iPhone und iPad eintragen. Und je mehr E-Mail-Adressen Sie hier zuordnen, desto größer ist auch die Wahrscheinlichkeit, dass Menschen, die mit Ihnen in Kontakt treten möchten, auch die korrekte E-Mail-Adresse verwenden.

Vielleicht haben Sie in der rechten oberen Ecke des Nachrichtenfensters bei ⓘ bereits die Buttons mit einem Kamera- und Telefonsymbol **A** gesehen. Wenn Sie diese Funktionen verwenden, wechseln Sie vom Programm Nachrichten zum Programm *FaceTime*. Das Programm FaceTime stellt dann die Möglichkeit zur Verfügung, per Audio oder Video mit Ihrem Gegenüber zu kommunizieren. Und Sie haben völlig richtig erkannt: Auch das Programm FaceTime muss dazu eine Apple-ID hinterlegt haben, und zwar im Regelfall die gleiche, die Sie bei Nachrichten eingestellt haben. Und auch Ihr Gegenüber benötigt FaceTime. Dazu gibt es gleich weitere Informationen.

Zusätzlich zur Kontaktaufnahme per FaceTime können Sie auch noch eine Aufforderung zur Bildschirmfreigabe B senden. Dabei übernehmen entweder Sie die Steuerung des fremden Rechners oder umgekehrt jemand anderes übernimmt die Steuerung von Ihrem Rechner. Näheres zur Bildschirmfreigabe finden Sie im Kapitel 12 ab Seite 498.

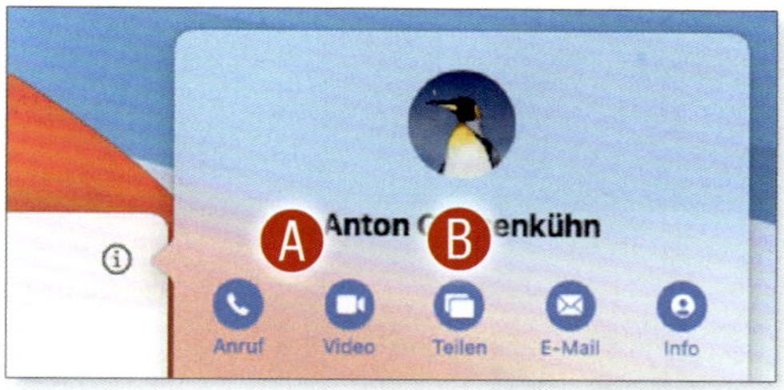

Weitergabe zu FaceTime bzw. zur Bildschirmfreigabe.

Aber kommen wir noch einmal zum Nachrichten-Programm zurück. Möchten Sie sich auf eine Konversation konzentrieren, führen Sie einen Doppelklick aus. Daraufhin wird ein neues Fenster geöffnet, in dem ausschließlich diese eine Konversation zu sehen ist.

> **!** Alternativ dazu können Sie durch Gedrückthalten der **cmd-** und der **Tab-Taste** durch die Konversation scrollen. Übrigens können Sie eine Konversation beenden, indem Sie mit **cmd + W** das Fenster schließen.

Um eine Konversation zu löschen, gibt es nun wie bereits in anderen Programmen die Wischgeste. Wenn Sie auf Ihrem Trackpad mit zwei Fingern nach links wischen, können Sie eine ausgewählte Konversation direkt löschen.

Mit Wischgesten können Sie Konversationen löschen (links) oder ungelesen machen (mittig). Angepinnte Konversationen (rechts) erscheinen stets ganz oben und können über das Anklicken mit der rechten Maustaste und „Loslösen" wieder von dort entfernt werden.

Mit Nachrichten lassen sich nicht nur einfache Textnachrichten oder Bilder empfangen. Wenn Ihnen jemand einen YouTube-Link oder den Link zu einer Webseite per Nachricht schickt, dann können Sie das Video direkt abspielen bzw. erhalten eine Vorschau der Internetseite, ohne das Programm verlassen zu müssen.

Wenn Sie eine Nachricht mit YouTube- oder Internetseiten-Link erhalten, müssen Sie nur auf die Nachricht klicken: Sie erhalten umgehend eine Vorschau. Das YouTube-Video kann dann direkt in der Nachricht abgespielt werden, während der Internetlink durch einen zweiten Mausklick in Safari geöffnet werden kann.

Wenn Sie eine Nachricht mit einem Link zu einem YouTube-Video oder einer Internetseite erhalten (links), können Sie jeweils die entsprechende Vorschau einblenden. Wenn Sie hingegen Dateien versenden, sollten Sie sich zwischen „Kopie" und „Zusammenarbeit" entscheiden (rechts).

Nachrichteneffekte

Und natürlich können Sie alle Nachrichteneffekte betrachten, die ein iOS-Anwender an Sie versendet hat. Das kann ein Herzschlag, ein handschriftliches Scribble oder etwas anderes sein. Selbst das Versenden von Tapbacks ist mit macOS kein Problem.

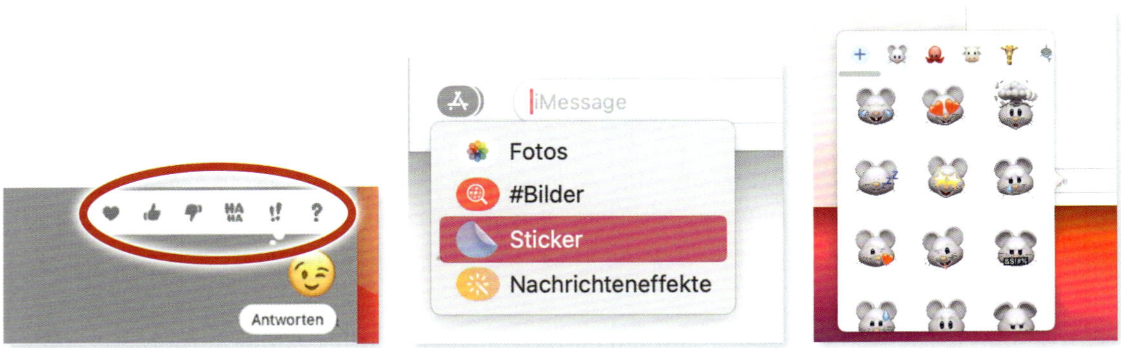

Klicken Sie etwa zwei Sekunden auf einen Nachrichteneintrag, um die sogenannte Tapbacks (links) auswählen und versenden zu können. Wenn Sie links neben dem Nachrichtentext das Icon antippen (mittig), dann finden Sie weitere Möglichkeiten, Ihre Nachrichten kreativ zu gestalten. Besonders beliebt sind die „Memoji-Sticker" (rechts) oder „Nachrichteneffekte".

Gruppennachrichten

Wenn Sie mit mehreren Personen gleichzeitig kommunzieren wollen, dann tippen Sie im Feld *An* einfach weitere Empfängeradressen ein. Die Nachrichten werden dann an alle Personen gleichzeitig verschickt. Die Antworten sind nicht nur für jede Person der Gruppe sichtbar, sondern es wird auch angezeigt, wer geantwortet hat A.

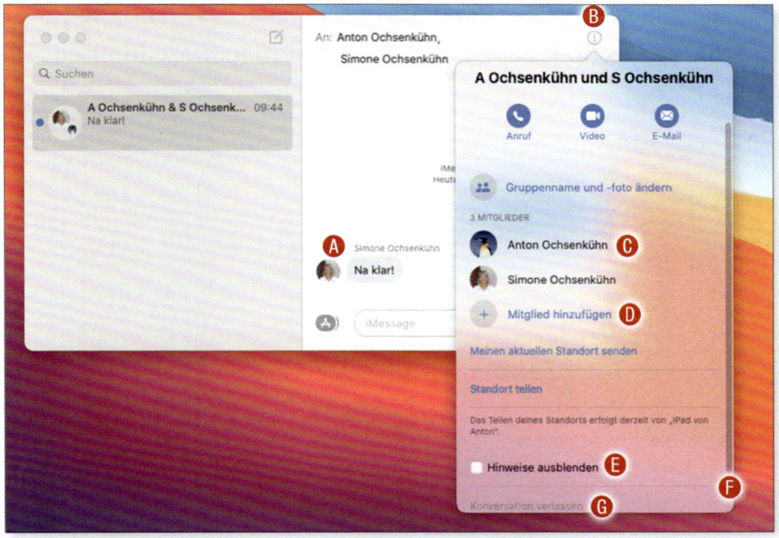

Eine Konversation innerhalb einer Gruppe von Personen.

> **!** Genauso wie auf dem iPhone oder iPad können die Personen in der Konversation sogar Ihren **Standort teilen**, der dann als kleiner Kartenausschnitt in den Nachrichten erscheint.

Bei B verbergen sich noch einige Funktionen für die Gruppenkonversation. Dort können Sie alle Teilnehmer einsehen C und auch weitere Personen einladen D. Wenn Sie die Funktion *Hinweise ausblenden* E aktiveren, erhalten Sie keinen Signalton mehr, wenn jemand eine Nachricht geschrieben hat. Im unteren Bereich bei F sehen Sie alle Anhänge, die innerhalb der Gruppenkonversation verschickt wurden. Sie können die Anhänge per Doppelklick öffnen oder einfach auf den Schreibtisch bzw. in einen Ordner ziehen, um sie zu speichern. Als letzte Option haben Sie noch die Möglichkeit die Konversation zu verlassen bzw. zu beenden G.

Nachrichten – SMS-Empfang und -Versand

Ab der iOS-Version 8 (iPhone) können Sie mit dem Mac und der App Nachrichten auf dem Computer auch „normale" SMS- bzw. MMS-Nachrichten versenden und empfangen. Nötig hierfür ist die einmalige Verbindungsherstellung zwischen dem Computer und dem iPhone sowie die gleiche Apple-ID für iCloud. Auf dem iPhone wechseln Sie zu *Einstellungen –> Nachrichten –> SMS-Weiterleitung* und aktivieren das Gerät, das die SMS-Nachrichten empfangen und senden soll. Nun können Sie am Mac an beliebige Mobilfunknummern SMS-Nachrichten versenden. Dabei werden diese über das iPhone versendet.

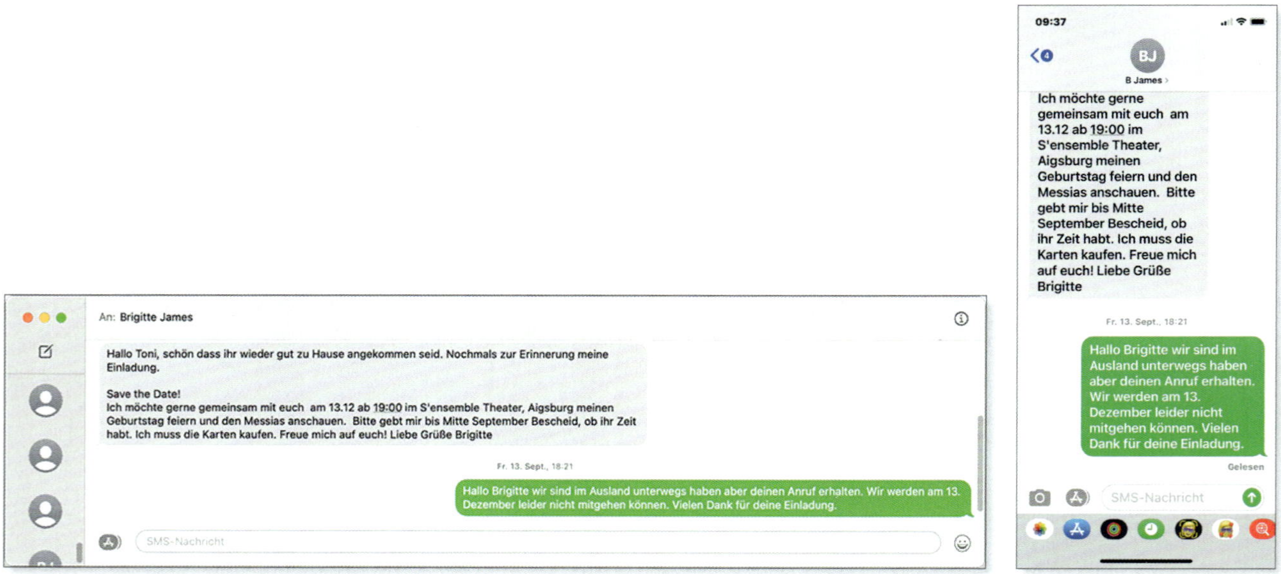

Die Nachrichten-App kann SMS- und MMS-Nachrichten senden und empfangen.

Möchten Sie zu einem späteren Zeitpunkt die Kopplung iPhone-Computer wieder aufheben, so sollten Sie am iPhone in den *Einstellungen* den Eintrag *Nachrichten* aufrufen. Tippen Sie dort auf *SMS-Weiterleitung* und deaktivieren Sie den entsprechenden Computer.

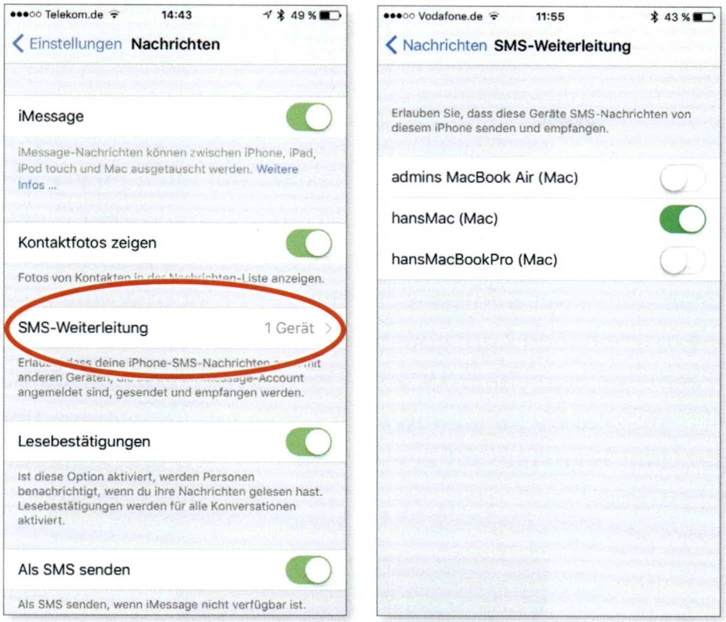

Am iPhone kann die Verbindung zum Computer wieder unterbrochen werden.

Senden widerrufen und Nachrichten bearbeiten

Und ENDLICH können versendete Nachrichten nachträglich noch bearbeitet oder das Senden widerrufen werden. Allerdings haben Sie hierfür nur maximal 15 Minuten nach dem Versand Zeit, um dies zu tun. Zudem muss Ihr Gegenüber ebenfalls iOS bzw. iPadOS 16 oder neuer auf den mobilen Geräten verwenden.

Klicken Sie mit der ctrl-Taste auf die versendete Nachricht, um das Kontextmenü hierfür zu erhalten.

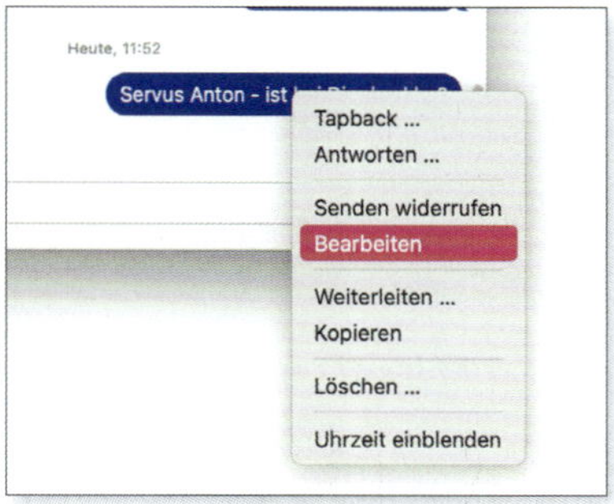

Versendete Nachrichten können nachträglich bearbeitet oder widerrufen werden.

FaceTime

FaceTime ist eine sehr elegante Möglichkeit, via Bildtelefon mit anderen Mac-Rechnern in Kontakt zu treten. Aber damit nicht genug: Auch iPhone- und iPad-Geräte können über FaceTime angerufen werden. Notwendig hierfür ist mindestens ein iPad der zweiten Generation oder neuer bzw. ein iPhone 4 oder neuer. Die Geräte verfügen über zwei Kameras: eine an der Front und eine an der Rückseite. Darüber hinaus muss das iPhone 4 bzw. ein iPad 2 mit einem WLAN-Netzwerk verbunden sein, um über die mobile Telefonnummer per FaceTime erreichbar zu sein. Die neueren Modelle können FaceTime zusätzlich über das mobile Funknetz nutzen. Das iPad und auch der Computer werden über eine E-Mail-Adresse angerufen. Wenn wir also nun FaceTime auf dem Rechner starten und konfigurieren, muss dabei eine E-Mail-Adresse hinterlegt werden.

Apple-ID eintragen.

Wenn FaceTime gestartet wird, können Sie dort Ihre Apple-ID hinterlegen.

Sofern Sie ein iPad oder ein iPhone besitzen, haben Sie bereits eine Apple-ID, die Sie nun hier eintragen können.

Es ist notwendig, dass es eine zentrale Stelle gibt auf die alle Anwender zugreifen, die über FaceTime verfügen. Jede Apple-ID bzw. Mobilfunknummer, die auf einem iPhone 4 oder neuer läuft und auch in FaceTime aktiviert ist, meldet sich zentral bei einem Apple-Server an. Darüber wird dann die Kommunikation eingerichtet.

Nachdem Sie neben Ihrer Apple-ID möglicherweise auch weitere E-Mail-Adressen haben, können Sie zusätzliche E-Mail-Adressen definieren, unter denen Sie ebenfalls per FaceTime erreichbar sein möchten. Wählen Sie dazu den Eintrag *FaceTime –> Einstellungen*.

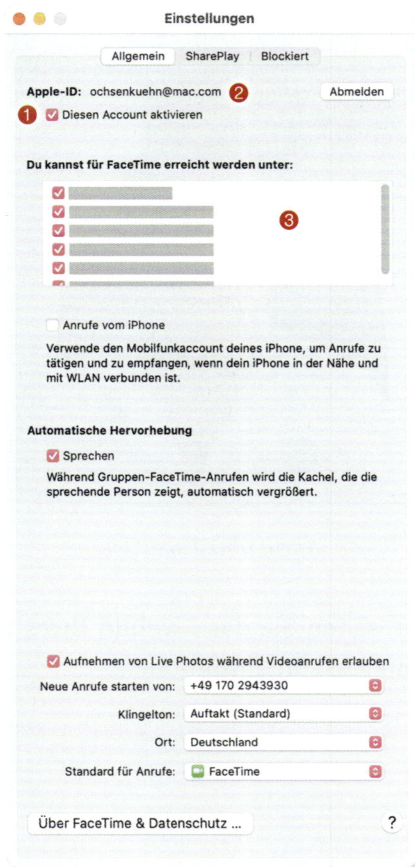

Einstellungen in FaceTime.

Sie sehen in den *Allgemein*, dass an diesem Arbeitsplatz derzeit FaceTime aktiv ist ❶. Darüber sehen Sie die Apple-ID ❷. Aber: Sie können auch weitere E-Mail-Adressen hinzufügen ❸, unter denen Sie ebenfalls für FaceTime-Anrufe zur Verfügung stehen (*Systemeinstellungen –> Ihr Name (Apple-ID, iCloud, Medien & App Store) –> Name, Telefon, E-Mail*). Wenn Sie eine weitere E-Mail-Adresse eintragen, wird Apple Ihnen wenig später eine E-Mail senden und Sie auffordern, die zusätzlich eingetragene Adresse zu überprüfen. Sobald Sie in der E-Mail auf den Button *Jetzt bestätigen* klicken, gelangen Sie auf eine Internetseite von Apple, auf der Sie Ihre Apple-ID noch einmal eintragen müssen. Haben Sie dort alle Daten korrekt spezifiziert, gehen Sie über *Adresse bestätigen*, um diese zusätzliche E-Mail-Adresse an FaceTime zu koppeln. Sogleich wird Ihnen Apple dies bestätigen.

Versucht jemand, mit Ihnen Kontakt aufzunehmen, erscheint der Name der anrufenden Person im Titel. Sie können den Anruf mit *Annehmen* akzeptieren.

Anruf über FaceTime.

Sobald der Anruf durchgestellt ist, sehen Sie das Livebild Ihres Gegenübers. Sie haben nun in dem erscheinenden Fenster einige sehr interessante Funktionen.

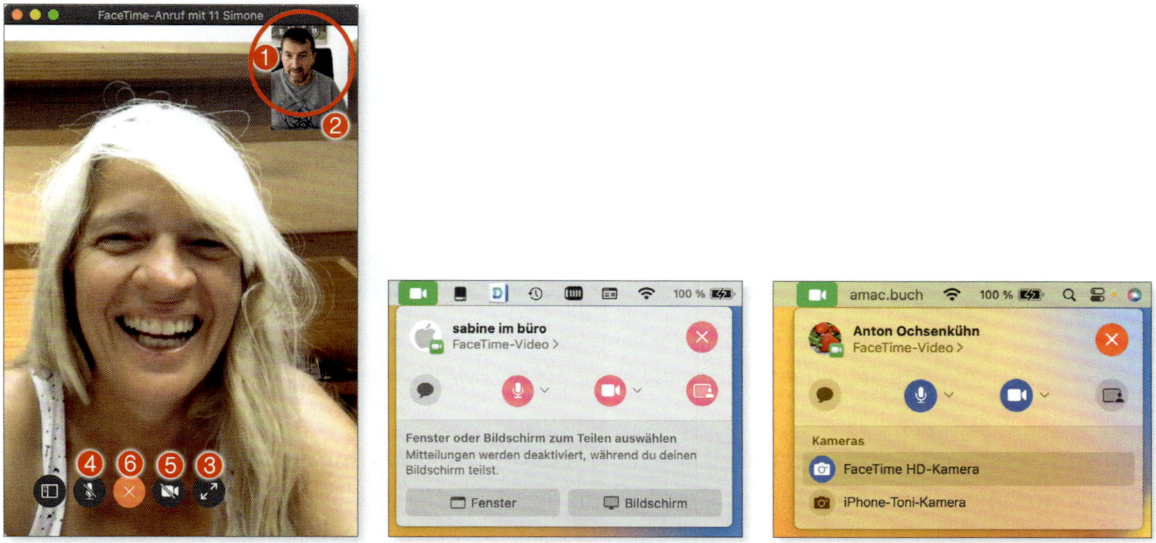

So sieht FaceTime während eines Videochats aus (links). Zudem haben Sie ein Icon in der Menüleiste mit ähnlichen Funktionen (mittig). Beachten Sie hierbei, dass Sie via FaceTime ebenfalls Ihren Bildschirm bzw. ein Fenster teilen können. Zudem kann Ihr iPhone ab iOS 16 als Webcam zur Verwendung kommen (rechts). Dazu muss auf dem iPhone dies aktiv sein („Einstellungen –> Allgemein –> AirPlay & Handoff –> Integrationskamera")

Sie sehen zum einen das Bild Ihres Gegenübers und Ihr eigenes Bild. Sie können Ihr eigenes miniaturisiertes Bild an eine beliebige Stelle innerhalb des Fensters ziehen ❶. Dort haben Sie dann auch die Möglichkeit ins Querformat zu wechseln ❷. Möchten Sie den FaceTime-Call bildschirmfüllend sehen, klicken Sie auf den Button ❸, um in den Vollbildmodus zu gelangen. Um kurzfristig das Mikrofon stumm zu schalten, verwenden Sie den entsprechenden Button ❹. Sie können sogar vorübergehend die Kamera deaktivieren, wenn Sie auf die Schaltfläche ❺ klicken. Und ist das Gespräch zu Ende, können Sie via *Beenden* ❻ auflegen.

Da sowohl iPhones als auch iPads auf der Rückseite der Geräte Kameras besitzen, kann Sie, sofern Sie mit derartigen Geräten verbunden sind, Ihr Gegenüber auf die rückwärtige Kamera umschalten. Sie sehen dann, was der Anwender auf der anderen Seite vor sich hat. Besonders nett ist, dass FaceTime auch erkennt, ob das iPhone bzw. das iPad im Hoch- oder im Querformat gehalten wird.

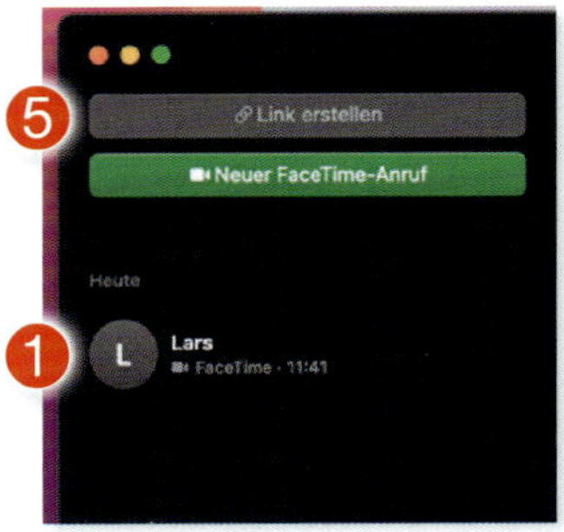

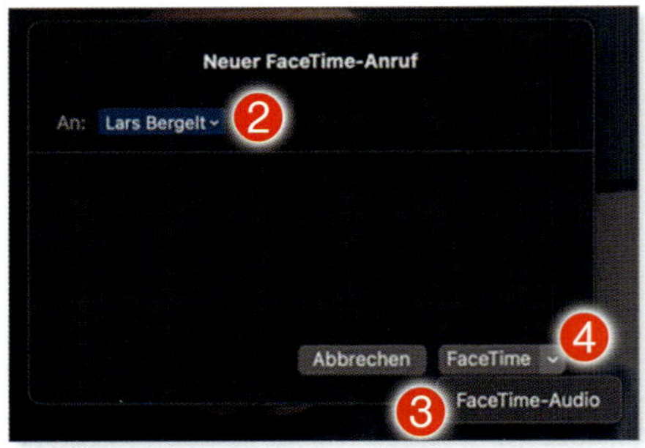

FaceTime zeigt die Kontaktliste des Kontakts (links).
Wählen Sie, auf welche Art und Weise Sie den Anruf tätigen wollen (rechts).

Möchten Sie selbst einen FaceTime-Call starten, bietet Ihnen FaceTime im linken Teil des Fensters die Kontaktliste mit allen bereits getätigten Gesprächen an ❶. Natürlich können Sie sehr einfach über die Suchfunktion ❷ aus Ihrer umfangreichen Kontaktliste Personen ausfindig machen. Sobald Sie einen Kontakt in Ihrer Liste anklicken, können Sie im unteren Bereich entscheiden, welche Art von Anruf Sie tätigen wollen. Sie haben die Auswahl zwischen einem Audio- ❸ und Videoanruf ❹. Je nach dem, ob der Kontakt über eine Apple-ID und aktiviertes FaceTime verfügt, ist die Auswahl eventuell beschränkt.

> **!** Wenn Sie einen Mac mit Apple Silicon (M1, M2, M3, etc.) besitzen, dann stehen Ihnen kreative Funktionen zur Verfügung, um sich perfekt in Szene zu setzen.

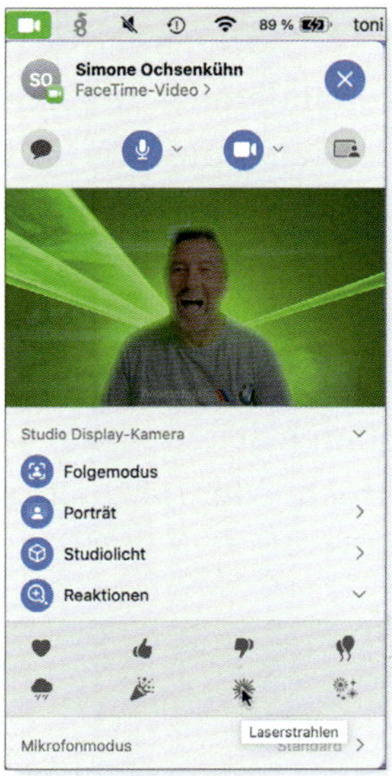

Aktuell wird der Effekt „Laserstrahlen" eingesetzt.

FaceTime Links

Mit der neuen Funktion ❺ *Link* erstellen, können Sie FaceTime Anrufe, auch mit Freunden und Bekannten die kein Apple Gerät besitzen, führen.

Dazu tippen Sie auf Link erstellen. Nun können Sie den Link direkt über Nachrichten oder E-Mail teilen oder Sie kopieren den *Link* und versenden ihn über einen Dienst ihrer Wahl.

Wenn der Link über einen Browser geöffnet wird, wird man aufgefordert einen Namen anzugeben.

Anschließend muss man dem Anruf noch beitreten.

Als Ersteller des Link erhält man eine Benachrichtigung, dass ein neuer Teilnehmer der Unterhaltung beitreten möchte.

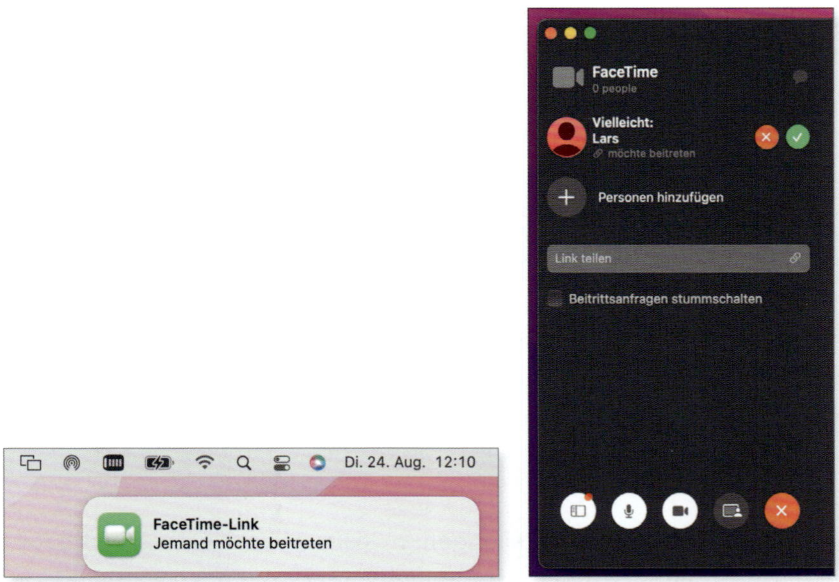

Dies kann man entweder Zulassen oder Ablehnen.

Einen FaceTime-Link kann man auch über den Kalender erstellen und somit ein Meeting planen. Dazu erstellt man im Kalender ein neues Ereignis und klickt in *Standort oder Videoanruf*.

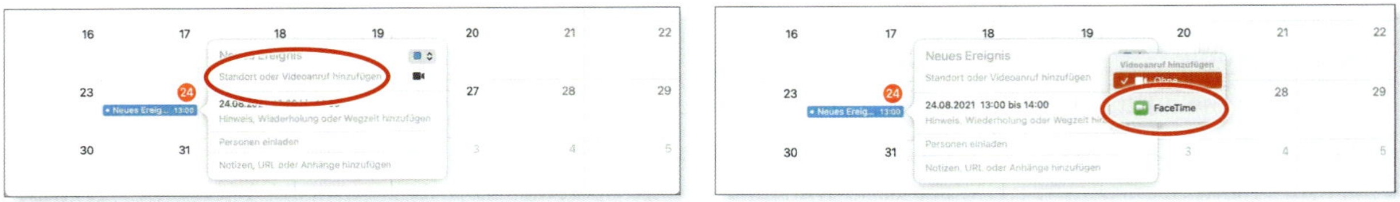

Hier wählt man nun "FaceTime" aus und der Link wird an alle eingeladenen Teilnehmer des Ereignisses verschickt.

> **!** Bei der Suche werden nur Kontakte aufgelistet, die über eine Telefonnummer oder eine E-Mail-Adresse verfügen. Kontakte ohne Telefonnummer oder E-Mail-Adresse werden also bei der Suche nicht berücksichtigt.

Sie sehen also, dass die Videotelefonie über FaceTime sowohl über E-Mail-Adressen als auch über Telefonnummern möglich ist. Einmal eingerichtet, funktioniert sie wirklich ganz hervorragend. Sofern Sie ein iPhone 4 oder neuer besitzen, sollten Sie nicht vergessen, FaceTime auch zu aktivieren. Sie finden diese Funktion in den *Einstellungen* bei *FaceTime*. Bringen Sie den Schieberegler auf die rechte Position und nach wenigen Sekunden ist die Aktivierung abgeschlossen und Ihr iPhone ist nun für FaceTime-Anrufe verfügbar. Anwender wählen dazu Ihre Mobiltelefonnummer.

Und das Gleiche gilt natürlich auch für FaceTime auf dem iPad. Gehen Sie dort ebenfalls in die *Einstellungen* und bringen Sie den Schieberegler auf die dafür vorgesehene Position. Vergessen Sie beim iPad nicht, ebenfalls Ihre Apple-ID einzutragen. Und das iPad verhält sich genauso wie FaceTime am Computer: Sie können weitere E-Mail-Adressen eintragen, unter denen Sie FaceTime-Calls empfangen möchten.

Kontakte sperren bzw. blockieren

Vielleicht haben Sie sowohl in FaceTime als auch in der App Nachrichten in den Einstellungen (*cmd* + ,) den Begriff *Blockiert* schon gesehen. Damit können Sie Personen, die sich in der Kontakte-App befinden, davon abhalten, Ihnen Nachrichten zu senden oder per FaceTime-Video oder -Audio mit Ihnen in Kontakt zu treten.

> **!** Wenn Sie in in der Mail-App unter **Einstellungen –> Spam –> Blockiert** die Funktion **Filter für blockierte E-Mail aktivieren** einschalten, können Sie ebenfalls E-Mail-Absender direkt blockieren.

Klicken Sie auf Pfeil hinter der Absendermailadresse und wählen „Kontakt blockieren" aus.

Sofern Sie über einen aktiven iCloud-Account verfügen, wird diese Liste von blockierten Kontakten zwischen macOS und iOS abgeglichen. Wenn Sie also ein iPhone mit iOS 7 oder neuer besitzen, finden Sie die blockierten Kontakte innerhalb der App *Einstellungen* und dort entweder bei *Nachrichten*, *FaceTime* oder auch bei *Telefon* jeweils innerhalb von *Blockiert*.

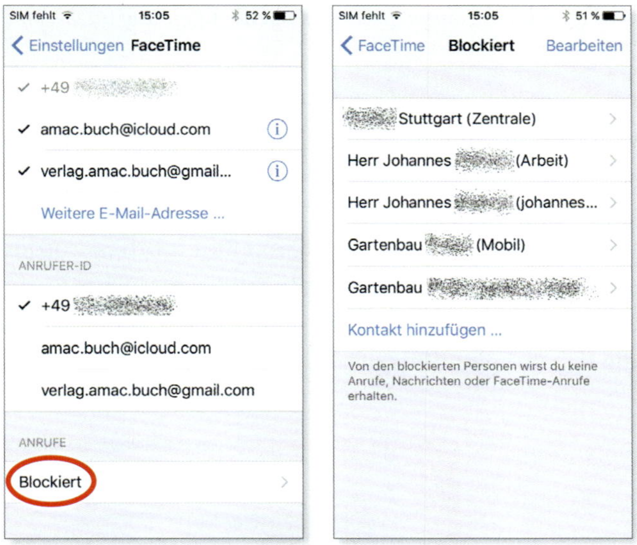

Blockierte bzw. gesperrte Kontakte werden via iCloud zwischen macOS und iOS abgeglichen.

Sie können also beispielsweise am Telefon unliebsame Personen auf die Liste setzen. Haben Sie von der Person neben dessen Apple-ID auch seine Telefonnummer (egal, ob Festnetz oder Mobilnummer), so werden sowohl *FaceTime* und *Nachrichten* als auch die App *Telefon* nicht mehr auf dessen Anrufe reagieren. Sofern Sie eine Mailbox für Ihre Rufnummer haben, wird diese den Anrufer in Empfang nehmen. Ihre Anrufliste der Telefon-App listet den Anruf erst gar nicht auf :-). Auch empfangene SMS-Nachrichten von diesen gesperrten Kontakten werden dann in Ihrem iPhone nicht mehr gezeigt.

Telefonieren mit dem iPhone am Mac

Eine angenehme Funktion von macOS im Zusammenhang mit iOS 8 oder neuer ist die Möglichkeit, Anrufe vom iPhone per WLAN an einen Mac weiterleiten zu lassen. Das ist dann sinnvoll, wenn das iPhone zu Hause beispielsweise am Strom hängt und Sie das Klingeln oder Vibrieren daher nicht hören.

Sitzen Sie dann am Rechner, so können Sie den Anruf sogar an diesen Geräten annehmen. Das iPhone brauchen Sie dazu nicht. Am Mac sieht das dann so aus:

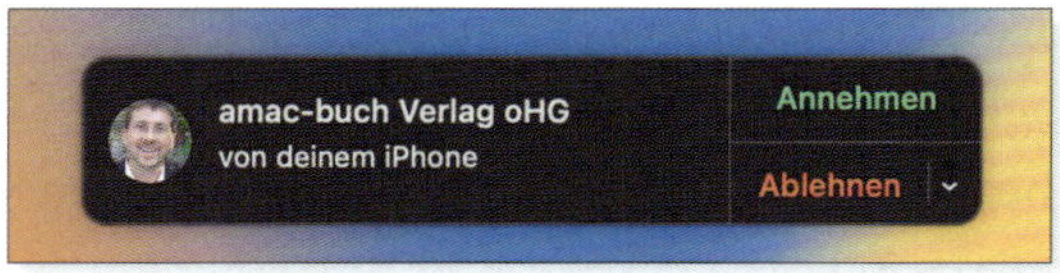

Mit macOS kann ein Anruf direkt am Computer entgegengenommen und auch von dort aus initiiert werden.

> **!** Um diese Funktion nutzen zu können, müssen Sie am iPhone in den **Einstellungen** –> **Telefon** –> **Auf anderen Geräten** die Option **Anrufe auf anderen Geräten** einschalten und am Mac in FaceTime bei **Allgemein** die Option **Anufe vom iPhone** aktivieren. Außerdem müssen alle Geräte mit demselben iCloud-Account angemeldet sein, sich im selben WLAN befinden und Bluetooth muss an allen Geräten aktiviert sein. Desweiteren müssen alle Geräte mit Bluetooth LE ausgestattet sein, was an älteren Macs nicht der Fall ist. Und Sie können über diese Funktion auch Anrufe an iPad und Mac starten, indem Sie eine Rufnummer auswählen. Das kann über die Kontakte-App erfolgen oder auch über eine Telefonnumer, die sich auf einer Internetseite befindet.

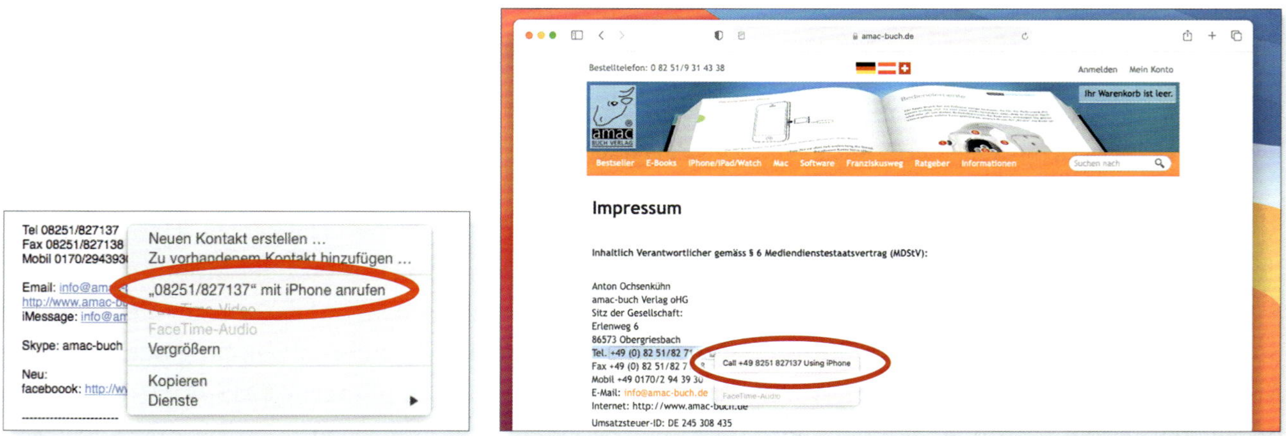

Ist die Verbindung von Mac und iPhone etabliert, so kann über das Kontextmenü praktisch von überall her ein Anruf gestartet werden, wie z. B. aus einer E-Mail heraus (links) oder in Safari (rechts).

SharePlay

Via SharePlay können Sie und Ihr Gegenüber z. B. gemeinsam einen Film ansehen oder Musik genießen. Das kann übrigens auch mit mehreren Personen stattfinden. Damit das Ganze funktioniert benötigen Sie einige Voraussetzungen:

- Es muss auf allen Geräten mindestens iOS 15.1 bzw. iPadOS 15.1 oder auf dem Mac minimal macOS 12.1 installiert sein
- Alle beteiligten Personen müssen über die gleichen Abos bzw. Zugänge verfügen. Wenn Sie also etwas aus Apple Music teilen möchten, müssen die anderen Teilnehmer ebenfalls in Apple Music angemeldet sein.

Neben Apple Music können Sie z. B. Spotify, Disney+, TikTok, Apple TV+, etc. nutzen. Beinahe täglich kommen neue Möglichkeiten hinzu. In allen Nicht-Apple-Diensten rufen Sie das Teilen-Menü auf und dort werden Sie dann ebenfalls SharePlay starten können.

Sind die Vorgaben erfüllt, geht das Teilen der Medien ganz einfach.

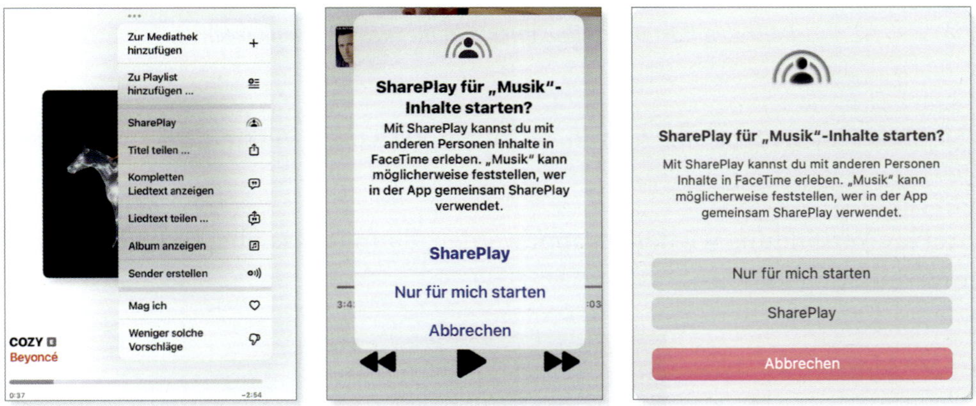

So wird beispielsweise Musik aus Apple Music geteilt (Links via Kontextmenü, mittig bei iOS und rechts via maOS und FaceTime).

Wenn Sie eine aktiven FaceTime-Verbindung haben, dann wechseln Sie einfach in die Musik-App und holen den Song her, den Sie teilen möchten (rechts) und erhalten sogleich die Möglichkeit, *SharePlay* zu aktivieren. Besteht keine FaceTime-Verbindung, dann bringen Sie ebenfalls den zu teilenden Song nach vorne, tippen die drei Punkte im Kreis an und wählen im Kontextmenü SharePlay.

Sodann können Sie via FaceTime oder Nachrichten (ab iOS bzw. iPadOS 16 und macOS 13) Personen zum Mithören einladen.

Ihr Gegenüber bekommt einen Hinweis, dass SharePlay aktiviert wurde.

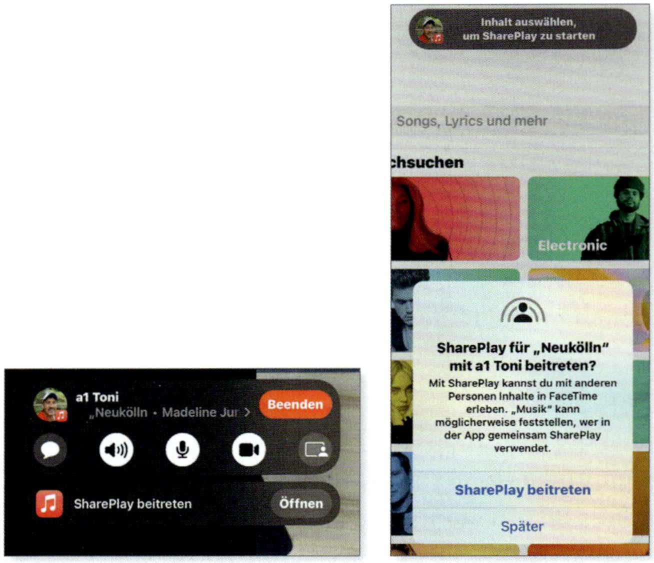

Der Shareplay-Hinweis erscheint in FaceTime (links) und über ein zweimaliges Beitreten hört der Teilnehmer nun die gleiche Musik (rechts).

> **!** Wenn Sie SharePlay via FaceTime nutzen, bleibt natürlich diese Verbindung auch bestehen.

Soll die SharePlay-Verbindung wieder gekappt werden, dann ist das über das Icon während der laufenden FaceTime-Verbindung möglich.

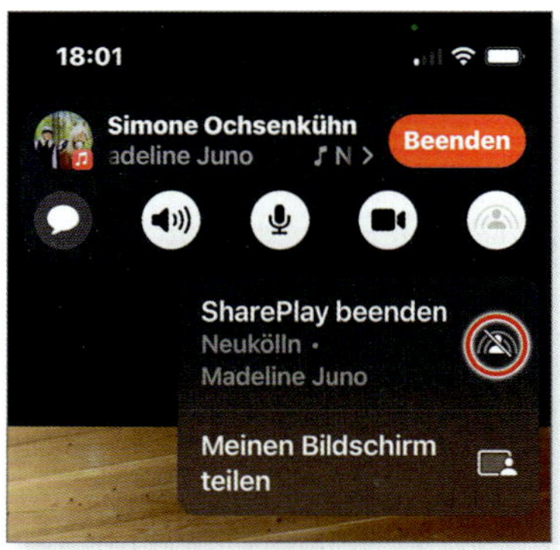

Die Verbindung kann jederzeit vom Sender bzw. Empfänger gestoppt werden.

Hilfe von außen – Teamviewer

Mit TeamViewer erhalten Sie ein kostenloses und absolut geniales Programm für Fernsteuerung von Rechnern. Und TeamViewer arbeitet hervorragend plattformübergreifend. Laden Sie sich die kostenfreie Version von der Internetseite *www.teamviewer.com* herunter. Voraussetzung für die Arbeit mit TeamViewer ist, dass auf beiden beteiligten Rechnern die Applikation gestartet ist.

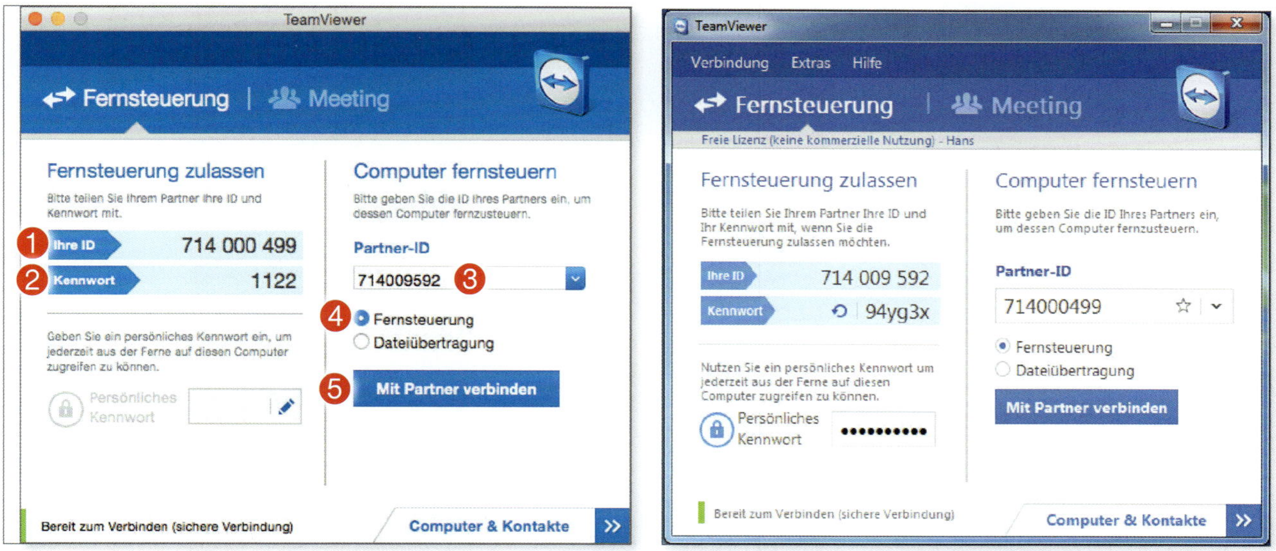

TeamViewer ist sowohl auf dem Mac (links) als auch auf dem Windows-Rechner (rechts) gestartet.

Wenn Sie auf den Bildschirmfotos die jeweils linke Seite betrachten, sehen Sie dort die Meldung *Fernsteuerung zulassen*. Und darunter sehen Sie den Eintrag mit der ID ❶. Wie Sie sehen, hat der Mac eine ganz andere ID als der Windows-Rechner. In dem Augenblick, in dem TeamViewer gestartet wird, bekommt der ausführende Rechner eine weltweit eindeutige ID. Darunter zeigen beide Rechner ein Kennwort ❷.

> **!** Während die ID für Ihren Rechner gilt, wird das Kennwort bei jedem Start neu festgelegt. Das ist ein Schutzmechanismus, damit nicht jemand, dem Sie bereits einmal Ihr Kennwort übertragen haben, ohne Ihr Wissen auf Ihren Rechner zugreifen kann. Bei jedem Beenden und Starten also eine Änderung im Bereich **Kennwort**.

Auf der rechten Seite sehen Sie den Bereich *Computer fernsteuern*. Sie können dort zwischen verschiedenen Möglichkeiten wählen, wie die Verbindung aussehen soll ❹ (Fernwartung oder Dateiübertragung). Im Regelfall werden Sie die *Fernwartung* verwenden, um den Bildschirm eines anderen Rechners fernsteuern zu können. Geben Sie bei *Partner-ID* die Kennung des anderen Rechners ein ❸. Sie sehen hier, dass der Mac mit dem Windows-Rechner in Kontakt treten will und deshalb dessen ID eingetragen wird. Sobald auf *Mit Partner verbinden* ❺ geklickt wird, folgt die Kennwortabfrage. Wird auch diese korrekt beantwortet, sieht der Mac den Windows-Bildschirm.

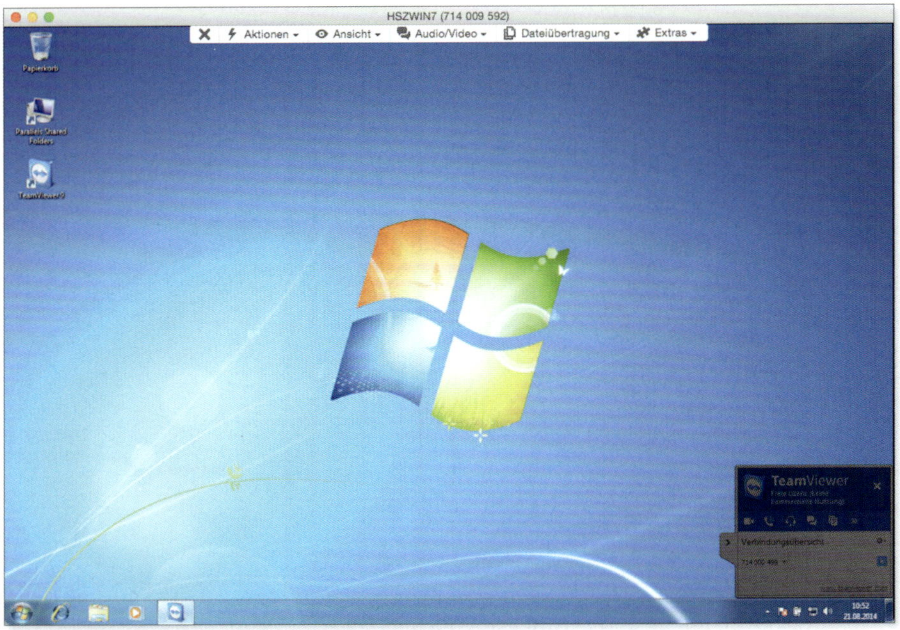

TeamViewer (Mac) hat Kontakt mit einem Windows-Rechner aufgenommen.

Und Sie sehen nun, dass der Windows-Bildschirm auf den Mac übertragen wird. Bedenken Sie bitte, dass dies über das Internet erfolgt und absolut kostenfrei ist. Wenn Sie die Menüleiste betrachten, erkennen Sie, dass neben der Fernsteuerung auch eine Dateiübertragung oder weitere Aktionen möglich sind. Mit dem TeamViewer erhalten Sie also ein hervorragendes Werkzeug, um auf andere Rechner aus der Ferne zugreifen zu können. TeamViewer ist eine hervorragende Applikation für den Bereich Helpdesk oder Support. Um die Verbindung zu trennen, verwenden beide Partner das große *X* im Fenster.

! Gerade für einen Mac-Neuling kann das Programm TeamViewer sehr interessant sein, um aus der Ferne Hilfe zu bekommen, wenn es einmal irgendwo klemmen sollte.

Kapitel 5

Mit Programmen arbeiten

Der Klassiker – das Dock

Wie bereits in den anderen Kapiteln erwähnt, finden Sie das *Dock* am unteren Rand Ihrer Mac-Oberfläche. Apple hat bereits standardmäßig eine ganze Reihe von Programmicons in das Dock eingebracht, sodass Sie sofort loslegen können. Denn der Sinn des Docks ist unter anderem das komfortable Starten von Programmen, die als Symbole im Dock abgelegt werden. Klicken Sie mit der Maus oder dem Trackpad auf ein entsprechendes Icon, um die dazugehörige Applikation zu starten. Möchten Sie das gestartete Programm wieder beenden, genügt es, wenn Sie etwa zwei Sekunden lang auf das Programmsymbol im Dock klicken und die Funktion *Beenden* auswählen.

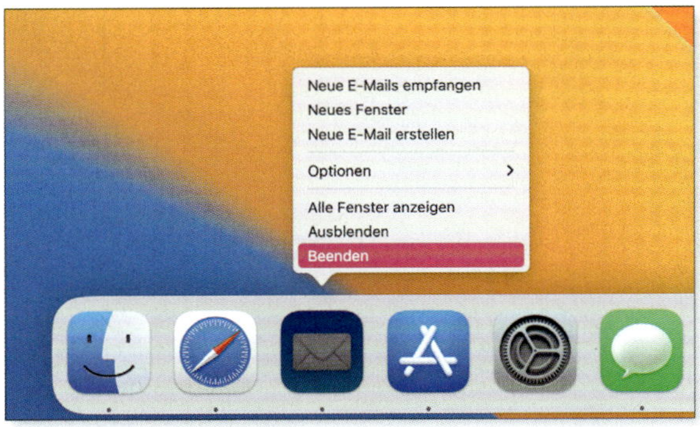

Programm beenden über das Dock.

Soll eine App immer beim Systemstart ebenfalls gestartet, dann verwenden Sie die rechte Maustaste und aktivieren *Optionen –> Bei der Anmeldung öffnen*.

▶I Das Dock verwenden 05_01

http://macos2023.amac-buch.de/#05_01

Im Dock sind schon eine Reihe von App-Icons eingebracht. Doch kann das Dock jederzeit angepasst werden. Und coole Funktionen wie das **Ausblenden** sind damit ebenfalls möglich. Was noch alles geht, sehen Sie in diesem Film.

Dock den eigenen Bedürfnissen anpassen

Um ein Icon aus dem Dock zu entfernen, ziehen Sie es einfach nach oben aus dem Dock heraus, bis über dem Icon die Bezeichnung *Entfernen* erscheint. Es wird dann verpuffen und aus dem Dock entfernt.

> **!** Das Entfernen eines Programmicons aus dem Dock funktioniert allerdings nur dann, wenn das Programm nicht gestartet ist. Woran erkennen Sie ein gestartetes Programm? Sofern Sie Kapitel 2 studiert haben, wissen Sie, dass jedem gestarteten Programm ein Punkt zugewiesen wird. Diese Einstellung finden Sie in den **Systemeinstellungen –> Schreibtisch & Dock**.

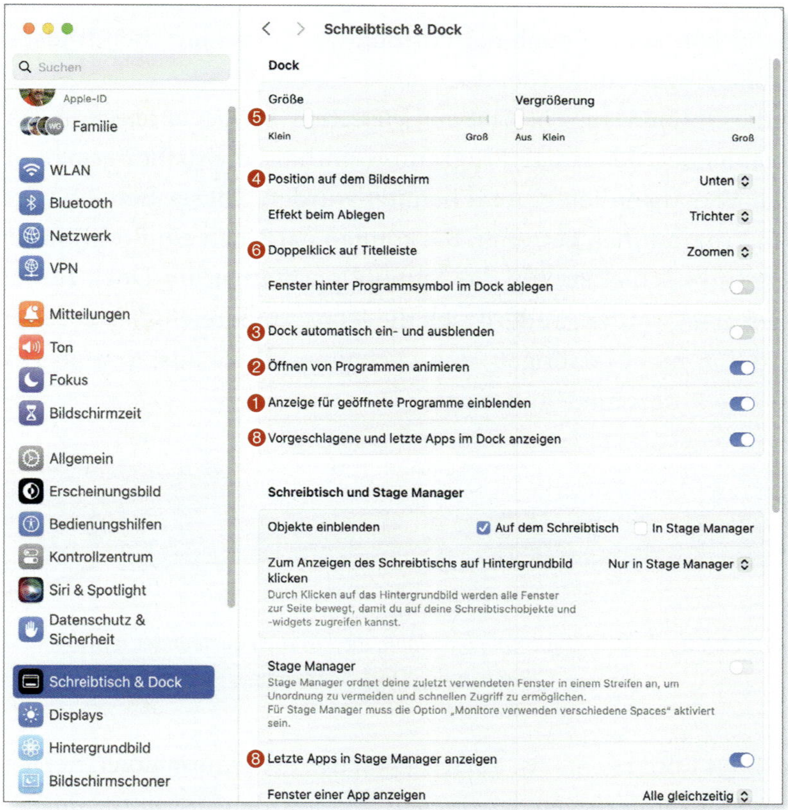

Systemeinstellungen –> Schreibtisch & Dock (Empfehlung: „Fenster hinter Programmsymbol im Dock ablegen" sollte nicht aktiv sein).

Wenn Sie die Eigenschaft *Anzeige für geöffnete Programme einblenden* ❶ mit einem Häkchen versehen, werden die dunklen Punkte unterhalb gestarteter Programme dargestellt. Möchten Sie auch, dass beim

Starten der Programme die Symbole lustig auf und ab hüpfen, bringen Sie das Häkchen bei *Öffnen von Programmen animieren* ❷ an.

Keine Frage, das Dock nimmt Ihnen am unteren Rand des Bildschirms – insbesondere, wenn Sie über einen tragbaren Rechner verfügen – relativ viel Platz weg. Über *Dock automatisch ein- und ausblenden* ❸ können Sie das Dock immer dann verschwinden lassen, wenn Sie es gerade nicht benötigen. Es erscheint wieder, wenn Sie mit dem Mauszeiger den unteren Bildschirmrand berühren oder das Dock über die Kombination *cmd* + *alt* + *D* einblenden.

Ziemlich clever ist zudem die Funktion *Doppelklick auf Titelleiste* ❻. Damit kann jedes Fenster entweder rasch ins Dock befördert oder zwischen der optimalen und individuellen Fenstergröße hin- und hergeschaltet (*Zoomen*) werden.

Wie Sie sich erinnern, können Sie auch die Position des Docks auf dem Bildschirm ändern ❹. Des Weiteren kann die Größe eingestellt werden ❺.

Interessant ist auch die Option *Vorgeschlagene und letzte Apps im Dock anzeigen* ❽. Damit wird ein weiterer Bereich im Dock eingeblendet, der einige Programme enthält, die nicht permanent im Dock verankert sind aber in der nahen Vergangenheit einmal benutzt wurden. Dieser Bereich wird durch eine kürzere Linie von den anderen Programmen getrennt. Sie können natürlich ein Programmicon aus dem Bereich *Zuletzt verwendet* nach links schieben, um das Symbol permanent im Dock zu behalten. Denn sobald andere Programme gestartet werden, ändern sich die Icons im Bereich *Zuletzt verwendet*.

Wenn Sie diese Funktion nicht benötigen, dann schalten Sie sie aus, und im Dock werden nur noch gestartete und verankerte Programme angezeigt.

Das Dock kann auf Wunsch auch die Programme anzeigen, die kürzlich verwendet wurden und sich nicht im linken Bereich des Docks befinden.

Aber wieder zurück zum Entfernen bzw. Verschieben der Programmicons im Dock: Möchten Sie neue Programmicons in das Dock einbringen, ist ein sehr guter Anlaufpunkt Ihr *Programme*-Ordner. Im *Programme*-Ordner finden Sie alle auf dem Rechner installierten Programme. Verwenden Sie hierzu den Menüpunkt *Gehe zu* im Finder und wählen Sie dort den Eintrag *Programme* aus. Alternativ verwenden Sie im Finder die Tastenkombination *cmd* + *Shift* + *A*. Nehmen Sie nun das Programm Ihrer Wahl und ziehen Sie es per Drag & Drop aus dem *Programme*-Ordner hinunter in das Dock.

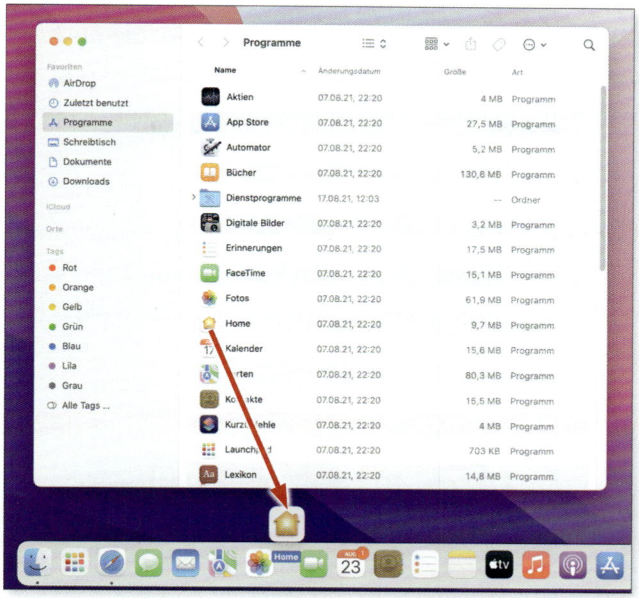

Neues Programmicon für das Dock.

Selbstverständlich können Sie die Reihenfolge der Programmicons im Dock nach Belieben modifizieren. Nehmen Sie dabei das Programmicon mit der Maustaste und ziehen Sie es per Drag & Drop an die gewünschte Position. Bauen Sie sich so ein Dock zusammen, in dem Sie rasch alle Elemente finden, die Sie bei der täglichen Arbeit benötigen. Sollen App-Icons wieder aus dem Dock verschwinden, ziehen Sie diese nach oben, bis an dem Icon das Wort *Entfernen* erscheint. Nun können Sie getrost loslassen.

Programmwechsel

Wozu kann man das Dock noch gebrauchen? Da das Dock zum Starten der Lieblingsprogramme dient und die gestarteten Programme durch einen Punkt gekennzeichnet sind, erhalten Sie auch einen Überblick darüber, welche Programme aktuell auf Ihrem Rechner gestartet sind. Die Icons im Dock können deshalb auch dazu verwendet werden, rasch zwischen den einzelnen Programmen zu wechseln. Wenn Sie sich also beispielsweise in Safari befinden und zu Mail wechseln wollen, klicken Sie einfach das *Mail*-Icon im Dock an, um das Programm Mail nach vorn zu holen und damit natürlich auch alle Fenster, die von Mail momentan zur Verfügung gestellt werden.

! Alternativ zum Programmwechsel über das Dock-Icon können Sie auch ein Fenster des entsprechenden Programms anklicken. Wenn Sie sich aktuell in Safari befinden und zu Mail wechseln wollen und Sie sehen irgendwo am noch ein Stück eines Mail-Fensters, klicken Sie dieses einfach an, um dahin zu wechseln.

Wenn Sie statt der Verwendung des Docks zum Wechseln von Programmen eine Tastenkombination nutzen möchten, drücken Sie die *cmd*-Taste und tippen kurz auf die *Tab*-Taste. Achten Sie darauf, die *cmd*-Taste gedrückt zu halten. Mit jedem kurzen Antippen der *Tab*-Taste wird ein anderes Icon in der Liste der gestarteten Programme aktiviert.

Programmwechsel via cmd + Tab.

! Wenn Sie zusätzlich zur **cmd**-Taste noch die **Shift**-Taste verwenden, dreht sich die Reihenfolge um, in der Sie durch die Programme wechseln können. Alternativ können Sie aber, nachdem Sie zum ersten Mal per **cmd + Tab** den Wechseldialog hervorgebracht haben, die **cmd**-Taste weiter gedrückt halten und mit den Pfeiltasten bzw. dem Trackpad zwischen den Programmen wechseln. Besonders elegant ist der rasche Programmwechsel via **cmd + Tab**, ohne dass das Zwischenfenster erscheint. Welche Idee steckt dahinter? Sie arbeiten aktuell in Safari und möchten nun zu Mail wechseln. Über **cmd + Tab** wird dieser Wechsel stattfinden. Das Apple-Betriebssystem hat sich nun gemerkt, dass der letzte Wechsel von Safari zu Mail stattgefunden hat. Wenn Sie nun sehr rasch **cmd + Tab** drücken, wird der Wechsel ohne Zwischendialog sofort wieder zurück zu Safari stattfinden. Und wenn Sie erneut ganz flink **cmd + Tab** verwenden, wird wieder zu Mail gewechselt. Das heißt, Sie haben ein Programmpärchen gebildet, zwischen dem Sie durch rasches Anwenden von **cmd + Tab** hin- und herwechseln können. Sie können natürlich jederzeit ein neues Programmpärchen bilden, um zwischen diesen beiden zu wechseln.

Übersicht behalten: Programmfenster

Aber kommen wir noch einmal direkt zum Dock zurück. Denn dort verbirgt sich noch eine weitere sehr nützliche Funktion: Wieder angenommen, Sie surfen mit dem Programm Safari im Internet und haben über *cmd + N* mehrere Fenster geöffnet, um in diesen jeweils unterschiedliche Informationen abzurufen. Auch dabei kann es bisweilen unübersichtlich werden. Apple hat hier vorgesorgt und eine Funktion namens *Programmfenster* eingebaut. Sie rufen die Funktion ganz einfach dadurch auf, dass Sie wieder etwa zwei Sekunden auf das Dock-Icon von Safari klicken und danach den Eintrag *Alle Fenster anzeigen* verwenden. Sofort werden auf dem Bildschirm alle derzeit geöffneten Fenster des Programms Safari verkleinert und übersichtlich auf dem Bildschirm dargestellt.

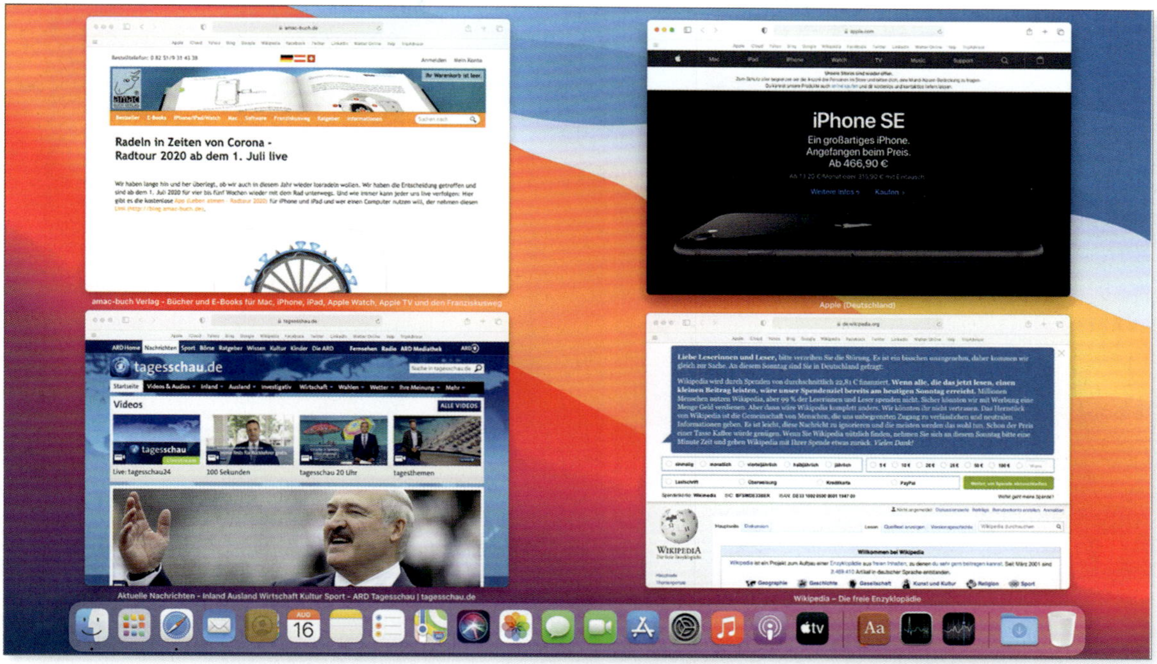

Safari: Programmfenster im Einsatz.

Bei an macOS angepassten Programmen kann zudem eine Liste der zuletzt mit diesem Programm bearbeiteten Dateien in der Programmfenster-Darstellung erscheinen.

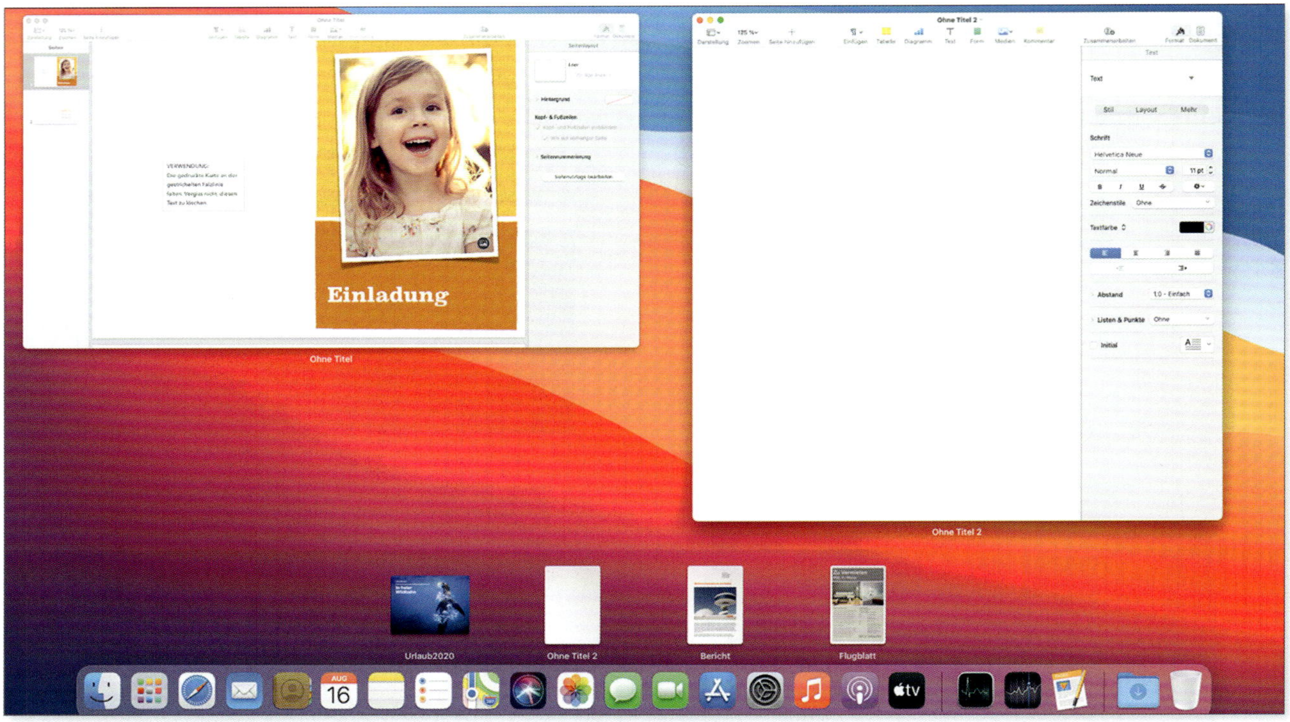

Pages zeigt in der Programmfenster-Darstellung unten die Liste der zuletzt mit dem Programm verwendeten Dokumente.

Sie können nun mit dem Mauszeiger über diese Miniaturfenster streichen. Dort, wo sich Ihr Cursor aktuell befindet, wird die Vorschau mit einem blauen Rahmen versehen. Möchten Sie ein Fenster tatsächlich nach vorn holen, klicken Sie es einfach an, und es wird wieder normal dargestellt.

! Sollten Sie in Safari mehrere Fenster minimiert haben, werden auch diese minimierten Fenster in der Programmfenster-Darstellung angezeigt.

Programmfenster inklusive minimierter Fenster.

Sie sehen zwei unterschiedlich Bereiche: Im oberen Teil befindet sich das geöffnete Fenster und darunter sehen Sie drei verkleinert dargestellte, minimierte Fenster, die sich lediglich als Icon im Dock befinden.

> ! Wenn Sie gerade in der Programmfenster-Darstellung sind und ein anderes Icon im Dock anklicken, bleiben Sie in der Programmfenster-Darstellung, wechseln einfach zu einem anderen Programm und sehen dann dessen Fenster in der Übersicht.

Wollen Sie die Programmfenster-Darstellung wieder verlassen, ohne ein anderes Fenster oder Programm zu öffnen, drücken Sie die *esc*-Taste auf der Tastatur. Damit wird die Programmfenster-Darstellung beendet.

Mitteilungen

Was sind Mitteilungen? Dabei handelt es sich nicht um SMS-Nachrichten oder iMessages, sondern vielmehr um Benachrichtigungen von einzelnen Apps, z. B. von der App *FaceTime*, dass Sie einen Anruf verpasst haben. Die Mitteilungen lenken Ihre Aufmerksamkeit also durch kleine Nachrichten auf die diversen Apps, bei denen gerade etwas passiert ist. Die Mitteilungszentrale wiederum sammelt alle diese Nachrichten der Apps. Dort können Sie dann jederzeit die Mitteilungen in Ruhe durchsehen und natürlich auch entfernen. Die Einstellungen dafür finden Sie in den *Systemeinstellungen* bei *Mitteilungen*.

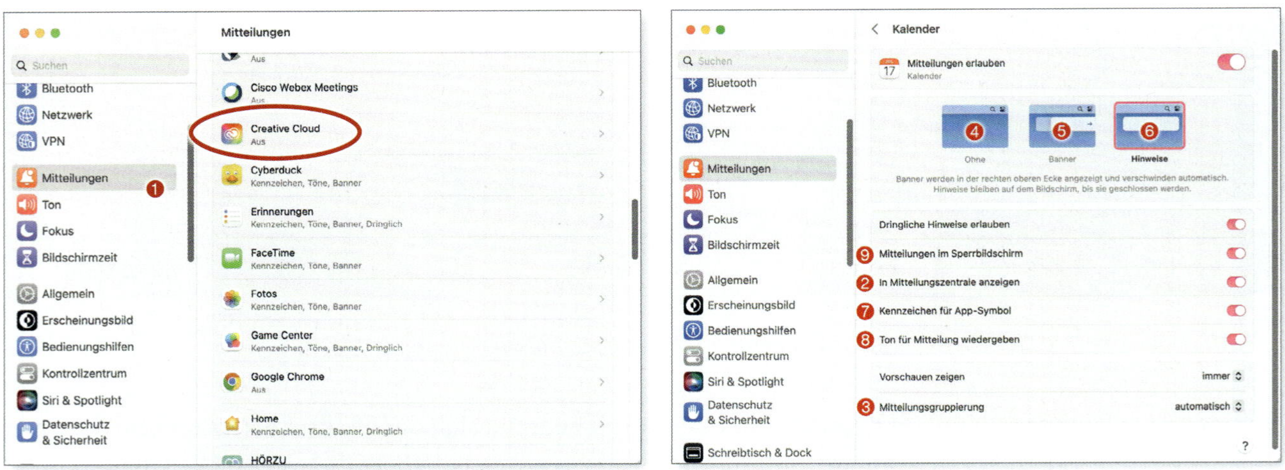

Systemeinstellungen –> Mitteilungen.

Wollen wir uns nun die Einstellungen für die Mitteilungen etwas genauer ansehen. Zunächst einmal sehen Sie in der linken Spalte ❶ die Programme, die sich eingenistet haben. Das sind im Regelfall Programme, die Apple standardmäßig mitliefert. Aber auch Drittanbieter können Programme schreiben, die sich in die Mitteilungszentrale einklinken. Damit eine App überhaupt Mitteilungen senden darf, ist ganz oben die Funktion grundsätzlich einzuschalten. Wenn Sie nun eines dieser Programme nicht in der Mitteilungszentrale vertreten haben möchten, klicken Sie den betreffenden Eintrag an, wählen *In Mitteilungszentrale anzeigen* ❷ und deaktivieren das entsprechende Häkchen. ❸: Die Gruppierung der Nachrichten in der Mitteilungszentrale können Sie entweder nach Apps, automatisch oder ganz aus stellen. Bei der Einstellung *Manuell nach App* können Sie in der linken Spalte die Einträge an die gewünschte Position stellen. Wenn Sie zum Beispiel Kalender- und Erinnerungseinträge als sehr wichtig erachten, ziehen Sie die beiden in den oberen Bereich des Fensters. Bei *Neue zuerst* werden die Mitteilungen nach Uhrzeit sortiert, wohingegen bei *Neue zuerst nach App* die Mitteilungen appweise gruppiert werden.

Haben Sie nun entschieden, welche Einstellungen in der Mitteilungszentrale dargestellt werden sollen, sollten Sie als Nächstes für jeden Eintrag der Mitteilungszentrale festlegen, wie er denn präsentiert wird. Sie können zwischen *Ohne* ❹, *Banner* ❺ und *Hinweise* ❻ wählen.

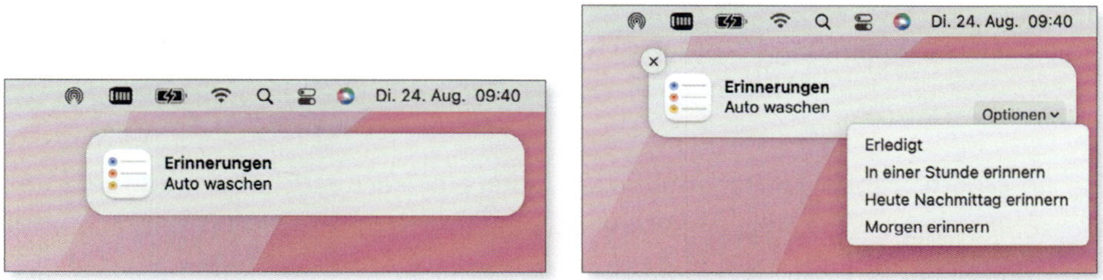

Mitteilungen können als Banner (links) oder Warnhinweis (rechts) ausgegeben werden.

Wie Sie anhand des Bildschirmfotos sehen, muss ein Hinweis auf jeden Fall vom Anwender bestätigt werden, entweder über *Schließen* oder über *Erinnern*, womit der Hinweis erneut vorgelegt wird.

> **!** Besonders elegant ist die Darstellungsform **Hinweis** für E-Mails oder Nachrichten, denn dann können Sie die Antwort gleich direkt eintragen.

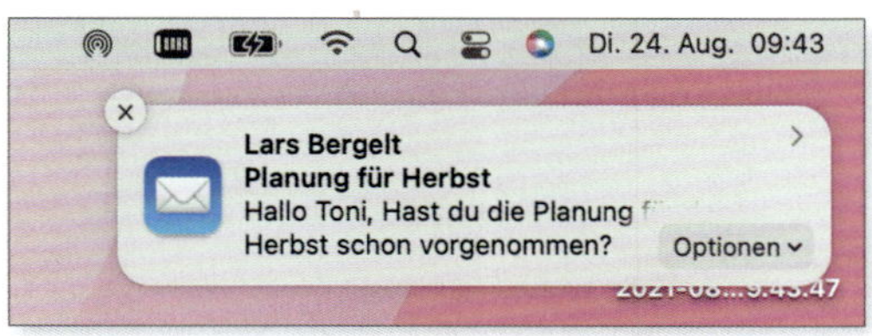

Via „Antworten“ können Sie schnell reagieren.

Haben Sie hingegen die Eigenschaft *Banner* gewählt, erscheint die Meldung und bleibt einige Sekunden auf Ihrem Monitor stehen, um dann nach rechts zu verschwinden. Der Warnhinweis geht dabei natürlich nicht verloren, er befindet sich nach wie vor in den *Mitteilungen*. Die Benachrichtigungen können Sie ganz einfach aufrufen, indem Sie rechts oben in der Ecke auf *Datum und Uhrzeit* klicken.

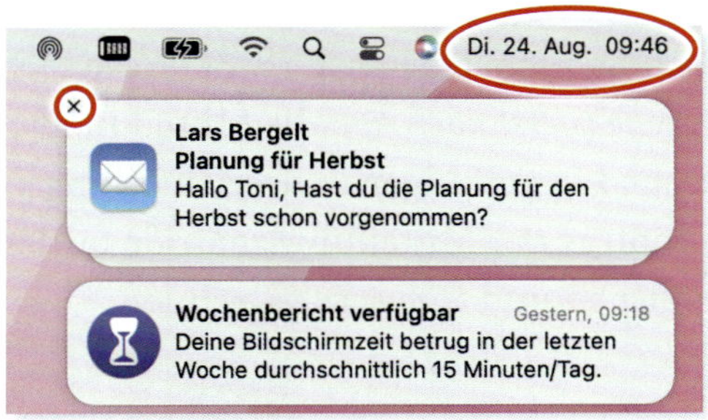

Mitteilungsansicht auf dem Schreibtisch.

Sofern Sie an einem tragbaren Rechner sitzen oder ein Trackpad haben, können Sie diese Benachrichtigungsspalte einblenden, indem Sie mit zwei Fingern vom rechten Rand aus in Richtung Mitte ziehen. Von der Mitte aus mit zwei Fingern nach rechts zu wischen, bewirkt, dass die Spalte wieder ausgeblendet wird. Die Spalte wird übrigens auch eingeblendet, wenn Programme wie Safari, Mail, Fotos etc. im Vollbildmodus dargestellt werden.

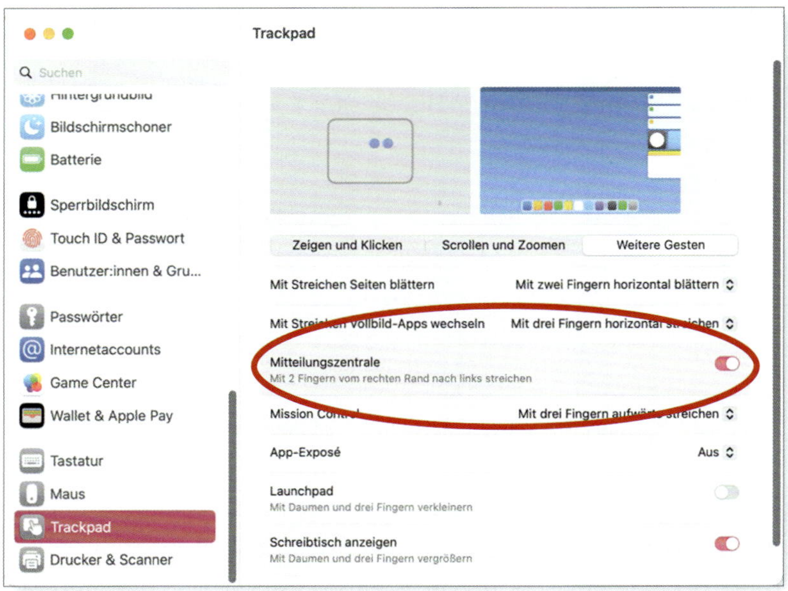

In den „Systemeinstellungen –> Trackpad" kann im Bereich „Weitere Gesten" diese Funktion aktiviert werden.

Wenn Sie an einem Rechner ohne Trackpad sitzen, können Sie zum Beispiel **Aktive Ecken** im Bereich **Schreibtisch & Dock –> Mission Control** verwenden und mit der Maus in eine Monitorecke fahren, um so die Mitteilungszentrale aufzurufen.

Ebenso können Sie die Mitteilungszentrale über eine zu definierende Tastenkombination aufrufen. Gehen Sie dazu über die *Systemeinstellungen* zu *Tastatur* und rufen Sie die *Tastaturkurzbefehle* und dort die Rubrik *Mission Control* auf. Geben Sie rechts neben *Mitteilungszentrale einblenden* eine Tastenkombination an.

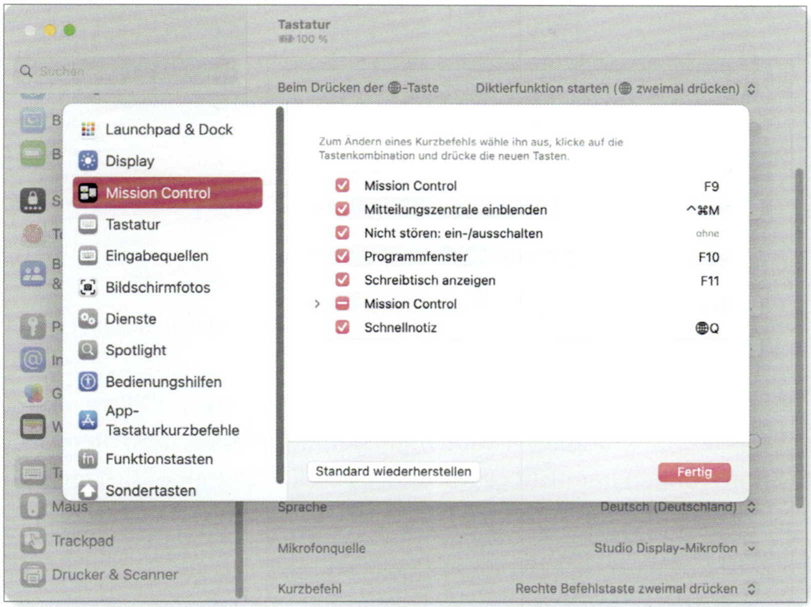

Das Starten der Mitteilungszentrale kann über eine Tastenkombination erfolgen.

Aber zurück zu den Einstellungen für die Mitteilungszentrale. Blenden Sie zusätzlich das *Kennzeichen-Symbol* ❼ ein, erhalten Sie neben einem Eintrag in der Mitteilungszentrale, wie vom iPhone und iPad bekannt, eine Nummer direkt am Programmicon, zum Beispiel im Dock.

Kennzeichen für App-Symbole sind an den Programmicons im Dock zu sehen.

Und soll schlussendlich bei eingehenden Mitteilungen auch noch ein Ton abgespielt werden, so aktivieren Sie die entsprechende Option ❽.

Vom iPhone und iPad kennen Sie möglicherweise die Einstellung, Mitteilungen im Sperrbildschirm erscheinen zu lassen. Die gleiche Funktion bietet Ihnen auch macOS an. Für jede App können Sie entscheiden ❾, ob sie Meldungen an das gesperrte Display senden darf. Bevor das funktioniert, müssen Sie die Anzeige generell in den *Systemeinstellungen –> Mitteilungen* aktiviert haben.

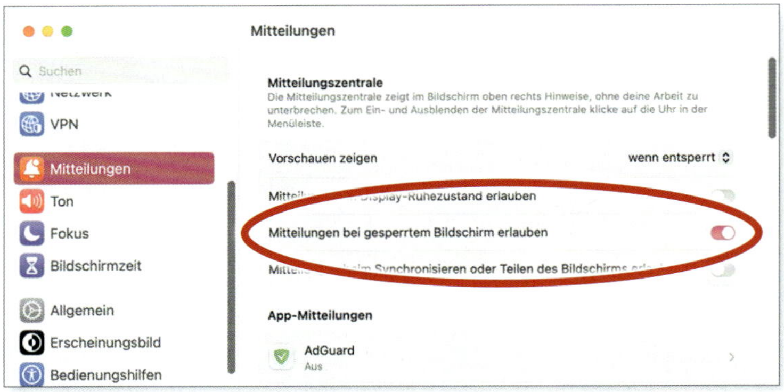

Mitteilungen können auch während des Bildschirmschoners auf dem Monitor auftauchen.

> **!** Selbstverständlich müssen die Applikationen nicht gestartet sein, um Mitteilungen zu senden. Wenn Sie beispielsweise eine Erinnerung terminabhängig definiert haben, wird diese auch erscheinen, wenn das Programm **Erinnerungen** gar nicht gestartet ist. Ähnlich verhält es sich mit anderen Programmen. Klicken Sie hingegen auf eine Mitteilung, wird gleich das entsprechende Programm gestartet und der dazugehörige Eintrag hervorgeholt.

Mitteilungszentrale anpassen

Die Mitteilungszentrale am Mac ist nicht mehr in Bereiche unterteilt, sondern in Elemente. Zu Oberst stehen immer die Mitteilungen, die wir bereits weiter vorn behandelt haben, darunter fügen sich die *Widgets* an. Nun geht es um die *Widgets*.

In diesem Widgets erhalten Sie vielfältige Informationen über den jetzigen Tag. Es wird nicht nur das Datum und das aktuelle Wetter angezeigt, sondern auch eventuelle Termineinträge vom Kalender, Erinnerungen und Aktienkurse. Damit entspricht die Mitteilungszentrale in weiten Dingen der Mitteilungszentrale vom iPhone bzw. iPad. Und wie auf den iOS-Geräten, können Sie die Mitteilungszentrale Ihren eigenen Bedürfnissen anpassen.

So können Sie u. a. die Reihenfolge der Einträge verändern. Wenn Sie z. B. lieber die aktuellen Aktienkurse an erster Stelle haben wollen, dann nehmen Sie Kategorie *Aktien* und ziehen Sie auf eine andere Position. Auf diese Weise können Sie alle Kategorien neu anordnen.

Die einzelnen Kategorien können durch einfaches Verschieben neu sortiert werden.

Die Mitteilungszentrale hat noch eine weitere Möglichkeit, um angepasst zu werden. Am unteren Ende befindet sich die Schaltfläche *Widgets bearbeiten*. Wenn Sie auf die Schaltfläche klicken, erhalten Sie eine vielfältige Möglichkeiten Ihre Mitteilungszentrale anzupassen. So können Sie z. B. mit einem Mausklick auf das grüne Plussymbol ❶ die Notizen in die Mitteilungszentrale einbringen. Alternativ können Sie die Widgets auch ganz bequem mit der Maus an die Stelle ziehen an der Sie es einfügen möchten. Umgekehrt können Sie mit einem Klick auf das Minussymbol ❷ einzelne Kategorien wieder entfernen. ❸. Für einige Widgets gibt es auch verschiedene Größen. Auf der linken Seite haben Sie noch eine Übersicht der Programme die Widgets zur Verfügung stellen ❹. Via *Fertig* oder über die esc-Taste können Sie diese Ansicht wieder verlassen.

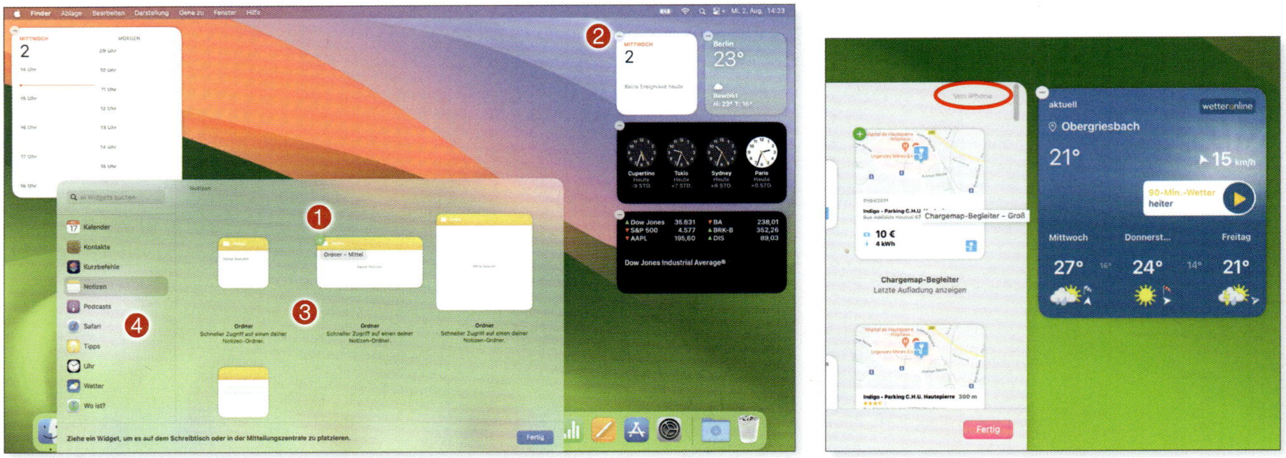

Es gibt zahlreiche nützliche interaktive Widgets für die Mitteilungszentrale, Sie können ebenso ein Widget auf den Schreibtisch ziehen, damit es stets sichtbar ist. Und sollten Sie ein iPhone besitzen (rechts), können Sie dessen Widgets nun ebenso auf Ihrem Mac einsetzen („Systemeinstellungen -> Schreibtisch & Dock -> Widgets"). Dazu muss das iPhone in Bluetooth-Reichweite sein.

▶I Widgets 05_widgets

http://macos2023.amac-buch.de/#05_widgets

Hier sehen Sie, wie man Widgets hervorholt, schließt und wie Widgets auf den Schreibtisch kommen. Und die Verwendung von iPhone-Widgets ist nun ebenfalls möglich.

! Widgets können Sie wieder rasch wieder entfernen, wenn Sie mit gedrückt alt-Taste in die linke obere Ecke fahren und das Minus anklicken.

Fokus und Nicht stören

Ebenfalls vom iPhone/iPad hat Apple die Funktion übernommen, *Nicht stören* zeitlich zu steuern Ⓐ *(Systemeinstellungen –> Fokus)*. Sie können aber Personen oder Apps diese Barriere überwinden lassen Ⓑ. Wie Sie sehen, können Sie weitere Fokus-Profile erstellen und auch geräteübergreifend teilen.

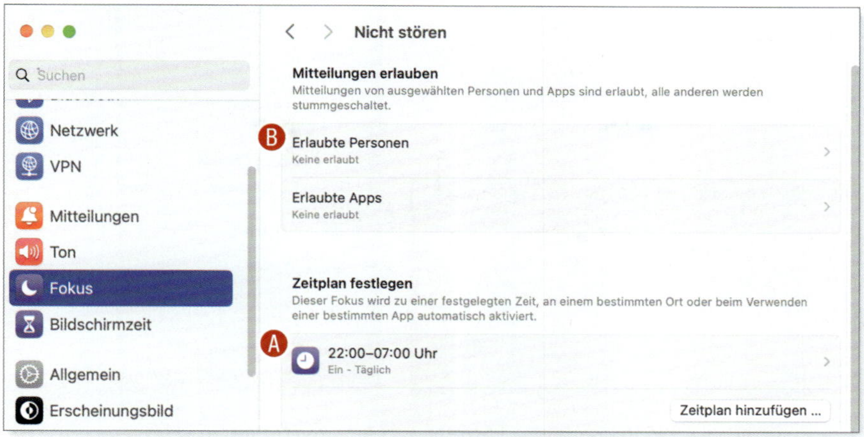

Die Mitteilungen können zeitlich ausgesetzt werden.

▶I Fokus 05_02

http://macos2023.amac-buch.de/#05_02

Mit der Fokus-Funktion innerhalb der Mitteilungen können Sie exakt definieren, welche Apps bzw. Personen Ihnen Mitteilungen senden dürfen.

Sie werden bereits nach kurzer Zeit erfahren, dass Sie ohne die Mitteilungszentrale an Ihrem Rechner nicht mehr leben möchten. Denn sie ist eine äußerst nützliche Funktion, die Apple vom iPhone und iPad auf das Computerbetriebssystem übertragen hat. Allerdings kann die Mitteilungszentrale bisweilen auch unter der Last der Mitteilungen sozusagen zusammenbrechen und Sie als Anwender zu sehr von der Arbeit ablenken. Deswegen gibt es eine sehr einfache Möglichkeit, die Mitteilungszentrale stumm zu schalten. Klicken Sie dafür mit gedrückter *alt*-Taste auf *Datum und Uhrzeit* in der rechten oberen Ecke der *Menüleiste*. Dann erscheint ein neues Halbmond Symbol in der Menüleiste, das Ihnen signalisiert, dass die Mitteilungszentrale bis auf Weiteres schweigen wird.

Es gibt noch eine weitere Möglichkeit, die Mitteilungszentrale stumm zu schalten. Klicken Sie dazu in der Menüleiste auf das Kontrollzentrum-Symbol und anschließend wählen Sie wie, lange *Fokus –> Nicht stören* aktiviert werden soll. Übrigens klappt es ebenfalls, wenn Sie mit der *alt*-Taste die Uhrzeit in der Menüleiste anklicken. Damit wird *Nicht stören* sofort ein- bzw. ausgeschalten.

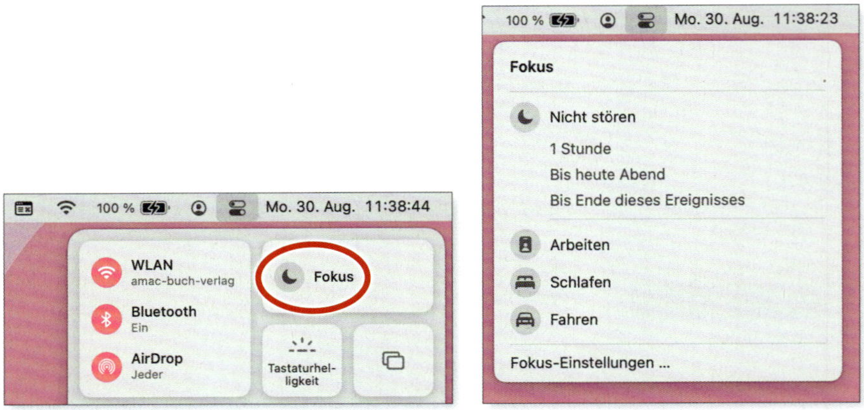

Zweite Möglichkeit, die Mitteilungszentrale stumm zu schalten.

> **!** Apple hat auch an ein anderes Detail gedacht: Wird Ihr Rechner an einen Beamer angeschlossen, wird die Mitteilungszentrale automatisch stumm geschaltet, damit Ihre Präsentation nicht ständig durch Mitteilungen gestört wird. ;-)

Nochmals kurz zurück zu den Mitteilungen. Dort gibt es die Eigenschaft „Dringliche Hinweise erlauben". Wird dies für bestimmte Objekte aktiviert, werden die Fokus-Einstellungen umgangen und die Nachricht wird, weil Sie eben auf dringlich gesetzt wurde, trotzdem erscheinen.

Dringliche Hinweise werden in jedem Fall, egal welcher Fokus aktiv ist, eingeblendet.

Mission Control

Programmfenster hat einen großen Bruder. Der große Bruder heißt *Mission Control*. Und Mission Control hat im Vergleich zu Programmfenster programmübergreifend weitere sehr sinnvolle Funktionen.

▶I Mission Control – die Übersicht behalten 05_03

http://macos2023.amac-buch.de/#05_03

Mit Shortcuts oder **Aktiven Ecken** können Sie in Sekundenbruchteilen die Übersicht an Ihrem Mac zurückerhalten. Was **Programmfenster** von **Mission Control** unterscheidet und wie man auch mal wieder den Schreibtisch zu Gesicht bekommt, zeigt dieses Video.

Spaces oder Schreibtische

Wollen Sie es noch etwas übersichtlicher, klarer und geordneter auf Ihrem Bildschirm haben? Dann ist *Spaces* genau die richtige Funktion für Sie. Über Mission Control haben Sie bereits sehr gute Werkzeuge an der Hand, um dem Fensterchaos auf dem Bildschirm Einhalt zu gebieten. Noch deutlich cleverer geht *Spaces* bzw. *Schreibtisch* an diese Aufgabe heran.

▶I Spaces oder Schreibtisch 05_04

http://macos2023.amac-buch.de/#05_04

Benötigen Sie noch mehr Platz auf Ihrem Computerbildschirm? Dann sind die Spaces wohl die geeignete Lösung hierfür. Ruckzuck haben Sie Programmfenster auf verschiedene Schreibtische verteilt und können sich so auf die jeweilige App konzentrieren. In diesem Video sehen Sie, wie das geht und wie man den Bildschirm für zwei Apps aufteilen kann.

Noch drei interessante Dinge im Zusammenhang mit mehreren Schreibtischen:

1. Jeder Schreibtisch kann seinen eigenen Schreibtischhintergrund haben.

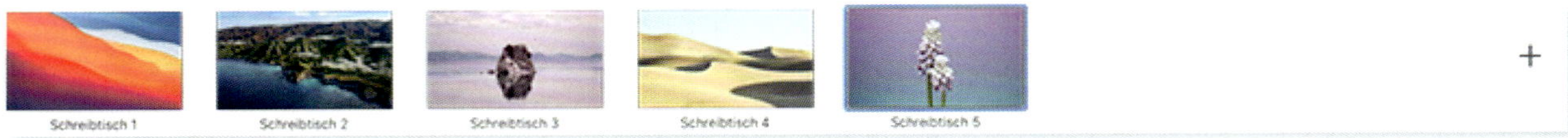

Jeder Schreibtisch kann seinen eigenen Schreibtischhintergrund haben.

2. Sobald mehrere Schreibtische angelegt worden sind, können Sie über das Dock-Programmicon bestimmen, auf welchem Schreibtisch es angezeigt werden soll.

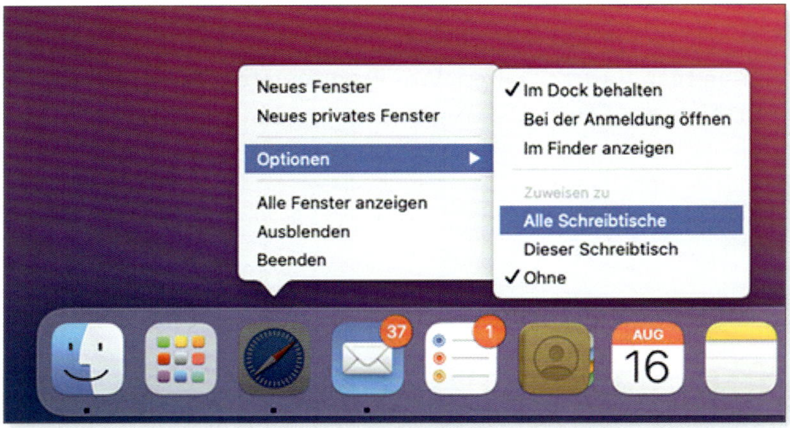

Programm kann über das Dock einem oder allen Schreibtisch zugewiesen werden.

Wenn Sie den Eintrag *Alle Schreibtische* verwenden, verhält sich das Programm wie die Dateien auf dem Desktop oder das Dock: Es wird schlichtweg auf jedem Schreibtisch mit all seinen Fenstern dargestellt.

3. Haben Sie mehrere Monitore an Ihrem Mac angeschlossen, können Sie auf dem Zweit- oder Drittmonitor ebenfalls mit Spaces arbeiten und zwischen den Monitoren die Fenster hin und her schieben. Damit das funktioniert, sollte die Funktion *Monitore verwenden verschiedene Spaces* in den *Systemeinstellungen –> Schreibtisch & Dock* aktiviert sein.

Gesten mit dem Trackpad bzw. Magic Trackpad

Bevor wir uns diese Funktionen genauer ansehen, gilt es, einige wesentliche Grundeinstellungen zu überprüfen und vorzunehmen, damit die Gesten auch umgesetzt werden. In den *Systemeinstellungen* bei *Trackpad* sollten die Spezifikationen für die *Gesten* exakt definiert werden.

> !
>
> Sollten Sie einen tragbaren Apple-Rechner haben, verfügen Sie ja bereits über ein eingebautes Trackpad, das alle nachfolgend dargestellten Funktionen abbilden kann. Arbeiten Sie mit einem stationären Mac-Rechner, haben Sie im Normalfall lediglich die Magic Mouse zur Verfügung, auf der nur bedingt Gesten ausgeführt werden können. Deshalb ist es an einem stationären Mac durchaus interessant, sich das **Magic Trackpad** zuzulegen, um auch dort Gesten nutzen zu können.

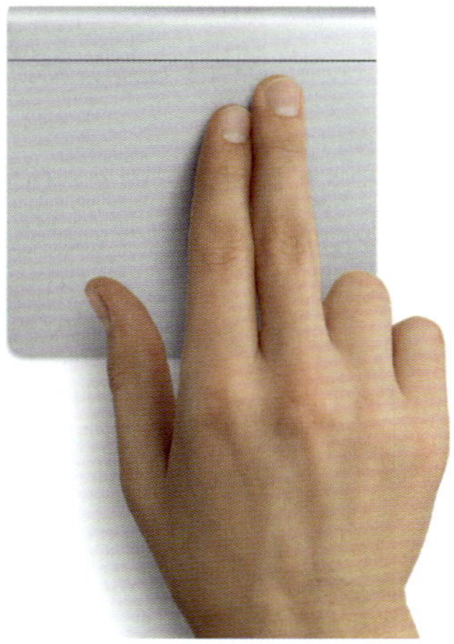

Ein Magic Trackpad wird via Bluetooth mit dem Mac verbunden.

Sollten Sie sich nun entschlossen haben, ein Magic Trackpad zu erwerben, muss dieses noch via Bluetooth zur Zusammenarbeit mit dem Computer gebracht werden. Starten Sie dafür in den *Systemeinstellungen* die Konfiguration für *Bluetooth*. Nun sollten Sie das Magic Trackpad einschalten und sogleich wird dieses Trackpad von Ihrem Computer über Bluetooth gefunden. Klicken Sie auf *Verbinden* und stellen Sie so die Verbindung her. Sie werden nun in den *Systemeinstellungen* neben dem Eintrag *Tastatur* bzw. *Maus* auch den Eintrag *Trackpad* finden, wo Sie die nachfolgend beschriebenen Gesten einrichten können.

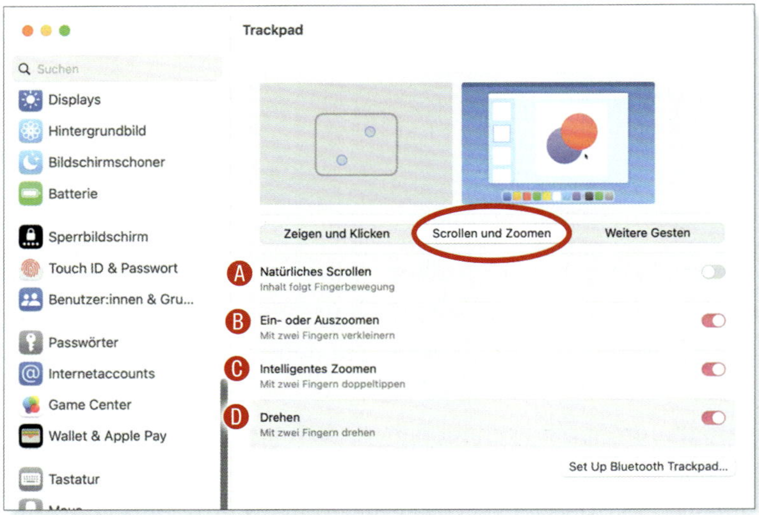

Trackpad-Einstellungen.

Sofern Sie nun ein Magic Trackpad angeschlossen haben oder über einen tragbaren Mac verfügen, finden Sie in den *Systemeinstellungen* die Konfiguration des *Trackpads*. Dort sind einige sehr wesentliche Einstellungen vorzunehmen.

> **!** Denjenigen Mac-Anwendern, die bereits mit Mac OS X 10.6 **Snow Leopard** und 10.5 **Leopard**, also älteren Versionen des Mac-Betriebssystems, gearbeitet haben, ist bei der Umstellung bereits aufgefallen, dass die Scrollrichtung genau umgekehrt zum bisherigen Verhalten ist. Wollen Sie die gewohnte Scrollrichtung beibehalten, so sollten Sie das Häkchen bei Ⓐ **Scrollrichtung: Natürlich** deaktivieren. Ist das Häkchen hingegen angebracht, stimmt die Scrollrichtung mit der von iPhone oder iPad überein. Das heißt, der Inhalt bewegt sich in die Richtung, in die Sie die Finger beim Scrollen bewegen.

Sicher haben Sie schon bei der Arbeit mit Safari gemerkt, dass Sie mit zwei Fingern scrollen können und dass der Inhalt immer ein Stückchen weit nachlaufen wird. Dies ist bei *Weitere Gesten* unter *Mit Streichen Seiten blättern* eingestellt. Ebenso interessant ist aber das *Ein- oder Auszoomen* mit zwei Fingern Ⓑ. Damit können Sie wie beim iPad oder iPhone die Darstellungsgröße ganz einfach mit zwei Fingern festlegen. Verwenden Sie beispielsweise Daumen und Zeigefinger und ziehen Sie sie auseinander, um zu vergrößern. Ist zudem *Intelligentes Zoomen* Ⓒ aktiviert, können Sie – wie bei den mobilen Geräten von Apple – mit einem Doppeltipp mit zwei Fingern zum Beispiel den Inhalt eines Safari-Fensters auf die Fensterbreite vergrößern. Ein erneuter Doppeltipp mit zwei Fingern bringt Sie wieder zur vorherigen Darstellungsgröße zurück. Und einige Programme, wie zum Beispiel Vorschau, unterstützen auch das *Drehen* Ⓓ mit zwei Fingern.

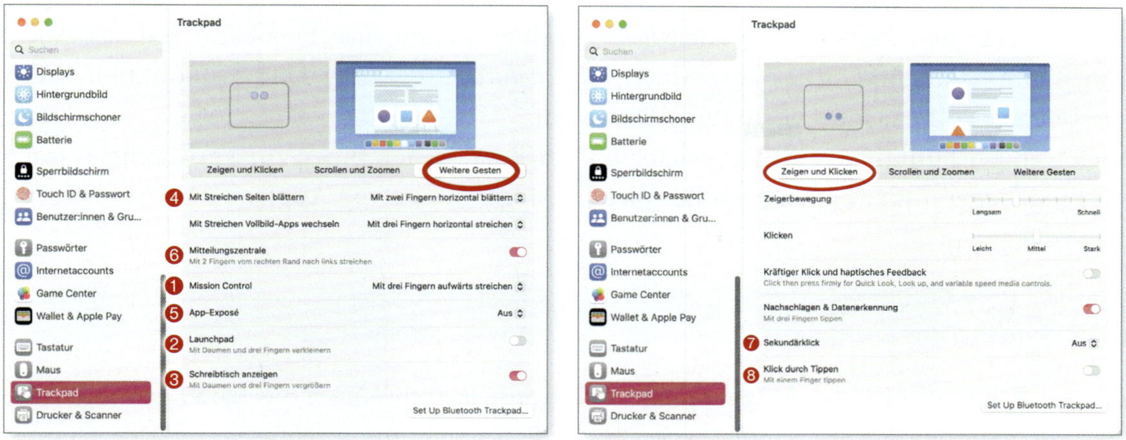

Das Trackpad kann durch Gesten eine Menge Zusatzfunktionen zur Verfügung stellen.

In der Abteilung *Weitere Gesten* können Sie nun noch zusätzliche coole Einstellungen vornehmen. So erkennen Sie, daß Sie nunmehr *Mission Control* ❶ auch dadurch aufrufen können, dass Sie mit drei Fingern gemeinsam auf dem Trackpad nach oben wischen. *Launchpad* ❷ wird gestartet, wenn Sie vier Finger auf dem Trackpad zusammenziehen. Beim Auseinanderziehen wird wieder der Schreibtisch ❸ angezeigt.

Auch klasse ist die Einstellung *Mit Streichen Vollbild-Apps wechseln* ❹. Damit können Sie ganz einfach mit drei Fingern zu anderen Schreibtischen oder Vollbild-Apps weiterblättern. Wischen Sie dazu nach links oder rechts auf dem Trackpad. Via *Programmfenster (App-Exposé)* ❺ sparen Sie sich das Klicken auf das Icon im Dock, um von einem Programm die Fenster übersichtlich dargestellt zu bekommen. Verwenden Sie die Geste oder, wie bereits in den *Systemeinstellungen* bei *Mission Control* eingestellt, die *F10*-Taste.

Und zu guter Letzt können Sie noch die Geste zum Aufrufen der Mitteilungszentrale ändern ❻. Standardmäßig ist eingestellt, dass Sie von rechts nach links streichen, um am rechten Monitorrand die Benachrichtigungen einsehen zu können. Eine eigentlich sehr intuitive Geste, die Sie so belassen sollten.

> **!** Auch der Mac verfügt über eine rechte Maustaste. Die rechte Maustaste wird beim Apple-Betriebssystem mit **Sekundärklick** ❼ beschrieben. Wenn Sie auf die Einstellungen zeigen und klicken, sehen Sie, dass Sie den Sekundärklick entweder mit einem Finger ausführen können und dann die Position angeben, wo das stattfinden soll (zum Beispiel rechts oder links unten), oder auch durch die Verwendung von zwei Fingern. Alternativ dazu bietet es sich an, die **ctrl**-Taste zu verwenden, um mit einem Finger auf das Trackpad zu tippen. Dabei wird ebenfalls ein Sekundärklick, also die Funktion der rechten Maustaste, ausgeführt.

Des Weiteren können Sie bei *Zeigen und Klicken* noch einstellen, dass Sie überall auf das Trackpad tippen können, um damit einen Klick auszuführen (*Klick durch Tippen* ❽). Und die Funktion *Nachschlagen & Datenerkennung* ruft das integrierte Wörterbuch auf.

Deutlich weniger Funktionen im Vergleich zum Trackpad stehen Ihnen zur Verfügung, wenn Sie eine Maus als Eingabegerät verwenden, zum Beispiel die Magic Mouse von Apple.

Magic Mouse

Rufen Sie zur Konfiguration der Magic Mouse in den *Systemeinstellungen* das Icon *Maus* auf. Ebenso wie beim Trackpad können Sie auch hier wieder ❶ die Scrollrichtung umkehren, um den Übergang von einem älteren Betriebssystem zu Yosemite etwas sanfter zu gestalten. Des Weiteren hat die Magic Mouse, obwohl man es ihr nicht ansieht, eine linke und eine rechte Maustastenfunktion. Deshalb ist es ratsam, den *Sekundärklick* auf den rechten Bereich der Magic Mouse zu legen ❷. Für einige Anwender kann die Funktion *Intelligentes Zoomen* ❸ durchaus interessant sein, um mit einem Doppeltipp so den Inhalt eines Safarifensters zu vergrößern, zum Beispiel wie beim iPhone oder iPad.

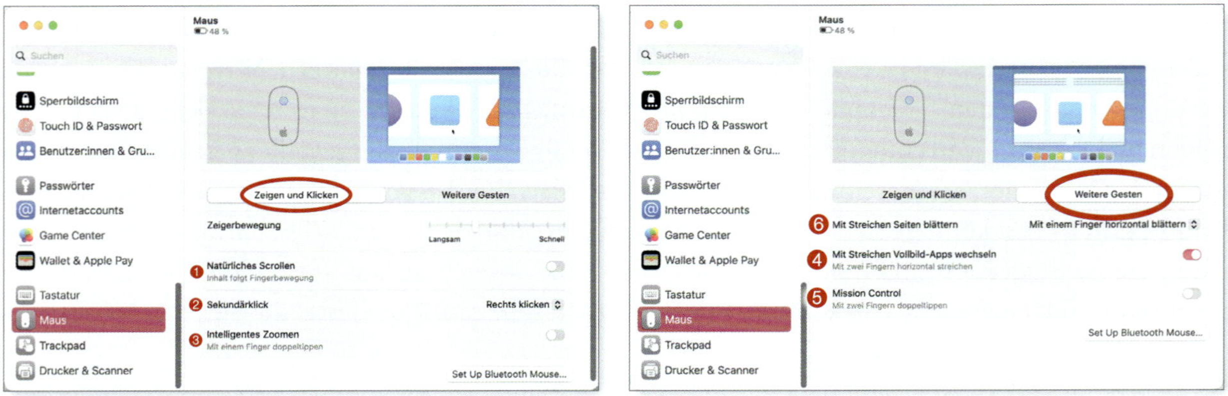

Magic Mouse konfigurieren.

> **!** Wenn Sie die **ctrl**-Taste gedrückt halten und mit der Maus nach oben scrollen, wird der Bildschirm vergrößert. Das Scrollen in entgegengesetzter Richtung verkleinert das Bild wieder.

Und schlussendlich gibt es auch bei der Maus Gesten, die mit zwei Fingern ausgeführt werden können. Sie können also hier durch die Schreibtische ❹ wechseln bzw. die Funktion *Mission Control* ❺ aufrufen. Wollen Sie in Safari das Vor- und Zurückblättern vereinfachen, aktivieren Sie die Funktion *Mit Streichen Seiten blättern* ❻.

MacBook mit Touch Bar und Touch ID

Touch Bar – generelle Funktionalität

Die Touch Bar ist eine Multitouch-Leiste, die sich oberhalb der Tastatur befindet und die herkömmlichen Funktionstasten ersetzt. Sie besteht aus einem Display mit 2170×60 Pixeln, das aufgrund der verwendeten OLED-Technologie auch farbige Informationen darstellen kann. Auf der rechten Seite wird die Touch Bar durch die Touch ID (den Fingerabdrucksensor) ergänzt.

> **!** Die Anzeige der Touch Bar wird nach 60 Sekunden automatisch gedimmt und nach weiteren 15 Sekunden komplett abgeschaltet. Tippen Sie auf das Trackpad, auf eine Taste der Tastatur oder auf die Touch Bar, um sie zu reaktivieren.

Die Touch Bar zeigt je nach verwendeter App kontextabhängige Funktionen an. Verantwortlich für die korrekte Anzeige sind die sogenannten T1/T2-Chips bzw. die Apple-M-Prozessoren, die bei den MacBook Pros in den 13- bzw. 16-Zoll-Modellen verbaut sind. Diese Chips reagieren extrem schnell: Wenn Sie über das Launchpad oder via *cmd* + *Tab* zu einer anderen App wechseln, wird die Touch Bar zeitgleich aktualisiert. Damit stehen Ihnen wichtige Funktionen des verwendeten Programms sofort wieder zur Verfügung.

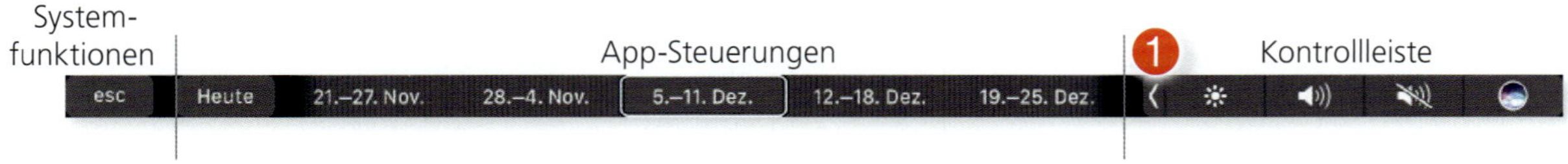

Die Touch Bar besteht eigentlich aus drei Bereichen: Ganz rechts finden Sie die Kontrollleiste, im mittleren Bereich die App-Steuerungen (hier die App „Kalender“) und ganz links Systemfunktionen. Dort ist im Regelfall auch die „esc“-Taste zu finden , bei neueren Modellen ist die „esc“-Taste nicht mehr in der Touchbar sondern als Separate Taste neben der Touchbar.

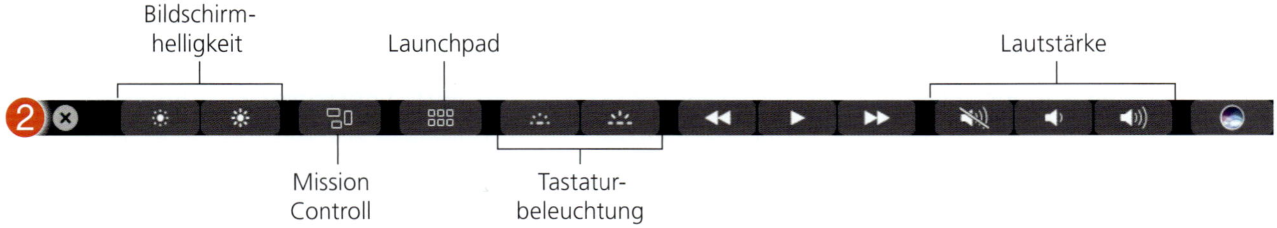

Die Kontrollleiste können Sie durch Antippen ❶ aufklappen und so auf weitere Details zu greifen. Über ❷ werden die Details wieder zugeklappt.

Übrigens: Sie können natürlich jederzeit – also in jeder App und auch im Finder – durch Drücken der *fn*-Taste die Funktionstasten zum Vorschein bringen.

Durch Betätigen der „fn"-Taste erscheinen jederzeit die altbekannten und nützlichen Funktionstasten.

> **!** Für alle anderen Funktionen der TouchBar empfehlen wir Ihnen unser kostenloses E-Book: **http://www.amac-buch.de/touchbar-pdf**

Touch ID

Die Funktionalität von Touch ID ist Ihnen ja von den aktuellen iPhone- und iPad-Modellen hinlänglich bekannt. Über den Fingerabdrucksensor kann man sich authentifizieren und so die Passworteingabe ersparen. Nach einem Neustart des Computers muss einmalig das Passwort eingetippt werden. Darauf werden Sie aber auch hingewiesen.

Genauso funktioniert es auch am Mac unter macOS mit den mit den integrierten Touch ID-Sensoren der tragbaren Rechner sowie den externen Tastaturen mit Touch ID. Wollen Sie beispielsweise eine neue App installieren, fragt der Finder Ihr Admin-Kennwort ab. Legen Sie nun einfach den Finger auf die Touch ID, anstatt das dafür notwendige Kennwort einzugeben.

> **!** Zusätzlich kann jeder Benutzer des Macs seinen eigenen Fingerabdruck hinterlegen und so direkt zu seinem Benutzeraccount wechseln, indem er seinen Finger auf den Sensor legt. Das funktioniert nicht nur im Anmeldefenster, sondern auch, wenn Benutzer A eingeloggt ist und nun Benutzer B die Touch ID verwendet. Sofort wird dann der Benutzerwechsel vollzogen.

Aber auch Apps wie z. B. *1Password* nutzen die Touch ID als alternative Methode der Zugangskontrolle. Während der Installation von macOS werden Sie bereits auf die Touch ID hingewiesen und können dort direkt Ihren Fingerabdruck einscannen. Falls Sie den Scan jedoch bei der Installation übersprungen haben, können Sie ihn jederzeit über *Systemeinstellungen –> Touch ID & Passwort* nachholen und auch ändern. Wird ein neuer Benutzer (*Systemeinstellungen –> Benutzer:innen & Gruppen*) definiert, so kann ebenfalls beim ersten Einloggen des neuen Anwenders direkt der Fingerabdruck für die Touch ID erstellt werden.

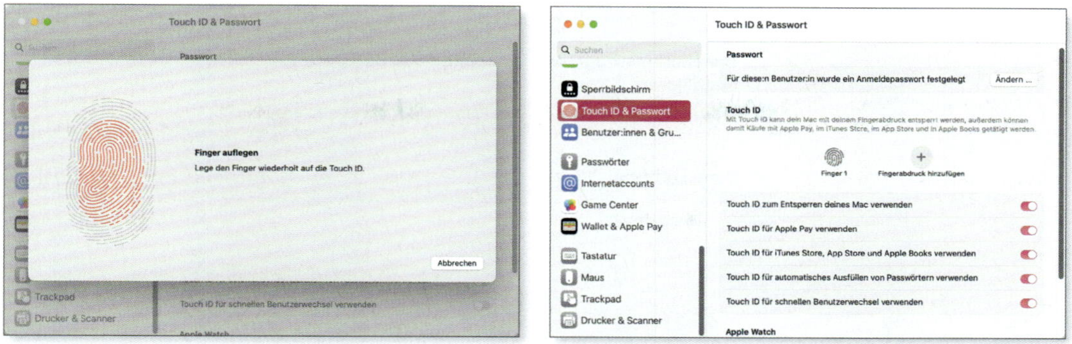

Pro Benutzeraccount können Sie bis zu drei Fingerabdrücke hinterlegen. Zudem können Sie angeben, wofür die Touch ID zum Einsatz kommen soll. Damit die Touch ID beim Einloggen funktioniert, muss die automatische Anmeldung (Systemeinstellungen –> Benutzer:innen & Gruppen) deaktiviert sind.

! In der Summe können Sie pro Computer maximal fünf Fingerabdrücke für alle Benutzeraccounts erzeugen.

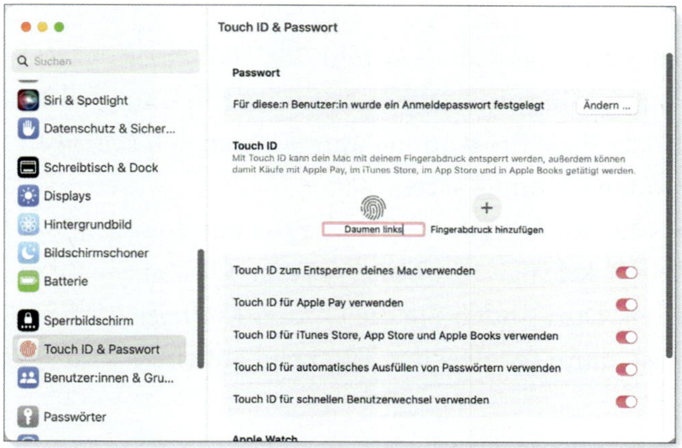

Sie können nach dem erfolgreichen Einlesen Ihres Fingerabdrucks diesen auch benennen. Klicken Sie dazu auf „Finger 1“ etc. und führen die Beschriftung durch. Ein Fingerabdruck kann auch wieder gelöscht werden: Bewegen Sie den Mauszeiger auf den den Fingerabdruck und entfernen diesen über das x.

Ist der Fingerabdruck erfolgreich eingelesen worden, dann können Sie ihn in Zukunft als Passwortersatz nutzen.

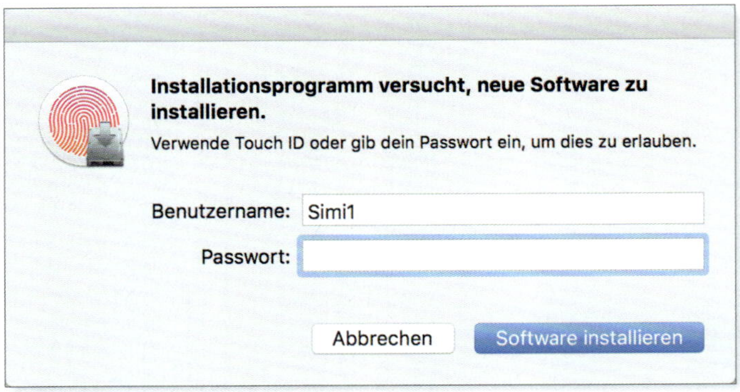

Ihr Fingerabdruck kann ab sofort als Passwortersatz an verschiedensten Stellen zum Einsatz kommen.

Force Touch (kräftiger Klick)

Die tragbaren Macs mit Retina-Display ab dem Jahr 2015 haben ein ganz spezielles Trackpad. Dieses Trackpad reagiert auf die Stärke eines Klicks. Ein kräftiger Klick auf das Trackpad löst andere Funktionen aus, als ein normaler Klick. Viele Programme unterstützen den kräftigen Klick, wie z. B. Mail, Safari, iMovie, GarageBand oder Kalender und Karten.

Wenn Sie im Besitz eines MacBooks bzw. MacBook Pros mit diesem speziellen Trackpad sind, sollten Sie zuerst kontrollieren, ob der kräftige Klick aktiviert ist. Öffnen Sie dazu die *Systemeinstellungen* bei *Trackpad –> Zeigen und Klicken*. Dort finden Sie die Option *Kräftiger Klick und haptisches Feedback*. Wenn diese Option eingeschaltet ist, dann reagiert das Trackpad auf einen kräftigen Klick.

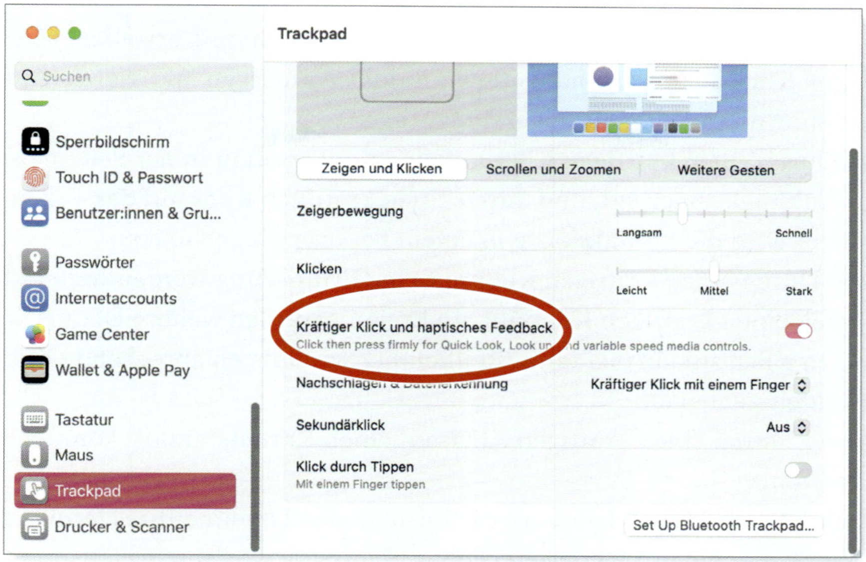

In den „Systemeinstellungen" kann die Funktion für den kräftigen Klick eingestellt oder auch komplett deaktiviert werden.

Hier einige Beispiele, wofür Sie einen kräftigen Klick nutzen können:

- *Nachschlagen:* Wenn Sie kräftig auf Text in einer Webseite oder E-Mail klicken, erscheint ein Popup mit Suchergebnissen für diesen Text. Die Informationen stammen aus Quellen wie dem Lexikon, Wikipedia usw.
- *Adressen:* Durch einen kräftigen Klick auf eine Adresse erscheint eine Kartenvorschau dieses Orts.
- *Veranstaltungen:* Durch einen kräftigen Klick auf Termine und Veranstaltungen fügen Sie diese dem Kalender hinzu.
- *Link-Vorschau:* Durch einen kräftigen Klick auf einen Link in Safari oder Mail wird eine integrierte Vorschau der Webseite angezeigt.
- *Sendungsverfolgungsnummern:* Durch einen kräftigen Klick auf eine Sendungsverfolgungsnummer in Safari oder Mail werden Versanddetails in einem Popover eingeblendet.
- *Dateisymbole:* Durch einen kräftigen Klick auf ein Dateisymbol wird eine Schnellvorschau des Dateiinhalts angezeigt.
- *Dateinamen:* Durch einen kräftigen Klick auf einen Dateinamen im Finder oder auf dem Schreibtisch können Sie den Dateinamen bearbeiten.
- *Dock:* Durch einen kräftigen Klick auf ein App-Symbol im Dock können Sie auf Programmfenster zugreifen. Damit werden alle geöffneten Fenster dieser App angezeigt.

- *Mail:* Wenn Sie eine Nachricht mit einem Bild- oder PDF-Anhang erstellen, können Sie durch einen kräftigen Klick auf den Anhang die Funktion „Anmerken" aktivieren. Auf diese Weise können Sie dem Anhang Anmerkungen hinzufügen.
- *Nachrichten:* Durch einen kräftigen Klick auf eine Konversation in der Seitenleiste werden Details und Anhänge angezeigt, und durch einen kräftigen Klick auf das Token eines Kontakts im Chat-Header wird die Kontaktkarte in einem Popover eingeblendet.
- *Erinnerungen:* Durch einen kräftigen Klick auf eine Erinnerung werden weitere Details angezeigt.
- *Kalender:* Durch einen kräftigen Klick auf ein Ereignis werden weitere Details angezeigt. Durch einen kräftigen Klick auf einen Tagungsteilnehmer wird die entsprechende Kontaktkarte in einem Popover eingeblendet.
- *Kartenstandorte:* Durch einen kräftigen Klick auf einen Kartenstandort können Sie dort eine Stecknadel setzen.
- *iMovie:* Durch einen kräftigen Klick auf die Karte in der Timeline Ihres iMovie-Projekts, das eine animierte Karte oder einen animierten Globus beinhaltet, können Sie auf ein Stil-Menü zugreifen. Auf diese Weise können Sie aus verschiedenen Stilen wählen.
- *QuickTime und iMovie:* Sie können mehr oder weniger kräftig auf die Tasten für schnellen Vor- oder Rücklauf drücken. Auf diese Weise lässt sich die Geschwindigkeit erhöhen, mit der Sie vor- oder zurückspulen.
- *iMovie:* Wenn Sie einen Videoclip auf seine maximale Länge ziehen, erhalten Sie eine Rückmeldung darüber, dass Sie das Ende des Clips erreicht haben. Wenn Sie einen Titel hinzufügen, erhalten Sie eine Rückmeldung, wenn der Titel am Anfang oder Ende eines Clips positioniert wird. Eine diskrete Rückmeldung wird außerdem mit den Ausrichthilfen gegeben, die beim Beschneiden eines Clips im Viewer angezeigt werden.
- *Kartenvergrößerung/-verkleinerung:* Drücken Sie fester auf eine Zoom-Taste, um die Geschwindigkeit beim Vergrößern und Verkleinern einer Karte zu erhöhen.
- *Fotos mit Pfeiltasten durchblättern:* Wenn Sie Ihre Fotos in einem Album oder Moment mit den Pfeiltasten durchblättern, können Sie etwas fester drücken, um die Geschwindigkeit zu erhöhen.
- *Fotos drehen:* Wenn Sie in Fotos die Funktion „Beschneiden" auswählen und ein Foto dann drehen, fühlen Sie ein Einrasten, wenn die Drehung des Fotos null Grad beträgt.

iPadOS-like – das Launchpad

Das Dock ist der Klassiker, um Applikationen auf dem Mac zu starten. Dazu ist es notwendig, dass die Programme auch in das Dock eingebracht werden. Aber bei einer zu hohen Anzahl von Programmen wird es reichlich unübersichtlich.

> **!** Selbstverständlich werden beim Installieren die Programme im zentralen **Programme**-Ordner abgelegt. Wir werden uns nachfolgend die Installation von Applikationen unter macOS genauer ansehen.

Deshalb hat sich Apple gedacht, es wäre eine tolle Idee, das User-Interface, das die Benutzer vom iPad und iPhone kennen, auf den Mac zu übertragen. Das Ergebnis ist das Programm *Launchpad* ❶. Launchpad selbst ist ein eigenes Programm, das Sie im *Programme*-Ordner finden. Launchpad finden Sie aber auch standardmäßig im *Dock*. Die einfachste Art, Launchpad zu starten, besteht darin, den Daumen und drei weitere Finger auf das Trackpad zu legen und zusammenzuziehen. Die entgegengesetzte Bewegung hingegen bringt Sie zurück zum Schreibtisch. Sobald das Programm Launchpad gestartet ist, ändert sich die Darstellung auf Ihrem Monitor.

Launchpad ist gestartet.

Launchpad tut nichts anderes, als alle installierten Programme und Dienstprogramme geordnet als Icons auf einer neuen Oberfläche anzuzeigen ❷, wobei Launchpad selbst natürlich nicht noch einmal angezeigt wird. Nachdem Sie auf Ihrem Rechner eine große Anzahl von Programmen installiert haben könnten, gibt es genauso wie beim dem iPad oder iPhone mehrere Bildschirme, auf die sich die Programmicons verteilen. In meinem Beispiel sehen Sie die drei hellen Pünktchen oberhalb des Docks ❸, auf die sich die derzeit installierten Programme verteilen. Über die Suche im Titelbereich ❹ können Sie ganz einfach nach Programmen suchen – egal auf welchem Bildschirm sich diese befinden.

Die erste und wichtigste Funktion des Launchpads ist es, Programme zu *launchen*, also zu starten. Klicken Sie beispielsweise auf das Icon *Safari*, wird die Darstellung gewechselt; Safari kommt nach vorn und zeigt seine Inhalte.

Um ein weiteres Programm zu starten, klicken Sie einfach erneut auf das Icon *Launchpad* im Dock oder verwenden die Fingergesten. Um zu den anderen Bildschirmen zu wechseln, die auch mit Programmicons versehen sind, klicken Sie entweder mit der Maus auf die kleinen weißen Pünktchen oder Sie verwenden wieder Gesten. Verwenden Sie zwei Finger, um nach links oder rechts zu streichen und die anderen Bildschirme hervorzubringen. Die Analogie zu iPad oder iPhone hört an dieser Stelle noch nicht auf: Wollen Sie Programme zu einem Ordner zusammenführen, ist auch das im Launchpad möglich.

Ordner innerhalb von Launchpad erstellen.

Dazu ziehen Sie – wie vom iPhone oder iPad gewohnt – ein Icon einfach auf ein anderes und es wird daraus ein Ordner erstellt. Sie können nun jederzeit beliebige weitere Applikationen auf das Ordnericon ziehen. Sobald Sie das Ordnericon anklicken, ändert sich die Darstellung des Launchpads, alle anderen Symbole werden ausgeblendet und es erscheint ein Bereich, in dem alle im Ordner befindlichen Programme dargestellt sind. Jeder Ordner kann bis zu 32 Programme aufnehmen.

Selbstverständlich können Sie den Ordner nach Ihren Wünschen betiteln. Launchpad verwendet stets Standardbegriffe, wenn es aufgrund der kombinierten Programme einen Zusammenhang erkennt. Klicken Sie einfach auf den Namen, um ihn zu ändern. Natürlich können Sie auch einzelne Programme aus dem Ordnerverbund wieder herauslösen. Klicken Sie hierzu wieder den Ordner an und ziehen Sie per Drag & Drop das gewünschte Symbol auf den Hintergrund und lassen Sie es dort fallen. Somit wird das Programm wieder aus dem Verbund gelöst. Sobald ein Ordner nur noch eine einzige Applikation enthält, wird der Ordner automatisch aufgelöst und die Applikation erscheint wieder mit ihrem Icon im Launchpad.

! Wenn Sie Programme installieren, werden diese im **Programme**-Ordner auf der Macintosh HD abgelegt. Einige Programme legen dort bei der Installation Ordner an, wie zum Beispiel Microsoft Office oder auch iWork. Die Ordner, die sich im **Programme**-Ordner finden, werden nicht auf dem Launchpad dargestellt. Und andersherum werden Launchpad-Ordner nicht im **Programme**-Ordner angezeigt. Wenn Sie also innerhalb von Launchpad Ordner erstellen, bedeutet dies nicht, dass Sie innerhalb Ihres **Programme**-Ordners Änderungen vornehmen.

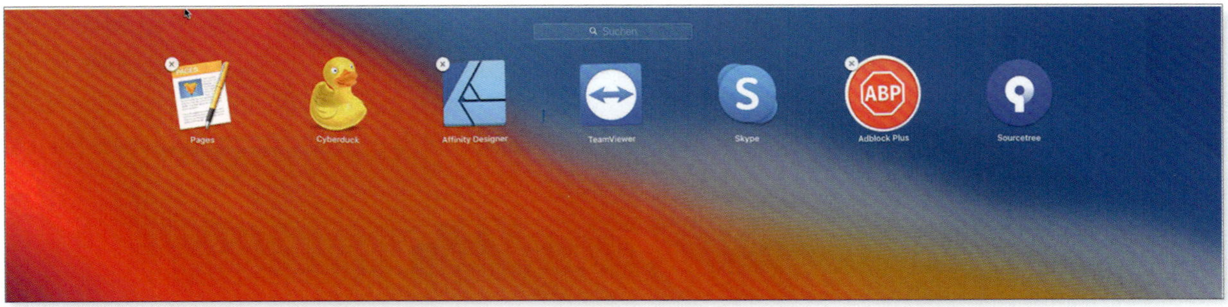

Launchpad und der Wackelmodus.

Und auch diese Funktion ist auf dem Mac eingekehrt: Wie Sie bereits vom iPhone oder iPad wissen, können Sie durch längeres Antippen eines Icons auf dem Trackpad oder Drücken der *alt*-Taste den *Wackelmodus* aufrufen. Der Wackelmodus dient zwei Zwecken: Zum einen können Sie die Anordnung der Symbole auf dem Bildschirm ändern. So kann zum Beispiel ein Programm auf den zweiten oder dritten Bildschirm des Launchpads verschoben werden. Des Weiteren erhalten alle Programme, die Sie über den Mac App Store installiert haben und die nicht Teil des Betriebssystems sind, ähnlich wie beim iPhone und iPad, ein kleines *x* an der linken oberen Ecke. Das heißt, Sie können aus dem Launchpad heraus diese Programme von Ihrem Rechner entfernen. Klicken Sie dazu im Wackelmodus das weiße *x* im Kreis an. Das System wird noch einmal nachfragen, ob Sie das Programm tatsächlich löschen möchten.

Programm wird gelöscht.

Geben Sie danach das Administratorpasswort ein und das Programm ist verschwunden. Und nachdem Sie sich nun als Administrator authentifiziert haben, ist tatsächlich auch innerhalb des *Programme*-Ordners dieses Programm gelöscht worden.

Sie sehen also: Mit Launchpad haben Sie eine sehr intuitive Möglichkeit, um so wie auf dem iPhone oder iPad mit den auf Ihrem Rechner installierten Programmen zu arbeiten und diese in Ordner und auf verschiedene Bildschirme aufzuteilen.

> **!** Launchpad arbeitet auch sehr gut mit dem Dock zusammen. Ziehen Sie einfach bei gestartetem Launchpad ein Icon ins Dock, um es dort zu platzieren.

Und noch ein nützlicher Tipp in Zusammenhang mit Launchpad: Launchpad kann über das Icon im Dock oder über Gesten gestartet werden. Ebenso nützlich kann auch sein, es über einen Shortcut hervorzuholen. Navigieren Sie hierfür in den *Systemeinstellungen* zu *Tastatur* und dort zu *Tastaturkurzbefehle*. Wählen Sie in der linken Spalte den Eintrag *Launchpad & Dock* aus und geben rechts daneben für Launchpad einen Shortcut ein.

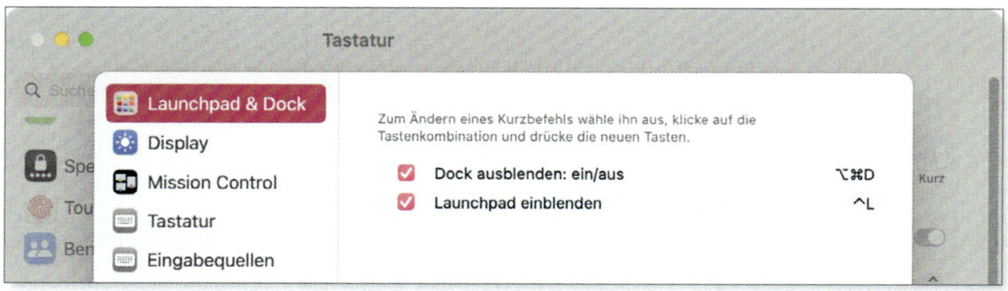

Launchpad mit einem Shortcut versehen.

Programme per Spotlight starten

Keine Frage – *Spotlight* kann deutlich mehr, als nur Programme starten. Aber: Neben dem Dock und dem Launchpad bietet es eine sehr elegante Möglichkeit, um Programme sehr rasch zu öffnen. Der Weg ist sehr einfach: Klicken Sie in der Menüleiste rechts oben das *Spotlight*-Feld an und geben Sie den Teil eines Programmnamens an. Im Regelfall genügen die ersten zwei bis vier Buchstaben und Spotlight wird Ihnen das Programm als *Top-Treffer* vorschlagen. Mit einem Druck auf die *Returntaste* wird das entsprechende Programm direkt gestartet.

Pages wird über Spotlight gefunden.

Dabei ist Spotlight clever: Haben beim ersten Programmstart die ersten drei bis vier Buchstaben nicht ausgereicht, um das Programm eindeutig zu identifizieren, und mussten Sie es manuell in der Liste auswählen, wird es bei der nächsten Suche nach demselben Begriff bereits höher bewertet und zum Top-Treffer aufsteigen, damit es bequem gestartet werden kann.

Noch schneller und einfacher geht es, wenn Sie die Vorgehensweise komplett über die Tastatur erledigen. In den *Systemeinstellungen* finden Sie in *Tastatur* den Eintrag *Tastaturkurzbefehle* und dort den Begriff *Spotlight*. Spotlight verwendet die Tastenkombi *cmd + Leertaste*.

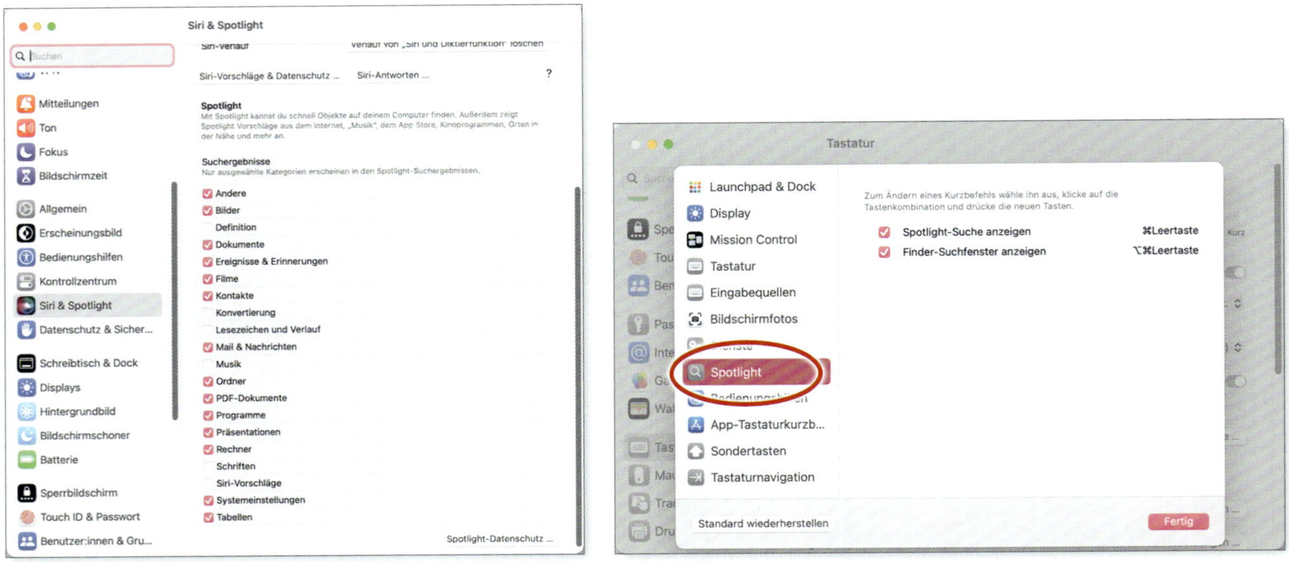

Spotlight-Einstellungen (links) und die dazugehörigen Tastaturkurzbefehle (rechts).

Achten Sie darauf, dass dieser Tastaturkurzbefehl auch aktiv ist. Bei Bedarf können Sie an dieser Stelle auch einen eigenen Shortcut definieren. Außerdem ist es notwendig, dass bei der Reihenfolge der Suchergebnisse das Häkchen bei *Programme* angebracht ist. Dazu noch ein wichtiger Tipp:

Möchten Sie über Spotlight nicht das dazugehörige Programm starten, sondern zum Ablageort des Programms wechseln, gehen Sie wie folgt vor: Sie rufen eine Spotlight-Suche auf, geben einen Teil des Programmnamens ein und verwenden nun die Tastenkombination *cmd + Returntaste*. Nun wird nicht das Programm aufgerufen, sondern ein Finder-Fenster erscheint und zeigt den Ablageort des Programms an.

Siri

Die Spracherkennung Siri hat mit macOS Sierra auch Einzug auf dem Mac gehalten. Besitzern eines iPhones, iPads oder von Apple TV ist Siri bereits als hilfreicher Assistent zur automatischen Durchführung von vielen Funktionen bestens bekannt. Ich will Ihnen nun erläutern, wie Sie Siri auf dem Mac einsetzen können, um damit z. B. den Einsatz von Tastenkombinationen überflüssig zu machen.

Zuerst muss Siri natürlich eingeschaltet sein, was bereits bei der Installation von macOS gemacht werden kann. Nachträglich kann es auch in den *Systemeinstellungen* bei dem Punkt *Siri & Spotlight* aktiviert werden. Dort lässt sich zusätzlich eine Tastenkombination zum Aufrufen von Siri festlegen. Ansonsten müssen Sie Siri nämlich rechts oben über das Menulet-Symbol, über Lauchpad oder über das Dock starten. Viele Mac-Modelle ab 2018 können zudem „Hey Siri“ aktivieren, um Siri nutzen zu können.

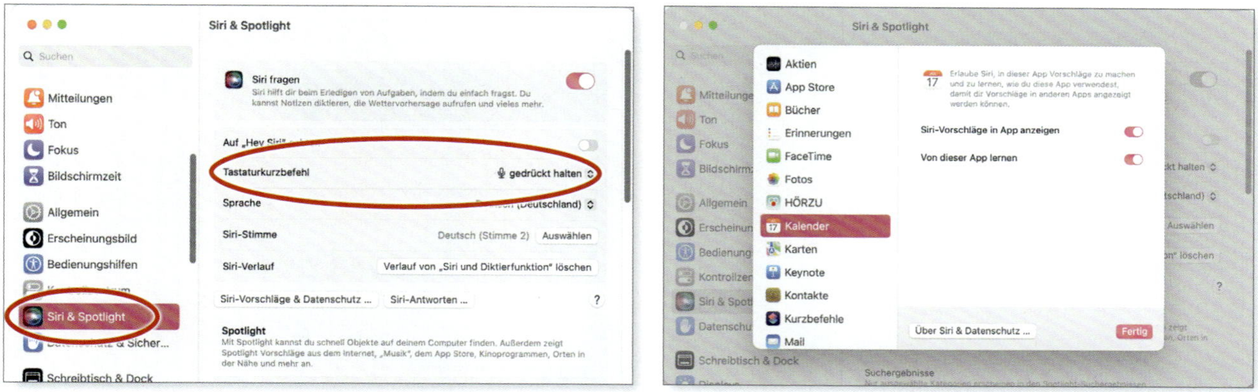

Für das Starten von Siri können Sie eine Tastenkombination definieren (links). Über „Siri-Vorschläge & Datenschutz“ können Sie zudem festlegen, ob Siri auch mit den Apps zusammenarbeiten soll.

Öffnen Sie das Menü bei der Option *Tastaturkurzbefehl* und wählen Sie den Punkt *Anpassen*. Nun drücken Sie die gewünschte Tastenkombination zum Aufrufen von Siri. Voreingestellt ist *Befehlstaste + Leertaste gedrückt halten*.

Was kann Siri nun am Mac für Sie tun? Eine ganze Menge verschiedener Dinge!

Sie können z. B. Siri nach dem aktuellen Wetter in einer bestimmten Stadt fragen: „Wie wird das Wetter morgen in Würzburg?“. Oder Sie wollen eine Auskunft vom Aktienmarkt: „Wie steht der DAX?“.

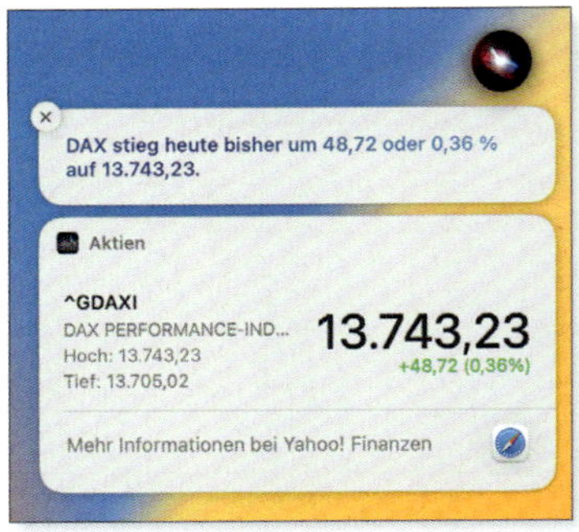

Wie wird das Wetter? Wie steht der DAX? Siri kennt die Antworten!

Siri ist aber nicht auf solche einfachen Anfragen beschränkt, vielmehr können Sie damit auch neue Einträge im Kalender oder in den Erinnerungen anlegen: „Erinnere mich morgen um 8 Uhr daran die Mülltonnen rauszustellen“. Siri kann auch Nachrichten bzw. iMessages verschicken: „Sage Josef Muster ich werde morgen vormittag eintreffen“, oder Sie können sich die neueste Nachricht vorlesen lassen: „Lies mir die neue Nachricht vor“.

Mit Siri lassen sich auch Programme öffnen: „Starte die App Vorschau“ oder „Öffne das Programm Pages“. Und Siri kann natürlich auch eine Suche auf dem Mac oder im Internet durchführen: „Zeige mir alle E-Mails von heute“ oder „Zeige mir die Termine von diesem Monat“ oder „Was war der 30-jährige Krieg?“.

Siri greift nicht nur auf die Funktionen von macOS zu, sondern auch auf fast alle Programme. Damit wird Siri zu einem wirklich sehr hilfreichen Assistenten und erleichtert das Arbeiten am Mac unglaublich. Und Siri hilft auch bei der Verwaltung von Dateien und Dokumenten: Sie können sich z. B. mit „Zeige mir die Dokumente, die ich heute geöffnet habe“ eine Liste aller Dateien zeigen lassen, die diesen Kriterien entsprechen. Die Suche kann man weiter einschränken, etwa auf „Nur die Pages-Dokumente“. Weiteres Beispiel: „Zeige mir alle Bilder in meinem Download-Ordner“. Auch Systemabfragen lassen sich durchführen, zum Beispiel: „Wie viel Speicherplatz habe ich auf meinem Mac noch frei?“. Besonders praktisch ist der Zugriff auf Systemfunktionen: So ermöglicht Siri unter anderem die Aktivierung des Ruhezustands oder des Bildschirmschoners.

Während Ihrer Internetsuche nach Bildern können Sie Fotos sofort per Drag-and-Drop auf dem Rechner ablegen oder per Kontextmenü in die Zwischenablage legen. Achten Sie dabei immer auf die Urheberrechte!

! Statt mit Siri zu sprechen, können Sie Ihre Fragen auch eintippen. Um diese Funktion nutzen zu können, gehen Sie in die **Systemeinstellungen –> Bedienungshilfen –> Siri** und bringen das Häkchen bei **„Siri-Anfragen tippen" aktivieren** an. Fortan können Sie Sirianfragen schlichtweg eintippen.

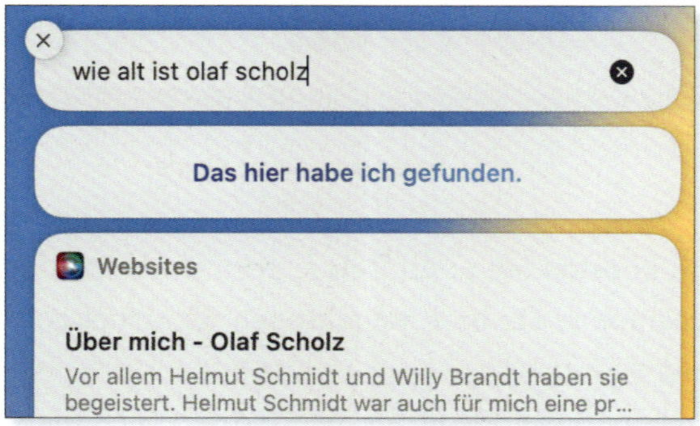

Via „Siri-Anfragen tippen" können Sie alle Fragen schriftlich eintippen.

Installation von Programmen

Wie bereits mehrfach angedeutet, können die Funktionen *Launchpad*, *Dock* oder *Spotlight* auch auf die installierten Programme Ihres Macs zugreifen. Alle Programme, die sich auf Ihrem Rechner befinden, finden Sie im Ordner *Programme*. Verwenden Sie zum Beispiel den Finder über den Menüpunkt *Gehe zu –> Programme*, um eine Liste aller installierten Programme aufzurufen.

Der *Programme*-Ordner enthält überdies einen Unterordner namens *Dienstprogramme*, in dem weitere, aber nicht für alle Anwender sinnvolle, Programme untergebracht sind.

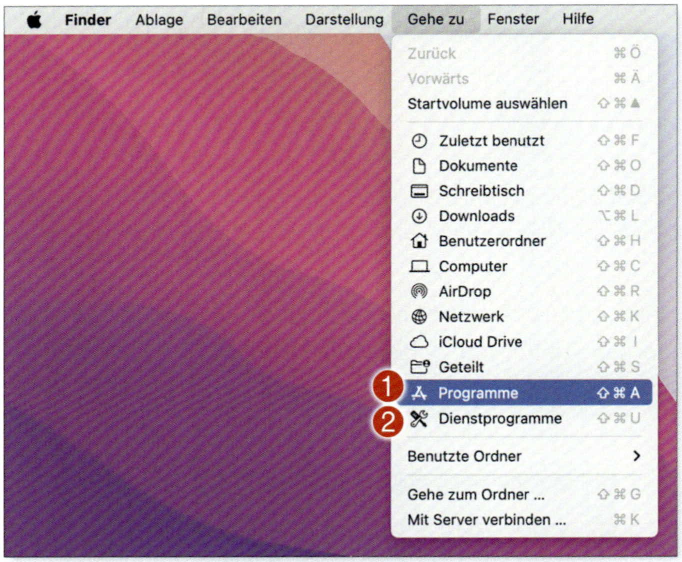

„Gehe zu"-Menüpunkt im Finder.

Alternativ zum *Gehe zu*-Menü können Sie auch Zeit sparen und eine der folgenden Tastenkombinationen verwenden: Um in den *Programme*-Ordner zu gelangen ❶, drücken Sie *cmd + Shift + A* und für den *Dienstprogramme*-Ordner ❷ *cmd + Shift + U*.

Wie aber gelangen Programme in diesen Programme-Ordner? Sie müssen natürlich installiert werden. Hierbei gibt es drei mögliche Vorgehensweisen.

> **!** Bevor Sie Programme auf Ihrem Mac installieren, sollten Sie die Gatekeeper-Einstellungen Ihren Bedürfnissen entsprechend anpassen. Lesen Sie dazu die Informationen auf Seite 459.

Installation über Disk Images (DMG)

Viele Programme sind über das Internet erhältlich. Prominente Vertreter sind zum Beispiel die Browser Firefox oder Chrome oder auch das Programm Skype. Und die meisten dieser Programme werden nach dem Download als *Disk Image*-Dateien auf Ihrem Rechner liegen und können von dort aus im Regelfall per Drag & Drop installiert werden. Doch lassen Sie uns dies anhand der Installation von Firefox noch einmal genauer unter die Lupe nehmen.

Starten Sie hierzu das Programm Safari und geben Sie in der Google-Suche die Begriffe *Firefox Download Mac* ein. Sofort erscheint eine Reihe von Suchergebnissen, die Ihnen den Download von Firefox anbieten.

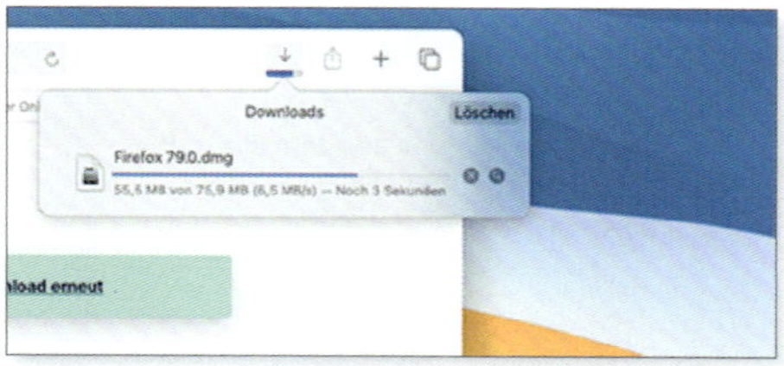

Firefox aus dem Internet laden.

Wie Sie anhand des Bildschirmfotos erkennen, wird Firefox als *DMG-Datei*, also als *Disk Image*, aus dem Internet heruntergeladen. Sofern Sie in Safari nichts geändert haben, wird diese Datei in den *Downloads*-Ordner eingebracht. Diesen haben Sie ja standardmäßig in Ihrem Dock. Ist das Herunterladen aus dem Internet abgeschlossen, wird das Disk Image im Normalfall sofort geöffnet. Falls dies nicht geschieht, machen Sie einen Doppelklick auf die DMG-Datei, und es erscheint folgendes Fenster:

Firefox-Installation.

Nun erfolgt der letzte Schritt der Installation: Ziehen Sie einfach das Firefox-Symbol nach rechts auf den *Programme*-Ordner, geben Sie Ihr Administratorpasswort ein und schon wird das Programm Firefox erfolgreich auf Ihrem Rechner installiert.

Im Gegensatz zu Installationsroutinen, wie sie andere Programme mitliefern, wird für die Installation von Firefox lediglich ein Programmpaket in den *Programme*-Ordner verschoben. Damit ist auch die Deinstallation eines solchen Programms sehr simpel: Ziehen Sie einfach das Firefox-Icon aus dem *Programme*-Ordner in den *Papierkorb*, um das Programm von Ihrem Rechner zu entfernen.

Sicherheitsabfrage.

Programme, die Sie aus dem Internet herunterladen, könnten möglicherweise schadhafte Elemente enthalten. Darauf weist Sie die Firma Apple auch hin. Wenn Sie zum Beispiel zum ersten Mal das zuvor heruntergeladene Programm Firefox starten, fragt macOS nach, ob Sie diese Aktion tatsächlich ausführen möchten. Das heißt, Sie handeln hier auf eigenes Risiko. Um Ihre Ängste zu minimieren: Es gibt kaum schädliche Software für den Mac, die Sie aus dem Internet herunterladen können. Von daher können Sie im Regelfall bedenkenlos via *Öffnen* das Programm starten.

> **!** Die Installation von Firefox und anderen Programmen, die über das Internet heruntergeladen wurden, durchläuft als Zwischenstufe die **DMG-Datei** im **Downloads**-Ordner. Nachdem das Programm erfolgreich installiert wurde, können Sie in den **Downloads**-Ordner gehen und die dort noch vorhandene DMG-Datei bedenkenlos in den Papierkorb werfen.

> **!** Firefox und viele andere Programme für den Mac können deswegen per Drag & Drop installiert werden, weil sie als **Pakete** geliefert werden. Es gibt auch Programme zum Herunterladen, die direkt als Pakete angeboten werden und durch einen Doppelklick zu installieren sind. Aber was ist so ein Paket genau?

Ein Paket enthält alle notwendigen Daten, damit ein Programm arbeiten kann. Und diese Dateien verbergen sich alle hinter einem einzigen Icon, in unserem Beispiel hinter dem Icon des Programms *Firefox*. Wenn Sie mit der rechten Maustaste das Firefox-Icon anklicken, erscheint auch der Menüpunkt *Paketinhalt zeigen*.

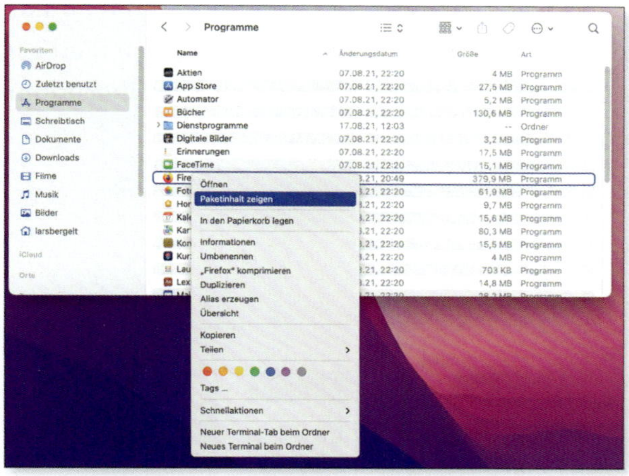

Paketinhalt zeigen.

Wenn Sie diesen auswählen, erhalten Sie Einblick in das Paket und sehen den Ordner *Contents,* der wiederum eine Reihe von Unterordnern enthält. Dort liegen alle Dateien, die notwendig sind, um das Programm Firefox auszuführen.

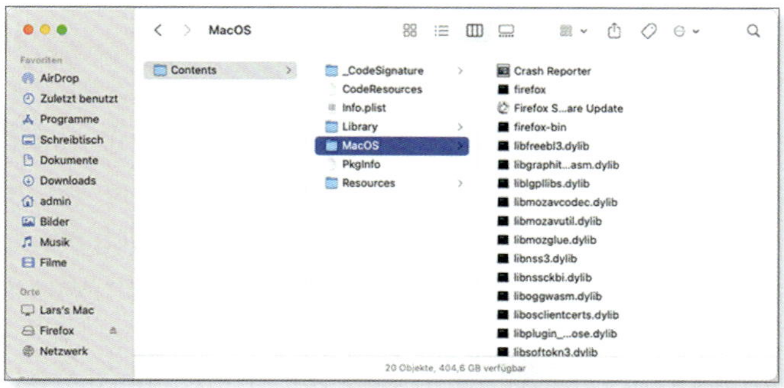

Aufbau des Firefox-Pakets.

Soll nun das Paket upgedatet werden, lädt man einfach die neueste Version von Firefox aus dem Internet, schiebt dieses komplette Paket in den *Programme*-Ordner und ersetzt damit die vorherige Version des Programms.

Der einfache Weg: App Store

Die Firma Apple hat im Jahr 2008 über den *App Store* für das iPhone eine unglaubliche Welle losgetreten. Wenige Jahre später finden sich im App Store für das iPhone bereits mehrere Millionen Applikationen, Tendenz stark steigend. Auch das iPad kann über den App Store auf iPad-konforme Apps zugreifen. Auch hier tummeln sich schon Hunderttausende für den Einsatz auf dem iPad optimierte und programmierte Applikationen. Dieses Erfolgsmodell hat Apple auch auf den Mac übernommen. Das Icon zum App Store finden Sie im Dock, im *Apfel*-Menü oder im *Programme*-Ordner.

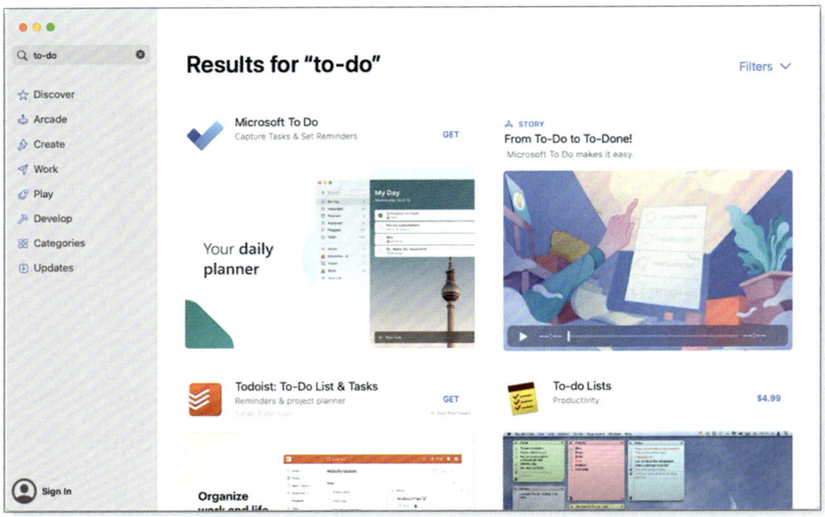

App Store im Einsatz.

Natürlich können Sie im App Store schmökern, indem Sie in der Seitenleiste die verschiedenen Bereiche anwählen. Der schnellste und einfachste Weg, um an Programme heranzukommen, ist allerdings die Suchfunktion. Wie im vorherigen Bildschirmfoto zu sehen, habe ich im App Store nach *To-do*-Applikationen gesucht und bekomme nun eine ganze Reihe von Vorschlägen, was es alles an Programmen zu diesem Thema gibt.

Wird einer der Vorschläge angeklickt, erscheint eine zweite Infoseite, auf der mehr Informationen über diese Applikation angezeigt werden, wie der Hersteller, der Preis, einige Screenshots usw. Um von dieser Darstellung wieder zurückzublättern, navigieren Sie – ähnlich wie im Browser – über den Zurückpfeil, den Sie links oben im Fenster sehen.

Damit Sie im App Store etwas einkaufen können, benötigen Sie einen Account. Über den Menüpunkt *Store –> Anmelden* können Sie Ihren Account eintragen. Wenn Sie ein iPhone oder iPad besitzen, haben Sie bereits eine *Apple-ID*.

Nur mit einer gültigen Apple-ID können Sie im App Store einkaufen.

! Haben Sie bisher an einem Windows-Rechner gearbeitet und dort auch das Programm **iTunes** verwendet, um Musik oder Filme zu kaufen, haben Sie bereits eine Apple-ID. Diese können Sie ebenfalls für den Mac App Store verwenden und damit einkaufen gehen.

Haben Sie beispielsweise einen tragbaren und einen stationären Mac, können Sie die im App Store gekauften Programme natürlich ohne Zusatzkosten auf beiden Rechnern installieren. Es muss dazu an beiden Rechnern der gleiche Account (Menü *Store*) hinterlegt sein. Wenn Sie links unten in der Seitenleiste auf Ihren Namen klicken, werden im Hauptbereich alle bisher gekauften Programme angezeigt. Laden Sie diese einfach auch auf den zweiten und dritten und vierten Mac herunter. Sobald Sie Ihre Accountdaten erfolgreich hinterlegt haben, können Sie im Mac App Store einkaufen gehen.

! Es gibt auch eine Menge an Gratisapplikationen und Testsoftware, die Sie herunterladen und ausprobieren können, ohne dafür Geld ausgeben zu müssen.

Launchpad zeigt den Download aus dem App Store (links) und neue bzw. aktualisierte Apps erkennen Sie an dem blauen Punkt vor dem Appnamen (rechts).

Sobald Sie begonnen haben, aus dem Mac App Store Applikationen herunterzuladen, werden Sie sehen, dass sich das *Launchpad*-Icon im Dock verändert. Unterhalb des Symbols erscheint ein Balken, der den Downloadstatus anzeigt. Und genauso wie beim iPhone bzw. iPad zeigt das App Store-Icon im Dock die Verfügbarkeit von Updates an. Wenn Sie den App Store starten, können Sie im Bereich *Updates* die Aktualisierungen herunterladen.

Das „App Store"-Icon im Dock (links) bzw. der App Store-Eintrag im Apfelmenü (rechts) zeigt die Anzahl der verfügbaren Aktualisierungen an.

! Besitzen Sie mehrere Macs, können Programme auf verschiedenen Geräten automatisch installiert werden. Weitere Informationen dazu finden Sie auf Seite 471.

Gutscheine einlösen

Im App Store können Sie auch Gutscheine einlösen, die Sie etwa geschenkt bekommen oder in diversen Geschäften (Saturn, Media Markt etc.) gekauft haben. Klicken Sie zuerst in der Seitenleiste links unten auf Ihren Namen. Nun wird im Hauptbereich rechts oben die Funktion *Geschenkkarte einlösen* eingeblendet, die Sie nur noch anklicken müssen.. Anschließend geben Sie den Gutscheincode ein, und Ihrem Account wird der Wert des Gutscheins gutgeschrieben. Ab sofort wird beim Einkauf zuerst das Guthaben aufgebraucht, bevor wieder die Kreditkarte belastet wird. Ihr aktuelles Guthaben wird unterhalbe Ihres Namens in der Seitenleiste eingeblendet.

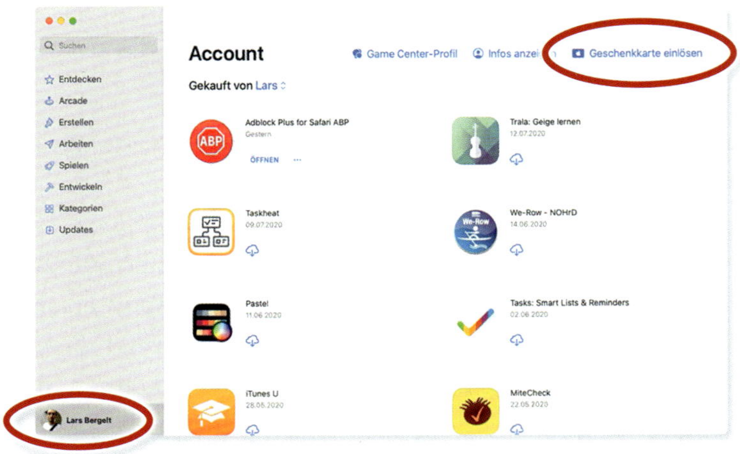

Im App Store können Sie auch Gutscheine einlösen, die dann Ihrem Account gutgeschrieben werden.

App-Käufe aus- und erneut einblenden

In der Übersicht Ihrer gekauften Programme kann sich nun eine ganze Menge an Apps ansammeln. Wollen Sie es hier übersichtlicher gestalten, können Einträge dort ausgeblendet werden. Klicken Sie dazu bei der App auf das Symbol mit den drei Punkten und wählen Sie *Kauf ausblenden* aus.

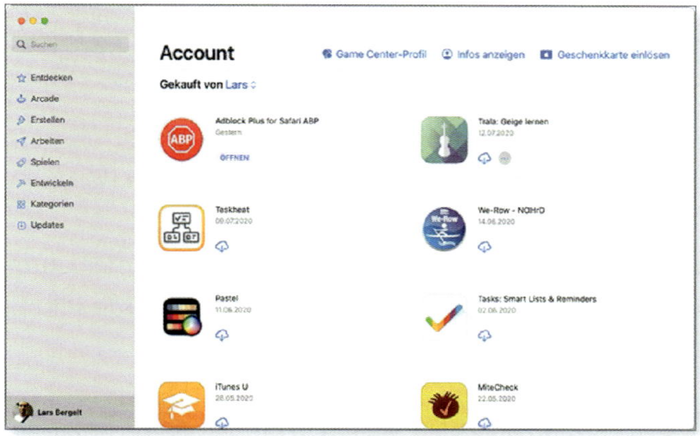

App-Käufe können ausgeblendet werden.

Um diese Einkäufe zu einem späteren Zeitpunkt erneut zum Vorschein zu bringen, gehen Sie über *Infos anzeigen* am Beginn der Liste. Nun klicken Sie auf *Verwalten* im Bereich *Ausgeblendete Artikel* und dann erhalten Sie ein Fenster mit allen derzeit ausgeblendeten Apps.

App-Updates automatisch installieren und Passwort-Einstellungen

Über *App Store –> Einstellungen* können Sie das automatische Herunterladen und Installieren von Updates aktivieren. Sofern Sie das Häkchen *Automatische Updates* ❶ setzen, werden die Updates geladen und ohne weiteres Zutun Ihrerseits installiert. *Gekaufte Apps automatisch auf andere Geräte laden* ❷ bedeutet, dass verschiedene Mac-Rechner mit macOS über das Programm *App Store* automatisch auf dem gleichen Stand gehalten werden.

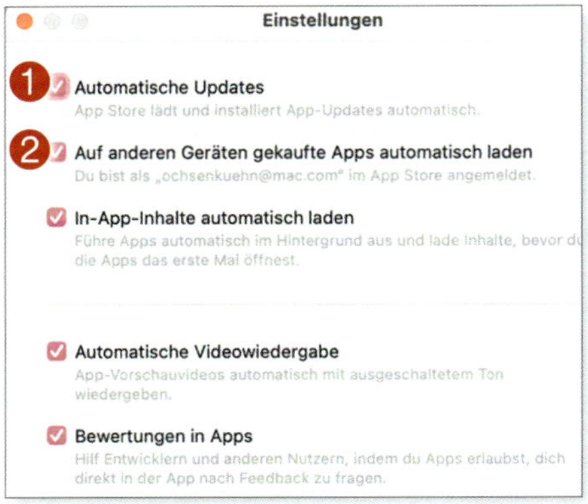

Updates können automatisch heruntergeladen und installiert werden.

Wird auf einem Computer ein Programm heruntergeladen, kann dies automatisch auch auf anderen Rechnern erfolgen, die mit der gleichen Apple-ID angemeldet sind. Eine sehr zeitsparende und nützliche Funktion, die Sie verwenden sollten.

> **!** Da Apps bei dessen Verwendung an vielen Stellen in macOS Daten ablegen, sollten Sie beim Deinstallieren ein Werkzeug hinzuziehen.
>
> Empfehlen kann ich Ihnen hierbei den **AppCleaner** (https://freemacsoft.net/appcleaner/).

> **!** Wenn Sie einen Mac-Computer mit einem Apple Silicon wie dem M1, M2 oder M3 besitzen, dann werden Sie feststellen, dass Sie über den App Store auch Apps herunterladen können, die eigentlich für das iPhone bzw. iPad gedacht waren :-))

Kapitel 6

Von Dateien und Ordnern

Das Gehe-zu-Menü

Wie bei jedem anderen Computer auch, liegen auf dem Datenträger Ihres Macs Dateien und Ordner. Natürlich können Sie selbst Dateien und Ordner erstellen, was wir uns auch noch ansehen werden. Aber auch das Betriebssystem, die installierten Programme usw. müssen an einem bestimmten Platz auf Ihrem internen Datenträger abgelegt werden. Einen sehr effektiven Zugriff auf die Daten Ihres Computers finden Sie im *Finder* über das *Gehe zu*-Menü.

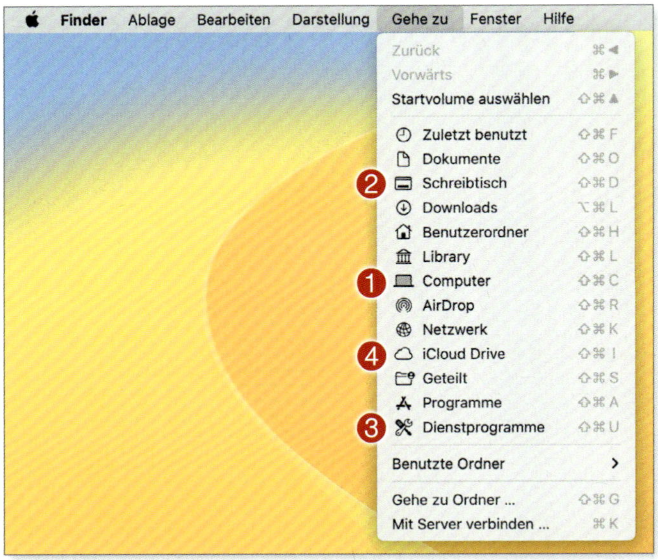

„Gehe zu"-Menü des Finders.

Dort finden Sie eine Reihe von Einträgen, die Sie ebenfalls über Tastenkombinationen aufrufen können. Im Wesentlichen sind es vier Arten von Sprungzielen, die Sie damit erreichen können. Wenn Sie den Eintrag *Computer* ❶ anklicken oder die dazugehörige Tastenkombination *cmd* + *Shift* + *C* verwenden, gelangen Sie sozusagen auf die höchste Ebene Ihres Ablagesystems und Sie sehen alle Datenträger, die zurzeit mit Ihrem Computer verbunden sind.

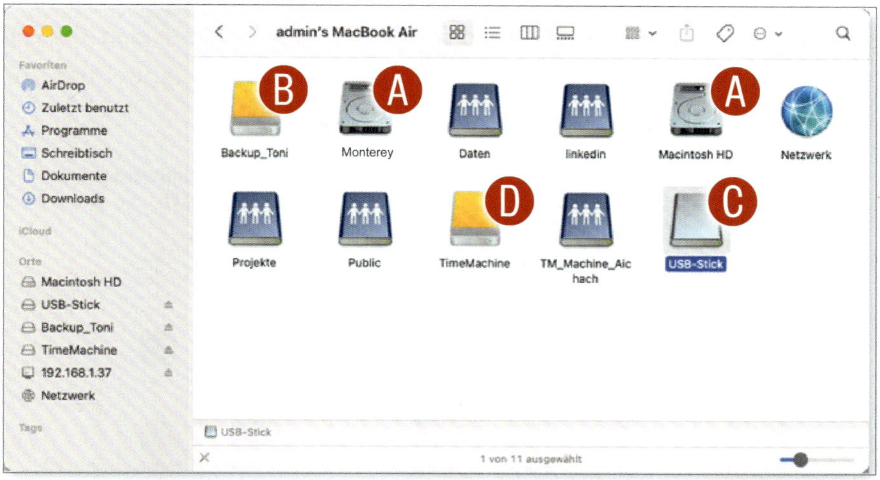

Geräte in der Computerdarstellung.

Wenn Sie das Bildschirmfoto betrachten, sehen Sie, dass derzeit eine Reihe von Laufwerken mit dem Computer verbunden ist. In diesem Rechner sind zwei interne Datenträger Ⓐ verbaut mit den Namen *Macintosh HD* und *Monterey*. In meinem Fall ist noch eine externe Festplatte angeschlossen Ⓑ. Außerdem wurde noch ein USB-Stick angesteckt Ⓒ und eine zweite externe Festplatte für Time Machine ist ebenfalls vorhanden Ⓓ. Darüber hinaus sehen Sie, dass die Geräteliste ebenfalls links daneben in der *Seitenleiste* erscheint. Also auch hierüber haben Sie Zugriff auf die Geräte.

Aber wieder zurück zum *Gehe zu*-Menü. Im Bereich ❷ sehen Sie die Sprungzeile, sodass Sie rasch zu Ihren Dateien und Ordnern kommen können. Die Objekte *Dokumente*, *Schreibtisch*, *Downloads* und auch der *Benutzerordner* sind Ablageorte, an denen Sie als Anwender mithilfe von Programmen Dateien erstellen können. Möchten Sie hingegen in den *Programme*- oder *Dienstprogramme*-Ordner gelangen, verwenden Sie die dazugehörigen Einträge im Bereich ❸. Beachten Sie dabei, dass der Ordner *Dienstprogramme* eigentlich ein Unterordner des Ordners *Programme* ist.

Und schlussendlich finden Sie mit *AirDrop*, *Netzwerk* und *iCloud Drive* ❹ noch Sprungziele, die sich nicht auf Ihrem Rechner befinden, sondern über das Netzwerk und über das Internet zu erreichen sind.

Angenommen, Sie wollen in den *Programme*-Ordner navigieren. Sie verwenden hierzu den Menüpunkt *Gehe zu –> Programme* oder den korrespondierenden Shortcut *cmd* + *Shift* + *A*. Suchen Sie dann innerhalb des *Programme*-Ordners den Ordner *Dienstprogramme*. Sobald Sie diesen gefunden haben, können Sie ihn durch einen Doppelklick öffnen und sehen vor sich all die Programme, die in diesem Unterordner untergebracht sind. Der Ordner *Dienstprogramme* ist also Bestandteil des *Programme*-Ordners. Der *Programme*-Ordner seinerseits ist Bestandteil Ihres internen Datenträgers namens *Macintosh HD*. Gibt es auch eine Möglichkeit, dies zu überprüfen? Ja, Sie können an zwei Stellen nachprüfen, ob der Ordner *Dienstprogramme* tatsächlich im *Programme*-Ordner eingebracht ist. Zum einen können Sie das *Proxy-Icon* im Titel des Fensters verwenden. Klicken Sie dazu mit gedrückt gehaltener *cmd*-Taste auf das Symbol in der Titelleiste links neben *Dienstprogramme*. Daraufhin erscheint eine kleine Liste, in der Sie den Pfad nachverfolgen können.

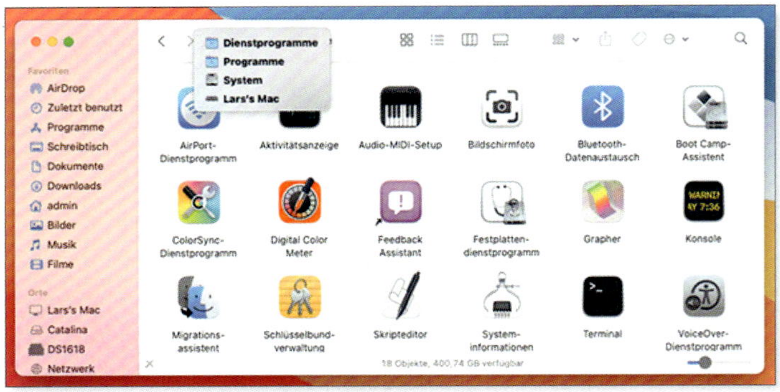

Proxy-Icon bei den Dienstprogrammen.

Diese Darstellung dient nicht nur zur Erkennung der Ablagestruktur, sondern Sie können darin auch navigieren. Wenn Sie nun zwei Ebenen nach oben navigieren möchten, klicken Sie einfach in dieser Auflistung das entsprechende Symbol an.

> **!** Das **Proxy-Icon** wird übrigens nicht nur bei Ordnern dargestellt, sondern auch, wenn Sie mit Dateien innerhalb von Programmen arbeiten.

Proxy-Icon bei Pages.

Sie sehen, ich habe in diesem Fall mit Pages von Apple eine Datei geöffnet. Und auch hier ist im Titel links neben dem Dateinamen ein Icon zu finden. Wieder mit der *cmd*-Taste erscheint also der Pfad, an dem dieses Dokument abgelegt wurde. Und wie bereits vorhin bei den Dienstprogrammen gezeigt, kann nun sehr schnell zum Beispiel über das Anklicken des *Dokumente*-Icons innerhalb der Liste zum Finder zu dem dazugehörigen Ablageort gewechselt werden.

Übrigens können Sie das Proxy-Icon auch verwenden, um das Dokument auf den Schreibtisch zu ziehen. Packen Sie dazu das Icon einfach mit der linken Maustaste und ziehen Sie es auf den Schreibtisch – so haben Sie das Dokument von seinem bisherigen Ablageordner (nämlich dem *Dokumente*-Ordner) auf den *Schreibtisch* bewegt. Halten Sie dabei die *alt*-Taste gedrückt, erhalten Sie auf dem Schreibtisch ein Duplikat dieser Datei, während sich die ursprüngliche Datei weiterhin im *Dokumente*-Ordner befindet.

Es gibt noch eine weitere sehr komfortable Möglichkeit, um die Ordnerstruktur vonseiten des Betriebssystems macOS darstellen zu lassen. Navigieren Sie hierfür erneut zum *Dienstprogramme*-Ordner und holen Sie sich über den Menüpunkt *Darstellung* den Eintrag *Pfadleiste einblenden*. Sogleich erhalten Sie am unteren Rand des Ordnerfensters die Pfaddarstellung.

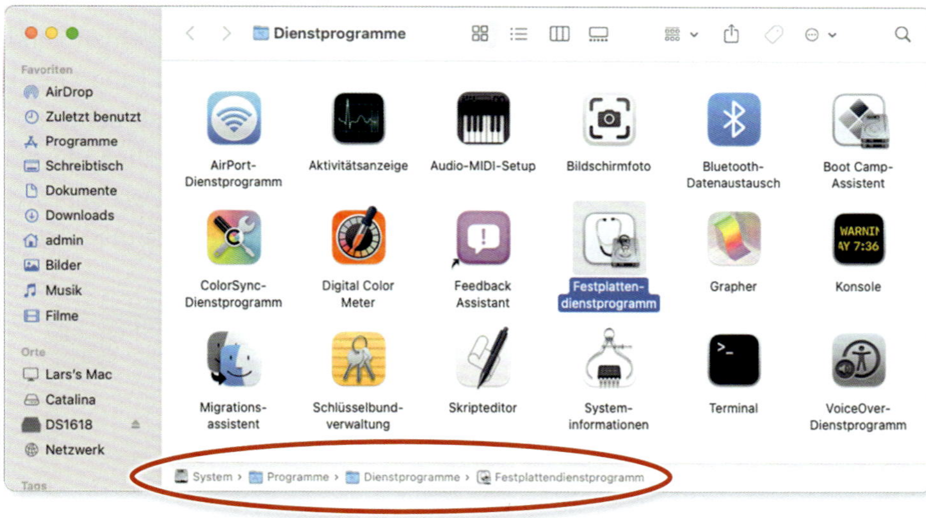

Pfadleiste am unteren Finder-Fensterrand.

Hier sehen Sie ebenso, dass der Ordner *Dienstprogramme* ein Unterordner des *Programme*-Ordners ist, der sich selbst wiederum direkt auf der Festplatte, also auf der *Macintosh HD*, befindet. Die *Pfadleiste* dient aber nicht nur dazu, den Pfad zu erkennen, sondern Sie können darüber ebenso auf eine höhere Ebene navigieren. Klicken Sie dazu beispielsweise das Symbol *Macintosh HD* doppelt an, um zu diesem Eintrag zu wechseln.

! Sie können an dieser Stelle auch über das Kontextmenü (also die rechte Maustaste) einige Funktionen auswählen. Klicken Sie beispielsweise in der Pfadleiste mit der rechten Maustaste auf ein Icon, erscheinen in einem Menü weitere Optionen. **In neuem Tab öffnen** entspricht einem Doppelklick, mit der Funktion **In übergeordnetem Ordner anzeigen** können Sie vom ausgewählten Ordner aus eine Ebene weiter nach oben navigieren.

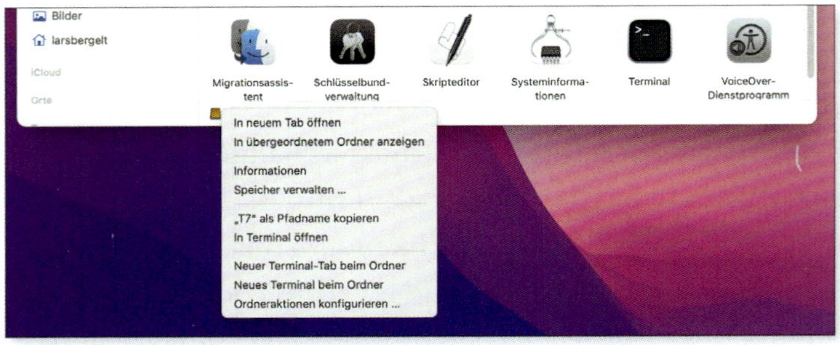

Das Kontextmenü enthält weitere Funktionen.

Damit nicht genug. Es gibt noch eine dritte Möglichkeit, diese Pfaddarstellung einzublenden. Bleiben Sie dazu gleich einmal im *Dienstprogramme*-Fenster. Zwischen dem Titel und dem Inhalt des Fensters finden Sie die *Symbolleiste*. In der Symbolleiste sind bereits einige Funktionen eingebracht, die wir uns gleich noch im Detail ansehen werden. Diese Einträge können aber um weitere nützliche Funktionen angereichert werden. Verwenden Sie hierzu den Menüpunkt *Darstellung –> Symbolleiste anpassen* und nehmen Sie das Werkzeug *Pfad*, um es in die Symbolleiste zu bewegen. Das tun Sie, indem Sie das *Pfad*-Werkzeug einfach per Drag & Drop an eine Stelle innerhalb der Symbolleiste ziehen.

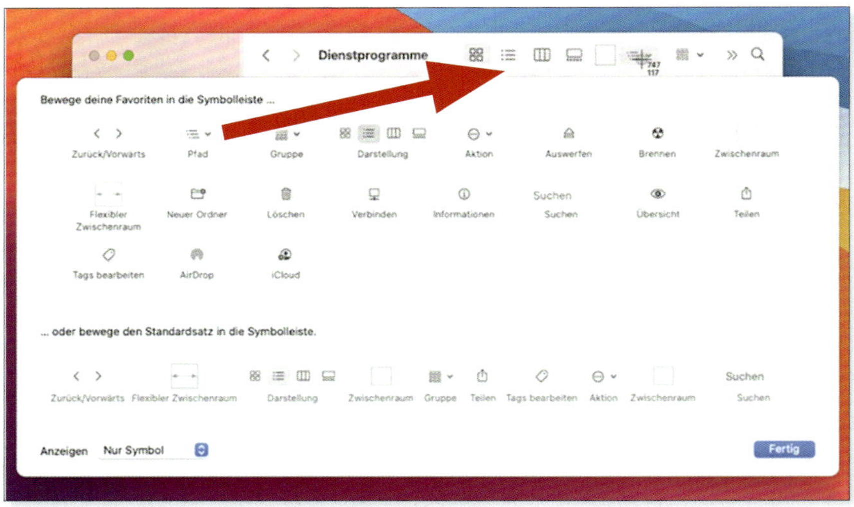

„Pfad"-Werkzeug in die Symbolleiste einbringen.

Ist die Änderung erfolgt, können Sie über *Fertig* die Modifikation abschließen. Klicken Sie nun auf das *Pfad*-Werkzeug in der Symbolleiste und Sie bekommen wieder die Bestätigung, dass der Ordner *Dienstprogramme* sich im Ordner *Programme* und dieser wiederum sich auf der *Macintosh HD* befindet. Sie haben damit ebenfalls eine sehr effektive und zeitsparende Möglichkeit gefunden, sich auf Ihrem Computer zu bewegen.

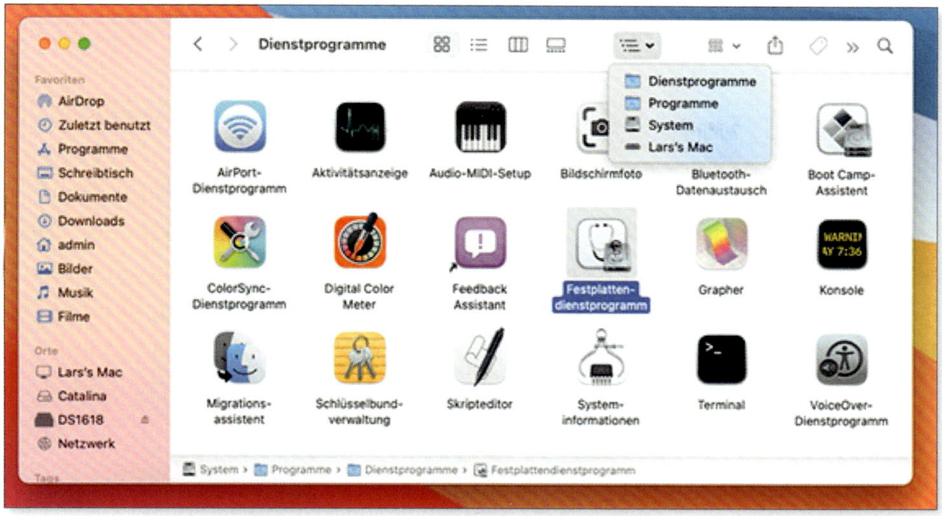

„Pfad"-Werkzeug in Aktion.

! Nochmals kurz zurück zum Gehe-zu-Menü im Finder. **Gehe zu Ordner** können Sie natürlich ebenfalls nutzen, wenn Sie ratzfatz zu einem Ordner springen möchten.

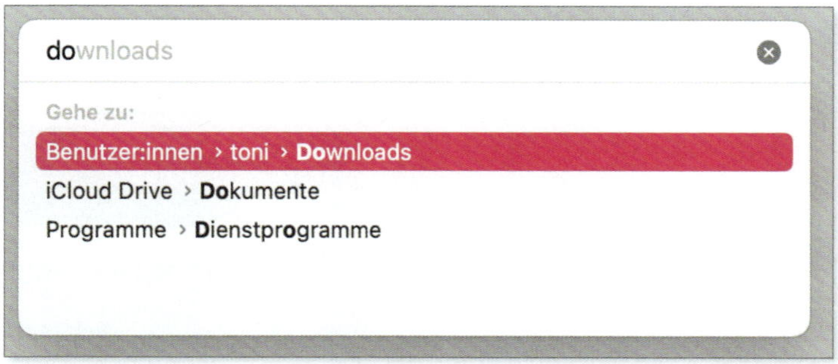

Bereits das Eintippen weniger Buchstaben genügt, um eine Trefferliste erscheinen zu lassen, in der Sie den entsprechenden Eintrag auswählen.

Auf Ordnerebene navigieren

Gehen Sie nun erneut in den *Programme*-Ordner. Verwenden Sie dazu das *Gehe zu*-Menü. Öffnen Sie über einen Doppelklick den *Dienstprogramme*-Ordner. Und sogleich sollten Sie erkennen, dass in der Symbolleiste des Finder-Fensters der *Zurück*-Button aktiv ist. Ähnlich wie beim Surfen im Internet steuern Sie ja verschiedene Darstellungsebenen an. Und über den *Zurück*-Button können Sie zwischen den verschiedenen Ebenen hin- und herblättern.

„Vor"- und „Zurück"-Buttons im Finder-Fenster.

> **!** Ebenso wie im Browser Safari können Sie auch beim Vorwärts- und Rückwärtsblättern im **Finder** etwas länger auf den beiden Pfeilen bleiben. So bekommen Sie ein Protokoll darüber, in welchen Ordnern Sie zuletzt tätig waren und können dann mit einem Klick mehrere Schritte überspringen.

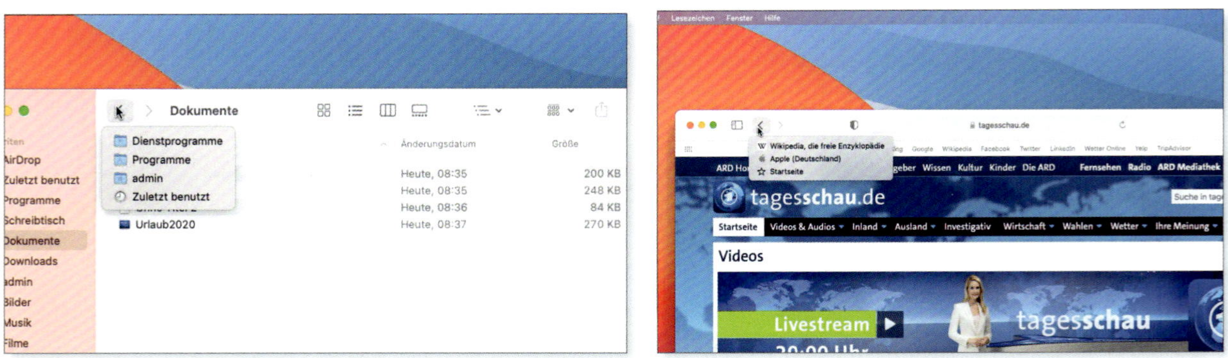

Rasch vor- und zurückblättern in Safari (links) und im Finder (rechts).

▶I Navigieren im Finder 06_01

http://macos2023.amac-buch.de/#06_01

Wenn Sie mit Ordnern und Dateien arbeiten, dann ist der Finder die richtige Anlaufstelle. Mit einigen Tricks kann man sehr effektiv arbeiten. Sehen Sie in diesem Film

- wie man hin- und herblättern kann
- die Tastenkürzel vor **Vorwärts** und **Zurück** ändert
- Finder-Fenster mit weiteren Informationen versieht.

!

Es gibt einige Menüpunkte im Finder, die drei nachfolgende Pünktchen aufweisen, wie zum Beispiel im **Apfel-Menü** der Befehl **Neustart…** oder **Ausschalten…** Möchten Sie derartige Funktionen auch mit einem Shortcut versehen, dürfen Sie beim Eintragen des Menüpunkts die drei Pünktchen ("…") nicht eingeben, sondern müssen die Tastenkombination **alt + .** (Punkt) verwenden, um diese Pünktchen darzustellen.

Navigieren mit Shortcuts

Des Weiteren hat Apple bereits einen sehr interessanten Tastaturkurzbefehl eingebaut. Navigieren Sie dazu wieder zum *Dienstprogramme*-Ordner. Verwenden Sie nun den Befehl *Gehe zu –> Übergeordneter Ordner* bzw. die Tastenkombination *cmd + Pfeil nach oben*. Wenn Sie den Befehl einmal ausführen, werden Sie von *Dienstprogramme* in den übergeordneten Ordner *Programme* wechseln. Tun Sie es erneut, kommen Sie noch eine Ebene höher, in diesem Fall zur *Macintosh HD*, also Ihren internen Datenträger, auf der sich alle Daten befinden. Und wenn Sie den Befehl noch einmal ausführen, kommen Sie zur *Computer*-Darstellung, wo Sie nicht nur Ihre *Macintosh HD*, sondern alle Laufwerke sehen können.

Sie sehen also: Der Kurzbefehl ist eine sehr effektive Möglichkeit, durch das Ablagesystem ebenenweise nach oben zu springen. Möchten Sie in die entgegengesetzte Richtung, also wieder in das Ablagesystem hinein gelangen, so verwenden Sie – anders als bei Windows – nicht die *Returntaste*, um ein Element zu öffnen, sondern die Tastenkombination *cmd + O*. Ist also beispielsweise in Ihrem *Computer*-Fenster Ihre Macintosh HD ausgewählt, verwenden Sie *cmd + O*, um den Eintrag zu öffnen. Sogleich erscheinen die Elemente auf der Macintosh HD, unter anderem der *Programme*-Ordner. Bevor Sie diesen nun öffnen, müssen Sie ihn markieren. Das können Sie über die Tastatur erledigen. Tippen Sie die Buchstaben *P* und *R* ein, sollte der Computer den *Programme*-Ordner markieren. Mit *cmd + O* wird er geöffnet. Um es noch einmal zu trainieren, könnten Sie ja die Buchstaben *Die* eingeben, um ganz sicher das Element *Dienstprogramme* anzuspringen und es mit *cmd + O* zu öffnen.

> **!** Wenn Sie eine lange Liste von Dateien oder Ordnern haben, können Sie durch die Eingabe der ersten ein bis drei Buchstaben das gewünschte Element sehr sicher in der Liste auswählen. Achten Sie darauf, dass Sie die Zeichen kurz hintereinander eingeben. Möchten Sie anschließend in der Liste in alphabetischer Reihenfolge weiterspringen, verwenden Sie die **Tab**-Taste. In umgekehrter alphabetischer Reihenfolge geht es mit **Shift + Tab**-Taste.

Navigieren Sie nun zur Abwechslung einmal in Ihren *Benutzerordner.* Verwenden Sie auch hierzu das *Gehe zu*-Menü und den Eintrag *Benutzerordner.* Sie finden dort eine ganze Reihe von Ordnern, deren Bedeutung und Funktion wir uns wenig später im Detail ansehen werden. Sie möchten dort beispielsweise den *Dokumente*-Ordner öffnen, würden diesen aber gerne in einem neuen Fenster sehen. Sie haben bereits festgestellt: Immer, wenn Sie einen Doppelklick auf einen Ordner anwenden, ändert sich die Fensterdarstellung und der Inhalt des neu ausgewählten Ordners wird angezeigt. Möchten Sie aber ein zweites Fenster haben, halten Sie die *cmd*-Taste gedrückt und klicken doppelt auf das Ordnersymbol. Sofort erscheint ein weiterer Tab im aktuellen Finder-Fenster.

> **!** Sie können Ihrem Mac mitteilen, ob Sie dabei lieber ein neues Fenster oder einen neuen Tab haben möchten.Hierzu finden Sie im Menüpunkt **Finder –> Einstellungen (cmd + ,)** im Reiter **Allgemein** die Einstellung.

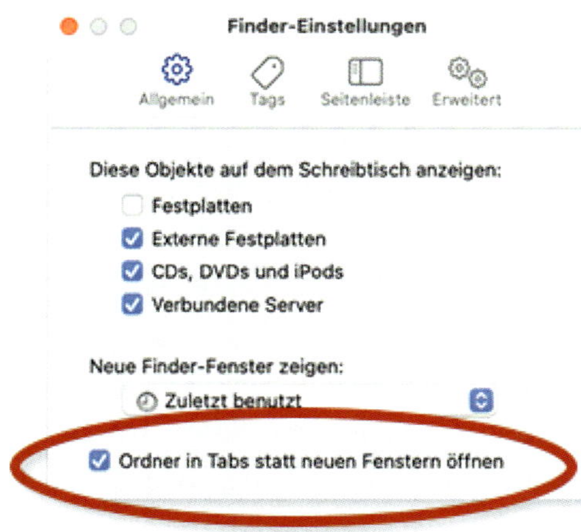

Finder-Einstellungen „Allgemein".

Dort sehen Sie die Eigenschaft *Ordner in Tabs statt neuen Fenstern öffnen*, die standardmäßig seitens des Betriebssystems aktiviert ist.

> **!** Das klappt übrigens auch, wenn Sie in der **Seitenleiste** bei den Favoriten mit gedrückter **cmd**-Taste auf einen Eintrag klicken. Sie sehen dort auch wichtige Ordner wie **Dokumente, Downloads, Programme** oder **Schreibtisch**, die standardmäßig hinterlegt sind. Verwenden Sie also hier ebenfalls die **cmd**-Taste, um ein weiteres Fenster bzw. einen neuen Tab zu öffnen.

Warum kann es sinnvoll sein, mehrere Fenster oder Tabs auf Ihrem Monitor zu haben? Sie müssen vielleicht in verschiedenen Ordnern einmal die Dateiablage vergleichen oder Daten bewegen. Dann ist es sinnvoll, dass Sie zwei Fenster öffnen, diese nebeneinander auf dem Bildschirm arrangieren und so deren Inhalte vergleichen. Oder Sie öffnen ein Fenster mit zwei Tabs – in dem einen sehen Sie ständig den *Programme*-Ordner und in dem zweiten Tab Ihren Benutzerordner. So haben Sie stets raschen Zugriff auf die wichtigsten Daten.

> **!** Über den Menüpunkt **Fenster** im Finder bekommen Sie viele Möglichkeiten, um mit mehreren Fenstern und Tabs auf Ihrem Monitor effizient zu arbeiten. Im unteren Teil des Aufklappmenüs sehen Sie eine Auflistung aller Fenster, die Sie aktuell in Ihrem Finder geöffnet haben. Darüber sehen Sie zum Beispiel die Funktion **Nächstes Fenster** mit dem Shortcut **cmd + <** (Kleiner-als-Zeichen), mit dem Sie durch die geöffneten Fenster im Finder wechseln können. Natürlich können Sie auch durch die Fenster wechseln, indem Sie sie anklicken und nach vorn holen. Nicht zu vergessen an dieser Stelle ist natürlich **Mission Control**, das Sie ja bereits kennengelernt haben.

Besonders raffiniert ist die Vorgehensweise, im Menüpunkt *Fenster* zusätzlich die *alt*-Taste zu drücken, um dann aus dem Befehl *Im Dock ablegen* die Funktion *Alle im Dock ablegen* zu erzeugen.

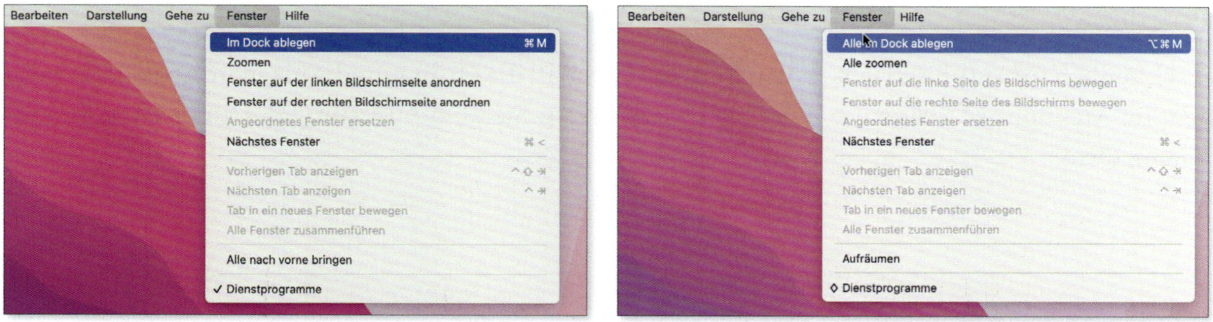

Menü „Fenster“ des Finders – links ohne und rechts mit gedrückt gehaltener alt-Taste. Im unteren Bereich erkennen Sie minimierte Fenster an dem Rautensymbol.

!

Wenn Sie ein weiteres Finder-Fenster haben möchten, genügt der Tastaturbefehl **cmd + N** und sogleich wird ein neues Fenster auf Ihrem Bildschirm erscheinen. Welcher Ablageort in diesem Fenster erscheint, ist standardmäßig vom Betriebssystem voreingestellt. Sie können aber über den Menüpunkt **Finder –> Einstellungen** im Bereich **Allgemein** und dort unterhalb von **Neue Finder-Fenster zeigen** einen anderen Ort definieren, der standardmäßig aufgerufen werden soll, sobald Sie ein Finder-Fenster über den Tastenbefehl öffnen. Alternativ zu **cmd + N** können Sie auch das **Finder-Symbol** im **Dock** anklicken, um ein neues Finder-Fenster zu erhalten.

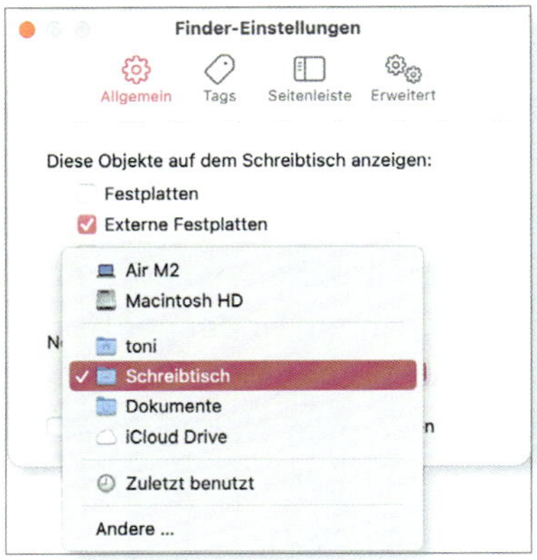

Definition eines neuen Finder-Fensters.

Benutzte Ordner und Dokumente

Und schließlich führt Ihr Betriebssystem Protokoll über all die Ordner und Ablageordner, die Sie besucht haben. Im Menüpunkt *Gehe zu –> Benutzte Ordner* finden Sie eine Auflistung der zuletzt von Ihnen verwendeten Orte.

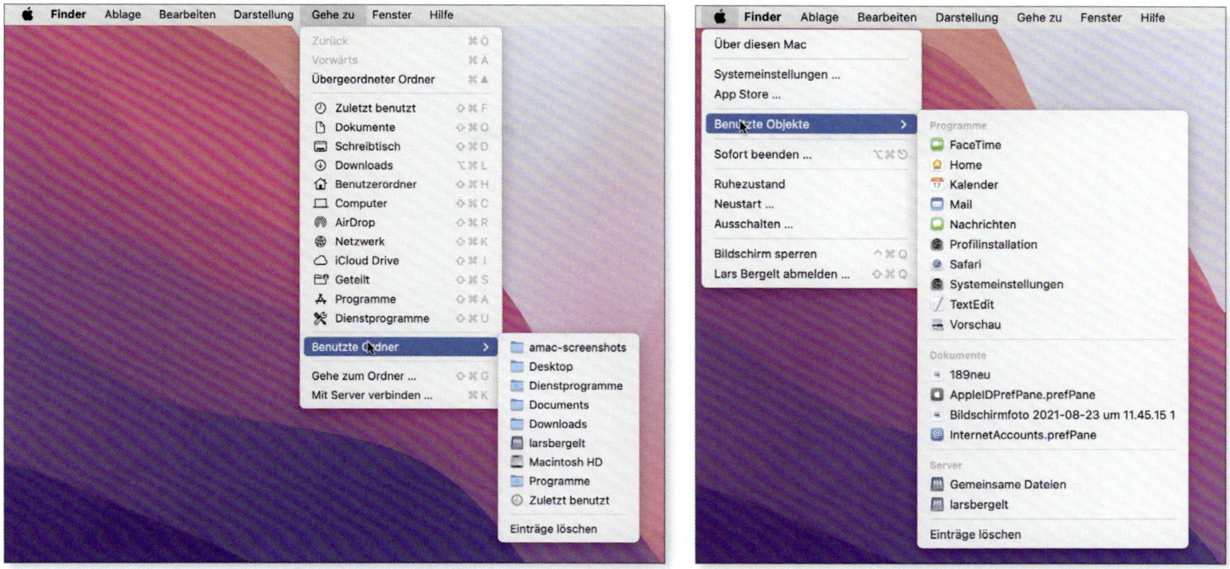

„Gehe zu –> Benutzte Ordner" (links) und „Benutzte Objekte" im Apfel-Menü (rechts).

Dort finden Sie die zehn zuletzt von Ihnen verwendeten Ordner. Via *Einträge löschen* im gleichen Menü können Sie die Liste leeren und so wieder von Neuem füllen. Aber es ist in jedem Fall so, dass bei Erreichen der Höchstgrenze immer der älteste Eintrag aus der Liste entfernt und durch einen neuen ersetzt wird.

> **!** Im **Apfel-Menü** gibt es ebenfalls einen Eintrag namens **Benutzte Objekte**. Dieser zeigt Ihnen die zuletzt verwendeten Programme, Dokumente und auch Server an. Standardmäßig sind es auch immer zehn Einträge.

Dazu zwei interessante Tipps: Wenn Sie den Menüpunkt *Benutzte Objekte* im *Apfel-Menü* mit gedrückter *cmd*-Taste aufrufen, verändert sich die Darstellung zu *XY im Finder anzeigen*. Das heißt: Statt des Startens von Programmen und Dokumenten können Sie nun durch das Anklicken ein Finder-Fenster hervorholen, in dem das gewünschte Objekt zu sehen ist.

Zweitens: Standardmäßig werden jeweils zehn Einträge bei *Programme*, *Dokumente* und *Server* abgelegt. Dies kann selbstverständlich geändert werden. Sie wissen ja: Die Einstellungen finden Sie in den *Systemeinstellungen*. Dort sollten Sie zu *Kontrollzentrum* navigieren und diese Einstellung prüfen.

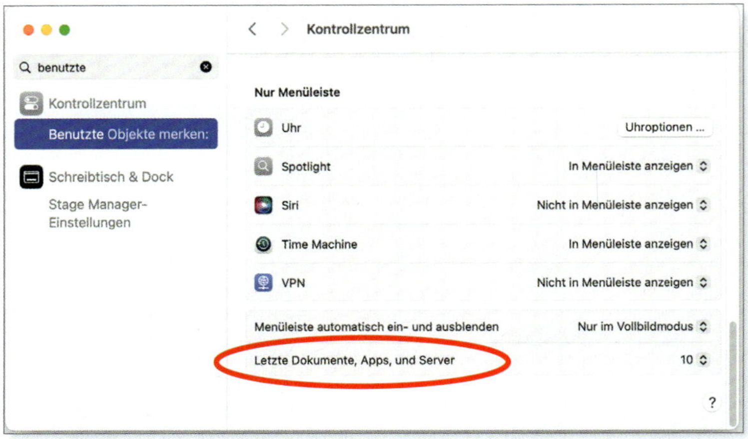

macOS merkt sich die zuletzt verwendeten Dokumente, Apps und auch Serververbindungen.

! Wenn Sie im Finder navigieren und viele Fenster geöffnet haben, kommt vielleicht irgendwann der Zeitpunkt, dass Sie sagen: Ich möchte rasch alle Fenster wieder schließen. Wie Sie ja bereits wissen, können Sie mit dem roten Punkt im oberen linken Eck ein Fenster schließen. Alternativ dazu verwenden Sie die Tastenkombination **cmd + W**. Wenn Sie alle Fenster auf einmal schließen wollen, kommt zusätzlich die **alt**-Taste ins Spiel. Verwenden Sie also die Tastenkombination **cmd + alt + W**, um alle Fenster des Finders auf einmal zu schließen.

! Auch viele Anwendungsprogramme, wie zum Beispiel TextEdit, Vorschau oder auch Microsoft Word, verstehen diese Tastenkombination. Haben Sie also beispielsweise mit Microsoft Word eine ganze Reihe von Dokumenten geöffnet, können Sie über **cmd + alt + W** diese in einer Aktion schließen.

Tabs im Finder

Eine äußerst nützliche Funktion, die Sie vielleicht vom Webbrowser Safari kennen, ist im Finder integriert: In einem Finder-Fenster können mehrere Tabs platzsparend dargestellt werden.

Ein Tab ist eigentlich ein eigenständiges „Fenster“, das unabhängig von den anderen Tabs einen ganz eigenen Inhalt sowie eine eigene Darstellungsform haben kann.

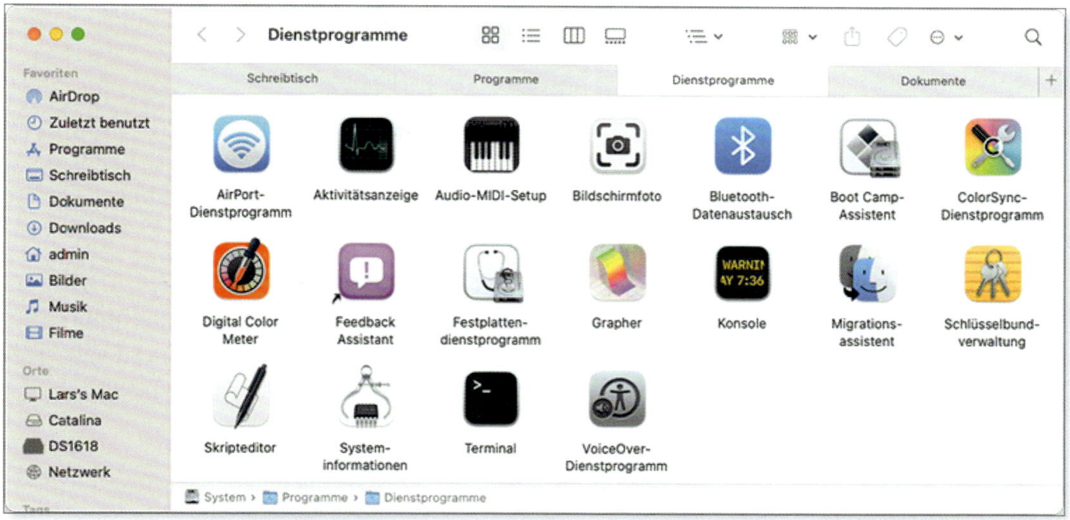

Ein Finder-Fenster beinhaltet in diesem Fall vier Tabs.

Anstatt also nun vier Fenster geöffnet zu haben, ist alles auf ein Fenster konzentriert.

> **!** Haben Sie im Finder mehrere einzelne geöffnete Fenster, können Sie via **Fenster –> Alle Fenster zusammenführen** im Finder diese zu einem konsolidieren.

▶I Tabs im Finder einsetzen 06_02

http://macos2023.amac-buch.de/#06_02

Wie bei vielen Webbrowsern auch kann der Finder über Tabs sehr platzsparend viele Informationen auf einmal darstellen. Wie man Tabs erzeugt und mit ihnen arbeitet, sehen Sie in diesem Film.

Benutzerordner / Homeverzeichnis

Sie haben im *Gehe zu*-Menü ja bereits gesehen, dass es einen *Benutzerordner* gibt. Dieser Ordner enthält in der Grundeinstellung sieben sichtbare Ordner.

> **!** Die Information können Sie übrigens immer sehr einfach der **Statusleiste** entnehmen, die Sie am unteren Rand eines **Finder**-Fensters finden. Sollte die Statusleiste nicht eingeblendet sein, können Sie dies über das **Darstellung**-Menü ändern.

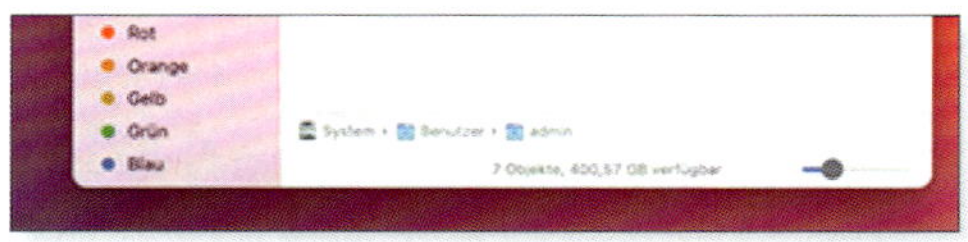

Statusleiste am unteren Rand des Finder-Fensters.

Diese von Apple in Ihrem Benutzerordner eingebrachten Unterordner erfüllen alle eine sehr wichtige Funktion. Lassen Sie uns die Funktionalität dieser Ordner kurz auflisten.

Dokumente

Der Ordner *Dokumente* ist der Standardordner, in dem Sie bei der Verwendung von Programmen wie TextEdit oder Word Ihre Dokumente ablegen. Sobald Sie also TextEdit gestartet haben und ein Dokument speichern möchten, wird Ihnen der Ordner *Dokumente* vorgeschlagen. Natürlich können Sie, wie Sie später sehen werden, auch eigene Ordner erstellen. Der *Dokumente*-Ordner ist aber der Standardordner, um Ihre Dateien zu speichern.

Schreibtisch

Wie der Name schon sagt, enthält der Ordner *Schreibtisch* alle Dateien, Ordner und Elemente, die sich auf Ihrem Desktop (Schreibtisch) befinden.

Downloads

Der Ordner *Downloads* wird verwendet, wenn Sie über Safari etwas aus dem Internet herunterladen. Aber auch das Programm Mail verwendet standardmäßig den Ordner *Downloads*. Und sollten Sie mit dem Programm Nachrichten arbeiten und mit anderen Personen Dateien austauschen, wird auch hierbei der Ordner *Downloads* benutzt. Er ist übrigens standardmäßig ebenfalls im Dock vorhanden, sodass Sie raschen Zugriff auf diesen Ordner bekommen. Im Normalfall ist er das Symbol, das links neben dem Papierkorb zu sehen ist.

Bilder

Klare Sache: Der Ordner *Bilder* kümmert sich um Ihre digitalen Fotos. Verwenden Sie beispielsweise die App Fotos auf Ihrem Computer, nutzt diese den Ordner *Bilder*, um dort alle Dateien abzulegen. Aber auch andere Programme, wie zum Beispiel das Programm *Digitale Bilder*, das die Zusammenarbeit mit einem Scanner steuert, verwendet den Ordner *Bilder*. Werden also über den Scanner Daten eingelesen, werden diese automatisch im Ordner *Bilder* abgelegt.

Filme

Wenn Sie mit der Software iMovie arbeiten, ist der Ordner *Filme* der Standardablageort für Ihre Filme.

Musik

Sofern Sie mit der App Musik Ihre digitale Musikbibliothek erstellt haben, wird der Ordner *Musik* diese Dateien standardmäßig aufnehmen.

Öffentlich

Der Ordner *Öffentlich* kommt zum Tragen, wenn Sie sich in einem Netzwerk befinden und darüber Dateien austauschen möchten. Die Netzwerkfunktionen werden an späterer Stelle erklärt.

Sie sehen also, dass Apple bereits eine ganze Reihe von Ordnern vorbereitet hat, damit Sie strukturiert mit Ihren Informationen arbeiten können. Weil diese Ordner standardmäßig in Ihrem Homeverzeichnis eingebracht sind und von vielen Programmen verwendet werden, hat Apple auch einen Schutzmechanismus entwickelt. Wenn Sie also versuchen, einen dieser Ordner in den Papierkorb zu befördern, werden Sie mit einem Warnton daran gehindert.

Sie sehen also, dass das Apple-Betriebssystem auf diese Unterordnerstruktur innerhalb des Benutzerordners Wert legt, denn jede Beschädigung eines dieser Ordner führt unwiderruflich zu Datenverlusten. Stellen Sie sich vor, Sie könnten den Ordner *Musik* löschen: Sie würden damit Ihre komplette iTunes-Sammlung zerstören. Deshalb hat Apple einen Schutzmechanismus eingerichtet, der das Löschen dieser standardmäßigen Ordner verhindert.

> **!** Selbstverständlich können Sie ergänzend zu den bestehenden Ordnern weitere Ordner erstellen, um darin Daten abzulegen.

Programme

Hier finden Sie unter anderem die von Safari erzeugen Web-Apps, die ebenfalls im Dock erscheinen können. Auch andere Dienste können hier zusätzliche Icons erzeugen.

Library

Anwender, die bereits seit vielen Jahren mit dem Mac arbeiten, werden sich fragen, wo denn nun der *Library*-Ordner geblieben ist. Der *Library*-Ordner enthält alle Einstellungen, die für den Betrieb des Benutzers notwendig sind. Zum Beispiel werden dort E-Mails abgelegt, Programmeinstellungen, Konfigurationsdateien etc. Wo ist er also hin? Der *Library*-Ordner existiert nach wie vor. Da dieser Ordner aber im Gegensatz zu den sieben Standardordnern von noch größerer Bedeutung ist, hat Apple ihn versteckt. Es gibt drei einfache Tricks, um den Ordner wieder zum Vorschein zu bringen.

Trick eins: Steuern Sie das *Gehe zu*-Menü des *Finders* an und halten Sie die *alt*-Taste gedrückt. Sofort wird ein Eintrag im *Gehe zu*-Menü neu erscheinen, nämlich der *Library*-Ordner.

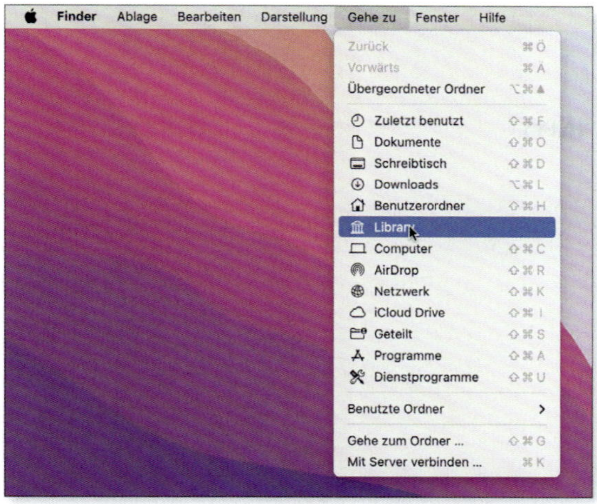

„Gehe zu"-Menü bei gedrückter alt-Taste.

Damit wird ein neues Finder-Fenster geöffnet, in dem Sie alle Unterordner und Einstellungen des *Library*-Ordners zu Gesicht bekommen.

Trick zwei: Über das *Gehe zu*-Menü finden Sie ebenso den Eintrag *Gehe zum Ordner* (Tastaturkurzbefehl: *cmd + Shift + G*). Tippen Sie dort, wie im Bildschirmfoto zu sehen, die Tilde gefolgt von einem Schrägstrich (~/) und den Begriff *Library* ein. Die Tilde erzeugen Sie übrigens über die Tastenkombination *alt + N*. Für die Unix-Benutzer unter Ihnen: Die Tilde steht für den aktuellen Benutzerordner, und dort soll der Unterordner *Library* aufgerufen werden. Ein anschließender Klick auf den *Öffnen*-Button bringt den *Library*-Ordner zum Vorschein.

Gehe zum Ordner.

Trick drei: Navigieren Sie zu *Gehe zu –> Benutzerordner* und rufen Sie mit der Tastenkombination *cmd + J* die Darstellungsoptionen auf.

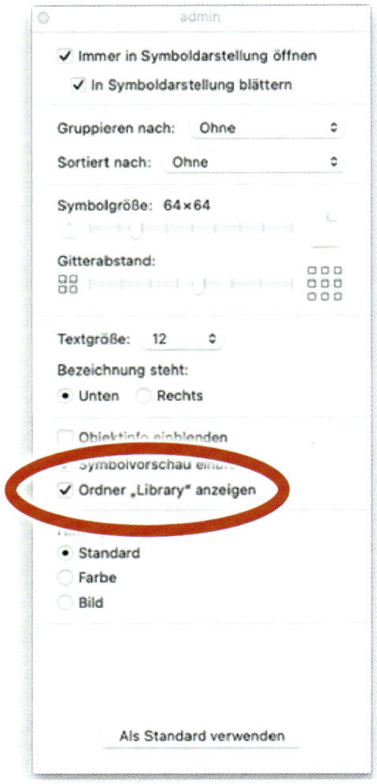

Das Häkchen bei „Ordner Library anzeigen“ bringt diesen zum Vorschein.

Über den Befehl *Gehe zum Ordner* können Sie übrigens, wenn Sie das Dateisystem des Apple-Betriebssystems genauer erkunden wollen, rasch an alle Stellen des Betriebssystems gelangen, ohne den Finder zu verwenden.

Sicherlich haben Sie schon bemerkt, dass die wichtigen Unterordner Ihres Benutzerordners auch in der *Seitenleiste* zu finden sind. Unterhalb des Begriffs *Favoriten* finden Sie dort die Einträge *AirDrop*, *Zuletzt benutzt*, *Programme*, *Schreibtisch*, *Dokumente*, *Downloads*, *Filme*, *Musik* und *Bilder*. Die Funktion der *Seitenleiste* werden wir später noch im Detail betrachten. Fürs Erste ist es ausreichend zu wissen, dass Sie damit eine sehr einfache Möglichkeit haben, um zu den entsprechenden Ordnern zu gelangen.

Ordnerstruktur von macOS

Wie bereits erwähnt, ist auf Ihrem internen Datenträger eine sehr regelmäßige Ordnerstruktur zu sehen. Normalerweise finden Sie mindestens vier Ordner vor. Und diese Ordner haben – ähnlich wie die Ordnerstruktur innerhalb Ihres Benutzerordners – eine ganze klare Funktion. Lassen Sie uns diese kurz erläutern.

Macintosh HD.

System

Wie der Name bereits sagt, befindet sich hier das Betriebssystem Ihres Rechners. Der Ordner ist gegenüber versehentlichen Änderungen geschützt. Das heißt, wenn Sie diesen Ordner öffnen, sehen Sie im Finder-Fenster in der linken unteren Ecke der Statusleiste ein durchgestrichenes Bleistiftsymbol. Und Sie werden zudem erkennen, dass innerhalb des Ordners *System* wenige Unterordner zu sehen ist. Alle anderen Elemente werden versteckt, damit der Anwender nicht aus Versehen etwas am für den Computer lebenswichtigen System zerstören kann.

Der Ordner *System* enthält also alles Notwendige, damit Ihr Rechner starten und arbeiten kann. Er wird in unregelmäßigen Abständen modifiziert. Sie können in den *Systemeinstellungen* bei *Allgemein* –> *Softwareupdate* definieren, welche Updates automatisch installiert werden sollen. Klicken Sie dazu auf *Weitere Optionen*.

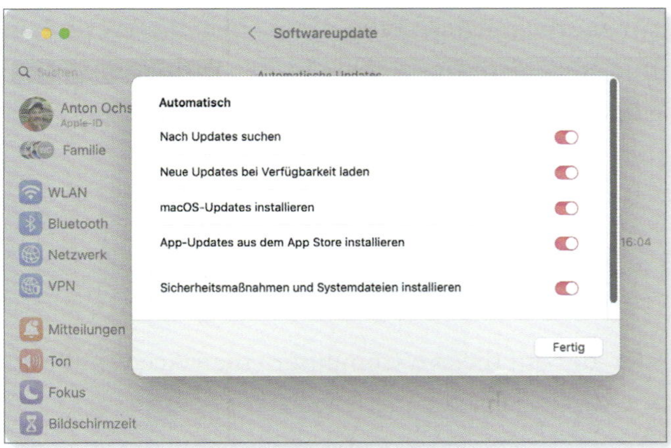

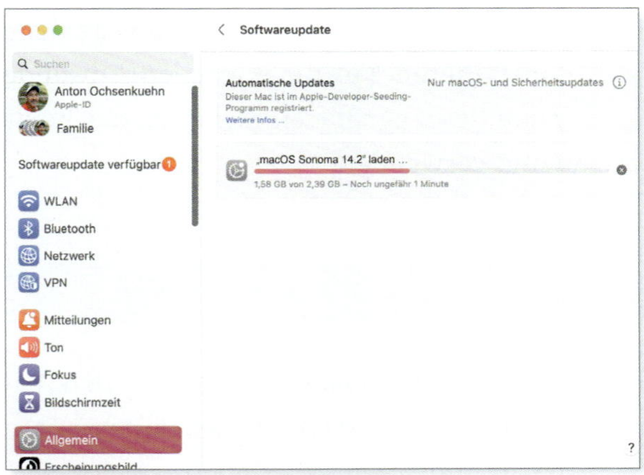

Legen Sie fest, welche Updates automatisch geladen und installiert werden sollen.

Dabei werden übrigens nicht nur aktuelle Komponenten für das Betriebssystem heruntergeladen. Updates für die diversen Programme die Sie im App Store erworben haben, werden mit der Option *App-Updates aus dem App Store installieren* ebenfalls automatisch geladen und aktualisiert.

Library

Nachdem der Ordner *System* einem enormen Schutz unterliegt, muss es einen anderen Ort geben, in dem Sie das Betriebssystem mit weiteren Funktionen anreichern können. Dazu ist der Ordner *Library* gedacht. Anwender, die über administrative Rechte verfügen, können über den Ordner *Library* auf dem Rechner zum Beispiel neue Druckertreiber, Scannertreiber, aber auch neue Software installieren, wie zum Beispiel Microsoft Office, Adobes Creative Cloud usw. Bei der Installation von zusätzlichen Komponenten wird also der Ordner *Library* mit weiteren Daten und Informationen gefüttert. Er ist für nicht administrative Benutzer mit einem Schreibschutz versehen. Das heißt, ein Anwender, der keine administrativen Befugnisse hat, darf im Ordner *Library* keine Änderungen vornehmen. Nur Administratoren haben die Möglichkeit, Komponenten zu installieren bzw. zu entfernen.

Programme

Wie der Name schon sagt, ist der Ordner *Programme* die zentrale Ablagestelle, um die Applikationen (Programme) auf Ihrem Rechner zu beherbergen. Der Ordner *Programme* kann dabei auch zusätzlich installierte Unterordner enthalten, wie zum Beispiel den Unterordner *Adobe Photoshop CC 2019*. Aber auch Apple selbst liefert Unterordner aus, wie zum Beispiel den *Dienstprogramme*-Ordner. In der Summe kann also auch hier jemand, der administrativ an dem Rechner arbeiten darf, Programme installieren, updaten oder deinstallieren. Für die normalen Anwender ohne administrative Rechte ist der Ordner *Programme* nur für den Lesezugriff freigeschaltet, das heißt, sie können standardmäßig alle Programme im Ordner starten und verwenden.

Benutzer

Der Ordner *Benutzer:innen* enthält für jeden Anwender, der auf diesem Computer einen Account besitzt, seinen *Benutzerordner* (Homeverzeichnis).

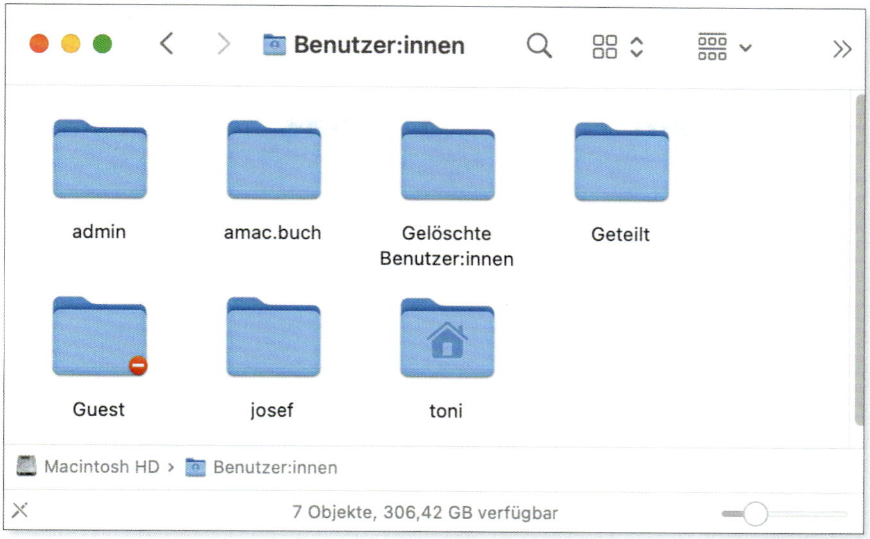

Hier sehen Sie den Ordnerinhalt von Benutzer:innen.

Sie sehen, ich bin in diesem Fall als Benutzer *toni* angemeldet. Das Häuschensymbol innerhalb des Benutzerordners gibt mir visuell die Rückmeldung. Außerdem gibt es noch weitere Benutzer wie z. B. *josef* und *amac:buch*, und für den Austausch zwischen den verschiedenen Benutzern den Ordner *Geteilt*, auf den jeder Anwender zugreifen kann, um so zwischen den Benutzeraccounts Daten auszutauschen. Und innerhalb des *Benutzer*-Ordners bekommen also alle Anwender die Unterordner, die wir vorhin besprochen haben.

Darstellung von Ordnerinhalten

Kommen wir noch einmal zurück zum *Benutzerordner*, in dem ja standardmäßig Unterordner für die alltägliche Arbeit zur Verfügung stehen.

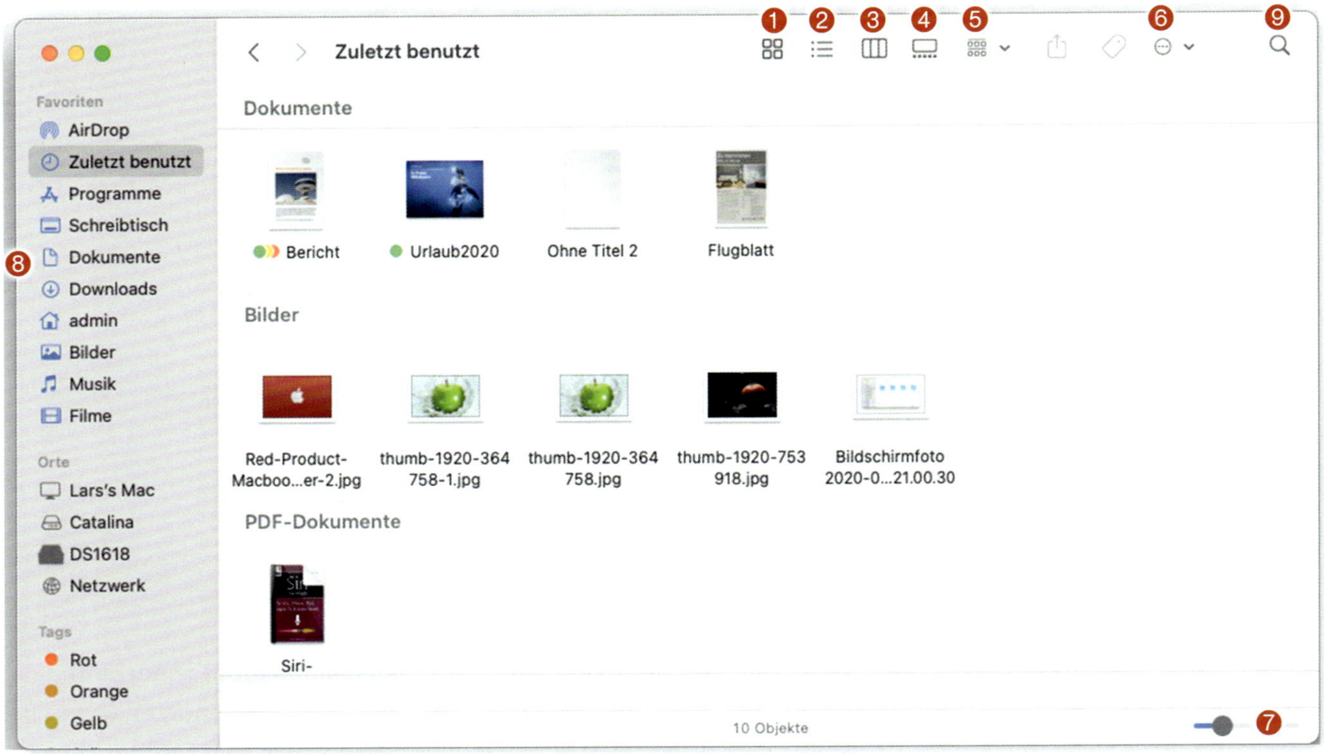

Benutzerordner in Symboldarstellung.

Die Darstellung bzw. die Ansicht der Ordner und auch deren Inhalte, also Dateien, Ordner und deren Unterordner, kann Ihren Bedürfnissen entsprechend angepasst werden. Wenn Sie das Bildschirmfoto betrachten, sehen Sie, dass das Ordnerarrangement innerhalb des Benutzerordners derzeit in der *Symboldarstellung* ❶ stattfindet. Die Symboldarstellung kann über den Schieberegler im rechten unteren Eck ❼ von der Größe her verändert werden. Sie können damit stufenlos zwischen einer sehr kleinen und einer sehr detaillierten Darstellung wechseln. Besonders interessant ist natürlich der Schieberegler für die Symbolgrößendarstellung, wenn es sich um den Inhalt von Dateien handelt.

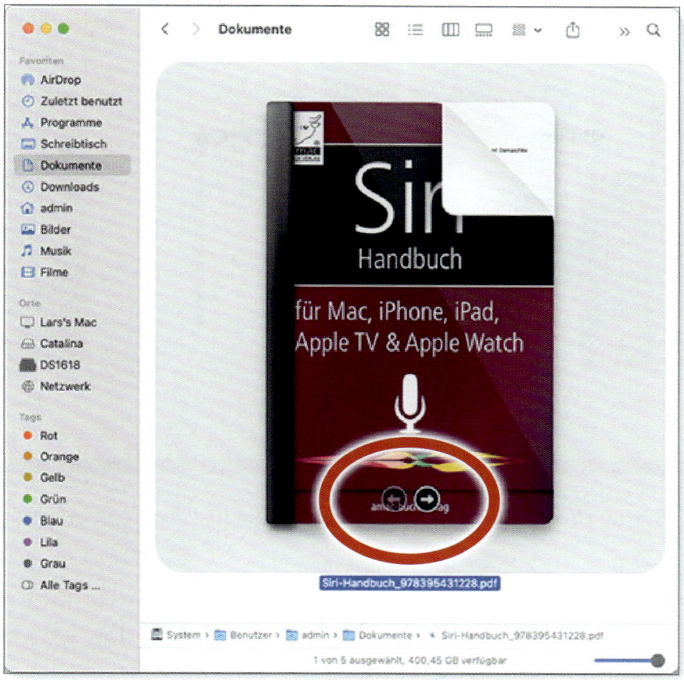

Große Symbole zeigen den Dateiinhalt an.

In dem Bildschirmfoto sehen Sie eine PDF-Datei aus dem Ordner *Dokumente*. Über die Vergrößerung der Symbole bekommen Sie einen sehr guten Eindruck davon, was denn in der Datei enthalten ist. Und wenn Sie noch genauer hinsehen, erkennen Sie weiße Pfeile in einem schwarzen Kreis, mit denen Sie durch das mehrseitige PDF-Dokument blättern können.

Aber die *Symboldarstellung* ist nicht die einzige Darstellungsvariante, die Ihnen das Apple-Betriebssystem anbietet. Über die Tastenkombination *cmd + 2* gelangen Sie zur *Listendarstellung* ❷. Rechts daneben finden Sie mit *cmd + 3* die *Spaltendarstellung* ❸ und daneben noch die *Galerie-Darstellung* ❹ (Kurzbefehl: *cmd + 4*).

Wollen Sie wieder zur *Symboldarstellung* zurückkehren, verwenden Sie entweder im Menüpunkt *Darstellung* den dazugehörigen Eintrag oder aber Sie drücken *cmd + 1*. Wir werden nachfolgend die einzelnen Einstellungen noch etwas genauer unter die Lupe nehmen.

Sicher haben Sie bereits das *runde Symbol mit den drei Punkten* ❻ gesehen, das für das Aktionenmenü steht. Dieses Symbol ist nichts anderes als die Verwendung der rechten Maustaste. Das heißt: Die rechte Maustaste könnten Sie ja über die *Systemeinstellungen* sowohl der Maus als auch dem Trackpad zuordnen. Alternativ können Sie die Funktion der rechten Maustaste mit einem Mausklick und gedrückter *ctrl*-Taste aufrufen. Ist Ihnen das alles zu lästig, klicken Sie einfach ein Element Ihrer Wahl an und wählen danach das Dreipunktsymbol aus, um so ebenfalls die Kontextfunktionen für dieses Element zu erhalten.

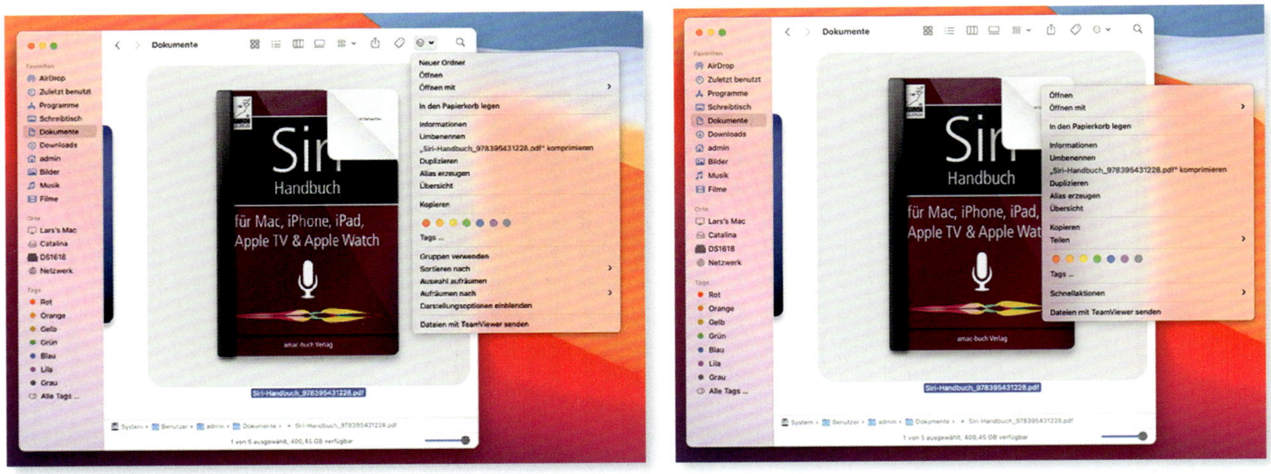

Der Aktion-Button (links) bringt ähnliche Funktionen wie die rechte Maustaste (rechts).

Wie Sie anhand der beiden Bildschirmfotos sehen, ist das Zahnradsymbol (*Aktion*) von der Funktionalität her quasi mit der rechten Maustaste identisch. In beiden Fällen wurde die Datei markiert und danach das Kontextmenü geöffnet.

Des Weiteren erscheint in der Symbolleiste rechts daneben noch das *Suchfeld* ❾, mit dem Sie eine Spotlight-Suche durchführen können. Und zu guter Letzt finden Sie in der Symbolleiste noch den Button ❺. Dieser ermöglicht es Ihnen, verschiedene Arten der Gruppierung anzuwenden, unabhängig davon, in welcher Darstellungsweise Sie sich aktuell befinden. Möglich sind hierbei folgende Gruppierungen:

- Name
- Art
- Programm
- Zuletzt geöffnet
- Hinzugefügt am
- Erstellungsdatum
- Änderungsdatum
- Größe
- Tags
- Ohne.

Darstellungsarten und Gruppierungen

Lassen Sie uns nun diese verschiedenen Darstellungsmethoden noch etwas genauer unter die Lupe nehmen. Am besten ist es, dazu im Bereich *Favoriten* ❽ den Eintrag *Zuletzt benutzt* zu verwenden. Wie Sie ja bereits wissen, finden Sie in Ihrem Benutzerordner eine Reihe von Unterordnern. Der Eintrag *Zuletzt benutzt* listet Ihnen Ihre Dateien auf, unabhängig davon, in welchem Unterordner sich diese befinden.

In Wahrheit ist der Eintrag **Zuletzt benutzt** eigentlich eine Spotlight-Suche, die nichts anderes tut, als alle Dokumente, die sich innerhalb Ihres Benutzerordners befinden, unter dem Eintrag **Zuletzt benutzt** zusammengefasst darzustellen. Wie man eine derartige Spotlight-Suche erstellt und ablegt, werden wir uns später noch genauer ansehen.

Wieder zurück zu den Darstellungsvarianten: Wählen Sie im Eintrag *Zuletzt benutzt* die *Symboldarstellung* (*cmd + 1*) und als Sortierkriterium (*Gruppierung nach*) verwenden Sie beispielsweise die Eigenschaft *Erstellungsdatum* und aktivieren Sie *Gruppen verwenden*. Sie erhalten dann eine Darstellung ähnlich der im Bildschirmfoto.

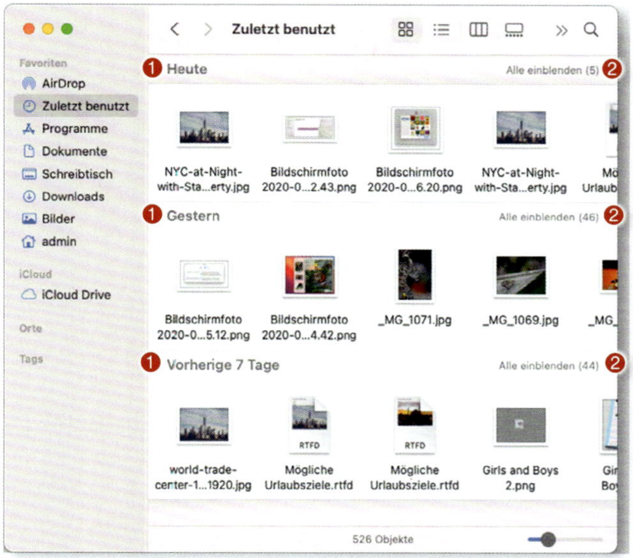

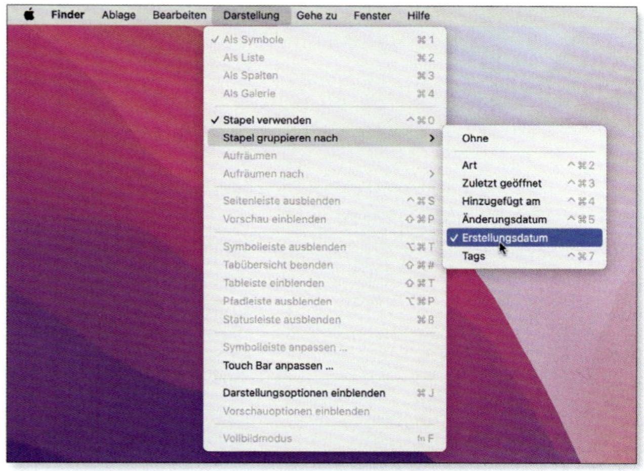

„Zuletzt benutzt" in der Symbolansicht, nach Erstellungsdatum sortiert und zusätzlich gruppiert („Darstellung –> Gruppen verwenden")

Sobald Sie unter **Darstellung** die Funktion **Gruppe verwenden** aktivieren, wird der darunterliegende Menüpunkt zu **Gruppieren nach**. Wird **Gruppe verwenden** nicht genutzt, so heisst der Eintrag **Sortieren nach**.

Sie erhalten also die nach Datum gruppierten Dateien, unabhängig davon, wo sie sich innerhalb Ihres Benutzerordners befinden. Getrennt nach *Heute*, *Vorherige 7 Tage* etc. ❶ erscheinen die Dateien in der jeweiligen Zeile aufgelistet. Wenn Sie genau hinsehen, erkennen Sie bei allen Kategorien, dass auf der rechten Seite weitere Dateien existieren. Sie sehen in unserem Beispiel: Im Bereich *Heute* gibt es aktuell 5 Dateien, bei *Gestern* hingegen 46 Dateien. Klicken Sie auf den Eintrag *Alle einblenden* ❷, werden alle

Dateien untereinander gruppiert dargestellt. Möchten Sie aber die zeilenweise Anordnung haben, wechseln Sie über *Weniger einblenden* wieder zurück zur Zeilendarstellung und können nun mit zwei Fingern über das Trackpad nach links und rechts wischen, um die weiteren Dateien zum Vorschein zu bringen. Ähnlich funktioniert es natürlich auch bei den anderen Einträgen, wie beispielsweise bei *Vorherige 7 Tage*, wo derzeit 44 Dateien enthalten sind.

Ändern Sie das Darstellungs- und Sortierkriterium (*Gruppieren nach*) auf *Programm*, werden die Dateien nach Programmen sortiert dargestellt und aufgelistet.

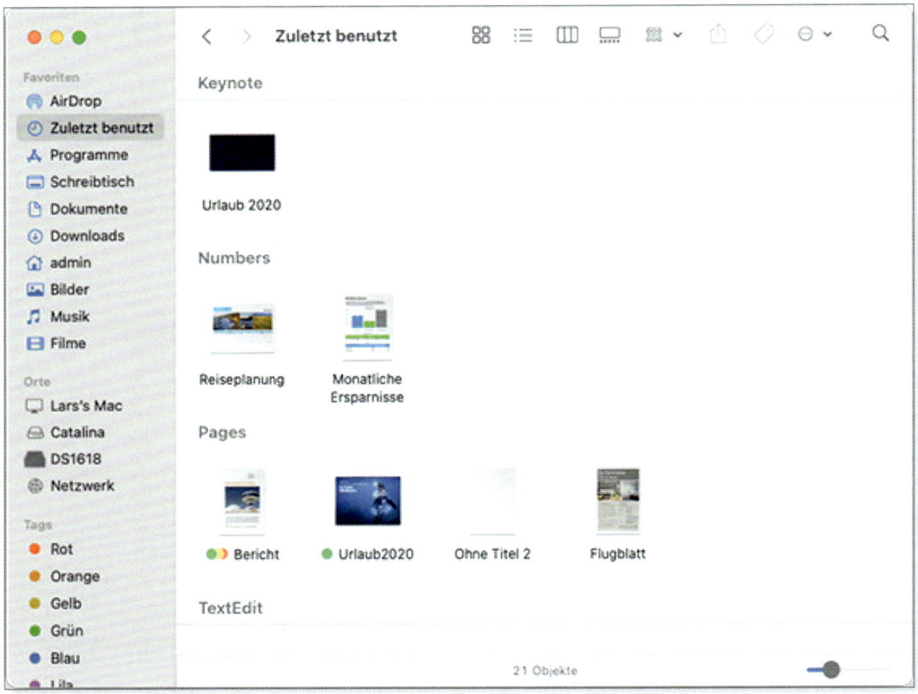

Dateien nach „Programm" gruppiert.

Diese Gruppierung bleibt übrigens auch erhalten, wenn Sie die Darstellung ändern. Sie sehen anhand des Bildschirmfotos die gleiche Gruppierung, diesmal aber in der Listendarstellung:

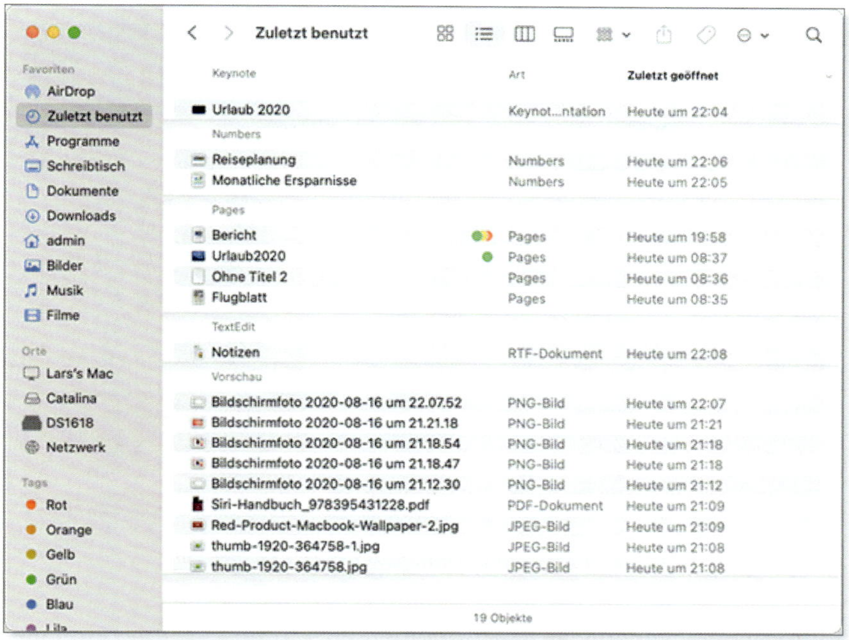

Dateien in der Listendarstellung, nach Programm sortiert.

Übersicht und Vorschauspalte

Wir werden im nächsten Kapitel die Funktion *Übersicht* detaillierter besprechen. Aber an dieser Stelle kann ich es mir nicht verkneifen, sie schon einmal zum Einsatz zu bringen. Die Symboldarstellung hat ja im Vergleich zur Listendarstellung zumindest noch einen kleinen Einblick in die Datei gegeben. In der Listendarstellung hingegen sind die Icons im Regelfall zu klein, um zu erkennen, was sich tatsächlich hinter der jeweiligen Datei verbirgt. Möchten Sie dennoch einen kurzen Blick in eine Datei werfen, markieren Sie sie und verwenden danach die *Leertaste*, um das *Quick-Look*-Fenster zum Vorschein zu bringen.

Wie der Name schon sagt, haben Sie damit eine einfache Möglichkeit, um rasch in eine Datei hineinzusehen, ohne die Datei tatsächlich öffnen zu müssen.

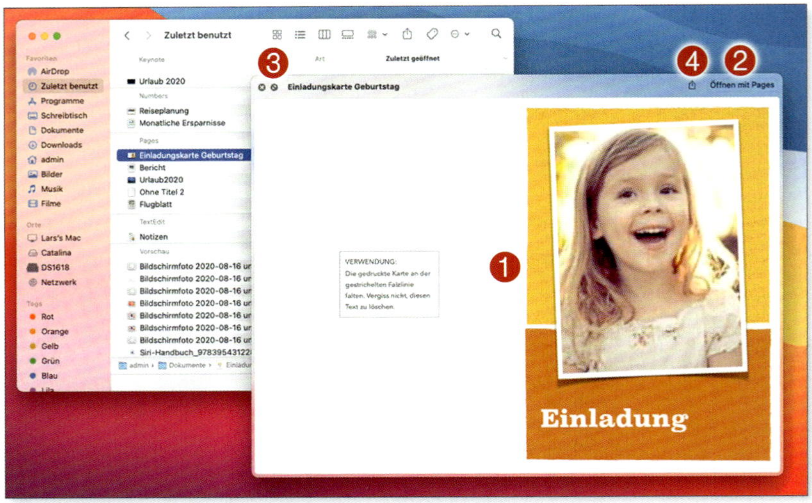

Übersicht in die Datei „Einladungskarte Geburtstag".

Sie erhalten damit ein neues Fenster ❶, das Ihnen einen Einblick in die Datei gewährt. In unserem Beispiel schauen wir in ein Pages-Dokument. Und Sie sehen im *Quick-Look*-Fenster rechts oben auch direkt die Möglichkeiten, über *Öffnen mit Pages* ❷ diese Datei nun regulär mit Pages zu öffnen oder im Vollbildmodus zu betrachten ❸. Aber zur Quick-Look-Funktionalität später mehr.

Wenn Sie das Quick-Look-Fenster wieder verschwinden lassen wollen, drücken Sie erneut die *Leertaste* oder verwenden das *x* links oben. Und im Quick-Look-Fenster steht ebenfalls das *Teilen*-Feld ❹ zur Verfügung, um die Datei per E-Mail, Nachrichten oder AirDrop rasch weitergeben zu können.

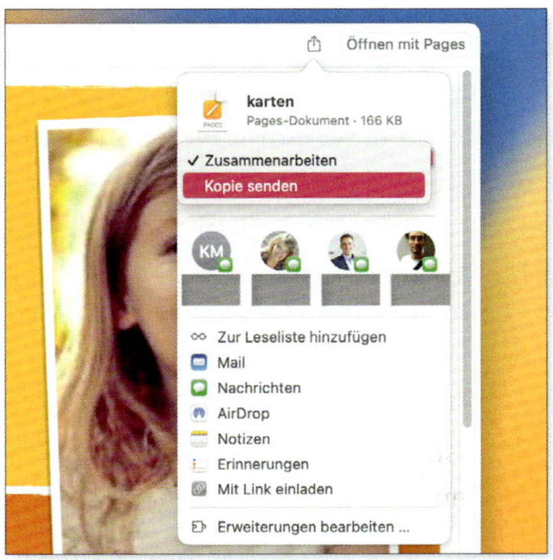

Das Quick-Look-Fenster hat ebenfalls ein „Teilen-Feld.

Bevor wir uns die einzelnen Darstellungsvarianten genauer ansehen, noch abschließend ein Bildschirmfoto, wie sich das Fenster darstellt, wenn nach Programmen gruppiert wird und die *Spaltenansicht* verwendet wird.

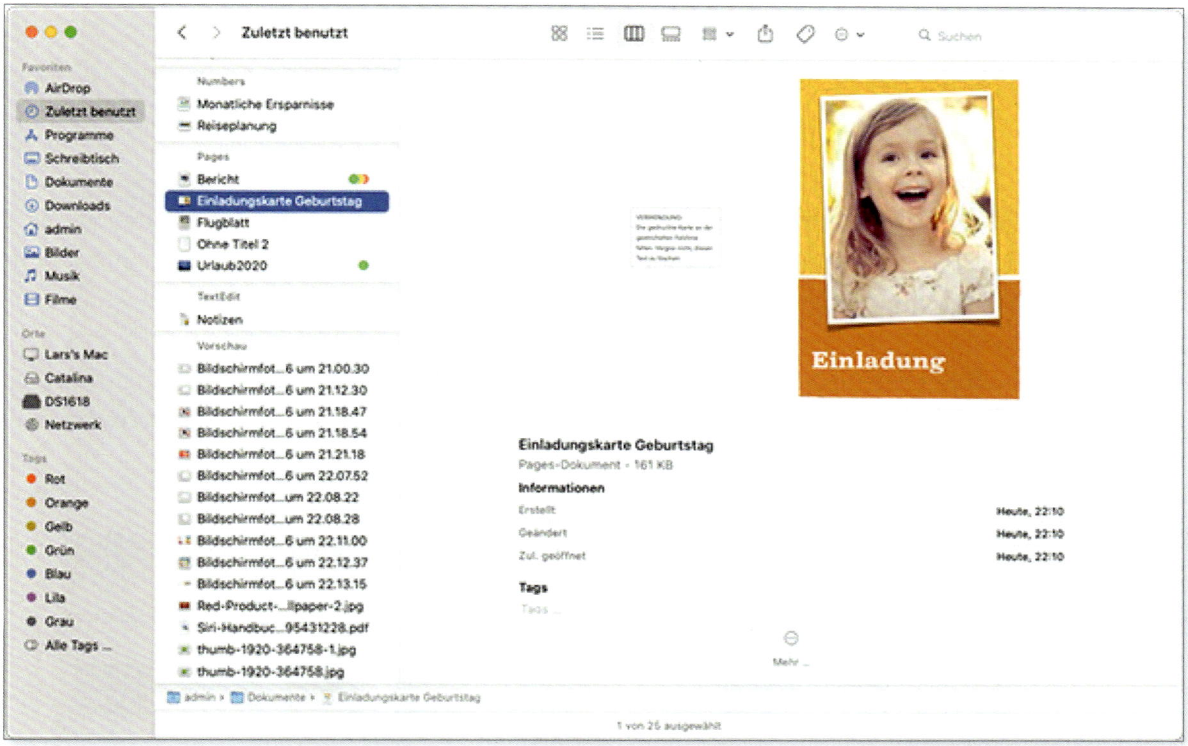

Gruppiert nach Programmen in der Darstellung „Spaltenansicht" inklusive der Vorschauspalte („Darstellung –> Vorschau einblenden").

> **!** Für die Galerie-Ansicht gibt es keine Gruppierungsfunktion.

Als Symbol

Wie bereits vorhin besprochen, bietet die Symboldarstellung die Eigenschaft, über den Schieberegler im rechten unteren Eck des Finder-Fensters die Größe der Icons Ihren Bedürfnissen entsprechend anzupassen. Besonders interessant ist es, wenn Sie den Regler weit nach rechts schieben, um eine besonders starke Vergrößerung der Dateiinhalte zu sehen.

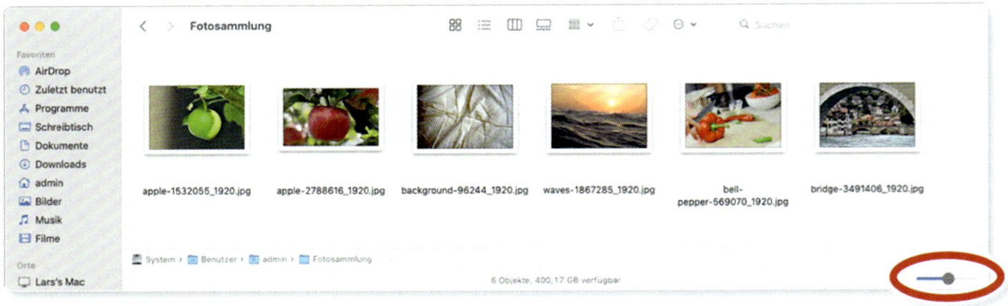

Symboldarstellung.

Wie Sie anhand des Bildschirmfotos sehen, können Sie den Inhalt vieler Dateien auf den ersten Blick erkennen. Ohne die Datei per Doppelklick öffnen oder das Quick-Look-Fenster aufrufen zu müssen, sehen Sie den Dateiinhalt und können erkennen, ob es sich um die Datei handelt, mit der Sie weiterarbeiten möchten.

Wenn Sie die Symboldarstellung nach dem Kriterium *Ohne* sortieren, kann es notwendig sein, dass Sie über den Menüpunkt *Darstellung –> Aufräumen* die Symbole in ein ordentliches Raster bringen.

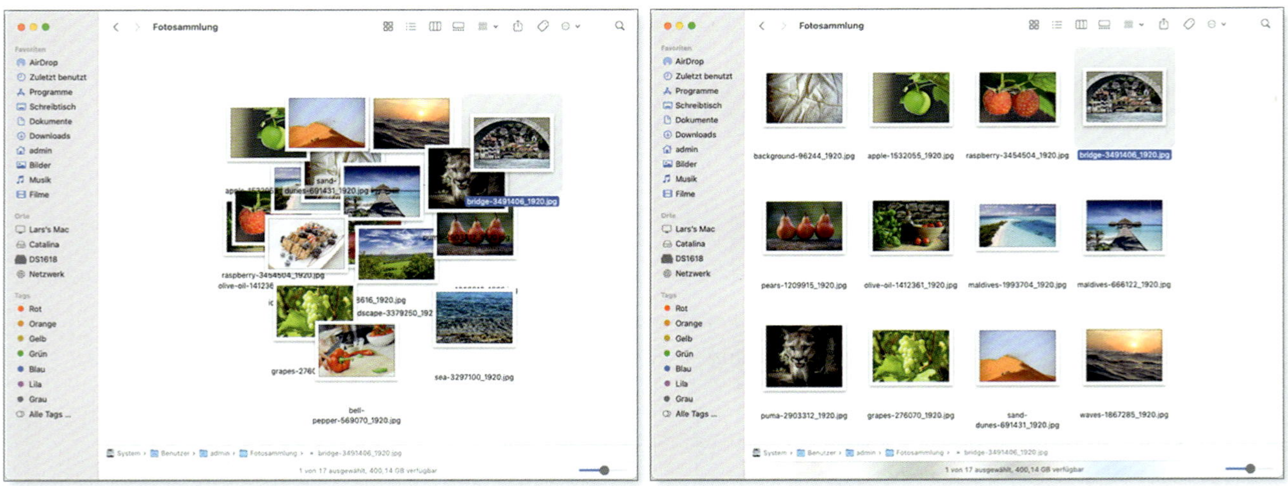

Darstellung –> Aufräumen.

> **!** Sie können Ihrem Fenster in der Symboldarstellung noch einige periphere Eigenschaften zuordnen. Achtung: Das funktioniert nur teilweise bei **Zuletzt benutzt**. Wenn Sie hingegen in einem Ordner wie **Dokumente** die Symboldarstellung aktivieren, können Sie über den Menüpunkt **Darstellung** die **Darstellungsoptionen** einblenden oder mit **cmd + J** beispielsweise die **Symbolgröße** oder den **Gitterabstand** ändern und – was möglicherweise besonders interessant ist – im Bereich **Hintergrund** dem Fenster in Symboldarstellung eine Hintergrundfarbe oder auch ein Hintergrundbild zuordnen.

Darstellungsoptionen für die Symboldarstellung.

Als Liste

Ebenso verhält es sich in der Listendarstellung. Auch dort können Sie entscheiden, welche Daten in der Anzeige zum Vorschein kommen. Über die *Darstellungsoptionen* (*cmd + J*) können Sie weitere Eigenschaften wie *Änderungsdatum*, *Erstellungsdatum*, *Größe*, *Tags* etc. ❶ in die Listendarstellung integrieren.

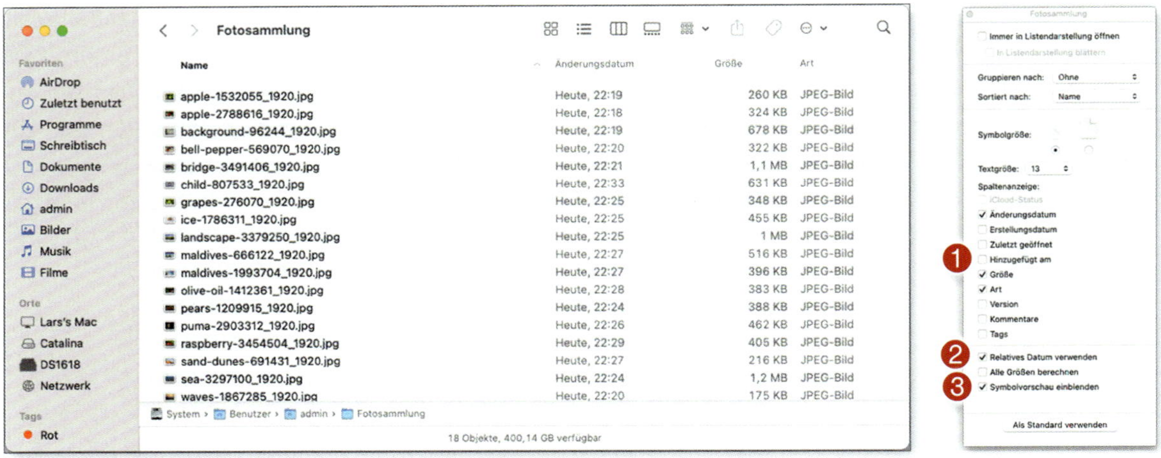

Listendarstellung ändern.

Des Weiteren steht die Funktion *Relatives Datum verwenden* ❷ zur Auswahl. Sie sehen im Bildschirmfoto weiter hinten bei *Zuletzt geöffnet* bei den Datumseinträgen Begriffe wie *Heute* oder *Gestern*. Nachdem Ihr Rechner ja weiß, welches Datum wir heute schreiben, wird er also den heute erstellten oder bearbeiteten Dateien diese Eigenschaft zuordnen, sofern Sie diese Funktion aktiviert haben. Und über *Symbolvorschau einblenden* ❸ erhalten Sie auch in der Listendarstellung ganz links miniaturisierte Voransichten der Dateiinhalte. Wenn Sie dieses Häkchen wegnehmen, werden die Standardsymbole für PDF-Dateien, Office-Dateien usw. verwendet und Sie erhalten keinen optischen Eindruck vom Dateiinhalt.

In der Listendarstellung ist die Gruppierung natürlich besonders sinnvoll. Wählen Sie bei den *Gruppierungen* in der Symbolleiste die Art der Gruppierung aus.

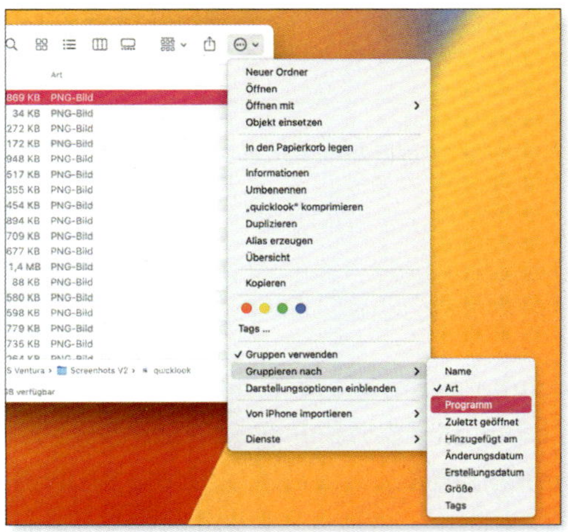

Auswahl der Gruppierung bzw. Sortierung.

Interessant ist die Darstellung für die Gruppierung **Ohne**, denn dann ändert sich die Listendarstellung und Sie erhalten neue Möglichkeiten. Bei der Einstellung **Ohne** verwandeln sich also die Spaltenköpfe der Liste so, dass sie anzeigen, nach welchem Kriterium sortiert ist. Sie sehen anhand des Pfeilsymbols Ⓐ im Bildschirmfoto, dass derzeit nach dem Begriff **Name** sortiert ist. Um nun z. B. nach **Art** zu sortieren, müssen Sie nur auf den entsprechenden Spaltenkopf klicken.

Liste nach Name sortiert.

Des Weiteren ist neben dem Begriff *Name* am rechten Ende der Spalte einen kleinen Pfeil, der nach oben zeigt Ⓐ. Damit ist gekennzeichnet, dass jetzt alphabetisch aufsteigend sortiert wird. Um die Reihenfolge umzudrehen, genügt es, wenn Sie auf den Pfeil klicken. Nachdem die Listendarstellung verschiedene Spalten hat, in denen die entsprechenden Informationen angezeigt werden, kann über die *Trennlinie* Ⓑ die Breite der Spalten verändert werden. Und auch das ist möglich: Sie können die Reihenfolge der Spalten modifizieren. Klicken Sie mit der Maus zum Beispiel den Begriff *Art* Ⓒ an und ziehen Sie ihn an eine andere Stelle. Sofort werden die Spalten vertauscht und Sie haben eine neue Anordnung in Ihrer Listenansicht erreicht. Wenn Sie nun wieder ein anderes Sortierkriterium auswählen, bleibt diese Darstellung erhalten. Das heißt, wenn Sie die Darstellung der Listenansicht ändern möchten, müssen Sie zunächst auf die Gruppierung *Ohne* umschalten, die Änderungen vornehmen und sie danach wirksam werden lassen.

Besonders bei Listen kann es interessant sein, relativ zügig an eine bestimmte Stelle der Liste zu springen. Wie bereits vorhin erwähnt, können Sie durch die Eingabe der ersten zwei oder drei Buchstaben eines Datei-, Programm- oder Ordnernamens ein ganz bestimmtes Element in der Liste schnell anspringen. Um schnell an den Anfang oder das Ende der Liste zu gelangen, verwenden Sie die **alt**-Taste und die **Pfeiltaste nach oben** oder **unten**.

Spaltendarstellung

Die Spaltendarstellung ist eine enorm effektive Funktion, wenn Sie durch umfangreiche Ordnerstrukturen navigieren müssen.

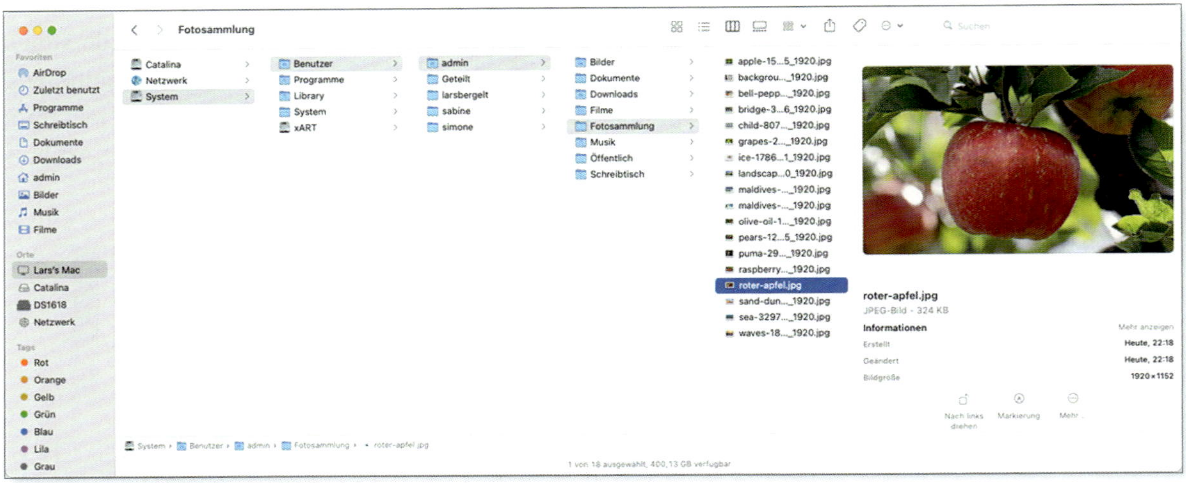

Spaltendarstellung.

Sie sehen anhand des Bildschirmfotos in der Spaltendarstellung fünf Ordner auf einen Blick. Wie Sie anhand der Struktur erkennen, befinde ich mich innerhalb der *System* im Benutzerordners und dort wiederum im Ordner *admin*, um unter *Fotosammlung* die Datei *roter-apfel.jpg* anzusehen. Und diese Datei wird in der ganz rechten Spalte auch noch als Vorschau mit einigen wesentlichen Informationen dargestellt. Sie können auf diese Vorschau doppelklicken, um die Datei zu öffnen.

Der Vorteil der Spaltendarstellung ist nun folgender: Wenn Sie an einem Ablagepunkt angekommen sind und erkennen, dass die gesuchte Datei hier nicht vorliegt – Sie hätten nämlich statt des Ordners *Downloads* den *Schreibtisch* verwenden müssen –, wählen Sie einfach in der vierten Spalte den Ordner *Schreibtisch* an. Schon haben Sie Einblick in die Daten, die sich im Ordner *Schreibtisch* befinden.

> **!** Besonders für diejenigen Anwender, die in Netzwerkumgebungen mit Dateien auf einem Server arbeiten müssen, hat sich die Spaltendarstellung als sehr effiziente Möglichkeit herausgestellt, in den Untiefen eines Servers Dateien ausfindig zu machen.

Jede Spalte in der Spaltendarstellung hat eine bestimmte Breite. Sie können mit der Maus im unteren Berich auf die Trennlinie zwischen den Spalten zeigen und diese verschieben, um die Breite einer Spalte zu ändern. Halten Sie dabei die *alt*-Taste gedrückt, bekommen alle Spalten gleichzeitig die ausgewählte Spaltenbreite. Es kann durchaus sein, dass ab und an ein Elementname zu lang für die Breite der Spalte ist. Auch das ist kein Problem: Sobald Sie mit dem Mauszeiger auf den Eintrag fahren, erscheint nach kurzer Zeit ein gelbes Hinweisfenster, das Ihnen den kompletten Dateinamen anzeigt.

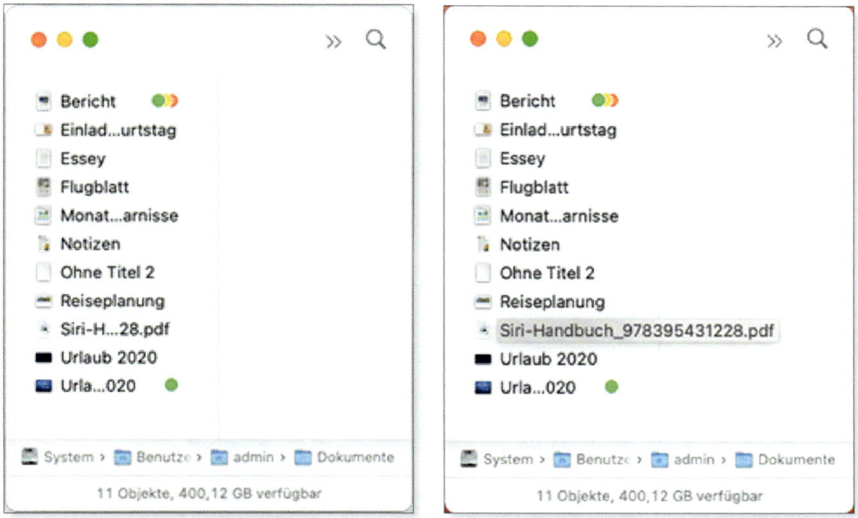

! Wenn Sie in der Spaltendarstellung effizient navigieren wollen, verwenden Sie die Pfeiltasten auf Ihrer Tastatur. Mit den Tasten **Pfeil nach links** und **Pfeil nach rechts** wechseln Sie die Spalte und mit den Tasten **Pfeil nach oben** und **Pfeil nach unten** können Sie in der jeweiligen Spalte andere Einträge auswählen.

Galeriedarstellung

Die *Galeriedarstellung* ist eine Neuerung seit macOS Mojave und bietet besonders bei der Anzeige von Fotos einige Vorteile. Wenn Sie die Galeriedarstellung aktivieren, dann wird das Fenster in drei Bereiche unterteilt. Im Hauptbereich ❶ wird eine Vorschau der aktuellen Datei angezeigt. Der Inhalt des aktuellen Ordners wird in einer eigenen Leiste im unteren Bereich angezeigt ❷. Und auf der rechten Seite ist die Vorschauspalte ❸, die neben den normalen Infos auch Metadaten von Fotos anzeigt.

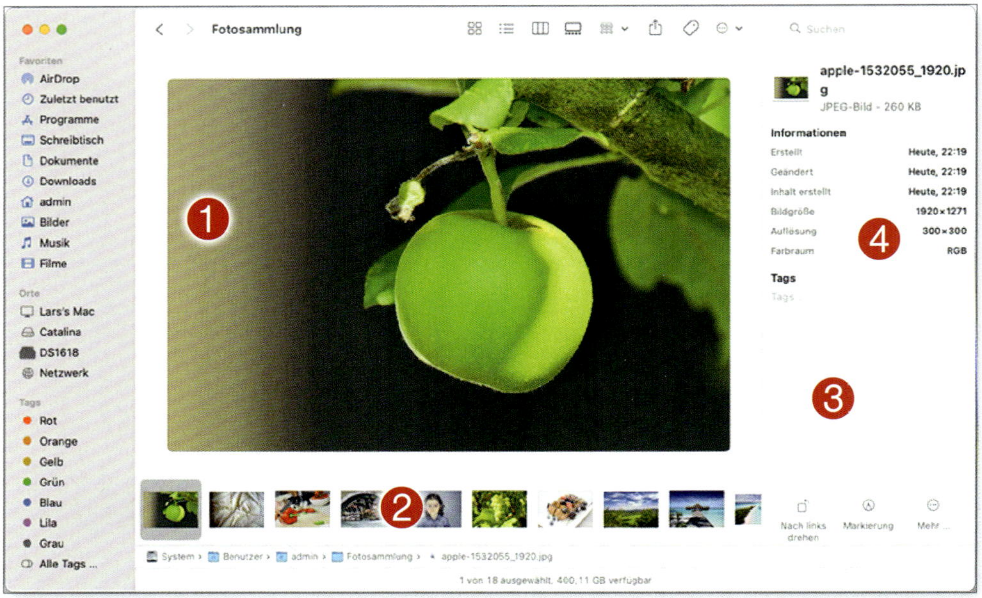

In der „Galeriedarstellung" wird das Fenster in drei Bereiche unterteilt.

Um nun im Hauptbereich ❶ die Vorschau einer anderen Datei zu erhalten, müssen Sie nur in der unteren Bildleiste ❷ eine andere Datei anklicken. Sie können auch die *Pfeiltasten* auf der Tastatur nutzen, um nach rechts und links die Dateien zu wechseln.

Die Vorschauspalte ❸ enthält die Dateiinformationen, die besonders bei Fotos noch mit Metadaten angereichert sein können. Welche Metadaten in der Spalte angezeigt werden, können Sie selber festlegen. Wenn Sie unter Menü *Darstellung* die Funktion *Vorschauoptionen einblenden (cmd + /)* auswählen, öffnet sich ein Fenster in dem Sie auswählen können, welche Informationen angezeigt werden sollen. Besonders Fotografen dürften sich über die Funktionen freuen, da man bisher für die Metadaten entweder das Informationenfenster öffnen oder ein Programm wie z. B. Adobe Lightroom starten musste.

> **!** Für jede Dateiart gibt es andere Anzeigeoptionen für die Vorschauspalte. Bei Fotos gibt es die meiste Auswahlmöglichkeit, während bei PDF-Dateien wesentlich weniger Metadaten eingeblendet werden können.

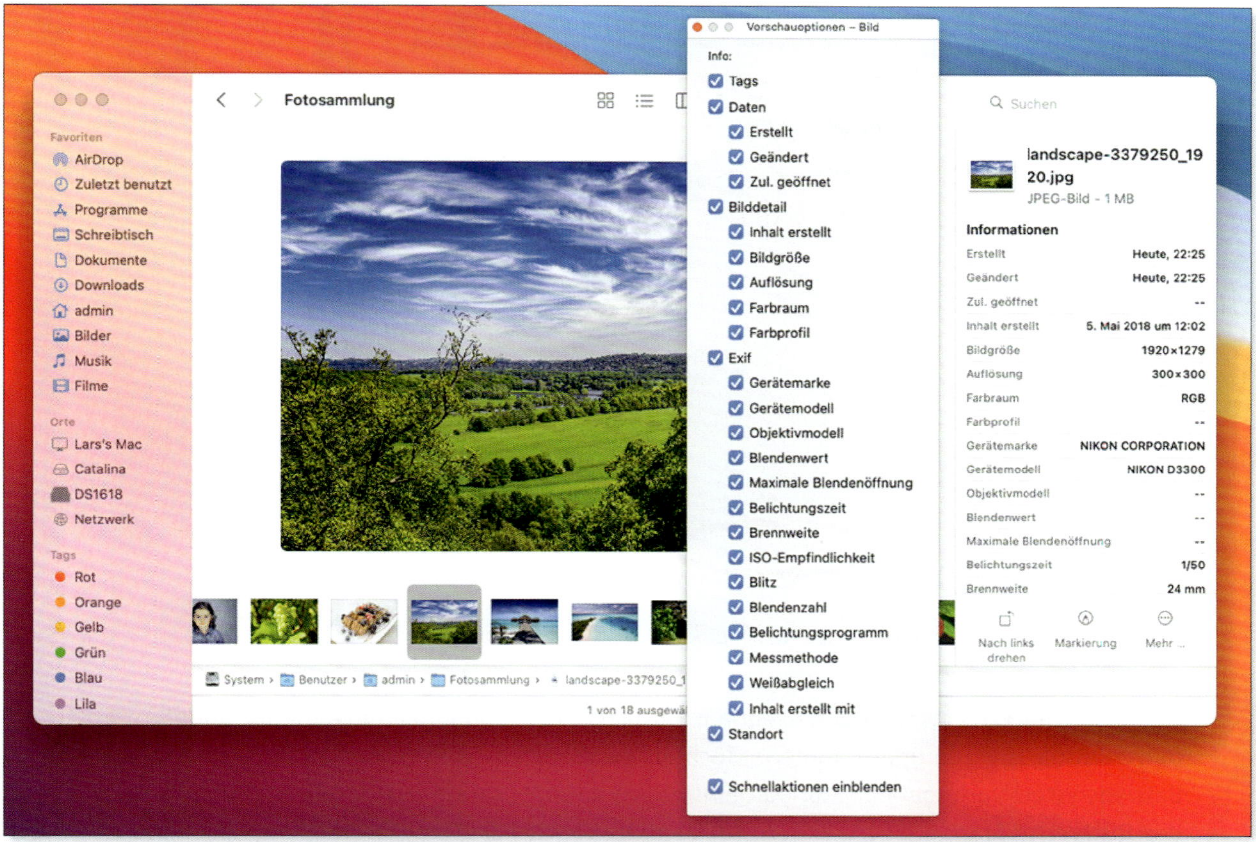

In den „Vorschauoptionen“ können Sie auswählen, welche Metadaten in der Vorschauspalte angezeigt werden.

> **!** Wenn Sie die Größe der Symbole in der Bildleiste ändern wollen, dann öffnen Sie die **Darstellungsoptionen (cmd + J)**. Dort können Sie zwischen drei verschiedenen Symbolgrößen wählen.

Damit haben wir nun alle vier Darstellungsvarianten besprochen. Noch einmal die Erinnerung daran, dass Sie über den Menüpunkt *Darstellung –> Darstellungsoptionen einblenden* den vier verschiedenen Darstellungsarten noch verschiedene Parameter mit auf den Weg geben können. Dabei ist ein kleines Detail beachtenswert: Nehmen Sie hierbei bitte nicht den Favoriten *Zuletzt benutzt*, sondern verwenden Sie beispielsweise den Ordner *Dokumente*. Wenn Sie nun im Ordner *Dokumente* die Darstellungsoptionen einblenden, können Sie für diesen Ordner fixe Einstellungen vornehmen, wie die Spalten-, Symbol-, Listen- oder Galerie-Darstellung für den Ordner *Dokumente* aussehen soll. Haben Sie Änderungen vorgenommen und möchten nun, dass die jeweilige Darstellung nicht nur im *Dokumente*-Ordner, sondern in allen anderen Ordnern in der gewählten Darstellungsvariante identisch aussieht, finden Sie am unteren Rand die Eigenschaft *Als Standard verwenden*.

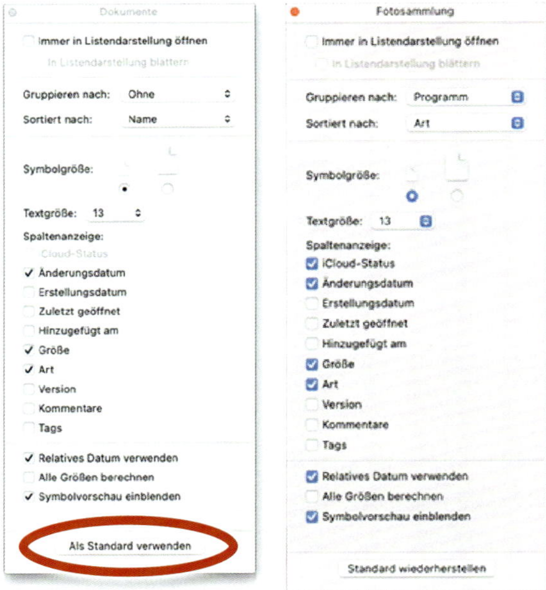

„Als Standard verwenden" (links) und „Standard wiederherstellen" (rechts).

> **!** Damit werden die Einstellungen – hier am Beispiel der Listendarstellung – für alle anderen Fenster in der Listendarstellung übernommen. Möchten Sie zu einem späteren Zeitpunkt wieder auf die vom Betriebssystem vorgegebene Standardeinstellung zurückschalten, wählen Sie mit gedrückter **alt**-Taste den Button **Als Standard verwenden** aus. Daraufhin wird dieser umgewandelt in den Begriff **Standard wiederherstellen** und überschreibt Ihre individuellen Ansichtspräferenzen mit den Standardvarianten des Betriebssystems.

Noch eine Kleinigkeit am Rande: Sicher haben Sie in den Darstellungsoptionen den Eintrag *In Listendarstellung blättern* schon bemerkt. Das bedeutet ganz einfach, dass auch beim Öffnen von Unterordnern die Listendarstellung verwendet wird. Die gleiche Funktion gibt es ebenso in den anderen Darstellungsvarianten *Symbol*, *Galerie* und *Spalten*.

Vorschauspalte

Aus der Spaltenansicht eines Finder-Fensters ist Ihnen vielleicht die letzte Spalte, die Vorschauspalte, bekannt. Wenn man eine Datei markiert, wird in der Vorschauspalte der Inhalt angezeigt. Diese Vorschaufunktion gibt es auch für die anderen Darstellungsarten. Wenn Sie im Menü *Darstellung* die Funktion *Vorschau einblenden* (*cmd* + *Shift* + *P*) aktivieren, haben Sie z. B. in der Listenansicht auf der rechten Seite die Vorschauspalte. Wenn Sie nun eine Datei auswählen, wird Ihnen dort der Inhalt angezeigt. Das funktioniert nicht nur mit Bildern, sondern auch mit PDF-Dateien, Office-Dateien und sogar mit Audio- und Videodateien. In der Vorschauspalte können Sie dann direkt den Film abspielen. Bei PDFs oder Office-Dateien können Sie sogar durch die Seiten blättern.

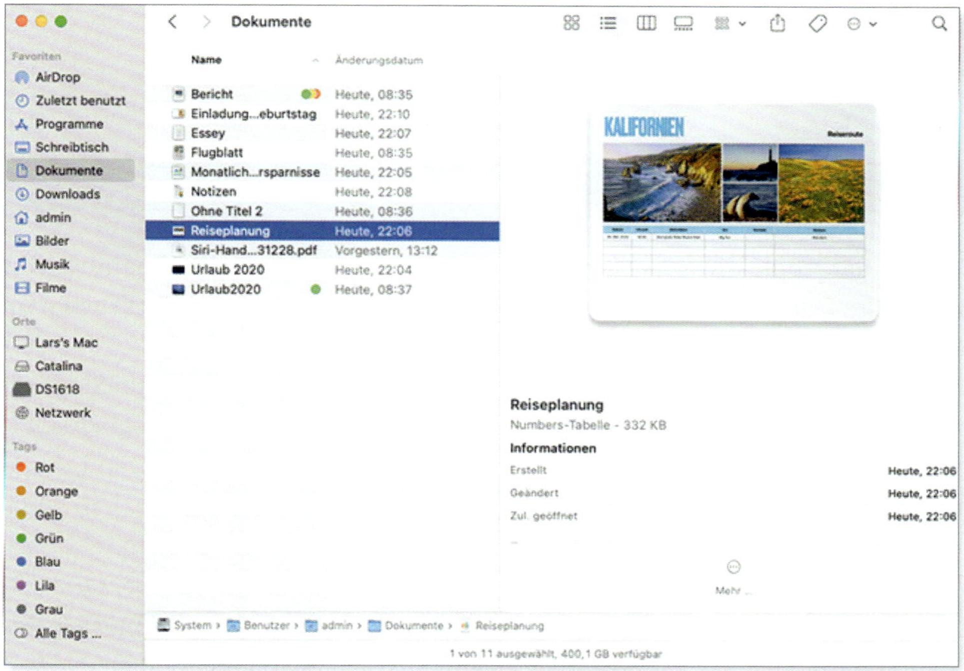

Die Vorschauspalte gibt es für alle Darstellungsarten des Finder-Fensters.

> **!** Vergessen Sie nicht, dass Sie über die **Vorschauoptionen (cmd + /)** selber entscheiden können, welche Informationen in der Vorschauspalte aufgelistet werden (siehe vorherigen Abschnitt).

▶I Alle Darstellungsoptionen des Finders im Überblick 06_03

http://macos2023.amac-buch.de/#06_03

Wer mit vielen Dateien arbeiten muss, der findet im Finder im Menüpunkt **Darstellung** eine Fülle pfiffiger Funktionen. In diesem Video sehen Sie, wie man damit elegant umgehen kann.

Schnellaktionen

Seit macOS Mojave hat Apple die *Schnellaktionen* eingeführt, mit deren Hilfe man bestimmte Aktionen sofort auf ausgewählte Dateien bzw. Ordner ausführen kann. Dadurch wird für Dateien und Ordner die Funktion *Dienste* ersetzt bzw. erweitert, die es schon sehr lange für macOS gibt.

Was können nun die Schnellaktionen? Das hängt davon ab, welche Art von Datei Sie ausgewählt haben. Bei einer ausgewählten PDF-Datei haben Sie mit den Schnellaktionen nur die Möglichkeit Markierungen hinzuzufügen (siehe Kapitel 4 ab Seite 115). Wenn Sie allerdings eine JPEG-Datei ausgewählt haben, dann können Sie nicht nur Markierungen hinzufügen, sondern das Bild auch noch in 90-Grad-Schritten drehen. Videodateien hingegen lassen sich mit den Schnellaktionen auch kürzen.

Wo befinden sich die Schnellaktionen? Die Schnellaktionen können Sie an zwei Orten finden:

- im *Kontextmenü*, wenn Sie einen *Rechtsklick* auf eine Datei bzw. einen Ordner machen,
- und im unteren Bereich der *Vorschauspalte*, wenn Sie sie eingeblendet haben (*cmd* + *Shift* + *P*).

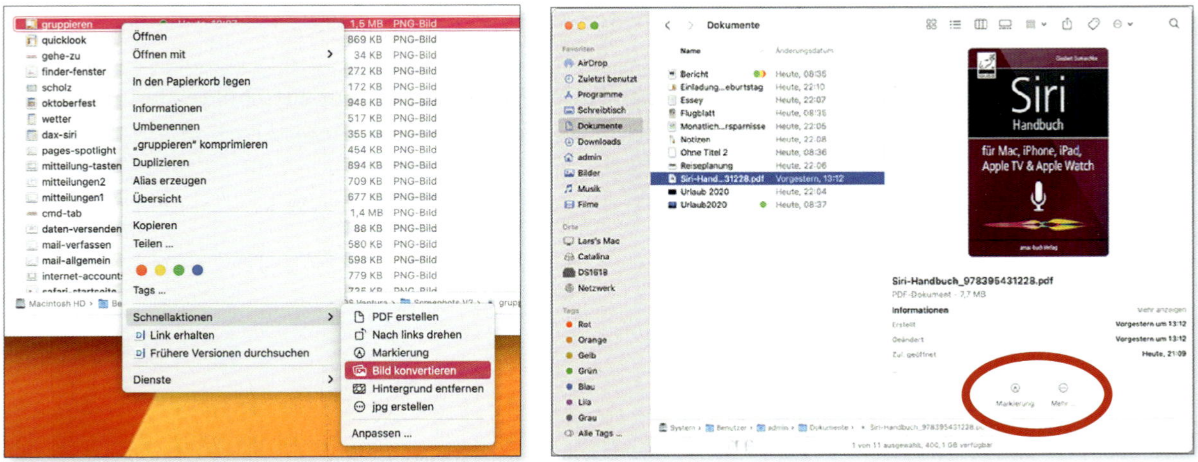

Die Schnellaktionen findet man an zwei zentralen Orten.

Um nun eine Schnellaktion auszuführen, müssen Sie die gewünschte Datei bzw. Ordner markieren und dann nur die jeweilige Schnellaktion auswählen. Sie können auch mehrere Dateien markieren und mit einer Schnellaktion bearbeiten.

Schnellaktionen anpassen

Welche Schnellaktionen im Kontextmenü und in der Vorschauspalte zur Verfügung stehen, kann vom Anwender festgelegt werden. Wenn sie z. B. die Drehen-Funktion nicht benötigen, dann können Sie diese ausblenden. Öffnen Sie die *Systemeinstellungen* und wechseln dort zu *Datenschutz & Sicherheit –> Erweiterungen*. Im Bereich *Finder* sind alle Schnellaktionen aufgelistet, die Sie dann auch ein- und ausschalten können. Sie können auch die Reihenfolge der Aktionen ändern, indem Sie sie einfach nach oben oder unten verschieben. Das hat eine direkte Auswirkung auf die Auflistung in der Vorschauspalte und im Kontextmenü.

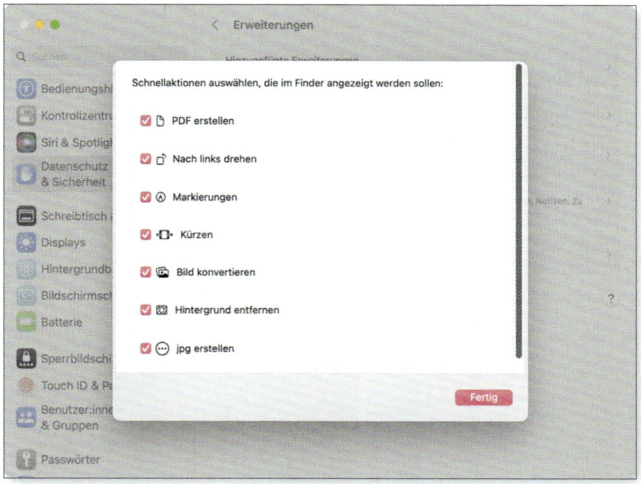

Bestimmen Sie, welche Schnellaktionen im Kontextmenü und in der Vorschauspalte verfügbar sein sollen.

Eigene Schnellaktionen

Als Anwender ist man nicht auf die mitglieferten Schnellaktionen beschränkt. Sie können auch eigene erstellen. Dazu benötigen Sie das Programm *Automator*, dass im Programme-Ordner zu finden ist. Wenn Sie das Programm starten und ein neues Dokument anlegen (*cmd + N*), dann müssen Sie zuerst auswählen, welche Art von Dokument erstellt werden soll. Im Auswahlfenster finden Sie dann auch die *Schnellaktionen*.

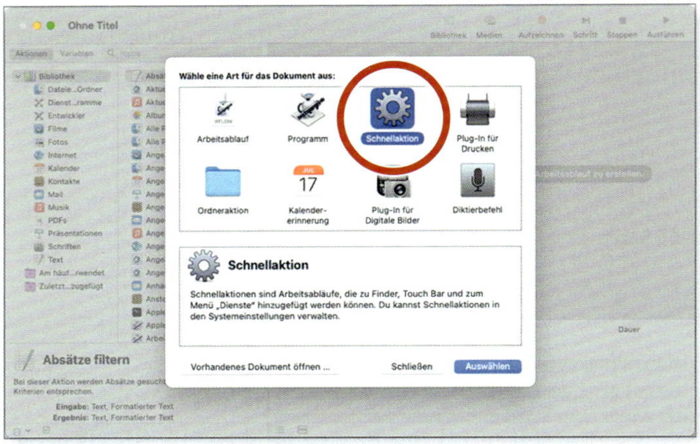

Im Programm „Automator" lassen sich eigene Schnellaktionen erstellen.

Wenn Sie ein neues Dokument Schnellaktion angelegt haben, müssen Sie im Anschluss noch festlegen, welche Aktionen ausgeführt werden sollen. Der Automator stellt für viele Programme unterschiedliche Aktionen zur Verfügung. Wir wollen uns nur auf die Aktionen für den Finder konzentrieren. Dazu wählen Sie in der ersten Spalte die Kategorie *Dateien & Ordner* ❶ aus. In der Spalte daneben werden dann alle Aktionen aufgelistet, die der Automator für diese Kategorie durchführen kann.

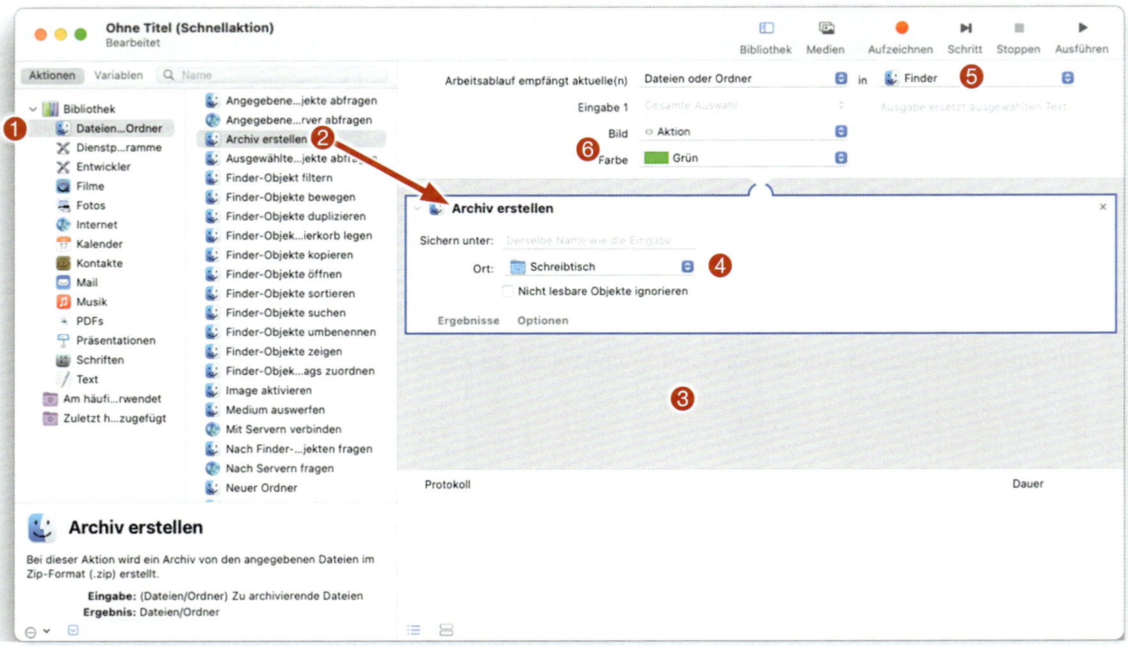

Bestimmen Sie, welche Aktionen in der Schnellaktion enthalten sein sollen.

In diesem Beispiel wollen wir mit eine Schnellaktion einfach ausgewählten Dateien und Ordner als ZIP-Datei komprimieren. Dazu wählen Sie die Aktion *Archiv erstellen* ❷ und ziehen Sie nach rechts in den Hauptbereich ❸. Die Aktion ist damit hinzugefügt und Sie können noch die Parameter dafür verändern, wie z. B. den Speicherort der ZIP-Datei ❹.

Sie könnten jetzt noch eine zweite Aktion hinzufügen, wie z. B. das Zuweisen eines Tags. In unserem Beispiel belassen wir es allerdings auf das Erstellen einer ZIP-Datei.

Im nächsten Schritt müssen Sie noch festlegen, dass die Schnellaktion im Finder integriert wird ❺. Das Aussehen der Schnellaktion in der Vorschauspalte können Sie bei *Bild* und *Farbe* ❻ festlegen. Sind alle Einstellungen vorgenommen, müssen Sie die Schnellaktion nur noch sichern (*cmd + S*) und benennen.

Sind auch diese letzten beiden Schritte durchgeführt, erscheint Ihre Schnellaktion im Kontextmenü und in der Vorschauspalte und kann gleich ausprobiert werden.

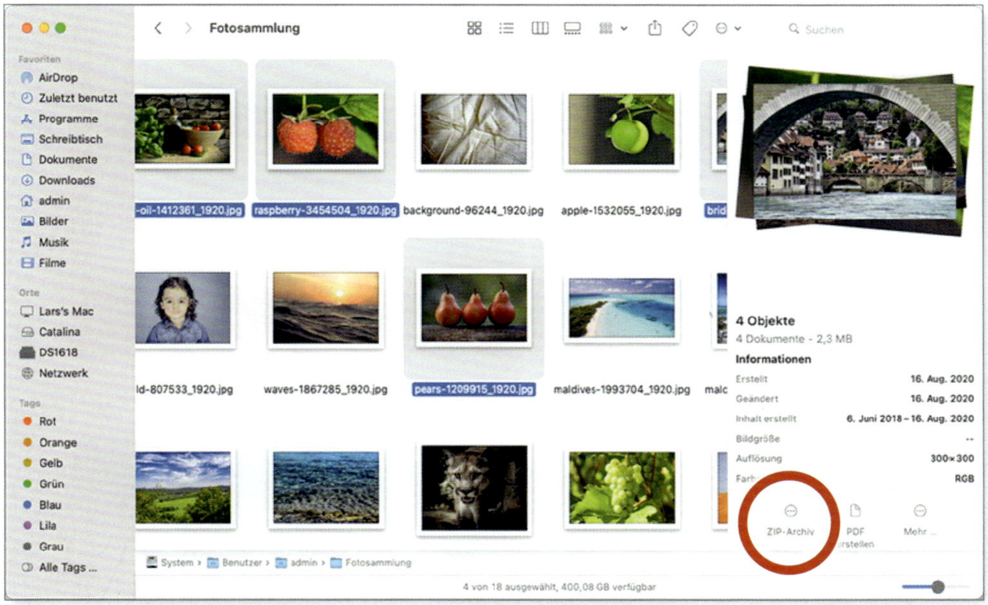

Die neue Schnellaktion ist nun in der Vorschauspalte aufgelistet und kann verwendet werden.

> **!** Die selbstdefinierten Schnellaktionen werden im Ordner **Benutzer/Library/Services** gesichert. Dort können Sie diese löschen und für die Nachbearbeitung wieder öffnen.

Sortieren nach Ordnern

macOS kann in der Listen- und Spaltenansicht auch nach Ordnern sortiertn. Damit werden die Ordner alphabetisch immer am Beginn der Liste angezeigt, und alle restlichen Dateien sind darunter aufgeführt. Diese Funktion ist vielleicht den Windows-Anwendern bekannt, sie hat nun auch den Weg zum Mac gefunden.

Für die Ordnersortierung müssen Sie im *Finder* die *Einstellungen (cmd+ Komma)* öffnen. Im Bereich *Erweitert* finden Sie die Funktion dann unter der Bezeichnung *Beim Sortieren nach Namen Ordner oben behalten*.

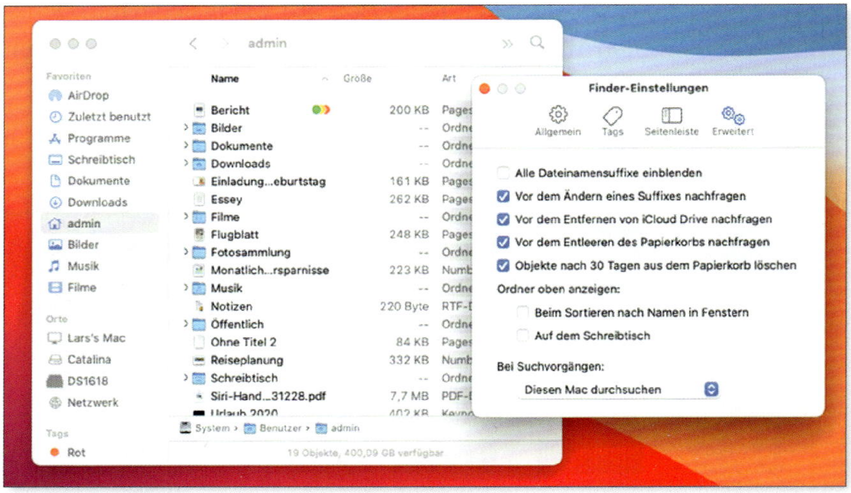

Normalerweise sind die Ordner zwischen den anderen Dateien einsortiert, ...

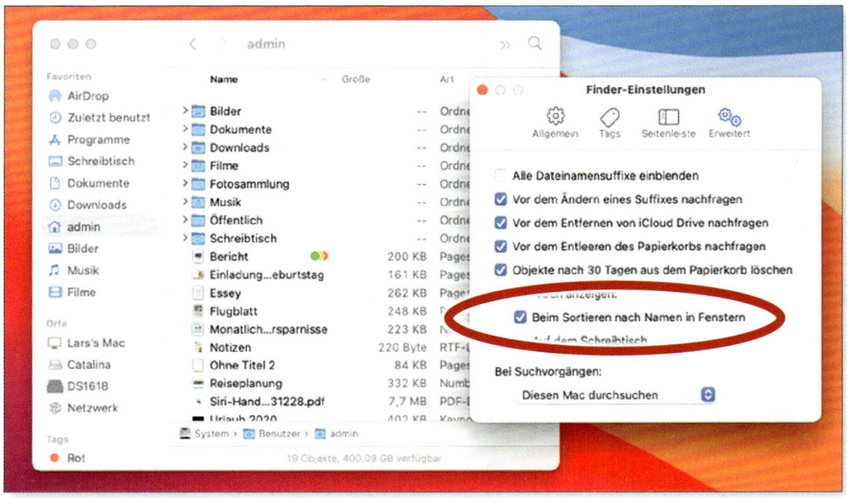

... lassen sich aber auch zusammengefasst am Anfang der Liste einordnen.

! Diese Sortierung funktioniert aber nur dann, wenn Sie nach Name sortieren lassen. Sortieren Sie nach Änderungsdatum, Größe etc., dann werden die Ordner nicht gruppiert sortiert.

Tags

Mit Programmen wie TextEdit, Pages, Numbers, Keynote etc. selbst erstellte Dateien erhalten beim Ablegen zunächst einmal sinnvolle Dateinamen, um das spätere Ausfinden so einfach wie möglich zu gestalten. Darüber hinaus werden Dateien im Regelfall thematisch in bestimmte Ordner eingebracht. Damit sind also bereits zwei Ordnungskriterien vorhanden, die helfen, ein Ablagechaos zu vermeiden.

Mit den Tags gibt es nun seit OS X Mavericks ein drittes Kriterium, um Daten strukturiert verwalten zu können. Tags (farbige und begriffliche Zuordnung) verfügen über einige wesentliche Vorzüge:

- Jede Datei, jeder Ordner kann mehrere Tags erhalten. Das ist besonders dann nützlich, wenn Informationen mehrere Themen betreffen.
- Objekte, die mit Tags versehen wurden, sind meist mit ein, zwei Mausklicks erreichbar und damit sehr schnell im Zugriff.

▶I Mit Tags arbeiten 06_04

http://macos2023.amac-buch.de/#06_04

Tags sind eine farbliche und begriffliche Zuordnung für Dateien und Ordner. Jedes Element kann mehrere Tags aufnehmen und diese Eigenschaft kann z. B. zum Sortieren verwendet werden. In diesem Video sehen Sie

- wie man Tags zuordnet
- neue Tags erstellt
- Lieblingstags definiert
- nach Tags sortieren lassen kann

Dateien umbenennen

Das Ändern eines Dateinamens ist im Finder eine einfache Angelegenheit. Man markiert die Datei und macht dann einen zusätzlichen Mausklick auf den Namen. Dieser wird damit hervorgehoben und kann überschrieben werden. Etwas einfacher geht es, wenn Sie die Datei markieren und dann einfach die *Enter*-Taste bzw. *Return*-Taste drücken.

Wie sieht es aber nun aus, wenn Sie mehrere Dateien gleichzeitig umbenennen wollen? Nehmen wir an, Sie wollen z. B. 50 Dateien durchgehend nummerieren. Manuell würde dies eine Menge Zeit in Anspruch nehmen. Mit einer speziellen Funktion geht dies allerding in ein paar Sekunden. Sie können nämlich mehrere Dateien gleichzeitig umbenennen. Dabei können Sie entweder die Dateinamen komplett austauschen oder etwas zu den Dateinamen hinzufügen oder per Suchbegriff Teile aus dem Namen durch andere austauschen.

Zuerst müssen Sie natürlich die Dateien markieren, dessen Namen geändert werden sollen. Danach wählen Sie aus dem *Aktion-Menü* oder dem *Kontext-Menü* (rechte Maustaste) die Funktion *XYZ Objekte umbenennen*.

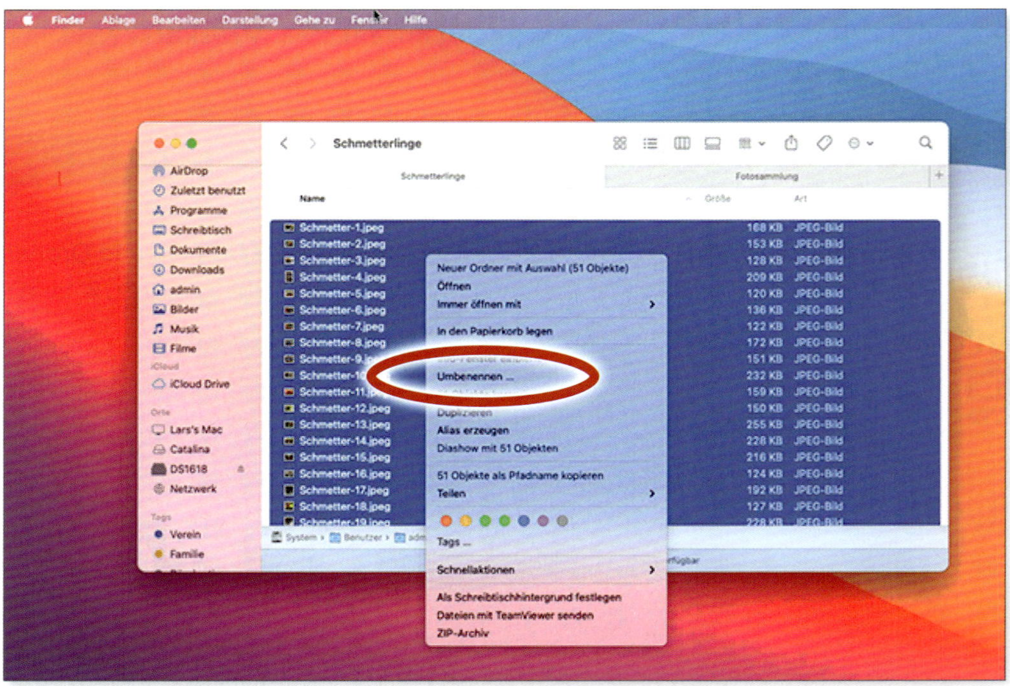

Mehrere Dateien sollen gleichzeitig umbenannt werden.

Im nächsten Schritt wählen Sie im daraufhin geöffneten Fenster aus, welche Methode für das Umbenennen verwendet werden soll. Sie haben die Auswahl zwischen *Text ersetzen*, *Text hinzufügen* und *Format*.

Mit *Text ersetzen* können Sie Teile der Dateinamen durch andere ersetzen lassen. Damit können Sie z. B. alle Umlaute oder Zwischenräume in den Dateinamen durch andere Zeichen ersetzen. Dies ist besonders wichtig, wenn Sie die Dateien im Internet verwenden wollen oder mit älteren Windows-Systemen zusammenarbeiten. Diese verstehen nämlich keine Umlaute und Sonderzeichen in den Dateinamen.

Wie die Bezeichnung *Text hinzufügen* bereits vermuten lässt, können Sie damit am Beginn oder am Ende des Dateienamens beliebigen Text hinzufügen. Links unten wird Ihnen ein Beispiel des neuen Dateinamens angezeigt. So können Sie genau festlegen, wie die Namen aussehen sollen.

Die letzte Option *Format* tauscht den kompletten Dateinamen gegen einen neuen aus. Dabei werden die Dateien durchnummeriert. Sie können noch entscheiden, mit welcher Zahl die Nummerierung beginnen soll und ob sie am Anfang oder Ende des Dateinamens steht. Sogar das Änderungsdatum mit Uhrzeit kann automatisch zum Dateinamen hinzugefügt werden.

Insgesamt gesehen ist die Stapelumbenennung ein sehr hilfreiches Werkzeug, um schnell und sicher die Dateinamen von mehreren Dateien umzubenennen oder zu vereinheitlichen.

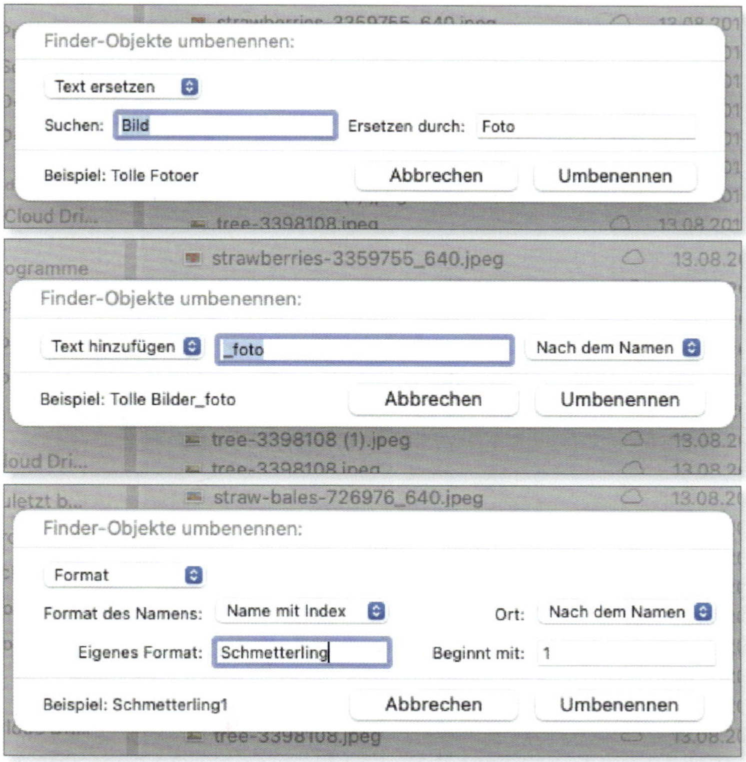

Die drei Optionen für das Umbenennen von mehreren Dateien.

Kapitel 7

Clevere Funktionen in macOS

Sie haben im vorherigen Kapitel kennengelernt, dass jedes Betriebssystem mit Dateien und Ordnern umgehen können muss. Bisweilen sammeln sich auf einem Rechner doch allerlei Informationen an und es ist die Pflicht und Aufgabe eines Betriebssystems, kein Chaos aufkommen zu lassen und dem User jederzeit eine Übersicht über seine Daten auf dem Rechner zur Verfügung zu stellen.

Ein sehr schönes Beispiel ist die Applikation *Launchpad*, mit der man alle installierten Programme auf sehr einfache Weise überblicken und verwenden kann. Natürlich können auch Ordner erstellt und verwaltet werden. Mit Werkzeugen wie *Tags* oder verschiedenen Sortierfunktionen sollten die Daten auch schnell auffindbar sein. Dennoch hat sich Apple eine Reihe von weiteren sehr interessanten Funktionen ausgedacht und in das Betriebssystem integriert, damit die Arbeit noch deutlich effizienter vonstattengehen kann.

Stapel

Als wir in einem früheren Kapitel über das *Dock* gesprochen haben, konnten wir feststellen, dass das Dock in mehrere Bereiche geteilt ist: Eine dünne Linie trennt sie voneinander. Im linken Bereich des Docks befinden sich die Programmicons und im rechten Bereich sind unter anderem die *Stapel* zu sehen.

▶I Stapel im Dock 07_01

http://macos2023.amac-buch.de/#07_01

Im Dock sind neben Programm-Icons auch Stapel möglich. Wie man diese erzeugt und was man damit alles anstellen kann, sehen Sie in diesem Film.

! Sofern Sie häufig mit Servern im Netzwerk arbeiten, sei schon einmal vorab erwähnt, bevor wir uns die Netzwerkfunktionen ansehen, dass Sie auch Server komplett als Stapel im Dock einbringen können. So erhalten Sie eine einfache Navigationslösung durch die Tiefen Ihres Servers.

Stapel auf dem Schreibtisch

Seit macOS Mojave ist die Stapelfunktion für den Schreibtisch übernommen worden. Viele Anwender nutzen den Schreibtisch als Ablage für ihre Dokumente. Im Laufe der Zeit häufen sich dann die Dateien und Ordner auf dem Schreibtisch an. Um ein bisschen Ordnung in das Chaos zu bekommen, können Sie die Dateien, die auf dem Schreibtisch liegen in Stapeln gruppieren lassen.
Um die Stapel für den Schreibtisch zu aktivieren, öffnen Sie die *Darstellungsoptionen (cmd + J)*. Dort finden Sie im oberen Bereich die Funktion *Stapeln* Ⓐ mit einem kleinen Menü. Klappen Sie das Menü auf und bestimmen Sie, nach welchem Kriterium die Stapel erstellt werden sollen. Eine sehr gute Wahl ist dabei das Kriterium *Art*. Damit werden alle Dateien nach Ihrer Art zusammengefasst, also z. B. alle Bilder, Dokumente oder PDFs.

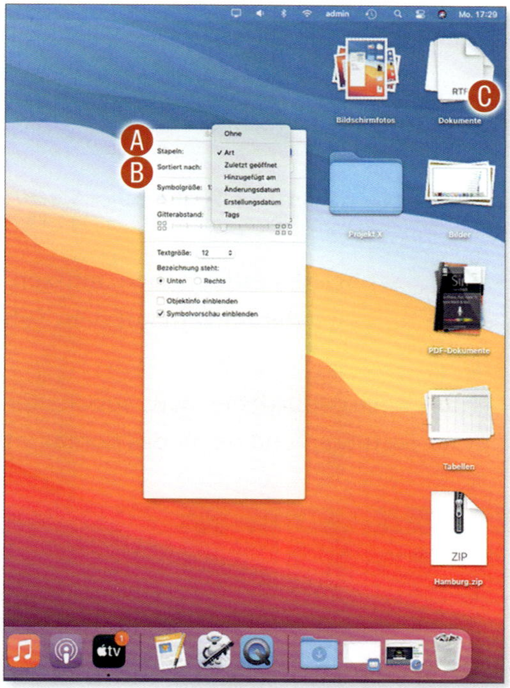

Die Dateien auf dem Schreibtisch sind in Stapeln gruppiert.

Wenn Sie auf einen der Stapel klicken, wird er aufgeklappt Ⓒ und Sie können die darin enthaltenen Dateien sehen. Mit *Sortieren nach* Ⓑ lässt sich die Sortierung innerhalb des Stapels ändern. Wenn Sie also z. B. einen Stapel aufklappen und die Dateien des Stabepls alphabetisch sortiert haben wollen, dann wählen Sie die Option *Name*. Ist der Stapel zusammengeklappt, dann können Sie mit dem Mauszeiger darauf deuten und über die Scrollgeste in dem geschlossenen Stapel blättern.

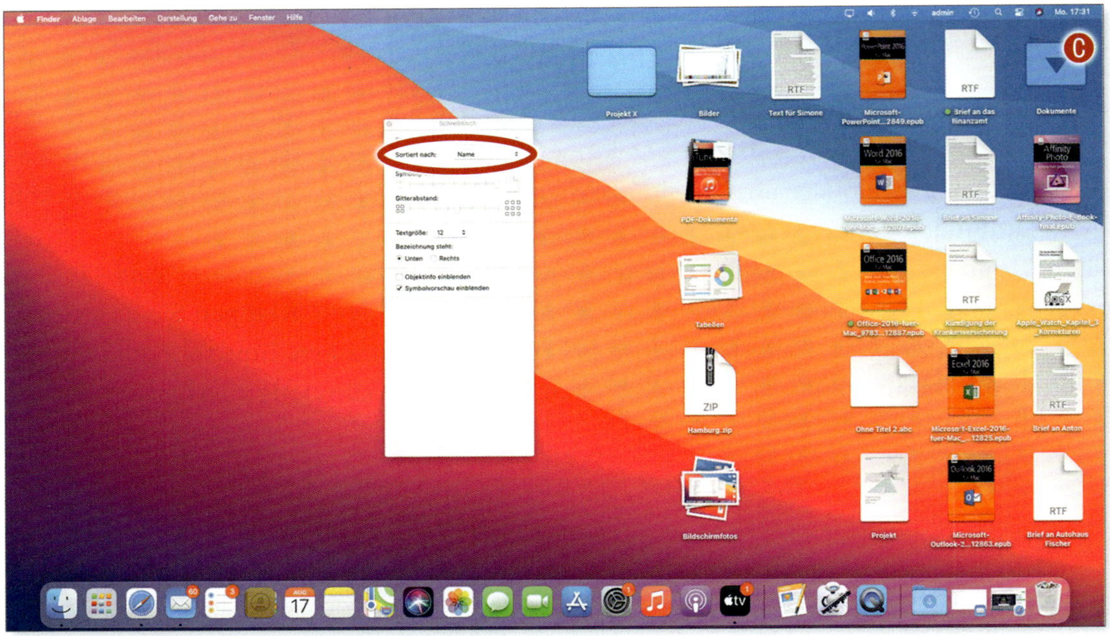

Ein aufgeklappter Stapel mit alphabetischer Sortierung.

Um die Stapelfunktion für den Schreibtisch wieder aufzuheben, müssen Sie bei *Stapeln* **A** auf die Option *Ohne* umschalten. Die Dateien werden dann wieder einzeln auf dem Schreibtisch sichtbar.

> **!** Sie können Schreibtischstapel aber auch dadurch ein- bzw. ausschalten, indem Sie einen Sekundärklick auf dem Schreibtischhintergrund ausführen und damit das Kontextmenü öffnen.

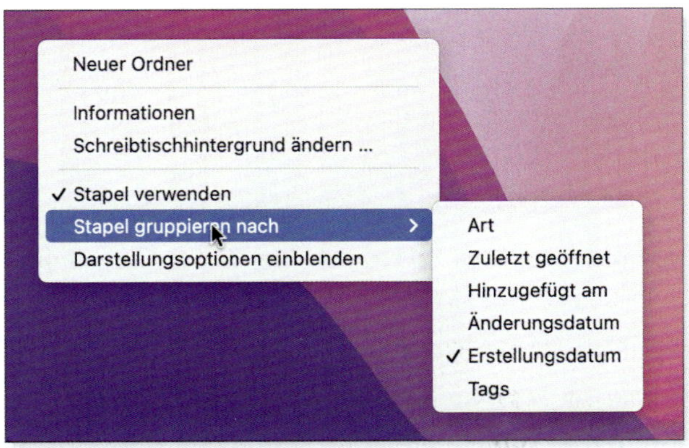

Die Funktion „Schreibtischstapel" ist schnell über einen Rechtsklick auf dem Schreibtischhintergrund aufgerufen. Dort kann zudem die Sortierung definiert werden.

Seitenleiste

Die *Seitenleiste* haben wir bereits im vorherigen Kapitel kennengelernt. Sie befindet sich im *Finder*-Fenster auf der linken Seite des Fensters.

> **!** Die **Seitenleiste** kann natürlich ebenso wie die **Symbolleiste** ein- und ausgeblendet werden. Verwenden Sie dazu den Menüpunkt **Darstellung**. Alternativ verwenden Sie die Tastenkombination **cmd + alt + T** für das Ein- und Ausblenden der Symbolleiste bzw. **cmd + alt + S** für das Ein- und Ausblenden der Seitenleiste. Ich empfehle Ihnen jedoch, die Seitenleiste und auch die Symbolleiste eingeblendet zu lassen, weil sich dort sehr zeitsparende Funktionen befinden.

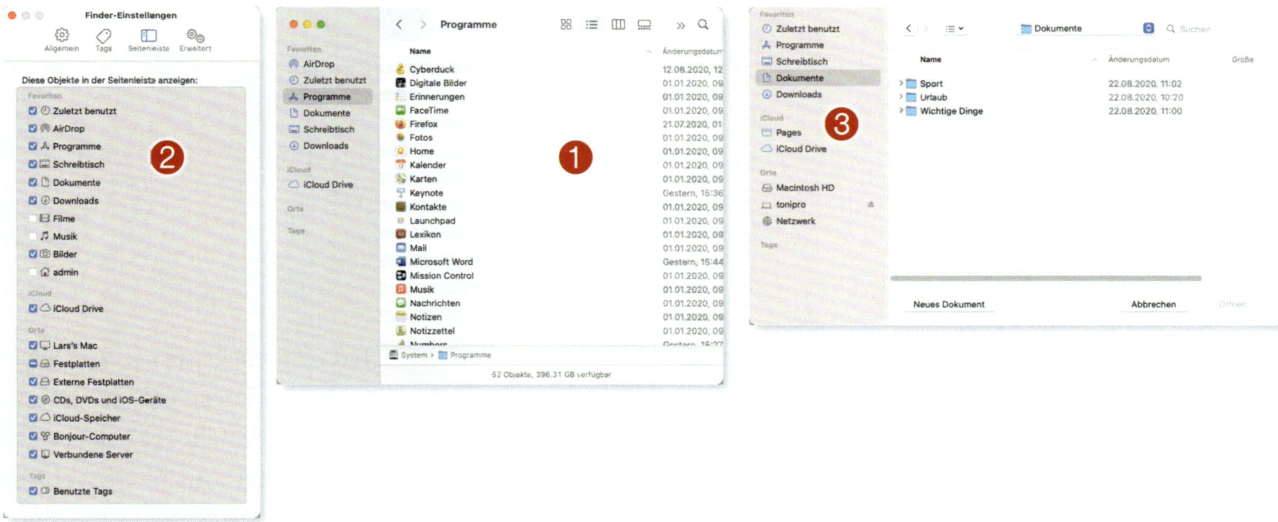

Seitenleiste – immer und überall.

In der Mitte der Bildschirmfotos sehen Sie die Seitenleiste eines Finder-Fensters ❶. Ich befinde mich aktuell im *Programme*-Ordner – und dies wird in der Seitenleiste auch dargestellt, denn im Bereich *Favoriten* ist der Eintrag *Programme* farbig hervorgehoben. Die Einträge, die in der Seitenleiste erscheinen, können angepasst werden. Im Dialog *Finder –> Einstellungen* ❷ können Sie in der Kategorie *Favoriten* durch das Entfernen von Häkchen Elemente aus der Seitenleiste entnehmen. Sobald Sie z. B. das Häkchen bei *Dokumente* entfernen, wird in keinem Finder-Fenster der Eintrag *Dokumente* in der Seitenleiste bei *Favoriten* mehr erscheinen. Aber das hat auch weitergehende Auswirkungen. Im rechten Teil der Bildschirmfotos sehen Sie den *Öffnen*-Dialog des Programms TextEdit. Und auch im *Öffnen*-Dialog, genauso wie im *Sichern*-Dialog von Programmen, erscheint auf der linken Seite bei Bedarf die *Seitenleiste* ❸. Und dort sehen Sie die gleichen Einträge. Hätten Sie den *Dokumente*-Ordner nun aus der Seitenleiste verbannt, wäre er durchgängig für alle *Öffnen*- und *Sichern*-Dialoge aus der Seitenleiste verschwunden. Nachdem Sie den Dokumente-Ordner aber relativ häufig benötigen, um dort Dateien abzulegen, ist es also durchaus sinnvoll, diesen Ordner in der Seitenleiste zu belassen.

▶I Sinnvoll mit der Seitenleiste arbeiten 07_02

http://macos2023.amac-buch.de/#07_02

Die Seitenleiste des Finders kann den eigenen Wünschen angepasst werden. Weiterhin können eigene Elemente wie Ordner dort hinzugefügt werden. Das beschleunigt die Arbeit am Mac enorm. Wie das im Detail geht, sehen Sie in diesem Video!

Symbolleiste

Ein Finder-Fenster hat neben der Seitenleiste und der Statusleiste oben noch die *Symbolleiste* direkt neben dem Fenstertitels. Und diese Symbolleiste bietet, wie bereits im vorherigen Kapitel gesehen, sehr viele wichtige Funktionen, wie zum Beispiel die Änderung der Darstellung, das Vor- und Zurückblättern oder die Suchfunktion. Die Symbolleiste kann Ihren eigenen Bedürfnissen entsprechend angepasst werden. Verwenden Sie hierzu den Menüpunkt *Darstellung –> Symbolleiste anpassen*, um alle Funktionen zu sehen, die in die Symbolleiste aufgenommen werden können.

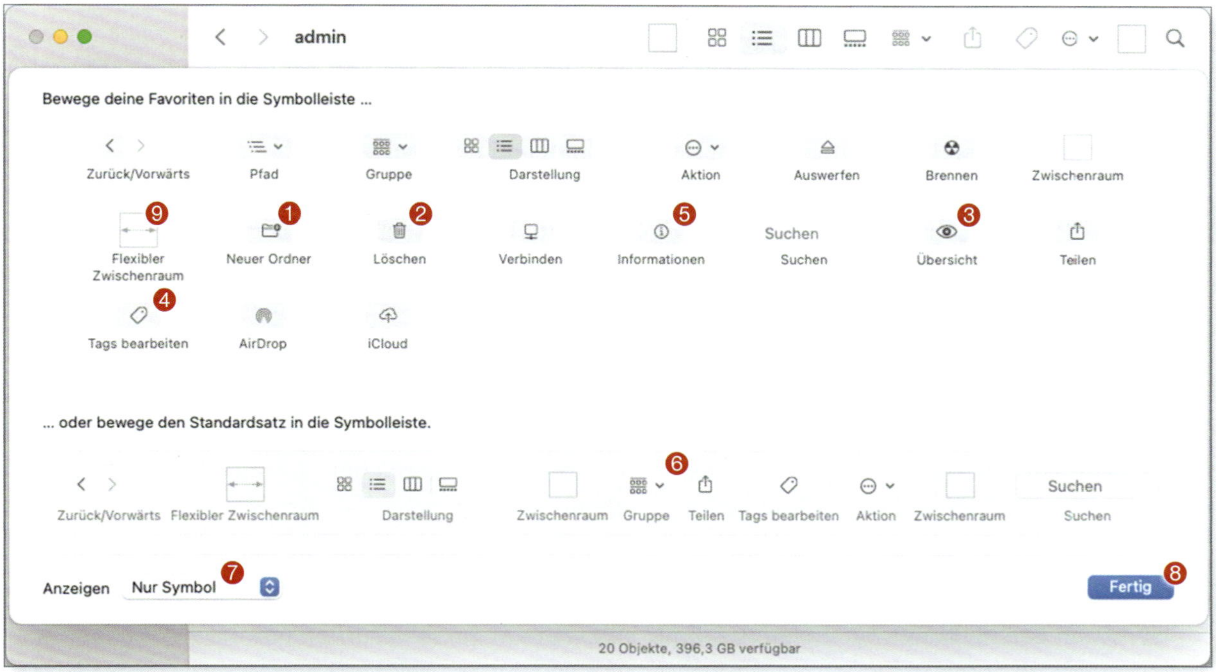

Symbolleiste anpassen.

Neben den Standardfunktionen, die bereits in die Symbolleiste integriert sind, finden Sie darunter eine Reihe weiterer sinnvoller Funktionen. Viele Anwender ziehen folgende Funktionen zusätzlich in die Symbolleiste, um raschen Zugriff darauf zu erhalten:

Neuer Ordner 1

Über diese Funktion können Sie mit nur einem Klick einen neuen Ordner in Ihrer Ablagestruktur erzeugen.

Löschen 2

Markierte Elemente werden über die Funktion *Löschen* in den Papierkorb bewegt.

Übersicht 3

Übersicht bringt Ihnen auf Knopfdruck die *Quick Look*- oder *Diaschau*-Funktion, die wir uns gleich noch genau ansehen werden.

Tags bearbeiten 4

Die *Tags*-Funktion haben Sie im vorherigen Kapitel bereits kennengelernt. Sollten Sie damit arbeiten, ist es eine gute Idee, sie in die Symbolleiste zu integrieren.

Informationen ❺

Möchten Sie zu einem bestimmten Element weitere Detailinformationen sehen, so ist es sinnvoll, die Funktion *Informationen* in die Symbolleiste zu integrieren. Welche Informationen Sie damit erhalten und was Sie damit alles anstellen können, werden wir uns noch genauer ansehen.

> **!** Haben Sie schlussendlich Ihre Symbolleiste so verunstaltet, dass Sie selbst nicht mehr erkennen, was darin sinnvoll und notwendig ist, ziehen Sie einfach den Standardsatz nach oben, um das ursprüngliche Aussehen der Symbolleiste zu erhalten ❻.

Sinnvoll könnte es gerade für den Anfang sein, in der Leiste nicht nur die Symbole ❼, sondern zusätzlich noch die Beschriftung anzeigen zu lassen, damit Sie die Funktionen besser kennenlernen können.

Haben Sie die Symbolleiste mit den gewünschten Elementen angereichert, können Sie mit einem Klick auf *Fertig* ❽ die Änderung der Symbolleiste abschließen.

> **!** Es könnte durchaus sinnvoll sein, über die Features **Zwischenraum** ❾ bzw. **Flexibler Zwischenraum** zwischen den einzelnen Symbolen Abstände einzubauen, um sie zu gruppieren.

Möchten Sie Symbole wieder aus der Symbolleiste entfernen, funktioniert es ähnlich wie bei der Seitenleiste. Sie verwenden die *cmd*-Taste und ziehen das Icon nach oben oder unten aus der Symbolleiste heraus. Daraufhin wird das Symbol verpuffen und aus der Leiste entfernt.

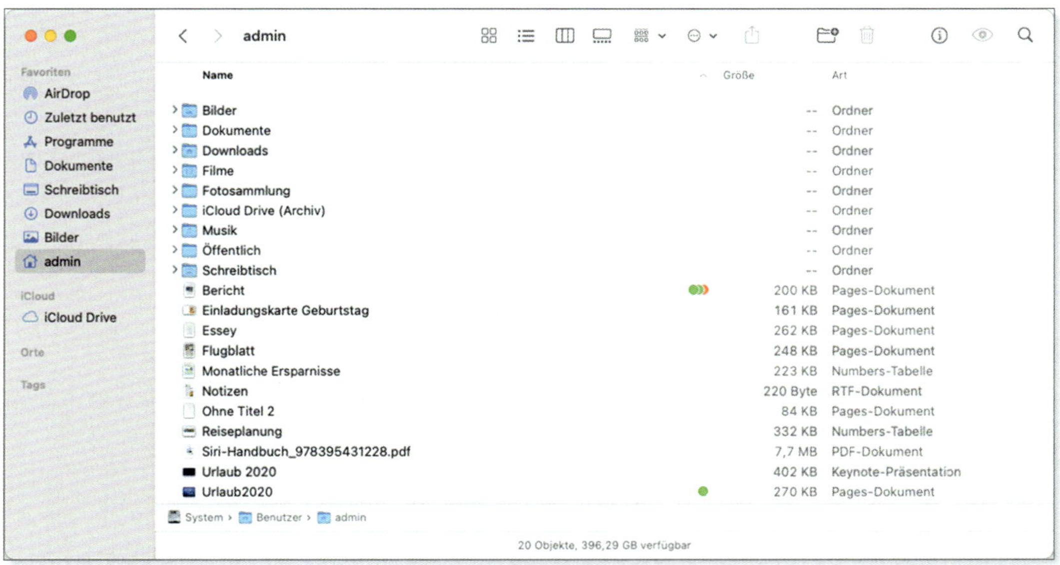

So kann eine angepasste Symbolleiste aussehen.

Übersicht bzw. Quick Look

Übersicht ist schlicht und ergreifend eine sensationelle Funktion. Ich möchte es mal als großen Bruder der *Symboldarstellung* bezeichnen. Wenn Sie ein Fenster in der Symboldarstellung öffnen, dann erhalten Sie – über den Schieberegler gesteuert – eine Voransicht auf den Inhalt der Dateien. Handelt es sich dabei zum Beispiel um mehrseitige PDF-Dokumente, können Sie auch durch diese Dateien blättern. Auch Videodateien erhalten ein kleines Icon, mit dem Sie diese Dateien innerhalb der Symboldarstellung abspielen können.

Übersicht (Quick Look) kann das alles – und noch einiges mehr! Um in die Übersicht-Darstellung zu gelangen, markieren Sie eine Datei. Verwenden Sie dann entweder den Button *Übersicht* in der Symbolleiste ❶ (falls vorhanden) oder drücken Sie einfach einmal kurz die *Leertaste* auf Ihrer Tastatur. Auf einem Trackpad fahren Sie mit dem Mauszeiger über die Datei und tippen gleichzeitig mit drei Fingern. Ein erneutes Tippen mit drei Fingern schließt das Übersicht-Fenster wieder. Bei den neuen MacBooks genügt die Verwendung von Force Touch – also einem kräftigen Klick.

Sogleich wird von der Datei ein Übersicht-Fenster geöffnet. Handelt es sich um eine PDF-Datei, sehen Sie am rechten Rand die Seiten der PDF-Datei ❸. Ähnlich verhält es sich bei Präsentationsdateien (zum Beispiel Keynote- oder PowerPoint-Dateien).

Übersicht im Einsatz.

Sie sehen im Bildschirmfoto eine mehrseitige PDF-Datei. Im rechten Bereich sind die einzelnen Seiten miniaturisiert dargestellt. Über das Übersicht-Fenster kann nun sehr einfach jede Seite angesprungen und somit vergrößert dargestellt werden. Durch einen Klick auf *Öffnen mit Vorschau* ❷ wird aus Übersicht heraus die Datei direkt mit der dazugehörigen Anwendung gestartet und darin geöffnet.

Das Schöne am Übersicht-Fenster ist, dass Sie es geöffnet lassen können. Sobald Sie mit Ihrem Mauszeiger eine andere Datei anklicken, wird das Übersicht-Fenster aktualisiert.

! Profis, die schon länger am Mac arbeiten, haben das Übersicht-Fenster oftmals den ganzen Tag über geöffnet, weil jedes Mal, wenn sie eine Datei anklicken, das Übersicht-Fenster sofort aktualisiert wird und den Inhalt der Datei anzeigt.

Welche Dateien kann Übersicht anzeigen?

- *Office-Dateien*: Dokumente, die mit Apples iWork (Pages, Numbers, Keynote) oder mit Microsoft Office erstellt worden sind, kann Übersicht sofort anzeigen.
- *Textdateien*: Dateien im Format *RTF* oder *TXT* können ebenso wie *HTML*-Dateien über Übersicht direkt zur Anzeige gebracht werden.
- *PDF-Dokumente*: Selbst mehrseitige PDF-Dokumente kann Übersicht als Vorschau anzeigen und Sie können problemlos durch die Seiten einer PDF-Datei navigieren.
- *Bilddateien*: Auch Bilddateien wie *GIF-*, *PNG-* oder *JPEG*-Dateien werden über Übersicht dargestellt. Sogar animierte Dateien werden in der Quick-Look-Vorschau angezeigt.
- *Sound- und Videodateien*: Auch Sound- und Videodateien kann Übersicht in den Formaten *MP3*, *MP4* oder *MOV* öffnen und abspielen.

! Diese Formateliste ist nur ein kleiner Auszug dessen, was Übersicht tatsächlich zu leisten imstande ist. Dabei ist die Architektur des Apple-Betriebssystems offen, das heißt, Apple liefert selbst standardmäßig eine Reihe von Plug-Ins aus, die die Funktionalität von Übersicht zur Verfügung stellen. Aber: Sie können jederzeit über das Internet weitere, meist kostenfreie Quick-Look-Plug-Ins aufspüren und installieren und somit weitere Dateiformate für Übersicht verfügbar machen. Um die Quick-Look-Plug-Ins zu installieren, verwenden Sie den Ordner **Macintosh HD –> Library –> QuickLook**. Das heißt, jemand, der administrative Befugnisse auf Ihrem Computer hat, kann diese Plug-Ins dem Rechner zur Verfügung stellen und damit weitere Dateiformate für Übersicht freischalten.

Sicher haben Sie bei dem geöffneten Übersicht-Fenster den kleinen Doppelpfeilbutton in der linken oberen Ecke schon erkannt ❹. Sobald Sie dieses Symbol anklicken, wird das Übersicht-Fenster bildschirmfüllend geöffnet. Um von der Vollbilddarstellung wieder zur Normalansicht zurückzukehren, drücken Sie die *esc*-Taste. Wollen Sie das Übersicht-Fenster wieder schließen, drücken Sie die *Leertaste* oder verwenden das *x* in der linken oberen Ecke des Fensters ❺. Ebenso ist die Verwendung der *esc*-Taste möglich.

> **!** Damit das Übersicht-Fenster sofort bildschirmfüllend erscheint, öffnen Sie es unter Verwendung der **alt**-Taste. Konkret bedeutet das: Sie markieren die Datei, die per Übersicht dargestellt werden soll, und verwenden nun die Tastenkombination **alt + Leertaste** oder **cmd + alt + Y** und das Übersicht-Fenster wird bildschirmfüllend dargestellt. Mit der **esc**-Taste können Sie die Vollbilddarstellung verlassen.

Außerdem kann kann die Datei über das Teilen-Feld ❻ weitergegeben werden wie weiter vorne schon besprochen.

Seit macOS Mojave sind noch weitere Bearbeitungsfunktionen hinzugekommen. So können Sie z. B. bei PDF-Dateien und Bildern *Markierungen* ❼ hinzufügen. Die Markierungen unterscheiden sich nicht von der Markierungsfunktion bei E-Mails (siehe Kapitel 4 ab Seite 115). Bei Bilddateien gibt es neben den Markierungen auch noch die Möglichkeit das Bild um 90 Grad zu drehen.

▶I einfach nur clever: Übersicht 07_03

http://macos2023.amac-buch.de/#07_03

Nahezu überall in macOS kann über die Leertaste in eine Datei Einsicht genommen werden, ohne diese überhaupt zu öffnen. Damit wird die tägliche Arbeit enorm erleichtert. Wo **Übersicht** eingesetzt werden kann, sehen Sie in diesem Film.

Spotlight

Spotlight im Betriebssystem fasziniert mich schon seit jeher. Spotlight ist eine effiziente Suchtechnologie, die alle Daten auf Ihrem Rechner nach allen möglichen Kriterien durchforsten und zum Vorschein bringen kann. Dabei ist die Anwendung, wie immer bei Apple, wahnsinnig einfach und die Technologie, die dahintersteckt, unheimlich komplex.

Mit Spotlight erstmals auf Suche gehen

Klicken Sie in der rechten oberen Ecke des Bildschirms das *Spotlight-Symbol* an und geben Sie einen Suchbegriff ein. Bereits nach wenigen Bruchteilen einer Sekunde erscheinen darunter die *Top-Treffer.*

▶I Eine erste Suche mit Spotlight 07_04

http://macos2023.amac-buch.de/#07_04

Spotlight findet nahezu alles – egal ob es sich auf dem Rechner befindet oder übers Internet ausfindig gemacht werden muss. Um eine Idee zu erhalten, was alles möglich ist, sollten Sie sich diesen Film ansehen.

Wie viele Einträge hat Spotlight denn eigentlich gefunden? Sie erkennen, dass nur wenige Ergebnisse aufgelistet sind. Möchten Sie hingegen alle Datei-Fundstellen auf einen Blick einsehen, wählen Sie den ersten Eintrag unterhalb von *Suchvorschläge* und dann *Mit Finder suchen* aus. Daraufhin erscheint ein Finder-Fenster. Über die Tastenkombination *cmd* + *alt* + *F* können Sie das Finder-Suchfenster noch schneller aufrufen.

Sie sehen darüber hinaus, dass die Spotlight-Suche sehr schnell arbeitet. In Sekundenbruchteilen wurden mehrere Tausend Suchtreffer ermittelt. Wollen Sie eine neue Suche starten, überschreiben Sie den alten Suchbegriff, um einen neuen Suchbegriff eingeben zu können.

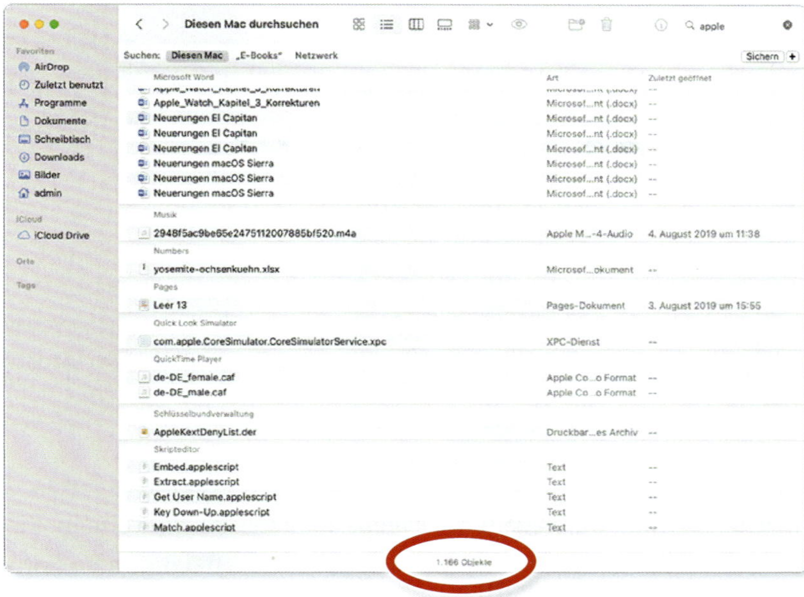

Komplette Liste der Fundstellen im Finder.

Was kann Spotlight alles finden?

Nun stellt sich die interessante Frage: Was wird dabei denn eigentlich alles auf dem Rechner gefunden? Die Antwort darauf ist relativ simpel: Spotlight kann grundsätzlich drei verschiedene Arten von Informationen auf Ihrem Rechner auffinden:

- Datei- oder Ordnernamen,
- Dateiinhalte sowie
- Metadaten von Dateien.

Der erste Punkt liegt klar auf der Hand: Wenn Sie eine Datei haben, die in unserem Beispiel irgendwo in ihrem Dateinamen das Wort *Apple* in sich trägt, wird Spotlight sie unmittelbar aufspüren. Deutlich interessanter ist der zweite Aspekt, die Dateiinhalte. Angenommen, Sie sind neulich durchs Internet gesurft und haben dabei eine Website betrachtet, auf der der Begriff *Apple* irgendwo vorkam, dann landet diese Internetseite normalerweise im Zwischenspeicher (Cache) Ihres Browsers und ist eine HTML-Datei. Deshalb werden Sie auch derartige mit Safari betrachtete Internetseiten über die Spotlight-Suche finden, solange sie sich noch im Cache Ihres Browsers befinden. Es kann aber auch sein, dass Sie ein eigenes Dokument mit dem Programm Pages oder Keynote erzeugt haben, in dem der Begriff *Apple* vorkommt. Auch dieser Begriff innerhalb einer Datei ist Bestandteil des Spotlight-Ergebnisses. Welche Dateiformate liefern ihre Dateiinhalte an Spotlight weiter? Anbei eine kleine Liste, allerdings ohne Anspruch auf Vollständigkeit:

- Microsoft Office,
- Apple Pages, Keynote und Numbers,
- Kalender und Erinnerungen,
- Mail,
- Musik, TV, Podcasts,
- Fotos,
- Kontakte,
- PDF-Dateien,
- HTML-Dateien,
- Textdateien sowie
- Notizen.

> **!** Dabei ist diese Suchfunktion genauso wie die Quick-Look-Technologie eine offene Architektur. Das heißt, es gibt im Internet zahlreiche kostenlose Spotlight-Plug-Ins, um auch weitere Dateiformate in die Inhaltssuche für Spotlight aufzunehmen. Diese legen Sie auf Ihrer **Macintosh HD** in den Ordner **Library –> Spotlight**.

Im nachfolgenden Bildschirmfoto sehen Sie die Metadaten eines digitalen Fotos, das mit einer Canon-Kamera geschossen wurde. Als Metadaten gelten übrigens auch die Informationen, die Sie im Bereich *Allgemein* A sehen, also Daten wie *Erstellungsdatum*, *Änderungsdatum* etc. Bei digitalen Fotos werden eine Reihe an weiteren Zusatzinformationen mit dem Bild abgespeichert. Diese finden sich im obigen Beispiel bei *Weitere Informationen* B. Dort erkennen Sie, dass es eine *Canon EOS5D Mark II* ist, die dieses Foto geschossen hat. Darunter sehen Sie technische Daten wie die *Belichtungszeit*. All diese Dinge kann Spotlight suchen.

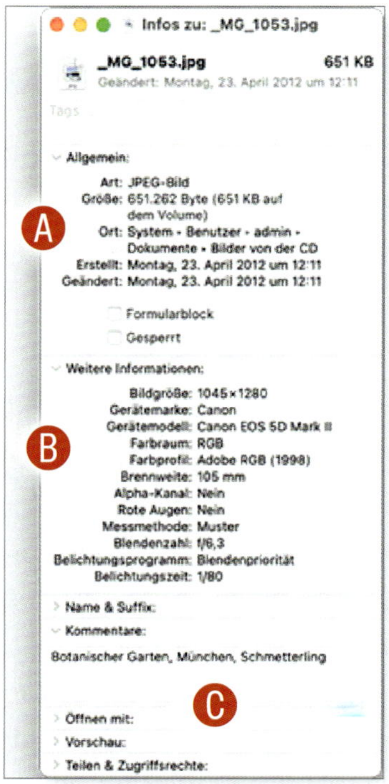

Metadaten eines digitalen Fotos.

Weiter können Sie als Anwender über dieses Informationsfenster selbst Kommentare eintragen, um das Dokument bei einer späteren Suche zum Vorschein zu bringen. Geben Sie unterhalb von *Kommentare* C die Begriffe ein, mit denen die Datei gefunden werden soll.

> Das Informationsfenster erreichen Sie, indem Sie auf eine Datei oder einen Ordner mit der rechten Maustaste klicken und im Kontextmenü den Eintrag **Informationen** auswählen oder schlicht und ergreifend die Tastenkombination **cmd + I** drücken.

Dies führt uns nahtlos zu einer zweiten Funktion in Spotlight. Als Sie eben weiter vorne auf dem Bildschirmfoto gesehen haben, wie viele Fundstellen zu dem Begriff *Apple* verfügbar sind, ist Ihnen wahrscheinlich gleich ganz schwindlig geworden. Wie soll man bei dieser Fülle an Daten, die auf einem Rechner existieren, die richtige Information herauspicken? Nun, Sie können die Suche deutlich eleganter gestalten, wenn Sie mehrere Suchbegriffe kombinieren.

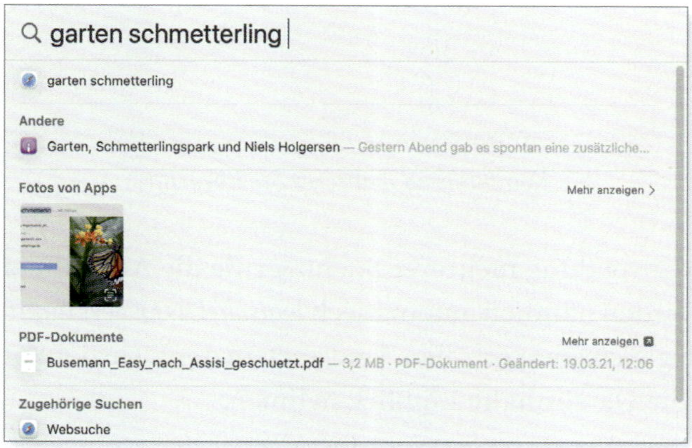

Suche mit zwei Suchbegriffen.

Und Sie sehen, wie durch die Verwendung von zwei Suchbegriffen die Ergebnisse ungemein eingeschränkt werden und lediglich noch das eine Foto, das diese Kommentarinformation enthält, über Spotlight gefunden wird. Auch hier funktioniert übrigens die Quick-Look-Funktion. Wenn Sie mit der Maus diese Fundstelle markieren, wird rechts daneben per Übersicht eine Vorschau des Fotos eingeblendet.

Mehrere Suchbegriffe

Damit haben Sie also gesehen, dass Sie durch die Verwendung mehrerer Suchbegriffe die Anzahl der Fundstellen dramatisch reduzieren können. Wir wollen diese Vorgehensweise noch einmal am Beispiel

Apple anwenden. Das heißt: Ich gebe also jetzt nicht nur den Begriff *Apple* ein, sondern ich suche ein Dokument zu einer Veranstaltung, die im Juli in München stattfand, also eine Veranstaltung von *Apple* in *München* im Zeitraum *Juli*. Ich weiß noch, dass es sich um ein *Pages*-Dokument handelt, also gebe ich die vielen Suchbegriffe *Apple München Juli Pages* ein und wechsle sogleich zum Eintrag *Suchvorschläge* und dann zu *Mit Finder suchen*. Daraufhin hat sich die Anzahl der Suchergebnisse auf einen Treffer drastisch reduziert.

Kombination mehrerer Suchbegriffe.

Sie sehen also, dass die Verwendung mehrerer Suchbegriffe die Anzahl der Suchergebnisse erbeblich einschränkt. Die Begriffe werden nämlich automatisch *logisch-UND-verknüpft*, das heißt, alle Treffer müssen diese vier Bedingungen gleichzeitig erfüllen. Und auch in der Liste der Spotlight-Fundstellen können Sie rasch mit Übersicht in die Dateiinhalte Einblick nehmen.

> **!** Es kann auch einmal vorkommen, dass Sie nach dem einen oder dem anderen Begriff suchen möchten. Dann geben Sie diese ebenfalls in der Spotlight-Suche ein und verknüpfen die beiden Bedingungen mit einem **OR**. Schreiben Sie also beispielsweise **Apple OR München**, so erhalten Sie alle Suchtreffer, die entweder etwas mit Apple oder mit München zu tun haben.

Es gibt eine weitere sehr pfiffige und elegante Möglichkeit, wie Sie die Anzahl der Fundstellen stark eingrenzen können.

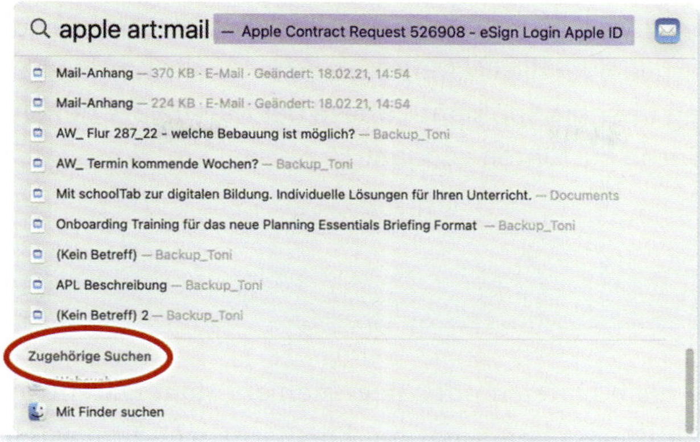

Suche nach E-Mails mit dem Begriff „apple".

Wie Sie sehen, habe ich in der Spotlight-Suchfunktion nach dem Begriff *Apple* noch den Zusatz *art:mail* hinzugefügt, um damit die Suche auf E-Mail-Informationen einzugrenzen. Es gibt einige weitere Funktionen, um die Suche auf spezielle Themen einzuschränken. Tippen Sie also den Suchbegriff und anschließend immer den Text *art* ein, gefolgt von einem Doppelpunkt und dann der Kategorie, die Sie suchen.

Beispiele für Kategorien sind:

- Bild
- Programm
- Kontakt
- Ordner
- Ereignis
- Aufgabe
- Musik
- PDF
- Lesezeichen
- Schrift
- Präsentation

Des Weiteren kann es sinnvoll sein, wenn Sie eine Suchanfrage auf das Programm Mail begrenzen wollen, dass Sie diese Suche direkt im Programm Mail starten. Dann werden nur die E-Mails verwendet und Sie haben die Suche auf dieses Programm und die dort gelagerten Informationen beschränkt.

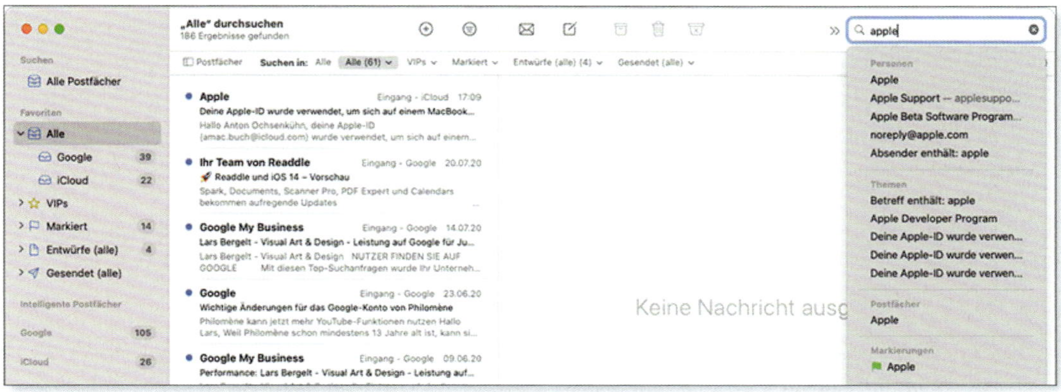

Suche innerhalb von Mail.

> **!** Nicht nur das Programm Mail verfügt über eine integrierte Suchfunktion, auch Programme wie Kalender, Kontakte, Vorschau oder die iWork-Programme bieten integrierte Suchfunktionen. Sie müssen also hier nicht den Weg über die Spotlight-Lupe in der Menüleiste gehen, sondern können innerhalb des Programms eine Suche ausführen können.

Natürliche Fragestellung

Neben der normalen Suche nach Dateien oder Begriffen auf dem Datenträger, in Dokumenten oder im Internet kann Spotlight auch Fragen beantworten. Die natürliche Fragestellung hat allerdings zwei Einschränkungen: Die Frage muss sich auf eine Person oder einen Zeitpunkt oder eine Kombination von beiden beziehen. Sie können also Spotlight z. B. folgende Frage stellen: „E-Mails von Josef Müller“ oder „Tabellen, die Lebensmittel enthalten, von heute “. In beiden Fällen liefert Ihnen Spotlight ein Suchergebnis, das den angegebenen Kriterien entspricht.

Spotlight-Fenster verschieben und skalieren

Das Spotlight-Fenster kann verschoben werden, wenn man es am oberen Rand packt. Die Größe kann geändert werden, wenn man am unteren Rand zieht, sobald der Mauscursor zu einem nach unten zeigenden Pfeil wird.

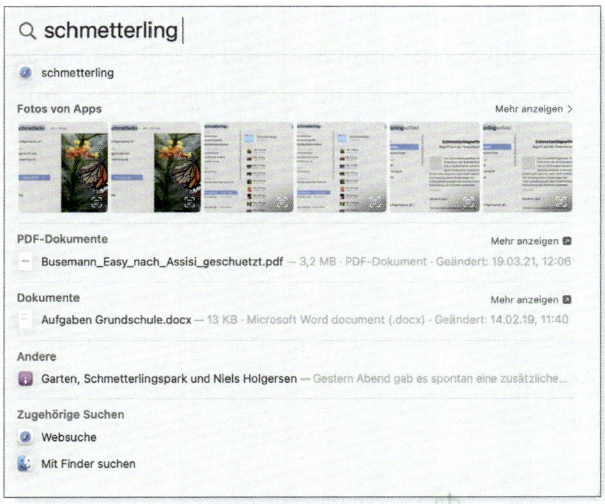

Das Spotlight-Fenster lässt sich nun in der Größe verändern. Und wenn Sie in der Fundliste einen Eintrag anklicken, können Sie ihn via Leertaste als Quick-Look-Fenster darstellen ;-)

Systemeinstellungen „Spotlight"

Wie bereits eingangs erwähnt, hat *Spotlight* den Charme, dass es sehr einfach funktioniert. Wenn Sie also nun gedacht haben, Sie müssen umfangreiche Konfigurationen vornehmen, bevor Spotlight das tut, was bis jetzt beschrieben wurde, haben Sie sich getäuscht. Spotlight ist wirklich sehr, sehr einfach zu konfigurieren. Rufen Sie dazu in den *Systemeinstellungen* den Button *Siri & Spotlight* auf, den Sie in der ersten Zeile finden.

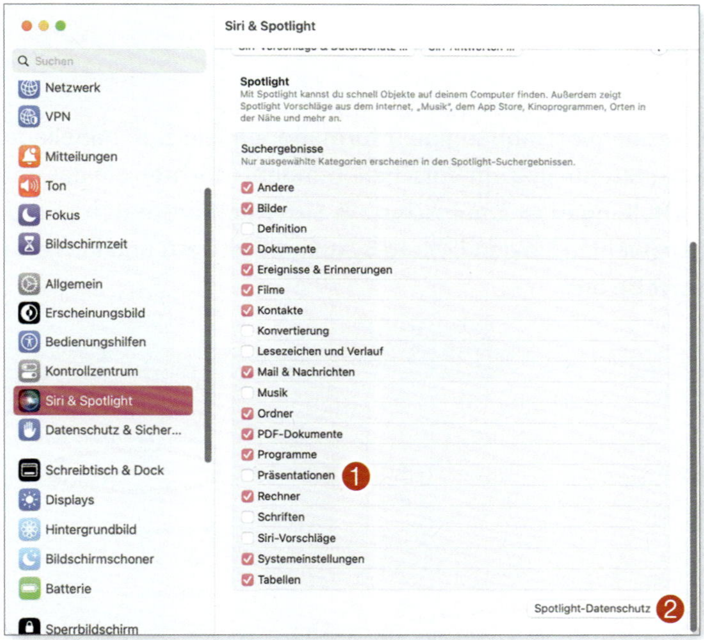

Systemeinstellungen –> Siri & Spotlight.

In diesem Fenster sind nur ganz wenige Eigenschaften modifizierbar. Zunächst einmal können Sie einstellen, welche Art von Informationen in der Spotlight-Trefferliste angezeigt werden. Wenn Sie beispielsweise das Häkchen bei *Präsentationen* ❶ entfernen, wird die Kategorie *Präsentationen* in der Spotlight-Trefferliste nicht mehr angezeigt. Das heißt aber nicht, dass auch die Präsentationen von PowerPoint oder Keynote, um die es hier geht, nicht mehr Bestandteil des *Spotlight-Index* sind. Nein, es geht nur darum, ob die Informationen in den Suchergebnissen zur Anzeige kommen oder nicht.

> **!** Wenn der Begriff **Bilder** aktiv ist, dann werden via Live-Text nach Textpassagen innerhalb von Fotos bzw. Bildern gesucht. Bisweilen erkennt macOS dabei auch handschriftliche Notizen.

Wie bereits früher erwähnt, sollten Sie darauf achten, dass Sie Spotlight bequem über die Standard-Tastenkombination *cmd + Leertaste* aufrufen können. Wenn Sie statt des Spotlight-Menüs, das ja nur eine begrenzte Anzahl von Treffern anzeigt, das *Spotlight-Fenster* haben möchten, hat Apple auch hierfür bereits die Standard-Tastenkombination *cmd + alt + Leertaste* für Sie vorbereitet. Damit gelangen Sie ohne Umwege zum Spotlight-Fenster. Diese Tastenkombinationen können Sie bei *Tastaturkurzbefehle (Systemeinstellungen –> Tastatur)* aktivieren oder bei Bedarf ändern.

> **!** Das Spotlight-Fenster können Sie allerdings auch im Finder über den Menüpunkt **Ablage –> Suche** bzw. **cmd + F** aufrufen.

> **!** Und Spotlight kann zudem ortsabhängige Informationen wie z. B. naheliegende Restaurants, Kinos oder Sehenswürdigkeiten für Sie zum Vorschein bringen. Möchten Sie das unterbinden, so sollten Sie noch die **Systemeinstellungen –> Datenschutz & Sicherheit** ansteuern und dort die **Ortungsdienste** anklicken. In der Liste wählen Sie den Eintrag **Systemdienste** aus und klicken auf **Details** und schalten **Ortsabhängige Hinweise** aus.

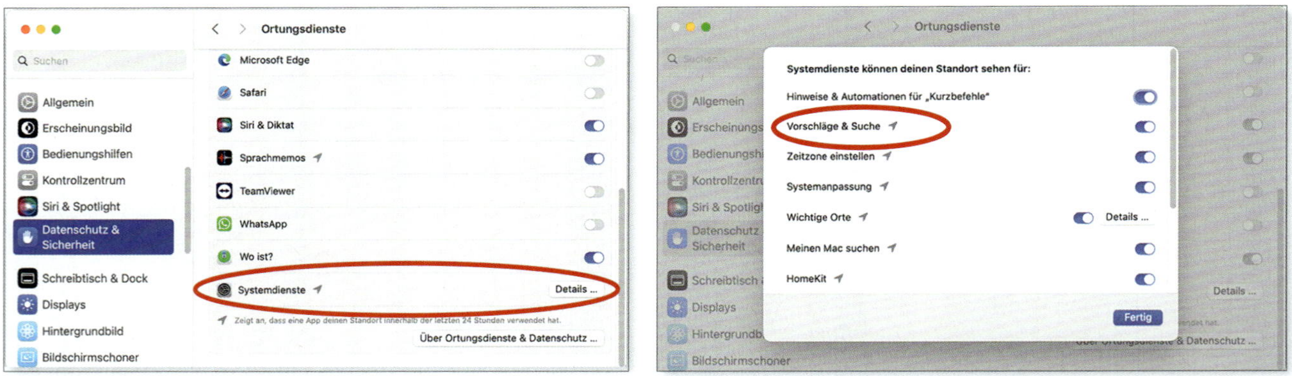

In den Sicherheitseinstelllungen kann die ortsabhängige Suche von Spotlight unterbunden werden.

Standardmäßig erstellt Spotlight einen *Index*, der alle Daten umfasst, die sich auf dem internen Datenträger Ihres Computers befinden. Möchten Sie, dass einige Ordner nicht Bestandteil des Index sind, so sollten Sie in die *Spotlight-Datenschutz* hinüberschalten ❷. Dort finden Sie im unteren Teil eine kleine +-Taste, mit der Sie nun Bereiche Ihres Computers von der Spotlight-Suche ausgrenzen können.

> **!** Sollten an einem Computer mehrere Personen gleichzeitig arbeiten, das heißt, jeder hat seinen Benutzer-Account, achtet Spotlight ganz genau darauf, wem die Dateien gehören. Das heißt: Wenn ich als **Peter** eine E-Mail bekomme, ist das meine E-Mail. Loggt sich zu einem späteren Zeitpunkt die Benutzerin **Silvia** an dem Rechner ein, wird sie die E-Mails, die sich in meinem Postfach befinden, nicht zu Gesicht bekommen. Der eigene Benutzerordner, der auch Bestandteil des Spotlight-Index ist, gehört dem Benutzer, der sich gerade eingeloggt hat. Sie müssen also keine Angst haben, dass Daten innerhalb Ihres Benutzerordners für andere Personen über die Spotlight-Suche zugänglich sind.

Spotlight-Index neu generieren

Die *Datenschutz*-Funktion können Sie für eine weitere sehr nützliche Eigenschaft verwenden. Es könnte nämlich sinnvoll sein, den *Spotlight-Index*, der alle Datei- und Ordnernamen, die Inhalte und auch die Metadaten beherbergt, ab und an neu zu generieren. Das funktioniert, indem Sie im Bereich *Spotlight-Datenschutz* über die +-Taste bestimmte Ordner oder sogleich Ihren kompletten Benutzerordner auswählen. Sogleich wird Spotlight mit einer Warnmeldung auf Sie zukommen, ob Sie die Spotlight-Suche wirklich verhindern möchten. Quittieren Sie diese Meldung mit *OK*.

Spotlight-Suche komplett deaktivieren.

Wenn Sie nun versuchen, über Spotlight eine Suche auszuführen, werden Sie sehen, dass das nicht mehr funktioniert. Klicken Sie nun in der *Spotlight-Datenschutz*-Liste die Objekte an und entfernen Sie sie mit „–" wieder aus der Privatsphäre. Daraufhin wird unterhalb der Spotlight-Suche ein Laufbalken erscheinen, der Ihnen anzeigt, dass der Spotlight-Index aktualisiert werden muss.

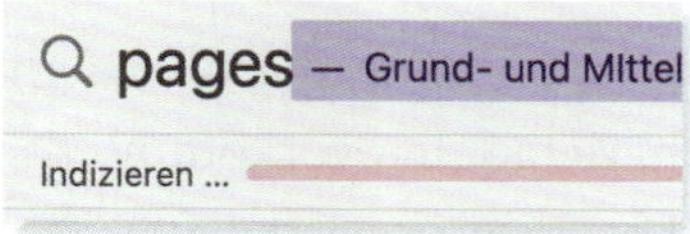

Spotlight-Index wird neu generiert.

Je nach Größe Anzahl der Dateien kann das durchaus einige Stunden benötigen.

> **!** Wenn Sie externe Datenträger an Ihren Rechner anstecken, werden diese ebenfalls mit Spotlight zusammenarbeiten. Schließen Sie also beispielsweise per USB eine externe Festplatte oder einen USB-Stick an, wird auf dem externen Datenträger ein Spotlight-Index erzeugt. Das hat für Sie den enormen Vorteil, dass Sie diesen Index sozusagen auf dem Datenträger mit sich herumtragen. Sobald Sie also den USB-Stick an einem anderen Mac verwenden, kann auch dort sofort die Spotlight-Suche über alle Daten auf dem USB-Stick stattfinden.

Wir werden gleich noch über *Time Machine* reden. Time Machine ist ja auch faktisch ein externer Datenträger, auf dem Sie eine Sicherungskopie Ihres Computers haben. Das Time-Machine-Volume enthält einen Spotlight-Index über alle Daten, die Sie jemals auf Ihrem Rechner hatten.

Weitere Raffinessen im Zusammenhang mit Spotlight

Kommen wir noch einmal zu den verschiedenen Möglichkeiten zurück, Suchen in Spotlight auszuführen, denn dazu gibt es noch eine Menge mehr zu erzählen.

Ich habe in diesem Fall ein Finder-Fenster geöffnet, um nach dem Begriff *bmw* zu suchen.

Suche nach „bmw“.

Sie sehen: Als Trefferliste erscheint eine ganze Reihe von Dateien, in denen vermutlich an irgendeiner Stelle der Begriff *bmw* erwähnt wird. Möchte ich nun die Suche reduzieren, sodass lediglich Objekte gefunden werden, die auf den Namen *bmw* hören, und damit alle Objekte ausschließen, bei denen der Begriff *bmw* im Dateiinhalt oder in den Metadaten vorkommt, so bietet Apple mir die Eigenschaft *Name stimmt überein mit* an. Sobald diese ausgewählt ist, wird die Suche auf die Elemente reduziert, die tatsächlich *bmw* im Dateinamen tragen. Wurde die Suche so eingegrenzt, ändert sich das Erscheinungsbild im

Suchfeld. Vor dem Begriff *bmw* steht der Eintrag *Name*. Von dort aus können Sie über den Begriff *Alles* zurückschalten, damit der Begriff *bmw* auch wieder in den Dateiinhalten gefunden werden kann.

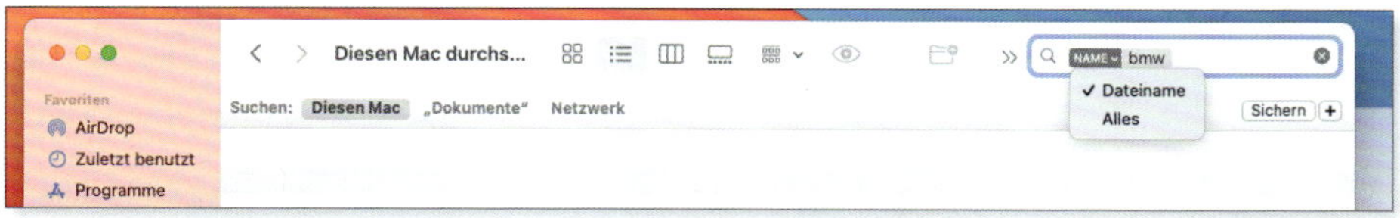

Suche nach Dateinamen bzw. überall.

Außerdem haben Sie sicher schon bemerkt, dass oberhalb der Suchliste ein Begriff namens *Art ist beliebig* Ihnen anzeigt, dass jede Art von Datei, die auf Ihrem Rechner existiert, als Suchergebnis innerhalb der Liste dienen kann. Sie können aber jederzeit neben dem Begriff *Art* Ihre Suchergebnisse auf bestimmte Arten von Dateien eingrenzen.

Hier bekommen Sie also eine sehr einfache Möglichkeit, Ihr Suchergebnis über ein Pull-down-Menü auf die Art von Informationen einzuschränken, die Sie benötigen.

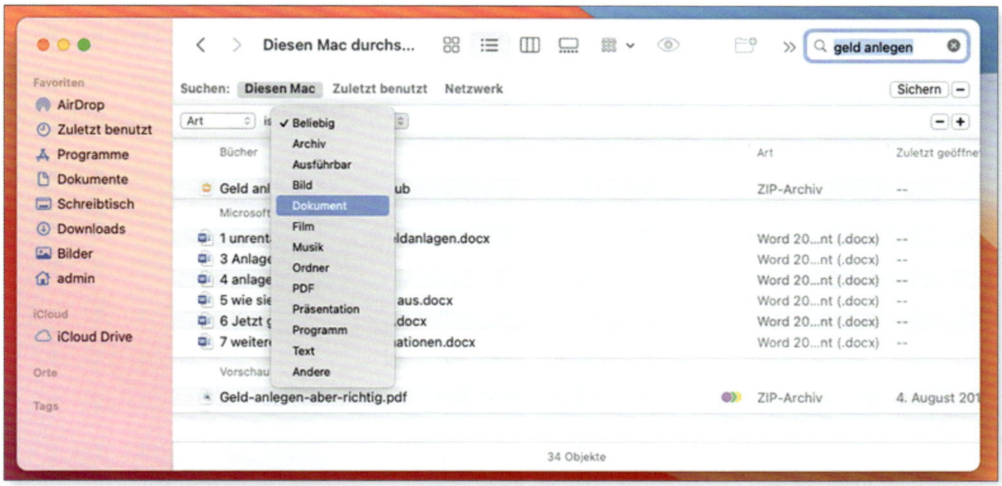

Eingrenzen der Suche.

Doch damit nicht genug. Sie können nicht nur nach verschiedenen Arten von Dateien suchen, auch der Begriff *Art* selbst enthält ein Pull-down-Menü, in dem Sie nach Datumswerten, nach Name und nach weiteren Kriterien suchen können.

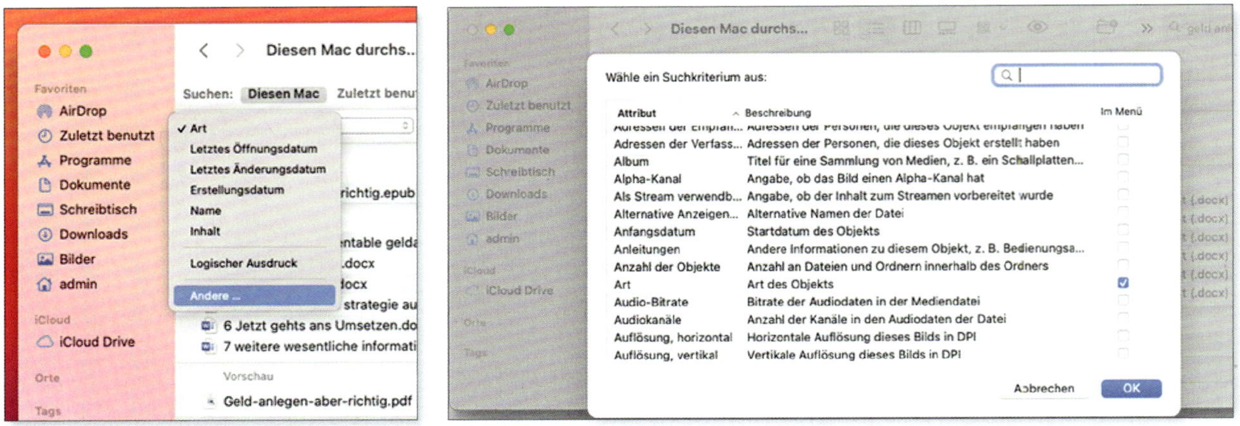

Weitere Suchkriterien über „Andere“.

Wenn Sie den Eintrag *Andere* auswählen, erscheint ein weiteres Fenster, in dem Sie eine schier unglaubliche Anzahl von zusätzlichen Suchkriterien finden. Brauchen Sie beispielsweise sehr oft die Suche nach der Brennweite von Fotos, können Sie innerhalb der Suchkriterien in der Tat eine Suche danach ausführen. Daraufhin erscheinen die Begriffe *Blendenzahl* und *Brennweite* als Suchkriterien. Sobald Sie die Häkchen in der Spalte *Im Menü* anbringen, werden diese dauerhaft als potenzielle Suchkriterien hinterlegt und Sie brauchen nicht stets über den Begriff *Andere* in diese ausführliche Suchkriterienliste zu navigieren.

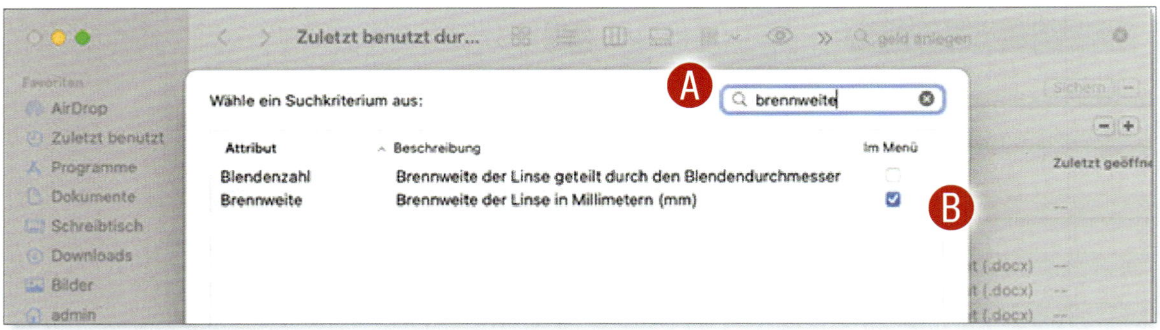

Weitere Suchkriterien ins Menü aufnehmen.

Geben Sie also rechts oben im Suchfeld Ⓐ den Begriff ein, den Sie aus den Suchkriterien herausfiltern möchten, und bringen Sie in der Spalte *Im Menü* Ⓑ das Häkchen an, um dieses Suchkriterium nachfolgend direkt im Finder-Fenster aufrufen zu können.

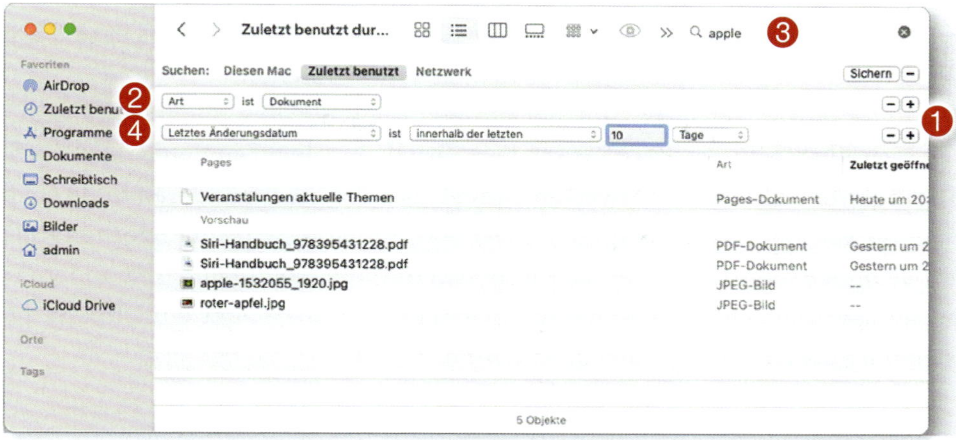

Mehrere Suchkriterien auf einmal.

Aber auch damit ist der Funktionsumfang von Spotlight noch nicht erschöpft. Sobald Sie ein erstes Suchkriterium definiert haben, zum Beispiel die Suche nach *Apple* und von der Art her sollen es *Dokumente* sein, finden Sie nach wie vor eine schier unendliche Anzahl von Informationen. Um die Suche weiter einzugrenzen, besteht die Möglichkeit, auf der rechten Seite des Suchkriteriums über den +-Button ❶ den bestehenden Suchkriterien (❷ + ❸) weitere Eigenschaften hinzuzufügen.

Und Sie müssen es nicht dabei belassen, lediglich zwei weitere Suchkriterien zu spezifizieren (siehe ❹). Sie können auch nach dieser Zeile über das + noch eine weitere, dritte Zeile öffnen und dort erneut ein beliebiges Suchkriterium definieren. So wird die Suche sukzessive eingeschränkt. Sie sehen also: Die Spotlight-Suche ist sehr flexibel und passt sich Ihren Bedürfnissen und Wünschen an.

Wenn Sie genauer hinsehen, finden Sie zwischen dem Suchbegriff, den Sie in der Symbolleiste eintragen, und den Suchkriterien darunter noch eine Zeile, die mit dem Begriff *Suchen* beginnt. Daneben stehen im Normalfall drei Begriffe.

Über *Diesen Mac* Ⓐ durchforsten Sie Ihren Computer inklusive aller angeschlossenen Datenträger wie USB-Sticks, externe Festplatten etc.

Über – in unserem Beispiel – *„admin"* Ⓑ wird der aktuelle Benutzerordner durchsucht. Warum wird hier der Benutzerordner angeboten? Ganz einfach: Wenn Sie vorher über *Gehe zu* zum Benutzerordner navigiert sind und nun mit *cmd* + *F* die Suchfunktion starten, wird eben der aktuell gewählte Ordner im

Finder angeboten. Wären Sie hingegen vorher zum *Programme*-Ordner gewechselt und hätten dort eine Suche ausgeführt, würde an dieser Stelle der *Programme*-Ordner stehen.

Und schließlich gibt es das *Netzwerk* **C**. Über diese können Sie eine Suche auf einem Netzlaufwerk durchführen. Notwendig hierfür ist, dass Sie auf dem Server eingeloggt sind und dort ein Betriebssystem läuft, das die Spotlight-Suche auch beantworten kann. Das heißt, ist am anderen Ende ebenfalls ein Mac-Rechner oder ein Server, der mit dem Apple-Betriebssystem läuft, wird die Spotlight-Suche auch dort ausgeführt und Sie finden auf entfernten Rechnern Dateiinhalte, Metadaten und andere Informationen aufgrund Ihrer Suchanfrage. Ist auf der anderen Seite ein Windows- oder ein Unix-System im Einsatz, beschränken sich die Suchtreffer auf Datei- und Ordnernamen.

! Etwas lästig ist folgende Einstellung des Apple-Betriebssystems: Angenommen, Sie befinden sich gerade in Ihrem Benutzerordner und starten mit **cmd + F** die Suche, dann wird diese standardmäßig auf Ihrem Rechner ausgeführt. Weil Sie aber im Benutzerordner waren, wollten Sie eigentlich die Suche auch nur innerhalb dieses Ordners ausführen. Das Apple-System verwendet als Standardeinstellung jedoch immer den kompletten Computer. Wenn Sie dies ändern möchten, gehen Sie in die **Finder-Einstellungen** und dort zum Reiter **Erweitert**. Wechseln Sie beim Eintrag **Bei Suchvorgängen** von **Diesen Mac durchsuchen** auf **Aktuellen Ordner durchsuchen**.

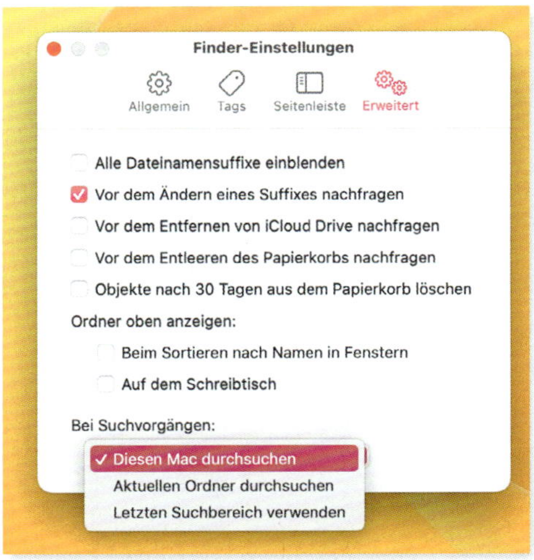

Finder-Einstellungen –> Erweitert.

Sogleich wird also, sollten Sie sich im Ordner *Dokumente* befinden, als erste Priorität der *Dokumente*-Ordner durchsucht. Sie können auf *Diesen Mac durchsuchen* umschalten, sofern Sie in Ihrem *Dokumente*-Ordner keine Treffer erzielen.

Und ein Eintrag fehlt noch: In der Zeile, in der der Begriff *Durchsuchen* steht, haben Sie ganz rechts bestimmt bereits den Begriff *Sichern* D gesehen. Damit können Sie eine Suchfunktion speichern und erzeugen auf diese Weise einen *intelligenten Ordner*. Und intelligente Ordner haben es in sich!

Intelligente Ordner

Sie haben ja bereits einen intelligenten Ordner kennengelernt, und zwar in der Seitenleiste den Eintrag unterhalb der *Favoriten* mit dem Namen *Zuletzt benutzt*. Dieser Ordner ist im Prinzip nichts anderes als eine Spotlight-Suche innerhalb Ihres Benutzerordners und zeigt alle Dateien gemeinsam an, die sich innerhalb Ihres Benutzerordners befinden.

Sie können aber als Anwender auch eigene intelligente Ordner zusammenstellen, um Dateien, die Sie häufig benötigen, über eine vordefinierte Spotlight-Suche rasch im Zugriff zu haben. Angenommen, Sie möchten stets digitale Bilder, die sich in Ihrem Benutzerordner befinden und nicht älter als sieben Tage sind, in einem Ordner zusammenfassen. Das ist eine perfekte Aufgabe, um einen intelligenten Ordner zu erstellen.

▶I Intelligente Ordner via Spotlight 07_05

http://macos2023.amac-buch.de/#07_05

Spotlight ist so schnell im Auffinden von Daten, dass man damit sehr leicht intelligente Ordner erstellen kann, die on-the-fly Dateien aufgrund von Suchkriterien gemeinsam auflisten können. Wie das zu bewerkstelligen ist, können Sie in diesem Film bewundern.

Backup über Time Machine

Das Erstellen eines Backups, also einer Sicherungskopie aller Daten des Computers, war in der Zeit vor Time Machine eine bisweilen anstrengende und mühevolle Arbeit. Man musste sich eine zusätzliche Software besorgen und einen Datenträger, auf dem das Backup abgelegt werden sollte. Das Problem war weniger der externe Datenträger, sondern vielmehr die Backup-Software. Gängige Produkte waren bisweilen schwer verständlich und umständlich in der Bedienung. *Time Machine* hingegen ist Apple-like sehr einfach zu bedienen.

Was macht Time Machine? Nun, Time Machine macht beim allerersten Durchlauf ein komplettes Backup des aktuellen Zustands Ihres Computers mit allen Daten, einschließlich des Ordners *System*, der Programme, Ihrer Benutzerdaten etc. Sind dann 60 Minuten vergangen und der externe Datenträger ist immer noch mit dem Rechner verbunden, wird jetzt überprüft, was sich an dem Rechner in der Zwischenzeit geändert hat. Und nur diese Änderungen werden erneut in das Backup überführt. Haben Sie also beispielsweise in den letzten 60 Minuten eine Datei geöffnet, überarbeitet und gespeichert, wird diese Datei auf das Backup-Medium übertragen. Und so oft Sie Änderungen an Ihrem Rechner vornehmen, werden diese automatisch via Time Machine auf Ihren Backup-Datenträger kopiert.

Möchten Sie ein Backup Ihres Rechners erstellen, sollten Sie sich hierfür eine externe Festplatte besorgen. Die Größe der Festplatte hängt davon ab, wie groß der interne Datenträger und die Datenmenge darauf ist. Angenommen, Sie haben auf Ihrem internen Datenträger derzeit 200 Gigabyte in Verwendung, so sollten Sie mit einem externen Datenträger starten, der mindestens zwei- bis dreimal so groß ist, also in diesem Beispiel ab etwa 500 Gigabyte. Damit haben Sie einen gewissen Puffer, bis dieser Datenträger mit verschiedenen Backups volllaufen wird. Sie können danach einen neuen Datenträger erwerben, um erneut mit den Backups zu starten.

Das erste Backup starten

Wenn Sie nun einen externen Datenträger erworben haben, verbinden Sie diesen per USB- oder Thunderbolt-Kabel mit Ihrem Mac. Sofern diese externe Festplatte im korrekten Dateiformat für den Mac formatiert ist, erscheint sogleich ein Fenster, das Ihnen anbietet, diesen externen Datenträger als Backup-Volume zu verwenden.

Starten Sie die *Systemeinstellungen –> Allgemein –> Time Machine* und klicken auf *Backup-Volume hinzufügen* und aktivieren Sie den gewünschten Datenträger. Unter Umständen muss z. B. ein externer Datenträger noch korrekt initialisiert werden. Der Vorgang geht rasch vonstatten und die externe Festplatte wurde als APFS-Datenträger formatiert.

> ! ACHTUNG: Das Formatieren löscht alle Daten, die sich auf einem Datenträger befinden. Bevor Sie also formatieren, sollten Sie noch einmal überprüfen, dass Sie damit keine relevanten Daten für alle Zeiten vernichten.

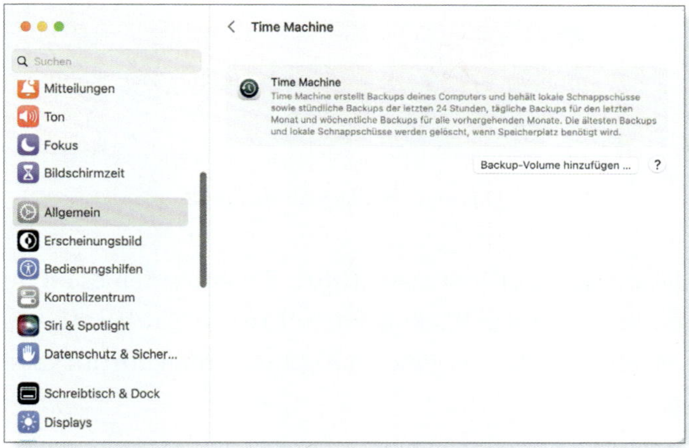

Systemeinstellungen –> Time Machine.

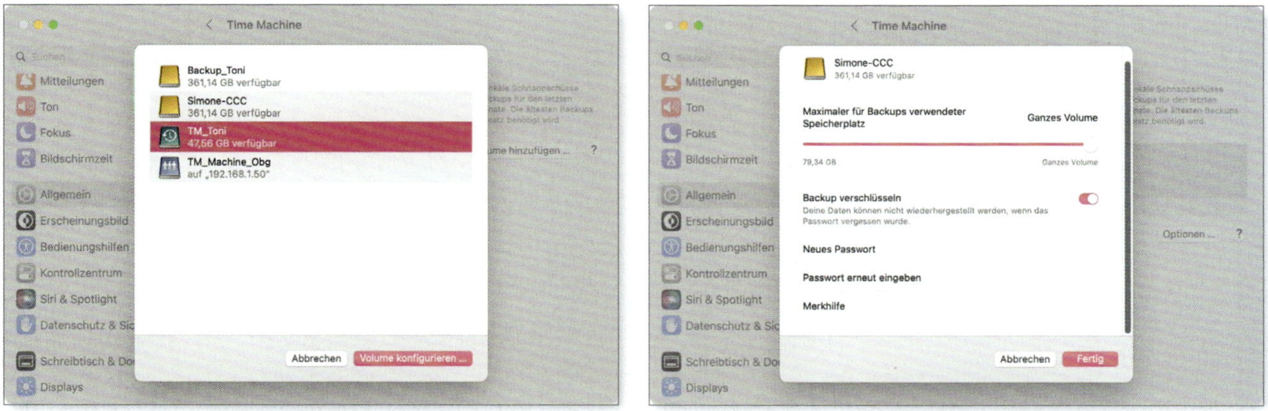

Backup-Volume auswählen.

Dabei erscheinen in einer Liste alle derzeit verfügbaren Datenträger, die mit Ihrem Rechner verbunden sind. Ich entscheide mich an dieser Stelle für den Server *TM_Toni*. Auch hier bekomme ich erneut die Option, das Backup-Volume zu verschlüsseln. Falls Sie dies möchten, aktivieren Sie diese Funktion und geben das dazugehörige Passwort zweimal ein. War die Auswahl des Datenträgers erfolgreich, beginnt Time Machine mit dem Anfertigen der ersten Sicherungskopie.

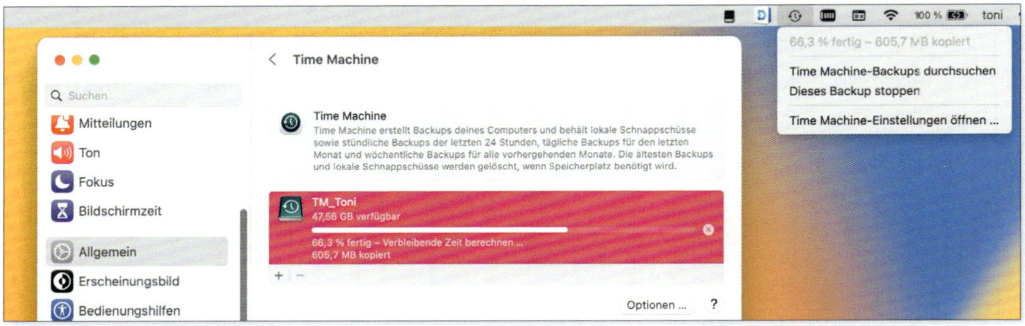

Das erste Backup wird erstellt.

Das Backup wird dann jede Stunde erneut ausgeführt. Sie erkennen es an dem geänderten Icon in der Menüleiste. Klicken Sie darauf, wird der Backup-Fortschritt in Zahlen dargestellt. Seit Mountain Lion kann man mehrere Time-Machine-Volumes gleichzeitig auswählen, um an verschiedenen Orten Backups des Rechners zu hinterlegen.

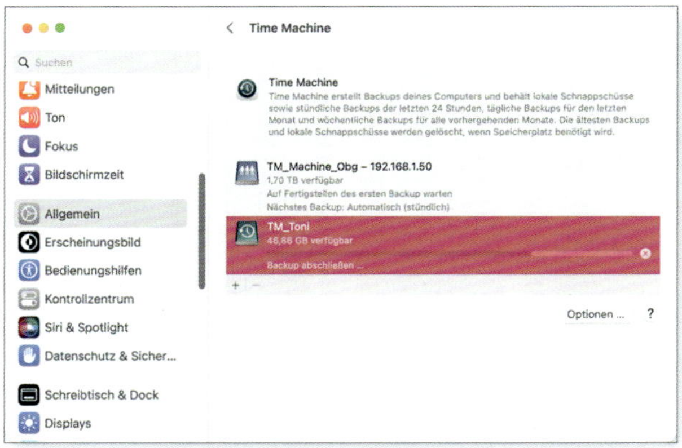

Mehrere Time-Machine-Volumes sind möglich.

Sobald Sie ein erstes Time-Machine-Backupvolume ausgewählt haben, können Sie erneut auf das Plus-Icon tippen und einen weiteren Datenträger auswählen.

Wie bereits erwähnt, ist das erste Backup ein *Full Backup*, das heißt, alle Daten, die sich derzeit auf Ihrem Rechner befinden, müssen zum allerersten Mal auf den Sicherungsdatenträger übernommen werden. Das kann ein Weilchen dauern.

Backups erstellen

Sobald das erste Backup abgeschlossen ist, können Sie in den *Systemeinstellungen* einige Informationen darüber ablesen.

Informationen über Backups.

Sollten Sie den Backup-Datenträger schon länger besitzen, erhalten Sie hier nicht nur die Uhrzeit, sondern auch die Datumsangabe, wann die Backups erstellt wurden.

> !
> Time Machine automatisch alle 60 Minuten ein Backup. Möchten Sie zwischendurch mal eine Sicherungskopie von wichtigen Daten erstellen, ist das **Menulet** in der **Menüleiste** ein guter Anlaufpunkt. Wählen Sie dort das **Time Machine**-Icon aus und klicken Sie den Eintrag **Backup jetzt erstellen** an. Stellen Sie hierfür sicher, dass der Backup-Datenträger verfügbar ist. Sobald Backups existieren, können Sie unter Zuhilfenahme der **alt**-Taste und des Menüleistenicons die Datenintegrität des Backups überprüfen lassen.

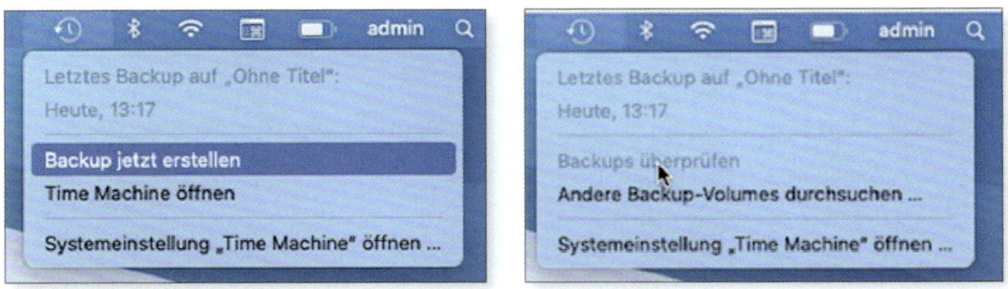

„Backup jetzt erstellen" über die Menüleiste bzw. „Backup überprüfen" via alt-Taste.

Und sogleich wird Time Machine starten, den Unterschied zum letzten Backup erkennen und die notwendigen Dateien auf den Backup-Datenträger übertragen.

> !
> Über **Systemeinstellungen –> Time Machine** können Sie via Kontextmenü ebenfalls das sofortige Backup anstoßen oder über das Minus-Icon den Backup-Datenträger entfernen.

Über das Kontextmenü in den „Systemeinstellungen“ stehen weitere nützliche Funktionen zur Auswahl.

Sie können im Übrigen auch die Struktur der Backups auf dem Backup-Datenträger einsehen. Wenn Sie dazu ein Finder-Fenster öffnen und dort in der Seitenleiste bei *Orte* den Datenträger auswählen, der die Backups enthält, werden Sie dort Ordner finden, die die jeweiligen Backups beheimaten.

Und wenn Sie genau hinsehen, erkennen Sie, dass die Unterordner mit einem Zeitstempel versehen sind: das Jahr gefolgt vom Monat und Tag, gefolgt von der Uhrzeit mit Stunden-, Minuten- und Sekundenangabe. Und Sie könnten nun, wenn Sie möchten, auch auf diese Weise in die älteren Backups schauen. Sie werden dabei erkennen, dass es so aussieht, als wäre quasi ständig der komplette Rechner in das Backup übertragen worden. In Wahrheit jedoch ist das ganz pfiffig gelöst: Es werden nur die geänderten Daten übertragen.

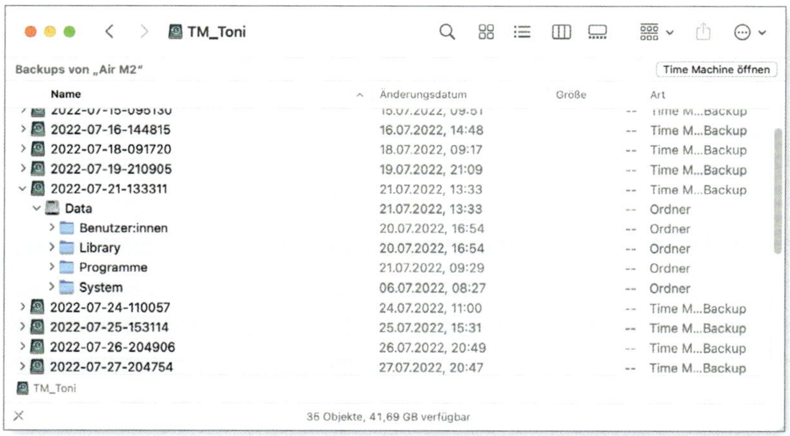

Struktur der Backups auf dem Backup-Datenträger.

Bevor wir uns Time Machine ansehen, kommen wir noch einmal ganz kurz zurück zu den *Systemeinstellungen –> Time Machine*. Sie haben dort sicher den Button *Optionen* gesehen. Der Button *Optionen* ❶ bietet Ihnen die Möglichkeit, Ordner vom Backup auszuschließen. Ähnlich wie vorhin bei Spotlight besprochen, können Sie also gewisse Elemente von der Sicherung ausschließen ❷, was ich Ihnen aber nicht empfehle, denn wenn Sie Ordner vom Backup ausschließen, können Sie die darin enthaltenen Daten im Falle des Datenverlusts auch nicht aus dem Backup wiederherstellen und haben sie für immer verloren.

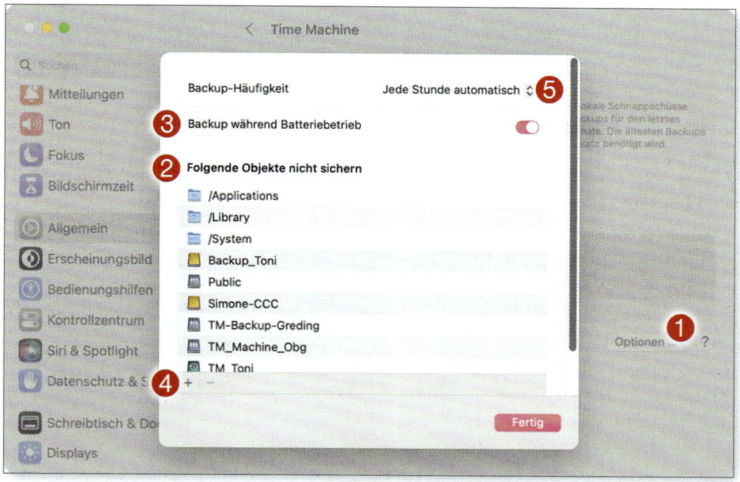

Systemdateien aus dem Backup ausschließen.

Manchmal kann es sinnvoll sein, dass man von einem Computer lediglich die Benutzerdaten in das Time-Machine-Medium überführt, weil alle anderen Elemente wie das Betriebssystem oder auch die Programme zur erneuten Installation verfügbar sind. Das spart natürlich enorm viel Platz auf dem externen Sicherungsdatenträger.

> **!** Auch an dieser Stelle noch einmal der Hinweis: Externe Festplatten als Backup-Datenträger sind heutzutage sehr günstig zu erwerben. Sie erhalten beispielsweise eine 4-Terabyte-Festplatte für etwa € 80,– (Stand: Oktober 2023).

Es gibt aber auch Dateien bzw. Ordner, die aus dem Backup im Regelfall ausgeschlossen werden sollten. Wenn Sie beispielsweise via Parallels Desktop Windows auf dem Mac laufen lassen, sollten Sie diese virtuellen Gastsysteme ausschließen. Diese liegen im Regelfall in Ihrem Benutzerordner und dort im *Dokumente*-Ordner. Das Programm Parallels Desktop liefert einige Funktionen mit, um Backups der Gastsysteme erstellen zu können.

Natürlich können Sie nachträglich Objekte, die aus dem Backup ausgeschlossen wurden, wieder entfernen ❹. Beim nächsten Backup werden dann die Daten ebenso ins Backup übernommen. Und sofern Sie einen tragbaren Mac haben, können Sie noch definieren, ob ein Backup auch im Batteriebetrieb stattfinden soll ❸. Und schlussendlich bei *Backup-Häufigkeit* können Sie das automatisch stündliche Backup auf tage- oder wochenweise ❺ umschalten.

Time Machine in Aktion

Um Time Machine nun in Aktion zu erleben, klicken Sie in der Menüleiste auf das *Time Machine*-Symbol und wählen die Funktion *Time Machine-Backups durchsuchen* aus. Daraufhin startet Ihr Computer bei angeschlossenem Time-Machine-Datenträger mit Ihnen eine Zeitreise.

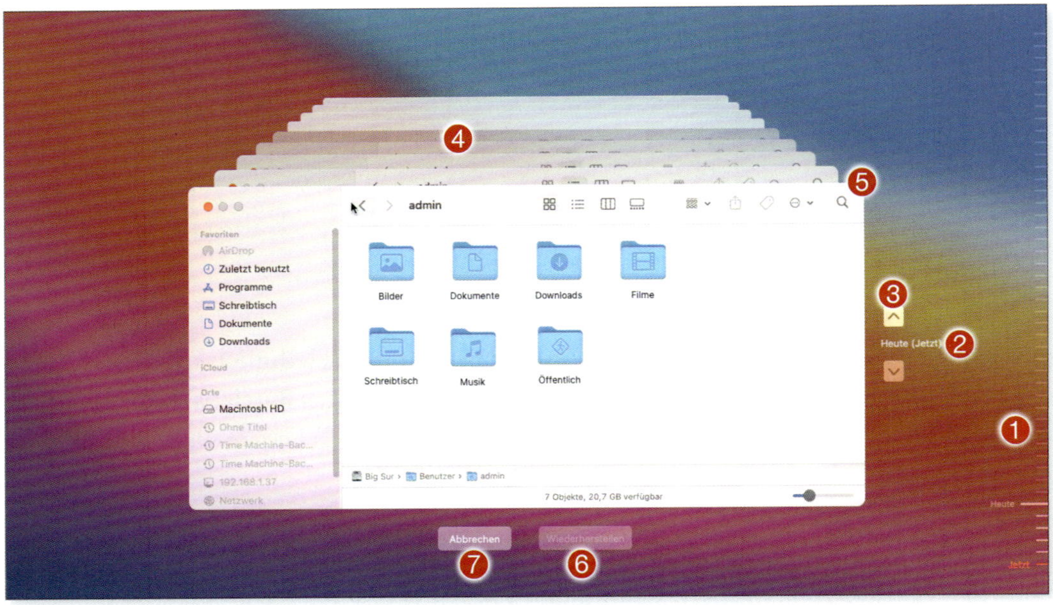

Zeitreise via Time Machine.

Wenn Sie das Bildschirmfoto ansehen, finden Sie auf diesem eine Menge verschiedener Elemente. Zunächst einmal sehen Sie auf der rechten Seite eine *Zeitleiste* ❶. Diese Zeitleiste repräsentiert die verschiedenen Backup-Bestände, sowohl lokale als auch externe Backups. Es sei dabei noch einmal erwähnt, dass alle 60 Minuten ein Backup erstellt wird, was innerhalb kürzester Zeit zu wahnsinnig vielen Backups führen würde.

> **!** Doch Time Machine ist clever und konsolidiert die Backups tage-, wochen- und monatsweise, so dass die Zeitleiste auf der rechten Seite immer übersichtlich bleibt.

Auf der rechten Seite sehen Sie in der Mitte, welchen Zustand Ihres Backups Sie derzeit betrachten ❷. Das Fenster im Vordergrund repräsentiert den heutigen (Jetzt-)Zustand. Die Fenster, die weiter hinten abgelegt sind – Sie erkennen es im Bild ❹ –, sind vorherige Zustände Ihres Datenbestands. Sie können nun über drei Arten auf die Zeitreise gehen: Entweder Sie klicken bei ❶ einen anderen Zeitpunkt an und das Fenster wird von hinten nach vorn bewegt, oder aber Sie klicken im Bereich ❹ ein dahinter liegendes Fenster an, um es nach vorn zu holen. Sie können aber auch die *Pfeile* ❸ verwenden, um in der Zeit zurückzublättern. Die Pfeile haben übrigens die Eigenschaft, dass Sie so weit in die Vergangenheit zurückgehen, bis in dem Fenster, das Sie vor sich sehen, eine erste Änderung stattgefunden hat. Das heißt: Time Machine bietet quasi einen Autopiloten, der so lange mit Ihnen in der Zeit zurückgeht, bis sich eine Änderung erkennen lässt.

Bedenken Sie bitte, dass Sie einen vollständigen Finder vor sich haben. Sie sehen also auf der linken Seite Ihres Finder-Fensters die Seitenleiste und können einfach einen anderen Ordner anklicken, um Einsicht in diesen zu nehmen. Natürlich können Sie auch über einen Doppelklick einen Ordner öffnen. Darüber hinaus steht Ihnen auch Spotlight ❺ zur Verfügung. Führen Sie also eine Spotlight-Suche aus, um zum jeweiligen Zeitpunkt alle Dateien zu finden, die Ihren Suchkriterien entsprechen. Und nicht zu vergessen: Auch Übersicht (Quicklook) steht zur Verfügung.

Haben Sie dann die Datei oder den Ordner gefunden, die bzw. den Sie versehentlich gelöscht, überschrieben oder wie auch immer verloren haben, klicken Sie dieses Element an und holen über den Button *Wiederherstellen* ❻ das Element in die Gegenwart zurück. Durch eine schöne Animation begleitet, wird das Element aus der Vergangenheit wieder in die Gegenwart zurückgebracht. Konnten Sie Ihre Information nicht finden, können Sie über *Abbrechen* ❼ Time Machine wieder verlassen.

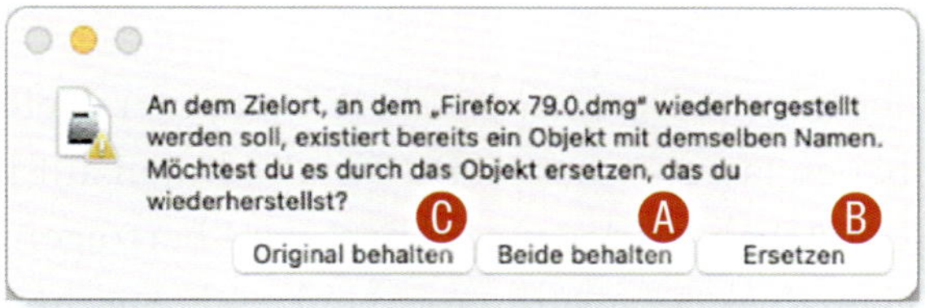

Zwei Versionen einer Datei.

Es muss ja nicht immer so sein, dass Sie über Time Machine verloren gegangene oder gelöschte Dateien wieder in die Gegenwart zurückholen wollen. Es könnte auch sein, dass Sie mit einem Programm eine Datei öfters bearbeitet haben. Nachdem Time Machine automatisch alle 60 Minuten eine Kopie dieser Datei abspeichert, haben Sie in verschiedenen Backups also auch ältere Fassungen der Datei, auf die Sie zugreifen können. Falls Sie dies tun, wird Time Machine Sie mit einem Fenster darauf hinweisen, dass es am Zielort bereits eine Datei mit dem gleichen Namen gibt. Sie können sich nun entscheiden, ob Sie beide Versionen der Datei behalten Ⓐ wollen oder die aktuelle Version durch die ältere ersetzen wollen Ⓑ bzw. die jetzige Version behalten möchten Ⓒ.

Ein anderes Szenario kann auch vorkommen, ich hoffe allerdings eher selten: Ihr Rechner ist defekt, Sie können mit Ihrem Computer nicht mehr arbeiten. Sie benötigen aber gerade jetzt dringend Ihre Daten. Selbstverständlich sind alle Daten in Ihrem Time-Machine-Backup. Nur können Sie darauf momentan nicht zugreifen, weil schlicht und ergreifend Ihr Rechner nicht mehr funktioniert. Der Ausweg ist ein sehr einfacher: Schließen Sie den Time-Machine-Datenträger an einen anderen Mac an. Wählen Sie dort das *Time Machine*-Symbol in der Menüleiste und halten Sie die *alt*-Taste gedrückt. Aus dem Eintrag *Backup jetzt erstellen* wird *Backups überprüfen* und aus *Time Machine-Backups durchsuchen* wird jetzt der Eintrag *Andere Backup-Volumes durchsuchen*.

Andere Backup-Volumes durchsuchen.

Sie können somit rasch an Ihre Daten gelangen und sie möglicherweise an einem anderen Rechner weiterbearbeiten.

> **!** Wurde beim Erstellen des Time-Machine-Backups ein Passwort vergeben, wird dieses natürlich benötigt, um das Backup wieder einspielen zu können.

War oder ist beispielsweise der interne Datenträger Ihres Computers defekt, werden Sie sich bei Ihrem Fachhändler einen neuen einbauen lassen müssen. Da Sie alle Daten auf Ihrem Time-Machine-Backup haben, können Sie das Backup natürlich auf den neuen Rechner übertragen. Zu diesem Zweck können Sie ein Betriebssystem auf dem neuen Rechner installieren. Und nach Abschluss der Installation können Sie den Time-Machine-Datenträger und den Migrationsassistenten verwenden, um die Daten auf den neuen Rechner zurückzuspielen. Weitere Informationen dazu finden Sie im Anhang ab Seite 538. Der Time-Machine-Datenträger ist also Gold wert, weil er Ihre wichtigen Daten beherbergt und diese jederzeit auf einen neuen Rechner übernommen werden können.

> **!** Sofern Sie mit wichtigen, sensiblen Daten arbeiten, könnte es durchaus sinnvoll sein, dass Sie zwei Backup-Datenträger im Wechsel verwenden, also den Datenträger im Laufe einer Woche mehrmals umstecken. Time Machine ist so clever und erkennt jedes Mal den Zustand des Datenträgers im Vergleich zum aktuellen Zustand Ihres Computers und speichert jeweils die Differenz auf dem Backup-Datenträger.

Auch die größte Time-Machine-Festplatte wird einmal komplett voll sein. Sobald dies eingetreten ist, wird Ihr Computer sich bei Ihnen melden und anfragen, ob er ältere Backups aus der Reihe der Time-Machine-Backups löschen soll. Entweder Sie akzeptieren diese Entscheidung, oder – wozu ich Ihnen rate – Sie legen sich einen neuen Backup-Datenträger zu, schließen diesen an Ihren Rechner an und führen ein erneutes Komplett-Backup durch. Den vorherigen Backup-Datenträger legen Sie einfach an einer sicheren Stelle ab, damit Sie im Falle eines Falles wieder auf die älteren Daten zugreifen können. Für Firmen und Unternehmen ist es immer notwendig, alte Daten zu archivieren. Von daher ist es selbstverständlich, dass beim Überlaufen des Backups ein neuer Datenträger die Lösung der Wahl darstellt.

! Sollten Sie via Boot-Camp-Assistent auf Ihrem Mac eine Windows-Partition erzeugt haben, wird Time Machine diese beim Backup außen vor lassen. Um die Windows-Partition zu sichern, benötigen Sie also entsprechende Zusatzsoftware wie zum Beispiel WinClone.

! Im Sommer 2018 hat Apple die Time Capsule in Rente geschickt. Mit ihr war es möglich, drahtlos über WLAN Time Machine Backups zu erstellen. Doch es gibt auf dem Markt viele Alternativen wie die Western Digital MyCloud oder die Synology DiskStation. Beides sind sogenannte NAS-Geräte (Network Attached Storage) und damit Netzwerkspeicher, die ebenfalls für Time Machine genutzt werden können.

Split View

Das gleichzeitige Arbeiten mit mehreren Programmen kann unter Umständen sehr unübersichtlich werden – insbesondere dann, wenn Sie ständig zwischen zwei Programmen hin- und herwechseln müssen, wie z. B. beim Arbeiten an einem Textdokument und gleichzeitiger Recherche im Internet. macOS bietet zwar einen schnellen Programmwechsel mit der Tastenkombination *cmd* + *Tab* an, allerdings werden die Programme dabei nicht automatisch nebeneinander angezeigt. Mit der Funktion Split View können Sie zwei Programmfenster automatisch nebeneinander anzeigen lassen und mit beiden gleichzeitig arbeiten.

▶I zwei Apps nebeneinander via Split View 07_06

http://macos2023.amac-buch.de/#07_06

Um an zwei Programmen gleichzeitig arbeiten zu können, sollten diese gemeinsam nebeneinander auf dem Bildschirm dargestellt werden. Split View ermöglicht das. In diesem Film sehen Sie, wie einfach das zu bewerkstelligen ist.

Stage Manager

Mit dieser Funktion kommt neben Mission Control und Spaces eine weitere Funktion für uns als Anwender, wie wir mit dem Fensterchaos zurecht kommen können.

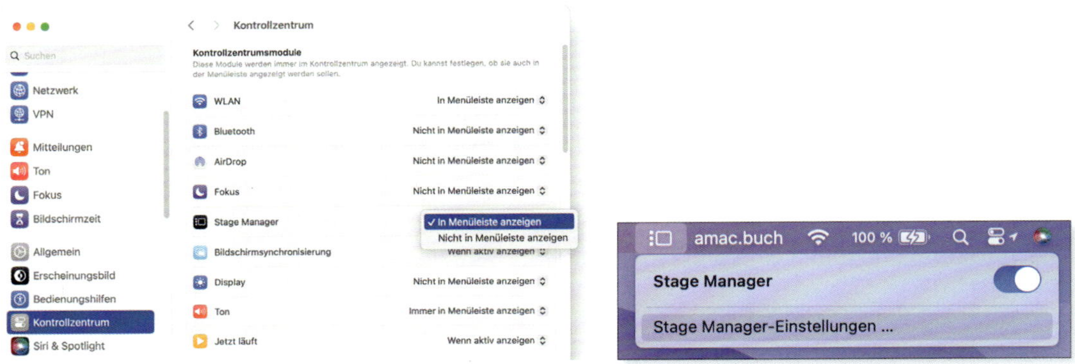

Zum Schnellen ein- bzw. ausschalten der Funktion würde ich empfehlen, das Icon für den Stage Manager in die Menüleiste einzubinden und zu konfigurieren (rechts).

Sobald diese Funktion aktiv ist, werden die aktuell nicht verwendeten Programmfenster links am Monitorrand angezeigt.

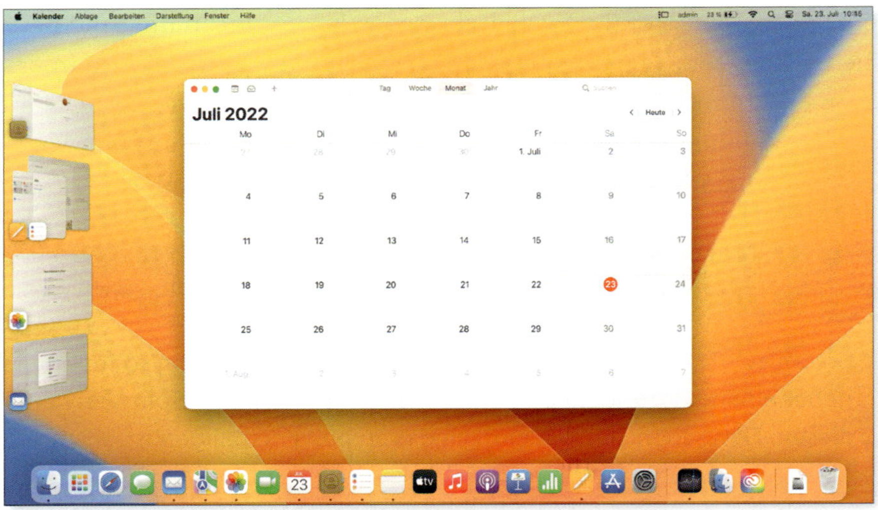

So kann es aussehen, wenn Sie mit dem Stage Manager arbeiten.

Zwei Dinge gilt es dabei zu beachten:

a) Sie können auch zwei Apps zusammen als Eintrag in der Liste haben.

b) Der Desktop und dessen Objekte wird bei der Verwendung des Stage Managers ausgeblendet. Er kann über *Systemeinstellungen –> Schreibtisch & Dock –> Schreibtisch & Stage Manager* aktiviert werden.

▶I Stage Manager im Einsatz 07_07

http://macos2023.amac-buch.de/#07_07

Die Arbeitsweise des Stage Managers ist am einfachsten in Form eines Videos darstellbar. Sehen Sie also, wie Sie diesen im praktischen Einsatz nutzen können.

Zwischenablage – von macOS zu iOS und umgekehrt

Eine Funktion, die es seit macOS Sierra und iOS 10 auf dem Mac und iPhone/iPad gibt, ist die gemeinsame Nutzung der Zwischenablage. Die gemeinsame Zwischenablage zu nutzen bedeutet: Wenn Sie z. B. auf dem iPhone in Safari etwas markieren und kopieren, können Sie den kopierten Bereich am Mac in Word oder TextEdit einfügen. Das funktioniert auch in die andere Richtung von Mac zum iPhone.

> **!** Voraussetzung für die gemeinsame Zwischenablage ist die Nutzung von iCloud, die Verwendung der gleichen Apple-ID auf dem iPhone/iPad und dem Mac und ein aktiviertes **Handoff** auf dem Mac (**Systemeinstellungen -> Allgemein**) und den iOS-Geräten (**Einstellungen -> Allgemein**).

Der Datenaustausch via Zwischenablage funktioniert ganz einfach: Markieren Sie z. B. auf dem iPhone einen beliebigen Text und wählen Sie *Kopieren* aus dem *Kontextmenü*. Um auf dem iPhone etwas zu markieren, können Sie entweder einen Doppeltipp ausführen oder den Finger etwas länger auf das Display legen. Wechseln Sie nun zum Mac und öffnen Sie dort das Programm, in das Sie den kopierten Bereich einfügen wollen. Im Menü *Bearbeiten* müssen Sie jetzt nur noch die Funktion *Einfügen* bzw. *Einsetzen* wählen. Fertig!

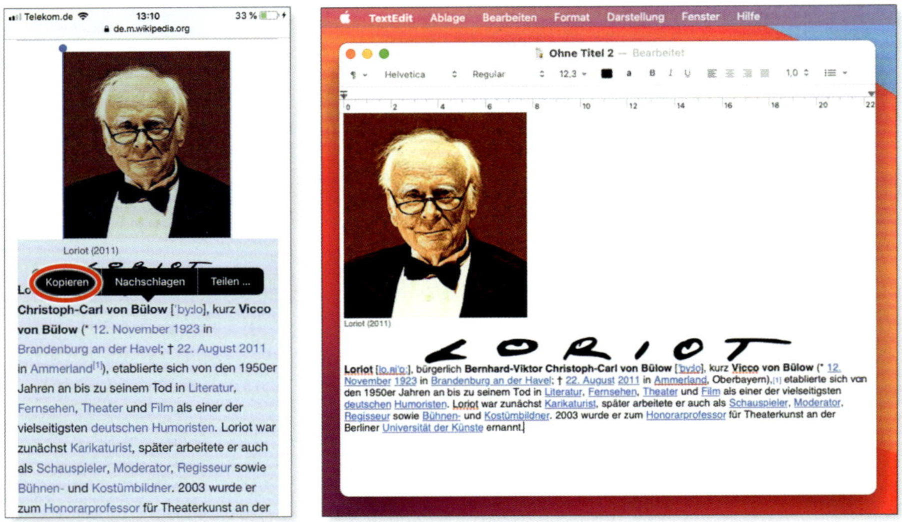

Der markierte Bereich wird auf dem iPhone (links) in die Zwischenablage gelegt und anschließend in TextEdit auf dem Mac in ein Dokument eingefügt (rechts).

Mit der der Apple Watch den Mac aufsperren und als Passwortersatz einsetzen

Wenn Sie im Besitz einer Apple Watch sind, dann können Sie diese zum Aufsperren bzw. Einloggen am Mac benutzen. Anstatt das Passwort am Mac einzutippen, reicht es aus, wenn sich Ihre Apple Watch in Reichweite des Macs befindet. Die Eingabe des Passworts wird damit überflüssig. Haben Sie die Watch nicht dabei, können Sie natürlich über das Passwort Ihren Mac jederzeit aufsperren.

Voraussetzungen, mit der Apple Watch agieren zu können

Es gibt einige Voraussetzungen, die erfüllt sein müssen, damit die Apple Watch für das Entsperren verwendet werden kann. Folgende Dinge müssen Sie haben:

- eine Apple Watch mit mindestens watchOS 3 und aktivierter Codesperre
- ein Mac-Computer mit mindestens macOS Sierra (ab Baujahr 2013)
- eine Apple-ID, die auf allen Geräten eingerichtet ist
- die iCloud im aktiven Zustand
- die aktive Zwei-Faktor-Authentifizierung für Ihre Apple-ID bzw. iCloud

Sind alle Voraussetzungen erfüllt, müssen Sie auf dem Mac noch eine kleine Einstellung vornehmen. Öffnen Sie die *Systemeinstellungen* und klicken dort auf *Touch ID & Passwort.* Dort sollte nun rechts unten der Eintrag mit Ihrer Apple Watch erscheinen und Sie können es aktivieren. Falls diese Option nicht auftaucht, ist wahrscheinlich eine der Voraussetzungen nicht erfüllt, oder der Mac hat Ihre Apple Watch noch nicht gefunden. Warten Sie einfach noch ein paar Minuten.

Ist die Option aktiviert, läuft ab sofort alles automatisch. Wenn Sie den Mac z. B. aus dem Ruhezustand holen wollen, muss ab sofort kein Passwort mehr eingegeben werden. Die Apple Watch entsperrt den Mac und teilt Ihnen dies durch eine kleine Nachricht auf dem Display mit. Dazu muss sich die Apple Watch zwingend an Ihrem Handgelenk befinden. Ist die Watch nicht verfügbar, können Sie sich natürlich über Ihr Kennwort anmelden.

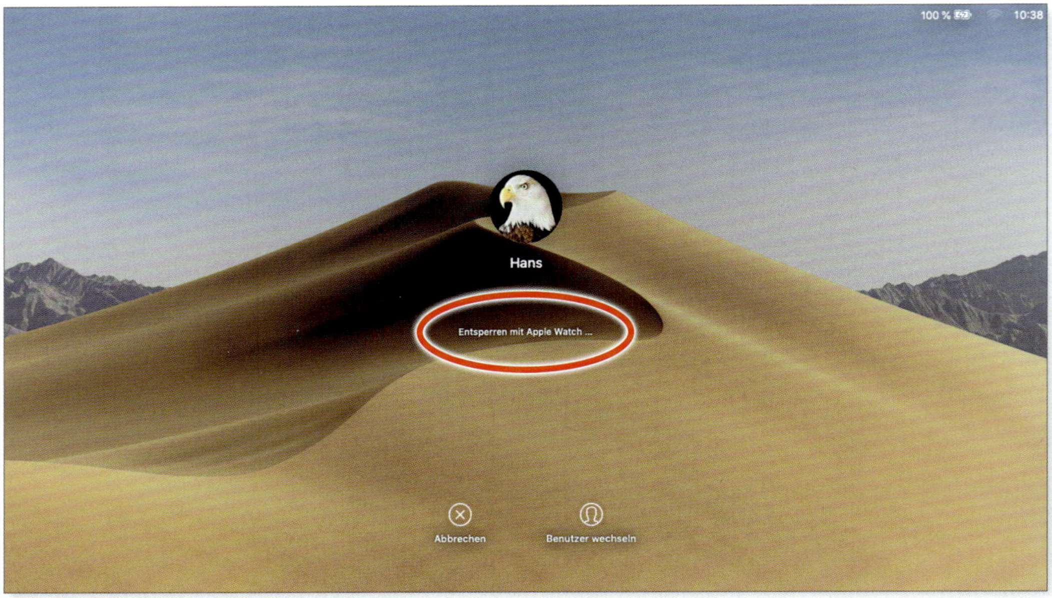

Der Mac wird mit Hilfe der Apple Watch entsperrt (links). Auf der Apple Watch wird dieser Vorgang mit einer kleinen Meldung bestätigt (rechts).

!

Die Apple Watch kann zudem an weiteren Stellen als Passwortersatz verwendet werden wie z. B. in Safari wenn Sie die Passwörter einsehen wollen, in der Notizen-App beim Zugriff auf eine gesperrte Notiz und an vielen weiteren Stellen. Drücken Sie jeweils doppelt die Seitentaste der Watch, um am Mac aufzusperren.

Kapitel 8

Dateien erstellen und ablegen

Ordnerstruktur

Wie Sie ja bereits wissen, befindet sich innerhalb Ihres Benutzerordners eine logische Ordnerstruktur, die für Sie vorbereitet wurde, um mit Dateien arbeiten zu können. Wir wollen uns nun auf den Ordner *Dokumente* konzentrieren. Der Ordner *Dokumente* kann durch weitere Unterordner gegliedert und so zu einer vernünftigen Datenablage erweitert werden.

Um einen neuen Unterordner innerhalb des Ordners *Dokumente* zu erzeugen, müssen Sie den Ordner *Dokumente* öffnen. Am einfachsten geschieht das, wenn Sie im Finder über den Menübefehl *Gehe zu –> Dokumente* den Dokumente-Ordner öffnen.

Um einen neuen Ordner zu erstellen, haben Sie grundsätzlich fünf Möglichkeiten:

▶I Neue Ordner erstellen 08_01

http://macos2023.amac-buch.de/#08_01

Sehen Sie in diesem Video, wie einfach Ordner im Finder erstellt werden können. Darüber hinaus können auch während des Sicherns bzw. Speicherns von Dateien noch Ordner erzeugt werden.

Geben Sie hier einen maximal 255 Zeichen langen Ordnernamen an.

! Der erste Buchstabe des Ordnernamens darf kein Punkt sein, worauf das Apple-System Sie auch hinweist. Des Weiteren ist in der Namensvergabe ein Doppelpunkt nicht erlaubt. Umlaute, Leerzeichen und andere Sonderzeichen hingegen sind kein Problem.

! Sollten Sie diesen Ordner später auf einen USB-Stick übertragen und an einem anderen Rechner weiterverwenden, könnte es bei der Verwendung von Sonderzeichen in Datei- oder Ordnernamen zu Schwierigkeiten kommen. Auf der Mac-Plattform hingegen ist die Verwendung von Sonderzeichen in Datei- und Ordnernamen völlig problemfrei.

Wollen Sie die Namensvergabe für einen Ordner abschließen, bestätigen Sie dies mit der *Return-Taste*. Mit einem erneuten Druck auf die *Return-Taste* wird der Name des Ordners wieder aktiv und kann geändert werden. Alternativ dazu können Sie auch mit der Maustaste den Ordnernamen anklicken, und nach etwa zwei Sekunden wird dieser editierbar und steht für Ihre Änderungen zur Verfügung.

! Wie bei allen Mac-Programmen, kann auch im Finder via **cmd + Z** der letzte Arbeitsschritt rückgängig gemacht werden. Viele Programme bieten sogar die Möglichkeit an, weitere Schritte zurückzugehen.

! Wenn Sie statt der **Symboldarstellung**, **Listendarstellung** oder **Galeriedarstellung** die **Spaltendarstellung** verwenden, genügt ein einfacher Klick, um den Ordner zu öffnen und darin weitere Unterordner anzulegen.

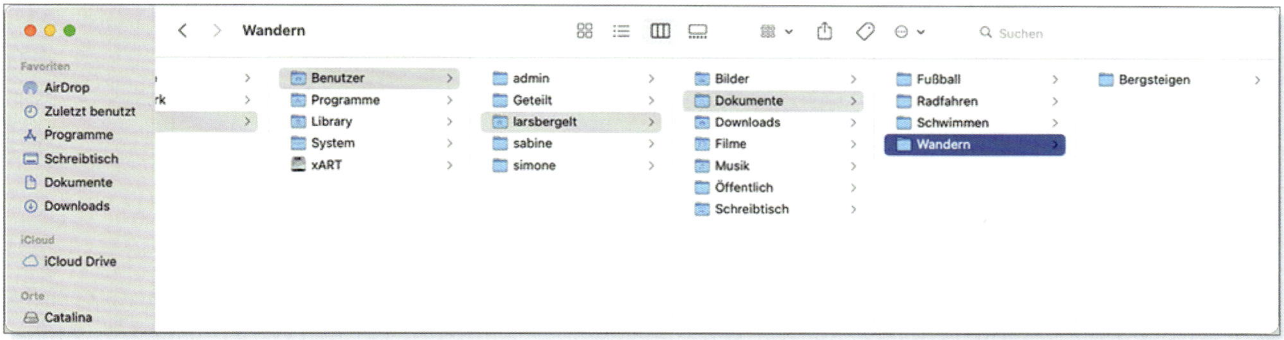

Hier sehen Sie eine beliebige Ordnerstruktur.

So können Sie Ordner durch weitere Unterordner strukturieren, um die spätere Datenablage vorzubereiten. Wie Sie anhand unseres Bildschirmfotos sehen, ist uns hier ein Malheur passiert: Der Ordner *Bergsteigen* wurde versehentlich als Unterordner des Ordners *Wandern* angelegt. Sie möchten aber, dass *Bergsteigen* auf der gleichen Ebene liegt wie *Wandern*. Deshalb müssen Sie dieses Objekt nun verschieben. Das Verschieben von Objekten funktioniert so, dass Sie beispielsweise den Ordner *Bergsteigen* anklicken und mit der Maus in die Spalte links daneben ziehen. Sie sehen also, dass sich die *Spaltendarstellung* sehr gut eignet, um in der Ablagestruktur Modifikationen vorzunehmen.

! Wollen Sie ein Element (Datei oder Ordner) auf demselben Datenträger ein zweites Mal haben, halten Sie die **alt**-Taste gedrückt und das Element wird beim Ziehen mit der Maus automatisch kopiert.

Kopieren und Verschieben

Wenn Sie nun diese Ordnerstruktur mit Dateien befüllt haben und auf einem tragbaren USB-Stick mitnehmen möchten, ist auch das mit dem Apple-Betriebssystem ein ganz simpler Vorgang. Stecken Sie zu diesem Zweck Ihren USB-Stick an den Rechner an und ziehen Sie beispielsweise den Ordner *Freizeit* per Drag & Drop auf das Icon des USB-Sticks.

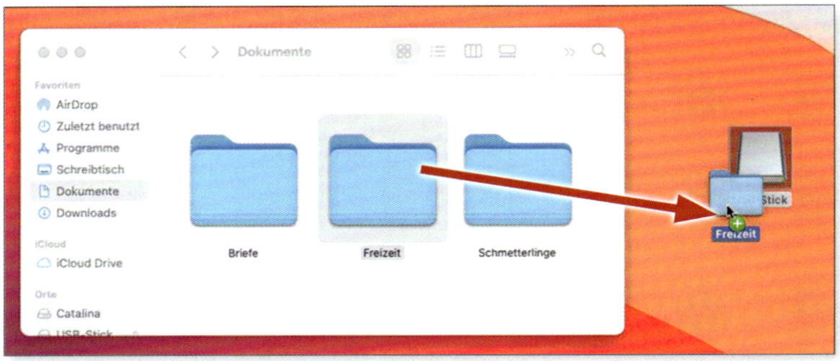

Ordner wird auf USB-Stick kopiert.

Sobald Sie von Ihrem internen Laufwerk eine Datei oder Ordner auf einen externen Datenträger bewegen, wird standardmäßig kopiert, Sie müssen hier also nicht die *alt*-Taste zusätzlich gedrückt halten. Möchten Sie dagegen, dass das Element nicht kopiert, sondern tatsächlich vom internen Datenträgern das USB-Laufwerk verschoben wird, halten Sie während des Ziehens mit der Maus die *cmd*-Taste gedrückt. Sie erkennen das Verschieben daran, dass nunmehr kein weißes Plus auf grünem Hintergrund erscheint und der Ordner bzw. die Datei anschließend am Ursprungsort verschwunden ist.

!

Alternativ zur Maus können Sie die Kopierfunktionen auch über das **Bearbeiten**-Menü erledigen. Um eine Datei in die **Zwischenablage** zu bekommen, wählen Sie den Eintrag **Bearbeiten –> Kopieren**. Wenn Sie das Objekt an anderer Stelle einsetzen möchten, wählen Sie **Bearbeiten –> Objekt einsetzen**. Viel einfacher geht es selbstverständlich mit den Tastenkombinationen **cmd + C** für Kopieren und **cmd + V** für Einfügen.

!

Wer bisher mit einem Windows-System gearbeitet hat, kennt auch die Funktion des **Ausschneidens**. Diese Funktion kennt das Apple-System im Zusammenhang mit Dateien und Ordnern in der Form nicht. Möchten Sie nun eine Datei oder einen Ordner tatsächlich bewegen, verwenden Sie **cmd + C**, um das Element in die Zwischenablage zu bringen, und dann die Tastenkombination **cmd + alt + V** beim Einfügen. Damit wird das Element an der ursprünglichen Position entfernt und an der neuen eingefügt.

Aber zurück zur Aufgabe, den Ordner auf einen USB-Stick zu kopieren. Wurde diese Aktion erfolgreich abgeschlossen, beginnt der Kopiervorgang.

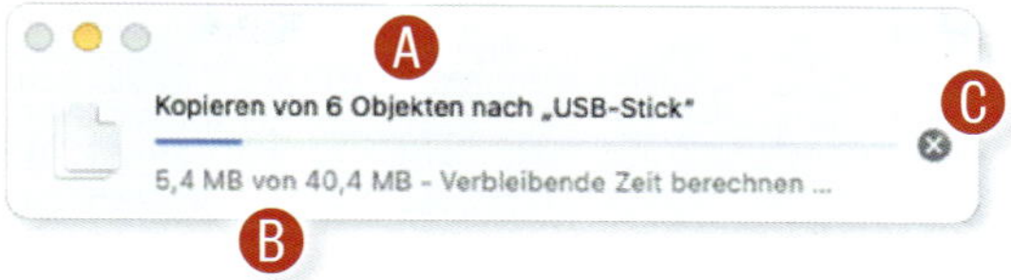

Kopiervorgang in Aktion.

Daraufhin zeigt Ihnen ein Dialog, wie viele Objekte gerade kopiert werden Ⓐ und wie groß die insgesamt zu übertragende Datenmenge ist Ⓑ. Möchten Sie den Kopiervorgang abbrechen, klicken Sie auf das kleine weiße *x* am Ende des Balkens Ⓒ.

> ! Wir arbeiten unter macOS mit einem hochperformanten Unix-System. Deshalb ist es kein Problem, mehrere Kopiervorgänge parallel durchzuführen.

Übrigens: Gibt es an der Zielposition bereits ein Dokument gleichen Namens, fragt macOS nach, was nun geschehen soll.

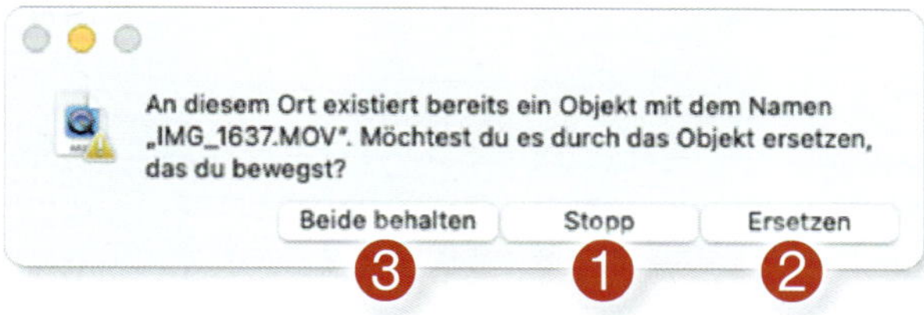

Gleichnamiges Objekt bereits an Zielposition vorhanden.

Via *Stopp* ❶ beenden Sie den Kopiervorgang. Bei *Ersetzen* wird die vorherige Datei durch die aktuelle überschrieben ❷. Und *Beide behalten* ❸ hängt der aktuellen Datei einfach eine fortlaufende Ziffer an.

Im Vergleich zu den früheren Systemen hat sich hier eine kleine, aber sehr wichtige Neuerung ergeben. Wenn Sie mehrere Dateien von einem Ort zu einem anderen kopieren, bewegen oder verschieben, sind nun bereits fertig kopierte Elemente sofort einsatzbereit.

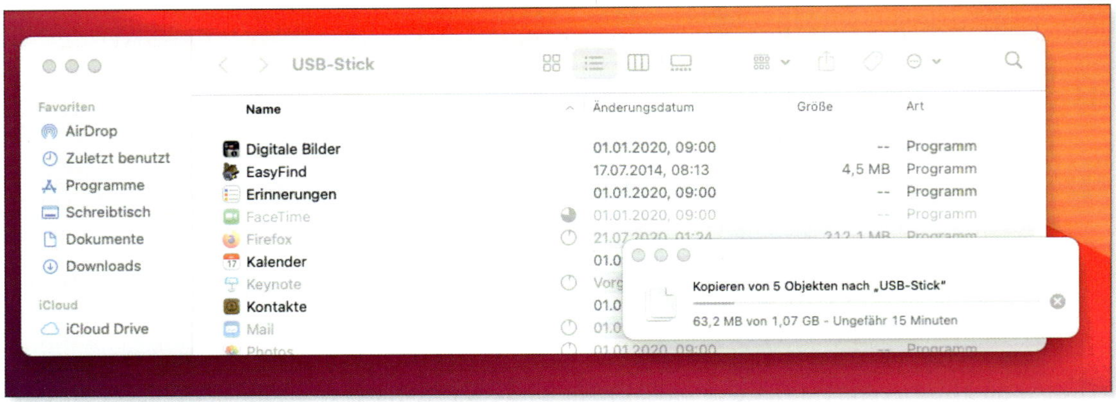

Fertig kopierte Elemente sind sofort einsatzbereit.

Man sieht an dem Beispielfoto im Finder-Fenster, dass unter anderem die Programme *Digitale Bilder*, *EasyFind* und *Erinnerungen* bereits fertig kopiert wurden und mit einem dunklen, kräftigen Icon dargestellt werden. Das heißt, sie stehen bereits zur weiteren Verwendung zur Verfügung. Bei den anderen Applikationen hingegen sieht man, dass diese noch kopiert werden. Zusätzlich wird am Ende der Namensspalte ein Symbol eingeblendet, das den Fortschritt des Kopiervorgangs anzeigt.

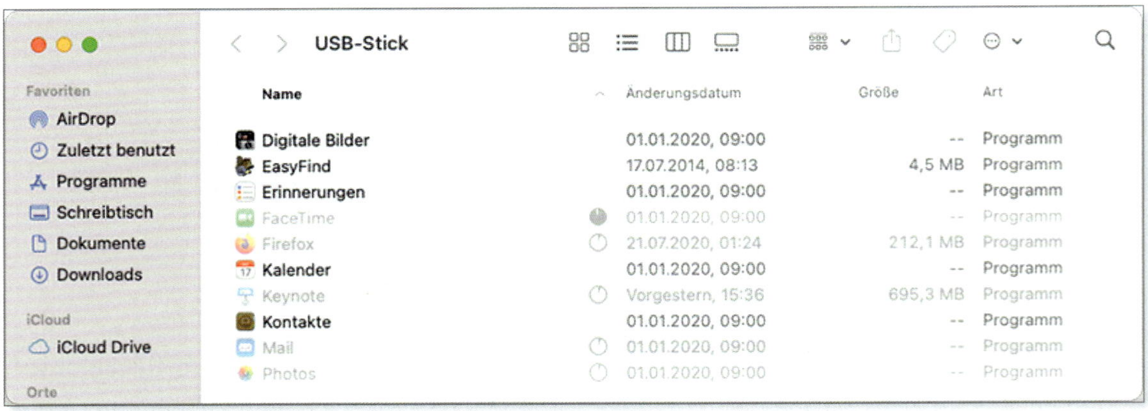

Kopierverlauf im Detail.

> **!** Über das Kontextmenü lässt sich bei gedrückter **alt**-Taste der Speicherpfad der ausgewählten Dateien kopieren, und als Text anderswo einzufügen.

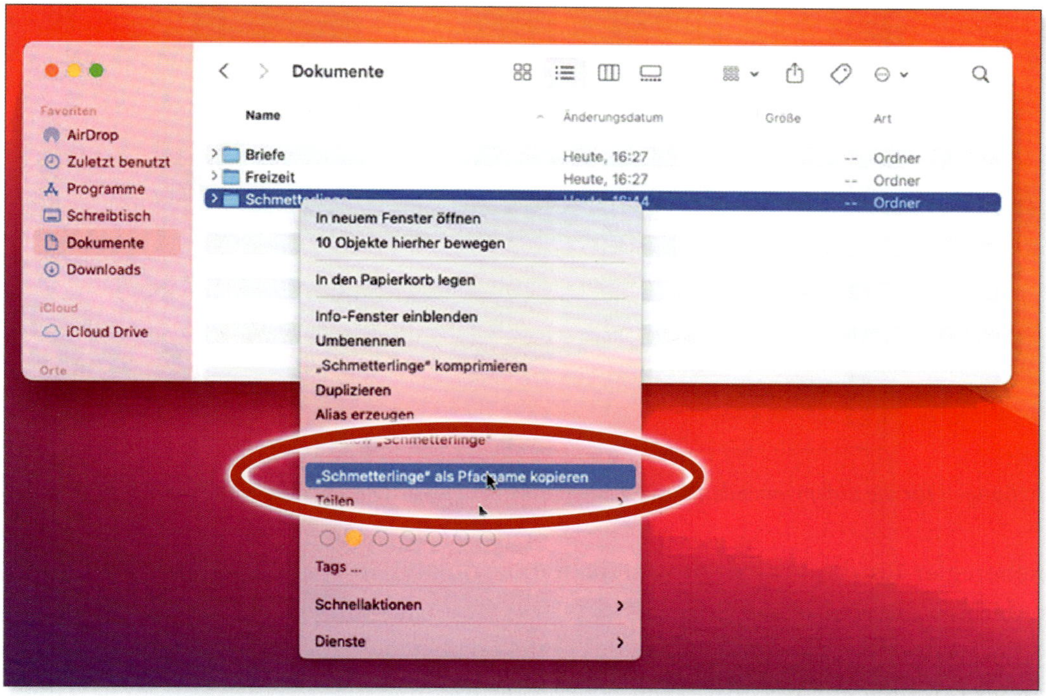

Der Speicherpfad lässt sich als Text in die Zwischenablage legen.

Aufspringende Ordner

Beim Kopieren ist Ihnen möglicherweise schon einmal etwas scheinbar Seltsames untergekommen: Als Sie nämlich den Ordner auf das Icon des USB-Sticks gezogen hatten, pulsierte dieses kurz und öffnete daraufhin ein Fenster. Das ist eine im Betriebssystem hinterlegte Funktion. Diese Funktion nennt sich *Aufspringende Ordner und Fenster* die von Ihnen angepasst und auch ausgeschaltet werden kann. Dazu öffnen Sie die *Systemeinstellungen* und wechseln dort zu den *Bedienungshilfen*. In der rechten Spalte wählen Sie dann *Zeigersteuerung* aus. Nun sehen Sie auf der rechten Seite die Funktion *Aufspringtempo*.

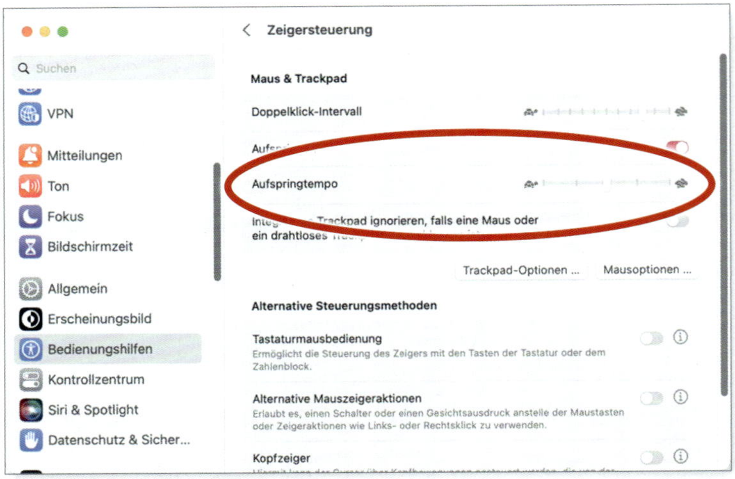

Die Einstellungen für die aufspringenden Ordner finden Sie in den „Bedienungshilfen" bei den „Systemeinstellungen".

Der Schieberegler für die Verzögerung steht standardmäßig in der Mitte. Diese Funktion ist für den Anwender, der neu am Mac ist, zu Beginn etwas gewöhnungsbedürftig; für professionelle Anwender ist sie eine hervorragende Sache, zum Beispiel das Objekt direkt auf dem USB-Stick in weitere Ordner- oder Unterordnerhierarchien einzubringen. Denn wenn Sie die Maustaste gedrückt halten, erfolgt nach dem Pulsieren das Öffnen des USB-Sticks in Form eines Fensters und die Ordner, die auf dem Datenträger vorhanden sind, werden sichtbar. Sie können nun – bei weiterhin gedrückter Maustaste – das Objekt auf den Ordner ziehen, in den es schlussendlich eingebracht werden soll. Wenn Sie auch hier kurz warten, wird der betreffende Ordner wieder kurz pulsieren und sich in einem eigenen Fenster öffnen. Sie können damit also das Objekt gleich in den richtigen Unterordner einbringen. Sollten Sie mit der Funktion auf Kriegsfuß stehen, deaktivieren Sie sie einfach.

> **!** Noch ein Tipp für die aufspringenden Ordern: Sie können durch Drücken der Leertaste die Ordner sofort und ohne Verzögerung öffnen lassen, sofern Sie die Funktion aktiviert haben.

Sichern bzw. Speichern von Dateien

So, nun wollen wir uns daranmachen, in der Ordnerstruktur, die wir erzeugt haben, Dokumente abzulegen. Am besten benutzen wir zum Üben das im Betriebssystem mitgelieferte Programm *TextEdit*. Um das Programm TextEdit zu starten, gibt es, wie Sie bereits wissen, viele Wege. Entweder Sie benutzen das *Launchpad*, öffnen den *Programme*-Ordner, oder – was ich noch einmal in Erinnerung rufen möchte – verwenden Sie doch einfach *Spotlight*. Rufen Sie mit *cmd + Leertaste* die *Spotlight-Suche* auf und geben Sie den ersten Teil des Wortes *TextEdit* ein. Augenblicklich wird das Programm als Top-Treffer dargestellt und mit der *Return-Taste* kann es gestartet werden. Geben Sie nun in TextEdit ein paar Zeilen Text ein, um sie danach in Ihrem Ordner abspeichern zu können. Um das fertige Dokument in die Ordnerstruktur einzubringen, verwenden Sie den Menüpunkt *Ablage –> Sichern*.

> **!** In den allermeisten Programmen am Mac können Sie den Tastaturkurzbefehl **cmd + S** verwenden.

Sofort erscheint der *Sichern-* oder auch *Speichern*-Dialog. Und wie Sie sehen, wird der Ordner *Dokumente* als Ablageort vorgeschlagen. Nun soll aber diese Datei nicht in den Ordner *Dokumente*, sondern in den Unterordner *Freizeit* und dort in den Ordner *Radfahren* gespeichert werden. Deshalb ist es notwendig, im *Sichern*-Dialog die *Seitenleiste* anzuzeigen. Dazu klicken Sie rechts neben dem Speicerort auf den *Pfeil* nach unten ❹, um den erweiterten Dialog zu Gesicht zu bekommen. Sie können übrigens auch das Fenster, das sich jetzt auftut, von der Größe her modifizieren, um ausreichend Platz zu schaffen.

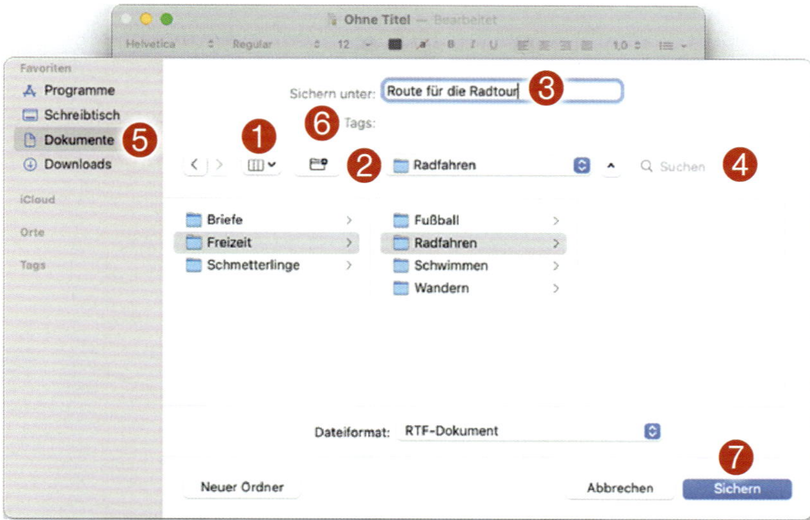

Speichern-Dialog in Spaltendarstellung inklusive Seitenleiste.

Der *Sichern-* oder *Speichern*-Dialog ist ein sehr umfangreicher Dialog, in dem Sie viele Dinge einstellen können. Sie sehen anhand des Bildschirmfotos, dass ich in der *Spaltendarstellung* arbeite. Sie können aber auch, wie aus dem Finder bekannt, die *Symboldarstellung* oder *Listendarstellung* verwenden, um zu navigieren. Klappen Sie bei ❶ das Menü auf und wählen die gewünschte Darstellungsart. Dort lassen sich auch die unterschiedlichen Gruppierungsarten auswählen, um z. B. die vorhandenen Dateien nach Änderungsdatum zusammenzufassen.

Außerdem habe ich mich nun zum Zielordner durchgearbeitet, das erkenne ich unterhalb des Dateinamens ❷. Hier steht also in der Tat *Radfahren* und in diesem Ordner soll die Datei abgelegt werden. Vergessen Sie niemals, bevor Sie die Datei speichern, bei ❸ der Datei einen vernünftigen Namen zu geben, damit Sie sie auch wiederfinden. Des Weiteren sehen Sie im *Sichern*-Dialog auf der linken Seite die Seitenleiste ❺ mit genau den Elementen, die auch ein Finder-Fenster aufweist. Wenn Sie den umfangreichen *Sichern*-Dialog wieder zuklappen möchten, können Sie dies mit einem Klick auf das Dreieck bei ❹ tun. Wenn Sie möchten, können Sie gleich direkt Tags vergeben ❻. Sind alle Einstellungen erfolgreich vonstattengegangen, dann klicken Sie auf *Sichern* ❼, um das Dokument an dem Bestimmungsort abzulegen.

Der *Sichern*-Dialog verfügt zudem über eine Menge von Tastaturkurzbefehlen, mit denen Sie sehr effektiv arbeiten können:

- Zum einen können Sie über *cmd* zusammen mit den Ziffern 1 bis 3 auf Ihrer Tastatur die drei verschiedenen Darstellungsvarianten aufrufen.
- Außerdem funktionieren auch die wichtigen *Gehe zu*-Befehle aus der Menüleiste, wie zum Beispiel *cmd* + *Shift* + *D* für den Schreibtisch, *cmd* + *Shift* + *O* für den *Dokumente*-Ordner etc.
- Sie können ebenso mit der Tastenkombination *cmd* + *Pfeiltaste nach oben* eine Ebene weiter nach oben wechseln. Das ist sinnvoll, wenn Sie in der Symbol- oder der Listendarstellung arbeiten.

Zwei weitere pfiffige Tricks für schnelles Speichern:

1. Wenn Sie bereits im Finder ein Fenster geöffnet haben, in das nun auch die zu sichernde Datei eingebracht werden soll, ziehen Sie einfach den Ordner hinüber in den *Sichern*-Dialog. Sogleich wird dieser als Zielordner verwendet

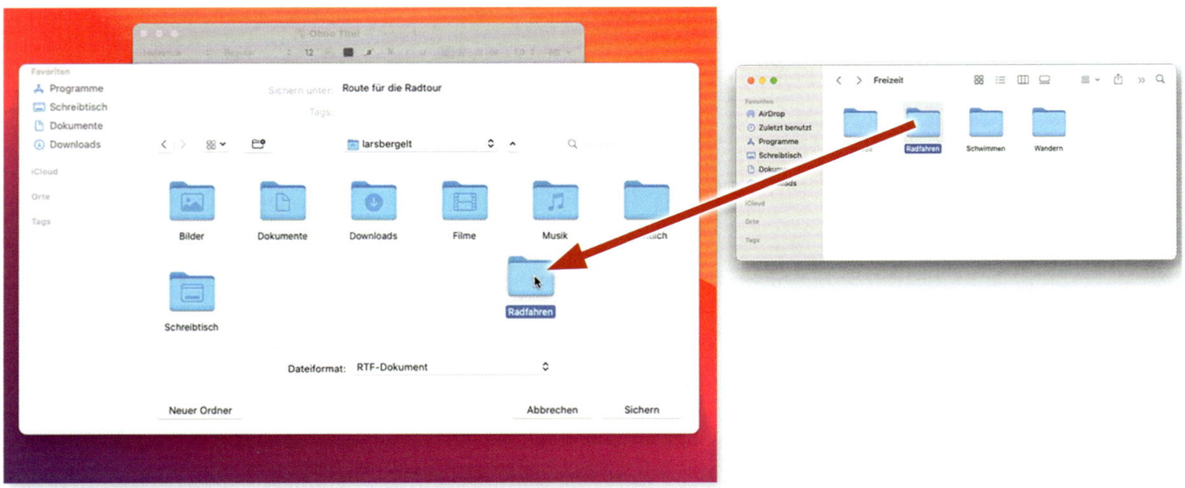

Finder-Ordner als Zielordner verwenden.

2. Natürlich können Sie auch hier weitere Ordner als Favoriten in die Seitenleiste bringen. Ziehen Sie dazu einfach den Ordner Ihrer Wahl auf den Begriff *Favoriten* der Seitenleiste.

Um nun zu überprüfen, ob das Dokument auch dort gelandet ist, wo Sie es haben möchten, gibt es wiederum mehrere Möglichkeiten:

Sie erinnern sich an das *Proxy-Icon*, das ist das kleine Symbol vor dem Titel des Fensters. Wenn Sie dort mit der *cmd*-Taste auf das Symbol klicken, wird der Pfad dargestellt und der Ablageort erscheint.

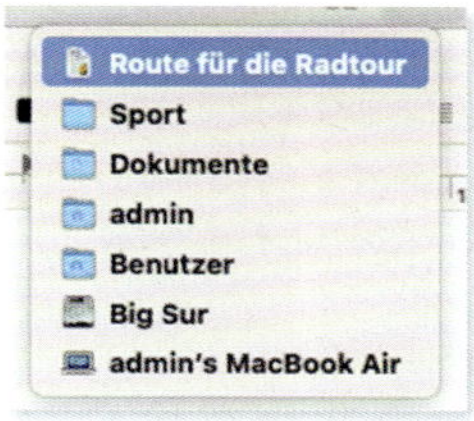

Proxy-Icon.

Natürlich können Sie auch in den *Dokumente*-Ordner gehen und dort in die Unterordner Einsicht nehmen, um zu überprüfen, ob das Dokument auch angekommen ist.

Deutlich pfiffiger ist es, den schnellsten Weg zu gehen, denn über das *Apfel-Menü* finden Sie den Eintrag *Benutzte Objekte*. Und dort finden Sie im Bereich *Dokumente* die vorhin abgelegte Datei. Um nun zum Ablageort zu gelangen, halten Sie die *cmd*-Taste gedrückt. Der Dokumentenname wird nun um den Zusatz *Im Finder anzeigen* angereichert. Klicken Sie den mit der Maus an und sogleich öffnet sich ein Finder-Fenster mit dem Ablageort des Dokuments.

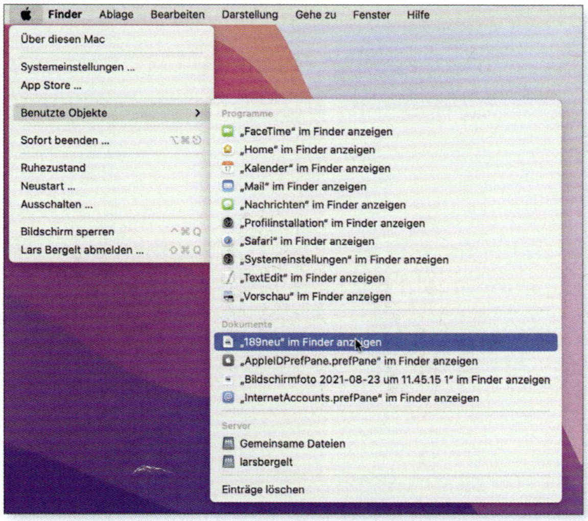

Dokument auffinden über „Benutzte Objekte" im Apfel-Menüm mit gedrückter „cmd"-Taste.

Und natürlich funktioniert es auch über *Spotlight*. Sie erinnern sich: Bei Spotlight ist es nicht notwendig, dass Sie den Dateinamen angeben, Sie können ebenso einige Begriffe, die im Dokument vorkommen, verwenden, um das Dokument aufzufinden.

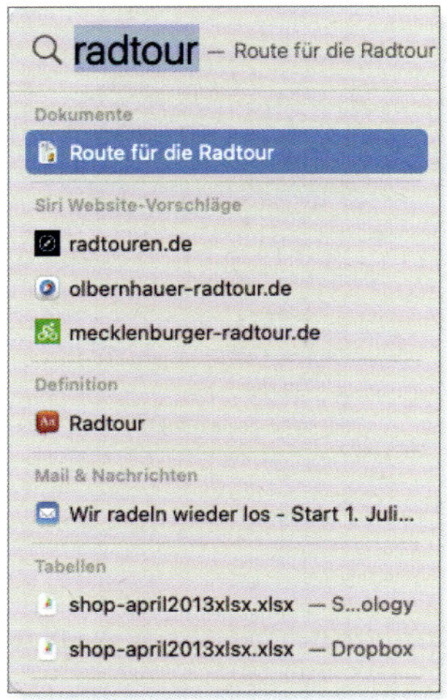

Und Spotlight findet das Dokument ebenso auf Anhieb.

Sie sehen also, dass es mannigfaltige Möglichkeiten gibt, um das Dokument wieder zum Vorschein zu bringen. Dabei haben Sie auch gleich gelernt, wie Sie ein Dokument öffnen können. Spotlight ist der eine Weg, das *Apfel-Menü* mit dem Eintrag *Benutzte Objekte* ein weiterer. Sie können aber auch schlicht und ergreifend am Ablageort einen Doppelklick auf dem Dokument ausführen, um es zu öffnen.

! Alternativ dazu können Sie natürlich auch im Programm **TextEdit** den Menüpunkt **Ablage -> Öffnen** verwenden und zu dem Ordner navigieren, an dem Sie das Dokument abgelegt haben, um es dort auszuwählen.

! Sollten Sie iCloud Drive aktiv haben, gibt es weitere Funktionen beim Öffnen und Sichern von Dateien. Lesen Sie hierzu die Informationen auf der Seite 427.

Dateierweiterung bzw. -suffix

Es stellt sich nun die Frage, woher eine Datei eigentlich weiß, mit welchem Programm sie erzeugt wurde. Oder andersherum gefragt: Wenn auf eine Datei ein Doppelklick ausgeführt wird, welches Programm wird denn dabei starten? Hier verwendet das Apple-Betriebssystem eine Technologie, die viele von Ihnen auch von Windows kennen werden: nämlich einen Namenszusatz, der jedem Dateinamen angehängt wird.

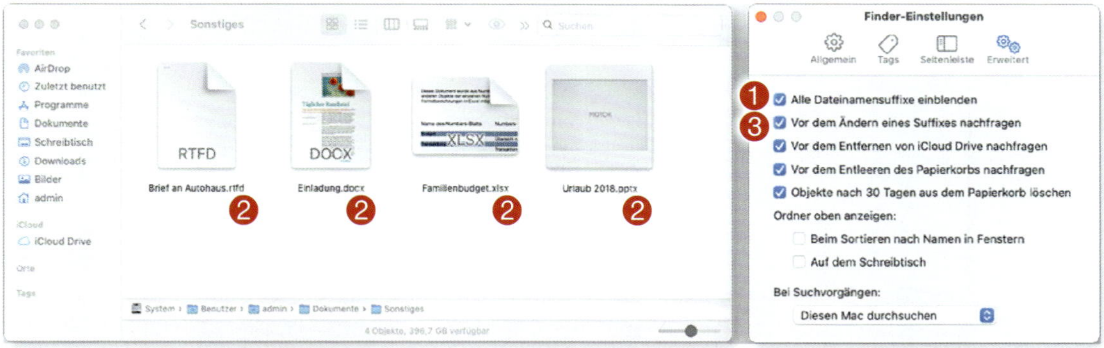

Datei inklusive Dateinamensuffix.

Es ist ein guter Rat, über den Menüpunkt *Finder* in den *Einstellungen* bei *Erweitert* das Häkchen bei *Alle Dateinamensuffixe einblenden* zu aktivieren ❶. Sobald dies geschehen ist, werden Sie bei abgespeicherten Dokumenten im Finder-Fenster den Dateinamen, danach einen Punkt und darauf folgend einen drei oder vier Zeichen langen Zusatz erkennen ❷. Über diesen Namenszusatz merkt sich die Datei, von welchem Programm sie stammt. *RTF* ist das Standardformat für Dateien aus dem Programm *TextEdit*. *PPTX* hingegen stammt von PowerPoint aus Office für den Mac. *XLSX* ist eine Microsoft-Excel-Datei für den Mac, und *DOCX* ist eine Word-Datei. Wird also auf eine Datei ein Doppelklick ausgeführt, weiß das Betriebssystem aufgrund des Namenszusatzes, welches Programm gestartet werden muss.

Noch einmal zurück zu den erweiterten *Finder-Einstellungen*. Sie sollten auch die Eigenschaft *Vor dem Ändern eines Suffixes nachfragen* ❸ aktiv belassen. Damit erscheint immer eine Warnmeldung, wenn Sie beim Umbenennen einer Datei versehentlich ein falsches Suffix zugeordnet haben.

Sobald die Suffixe eingeblendet sind, wird beim Umbenennen mit der *Returntaste* das Suffix nicht markiert, aber in der Hektik des Geschehens kann es durchaus vorkommen, dass Sie dieses Suffix verändern. Das Apple-Betriebssystem bewahrt Sie allerdings davor, das Suffix aus Versehen zu ändern. Denn durch die Zuordnung eines anderen Namenszusatzes kann die Datei möglicherweise unbrauchbar werden.

Außerdem können oftmals mehrere Programme die gleiche Art von Dateien bearbeiten. Ein Beispiel ist das Dateiformat *RTF*. Nicht nur das Programm *TextEdit* kann mit RTF-Dokumenten umgehen, auch das Programm Microsoft Word kann es. Jedem Suffix ist grundsätzlich nur ein Programm zugeordnet. Wenn Sie eine Datei zur Abwechslung mit einem anderen Programm öffnen möchten, klicken Sie die Datei mit der rechten Maustaste an und wählen den Eintrag *Öffnen mit*. Und sofort erscheint eine Liste aller Programme, die in der Lage sind, diese Datei weiter zu bearbeiten.

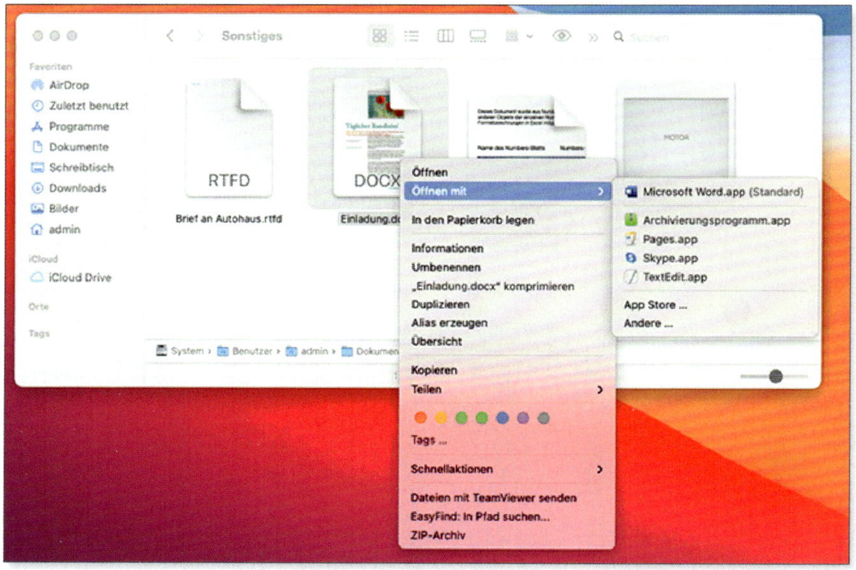

Kontextmenü zeigt die Option „Öffnen mit".

Am unteren Ende hat sich auch noch der *App Store* eingereiht. Wenn Sie diesen Eintrag anklicken, wird das Programm *App Store* gestartet und es werden Applikationen angezeigt, die das RTF-Format weiterverwenden und bearbeiten können.

Wählen Sie nun, falls im *Öffnen mit*-Dialog vorhanden, das Programm *Microsoft Word* aus, um diese RTF-Datei zu öffnen. Wenn Sie die RTF-Datei mit Word überarbeitet haben, erneut ablegen und danach wieder mit einem Doppelklick öffnen, bleibt nach wie vor TextEdit das zugewiesene Programm. Sie haben nämlich definiert, dass Sie nur ausnahmsweise ein anderes Programm zum Öffnen des Dokuments benutzen möchten.

> **!** Wollen Sie die Zuordnung dauerhaft ändern, halten Sie die **alt**-Taste gedrückt, wenn Sie mit der rechten Maustaste den Menüpunkt **Öffnen mit** aufrufen. Denn dann ändert sich dieser Eintrag in **Immer öffnen mit** und Sie haben damit dieses Dateiformat einem anderen Programm dauerhaft zugewiesen.

„Immer öffnen mit".

Wollen Sie noch einen Schritt weiter gehen und generell definieren, dass der Dateinamenszusatz *.rtf* permanent der Applikation Word zugewiesen wird, dann können Sie das über das Informationsfenster erledigen. Das Informationsfenster rufen Sie auf, indem Sie die Datei anklicken und es mit *cmd + I* öffnen. Klappen Sie dort den Eintrag *Öffnen mit* auf. Wählen Sie darunter die Applikation *Microsoft Word* ❶ aus und vergessen Sie nicht, über den Button *Alle ändern* ❷ diese Eigenschaft allen RTF-Dateien mitzugeben.

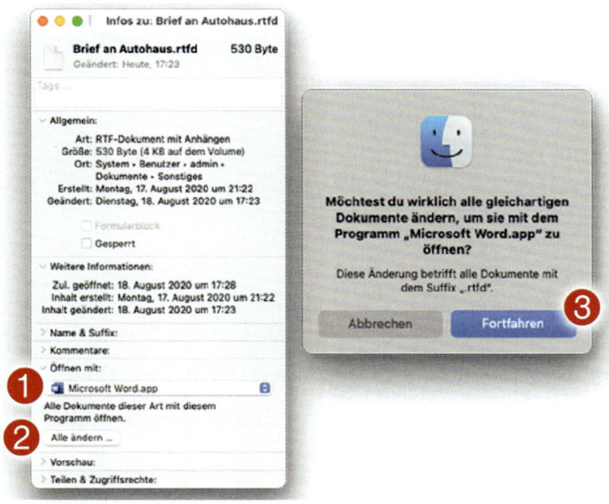

Suffix einem anderen Programm zuordnen.

Sobald das geschehen ist, wird Sie Ihr Rechner noch darauf hinweisen, dass Sie nun dieses Suffix dem Programm Microsoft Word zuordnen. Klicken Sie auf *Fortfahren* ❸, um dies zu bestätigen.

Das Apple-Betriebssystem ist auch ziemlich clever im Umgang mit Dateien, die für die aktuell installierte Programmbasis ein unbekanntes Suffix aufweisen. Erhalten Sie eine derartige Datei (beispielsweise per E-Mail oder als Download aus dem Internet) und versuchen, diese durch einen Doppelklick zu öffnen, reagiert das System mit folgender Meldung:

Es konnte kein zum Suffix passendes Programm gefunden werden.

Wenn Sie selbst probieren möchten, ob Sie die Datei mit einem installierten Programm öffnen können, wählen Sie *Programm auswählen* A. Wollen Sie die Aufgabe lieber an den *App Store* übergeben, wählen Sie *App Store durchsuchen* B. Sofern Sie eine Internetverbindung haben, wird nun diese Suchanfrage an den App Store übermittelt und es erscheinen Programme im App Store, die Dateien mit diesem Suffix verarbeiten können – ziemlich clever!

Papierkorb

Keine Frage, der Papierkorb ist kein Ablageort im eigentlichen Sinne. Ab und an kann es aber sein, dass Sie Dateien oder Ordner über den Papierkorb wegwerfen wollen. Das Einbringen in den Papierkorb ist eine ungeheuer einfache Geschichte: Ziehen Sie einfach das Element per Drag & Drop auf das *Papierkorb*-Symbol im Dock.

> ! Alternativ dazu markieren Sie das oder die gewünschten Objekte und wählen im Menüpunkt **Ablage** den Eintrag **In den Papierkorb legen** (Tastaturkurzbefehl **cmd + Backspace-Taste**). Möchten Sie die Datei umgehend löschen, also gar nicht erst in den Papierkorb bewegen, so halten Sie die **alt-Taste** gedrückt und wählen im **Ablage-Menü** den Eintrag **Sofort löschen** aus (**cmd + alt + Backspace**).

Die Elemente bleiben so lange im Papierkorb, bis Sie ihn entleeren. Es gibt aber auch einen Automatismus, der zum Entleeren des Papierkorbs führt. Wenn Sie die Finder-Einstellungen öffnen (*cmd + Komma*) und dort zu *Erweitert* wechseln, finden Sie die Option *Objekte nach 30 Tagen aus dem Papierkorb löschen*. Ist diese Option aktiviert, wird also der Papierkorb automatisch nach 30 Tagen entleert. Das dient dazu, den Festplattenspeicher nicht unnötig mit den Objekten im Papierkorb zu belasten.

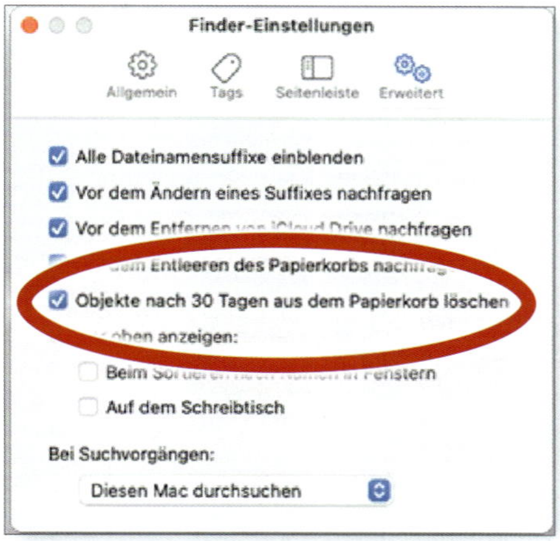

Der Papierkorb kann automatisch nach 30 Tagen entleert werden.

Um den Papierkorb manuell zu leeren, gibt es wieder mehrere Möglichkeiten. Klicken Sie mit der rechten Maustaste das *Papierkorb*-Icon im Dock an und wählen Sie den Eintrag *Papierkorb entleeren*. Oder klicken Sie den Papierkorb an, öffnen Sie das dazugehörige Fenster und wählen Sie unterhalb der Symbolleiste den Button *Entleeren* ❶. Über das Menü *Finder* finden Sie die Funktion *Papierkorb entleeren* ❷.

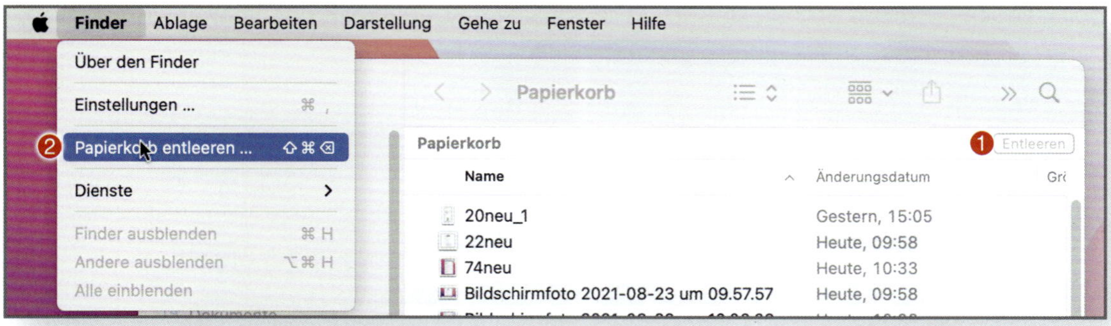

Papierkorb entleeren.

Stellen Sie sich vor, Sie haben aus Versehen eine Datei in den Papierkorb eingebracht und möchten diese nun wieder an ihren früheren Ablageort zurücklegen. Nachdem es vielleicht schon einige Tage her ist, wissen Sie schon gar nicht mehr, wo die Datei ursprünglich gelegen hatte. Aber keine Angst – das Apple-Betriebssystem hat es sich gemerkt. Um eine Datei aus dem Papierkorb an den alten Ort zurückzulegen, verwenden Sie die rechte Maustaste bzw. in der Symbolleiste über den *Aktion*-Button die Funktion *Zurücklegen*.

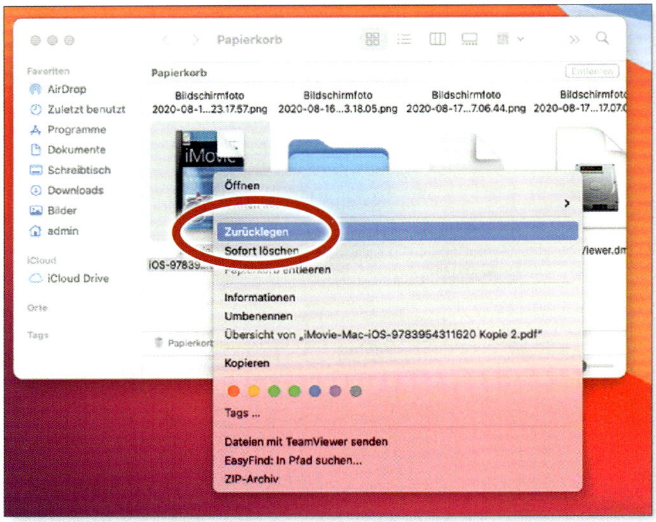

Datei aus dem Papierkorb zurücklegen.

Wenn sich viele Daten im Papierkorb befinden, möchten Sie vielleicht erst prüfen, ob Sie die Datei noch benötigen oder ob sie gelöscht werden kann. Zu diesem Zweck könnten Sie auf die Idee kommen, die Datei mit einem Doppelklick zu öffnen. Aber das funktioniert nicht.

> **!** Aber ein kleiner Tipp bringt den Inhalt der Datei dennoch zum Vorschein: Sie erinnern sich an die Funktion **Übersicht**. Klicken Sie also die Datei im Papierkorb an, um danach mit der **Leertaste** das Quick-Look-Fenster zu öffnen. Und schon sehen Sie den Dateiinhalt und können entscheiden, ob die Datei tatsächlich in den Papierkorb gehört.

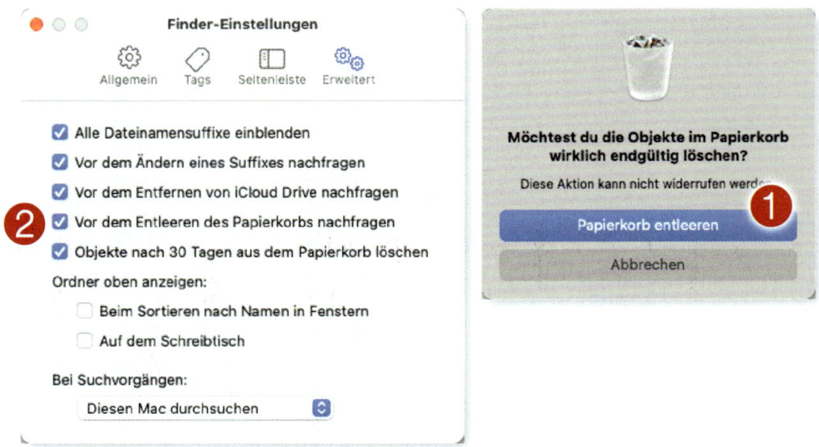

Papierkorb entleeren?

Wenn Sie Elemente im Papierkorb haben und diesen entleeren, fragt der Papierkorb noch einmal nach, ob er tatsächlich geleert werden soll ❶. Diese Nachfrage erscheint deshalb, weil in den *Finder-Einstellungen* im Reiter *Allgemein* die Funktion *Vor dem Entleeren des Papierkorbs nachfragen* ❷ standardmäßig aktiviert ist. Wollen Sie die lästige Rückfrage ausschalten, entfernen Sie an dieser Stelle das Häkchen. Noch einfacher gelingt das Entleeren des Papierkorbs ohne Rückfrage, wenn Sie mithilfe der *alt*-Taste und der rechten Maustaste auf das *Papierkorb*-Symbol im Dock klicken und im dann erscheinenden Kontextmenü den Eintrag *Papierkorb entleeren* anklicken. Daraufhin wird der Inhalt des Papierkorbs ohne Rückfrage entleert.

Dateien bzw. Ordner komprimieren und umbenennen

Wenn Sie auf Ihrem Rechner Dateien erstellt haben, wollen Sie diese anschließend unter Umständen per E-Mail versenden. Nun wissen Sie bestimmt, dass E-Mail-Postfächer limitiert sind, was die empfangbare Dateigröße anbelangt. Um die Dateigröße zu verkleinern, bietet sich der Weg des *Komprimierens* an. Diese Funktion ist integraler Bestandteil des Apple-Betriebssystems.

▶I Dateien markieren, komprimieren und umbenennen 08_02

http://macos2023.amac-buch.de/#08_02

Damit viele Dateien gemeinsam beispielsweise umbenannt werden können, müssen Sie vorab markiert werden. Hierbei gibt es einige pfiffige Tricks, wie das schnell und exakt durchgeführt werden kann. Ist die Auswahl getroffen, werden über ein ZIP-Archiv Daten verlustfrei komprimiert. Sehen Sie in diesem Film wie das alles in der Praxis aussieht.

Das Informationen-Fenster

Das *Informationen*-Fenster haben wir an einigen Stellen bereits kurz kennengelernt. Aber es bietet noch eine Reihe von interessanten Details, die wir an dieser Stelle kurz besprechen möchten. Zunächst einmal wird das *Informationen*-Fenster entweder mit der rechten Maustaste und dem Eintrag *Informationen* oder über *cmd* + *I* bzw. über das *Ablage*-Menü aufgerufen. Möchten Sie mehrere Dateien gleichzeitig in einem gemeinsamen *Informationen*-Fenster darstellen, um zum Beispiel deren kumulierte Dateigröße zu sehen, verwenden Sie zusätzlich die *ctrl*-Taste. Verwenden Sie also *cmd* + *ctrl* + *I* und Sie erhalten ein zusammengefasstes *Informationen*-Fenster für die markierten Objekte in Ihrem Finder.

Wenn Sie das Bildschirmfoto betrachten, sehen Sie auf der linken Seite das *Informationen*-Fenster zu einer Datei ❶. Rechts daneben ist ein zusammengefasstes *Informationen*-Fenster abgebildet, das durch die zusätzliche Verwendung der *ctrl*-Taste entstanden ist ❷.

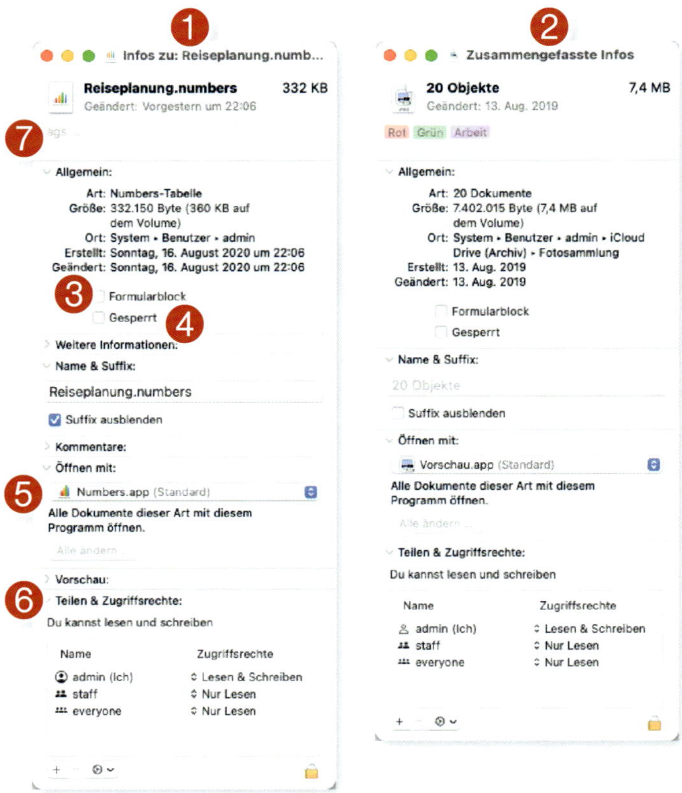

Informationen-Fenster.

Kommen wir noch einmal zurück zu den Feinheiten innerhalb des *Informationen*-Fensters. Sie sehen im Bereich *Allgemein* einige Metadaten zu der Datei, zum Beispiel wann sie erstellt und verändert wurde, wie groß sie ist etc. Darunter finden Sie zwei sehr praktische Features: die Eigenschaften *Gesperrt* ❹ und *Formularblock* ❸. Zunächst zu *Gesperrt*: Eine Datei, die Sie mit dieser Eigenschaft versehen und dann versehentlich in den Papierkorb befördern, öffnet standardmäßig eine Rückmeldung, dass es sich um eine geschützte Datei handelt. Soll sie trotzdem in den Papierkorb wandern, klicken Sie auf *Fortfahren*.

Der Sinn des Schutzes ist ein ganz einfacher: Wichtige Dateien können Sie mit einem Schutz versehen, um sie nicht versehentlich zu löschen. Natürlich haben Sie über *Time Machine* eine sehr einfach zu bedienende Backup-Software, um versehentlich gelöschte Dateien zurückzuholen.

Vor dem Entleeren des Papierkorbs gibt es dann allerdings keine weitere Meldung mehr, dass sich geschützte Objekte darin befinden. Auch geschützte Objekte, werden beim Entleeren sofort gelöscht.

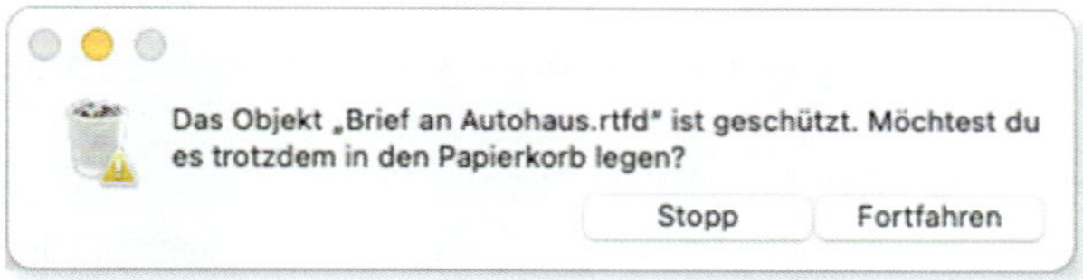

Papierkorb beinhaltet geschützte Dateien.

> **!** Die Eigenschaft **Formularblock** hingegen bedeutet, dass Sie aus dieser Datei eine Musterdatei machen. Um dies zu verdeutlichen: Sie haben beispielsweise mit **Numbers** eine Rechnungsvorlage erstellt. In dem Augenblick, in dem Sie diese Datei zum Formularblock machen, wird bei jedem Doppelklick eine neue Version dieser Datei erstellt und der Formularblock bleibt im Original stets erhalten.

Kommen wir zurück zum *Informationen*-Fenster. Weiter unten sehen Sie die Elemente, über die wir bereits gesprochen haben, nämlich die Darstellung des Namens inklusive des Suffixes respektive der Applikation, mit der diese Datei geöffnet werden soll ❺. Am unteren Ende des *Informationen*-Fensters finden Sie zusätzlich noch *Teilen & Zugriffsrechte* ❻. Im Regelfall werden Sie an erster Stelle aufgeführt, weil Sie der Ersteller der Datei sind, und Sie haben alle Zugriffsrechte, also *Lesen* und *Schreiben*. Das ist eine normale Vorgehensweise und sollte auch nicht geändert werden, damit Sie sich nicht selbst den Zugriff zu dieser Datei versperren. Wollen Sie der oder den Dateien noch Tags ❼ zuweisen, können Sie das ebenfalls über das *Informationen*-Fenster bewerkstelligen.

> **!** Neben den beiden **Informationen**-Fenstern für einzelne und zusammengefasste Dateien gibt es noch ein drittes **Informationen**-Fenster, das Sie mit der Tastenkombination **cmd + alt + I** aufrufen. Das ist eine Art dynamisches **Informationen**-Fenster, das heißt, jedes Mal, wenn Sie irgendwo im Finder ein Objekt anklicken, wird dieses **Informationen**-Fenster sofort automatisch aktualisiert. Auch eine sehr interessante und zeitsparende Funktion.

Und noch eine nette Veränderung kann man über das *Informationen*-Fenster erreichen: Jede Datei und jeder Ordner hat ja ein Symbol. Dieses Symbol können Sie Ihren Bedürfnissen entsprechend modifizieren. Zuständig hierfür ist erneut das *Informationen*-Fenster. Sie finden über das Internet zahlreiche kostenfreie Icons, die Sie Ihren Ordnern oder auch Dateien zuweisen können. Die Arbeitsweise ist dabei sehr einfach: Laden Sie sich Icons auf Ihren Rechner herunter. Öffnen Sie mit einem Doppelklick die Icondatei und holen Sie sie über *Bearbeiten* und *Kopieren* in die Zwischenablage. Danach klicken Sie im *Informationen*-Fenster des Objekts das Icon an und fügen es mit *cmd + V* als neues Symbol für dieses Objekt ein.

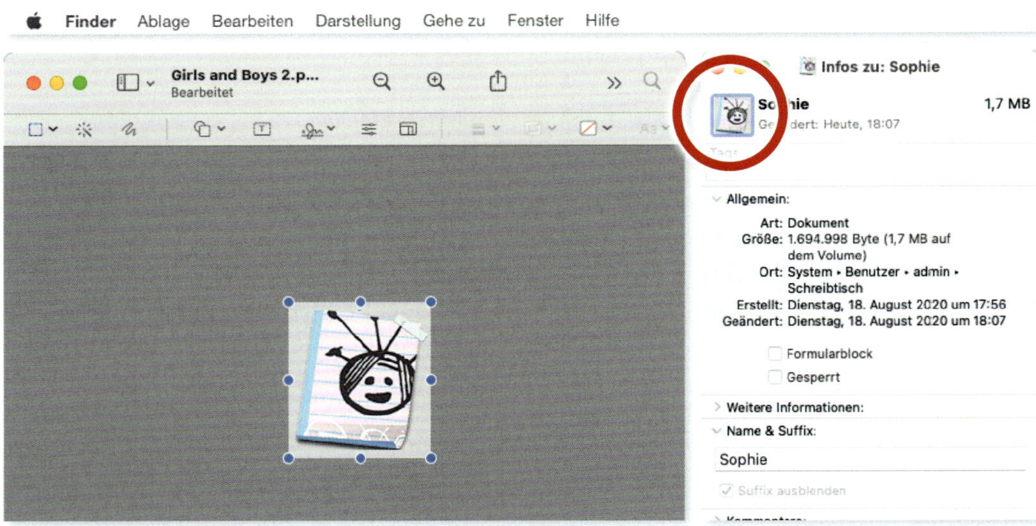

Individuelle Icons für Ordner.

> **!** Statt Icons, die Sie über das Internet beziehen, können Sie natürlich auch selbst mit einem Zeichenprogramm Symbole entwerfen und diese ebenfalls über die Zwischenablage mittels **Bearbeiten –> Kopieren** und **Bearbeiten –> Einfügen** als Icon verwenden.

Sind Sie des individuellen Icons überdrüssig und hätten gerne wieder das Standardsymbol zurück, öffnen Sie wieder das *Informationen-Fenster* und entfernen mit der *Backspace*-Taste das individuelle Icon. Daraufhin wird wieder das Standardsymbol für dieses Objekt dargestellt.

Etwas Besonderes: Automatisches Sichern und Versionen

Wir haben ja im Laufe des Kapitels die gängige Arbeitsweise besprochen, wie man auf dem Datenträger Ordner erstellt und dort Dateien ablegt. Wenn Sie nun mit einem Programm eine Datei erzeugen und das Programm beenden bzw. das Fenster schließen, wird das Programm nachfragen, ob es die Datei, die noch nicht gesichert wurde, speichern soll.

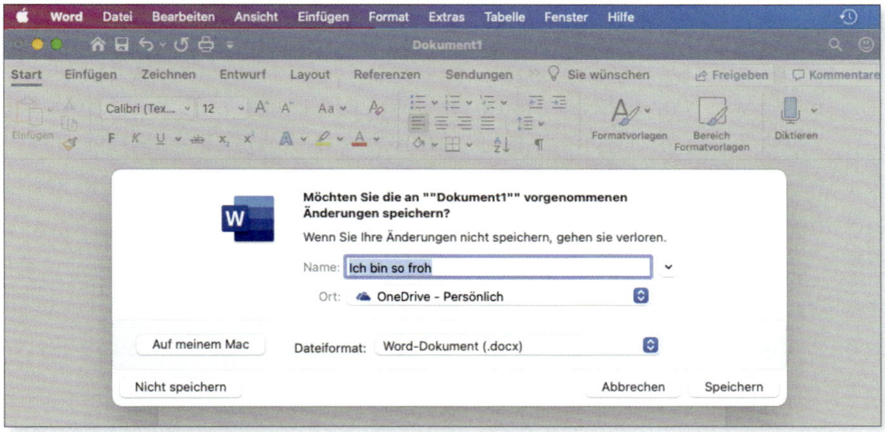

Soll das Dokument gespeichert werden?

Das ist die normale Vorgehensweise von Applikationen, die unter einem Betriebssystem wie macOS oder auch Windows Dateien erzeugen. Komplett anders hingegen verhalten sich die Programme TextEdit, Vorschau, Pages, Keynote oder Numbers. Diese Applikationen nutzen eine Funktion des Betriebssystems, nämlich die Funktionalität, automatisch zu speichern und zu alten Versionen der Datei zurückzukehren, also eine Art *Mini-Time-Machine*. Die Funktionalität des automatischen Speicherns sowie des Verwaltens von Versionen ist im Betriebssystem fest eingebaut. Softwarehersteller, die ihre Programme für das Betriebssystem macOS anpassen, müssen diese Funktionen in ihre Programme integrieren, damit auch diese in den Genuss dieser Funktionalität kommen.

Wollen wir uns das anhand des Beispiels TextEdit etwas genauer ansehen. Wenn Sie mit dem Programm TextEdit eine Datei erstellen und anschließend TextEdit beenden oder den Computer herunterfahren, werden Sie keine Hinweismeldung bekommen, dass Sie ein ungesichertes Dokument geschlossen haben. Denn im Hintergrund hat TextEdit dieses Dokument bereits automatisch für Sie abgelegt.

Resume

Sobald Sie TextEdit wieder starten, werden alle Fenster, die beim Beenden von TextEdit geöffnet waren, erneut mit den darin enthaltenen Informationen zum Vorschein gebracht (Apple nennt das Resume). Sie erkennen sofort, woher diese Funktionalität kommt: iPad und iPhone funktionieren genauso. Wenn Sie dort zum Beispiel im Notizblock eine Eingabe tätigen und dann über den Home-Button das Programm verlassen und anschließend wieder starten, können Sie an der Stelle weiterarbeiten, an der Sie das Programm verlassen haben. Genauso denkt Apple jetzt also auch vonseiten des Betriebssystems. TextEdit unterstützt das automatische Speichern und auch das Ablegen von Versionen einer Datei.

! Überprüfen Sie in den **Systemeinstellungen –> Schreibtisch & Dock**, ob die Eigenschaft **Fenster beim Beenden einer App schließen** deaktiviert ist.

Kommen wir nun zu den verschiedenen Versionen, die eine Datei annehmen kann. Wenn Sie ein Dokument erstellen, sollten Sie, bevor Sie die Funktionalität *Versionen* verwenden, das Dokument in der Tat speichern. Wählen Sie dazu den Menüpunkt *Ablage –> Sichern* und bringen Sie das Dokument mit einem prägnanten Dateinamen in Ihr Ablagesystem ein. Anschließend können Sie an Ihrem Dokument in aller Ruhe weiterarbeiten und zusätzlichen Text erfassen. Wenn Sie weitere Änderungen vorgenommen haben, wird das Betriebssystem zusammen mit TextEdit in einem festgelegten Zeitintervall automatisch Sicherungen vornehmen. Wollen Sie dies manuell tun, wählen Sie erneut den Menüpunkt *Ablage –> Sichern*.

! Als diese Funktion noch nicht existierte, haben Sie mit der Tastenkombination **cmd + S** Ihre vorherige Fassung der Datei überschrieben und hatten damit keine Möglichkeit mehr, zu einem früheren Zustand der Datei zurückzukehren. Mit der in macOS integrierten Funktionalität **Versionen** ist dies nun eine ganz einfache Sache. Immer, wenn Sie größere Änderungen am Dokument vorgenommen haben, ist es also interessant, manuell über **cmd + S** diese abzulegen. Wenn Sie dann in den Titel Ihres TextEdit-Dokuments schauen, sehen Sie dort den Begriff **Bearbeitet**.

Gehen Sie via *Ablage* zu *Zurücksetzen auf –> Alle Versionen durchsuchen*. Sie können nun im rechten Teil des Fensters in der *Zeitleiste* eine ältere Version des Dokuments nach vorn holen.

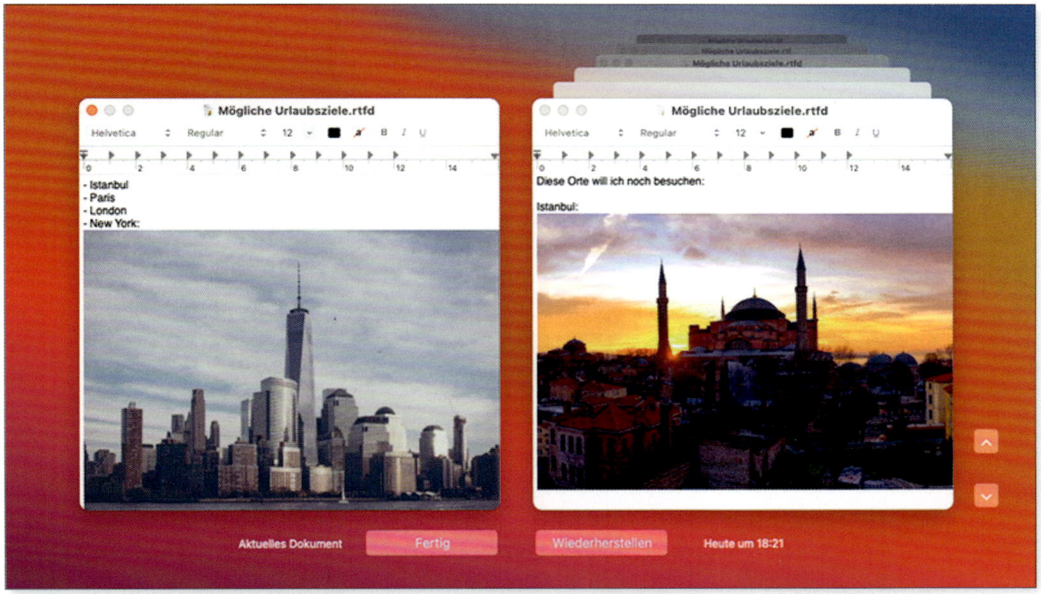

Zugriff auf ältere Versionen eines Dokuments.

Suchen Sie also in der Zeitleiste die Fassung des Dokuments heraus, die Sie anstelle des aktuellen Dokuments verwenden möchten. Sie sehen auf Höhe der Begriffe *Fertig* und *Wiederherstellen* auf der linken Seite das aktuelle Dokument und daneben den Zeitstempel des Dokuments, das Sie gerade betrachten. Sobald Sie auf den Button *Wiederherstellen* klicken, wird die Fassung, die Sie auf der rechten Seite sehen, als die aktuelle Version des Dokuments verwendet. Mit *Fertig* dagegen verlassen Sie das Fenster ohne Änderungen.

> **!** Wenn Sie von einer älteren Fassung lediglich Fragmente übernehmen wollen, wählen Sie diese einfach aus und holen den Text mit **cmd + C** in die Zwischenablage. Verlassen Sie die Versionsdarstellung über **Fertig** und fügen Sie den vorher kopierten Text mit **cmd + V** in das aktuelle Dokument ein. Somit können Sie also auch partielle Modifikationen vornehmen, anstatt das gesamte Dokument durch eine ältere Fassung zu ersetzen.

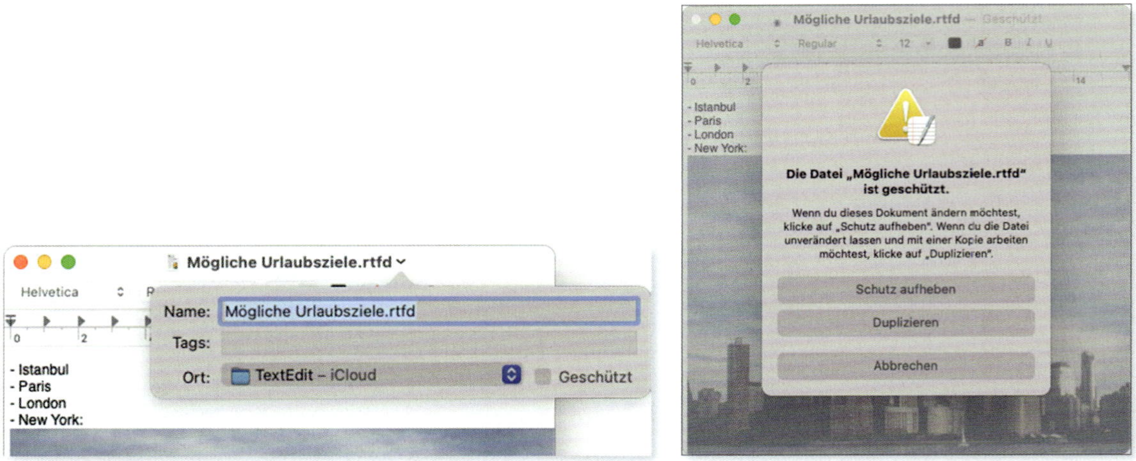

Dokumente können ebenso geschützt werden.

Sobald Sie ein Dokument verändern, taucht in der Fensterleiste neben dem Dateinamen der Begriff *Bearbeitet* auf. Wenn Sie auf diesen Begriff klicken wird ein kleines Fenster geöffnet, in dem man nicht nur den Dateinamen ändern kann, sondern auch die Funktion *Geschützt* enthält. Dieser Schutz tut genau das, was wir von dem Begriff erwarten: Das Dokument wird damit gesperrt und vor Änderungen geschützt.

Wollen Sie ein geschütztes Dokument bearbeiten, erhalten Sie eine Meldung. Klicken Sie dort auf *Schutz aufheben*, wird das Dokument wieder in den Zustand *Bearbeitet* transferiert, es werden automatisch Änderungen gesichert und diese werden an die Versionen weitergereicht. Der Button *Duplizieren* hingegen belässt das Dokument im geschützten Zustand und Sie erhalten ein Duplikat, mit dem Sie nun weiterarbeiten können.

> **!** Als professioneller Computeranwender vermissen Sie nun sicherlich im Programm TextEdit den Eintrag **Sichern unter**, mit dem Sie ein Dokument unter einem anderen Dateinamen erneut abspeichern können. Sie können über den Menüpunkt **Ablage -> Duplizieren** eine Kopie der Datei erzeugen und diese dann über **Ablage -> Sichern** an einen anderen Ablageort bringen. Oder Sie halten die **alt**-Taste gedrückt, während Sie das Menü **Ablage** öffnen; statt **Duplizieren** finden Sie nun wieder **Sichern unter** vor.

Kapitel 9

Nützliche Programme

Das Apple-Betriebssystem glänzt nicht nur dadurch, einfach und logisch bedienbar zu sein, sondern es wird auch eine ganze Fülle von sinnvollen Programmen mit dem Betriebssystem ausgeliefert.

In diesem Kapitel werden wir uns einige wesentliche Applikationen und deren Grundfunktionen ansehen.

> **!** Über den **App Store** steht Ihnen eine zentrale Funktion zur Verfügung, mit der Sie auf eine riesige Anzahl weiterer Programme für Ihren Mac zugreifen können. Der App Store wurde erstmals im Januar 2011 für das Betriebssystem Mac OS X freigegeben und die Anzahl der verfügbaren Programme wächst ständig, sodass Sie dort mit Sicherheit für alle Belange eine sinnvolle Applikation finden, die Sie mit nur wenigen Mausklicks auf Ihrem Computer installieren können.

Wie Sie Programme starten, haben wir ja bereits erwähnt: Verwenden Sie dazu das *Launchpad* oder navigieren Sie zum *Programme*-Ordner. Sie können aber auch die *Spotlight*-Suche verwenden, um Programme zu starten.

> **!** Sie erinnern sich: Die einfachste Art, um das Launchpad zu starten, ist die Verwendung von Gesten. Legen Sie einfach vier Finger auf das Trackpad und ziehen Sie diese zusammen. Sofort startet Launchpad.

Tabs in Programmen

Die Funktion der Tabs gibt es sowohl im Finder als auch in Safari. Da der Einsatz von Tabs eine erhebliche Erleichterung darstellt, wenn man mit mehreren Fenstern innerhalb eines Programms arbeitet, hat sich Apple dazu entschlossen, diese Funktion nun für weitere Programme zur Verfügung zu stellen. Somit können Sie also in Zukunft Tabs auch sehr leicht in Karten oder Mail anlegen und damit arbeiten.

In Karten können Sie einen neuen Tab öffnen, wenn Sie die Funktion *Neuer Tab (cmd + T)* aus dem Menü *Ablage* verwenden. In Mail hingegen ist die Funktion etwas versteckt: Sie müssen nämlich zuerst ein zweites Fenster öffnen (*Ablage –> Neues Fenster*) und anschließend aus dem Menü *Fenster* die Funktion *Alle Fenster zusammenführen* wählen. Damit werden alle geöffneten Fenster in Mail in Tabs organisiert.

Alternativ dazu können Sie auch die Funktion **Tableiste einblenden** aus dem Menü **Darstellung** wählen. Anschließend lassen sich die geöffneten Fenster an der Tableiste auf ein anderes Fenster ziehen. Dadurch werden die Fenster ebenfalls als Tabs dargestellt. Das funktioniert so auch in den Programmen Pages, Keynote und Numbers.

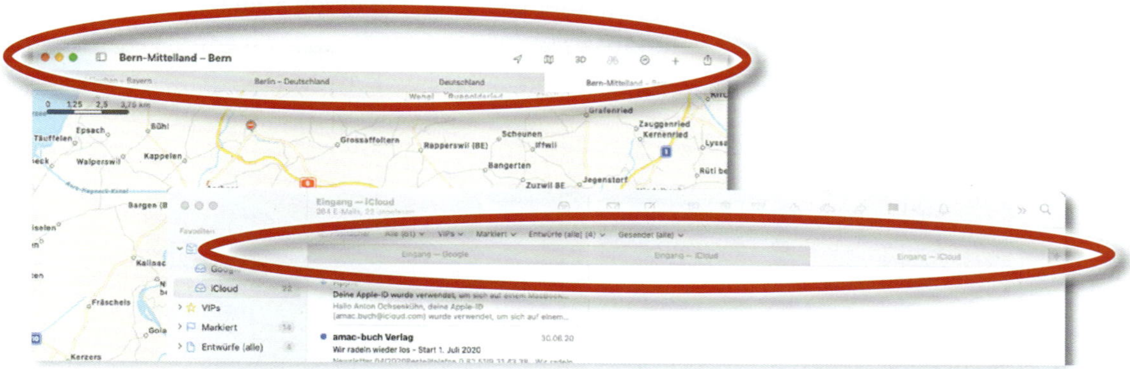

Die Apps „Karten" und „Mail" verfügen ebenfalls über Tabs.

Auch z. B. TextEdit unterstützt Tabs. Angenommen, Sie haben bereits eine Datei in TextEdit geöffnet und möchten nun eine weitere dazu holen. Soll diese nun als Tab oder als eigenes Fenster erscheinen? Die Einstellung hierzu nehmen Sie in den *Systemeinstellungen –> Schreibtisch & Dock* vor. Aktivieren Sie *Beim Öffnen von Dokumenten Tabs bevorzugen* die Option *Immer*, wenn zusätzliche Dateien als Tabs erscheinen sollen, hingegen im Vollbild, wenn Sie das von Fall zu Fall regeln möchten, bzw. wenn die neue Datei nur im Vollbild als Tab eingebunden werden soll.

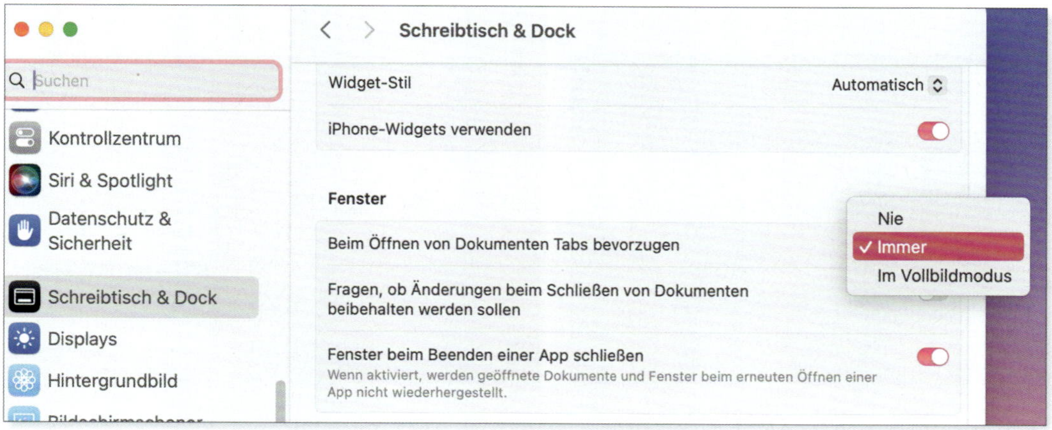

In den „Systemeinstellungen –> Schreibtisch & Dock" definieren Sie, ob und wann Tabs erzeugt werden sollen.

Rechner

Das auf den ersten Blick relativ langweilig erscheinende Programm *Rechner* stellt Ihnen einen Taschenrechner zur Verfügung. Doch aufgepasst: Der Rechner kann auch in einen anderen Modus umgeschaltet werden. Sie finden diese Funktion im Menüpunkt *Darstellung*, wo Sie den Eintrag *Wissenschaftlich* auswählen können.

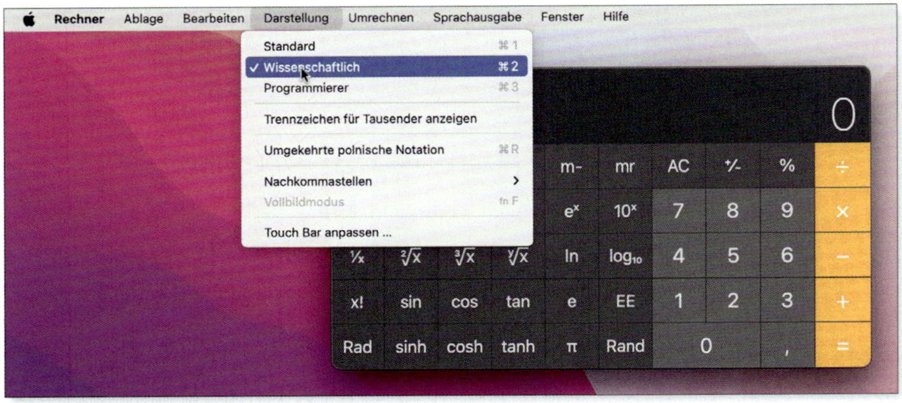

Wissenschaftlicher Rechner.

Wie Sie sehen, wird somit eine Fülle zusätzlicher Rechenoperationen verfügbar. Aber auch damit gibt sich das Programm noch nicht zufrieden. Im Menüpunkt *Umrechnen* finden Sie eine Reihe zusätzlicher, sehr sinnvoller Funktionen, um in Bereichen wie *Geschwindigkeit*, *Länge*, *Leistung*, *Temperatur* Einheiten umzurechnen.

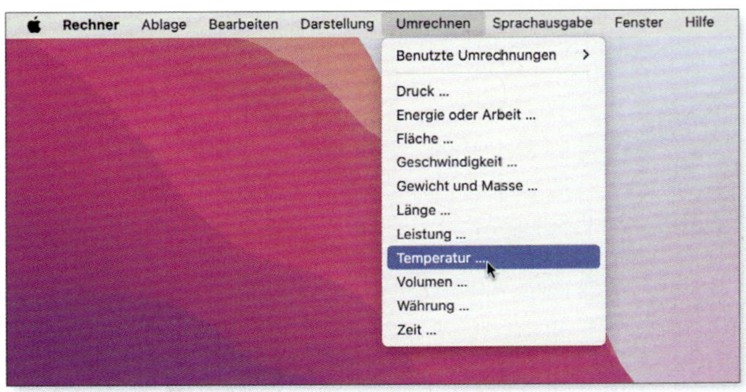

Der Rechner kann in andere Einheiten umrechnen.

Sie sehen beispielsweise anhand des Bildschirmfotos die Funktion, Temperaturangaben von Celsius in Fahrenheit umzurechnen. Besonders interessant ist natürlich die Umrechnungsmethode *Währung*, denn diese ist internetbasierend. Das heißt: Der aktuelle Umrechnungskurs wird über das Internet ermittelt und so können Sie sehr zügig Geldbeträge in andere Währungen umrechnen lassen.

Lexikon

Ein genauso simpel zu bedienendes, aber sehr leistungsfähiges Programm nennt sich *Lexikon*. Im Programm Lexikon haben Sie Zugriff auf verschiedene Wissensquellen, wie zum Beispiel Wikipedia oder das *Apple-Lexikon*. Die Bedienung ist sehr einfach. Geben Sie rechts oben bei der *Suchlupe* den gewünschten Begriff ein und in der Zeile darunter den Bereich, aus dem Sie diesen Begriff erklärt haben möchten.

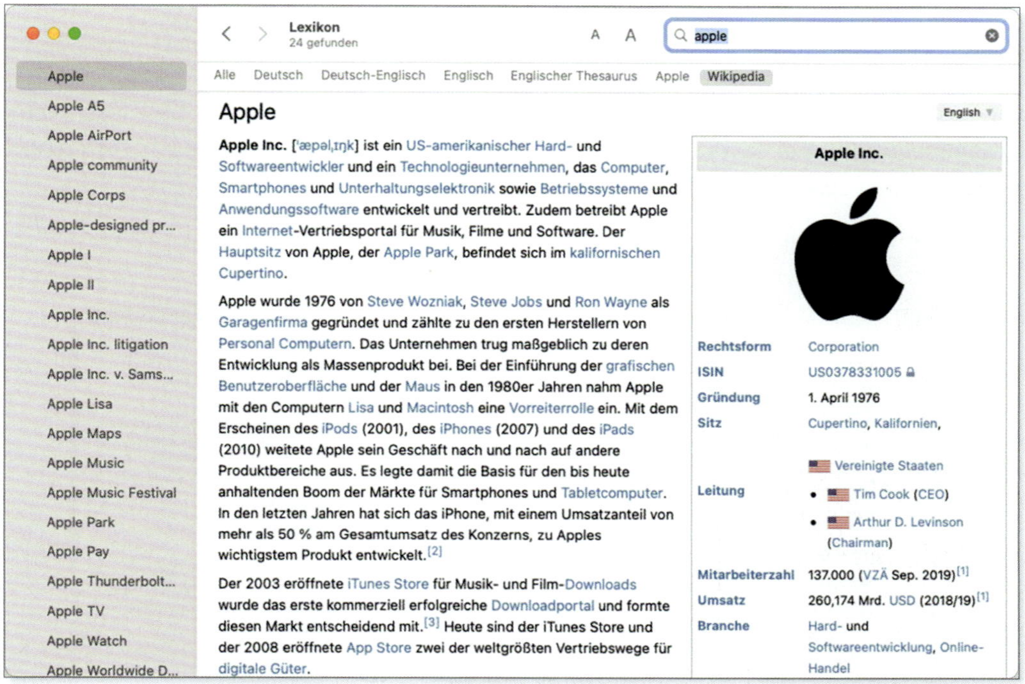

Lexika im Einsatz.

Können Sie sich für keinen der Bereiche entscheiden, wählen Sie den Button *Alle*, um möglichst viele Quellen anzuzapfen. Welche Quellen dies sind können im Menü *Lexikon* in den *Einstellungen* festlegen. Standardmäßig wird das Duden-Wissensnetz für deutsche Sprache verwendet.

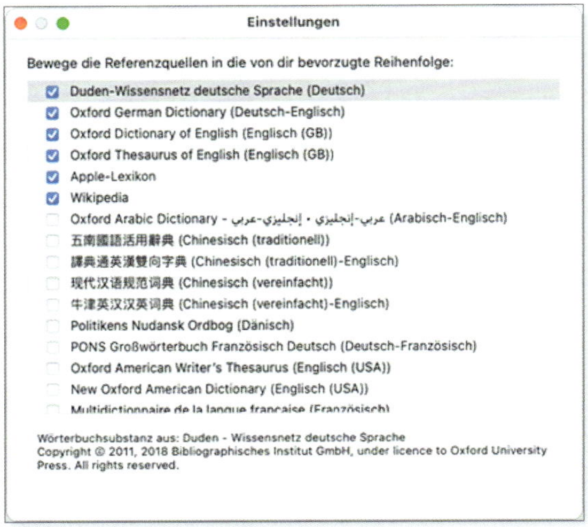

Sie können auch fremdsprachige Lexikas zum Nachschlagen verwenden und so Begriffe übersetzen lassen.

> **!** Über das Tippen mit drei Finger auf das Trackpad oder via Force Touch können Sie in vielen Programmen direkt auf das Lexikon zugreifen. Anwender die kein Trackpad besitzen, können in den **Systemeinstellungen** bei **Tastatur –> Kurzbefehle** in der Kategorie **Dienste** ein Tastenkürzel für das Nachschlagen im Lexikon definieren.

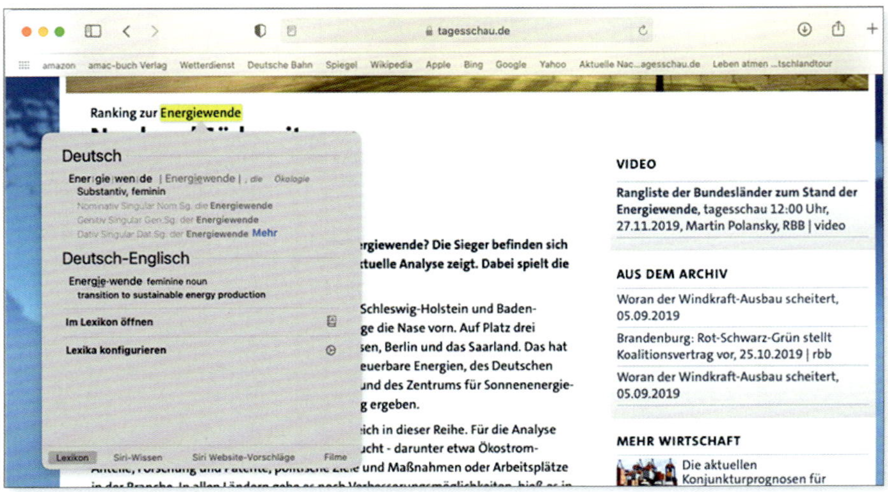

Aufruf des Lexikons in Safari.

Karten

Das Programm *Karten* kennen sicher schon viele vom iPhone oder iPad. Dort erweist sich die App naturgemäß als extrem wichtig. Denn Karten kann nicht nur den aktuellen Ort anzeigen, auch Routen können definiert werden, eine Stecknadel kann gesetzt werden und noch einiges mehr.

Seit OS X Mavericks gibt es die Karten-App auf den Mac. Vielleicht ist Ihr erster Kontakt zu diesem Programm indirekt gewesen. Sie haben beispielsweise ein E-Mail mit einer Adresse erhalten und über die *Data Detector*-Funktion zufällig die Karten-App entdeckt.

Das Programm Mail kann Karten als Mini-App einblenden.

Fahren Sie dazu im Programm Mail einfach mit der Maus über eine Adresse und klicken Sie auf den Pfeil nach unten. Natürlich bringen andere Programme ebenfalls den Luxus mit, die Karten-App zusätzlich nutzen zu können. So können Sie beispielsweise bei einem Eintrag im Kalender den Ort anfügen, um einen Kartenausschnitt zu erhalten.

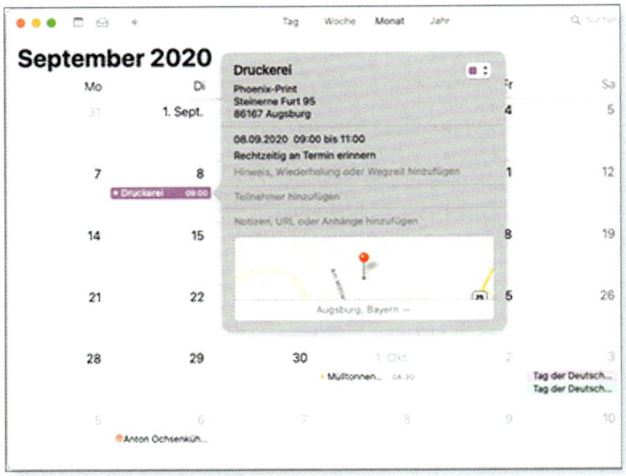

Die Kalender-App arbeitet ebenfalls mit Karten zusammen.

Wird einem Ereignis ein Ort hinzugefügt, reagiert zunächst während des Eintippens die Kontakte-App und schlägt Adressen vor. Ist die Eingabe abgeschlossen, wird unterhalb eine Mini-Kartendarstellung eingeblendet. Klickt man darauf, startet das Kartenprogramm.

Natürlich kann die Kontakte-App ebenfalls auf die Karten zugreifen.

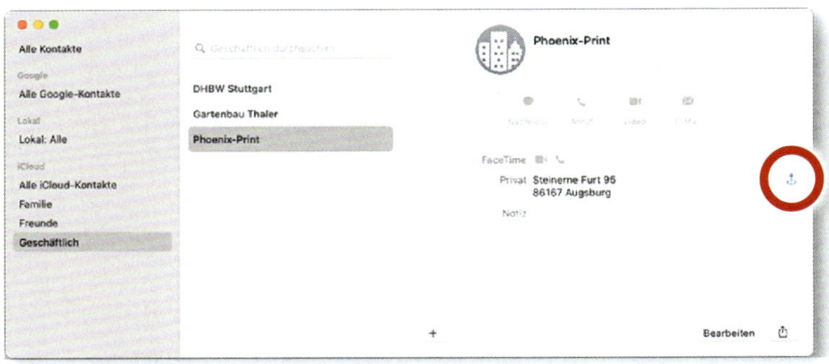

Auch Adressen der Kontakte-App werden in Karten dargestellt. Ein Mausklick auf die Stecknadel genügt.

Die wichtigsten Funktionen

Sicher haben Sie die wichtigsten Funktionen möglicherweise schon intuitiv erkundet. Über das Suchfeld ❶ kann ein Ort inklusive Straßenname und Hausnummer eingetragen werden. Via *Return* wird der Ort sogleich darunter in der Karte dargestellt. Mit einem Finger auf der Maus oder dem Trackpad können Sie entspannt auf der Karte navigieren. Entscheiden Sie sich zwischen der Karten- und der Satellitendarstellung ❷ oder dem Wegenetz der öffentlichen Verkehrsmittel. Optional können Sie sich noch aktuelle Verkehrsinformationen einblenden lassen ❸ (*Darstellung –> Verkehr anzeigen*).

> **!** Die Karte für das Wegenetz von offentlichen Verkehrsmitteln wird von Apple sukzessive ausgebaut. Demnächst sollen nach Fahrradrouten und E-Tankstellen hinzukommen.

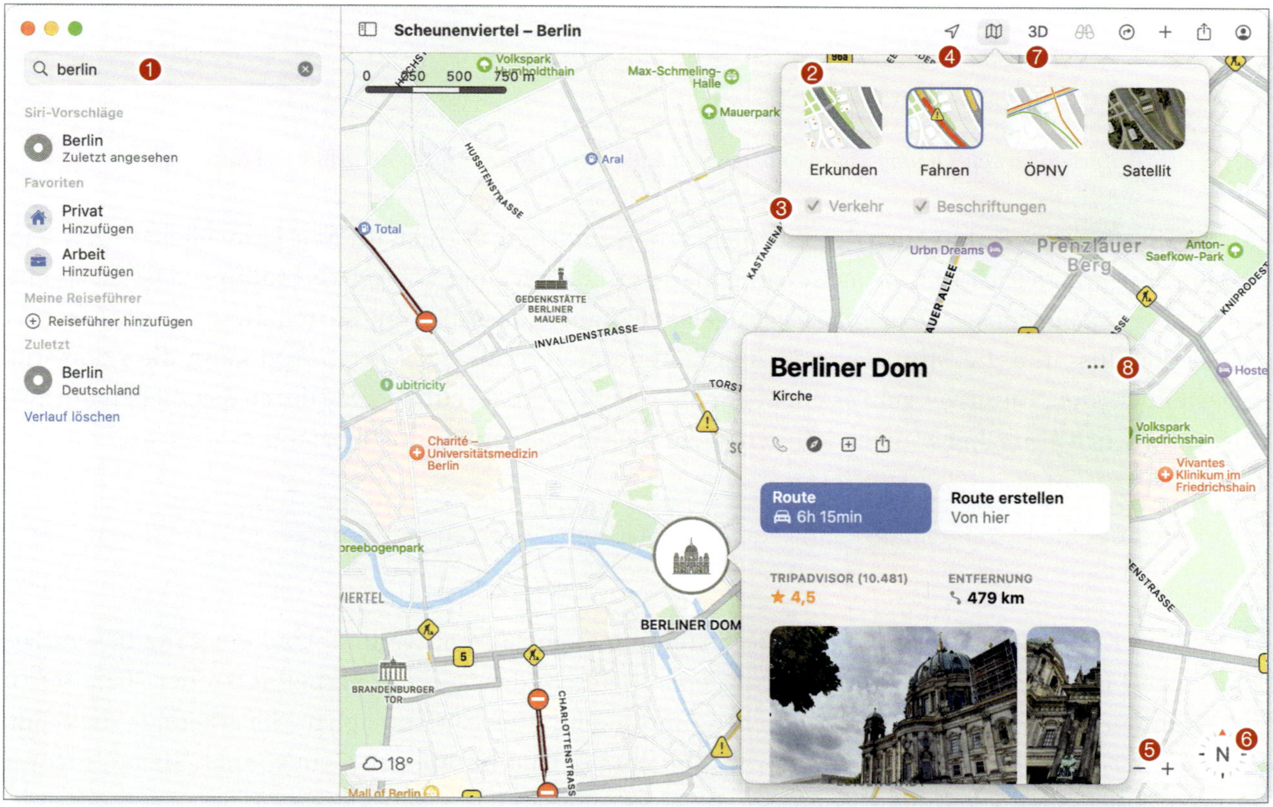

Neben den aktuellen Verkehrsinformationen (rötlich gestrichelte Linien) sehen Sie im Detail viele weitere nützliche Informationen (Beschriftungen), die Sie ebenfalls anklicken können.

Via *Darstellung –> Beschriftungen einblenden* können Sie diese ein- und ausblenden lassen. Über die drei Pünktchen rechts oben im Beschreibungsfenster ❽ können Sie die Information sichern (*Als Favorit sichern* bzw. *In Reiseführer sichern*) oder über *Teilen* auch weitergeben.

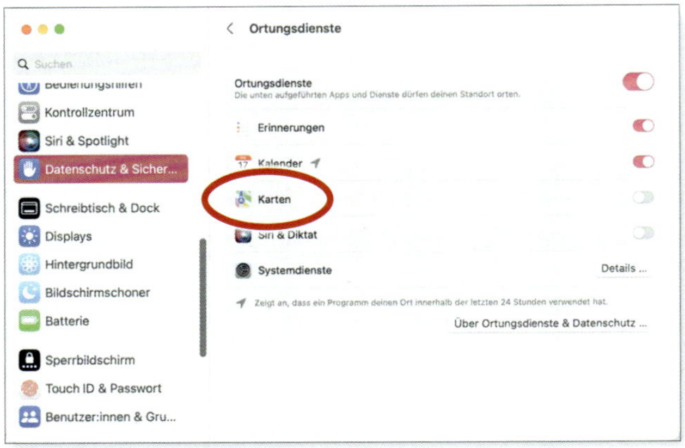

Karten darf die Ortungsdienste nutzen und kann so per WLAN Ihren aktuellen Ort anzeigen.

Haben Sie den Pfeil links neben dem Suchfeld schon entdeckt? ❹ Auch Ihr Mac kann über WLAN seine Position bestimmen (*cmd + L*). Voraussetzung hierfür ist neben einer WLAN-Verbindung, dass Sie es über *Sicherheit & Datenschutz –> Ortungsdienste* zugelassen haben, dass die App Karten diese verwenden darf.

Über die Plus- und die Minustaste ❺ im rechten unteren Eck der Karten-App kann die Zoomstufe eingestellt werden. Intuitiver geht es entweder über das Trackpad, auf dem Sie durch das Ziehen mit zwei Fingern deutlich einfacher zoomen können. Oder Sie verwenden Sie die Shortcuts *cmd* + + und *cmd* + –.

! Über das Menü **Darstellung** kann zudem der Maßstab eingeblendet werden.

Über den Kompass ❻ kann die Kartendarstellung auch gedreht werden. Und ein ganz besonderes Schmankerl ist die 3D-Darstellung (*cmd + Shift + 1*) ❼. Leider ist diese aktuell (Oktober 2023) nur in ausgewählten Großstädten wie z. B. München, Berlin oder Stuttgart verfügbar (Sie erkennen die Städte durch die 3D-Bezeichnung in der Standard-Darstellung). Und bei einigen Orte können Sie mit Flyover-Tour einen virtuellen Rundflug starten.

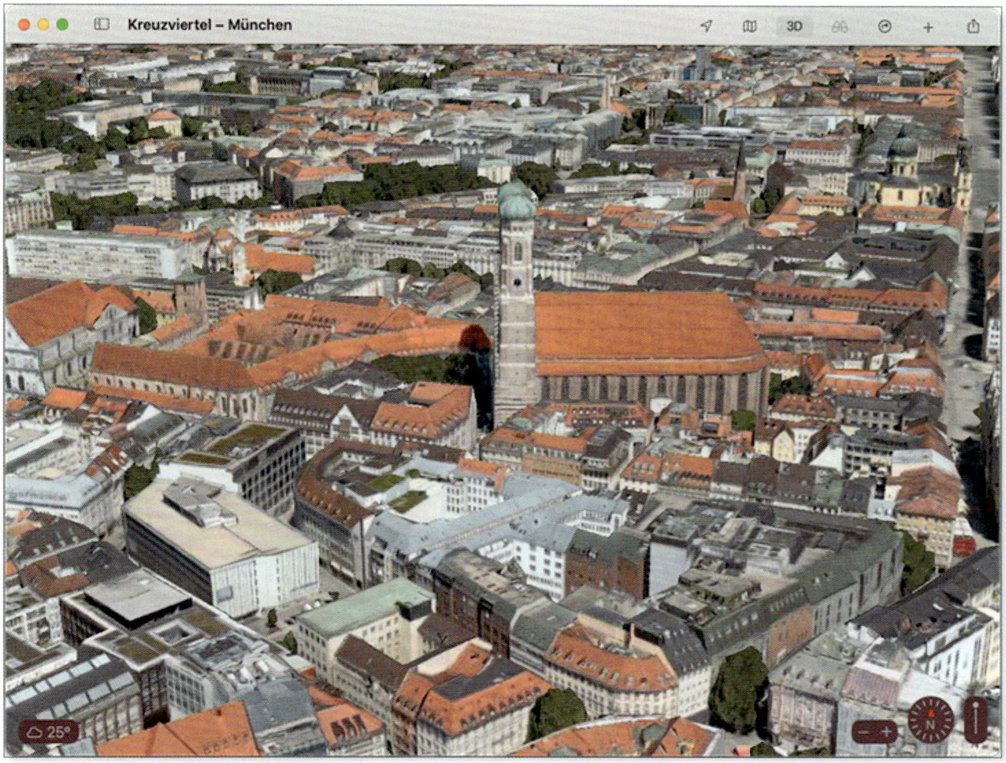

Die 3D-Darstellung zeigt einige Großstädte in einer atemberaubend realistischen Art und Weise.

!

Sukzessive werden auch die Street View Daten in die Karten-App integiert. Klicken Sie dazu in der Titelleiste rechts oben das kleine Fernglas an, um diese Darstellung zu erhalten. Straßen, die diese Ansicht anbieten, sind hellblau eingefärbt, wohingegen „weiße" Straßen das noch nicht anbieten.

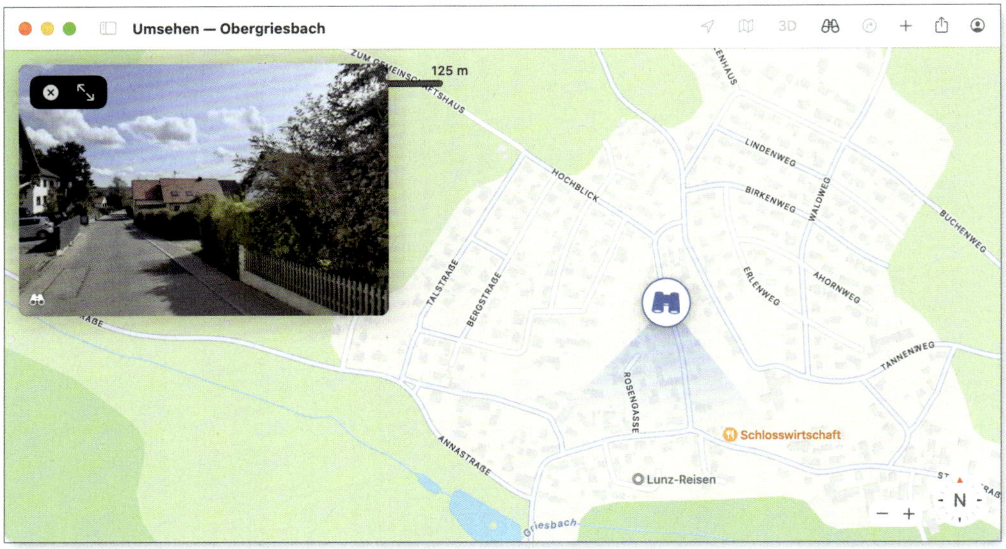

Via Street View (Apple nennt die Funktion auch Umsehen) können Sie virtuell spazieren gehen.

Routen planen und ans iPhone oder iPad weitergeben

Besonders elegant ist die Routenplanung am Computer. Und das Tolle ist, dass diese dann mit einem Klick auf ein iPhone oder iPad übertragen werden kann. Notwendig hierfür sind

- die Verwendung der gleichen Apple-ID für die iCloud am Computer (*Systemeinstellungen –> iCloud*) und am mobilen Geräe (*Einstellungen –> Ihr Name (Apple-ID, iCloud, iTunes & App Store) –> iCloud*) sowie
- mindestens iOS 7 auf dem iPhone bzw. iPad.

Sind diese Voraussetzungen erfüllt, geht es ganz simpel.

▶I Routenplanung der Karten-App an mobile Geräte weitergeben 09_01

http://macos2023.amac-buch.de/#09_01

Mit faktisch nur einem Klick wird eine geplante Route der Karten-App an ein mobiles Apple-Gerät weitergereicht.

!

Um einen Ort kurzfristig zu markieren, können Sie die Stecknadelfunktion verwenden. Über **Bearbeiten –> Stecknadel setzen (cmd + D)** erhalten Sie eine lilafarbene Stecknadel. Packen Sie die Stecknadel am Kopf, um sie zu verschieben, und klicken Sie auf das kleine **i**, um die Stecknadel in ein Lesezeichen umzuwandeln oder wieder zu löschen.

Öffentliche Verkehrsmittel

Eine Funktion in Karten ist die Möglichkeit das Wegenetz der öffentlichen Verkehrsmittel einzublenden und diese für die Routenplanung zu verwenden.

Um das Wegenetz einzublenden, müssen Sie nur auf die Schaltfläche *ÖPNV* rechts oben im Fenster klicken. Damit werden die Strecken und die entsprechenden Haltestellen der unterschiedlichen Verkehrsmittel sichtbar. Wenn Sie dann auf eine Haltestelle oder Bahnhof klicken, erhalten Sie alle Informationen über die Verkehrsmittel wie z. B. die Abfahrtszeiten, die diese Haltestelle betreffen.

Sie können auch Routen unter Verwendung der öffentlichen Verkehrsmittel planen. Dazu müssen Sie nur auf die Kategorie *ÖPNV* bei der Planung der Route umschalten. Geben Sie dann Start und Zielort ein, und nach wenigen Sekunden erhalten Sie einige Routenvorschläge. Ein Doppelklick auf die Route öffnet eine Liste mit genauen Anweisungen, auf welcher Linie Sie wieviele Haltestellen fahren müssen.

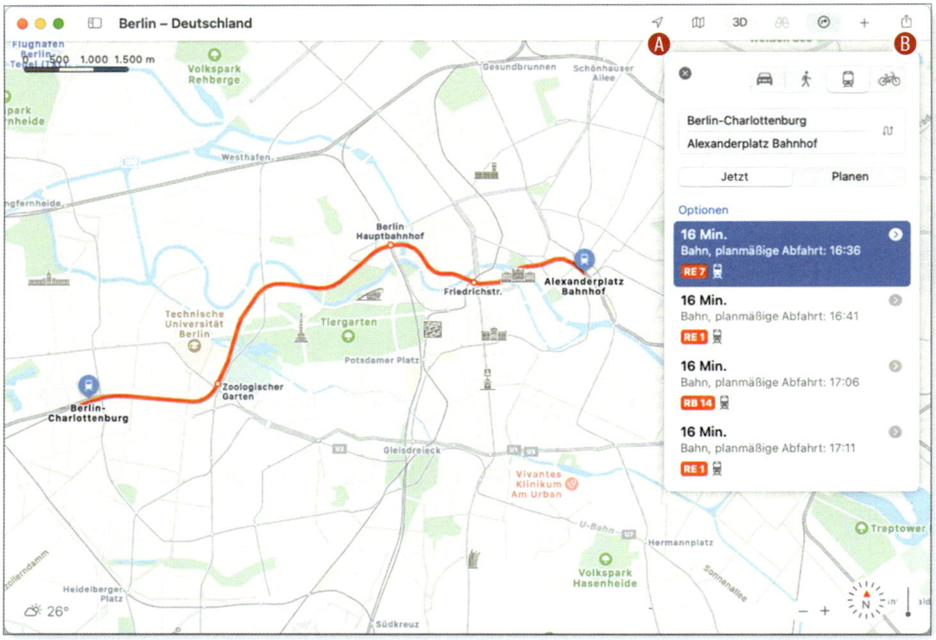

Die Routenplanung kann auch mit Hilfe der öffentlichen Verkehrsmitteln durchgeführt werden.

> **!** Damit Sie eine Route mit öffentlichen Verkehrsmitteln auch auf dem iPhone oder iPad übernehmen können, müssen Sie auf diesen Geräten mindestens iOS 9 verwenden.

> **!** Möchten Sie Ihren Standort versenden, dann aktivieren Sie zunächst die Ortungsfunktion A und wählen dann im **Teilen**-Menü B z. B. Nachrichten aus. Ihr Gegenüber erhält dann eine Karte mit der Positionsangabe, wo Sie sich mit Ihrem Computer aktuell aufhalten.

Kalender

Die Aufgabe von *Kalender* ist klar definiert: Mit Kalender können Sie Ihre Termine verwalten. Klicken Sie zudem auf den Button *Kalender*, um einen Minikalender sowie die Kalenderliste zu sehen.

Dabei können in Kalender mehrere Kalender angelegt werden, die sich farblich voneinander unterscheiden. Sie finden die Kalender links oben im Fenster bei *Kalender* ❶. Um rasch einen neuen Termin zu definieren, klicken Sie rechts daneben auf das +-Symbol ❷. Soll die Darstellung gewechselt werden, finden Sie neben der *Tagesansicht*, *Wochenansicht* und *Monatsansicht* auch eine *Jahresansicht* ❸.

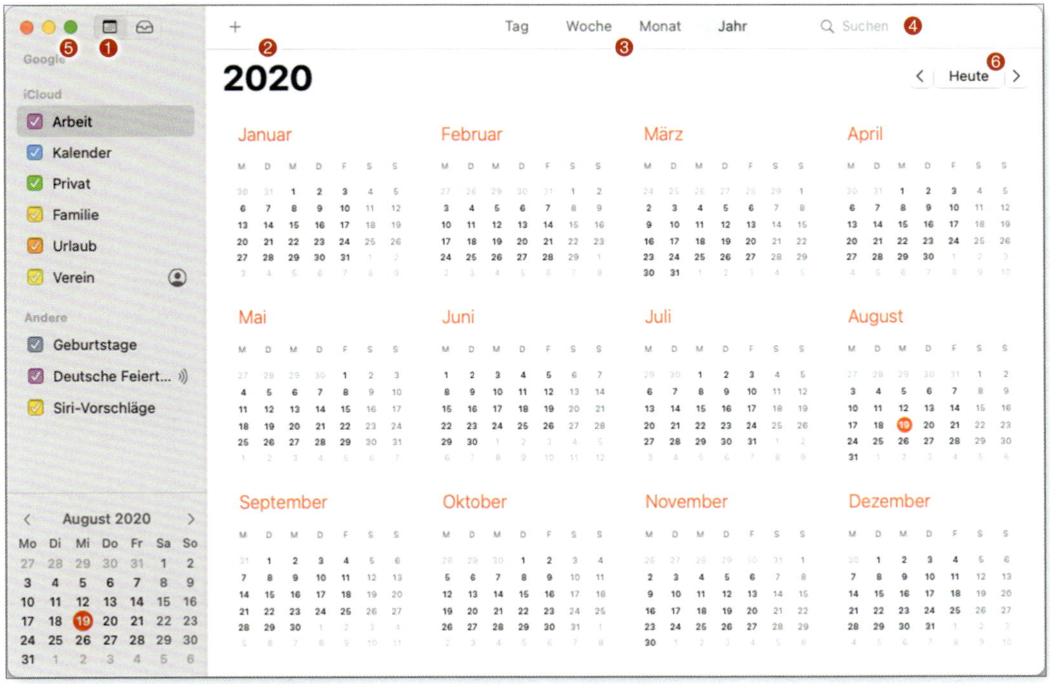

Jahresansicht im Kalender.

Und sicher haben Sie im rechten Bereich des Fensters ❹ die *Spotlight*-Suchfunktion bereits erkannt. Geben Sie hier einen beliebigen Suchbegriff ein, um nach Terminen zu suchen. Wollen Sie sich komplett auf die Arbeit in Kalender konzentrieren, können Sie in den *Vollbildmodus* ❺ schalten.

> **!** Wenn Sie mit der Tastatur in die verschiedenen Darstellungen schalten wollen, verwenden Sie **cmd + 1** für die Tagesansicht, **cmd + 2** für die Wochenansicht, **cmd + 3** für die Monatsansicht und schließlich **cmd + 4** für die Jahresansicht. Wollen Sie schnell wieder zum heutigen Tag zurückgelangen, verwenden Sie entweder den Button **Heute** ❻ oder Sie verwenden den Menüpunkt **Darstellung –> Heute anzeigen** (Tastaturkurzbefehl **cmd + T**).

Um ein beliebiges Datum anzeigen zu lassen, finden Sie über *Darstellung –> Datum anzeigen* (*cmd + Shift + T*) die richtige Funktion. Geben Sie dort einfach ein Datum ein und schon wird der Kalender diesen Tag anzeigen.

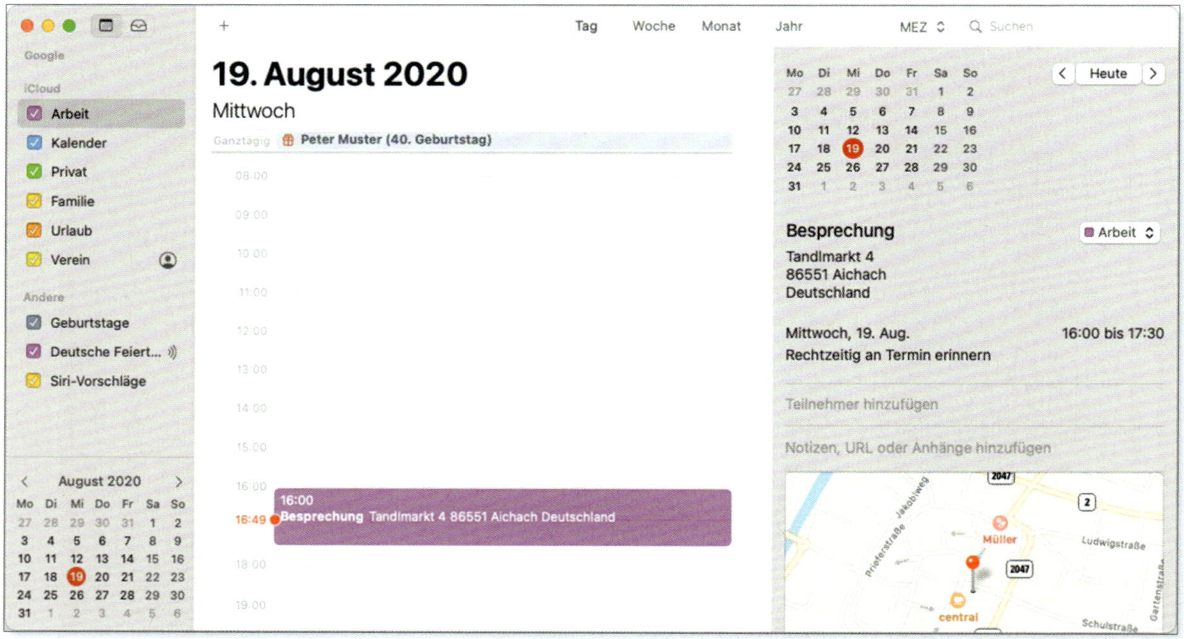

Tagesansicht in Kalender.

Die *Tagesansicht* in Kalender ist besonders interessant, denn dort sehen Sie im linken Bereich des Fensters die Termine des aktuellen Tages und im rechten Bereich die Details zu einem ausgewählten Termin. Dort kann unter anderem auch eine Karte mit dem genauen Ort des Termins eingeblendet sein. Und über den Details sehen Sie den Monat in einem Minikalender dargestellt.

> **!** Sie können sowohl in der Tages- als auch in der Wochenansicht zum Weiterblättern bequem nach rechts oder links scrollen.

Termin eintragen

Soll nun in den Kalender ein neuer Termin eingetragen werden, können Sie dies auf drei verschiedene Arten bewerkstelligen.

1. Verwenden Sie über den Menüpunkt *Ablage* den Eintrag *Neues Ereignis* (*cmd + N*).
2. Verwenden Sie das +-Icon im Titelbereich von Kalender, um eine Terminschnelleingabe vorzunehmen.

Terminschnelleingabe.

   Dort geben Sie einfach Uhrzeit, Wochentag und Thema an und sogleich wird der Termin nach Bestätigung mit der *Returntaste* in der aktuellen Woche eingetragen.

3. Setzen Sie den Mauszeiger auf das Kalenderprogramm und ziehen Sie mit gedrückter Maustaste von der Start- bis zur End-Uhrzeit nach unten; dadurch wird ein neuer Termin mit dem vorläufigen Namen *Neues Ereignis* eingetragen. Dabei ist der Name des Termins sofort aktiv, das heißt, Sie können den dazugehörigen Text erfassen.

▶I Termin in der der Kalender-App erstellen 09_02

http://macos2023.amac-buch.de/#09_02

Mit wenigen Handgriffen sind Termine in der Kalender-App erstellt. Dabei können eine Menge Dinge mit auf den Weg gegeben werden wie

- Wiederholungen
- Erinnerungen an den Termin
- Einladungen an andere Personen
- Ortsangaben für den Termin
- und einiges Mehr.

Wie das im Detail funktioniert, zeigt dieser Film.

> **!** Um einen Termin zu löschen, klicken Sie diesen einfach an und verwenden die **Backspace**- (Rückschritt-Taste). Sie können natürlich auch **Bearbeiten –> Löschen** wählen. Ebenso können Termine auch kopiert, ausgeschnitten und somit verschoben werden.

Sobald Sie viele Termine rasch editieren wollen, sollten Sie via *cmd + alt + I* das *Informationen*-Fenster hervorholen. Wenn Sie nun im Kalender einen Termin anklicken, sehen Sie dessen Informationen und können diese sofort editieren.

Nochmals kurz zurück zu den Einladungen. Natürlich können auch Sie von anderen Anwendern Einladungen erhalten. Diese kommen entweder per E-Mail oder erscheinen direkt in Kalender.

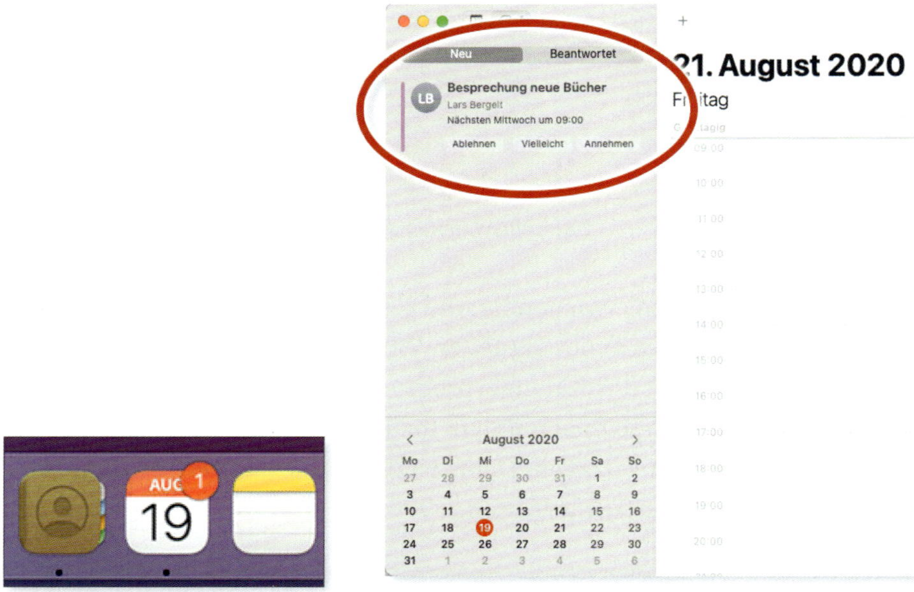

Kalender weist auf Einladungen hin.

Sie erkennen im Dock anhand des *Kalender*-Icons und auch im Titelbereich des Kalender-Fensters, dass eine Einladung eingetroffen ist. Diese kann nun einzeln angenommen oder abgelehnt werden. Jedes Mal erhält dabei auch der Absender diese Info übermittelt.

Kommt die Einladung per E-Mail Ⓐ, können Sie diese via Doppelklick auf den Anhang Ⓑ in Ihren Kalender übernehmen. Dort kann die Einladung dann angenommen oder abgelehnt werden.

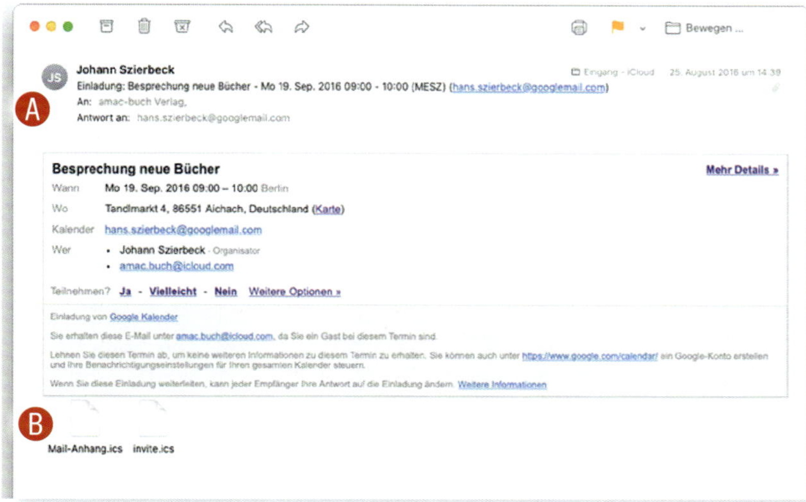

Einladung per E-Mail.

Des Weiteren erscheint die Benachrichtigung im *Kalender*-Fenstertitel.

Neuer Kalender

Wie bereits bei der Definition von Terminen erwähnt, können Termine in unterschiedliche Kalender eingebracht werden. Denn Kalender kann verschiedene Kalender gleichzeitig verwalten. Jeder Kalender wird dabei durch eine eigene Farbe dargestellt, sodass Sie die Termine der unterschiedlichen Kalender auch optisch unterscheiden können.

▶I Neue Kalender erstellen und teilen, sowie abonnieren 09_03

http://macos2023.amac-buch.de/#09_03

Flugs ist ein neuer Kalender erstellt und mit Terminen gefüllt. Damit andere an der Planung teilhaben können, ist das Teilen von Kalendern möglich. Über Kalenderabos versäumen Sie keine Termine mehr. Wie das alles funktioniert, können Sie im Detail in diesem Film sehen. Gehen Sie zu **Ablage -> Neuer Feiertagskalender** und wählen Ihr Land aus, um die nationalen Feiertage im Überblick zu haben.

Einstellungen

Und zu guter Letzt werfen wir noch einen Blick auf die Grundeinstellungen von Kalender, in denen einige wesentliche Informationen grundkonfiguriert werden sollten.

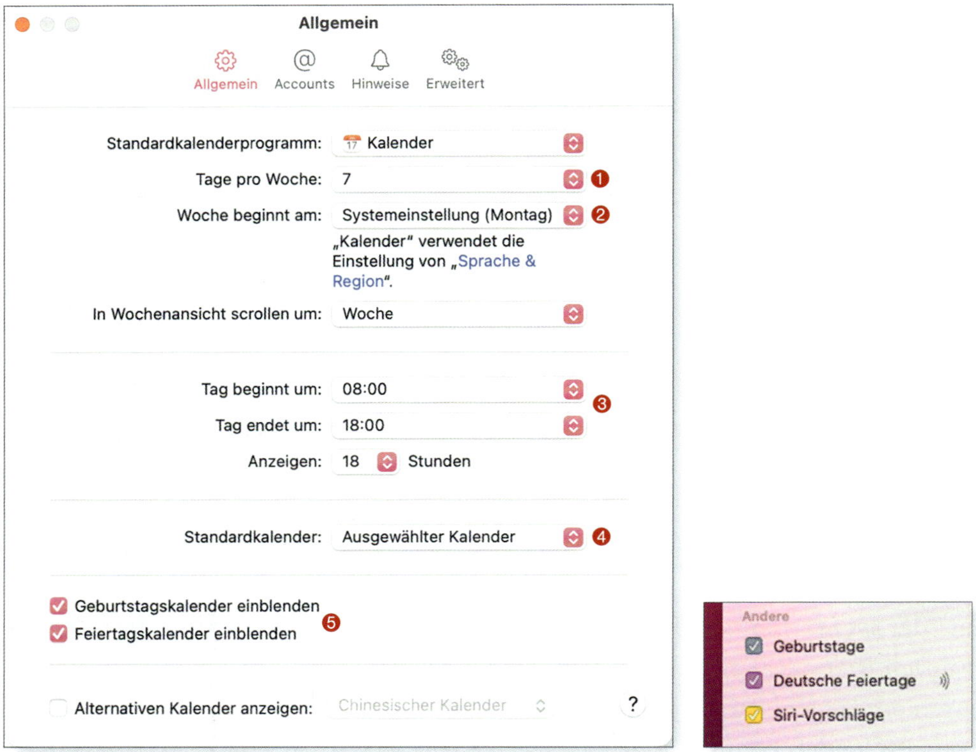

In „Kalender –> Einstellungen" finden sich nützliche Dinge (links) wie das Einblenden von Geburtstagen und Termininformationen anderer Apps – Siri-Vorschläge (rechts).

Dort finden Sie im Reiter *Allgemein* beispielsweise die Einstellung *Tage pro Woche* ❶. Diese ist standardmäßig auf *7* eingestellt, könnte aber auch auf *5* geändert werden, sofern Sie das Programm Kalender lediglich beruflich verwenden. Darunter geben Sie an, wann Ihre Woche innerhalb von Kalender beginnen soll ❷. Manche Anwender schalten von Montag als Wochenbeginn auf Sonntag um. Darunter geben Sie an, in welchem Zeitfenster Ihre Hauptaktivitäten in Kalender liegen ❸. Und ebenso sinnvoll ist die Spezifikation eines *Standardkalenders* ❹. Wenn Sie einen neuen Termin eintragen, wird dieser, falls nichts anderes ausgewählt ist, dem Standardkalender zugeordnet. Via ❺ können Sie die in Kontakte eingetragenen Geburtstage in Kalender einblenden bzw. sich die Feiertage anzeigen lassen und auch die Ereignisse, die Kalender in E-Mails gefunden hat. Diese werden dann in der Kategorie *Andere* dargestellt.

Eine weitere sehr nützliche Funktion ist das Anzeigen der Kalenderwochen. Navigieren Sie hierzu zu *Kalender –> Einstellungen* (*cmd* + ,) und dort in den Bereich *Erweitert*. Aktivieren Sie die Funktion *Wochenzahlen einblenden*.

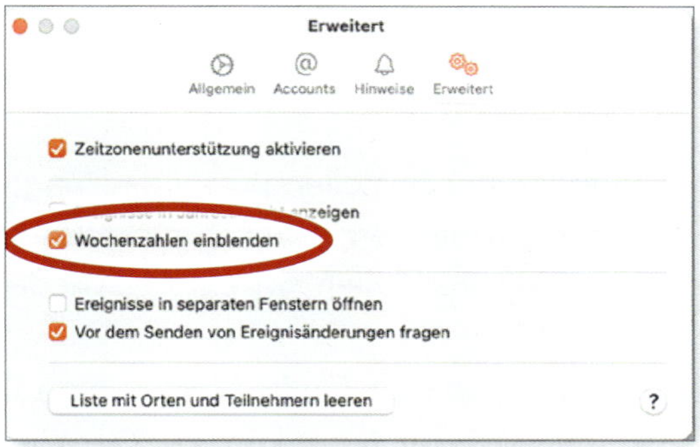

Kalenderwochen anzeigen.

Dort finden Sie noch zwei weitere sehr interessante Einstellungen, die Sie Ihren Bedürfnissen entsprechend anpassen können. Zum einen gibt es dort die Eigenschaft *Ereignisse in separaten Fenstern öffnen*. Sofern diese Funktion aktiviert wird, können Sie auf einem beliebigen Termin innerhalb des Kalender-Programms einen Doppelklick ausführen und es erscheint ein extra Fenster, in dem alle Einstellungen für diesen Termin bearbeitet werden können.

Damit können Sie nun auf beliebig vielen Terminen innerhalb Ihres Kalenders einen Doppelklick ausführen und Sie erhalten so für jeden Termin ein eigenes Fenster, um dort alle Parameter Ihren Bedürfnissen entsprechend anpassen zu können.

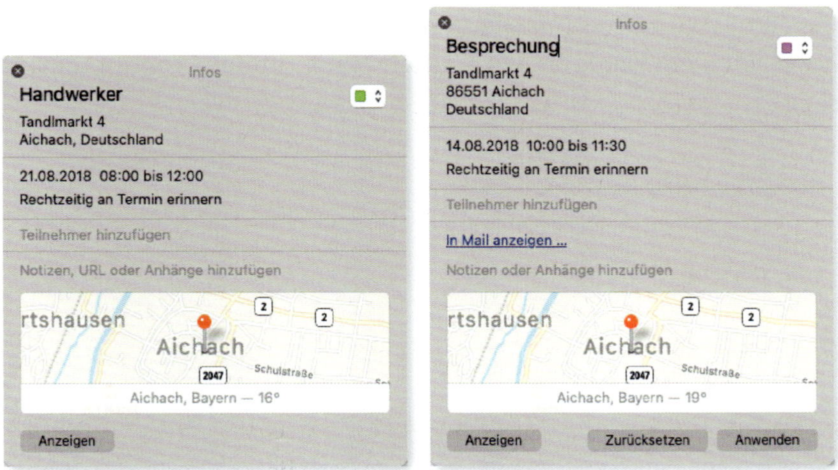

Separate Fenster für jeden einzelnen Termin.

> **!** An dieser Stelle ein sehr interessanter und sehr nützlicher Tipp, wie Sie noch effizienter mit Terminen umgehen können: Wenn Sie mit der Tastenkombination **cmd + alt + I** das **Informationen**-Fenster hervorrufen, erscheint ein frei schwebendes Fenster, das Ihnen alle Informationen zu einem Ereignis bzw. Termin zeigt. Das besonders Schöne an dem Fenster ist nun, dass es durch Anklicken eines anderen Ereignisses automatisch aktualisiert wird.

> **!** Ändern Sie nun im **Informationen**-Fenster Einstellungen für das Ereignis, werden diese sofort auf den entsprechenden Termin angewendet. Über den Button **Zurücksetzen** am unteren Rand des Informationsfensters können Sie sehr rasch die manuellen Korrekturen wieder rückgängig machen.

Übrigens können Sie mit der Tastenkombination *cmd + E* von einem Ereignis auch ein Informationsfenster hervorholen, in dem Sie die Daten modifizieren können. Der Unterschied zwischen *cmd + E* und *cmd + alt + I* ist der, dass, sobald Sie ein weiteres Ereignis anklicken, bei Verwendung von *cmd + E* ein weiteres Fenster geöffnet wird, wohingegen bei *cmd + alt + I* das *Informationen*-Fenster erhalten bleibt und mit den Daten des jeweiligen Ereignisses aktualisiert wird.

Kommen wir noch einmal zu den *Einstellungen* zurück: Ich hatte Ihnen ja eine weitere sehr nützliche Einstellung versprochen. Diese finden Sie unter *Kalender –> Einstellungen –> Erweitert* und sie nennt sich *Ereignisse in Jahresansicht anzeigen*. Damit werden in der Jahresansicht alle Termine farblich gekennzeichnet.

Bevor wir die *Einstellungen* verlassen, noch eine kleine, vielleicht für den einen oder anderen unter Ihnen nützliche Funktion: *Vor dem Senden von Ereignis-Änderungen fragen*. Sie haben ja bereits gesehen, dass Sie Termine mit einem Doppelklick bzw. mit *cmd + E* oder *cmd + alt + I* öffnen können, um auf die Daten eines Ereignisses Einfluss zu nehmen. Wenn Sie nun die Eigenschaft *Vor dem Senden von Ereignis-Änderungen fragen* deaktiviert haben, wird jede Änderung zu einem Termin sofort umgesetzt. Ist die Funktion hingegen aktiv geschalten, müssen Sie im Informationsfenster stets mit dem Button *Anwenden* den Eintrag bestätigen. Bleiben wir noch ein wenig in den Einstellungen für das Programm Kalender und widmen wir uns den *Hinweisen*.

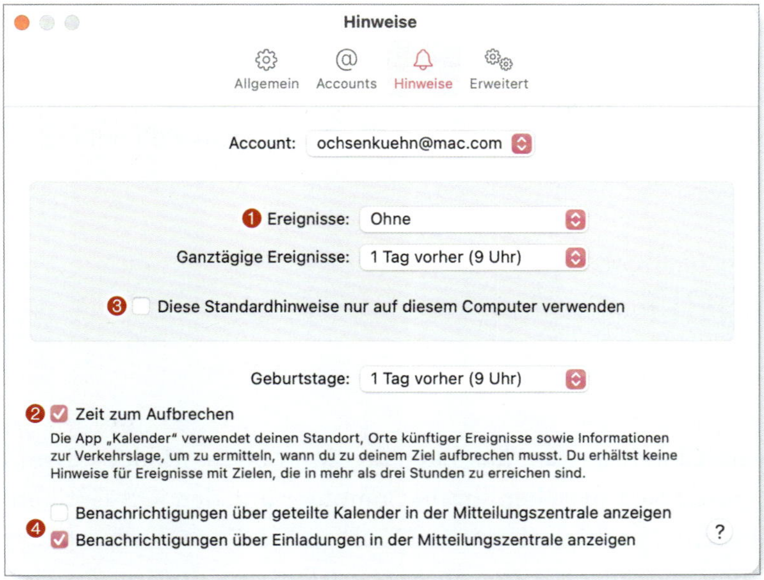

In den Kalendereinstellungen finden Sie bei „Hinweise" sehr nützliche Funktionen.

Dort sehen Sie zunächst, dass Sie für jeden *Account*, den Sie in den *Systemeinstellungen* bei *Internetaccounts* spezifiziert haben und der auch in der Lage ist, Kalenderinformationen zu synchronisieren, Einstellungen vornehmen können. In meinem Fall kann ich Einstellungen für meinen iCloud- und Google-Account konfigurieren.

Sie sehen beispielsweise, dass Sie im Pull-down-Menü bei *Ereignisse* ❶ bzw. bei *Ganztägige Ereignisse* und *Geburtstage* eine automatische Erinnerung aktivieren können. Wählen Sie beispielsweise bei *Ereignisse* die Eigenschaft *15 Minuten vorher*, werden Sie ab sofort an jeden Termin, den Sie in Ihrem Kalender eingetragen haben, eine Viertelstunde vorher erinnert. Ähnlich verhält es sich bei ganztägigen Ereignissen.

Ähnliche Einstellungen können Sie auch für Geburtstage vornehmen, um auf keinen Fall mehr Geburtstage von Freunden, Bekannten oder Arbeitskollegen zu vergessen.

> **!** Interessant ist auch die Option **Zeit zum Aufbrechen** ❷. Diese bringt einen Hinweis, wenn es Zeit ist zu einem Termin aufzubrechen, damit Sie punktlich am Zielort ankommen. Voraussetzungen dafür sind die aktivierten Ortungsdienste und der jeweilige Termin muss eine Ortsangabe besitzen.

Mit der Eigenschaft *Diese Standardhinweise nur auf diesem Computer* ❸ aktivieren Sie die Erinnerungen lediglich für diesen Rechner. Damit werden die Daten nicht per iCloud zu Ihren Mobilgeräten übertragen.

Und zu guter Letzt finden Sie unten noch zwei Einstellungen dazu, welche Informationen in der Mitteilungszentrale als Benachrichtigungen erscheinen sollen. Dort können Sie die Anzeige von Einladungen bzw. Informationen von geteilten Kalendern ein- und ausschalten ❹.

Damit haben wir die wesentlichen Einstellungen des Programms Kalender durchgesprochen.

Erinnerungen

Verfügen Sie über einen iCloud-Account (der auch an dieser Stelle wieder wärmstens zu empfehlen ist), werden die Erinnerungseinträge zwischen Ihrem Computer und den iOS-Geräten drahtlos abgeglichen, was eine äußerst praktische Funktion darstellt. Möchten Sie einen Account zum drahtlosen Abgleich hinzufügen, dann wählen Sie einfach in den *Systemeinstellungen –> Internetaccounts* einen Anbieter aus.

Des Weiteren nutzt das Programm Erinnerungen, in dem Sie Ihre To-dos ablegen, natürlich die *Mitteilungszentrale*, in der Benachrichtigungen erscheinen, sobald eine Aufgabe zu erledigen ist. Aber wollen wir uns erst einmal die wichtigsten Funktionen des Programms *Erinnerungen* im Detail ansehen. Fangen wir doch an der Stelle an, an der wir vorhin beim Programm Kalender aufgehört haben:

▶I neue To-dos in der Erinnerungen-App erstellen 09_04

http://macos2023.amac-buch.de/#09_04

Damit Sie nichts mehr vergessen werden, können Sie alles zu erledigenden Dinge in die Erinnerungen-App eintragen. Wie das funktioniert, zeigt Ihnen dieser Film.

! Und auch das ist möglich: Wenn Sie sich vom Programm Erinnerungen an eine E-Mail und ihren Inhalt erinnern lassen wollen, ziehen Sie einfach die betreffende E-Mail vom Programm **Mail** auf eine Liste in der App **Erinnerungen**. Schon wird ein neuer Eintrag erstellt. Diesen Eintrag können Sie nun noch zeitlich oder örtlich justieren.

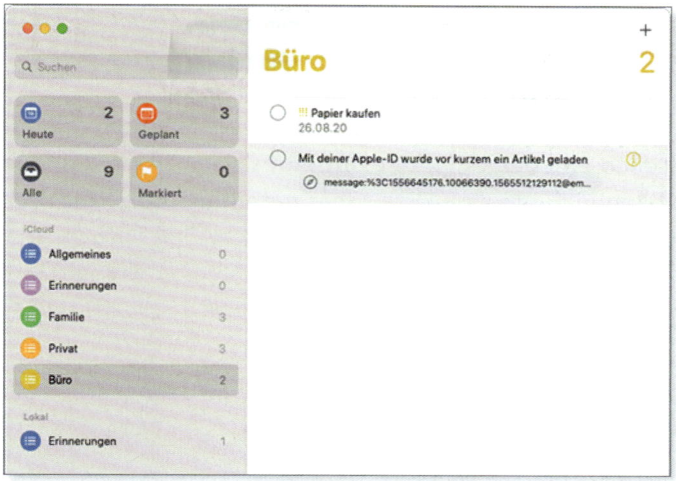

Erinnerung an eine E-Mail.

Tags

Wie auch in der Notizen-App, kann man nun in Erinnerungen mit *Tags* arbeiten. Dies funktioniert über *Tags hinzufügen* ❶ oder *Neues Tag* ❷. Anschließend tragen Sie ihre gewünschten Tags ein. In der Seitenleiste ist der *Tag Browser* ❸ integriert über den man einen schnellen Zugriff auf die Erinnerungen mit *Tags* hat.

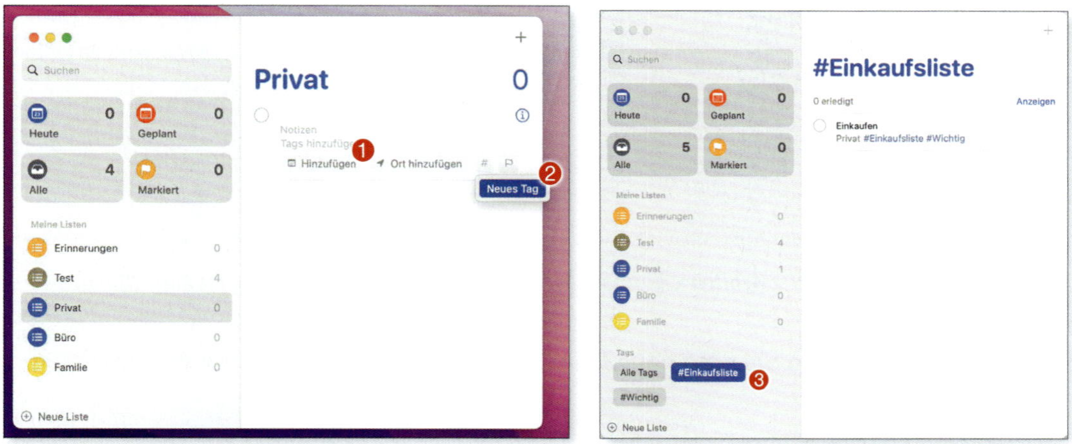

Mittels "Tags" können Sie Ihre Erinnerungseinträge strukturieren.

▶I Neue Erinnerungsliste erstellen und freigeben 09_05

http://macos2023.amac-buch.de/#09_05

Wenn Sie viele Aufgaben z. B. im Rahmen eines Vereins zu erledigen haben, dann ist das Erstellen einer eigenen Liste absolut sinnvoll. Und damit andere Personen mitarbeiten können, kann eine Liste sogar geteilt werden. Und wenn Sie möchten, können Sie Listen zu Gruppen zusammenstellen.

! Wenn Sie Listen löschen (am besten über das Kontextmenü), dann werden auch alle darin befindlichen Aufgaben gelöscht.

Pfiffige Listen

Sie können innerhalb von Listen Abschnitte definieren und so Dinge thematisch ordnen lassen. Wählen Sie in einer Liste dazu *Ablage -> Neuer Abschnitt* oder klicken das entsprechende Icon rechts oben an.

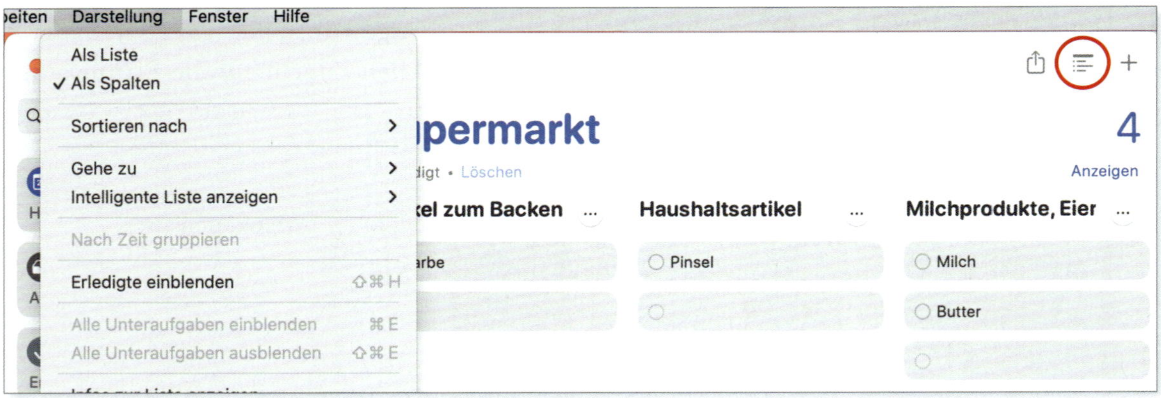

Haben Sie Abschnitte definiert, dann ist die Darstellung in Form von Spalten ganz pfiffig.

Viel einfacher geht das, wenn Sie eine neue Liste mit der Eigenschaft *Lebensmittel* versehen.

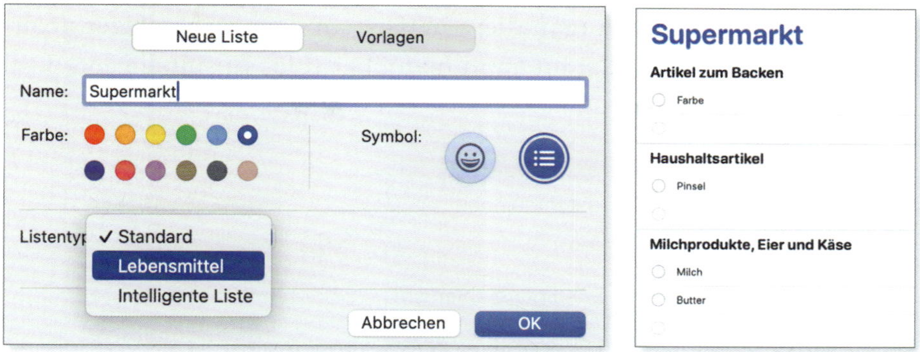

Die Liste vom Typ „Lebensmittel“ erstellt automatisch Abschnitte.

▶ Pfiffige Listen erstellen 09_pfiffige_listen

http://macos2023.amac-buch.de/#09_pfiffige_listen

In diesem Film zeige ich Ihnen, wie einfach man pfiffige Listen in der App Erinnnerungen erstellen kann.

Und noch eleganter sind die Intelligenten Listen, die man ebenfalls via *Ablage* erzeugen kann.

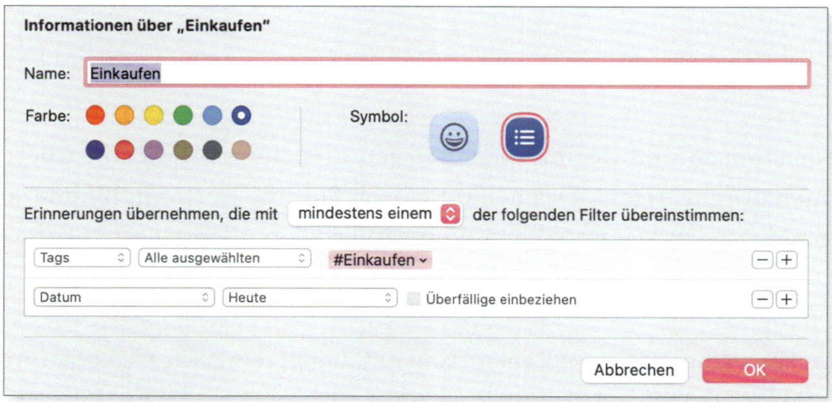

Definieren Sie ein oder mehrere Kritieren, um Einträge in einer intelligenten Liste anzuzeigen.

Ist die intelligente Liste erstellt, kann man diese optisch an dem rechteckigen Icon klar erkennen. Klickt man mit der rechten Maustaste darauf kann man über Infos für intelligente Liste die Kritierien überarbeiten.

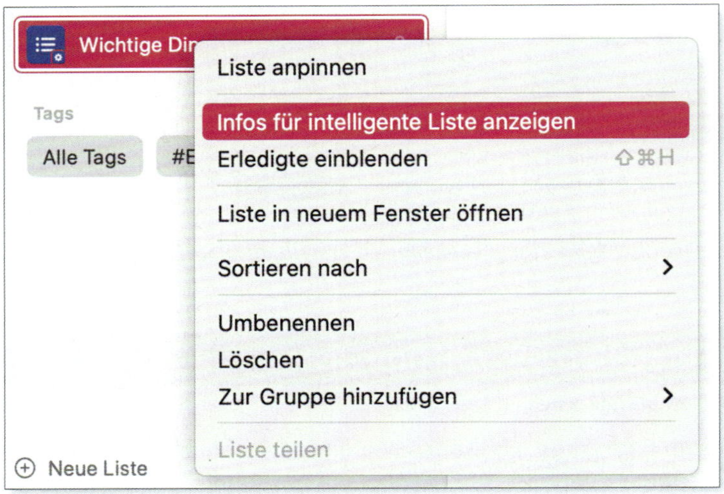

Das Kontextmenü erlaubt die Überarbeitung der Listenkriterien und -einstellungen.

Notizen

Ebenso wie die *Erinnerungen* und der *Kalender* werden alle *Notizen*-Einträge über iCloud nahtlos zu Ihren mobilen Geräten durchgereicht. Das heißt: Egal, ob Sie eine Notiz am iPhone, am iPad oder einem Ihrer Mac-Rechner (iMac oder MacBook) erstellen, sind Sie an allen Geräten sofort auf dem gleichen Informationsstand.

> ! Wer bisher das Programm **Notizzettel** verwendet hat, findet dies nach wie vor im **Programme**-Ordner. Der Nachteil des Programms Notizzettel ist allerdings der fehlende Datenabgleich über die iCloud zu den iOS-Geräten.

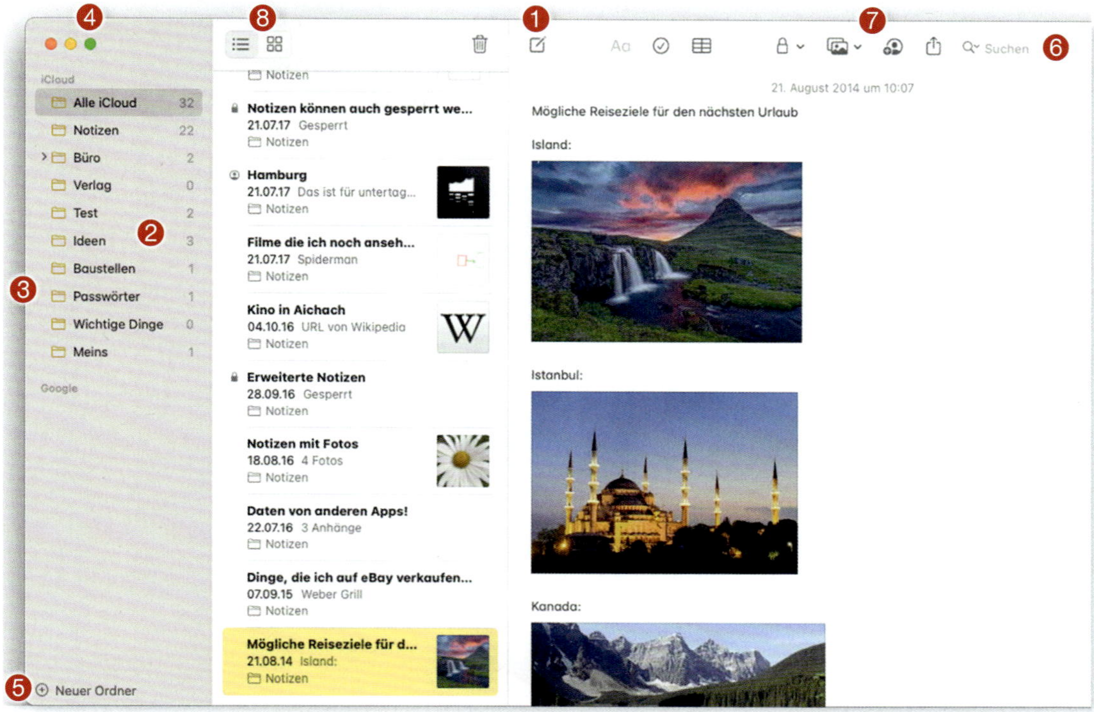

Notizen werden ebenfalls über die iCloud mit den iOS-Geräten abgeglichen. Möchten Sie die Notizen hingegen lokal auf dem Mac ablegen, dann aktivieren Sie den Account „Auf meinem Mac“ in den „Einstellungen“.

Wie Sie anhand des Bildschirmfotos erkennen, ist das Notizen-Programm sehr einfach zu bedienen. Über eine Taste im oberen Bereich ❶ können Sie eine neue Notiz erstellen. Es können sogar Formatierungen zum Einsatz kommen. Im Menüpunkt *Format* können Sie die Schriftart, die Schriftfarbe etc. Ihren Bedürfnissen entsprechend modifizieren. Auch Funktionen wie *Listen* (also Aufzählungszeichen) sind möglich.

Aber damit nicht genug. Selbst Bilder können in die Notizen aufgenommen werden. Ziehen Sie diese einfach per Drag & Drop in den Notizzettel hinein oder stellen Sie mit der Taste ❼ eine Verbindung zur Ihrer Foto-Mediathek her.. Ebenso können Textinformationen auch Hyperlinks enthalten.

Das Programm Notizen kann übrigens wie viele andere Mac-Programme auch im *Vollbildmodus* dargestellt werden. Wählen Sie hierfür links oben den grünen Knopf ❹.

> **!** Mit der **esc**-Taste können Sie vom Vollbildmodus wieder zur Fensterdarstellung umschalten.

Um eine Notiz zu löschen, müssen Sie sie in der Liste auswählen und anschließend die *Backspace*-Taste drücken. Alternativ dazu können Sie auch die Funktion *Löschen* aus dem Menü *Bearbeiten* nehmen. Und das *Teilen*-Feld gibt Ihnen die Möglichkeit, Ihre Notizen per E-Mail oder per Nachrichten zu versenden. Über das *Ablage*-Menü kann die Notizenseite zudem als PDF exportiert werden.

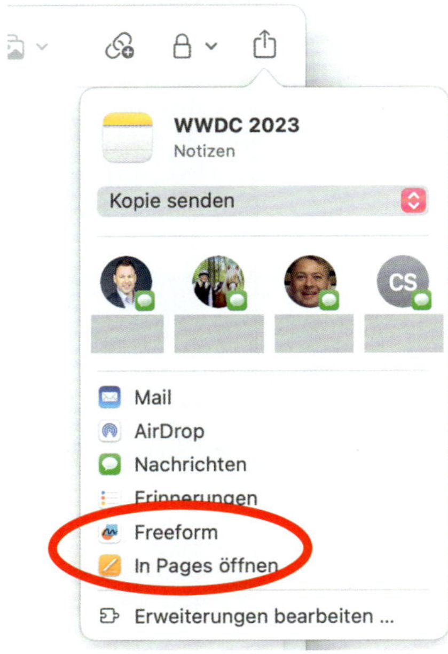

Das Teilen-Feld in den Notizen kann Infos nun an die Pages- und die Freeform-App weitergeben. Achten Sie oben darauf, dass „Kopie senden“ aktiv ist.

Und nun, bevor wir wie versprochen die Notizen an iCloud übertragen, ist es durchaus sinnvoll, die *Ordnerliste* einzublenden ❷ (*Darstellung –> Ordner einblenden*). Sogleich erscheint links eine zusätzliche Spalte, in der Sie die verschiedenen Dienste sehen, die in der Lage sind, Notizen abzugleichen ❸. Jedes Mal, wenn Sie nun eine Notiz erstellen, sollten Sie sich überlegen, an welchen Dienst und in welchen Ordner innerhalb dieses Dienstes diese Notiz übertragen werden soll.

> **!** Um innerhalb des Dienstes einen neuen Ordner für die Notizen anzulegen, wählen Sie entweder den Menüpunkt **Ablage –> Neuer Ordner** oder die Funktion **Neuer Ordner** ❺ links unten im Fenster.

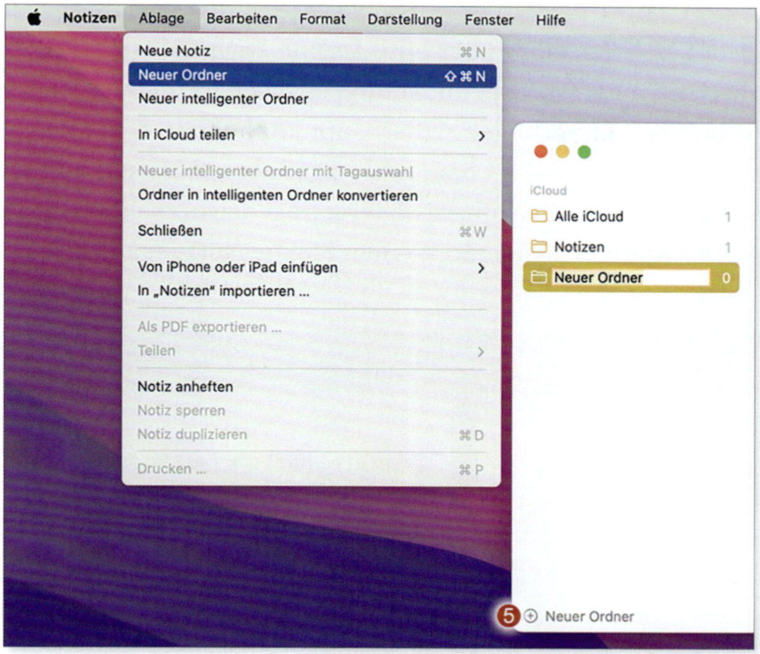

Neue Ordner für Notizen werden via iCloud mit iPhone und iPad synchronisiert (rechts).

Und da über die iCloud alle Daten synchron gehalten werden, werden Ihr neuer Ordner und dessen Notizen sofort auf Ihre mobilen Geräte übertragen.

Sollten Sie nun aus Versehen eine Notiz in den falschen Ordner oder im falschen Dienst abgelegt haben, können Sie einfach per Drag & Drop die Notiz an die richtige Stelle ziehen, um sie dorthin zu verschieben.

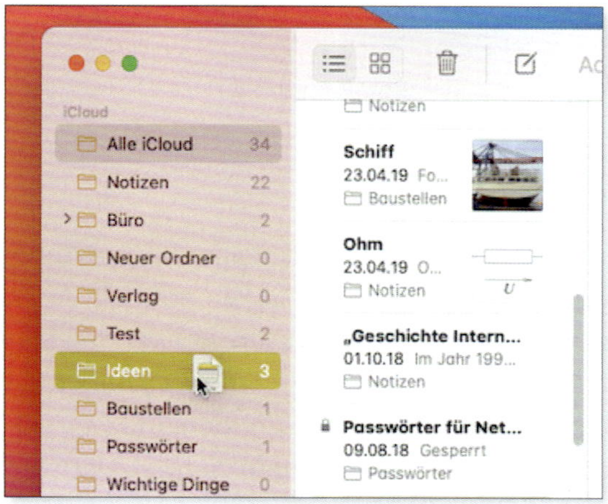

Notiz verschieben.

Natürlich auch das Notizen-Programm über eine *Suchfunktion* ❻. Geben Sie dort einen beliebigen Begriff ein, der sich innerhalb einer Notiz befindet, und sogleich werden in der Liste darunter alle Notizen angezeigt, die den Suchbegriff enthalten. Überhaupt können Sie die Notizen in einer Listen- oder Galeriedarstellung ❽ begutachten (*cmd + 1* bzw. *cmd + 2*) Und auch diese Funktion hat Apple vom Programm Erinnerungen in das Programm Notizen weitergetragen: Durch einen Doppelklick auf eine Notiz erscheint diese in einem separaten Fenster. So können Sie die Notizen auf Ihrem Bildschirm anordnen und verteilen.

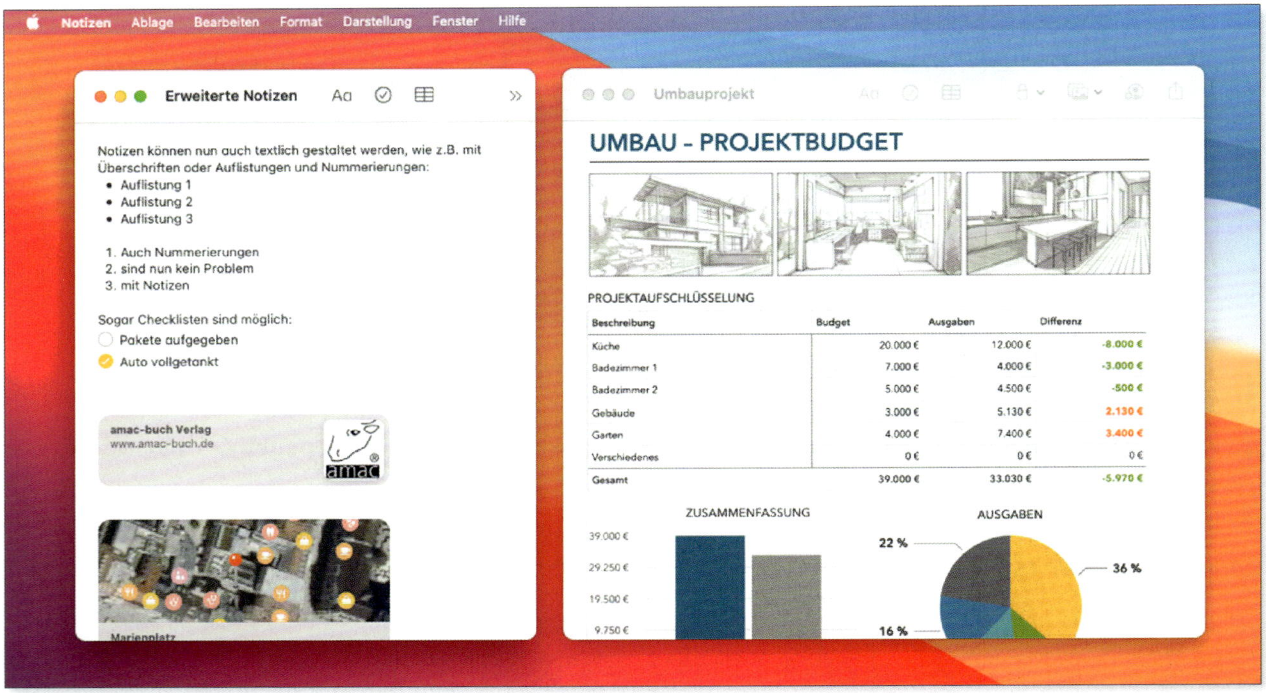

Notizen in separaten Fenstern.

> **!** Wenn Sie wieder das Hauptfenster mit der Übersicht aller Notizen sehen möchten, verwenden Sie den Menüpunkt **Fenster –> Notizen** oder aktivieren Sie die normale Ansicht mit der Tastenkombination **cmd + 0.** Um Notizen oder Ordner wieder zu löschen, verwenden Sie einfach das Kontextmenü und klicken auf den jeweiligen Eintrag. Die **Löschen-Funktion** ist zudem via **Bearbeiten** zugänglich. Dabei wird die Notiz in den Ordner **Zuletzt gelöscht** verschoben und weitere 30 Tage aufbewahrt. Von dort kann die gelöschte Notiz auch wieder herausgezogen werden. Nach 30 Tagen hingegen wird die Notiz endgültig gelöscht.

Tags

Mit der Verwendung von *Tags* kann man die Notizen kategorisieren. Dazu muss man lediglich Begriffe in der Notiz mit Route schreiben – wie z. B. #Reisen oder #Einkaufliste ❷. Alle Tags werden automatisch in den Tag Browser ❶ in der Seitenleiste übernommen.

In dem man auf einen Tag tippt, bekommt man eine schnelle Übersicht über alle Notizen, die mit diesem Tag versehen sind.

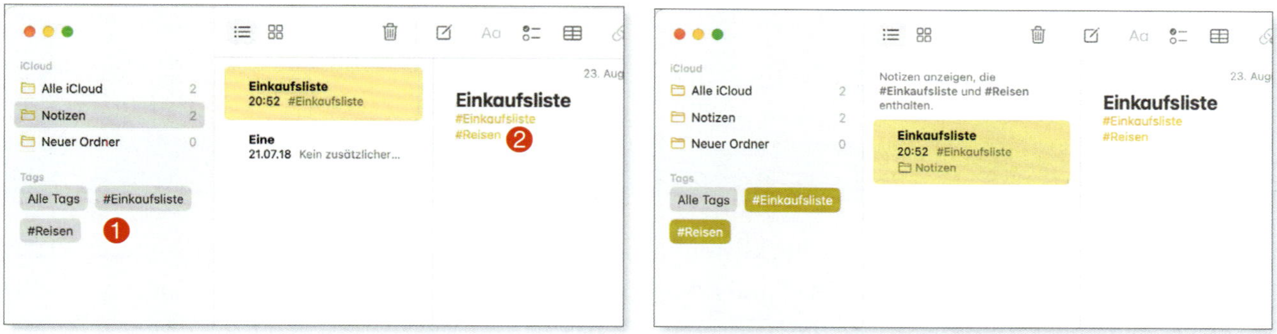

Eine Notiz enthält zwei Tags (links). Werden diese seitlich im Tagbrowser angewählt, so wird im Nu die dazugehörige Notiz gefunden und dargestellt (rechts).

Über den Button *Neuer Ordner*, kann man eigene Intelligente Ordner erstellen, in denen Notizen anhand von Tags automatisch zusammengefasst werden.

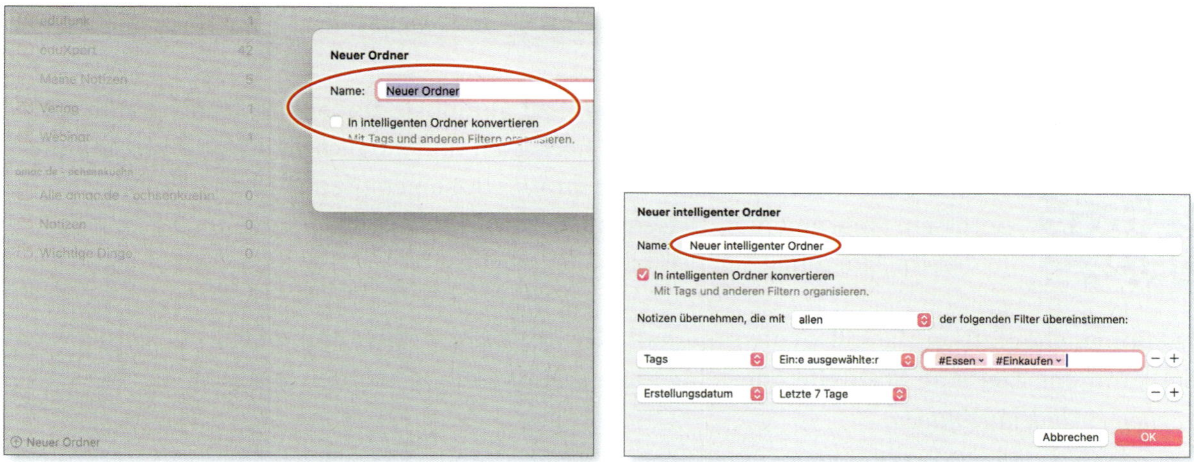

Ein intelligenter Ordner wird mit Tags befüllt. Er kann aber zudem andere Filterkriterien auch haben. Nachträglich wird der Intelligente Ordner über das Kontextmenü editiert.

▶I Intelligente Ordner 09_intelli_notizenordner

http://macos2023.amac-buch.de/#09_intelli_notizenordner

In diesem Video zeige ich Ihnen, wie man intelligente Ordner mit Kriterien erstellt, verwendet und nachträglich überarbeiten kann.

Erweiterte Notizen

Sie können in Notizen sehr einfach Checklisten mit einem Mausklick erstellen und mit weiteren Daten anreichern. Damit der Abgleich mit iPad und iPhone auch gelingt, ist es notwendig dort mindestens iOS 9 einzusetzen und die Aktualisierung, die beim ersten Start der App Notizen erscheint, auch vorzunehmen.

Es geht aber noch weiter: Die App hat eine direkte Verbindung zu anderen Programmen. Das Einfügen einer Internetadresse oder eines Standorts ist sehr einfach. Und damit Sie nicht den Überblick über die angehängten Fotos, Internetadressen, Standorte und Dokumente verlieren, gibt es einen eigenen Bereich für die Anhänge.

▶I Notizen mit Inhalt befüllen 09_06

http://macos2023.amac-buch.de/#09_06

Natürlich können Sie in den **Notizen** Text eintippen. Dieser kann zudem formatiert werden. Doch auch Tabellen und Checklisten sind möglich. Und von anderen Apps kann die Notizen-App jede Menge Informationen empfangen wie z. B. Internetadressen, Sprachmemos, Ortsangaben, etc.
In diesem Film sehen Sie, was hier alles machbar ist.

Sie können ebenfalls einfach Begriffe innerhalb der Notizen markieren und mit Hyperlinks versehen. Dabei kann das Ziel eine Webseite oder eine andere Notiz sein. Nach der Markierung verwenden Sie *Bearbeiten -> Link hinzufügen.*

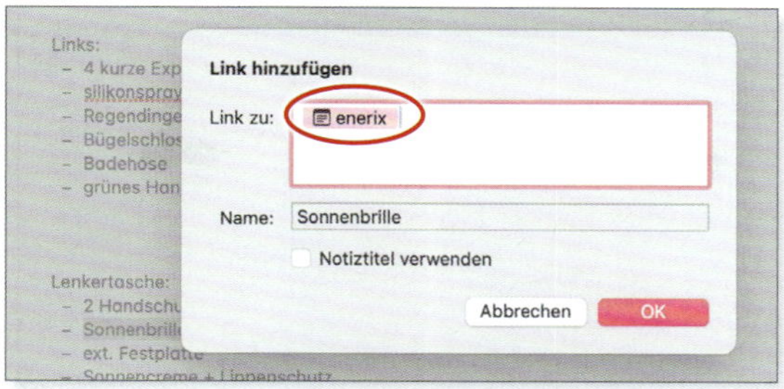

Geben Sie den Titel einer Notiz an, um damit zu verlinken.

Anhangsübersicht

Damit Sie nicht den Überblick über alle eingefügten Bilder, Videos, Standorte und Internetadressen verlieren, gibt es auch eine Übersicht über alle Anhänge. Die *Anhangsübersicht (cmd + 3)* finden Sie im Menü *Darstellung*. Alternativ dazu können Sie auch auf die entsprechende Schaltfläche in der Symbolleiste klicken.

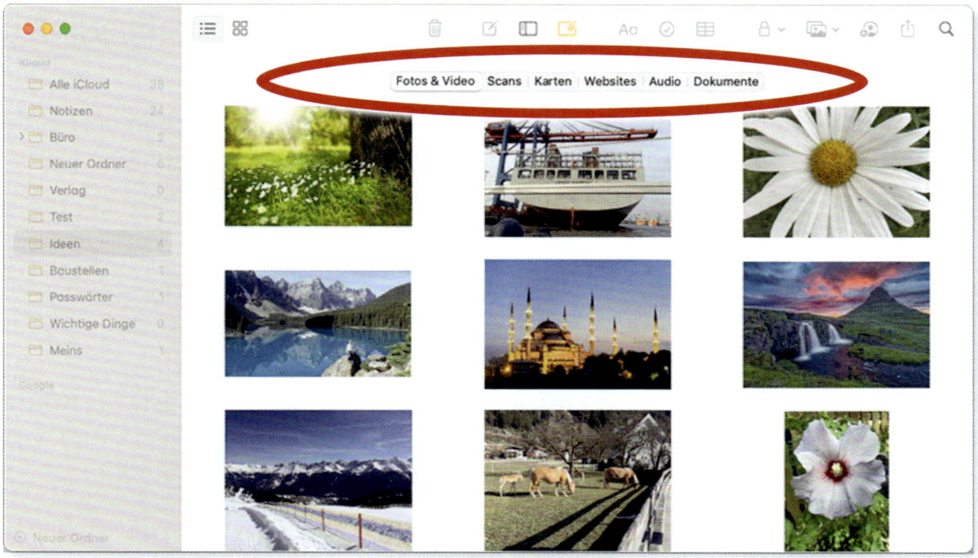

In der Anhangsübersicht werden alle eingefügten Elemente nach Kategorien sortiert aufgelistet.

Die Anhangsübersicht ist in die Kategorien unterteilt. In der jeweiligen Kategorie können Sie dann die Anhänge einsehen und direkt weiterverwenden, öffnen, abspielen oder die Notiz öffnen lassen, in der der Anhang enthalten ist. Das Kontextmenü hält dafür alle Funktionen parat.

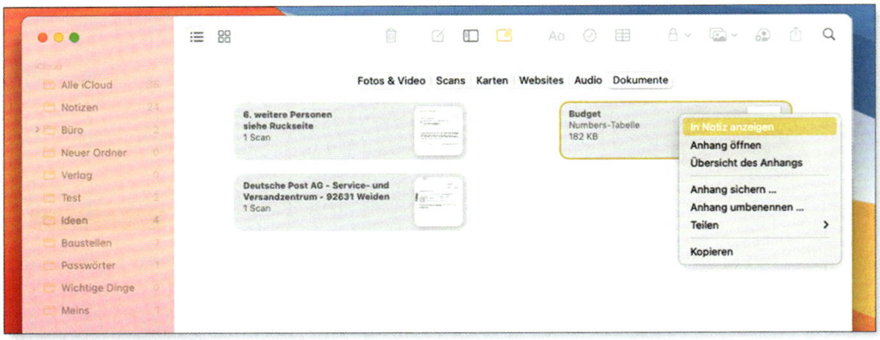

Im Kontextmenü finden Sie viele Funktionen für die Anhänge in Notizen.

! Wenn Sie ein iPhone oder iPad besitzen, das mindestens mit iOS 9 arbeitet, haben Sie auch dort vollen Zugriff auf die neuen Möglichkeiten der App **Notizen**. Zusätzlich zu den Funktionen, die Ihnen die Mac-Version bietet, können Sie auf dem iPhone und iPad noch Skizzen zeichnen und hinzufügen, die dann auf dem Mac angezeigt und ausgedruckt werden können.

▶I Notizen teilen, sperren, anheften und strukturiert ablegen 09_07

http://macos2023.amac-buch.de/#09_07

Wer viel mit Notizen arbeitet, der freut sich über die zahlreichen produktiven Funktionen, die die Notizen-App anbieten kann. Dieses Video zeigt Ihnen, was man mit einzelnen Notizen und auch mit Ordnern alles anstellen kann.

! In **Notizen –> Einstellungen** können Sie auch Ihr **Anmeldepasswort** verwenden, um Notizen vor fremden Blicken zu schützen.

Sie können ein eigenes Passwort oder eben das Anmeldepasswort für den Schutz gesperrter Notizen nutzen.

Schnellnotiz

Mit der Funktion *Schnellnotiz* kann man über eine *Aktive Ecke* oder dem Kurzbefehl *fn + Q* eine Notiz öffnen. Das funktioniert immer und überall, egal in welcher App Sie sich gerade befinden.

In den „Systemeinstellungen –> Schreibtisch & Dock" können Sie eine aktive Ecke mit der Funktion „Schnellnotiz" bestücken.

Eine Schnellnotiz verhält sich wie eine „normale" Notiz und kann allerlei Elemente enthalten.

Eine *Schnellnotiz* ist also stets zur Hand, um Ideen oder eben Notizen zu notieren. In der Notizen-App finden Sie diese im Ordner *Schnellnotizen*.

Von dort aus können diese in andere Ordner transportiert werden. Wenn Sie zudem ein iPhone oder iPad besitzen, werden diese Schnellnotizen geräteübergreifend via iCloud synchronisiert.

Freeform

Diese recht junge App ist sehr einfach zu bedienen. Ähnlich wie in den Notizen können Sie hier allerhand Informationen kombinieren und auf einem virtuellen Zettel zusammentragen. Der Unterschied zu den Notizen ist, dass Sie deutlich kreativer agieren können. Sie haben sozusagen ein leeres weißes Blatt, auf dem die Elemente ❶ beliebig kombiniert werden können. Auf Wunsch können Sie ein Gitter einblenden

❷ und die Zoomstufe ❸ beliebig ändern. Letzte Arbeitsschritte können via *Bearbeiten -> Widerrufen* rückgängig gemacht werden. Und Zeichnungen wie das hübsche Fahrrad ❹ erhalten Sie, wenn Sie auf das Icon ❹ oben klicken. Dort gibt es zudem eine Suchfunktion.

In Sekundenschnelle entstehen so wunderbare Pläne, Skizzen etc.

Wie schon in den Notizen gezeigt, können von vielen Apps via *Teilen* Inhalte oder Elemente an Freeform übergeben werden.

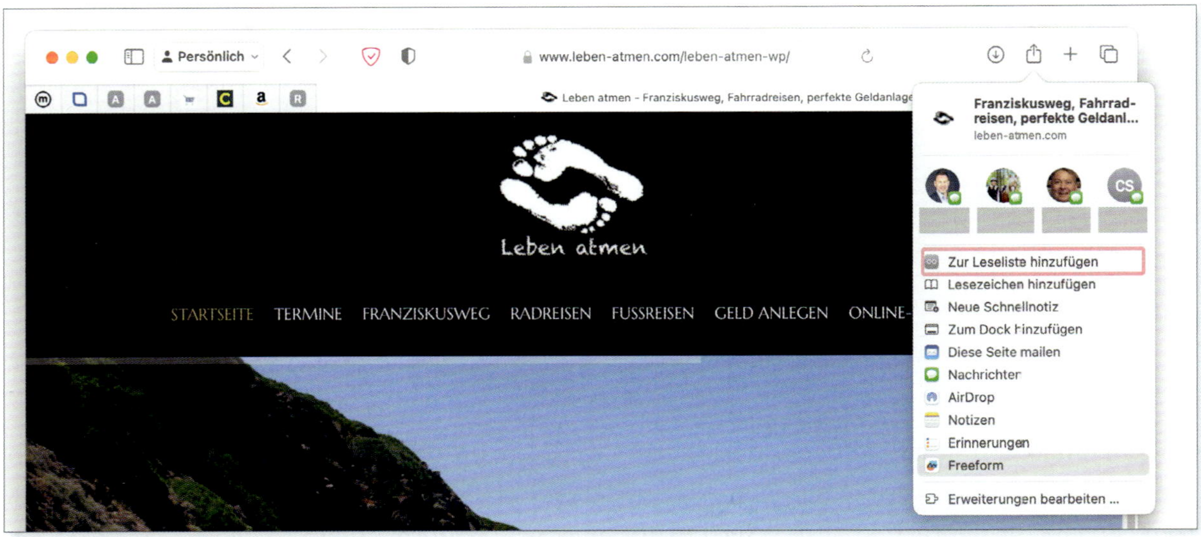

Hier wird eine Internetseite als Link an Freeform gesendet.

Elemente, die sich auf dem Blatt befinden können frei bewegt werden und Ihren Wünschen entsprechend modifiziert werden.

Sobald Sie ein Element antippen, erhalten Sie mögliche Editierwerkzeuge. Diese sind je nach Elementart natürlich verschieden.

Und zu guter letzt sollten Sie Ihr Blatt noch benamen.

Tippen Sie oben links auf "Ohne Titel", um das Blatt("Board") zu benamen (Kringel).. Via "Ablage" finden Sie weitere nützliche Funktionen

Wie Sie sehen, ist das Drucken oder exportieren als PDF ebenfalls möglich. Und wie schon bei vielen anderen Apps auch werden die Freeform-Daten über die iCloud an das iPhone bzw. iPad weiter geleitet und umgekehrt natürlich auch. Damit haben Sie ein cooles Werkzeug für Ihre Ideen an der Hand. Und einfach zu bedienen ist es obendrein.

Kontakte

Das Programm *Kontakte* haben wir bereits bei der Arbeit mit dem Programm *Mail* kennengelernt. Sie können vom Programm Mail aus alle Adressinformationen mit nur zwei Klicks entweder über die *Data Detector*-Funktion oder über das dazugehörige Menü in Kontakte übernehmen. Das Programm Kontakte sammelt also alle Adressinformationen auf Ihrem Computer.

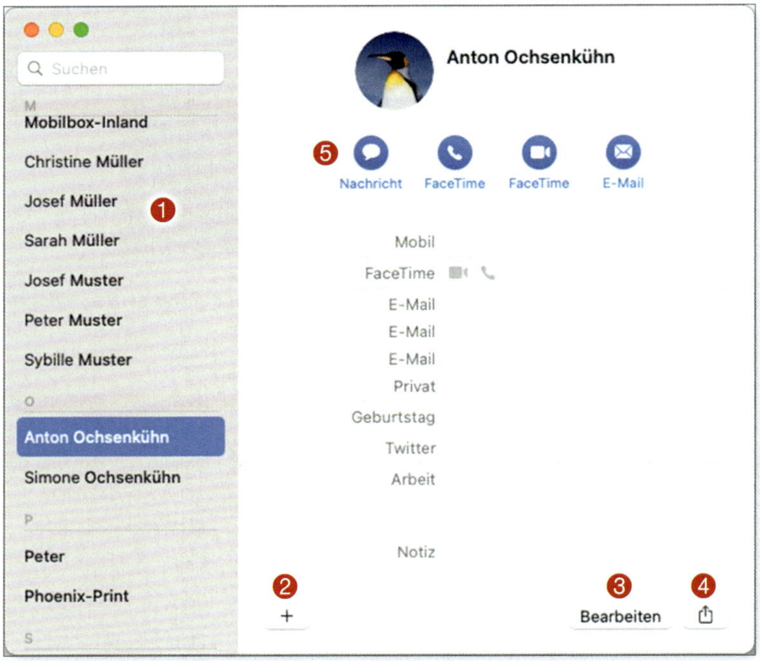

Kontakte.

Wird die App gestartet, erscheint sie in einer buchförmigen Darstellung: Sie sehen links die Kontakte aufgelistet und rechts daneben weitere Informationen über den gerade ausgewählten Kontakt. Klicken Sie in der Liste ❶ einen Eintrag an, wird auf der rechten Seite die dazugehörige Visitenkarte angezeigt.

Soll ein neuer Eintrag erfasst werden, ist das +-Icon ❷ die richtige Anlaufstelle. Soll ein bestehender Kontakt geändert werden, klicken Sie auf den Button *Bearbeiten* ❸. Die *Teilen*-Funktion ❹ ist sehr interessant: Denn damit werden die Daten der Visitenkarte, die Sie aktuell dargestellt haben, als *VCF-Datei* zum Beispiel an das Programm Mail übergeben und können so per E-Mail versendet werden.

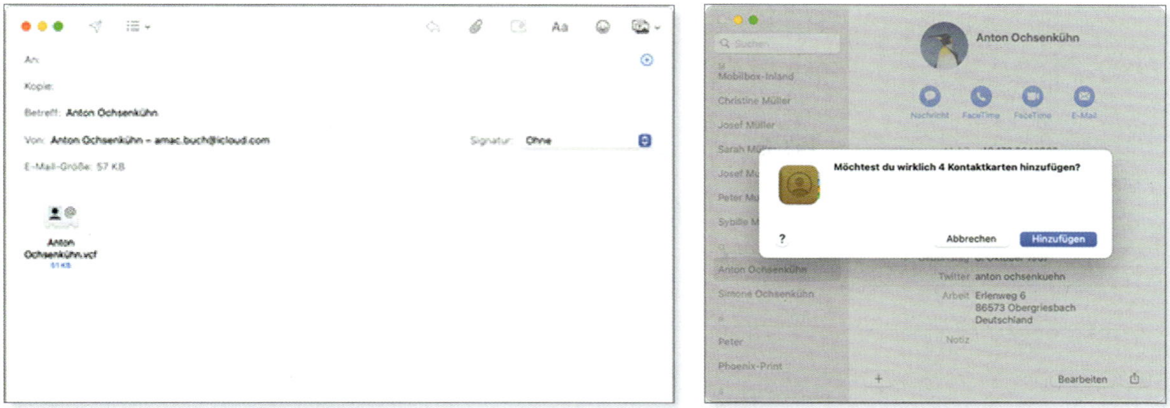

Eine Visitenkarte kann per E-Mail versendet werden (links). Wenn der Empfänger sie öffnet, werden die Kontakte automatisch übernommen (rechts).

Damit werden die ausgewählten Adressinformationen per E-Mail transportiert. Der Empfänger dieser Visitenkartendatei kann einen Doppelklick auf dieses Icon ausführen und somit ganz einfach die Kontaktdaten in seine Kontakte importieren.

Und über die diversen Symbole ❺ können Sie direkt eine Kontaktaufnahme starten, wie z. B. via FaceTime.

> **!** Damit Sie innerhalb der Kontakte-App auch immer rasch zu Ihrer eigenen Visitenkarte finden, sollten Sie bei Ihrer Visitenkarte über den Menüpunkt **Visitenkarte** den Eintrag **Das ist meine Visitenkarte** auswählen. Zukünftig können Sie über den Menüpunkt **Visitenkarte** den Punkt **Gehe zu meiner Visitenkarte** anklicken und gelangen so zu Ihren eigenen Adressinformationen.

Was eben im Rahmen von Kalender beim Datenabgleich zum iPhone und iPad diskutiert wurde, gilt ebenso für Kontakte. Wenn Sie Dienste wie iCloud, Google oder auch Exchange verwenden, können die Daten mit Ihren mobilen Geräten abgeglichen werden. Sie erkennen das in der Kontakte-App daran, dass Sie verschiedene Kontaktgruppen haben. Verwenden Sie hierzu den Menüpunkt *Darstellung –> Gruppen einblenden* oder ganz einfach *cmd + 1*. Sogleich erhalten Sie die *Gruppenübersicht*.

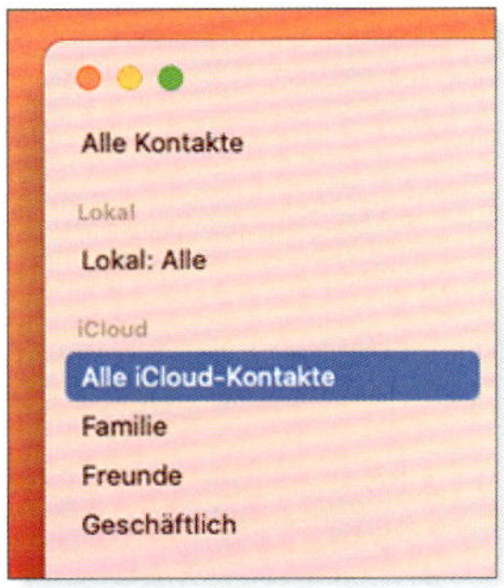

Gruppenübersicht in der Kontakte-App.

Sie sehen: Genauso wie bei *Kalender* gibt es auch Gruppen, die über das Internet abgeglichen werden, wie hier zum Beispiel der Eintrag vom Google-Account.

Wie beim Programm Kalender, in dem Sie verschiedene Kalender erstellen können, können Sie im Rahmen der Kontakte-App beliebige Gruppen anlegen. Verwenden Sie dazu den Eintrag *Ablage –> Neue Gruppe*. Sie finden im oberen Bereich die Spotlight-Suchfunktion, mit der Sie Personen suchen und danach einfach per Drag & Drop auf die neue Gruppe ziehen können. Das Elegante an einer Gruppe ist, dass Sie damit in Zusammenarbeit mit Programmen wie *Pages* oder *Word* Serienbriefe erstellen oder mit *Mail* Serien-E-Mails verfassen und versenden können. Dazu müssen Sie nur die Apps Kontakte und Mail gemeinsam öffnen und nebeneinander legen. Nun können Sie per Drag & Drop Gruppen oder auch Einzelpersonen vom Kontaktefenster in die neue E-Mail übernehmen.

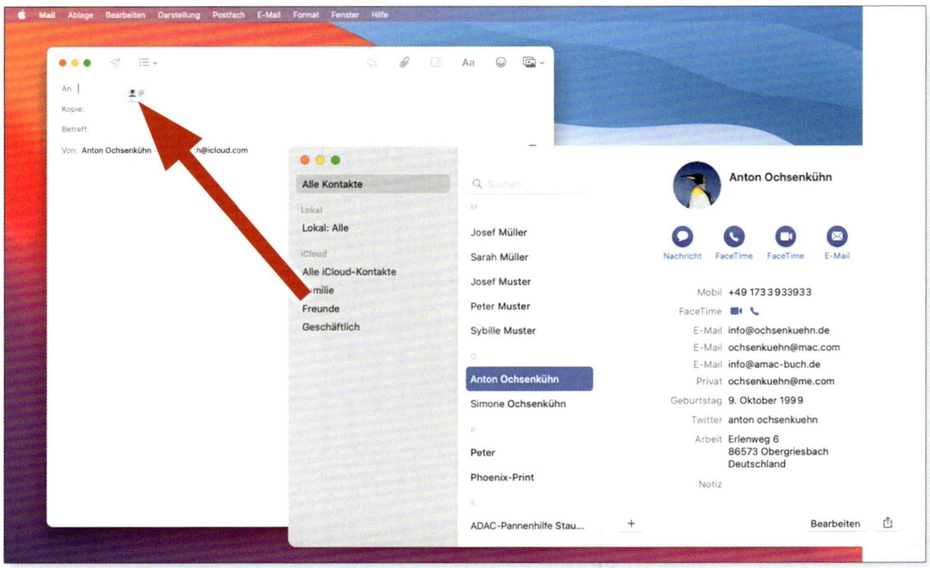

Gruppe „Freunde“ erhält ein E-Mail.

Und das werden Sie sicher auch merken: Sobald Ihre Kontaktliste reichlich befüllt ist, wird das Programm Mail beim Eintippen von Namen stets mit einer Reihe von Vorschlägen auf Sie zukommen.

Namensvorschläge in Mail mit Kontakteinträgen.

Wie Sie anhand des Bildschirmfotos erkennen, habe ich „am" eingetippt und sogleich wird mir die Liste der möglichen Personen aus der Kontakte-App eingeblendet und ich kann einen Eintrag daraus verwenden.

Kommen wir noch einmal zurück zu der Darstellung der Visitenkarten, denn dort sind eine Reihe weiterer Zusatzfunktionen möglich. Wenn Sie einen Kontakt anklicken, sollten Sie über den Menüpunkt *Visitenkarte* definieren, ob es sich um eine Person oder um eine Firma handelt.

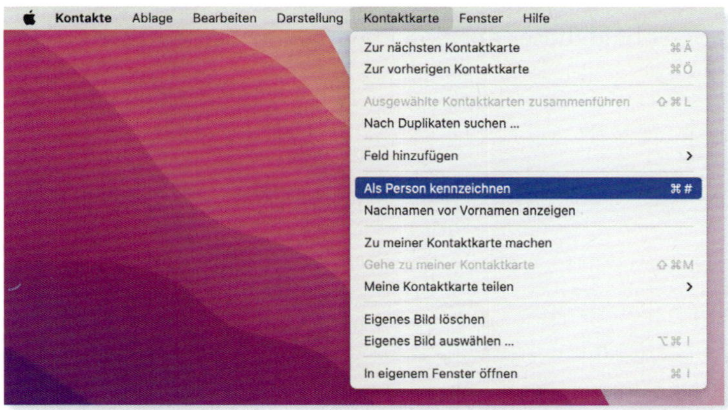

Als Person bzw. als Firma kennzeichnen.

Dabei verhält es sich so: Wird im Menüpunkt der Eintrag *Als Person kennzeichnen* dargestellt, handelt es sich bei dem Adresseintrag derzeit um eine Firma. Und wird *Als Firma kennzeichnen* dargestellt, wurde die Visitenkarte bisher einer Person zugeordnet. Jeder Eintrag in der Kontakte-App kann ein eigenes Bild oder Logo bekommen. Dazu klickt man auf den Platzhalter ❶ bzw. das vorhandene Bild, um in die

Bearbeitung zu gelangen. Nun können Sie das aktuelle Bild bearbeiten oder austauschen. Dabei stehen Ihnen auch alle Bilder vom Programm *Fotos* zur Verfügung ❷.

> **!** Wollen Sie einer Visitenkarte ein Logo, Icon oder Bild hinzufügen, ziehen Sie dieses einfach per Drag & Drop auf den Platzhalter in der Visitenkarte.

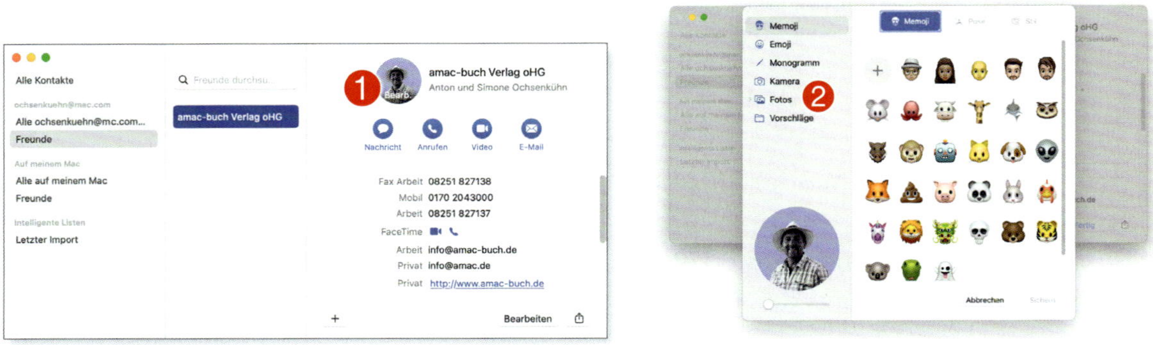

Bild für den Kontakteintrag.

Des Weiteren kann eine Visitenkarte eine Fülle von Einträgen haben. Sie können aber mit der Maus weitere Zusatzfunktionen aufrufen, wenn Sie die jeweilige *Kategorie* anklicken. Im Bildschirmfoto sehen Sie ein Stecknadel-Symbol. Sobald dieses angeklickt wird, startet die App Karten und zeigt die Adresse an.

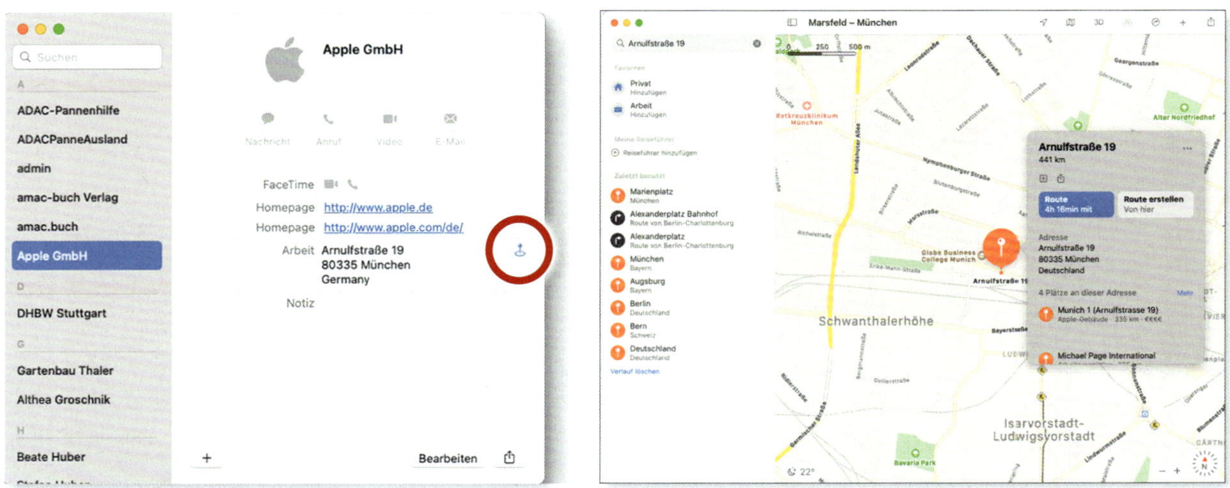

„Kontakte“ kann Daten an „Karten“ weitergeben.

Haben Sie hingegen eine E-Mail-Adresse oder Telefonnummer in Ihrer Visitenkarte eingetragen, können Sie auch auf diesen Eintrag klicken und sofort erhalten Sie die Möglichkeit, direkt eine E-Mail zu versenden oder via FaceTime mit der Person in Kontakt zu treten. Via *Nachricht senden* können Sie direkt eine kostenfreie iMessage erstellen und verschicken.

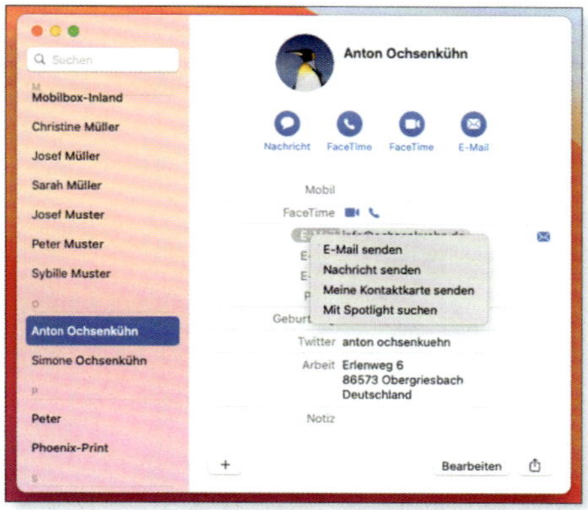

E-Mail oder Nachricht?

Wenn Sie Visitenkarten ausfüllen (*cmd + N* bzw. Menü *Ablage –> Neue Visitenkarten*), sehen Sie, dass Apple bereits einige wichtige Felder bei der Neuanlage einer Visitenkarte bereithält, beispielsweise *Telefonnummer*, *E-Mail* oder auch *Mobiltelefon*.

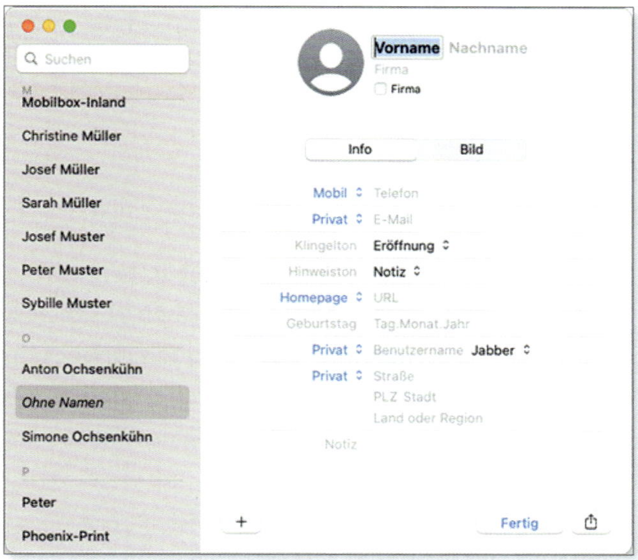

Felder einer Visitenkarte.

Sind Sie mit diesen Vorschlägen nicht zufrieden, können Sie sie über den Menüpunkt *Kontakt –> Einstellungen* (*cmd* + ,) ändern. Gehen Sie dort zu *Vorlage* und definieren Sie, wie Sie die Visitenkarte dargestellt haben möchten. Und wenn Sie schon in den Einstellungen unterwegs sind, könnten Sie noch eine Einstellung prüfen: Im Bereich *Allgemein* können Sie angeben, wo der Vorname ❶ dargestellt wird und ob nach Vornamen oder nach Nachnamen in der Listendarstellung sortiert werden soll ❷. Zusätzlich können noch in Apps gefundene Kontakte eingeblendet werden ❸.

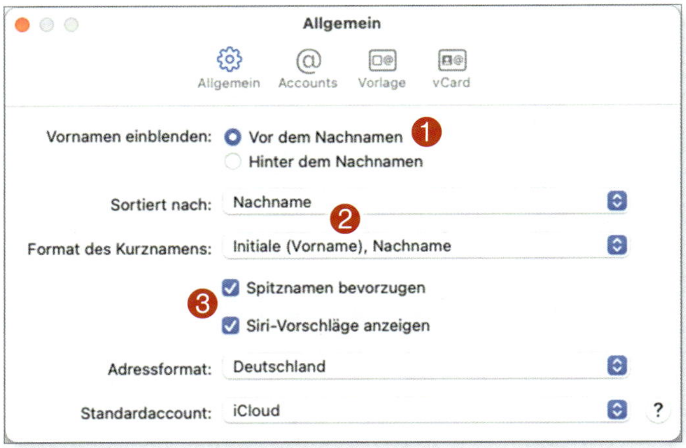

Allgemeine Einstellungen für die Kontakte-App.

macOS und iOS: Handoff

Sofern Sie auf Ihrem mobilen Gerät mindestens iOS 8 installiert haben und mit Mac OS X Yosemite oder neuer arbeiten, können Sie sehr praktisch Inhalte an beiden Geräten ansehen und bearbeiten. Ein Beispiel: Sie schreiben am iPhone eine E-Mail und stellen fest, dass die doch länger wird als erwartet. Dann gehen Sie zu Ihrem Mac und erhalten dort links neben dem Dock ein neues Mail-Symbol. Tippen Sie dann darauf, erhalten Sie am Mac die erstellte E-Mail in dem Zustand, den sie am iPhone hat.

Das Dock zeigt links neben dem Finder an, dass am mobilen Gerät eine neue E-Mail erstellt wird. Neben dem Dock zeigt auch der Programmumschalter, wenn auf dem iOS-Gerät gerade eine App gestartet ist und Daten eingegeben werden.

Ein anderes Beispiel: Sie sehen sich am iPhone eine Karte in der Karten-App an. Gehen Sie zu Ihrem Mac und schon sehen Sie das Karten-Icon links neben dem Dock. Klicken Sie darauf, um die Karte am Mac mit genau dem Ausschnitt angezeigt zu bekommen, den Sie am iOS-Gerät ausgewählt haben.

Das geht mit Notizen, Safari, dem Kalender, Pages, Numbers, Keynote, Erinnerungen, Nachrichten und den Kontakten. Dieses Angebot wird vermutlich in Zukunft noch ausgebaut.

Und natürlich funktioniert das auch in die andere Richtung: Wenn Sie am Computer eine dieser Apps gestartet haben, können Sie nahtlos am iPhone oder iPad weiterarbeiten.

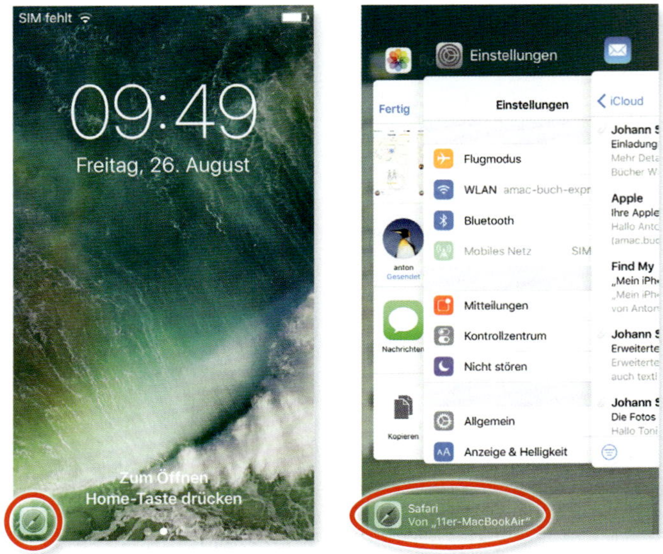

Sowohl im Sperrbildschirm als auch in der Multitasking-Übersicht erkennt man, dass am Rechner aktuell in Safari gearbeitet wird.

Um nun am iOS-Gerät weiterzuarbeiten, ziehen Sie das Icon im Sperrbildschirm einfach nach oben bzw. tippen Sie auf das entsprechende Icon der Multitasking-Leiste. Selbst die Weitergabe von Aufgaben zwischen zwei iOS-Geräten funktioniert. So können Sie eine am iPhone begonnene E-Mail direkt am iPad weiterbearbeiten. Diese Handoff genannte Funktion funktioniert allerdings nur dann, wenn an beiden Geräten gewisse Voraussetzungen geschaffen sind.

Voraussetzungen für Handoff

Die Verbindung läuft über Bluetooth. Dazu ist es aber erforderlich, dass Sie ein halbwegs aktuelles Gerät haben (iMac ab Ende 2012, MacBook Air ab Mitte 2011, MacBook Pro und MacBook Pro Retina ab März 2012, Mac mini ab Mitte 2011 und Mac Pro 2013). Bluetooth muss an beiden Geräten ebenso aktiviert sein wie WLAN. Zur Identifikation ist es außerdem unumgänglich, dass beide Geräte mit derselben Apple-ID als iCloud-Anmeldung arbeiten. Handoff wird am iPhone bzw. iPad aktiviert unter *Einstellungen –> Allgemein –> Handoff*. Am Mac schalten Sie es in den *Systemeinstellungen –> Allgemein –> AirDrop & Handoff* ein, indem Sie das Häkchen bei *Handoff zwischen diesem Mac und deinen iCloud-Geräten erlauben* setzen.

Die Apps Bücher, Musik, TV und Podcasts

Seit macOS Catalina ist iTunes nun durch die einzelnen Apps namens *Musik*, *TV* und *Podcasts* ersetzt worden. Damit können die Inhalte aus den Apple-Stores sogleich in die jeweilige App eingeladen werden. TV-Sendungen sind nun damit der TV-App zugeordnet, wohingegen Musikalben oder Apple Music etc. ausschließlich in der Musik-App erscheinen.

In allen vier Apps gibt es deshalb über die Apple-ID (Menüpunkt *Account* bzw. *Store* in der Bücher-App) den Zugriff auf die Stores. Dort können nun Inhalte gekauft oder im Fall von Filmen auch geliehen werden.

In allen vier Apps gibt es neben dem Online-Zugriff eine *Mediathek* (bzw. *Bibliothek* in der Bücher-App), in der Sie die geladenen Inhalte verwalten können.

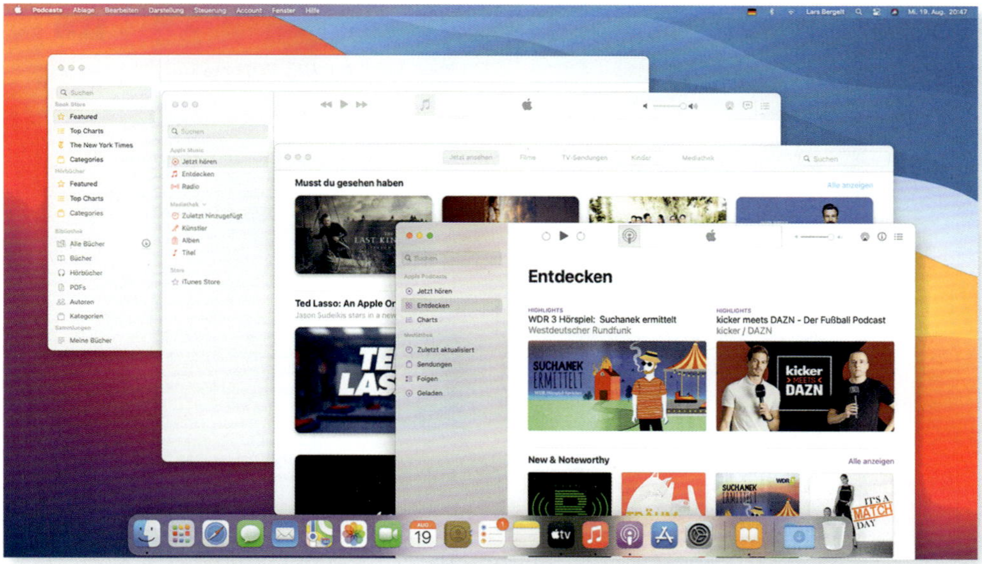

Die vier Apps (von links nach rechts: Bücher, Musik, TV und Podcasts) sind sehr ähnlich aufgebaut und erlauben den Zugriff auf die entsprechenden Stores.

Alle Detailfunktionen aller Apps zu beschreiben, würde den Rahmen des Buches sprengen, deshalb beschränke ich mich auf die Bücher-App und dem Lesen von E-Books.

Bücher in der Bücher-App lesen

Mit der Bücher-App können Sie ePub-, Textbook- und PDF-Dateien lesen. Wollen wir uns beispielhaft die Funktionen beim Studieren von ePub-E-Books ansehen.

Übrigens: PDF-Dateien werden über die App *Vorschau* geladen und stehen dort zum Lesen bereit. Wie das geht, sehen Sie einige Seiten weiter.

ePub

ePub-Daten haben ein fließendes Layout, sodass beim Lesen zum Beispiel die Schriftart oder -größe ❶ bzw. das Aussehen ganz einfach manipuliert werden kann.

Im Bildschirmfoto sehen Sie eine ePub-Datei in der Leseansicht. Sobald Sie übrigens auf ein Bild doppelt klicken, wird es fensterfüllend vergrößert. Via „Fertig" kommen Sie zurück zur vorherigen Darstellung.

! Mittels **cmd + +** (Pluszeichen) bzw. **cmd + –** (Minuszeichen) kann die Schriftgröße schnell geändert werden.

Sicher haben Sie zudem die Suchfunktion ❷ sowie die Lesezeichenfunktionalität ❸ schon entdeckt. Die Lesezeichen werden über die iCloud mit Ihrem iPad oder iPhone abgeglichen, sofern Sie dort die Funktion in den *Einstellungen –> Ihr Name (Apple-ID, iCloud, iTunes & App Store)* bei *iCloud* aktiviert haben.

In der linken Ecke des Fensters können Sie die Icons für das *Inhaltsverzeichnis* ❹, für den Zugriff auf die *Markierungen und Notizen* ❺ sowie für den Weg zurück zur *Bibliothek* ❻ sehen. Alle Funktionen sind ebenso im Menü *Darstellung* zu finden. Dort kann zudem von der *Einzelseiten-* (*cmd + 1*) zur *Doppelseiten-*Darstellung (*cmd + 2*) gewechselt werden.

Sie können das Lesefenster mit dem grünen Button als Vollbild ❼ darstellen oder dem Fenster eine beliebige Größe geben. Geblättert wird auf dem Trackpad per Wischgeste, auf einer Maus ebenso durch Wischen mit einem Finger nach rechts oder links, durch Anklicken der Pfeile am rechten bzw. linken Rand oder über die *Pfeiltasten links* bzw. *rechts*.

Aber nochmals zurück zu den Markierungen und Notizen von vorhin. Wenn Sie im E-Book eine Markierung durch Ziehen mit gedrückter Maustaste erzeugen, erhalten Sie über ein Kontextmenü eine Reihe nützlicher Zusatzfunktionen.

Eine Textmarkierung kann weitere Funktionen auslösen.

Der Klassiker sind die Markerfarben Ⓐ der ersten Zeile. Um die farbige Hervorhebung später wieder zu entfernen, klicken Sie erneut auf die Markierung und verwenden die Option *Löschen*. Oder notieren Sie sich eine Idee Ⓑ etc. zu einer Textpassage. Blenden Sie dazu die Spalte *Notizen* ein (*cmd + 4*) und fügen Sie die Anmerkung hinzu.

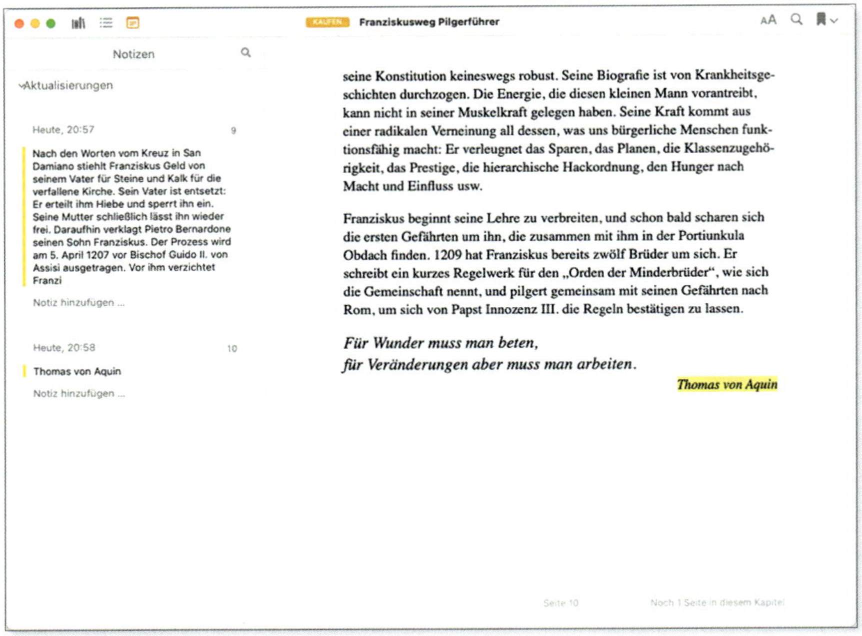

In der Zusatzspalte „Notizen“ erscheinen alle Markierungen und Textpassagen mit Notizen.

Des Weiteren kann eine Wortmarkierung Grundlage einer Suche C sein. Oder geben Sie die Textstelle über die verschiedenen Teilenfunktionen D weiter. Und zu guter Letzt können Sie sich den Text auch vorlesen lassen E. Die Stimme hierfür wird in den *Systemeinstellungen –> Bedienungshilfen –> Sprachausgabe* festgelegt. Via *Kopieren* F können Sie Textelemente über die Zwischenablage in andere Apps übernehmen. Dabei werden die Passagen ordentlich wissenschaftlich zitiert.

> **!** Werden Textelemente aus eBooks kopiert und an anderer Stelle erneut eingefügt, so wird dabei zugleich die Quelle mit angegeben.

> **!** Sie können übrigens mehrere Bücher gleichzeitig lesen. Jedes erscheint in einem eigenen Fenster.

Vorschau

Wie bereits im vorherigen Kapitel erwähnt, ist *Vorschau* genau wie *TextEdit* optimiert für die Zusammenarbeit mit macOS und unterstützt damit die Funktionen automatisches Sichern und Versionen. Nachdem dies bereits an anderer Stelle erklärt wurde, können wir uns nun auf die anderen Funktionen konzentrieren, die das Programm Vorschau bietet.

Das Programm *Vorschau* ist – wie der Name schon sagt – eine Applikation, mit der Sie vor allem Bilddateien ansehen können. Dabei ist *Vorschau* ein Tausendsassa. Es gibt kaum ein Bilddateiformat, das nicht mit dem Programm *Vorschau* geöffnet werden kann.

> **!** **Vorschau** kann aber ebenso die gängigsten Office-Dokumente öffnen und darstellen, ohne dass hierfür Office-Programme installiert sein müssen.

Microsoft-Word-Datei wird mit Vorschau geöffnet.

Ziehen Sie dazu einfach die Datei auf das *Vorschau*-Icon im Dock und sofort wird *Vorschau* den Dateiinhalt präsentieren. Das klappt prima mit Excel-, PowerPoint- oder auch Pages-Dateien und ebenso mit anderen iWork-Programmen. Natürlich kann *Vorschau* die Dateien nicht modifizieren, aber dafür im Vollbildmodus darstellen.

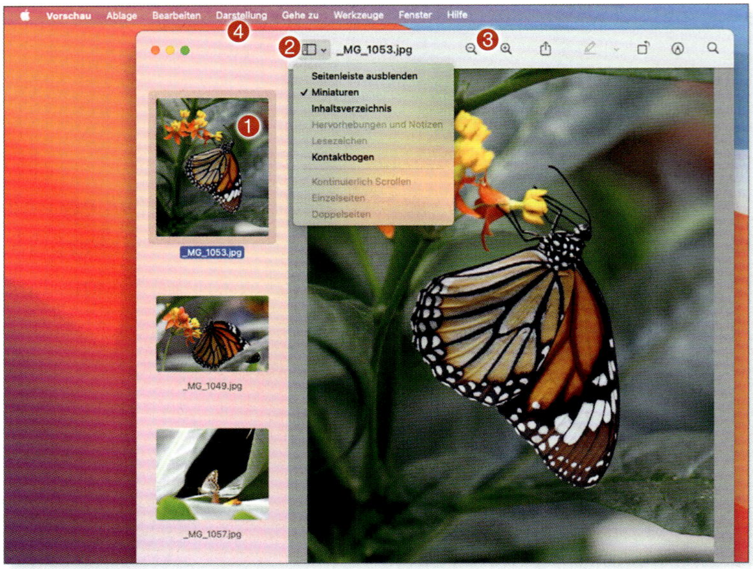

Geöffnete Dateien im Programm Vorschau.

Anhand des Bildschirmfotos erkennen Sie, dass mehrere JPEG-Dateien ❶ gleichzeitig mit dem Programm Vorschau geöffnet wurden.

!

Wenn Sie mehrere Bilddateien auswählen und mit einem Doppelklick öffnen, werden alle zusammenhängend in einem **Vorschau**-Fenster dargestellt. Möchten Sie hingegen, dass jedes Bild einzeln in einem eigenen Fenster erscheint, sollten Sie im Programm Vorschau in den **Einstellungen** bei **Bilder** auf die Eigenschaft **Jede Datei in einem eigenen Fenster öffnen** Ⓐ umschalten. Die Standardeinstellung ist **Dateigruppen im selben Fenster öffnen** Ⓑ. Das heißt, wenn Sie eine Mischung aus unterschiedlichen Dateiarten markiert haben, z. B. JPEG und TIFF gleichzeitig, werden diese jeweils gemeinsam in einem eigenen Vorschau-Fenster dargestellt.

Vorschau-Einstellungen –> Bilder.

Sie könnten aber auch die Funktion **C** verwenden, nämlich *Alle Dateien in einem Fenster öffnen*. Es gibt dann ein einziges *Vorschau*-Fenster und egal, welche Datei Sie anklicken, sie wird in diesem *Vorschau*-Fenster angezeigt.

Aber kommen wir zurück zu den Funktionen von *Vorschau*. Sie haben sicherlich in der Symbolleiste bereits die vier Darstellungsvarianten **2** erkannt. Diese sind *Miniaturen*, *Inhaltsverzeichnis*, *Hervorhebungen und Notizen*, *Lesezeichen* und *Kontaktbogen*. Sie sehen: Wir befinden uns aktuell in der *Miniatur*-Anzeige, in der wir eine verkleinerte Darstellung aller Bilder erhalten. Möchten Sie die Seitenleiste zuklappen, um das Bild fensterfüllend dargestellt zu bekommen, schalten Sie die erste Option *Seitenleiste ausblenden* um. Haben Sie das Bild in *Vorschau* geöffnet, können Sie über die *Zoom*-Werkzeuge **3** die Darstellung des Bildes auf Ihrem Bildschirm verändern.

!

Deutlich schneller und effizienter ist die Verwendung des Trackpads. Wenn Sie zwei Finger verwenden, können Sie – wie vom iPad oder iPhone bekannt – durch Auseinander- oder Zusammenziehen der Finger den Zoomfaktor ändern. Wenn Sie mit zwei Fingern in eine Richtung wischen, bewegen Sie das Bild auf Ihrem Bildschirm. Sobald ein Bild zu Ende ist, wird durch die Bewegung mit zwei Fingern das nächste Bild im Bildschirm auftauchen. Im Programm Vorschau ist die Verwendung der Gesten über das Trackpad besonders nützlich. Auch das Drehen eines Bildes mit zwei Fingern ist möglich. Sollte das alles bei Ihnen nicht klappen, prüfen Sie die **Systemeinstellungen –> Trackpad**.

Nicht vergessen werden darf, dass das Menü *Darstellung* **4** eine Reihe von Funktionen zur Verfügung steht, um mit den Bildern, die in Vorschau geöffnet sind, zu arbeiten. Besonders zu empfehlen ist die *Diashow*, mit der Sie sich Fotos bildschirmfüllend anzeigen lassen können.

Bilder vom iPhone oder iPad importieren

Aber damit nicht genug – das Programm *Vorschau* kann auch auf Ihr iPhone oder Ihr iPad zugreifen. Dabei nutzt das Programm eine direkte Verbindung via WLAN und Bluetooth zu Ihrem iOS-Gerät herzustellen. Voraussetzung dafür ist, dass das iOS-Gerät und der Mac die gleiche Apple-ID verwenden und die Apple-ID mit der Zwei-Faktor-Authentifizierung arbeitet. Sobald Sie das iPhone oder iPad erreichbar ist, können Sie im Menü *Ablage* die Funktion *Importieren von iPhone –> Foto aufnehmen* **1** anwenden. Damit wechsel Ihr iPhone/iPad automatisch in die Kamera-App und Sie können ein Foto schießen, dass dann anschließend sofort auf den Rechner übertragen und in Vorschau geöffnet wird.

! Die Funktion **Importieren von iPhone/iPad** gibt es nicht nur in der App Vorschau, sondern auch in anderen Apple-Programmen wie z. B. Mail, Pages, Keynote, Numbers, Notizen, Finder, usw. Sie ist dort in unterschiedlichen Menüs und Kontextmenüs zu finden. Mit dieser Funktion lassen sich also sofort neue Fotos aufnehmen und in die jeweiligen Programme direkt platzieren.

Sie können aber auch ohne den Einsatz von Handoff auf Ihr iPhone oder iPad zugreifen oder auf eine andere digitale Kamera, wenn Sie diese per USB-Kabel an den Rechner anschließen und dann die Funktion *Ablage –> Aus Kamera importieren* ❷ verwenden. Sobald Sie diesen Menüpunkt angewählt haben, wird in einem zweiten Fenster in Symbol- oder Listendarstellung das Bildverzeichnis von Ihrem mobilen Gerät angezeigt und Sie können entweder alle Bilder oder eine Auswahl daraus direkt in *Vorschau* laden.

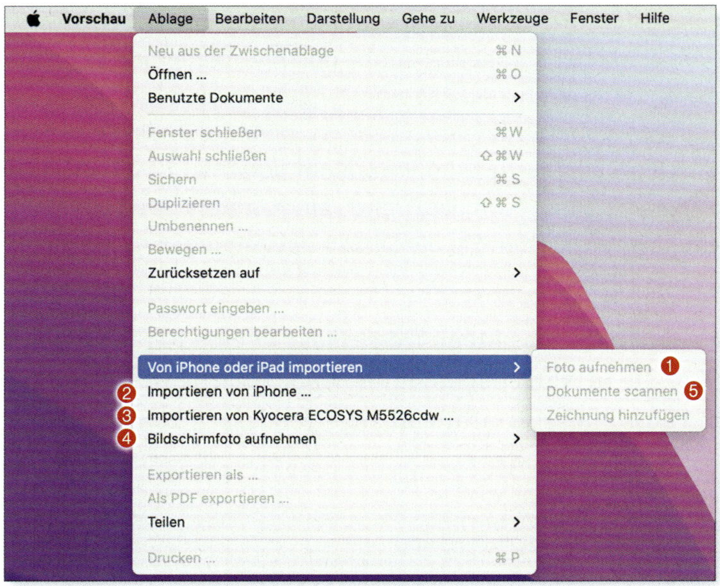

Bildimport vom iPhone.

Ebenso kann *Vorschau* den Zugriff auf Ihren Scanner steuern, sofern dieser beispielsweise per USB angeschlossen ist ❸. Über den Menüpunkt *Ablage –> Aus Scanner importieren* greifen Sie auf das Gerät zu, um direkt Bildinformationen mit dem Programm Vorschau einzuscannen.

! Falls an anderen Arbeitsplätzen Scanner angeschlossen sind und diese über die Netzwerkfunktionen freigegeben sind, kann das Programm Vorschau diese Scanner ebenfalls ansprechen und einen Scanvorgang starten.

> **!** Neben der App **Vorschau** kann auch das Programm **Digitale Bilder**, das Sie in Ihrem Programme-Ordner finden, die Fotos vom iPhone oder iPad laden.

Und schlussendlich können Sie über das Programm Vorschau auch ein *Bildschirmfoto aufnehmen* ❹. Entscheiden Sie sich im Rahmen des Programms Vorschau, ob Sie ein Bildschirmfoto von einem *Fenster*, vom *gesamten Bildschirm* oder nur von einer *Auswahl* erstellen möchten.

Noch einmal zurück zum Bildimport von iPhones oder iPads: Mit der Funktion *Dokumente scannen* ❺ lassen Sich Dokumente abfotografieren und automatisch entzerren. Sie müssen damit also ein Dokument nicht genau von oben fotografieren, sondern können es auch aus einer anderen Perspektive aufnehmen. Beim Abfotografierten Dokument wird sofort die perspektivische Verzerrung korrigiert und Sie erhalten ein „flaches" Bild (siehe auch Seite 114).

Fotos ist natürlich die perfekte Applikation, um dort Bilder zu laden. Denn Fotos verfügt über eine Fülle von Verwaltungs- und Bearbeitungsfunktionen für Bilder. Des Weiteren hat Apple im *Programme*-Ordner das Programm *Digitale Bilder* mitgeliefert, das ebenfalls in der Lage ist, Bildinformationen vom iPad oder auch von Scannern einzulesen.

Zudem sind die Exportformate zu nennen, über die *Vorschau* verfügt. Über den Menüpunkt *Ablage –> Exportieren* können Sie Bilddateiformate mit wenigen Klicks in andere Dateiformate umwandeln.

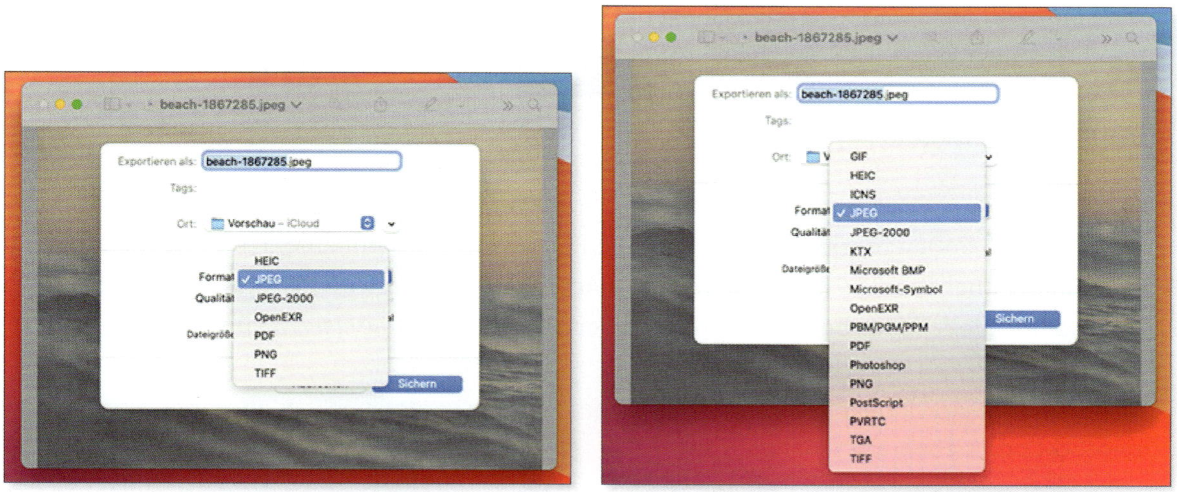

Exportieren-Dialog in Vorschau (links). Exportformate des Programms Vorschau unter Verwendung der alt-Taste rechts.

So können Sie beispielsweise mit dem Programm Vorschau Photoshop-Dateien öffnen (.psd) und dann über den *Export*-Dialog als JPEG- oder TIFF-Datei abspeichern. *Vorschau* eignet sich ebenso hervorragend, um Bilddateien in andere Formate zu konvertieren. Wenn Sie mit der *alt*-Taste rechts neben den Begriff *Format* klicken, erhalten Sie eine deutlich umfangreichere Export-Dateiformatliste.

PDF-Dateien

Besonders gut gelöst ist der Umgang des Programms Vorschau mit PDF-Dateien, deshalb übergibt die App *Bücher* das Lesen von PDF-E-Books an das Programm Vorschau.

Eine PDF-Datei ist im Regelfall eine Kombination aus Text- und Bildinformationen. Das Programm Vorschau bietet in der Symbolleiste bei ❶ einen Button, mit dem eine Werkzeugleiste eingeblendet werden kann ❷, die u. a. das *Textauswahl*-Werkzeug und *Anmerkungs*-Werkzeuge enthält. Damit können Sie in einer PDF-Datei eine Textmarkierung durchführen.

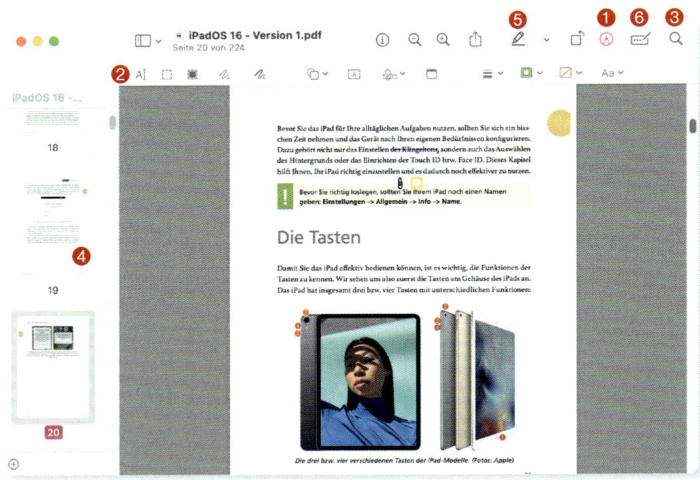

PDF-Dateien in Vorschau.

Aber auch Bilder können markiert werden. Ist die PDF-Datei nicht mit einem Schutzmechanismus versehen, können Sie über *Bearbeiten –> Kopieren* die markierten Elemente in die Zwischenablage befördern, um sie an anderer Stelle (zum Beispiel in Word) über *Bearbeiten –> Einsetzen* zu übernehmen.

> **!** Wenn Sie eine individuelle Markierung auf einer PDF-Seite vornehmen wollen, halten Sie die **alt**-Taste gedrückt und ziehen einen Rahmen auf.

Des Weiteren kann eine PDF-Datei mit *Anmerkungen* versehen werden. Sie finden die Werkzeuge in der Werkzeugleiste ❷. Sie können damit einer PDF-Datei zusätzliche Informationen hinzufügen. Diese Funktion wird sehr gerne verwendet, wenn ein Dokument zum Beispiel in einer Arbeitsgruppe entsteht. So kann jeder, der an diesem Dokument mitarbeitet, über *Anmerkungen* seine Ideen, Gedanken und Änderungswünsche kundtun. Der Gag an den Anmerkungen ist, dass sie nicht den Inhalt der PDF-Datei ändern, sondern wie Post-Its auf einem Blatt Papier verwendet werden.

Jede PDF-Datei ist über Spotlight komplett nach jedem Wort durchsuchbar. Deswegen bietet Ihnen das Programm Vorschau rechts oben auch die Spotlight-Suche in der Datei an ❸.

Aber damit nicht genug – links am Fensterrand ❹ sehen Sie die miniaturisierten Seiten des Dokuments. Sie können mit dem Programm Vorschau die Reihenfolge der Seiten ganz einfach per Drag & Drop ändern oder auch von anderen PDF-Dateien Seiten übernehmen, um so eine neue Datei aus verschiedenen Elementen anderer Dateien zu erstellen.

Und ähnlich wie in der App *Bücher* gibt es im Programm Vorschau das *Textauszeichnungswerkzeug* ❺, mit dem Sie rasch wichtige Textstellen farbig markieren können.

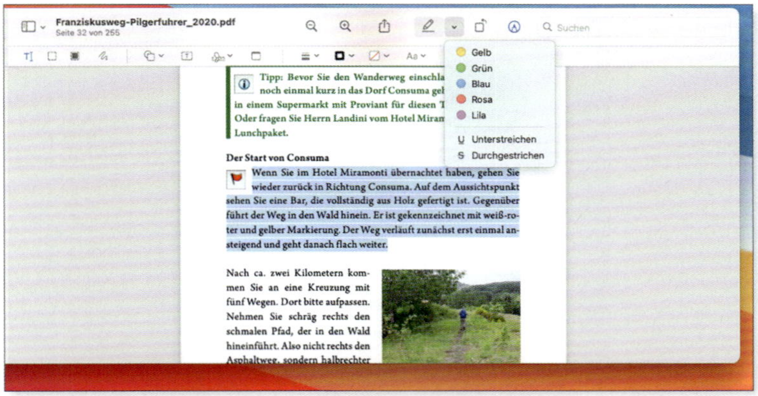

Das Textauszeichnungswerkzeug hilft, schnell Textstellen farbig zu unterlegen.

Wählen Sie anschließend im *Darstellungsmenü* den Eintrag *Hervorhebungen und Notizen*, um zu erkennen, wo in der PDF-Datei Anmerkungen eingetragen worden sind.

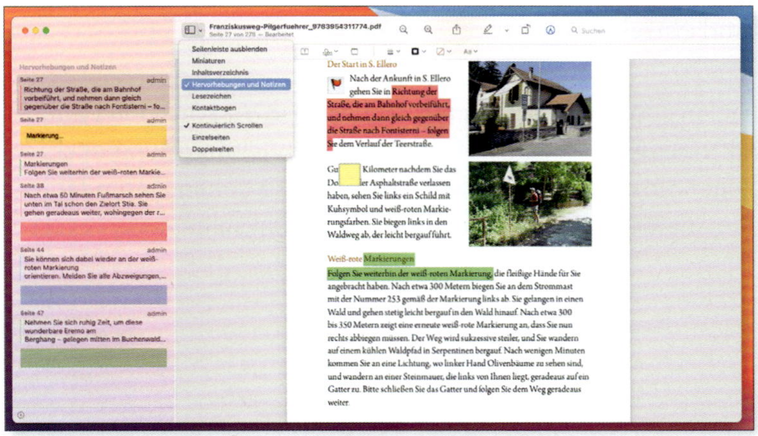

Alle Hervorhebungen und Notizen auf einen Blick.

Und schlußendlich über das Werkzeug 6 können Sie ausfüllbare PDF-Dateien mit Ihren Daten versehen.

Wie Sie vielleicht wissen, enthalten PDF-Dateien manchmal sehr wichtige, vertrauliche Informationen. Das können Rechnungen, Angebote, Verträge oder Ähnliches sein. Deshalb ist es sinnvoll, dass Sie PDF-Dateien bisweilen beim Abspeichern mit einem *Passwort* versehen.

PDF-Dateien mit Verschlüsselung.

Wenn Sie den Menüpunkt *Ablage* mit gedrückter *alt*-Taste öffnen und *Sicher unter* wählen, erhalten Sie neben der Eingabe des Dateinamens und des Ablageorts im unteren Bereich des Fensters die Funktion *Verschlüsseln*. Hinterlegen Sie dort ein Passwort, damit andere Personen nur bei Kenntnis des Passworts die PDF-Datei öffnen und einsehen können.

!

Genauso wie in vielen anderen Programmen kann auch in **Vorschau** die Symbolleiste Ihren Bedürfnissen entsprechend angepasst werden. Rufen Sie den Menüeintrag **Symbolleiste anpassen** bei **Darstellung** auf und belegen Sie die Leiste mit Ihren Lieblingsfunktionen. Besonders nützlich ist zum Beispiel die Lupenfunktion, die Sie unbedingt einmal ausprobieren sollten.

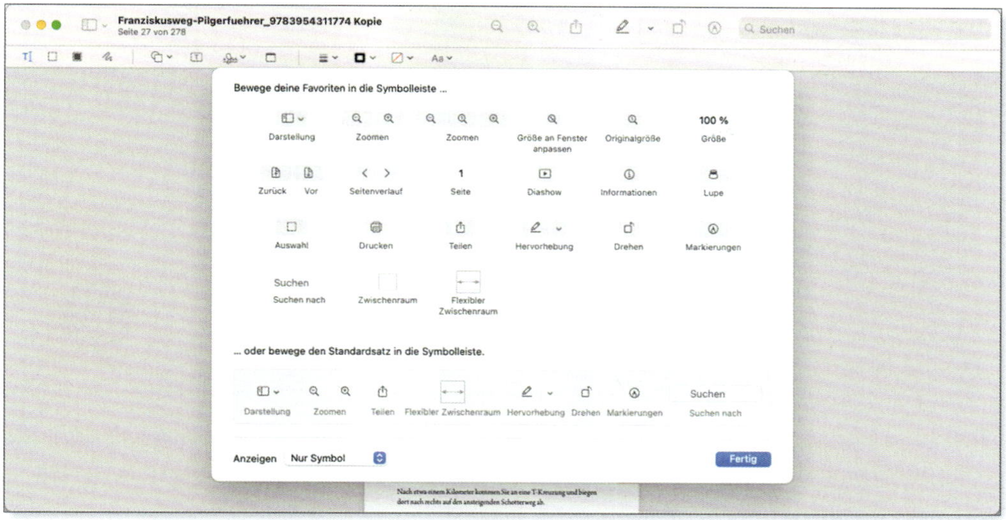

Die Symbolleiste in Vorschau kann angepasst werden.

Live-Text

!

Vielleicht das Beste für das Programm Vorschau zum Schluss: Sie können auch in Bilddateien Text markieren und in andere Apps über Kopieren und Einsetzen weiterreichen. Das funktioniert nicht nur in der App Vorschau, sondern klappt auch in der Fotos-App oder in Quick Look (Übersichtsfenster). Diese Funktion nennt Apple Live-Text und gibt es ebenfalls auf dem iPhone und iPad und erspart eine Menge Tipparbeit, weil man nur ein Foto zu schiessen braucht und die Texterkennung vom System automatisch vorgenommen wird. Zudem sind alle Textpassagen, die macOS in Bildern erkennen kann auch Bestandteil von Spotlight. Sie können also nach Texten in Fotos suchen :-)

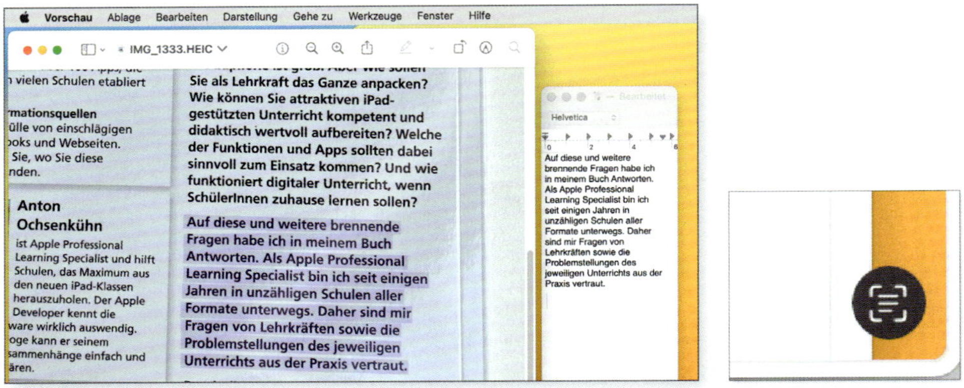

Via Live-Text kann macOS in Fotos Textpassagen ausfindig machen und für den Anwender als editierbaren Text zur Verfügung stellen (links.) Wenn Sie das Symbol (rechts) sehen, ist Live-Text verfügbar.

Live-Text ist standardmässig aktiviert. Zum Deaktivieren gehen Sie zu *Systemeinstellungen -> Allgemein -> Sprache & Region*. Ach ja: Nachdem macOS Texte in Bildern lesen kann, sind diese Textpassagen ebenfalls via Spotlight auffindbar.

Bildschirmfotos und Aufnahmen

Das macOS stellt eine sehr komfortable und schnelle Funktion zur Verfügung, um Bildschirmfotos (Screenshots) und sogar Videoaufnahmen vom Bildschirm (Screencasts) anzufertigen. Man kann zwar auch mit der App *Vorschau* Bildschirmfotos machen und mit dem *QuickTime Player* Bildschirmaufnahmen, es geht aber wesentlich komfortabler, wenn Sie die Tastenkombinationen dafür verwenden.

Mit *cmd + Shift + 3* erstellen Sie ein Bildschirmfoto des kompletten Monitors. Mit *cmd + Shift + 4* können Sie einen Rahmen aufziehen und damit eine Selektion zu einem Bildschirmfoto machen. Wenn Sie *cmd + Shift + 4* verwenden, mit dem Mauszeiger über ein Fenster fahren, danach die *Leertaste* drücken und mit der Maus auf das Fenster klicken, erhalten Sie ein exaktes Bildschirmfoto des Fensters. Halten Sie noch zusätzlich die *ctrl*-Taste gedrückt, wird das Bildschirmfoto nicht als Datei auf dem Schreibtisch abgelegt, sondern in die Zwischenablage befördert und kann dann via *cmd + V* in einem anderen Programm eingesetzt werden.

Und mit der Tastenkombination *cmd + Shift + 5* können Sie eine Optionsleiste öffnen, in der Sie auch einen Timer für die Aufnahme einstellen können. Denn damit können Sie nicht nur Bildschirmfotos schiessen A, sondern darüber hinaus auch Bildschirmaufnahmen B erstellen. Via *Optionen* C lassen sich beide Funktionen noch detailliert definiert werden. Und es gibt einen Timer D für den Selbstauslöser.

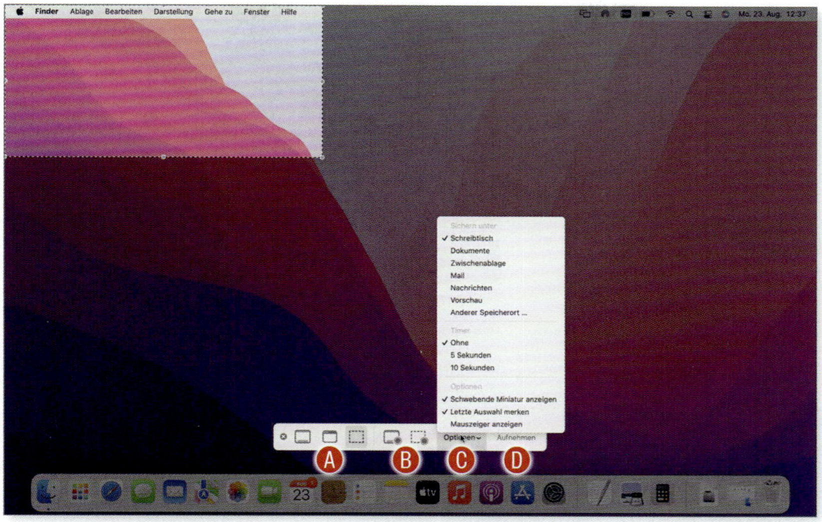

Mit dem Bildschirmfoto-Werkzeug haben Sie eine Fülle von Optionen verfügbar.

Die Bildschirmfotos werden standardmäßig im PNG-Format und die Bildschirmaufnahmen im MOV-Format auf dem Schreibtisch gesichert. Von dort aus können Sie die Dateien für eine eventuelle Weiterverarbeitung in anderen Programmen öffnen.

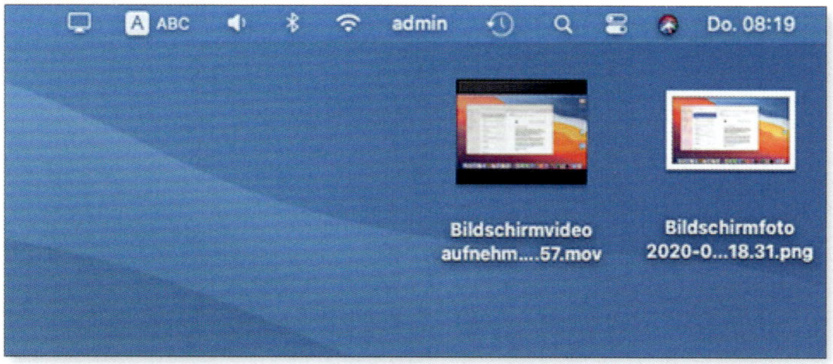

Die Aufnahmen werden automatisch mit einem Zeitstempel versehen und auf dem Schreibtisch gesichert.

macOS hat eine Funktion für die Bildschirmfotos übernommen, die Sie vielleicht schon vom iPhone oder iPad her kennen. Wenn Sie ein Bildschirmfoto aufnehmen, dann wird es als Miniatur für einige Sekunden rechts unten auf dem Monitor angezeigt. Nach einigen Sekunden verschwindet die Miniatur und die Aufnahme wird auf dem Schreibtisch als Datei sichtbar.

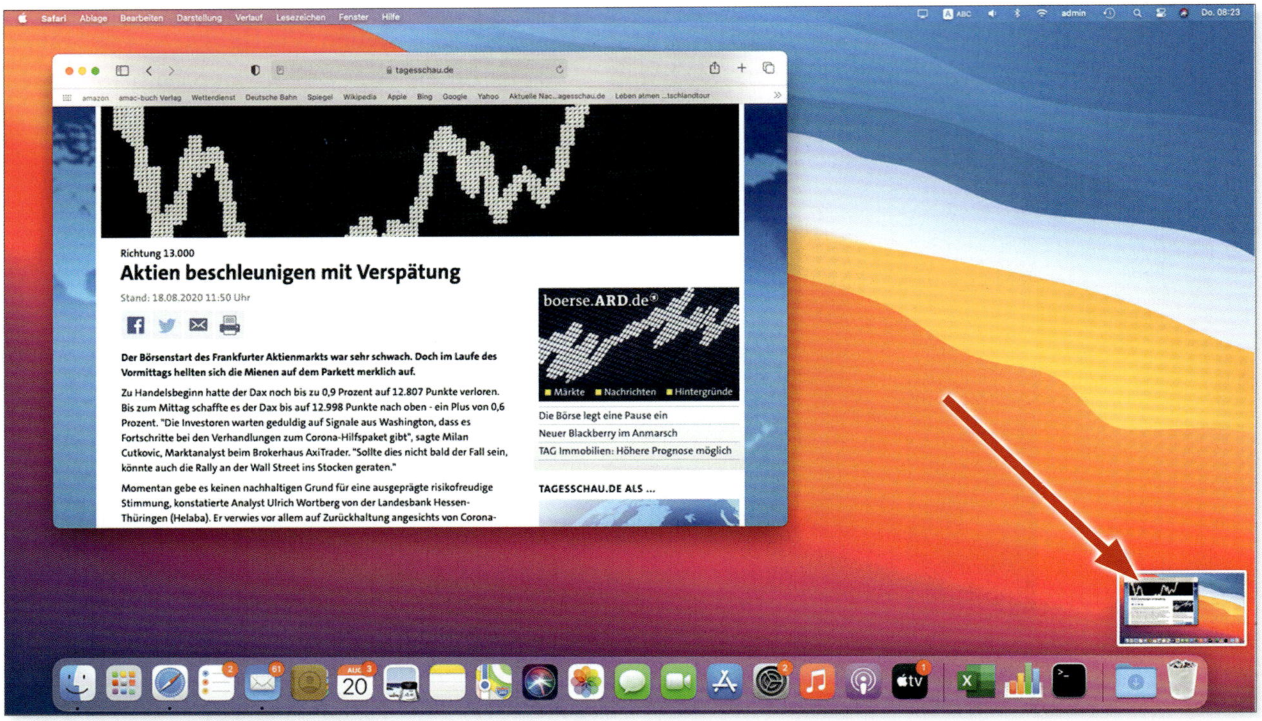

Die Aufnahme bleibt einige Sekunden als Miniatur rechts unten eingeblendet, um Markierungen hinzuzufügen.

Klicken Sie allerdings die eingeblendete Miniatur an, dann wird die Aufnahme in einem eigenen Fenster geöffnet und Sie können *Markierungen* zum Bild hinzufügen. Die Markierungsfunktionen sind die gleichen, wie Sie sie auch in Mail oder in der App *Vorschau* haben (siehe Kapitel 4 ab Seite 115). Sobald Sie das Fenster schließen, wird die Aufnahme auf dem Schreibtisch inklusive der eingerechneten Markierungen gespeichert.

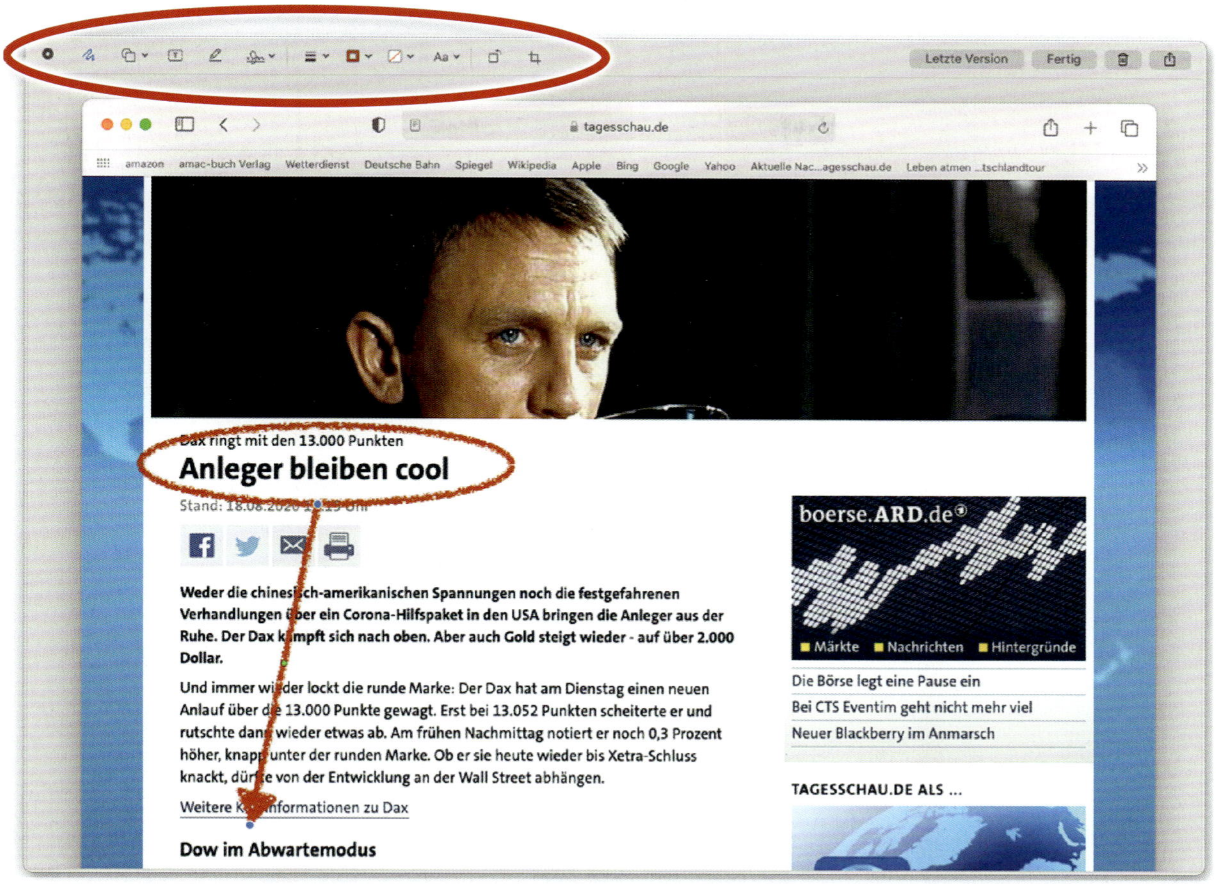

Einem Bildschirmfoto können direkt nach der Aufnahme, Markierungen hinzugefügt werden.

! Unter **Optionen** Ⓒ können Sie den Ablageort für Bildschirmfotos ändern und ebenfalls die **Schwebende Miniatur anzeigen** deaktivieren.

TextEdit

TextEdit haben wir bereits im vorherigen Kapitel kurz angerissen. TextEdit ist ein nicht zu unterschätzendes Textverarbeitungsprogramm, das Apple standardmäßig mit seinem Betriebssystem mitliefert.

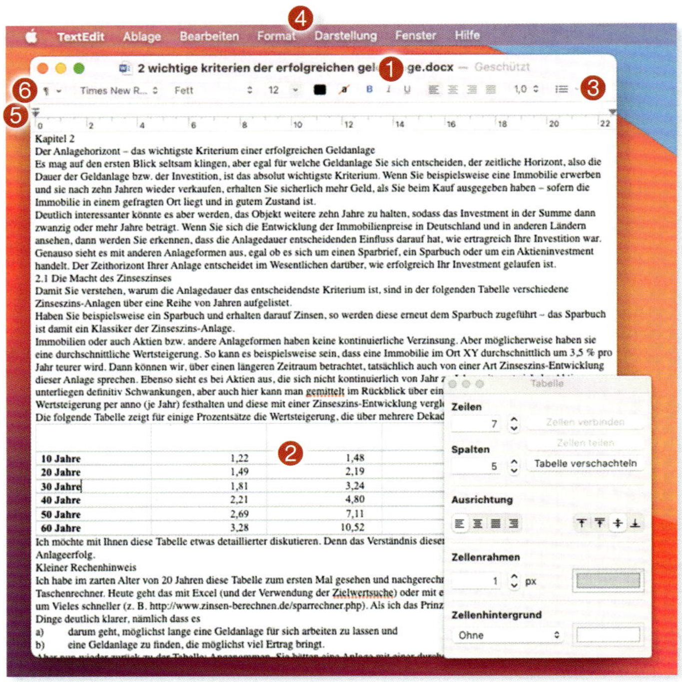

TextEdit zeigt eine geöffnete Word-Datei.

Wie Sie anhand des Bildschirmfotos erkennen, ist TextEdit sogar in der Lage, mit Word-Dokumenten umzugehen. Sie sehen anhand des Titels, dass es sich hierbei um eine Word-Datei handelt (.docx) ❶. Deshalb kann das Programm TextEdit auch Funktionen verwenden, die Sie von Microsoft Word her kennen. Sie sehen im mittleren Bereich des Dokuments eine *Tabelle* ❷. Und Sie können wie bei anderen Textverarbeitungsprogrammen ein Fenster einblenden, um die Tabelle Ihren Wünschen entsprechend zu gestalten. Wählen Sie hierfür den Menüpunkt *Format –> Tabelle* aus. Auch das Erstellen von *Listen* mit Aufzählungszeichen ❸ ist möglich. Hierfür ist der Menüpunkt *Format –> Liste* zuständig. Alle anderen Funktionen wie Tabulatoren, Einzüge etc. finden Sie im *Lineal* ❺. Und die wichtigsten Bearbeitungsfunktionen sind wie gewohnt über die Symbolleiste im Zugriff. Hier sehen Sie Formatierungen für Schriftart, Schriftgröße, Auszeichnungen wie *Fett*, *Kursiv*, *Unterstrichen* usw. ❻.

Sollten Sie noch weitergehende Funktionen benötigen, steht Ihnen natürlich auch der Menüpunkt *Format* ❹ zur Verfügung.

> **!** Wenn Sie in TextEdit arbeiten, haben Sie ein ganz normales Textverarbeitungsprogramm vor sich mit allen gängigen Funktionen, um Texte zu bearbeiten. Dabei markiert ein Doppelklick auf ein Wort stets das komplette Wort, wohingegen ein Dreifachklick immer einen kompletten Absatz markiert.

Natürlich können Sie in das TextEdit-Dokument ebenso Bilder integrieren. Dies geschieht auf ganz einfache Weise, indem Sie per Drag & Drop von einem Finder-Fenster oder einer Internetseite in Safari das Bild in das TextEdit-Dokument hineinziehen. TextEdit ist auch sehr vielseitig, was das Speichern der erfassten Informationen angeht. Über den Menüpunkt *Ablage –> Sichern* steht Ihnen eine Reihe von Dateiformaten zur Verfügung, in die TextEdit exportieren kann.

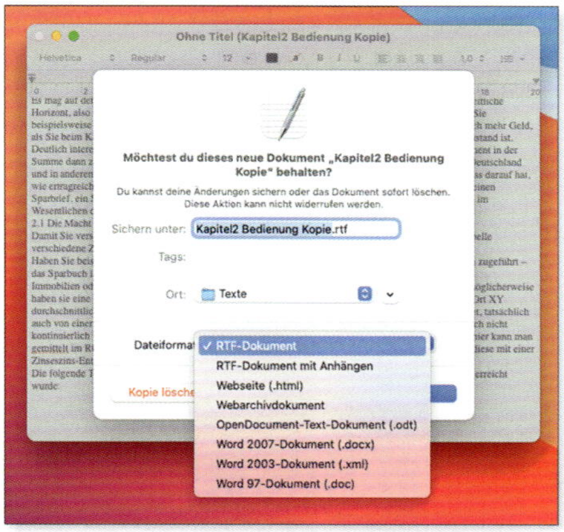

Dateiformate von TextEdit.

Ebenso verhält es sich andersherum: All die Formate, die Sie im *Sichern*-Dialog sehen, können auch von TextEdit geöffnet und bearbeitet werden. Interessant ist zum einen die Vielfalt im Bereich der *Word*-Formate, aber auch HTML-Seiten können mit dem Programm TextEdit geöffnet und überarbeitet werden.

Rechtschreibprüfung

Sicher haben Sie bereits bemerkt, dass TextEdit, wie einige andere Apple-Programme auch, eine integrierte Rechtschreibprüfung zur Verfügung stellt. Und die Rechtschreibprüfung funktioniert genauso, wie Sie es vom iPad oder iPhone gewohnt sind. Wenn Sie also einen Text eintippen, wird bei einem falsch geschriebenen Wort oder direkt darunter der Vorschlag der Rechtschreibprüfung eingeblendet.

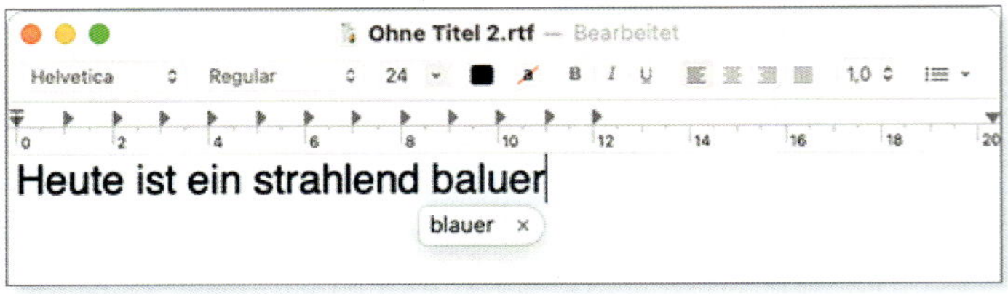

Rechtschreibprüfung.

Wie beim iPad oder iPhone akzeptieren Sie diesen Vorschlag, indem Sie nachfolgend die *Leertaste* drücken. Möchten Sie diesen Vorschlag nicht verwenden, klicken Sie auf das kleine *x*, um Ihre Schreibweise zu belassen. Möchten Sie die Rechtschreibprüfung deaktivieren, erfolgt dies in *TextEdit –> Einstellungen* durch das Entfernen des Häkchens bei *Rechtschreibung autom. korrigieren* sowie *Rechtschreibung während der Texteingabe prüfen*. Um generell für macOS die Rechtschreibprüfung zu deaktivieren, gehen Sie in die *Systemeinstellungen* zu *Tastatur* und dort zum Reiter *Text*.

Das Textverarbeitungsprogramm kann auch die Datei beispielsweise per E-Mail versenden oder auf einem Drucker ausgeben. Den Versand per E-Mail haben wir uns an diversen Stellen schon angesehen. Deshalb sei an dieser Stelle erwähnt, wie ein Druckvorgang aus einem Apple-Programm heraus stattfindet.

Drucker einrichten

Bevor Sie den Job an den Drucker übergeben, sollten Sie zunächst im Menüpunkt *Ablage –> Papierformat* die korrekten Einstellungen überprüfen.

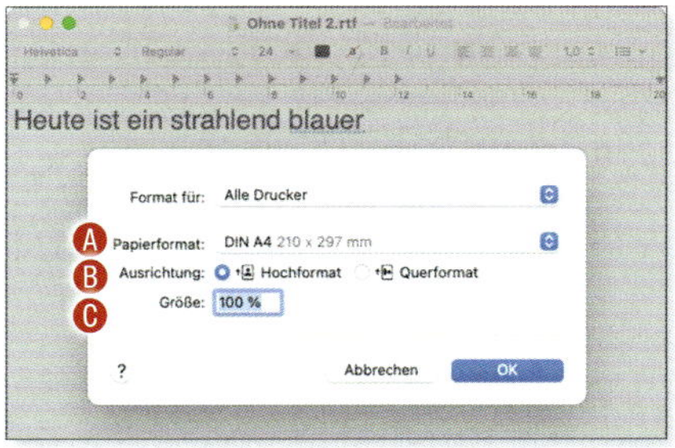

Papierformat.

Kontrollieren Sie an dieser Stelle, ob das Papierformat auf *DIN A4* Ⓐ eingestellt ist. Darüber hinaus können Sie sich entscheiden, ob Sie den Ausdruck im *Hochformat* oder im *Querformat* Ⓑ erhalten möchten. Und schlussendlich können Sie bei *Größe* Ⓒ noch einen Prozentwert eingeben, um das Dokument vergrößert oder verkleinert auszugeben. Sind alle Einstellungen erledigt, quittieren Sie sie mit *OK*.

Nun können Sie über den Befehl *Ablage –> Drucken* bzw. über den Tastaturkurzbefehl *cmd + P* den *Drucken*-Dialog aufrufen.

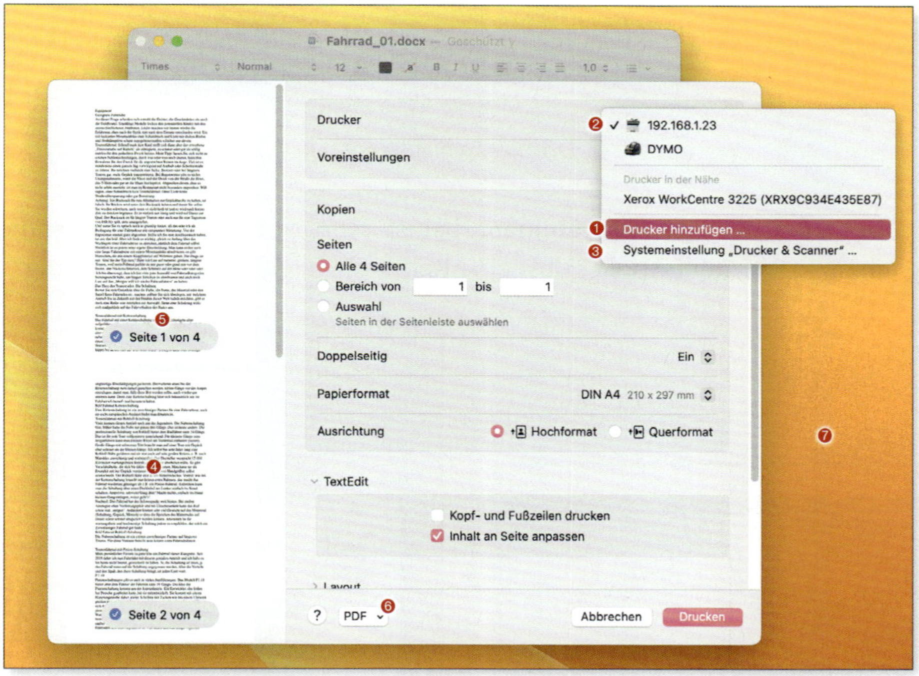

Drucken-Dialog.

Sie sehen anhand des Bildschirmfotos, dass jederzeit ein Drucker hinzugefügt werden kann ❶. Wenn Sie den Menüpunkt aufklappen, sehen Sie jedoch, dass ein Drucker von dem Rechner gefunden wird ❷. Wir werden diesen Drucker nun konfigurieren, um den Ausdruck starten zu können.

Drucker können entweder direkt im *Drucken*-Dialog hinzugefügt werden oder über das Spezialprogramm *Systemeinstellungen –> Drucker & Scanner* ❸, das wir uns gleich noch genauer ansehen werden. Daneben sehen Sie die Vorschau des zu druckenden Dokuments ❹. Und Sie erkennen, dass das Dokument derzeit auf sechs Seiten ausgegeben wird, durch diese kann über die Pfeile navigiert werden ❺. Zusätzlich bietet der *Drucken*-Dialog noch die *Ausgabe als PDF-Datei* an ❻.

Doch zunächst wollen wir den Drucker installieren, um ihn überhaupt als Ausgabegerät verwenden zu können. In unserem Fall ist hier der Drucker *Xerox Workcentre* in der Umgebung des Computers erkannt worden. Sobald dieser Eintrag angeklickt wird, beginnt auch schon die Installation und Konfiguration.

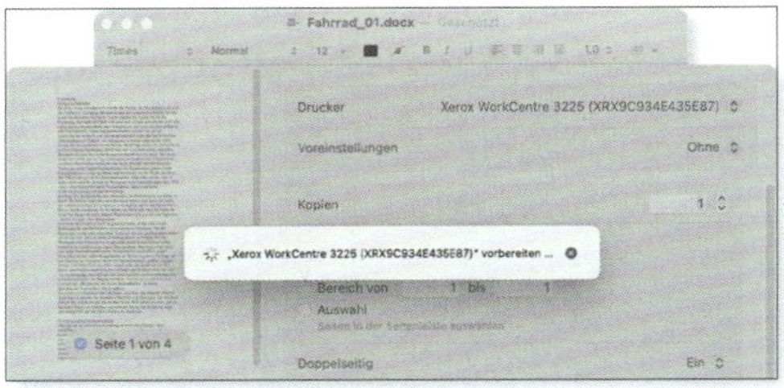

Drucker konfigurieren.

Damit der Rechner mit dem Drucker zusammenarbeiten kann, ist es notwendig, dass die *Treiber* hierfür zur Verfügung stehen. Dabei stellt Apple selbst eine Reihe von Treibern zur Verfügung.

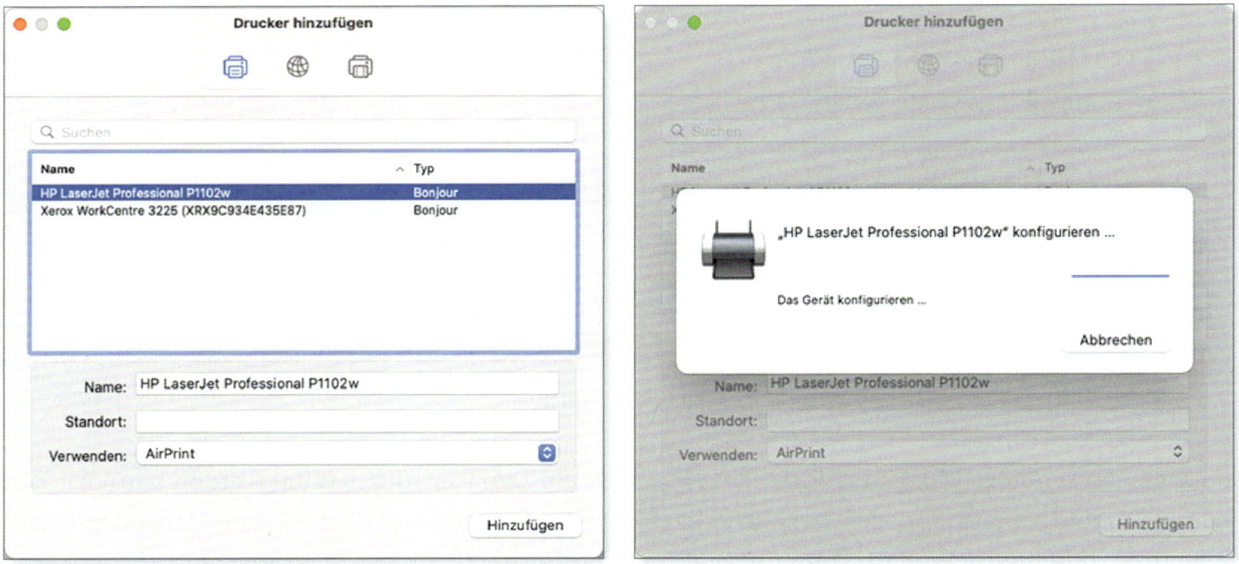

Druckertreiber von Apple verfügbar (links) und laden (rechts).

Je nach Druckermodell kann es also sein, dass der heruntergeladen wird und danach die Konfiguration des Druckers stattfindet. Sollte der Rechner keinen passenden Druckertreiber finden, sollten Sie den Druckertreiber installieren, der beim Kauf des Geräts mitgeliefert wurde. Dieser Treiber wird im Regelfall auf einer CD dem Gerät beigelegt, oder Sie laden ihn von der Herstellerseite aus dem Internet.

! Bedenken Sie, dass bei der Installation der Druckertreiber Dateien im Ordner **Library** auf der **Macintosh HD** gespeichert werden müssen. Das bedeutet: Nur Anwender mit administrativen Befugnissen können Druckertreiber im Betriebssystem hinzufügen.

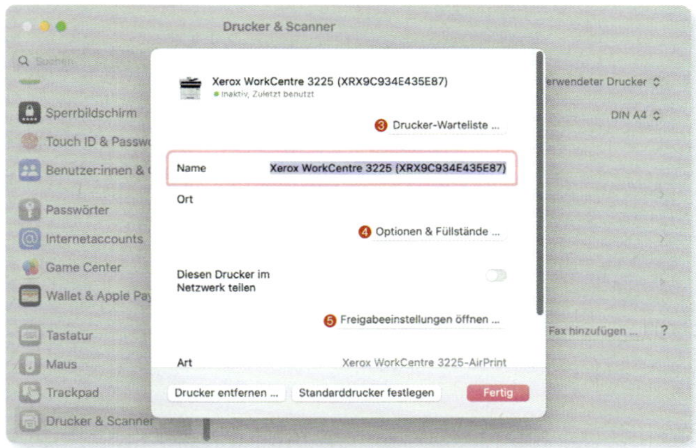

Wurde der Drucker erfolgreich installiert, erscheint er auch in den *Systemeinstellungen* in der Kategorie *Drucker & Scanner*. Dort wird links in der Liste der vorhin installierte Drucker angezeigt ❶. Damit weitere Programme bei der Auswahl des Papierformats immer gleich das korrekte Papierformat verwenden, sollten Sie im unteren Teil des Fensters diesem Drucker auch das Standardpapierformat DIN A4 ❷ zuordnen.

Möchten Sie nun sehen, welche Druckaufträge aktuell an den Drucker übermittelt wurden, klicken Sie auf *Drucker-Warteliste* ❸. Sogleich erscheint ein neues Fenster, in dem alle Druckaufträge übersichtlich aufgelistet bekommen. Zusätzlich erhalten Sie – abhängig vom Druckermodell – in der Titelleiste weitere Funktionen.

Die Druckzentrale zeigt die Druckerwarteliste.

Haben Sie versehentlich einen Druckauftrag losgeschickt und wurde dieser noch nicht vom Drucker abgearbeitet, können Sie diesen Auftrag über den Button *Löschen* Ⓐ aus der Warteliste entfernen. Die Funktion *Anhalten* Ⓑ hingegen bedeutet, dass dieser Druckauftrag in der Warteliste bleibt und nachfolgende Druckaufträge vorgezogen werden können. Wollen Sie die gesamte Warteliste pausieren, so wählen

Sie *Pause* Ⓒ. Abhängig vom Druckermodell könnten Sie auch eine Information über die Füllstände der Kartuschen oder des Tonermaterials bekommen. Über *Einstellungen* können Sie weitere Detaileinstellungen vornehmen Ⓓ. *Einstellungen* bringt Sie im Regelfall zu derselben Einstellung wie die *Systemeinstellungen* bei *Optionen & Füllstände* ❹. Interessant ist dort der Reiter *Allgemein*, denn dort können Sie den Namen des Druckers anpassen.

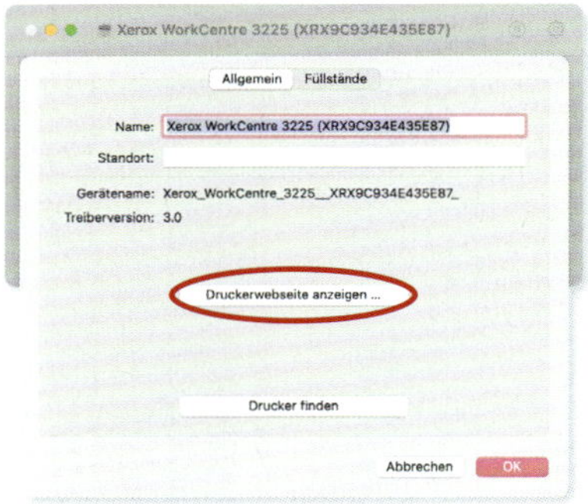

Name des Druckers ändern.

> **!** Sie sollten unbedingt einen Klick auf **Druckerwebsite anzeigen** riskieren, denn dort kann, bei den meisten Herstellern, das Druckerdienstprogramm gestartet werden, das über eine Menge weiterer Funktionen verfügt.

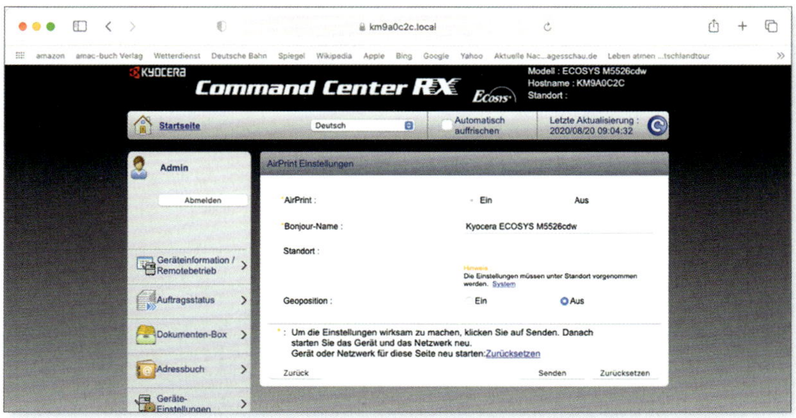

Druckerwebseite eines Kyocera-Druckers.

Der hier verwendete Drucker wird drahtlos, also über WLAN, angesprochen. Dazu muss über das HP LaserJet Dienstprogramm der Drucker mit der WLAN-Station verbunden werden, was Sie in diesem Bildschirmfoto sehen. Damit haben Sie eine sehr komfortable Möglichkeit, den Drucker an jedem beliebigen Standort innerhalb Ihres Hauses oder Büros aufzustellen und drahtlos vom Computer aus anzusprechen.

!

Wollen Sie ausschließlich per WLAN mit einem Drucker kommunizieren, ist sinnvoll, sich für einen Drucker zu entscheiden, der zudem AirPrint unterstützt. Via AirPrint können nicht nur Mac-Rechner, sondern auch iPhones und iPads drahtlos Dokumente an den Drucker senden. Und dies ganz ohne Installation. Ein AirPrint-fähiger Drucker meldet sich sofort im **Drucken**-Menü und es sind keinerlei Einstellungen zu tätigen. Eine Liste AirPrint-Drucker erhalten Sie aktuell stets hier: **https://support.apple.com/de-de/HT201311.**

Aber kommen wir wieder zurück zu den *Systemeinstellungen –> Drucker & Scanner*. Dort sind noch drei Funktionen zu besprechen. Die Eigenschaft *Diesen Drucker im Netzwerk freigeben* ❺ bedeutet, dass Sie einen lokal angebundenen Drucker über eine Netzwerkfreigabe auch anderen Anwendern zur Verfügung stellen. Die Netzwerkfunktionen werden wir in einem eigenen Kapitel erläutern.

Nachdem die Systemeinstellung den Namen *Drucken & Scannen* trägt, können Sie damit auch Scanner verwalten. Scanner werden im Regelfall per USB-Kabel an Ihren Computer angeschlossen.

!

Während beim Kauf eines Druckers nahezu alle Geräte eine Treibersoftware für den Mac mitbringen, sollten Sie vor dem Kauf eines Scanners nachfragen, ob dieser auch mit Apple-Betriebssystem macOS kompatibel ist.

Möchten Sie weitere Geräte zur Zusammenarbeit mit Ihrem Mac bringen, klicken Sie auf das +-Symbol ❻ in den *Systemeinstellungen* bei *Drucker & Scanner*. Es erscheint ein Fenster, das die entsprechenden Konfigurationsmöglichkeiten bereitstellt.

Im Bereich *Standard* Ⓐ des Fensters werden alle Geräte aufgelistet, die direkt mit dem Rechner verbunden sind, zum Beispiel per USB-Kabel. Ebenso erscheinen alle Geräte, die sich über ein Netzwerkprotokoll wie *Bonjour* automatisch im Netzwerk melden. Erscheint Ihr Gerät nicht in dieser Liste, können Sie versuchen, über den Button *IP* Ⓑ das Gerät über seine IP-Adresse ausfindig zu machen. Vorher sollten Sie natürlich die IP-Adresse des Geräts in Erfahrung bringen. Notwendig ist zusätzlich die Installation des korrekten Druckertreibers. Der Eintrag *Windows* Ⓒ bedeutet, dass der von einem Windows-System über das Netzwerk freigegebene Drucker Ihre Mac-Druckjobs abarbeitet.

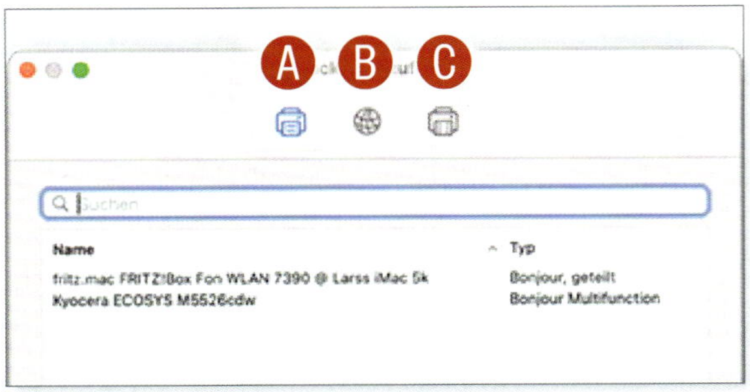

Drucker hinzufügen.

Haben Sie nun mehrere Drucker installiert und zur Zusammenarbeit konfiguriert, sollten Sie zum Schluss noch einen Drucker als *Standarddrucker* definieren.

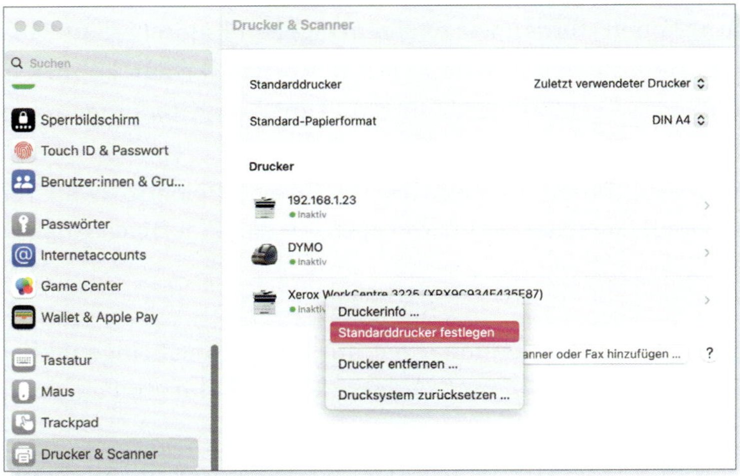

Standarddrucker festlegen.

Dazu klicken Sie den Drucker Ihrer Wahl mit der rechten Maustaste an klicken, um das dazugehörige Kontextmenü zu öffnen, in dem Sie den betreffenden Befehl finden. Wie Sie sehen, haben Sie auch dort eine einfache Möglichkeit, den Namen des Druckers zu ändern. Vor der Funktion *Drucksystem zurücksetzen* möchte ich Sie warnen. Dabei werden alle installierten Drucker entfernt und Sie müssen jedes Gerät von Neuem konfigurieren.

Damit ist der Vorarbeit Genüge getan und wir können wieder zurückkehren zum *Drucken*-Dialog in TextEdit.

Ausdrucken von Dokumenten

> ! Die **Drucken**-Dialoge in den einzelnen Applikationen unterscheiden sich teilweise in ihrem Erscheinungsbild, doch sind die wichtigsten Funktionen im **Drucken**-Dialog einer jeden Applikation verfügbar.

Klicken Sie nun auf *Details einblenden*, um weitere Informationen zugänglich zu machen.

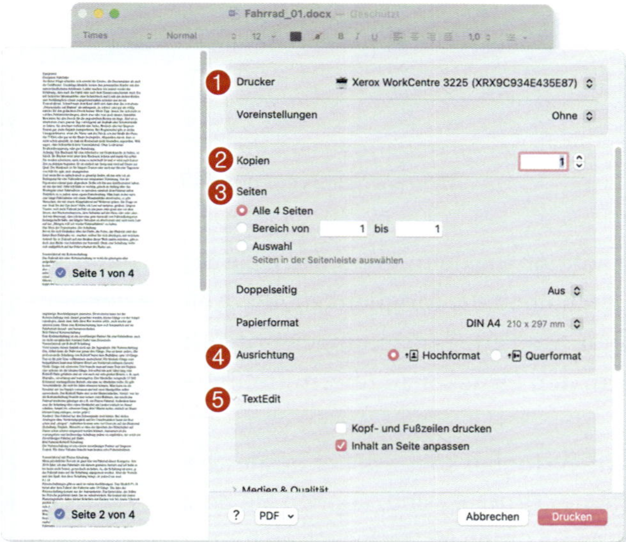

Details im Drucken-Dialog.

Überprüfen Sie oben rechts im Dialog ganz oben bei *Drucker* ❶, ob Sie den richtigen Drucker ausgewählt haben. Geben Sie darunter an, wie viele Kopien ❷ Sie drucken möchten. Sofern es der Drucker unterstützt, können Sie das beidseitige Drucken aktivieren. Möchten Sie nur bestimmte Seiten ausdrucken, legen Sie das bei ❸ fest.

Darunter erhalten Sie noch einmal alle Einstellungen, die Sie vorher bereits über das Papierformat festgelegt haben, in diesem Fall ein DIN-A4-Blatt, das im Hochformat ausgedruckt werden soll ❹. Besonders interessant ist das Pull-down-Menü, das bei dem Begriff *TextEdit* ❺ zu finden ist. Wenn Sie dieses aufklappen, erhalten Sie je nach Programm und Druckermodell weitere Funktionen wie beispielsweise *Medien & Qualität*, *Layout*, *Papierhandhabung*, *Wasserzeichen* etc. Hervorzuheben sind die Einstellungen bei *Layout*.

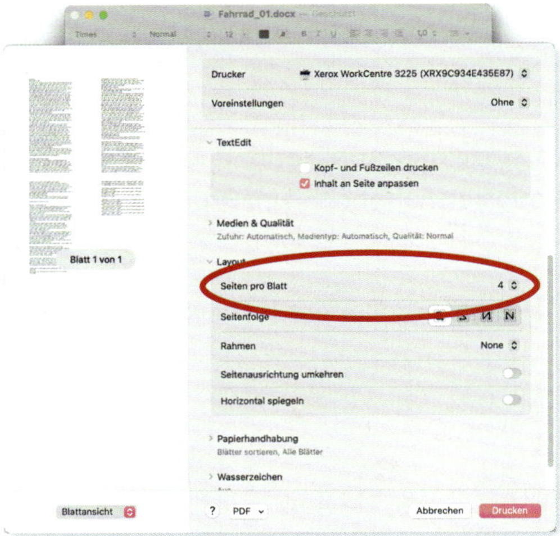

Mehrere Seiten auf ein Blatt.

Über die Funktion *Layout* können Sie definieren, wie viele Seiten auf ein DIN-A4-Blatt gedruckt werden sollen. Darunter sehen Sie auch noch die Möglichkeit, die Abfolge der Seiten zu definieren und optional einen Rahmen mit auszugeben. Sind alle Einstellungen ordentlich konfiguriert, klicken Sie auf den Button *Drucken*, um den Druckjob an den Drucker zu übermitteln.

> **!** Sollte der Drucker nicht verfügbar sein, weil er ausgeschaltet ist oder Sie mit Ihrem tragbaren Mac nicht in der Reichweite des Druckers sind, können Sie dennoch den Druckjob in die Druckwarteliste stellen. Sogleich erhalten Sie unten im Dock ein Icon für den Drucker, das Ihnen die Anzahl der Druckjobs anzeigt und durch ein kleines Symbol auch darstellt, dass Ihr Drucker derzeit nicht erreichbar ist.

Der Drucker ist nicht erreichbar, wie man anhand des Icons der Druckzentrale (Dienstprogramm) erkennen kann.

> **!** Sobald der Drucker wieder eingeschaltet oder in Reichweite ist, werden die anstehenden Druckjobs in der Warteliste automatisch an den Drucker weitergereicht und verarbeitet. Durch Anklicken des Icons werden alle Aufträge in der Warteschlange angezeigt.

! Und auch das ist möglich: Haben Sie versehentlich einen Druckauftrag dem falschen Drucker übermittelt, müssen Sie diesen Auftrag nun nicht abbrechen und erneut mit dem richtigen Drucker starten. Sie können einfach beide Druckerwarteschlangen als Fenster auf dem Bildschirm darstellen und dann die Druckaufträge per Drag & Drop von einer Warteschlange in die andere verschieben.

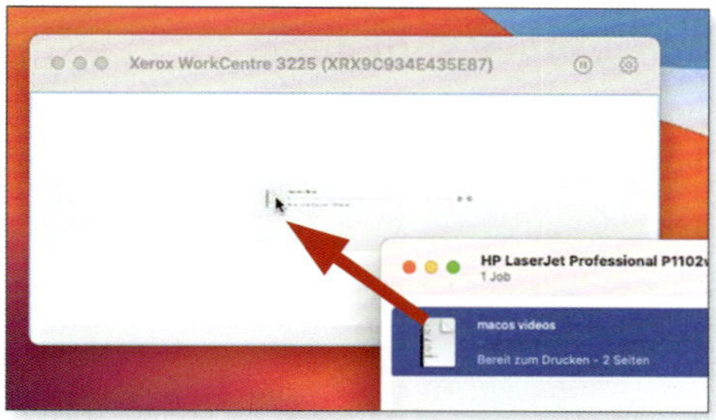

Druckaufträge in eine andere Warteschlange verschieben.

Drucken in eine PDF-Datei

Wir hatten es vorhin bereits kurz erwähnt: Sie können einen Druckauftrag nicht nur physikalisch an einen Drucker weiterleiten, sondern ebenso in eine PDF-Datei umwandeln. Jedes Programm unter macOS verfügt im *Drucken*-Dialog über den Button *PDF*. Diesen wollen wir nun genauer betrachten.

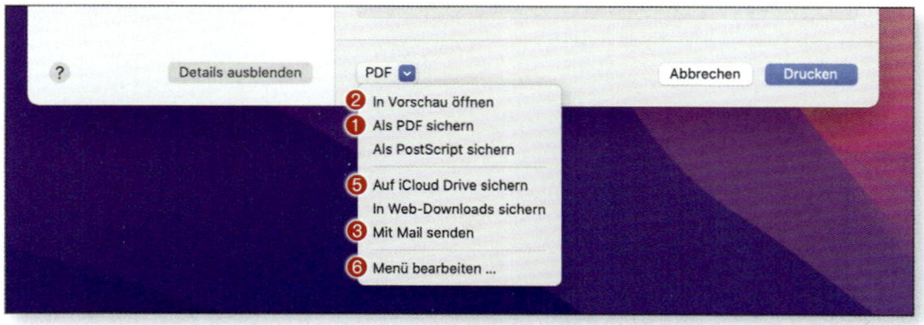

Ausgabe als PDF.

Im Bildschirmfoto sehen Sie den *Drucken*-Dialog des Programms Safari. Im Hintergrund ist derzeit eine Internetseite aufgerufen, nämlich die Seite *www.macnews.de*, und ich möchte den Inhalt der Internetseite, der sich ja ständig ändert, in ein PDF-Dokument verwandeln, um ihn so immer im Zugriff zu haben.

Über den *Drucken*-Dialog ist links unten der Button *PDF* aufzuklappen und sogleich erscheint eine Reihe sinnvoller Optionen darunter. Möchten Sie die Information, so wie sie ist, direkt in einem PDF speichern, wählen Sie *Als PDF sichern* ❶, geben einen Dateinamen sowie den Ablageort an und fertig ist die PDF-Datei. Möchten Sie vorher die PDF-Datei noch einmal im Programm Vorschau sichten, so wählen Sie den ersten Eintrag in der Liste an ❷. Vergessen Sie dann bitte nicht, im Programm Vorschau die PDF-Datei abzuspeichern. Soll die PDF-Datei direkt per E-Mail versendet werden, wählen Sie den Eintrag ❸ an. Und für professionelle Anwender besteht noch die Möglichkeit, dieses PDF-Menü ihren Bedürfnissen entsprechend anzupassen. Wählen Sie dazu *Menü bearbeiten* ❻. Alternativ dazu können Sie auch *Auf iCloud Drive sichern* ❺ sichern verwenden. Damit wird das PDF automatisch zu iCloud hochgeladen und steht im iCloud Drive im Ordner *Vorschau* zur Verfügung.

Schriftsammlung

Sie haben, als Sie vorhin mit dem Programm *TextEdit* gearbeitet haben, bereits gesehen, dass ihnen mehrere Schriftarten zur Verfügung gestellt werden, um Texte zu gestalten. Das Apple-Betriebssystem enthält auch eine spezielle Applikation namens *Schriftsammlung*, die die Verwaltung der Schriftarten auf Ihrem Computer übernimmt.

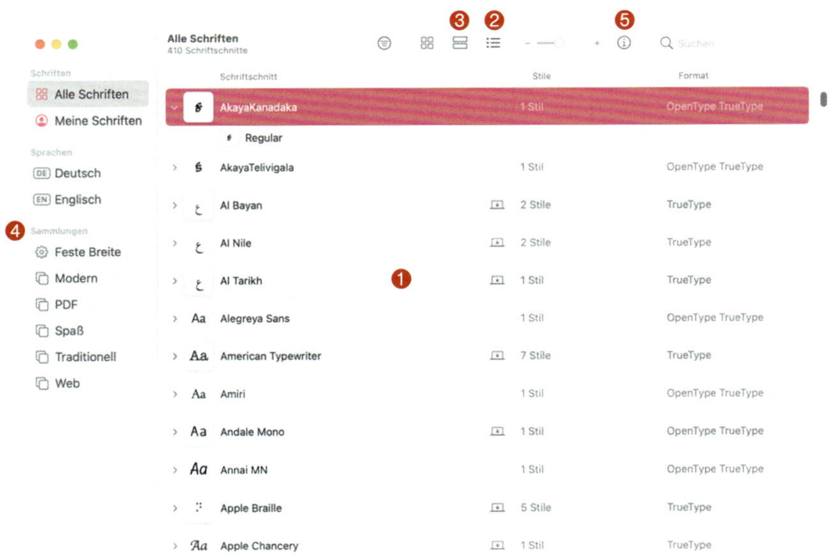

Schriftsammlung.

Das Programm finden Sie innerhalb des *Programme*-Ordners, Sie können es aber ebenso über *Launchpad* starten. Wenn Sie das Bildschirmfoto betrachten, sehen Sie die standardmäßige zweispaltige Darstellung.

In der rechten Spalte sehen Sie eine Liste ❷ der Schriften, die auf Ihrem Computer derzeit verfügbar sind ❶. Dabei verhält es sich so, dass bei der Installation von Software oftmals Schriften mitinstalliert werden. Dies ist der Fall bei den iWork-Programmen, Microsoft Office oder Adobe Creative Cloud.

Wenn Sie das Dreieck neben einer Schriftart anklicken, erhalten Sie die *Schriftschnitte*, also verschiedene Varianten einer Schriftart. Klicken Sie eine Schriftart doppelt an, erhalten Sie eine Vorschau der Schriftart. Sobald Sie auf ❸ wechseln, können Sie selbst einen Beispieltext eintragen, um zu sehen, wie die Schriftart mit Ihrem Text aussieht. Und für Profis ist besonders der *Informationen*-Button ❺ interessant, denn dort erhalten Sie technische Daten, um welche Art von Schrift es sich handelt, von wem die Schrift stammt usw.

Aber kommen wir wieder zurück zur dreispaltigen Darstellung. In der Spalte ganz links, die mit *Sammlung* überschrieben ist ❹, können Sie Schriftgruppen (Sammlungen) erstellen, um so Schriftarten zu einem Thema zusammenzufassen. Diese Sammlungen sind dann auch in Programmen wie TextEdit verfügbar und beschleunigen das Auffinden Ihrer Lieblingsschriften. Um eine neue Gruppe zu erstellen, klicken Sie bei *Ablage* auf *Neue Sammlung*.

Kommen wir noch einmal zurück zum Erstellen einer Sammlung.

Schriften einer Sammlung hinzufügen.

Haben Sie die Sammlung erstellt und ihr einen Namen gegeben, können Sie auf den Eintrag *Alle Schriften* klicken und per Drag & Drop diejenigen Schriftarten hinzufügen, die Sie darin gruppieren möchten. Wechseln Sie dann beispielsweise zum Programm TextEdit und rufen Sie dort über den Menüpunkt *Format* oder das Tastenkürzel *cmd* + *T* das *Schriften*-Fenster auf. Und sogleich werden Sie auch in TextEdit die Sammlung namens *Lieblingsschriften* erkennen mit allen Schriften, die Sie über die *Schriftsammlung* vorher zusammengefasst haben.

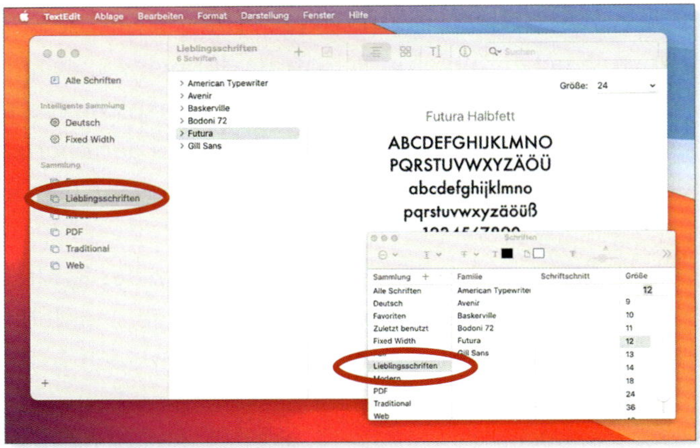

Sammlung in TextEdit und Schriftsammlung.

> **!** Bedenken Sie, dass beim Löschen einer Sammlung über die **Backspace**-Taste nicht die Schriftarten an sich gelöscht werden – Sie haben ja lediglich eine Art Gruppe erzeugt und der Gruppe Einträge hinzugefügt. Die Schriftarten bleiben selbstverständlich in der Sammlung **Alle Schriften** erhalten.

Schrift installieren

Das Installieren bzw. Hinzufügen einer neuen Schrift ist in macOS sehr einfach. Wenn Sie die Schriftdatei auf dem Rechner haben, müssen Sie sie nur einen Doppelklick darauf machen. Dadurch wird automatisch die Schriftsammlung gestartet und die neue Schrift in einem Fenster dargestellt. In diesem Fenster müssen Sie dann nur noch auf die Schaltfläche *Installieren* klicken. Die neue Schrift wird damit sofort in die Schriftsammlung aufgenommen und aktiviert.

Neue Schriften lassen sich sehr schnell und einfach hinzufügen.

Tastatur- und Zeichenübersicht

Vielleicht kennen Sie das: Sie arbeiten an einem Dokument und benötigen nun ein Spezialzeichen. Sie könnten jetzt über das Programm *Schriftsammlung* dieses Spezialzeichen ausfindig machen, aber wie soll dieses Zeichen nun in Ihr Dokument kommen? Für diesen Fall hat Apple vorgesorgt und Ihnen eine Funktion zur Verfügung gestellt. Wählen Sie hierzu in den *Systemeinstellungen –> Tastatur* den Bereich *Eingabequellen*.

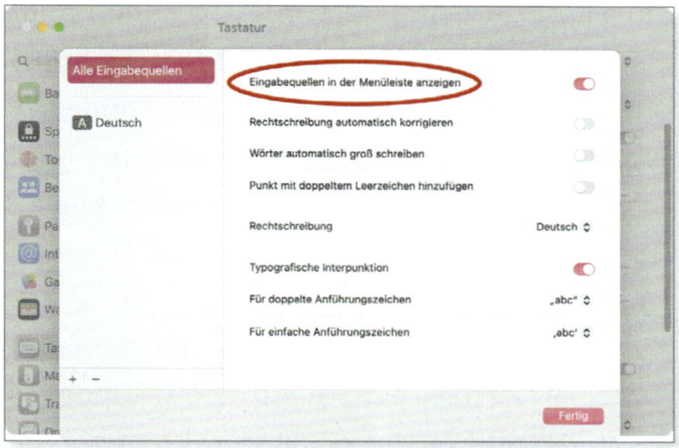

Tastatur- und Zeichenübersichten in den Systemeinstellungen –> Tastatur.

Bringen Sie bei *Eingabequellen in der Menüleiste anzeigen* ein Häkchen an. Und sogleich erhalten Sie in der Menüleiste ein neues Icon, über das Sie nun die *Tastaturübersicht* und die *Emoji & Symbole* einblenden können.

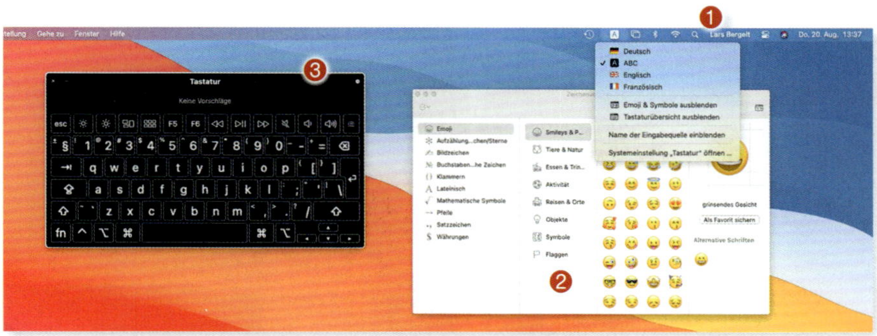

Tastatur- und Zeichenübersicht.

Sobald Sie das neue Icon in der Menüleiste ❶ anklicken, erhalten Sie darunter zwei Einträge, nämlich *Emoji & Symbole einblenden* und *Tastaturübersicht einblenden*. Sofern Sie beide ausgewählt haben, bekommen Sie zwei neue Fenster. Die *Emoji & Symbole* ❷ zeigen Ihnen, in verschiedene Kategorien (*Emoji*, *Pfeile*, *Währungen*, *Aufzählungen* etc.) gegliedert, die zur Verfügung stehenden Sonderzeichen. Um ein Zeichen in ein TextEdit-Dokument zu übernehmen, klicken Sie es einfach doppelt an und es wird sofort an der Cursorposition eingefügt.

Etwas anders verhält es sich mit der *Tastaturübersicht* ❸. Sobald Sie diese gestartet haben, drücken Sie beispielsweise einmal die *alt*-Taste. Daraufhin sehen Sie, dass nun dort, wo vorher Buchstaben waren, Spezialzeichen angezeigt werden. Um beispielsweise das ©-Zeichen zu erzeugen, müssten Sie die Tastenkombination *alt* + *G* drücken. Das haben Sie nun über die Zeichenübersicht gelernt und können diese Tastenkombination in Ihrem TextEdit-Dokument oder in einem anderen Programm einsetzen. So sehen Sie, dass über *alt* + *R* beispielsweise das ®-Zeichen und – was Sie längst wissen – über *alt* + *L* das @-Zeichen erzeugt werden kann. Drücken Sie nicht nur die *alt*-, sondern zusätzlich noch die *Shift*-Taste, werden weitere Sonderzeichen angezeigt, die sich auf Ihrer Tastatur befinden. Merken Sie sich einfach die Tastenkombination, mit der Sie dieses Sonderzeichen aufrufen können, und wenden Sie sie in Ihrer Zielanwendung an.

> **!** Um auf bestimmte Sonderzeichen zugreifen zu können, hat Apple auch hier die Analogie mit dem iPhone bzw. iPad bemüht. Bleiben Sie dazu einfach gut eine Sekunde auf dem Zeichen der Tastatur mit Ihrem Finger, um sogleich darüber eine Liste von Sonderzeichen zu erhalten. Wählen Sie nun über die Eingabe der Ziffer das gewünschte Zeichen aus. Wollen Sie Zugriff auf weitere Sonderzeichen haben, verwenden Sie **ctrl + cmd + Leertaste**.

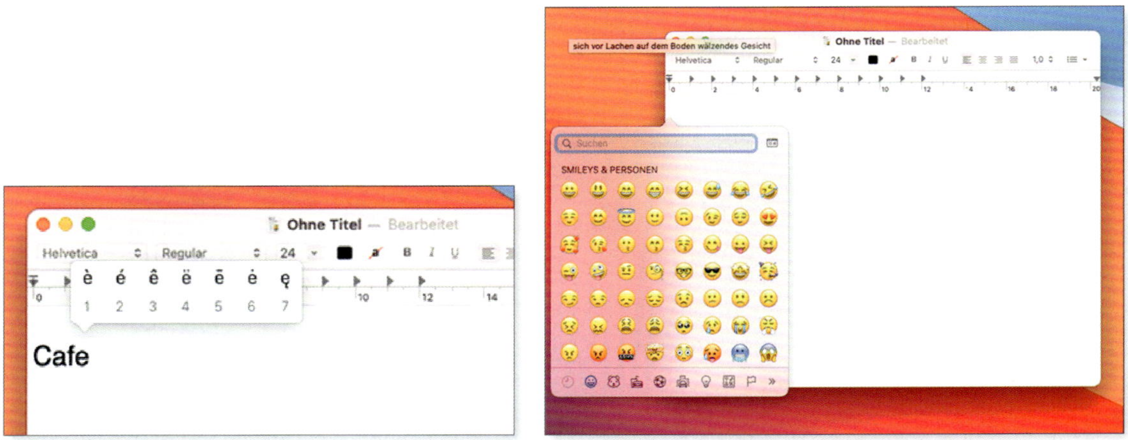

Links sehen Sie eine Zeichenliste beim Gedrückthalten eines Buchstabens und rechts den Schnellzugriff auf viele Sonderzeichen durch die Tastenkombination.

Aktivitätsanzeige und Systeminformationen

Sind Sie technisch interessiert oder im administrativen Bereich tätig, haben Sie mit diesen drei Programmen, die sich allesamt im *Dienstprogramme*-Ordner befinden, gute Werkzeuge parat, um die technischen Daten Ihres Computers einsehen zu können.

Aktivitätsanzeige

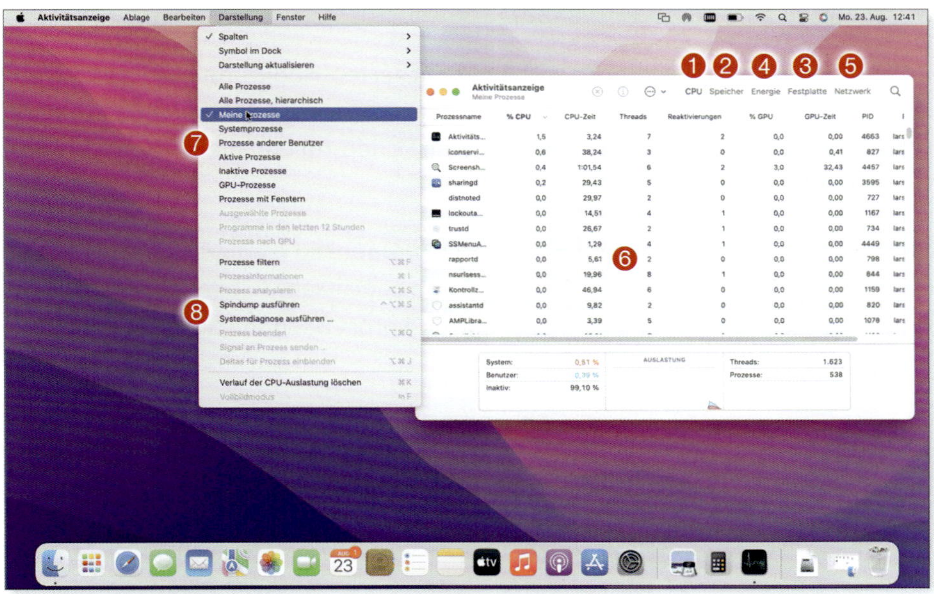

Aktivitätsanzeige.

Sie sehen anhand des Bildschirmfotos, dass die *Aktivitätsanzeige* Ihnen eine Menge Informationen über den Zustand Ihres Systems liefert. Sie haben die Wahl zwischen fünf verschiedenen Informationen, die eingeblendet werden können. Möchten Sie sehen, wie es Ihren Prozessorkernen geht, wählen Sie *CPU* ❶ aus. Und Sie sehen sowohl in Form von Zahlen als auch durch ein Diagramm dargestellt, wie stark Ihre Prozessoren aktuell gefordert sind.

Interessieren Sie sich für die Auslastung des Arbeitsspeichers, wechseln Sie zu *Speicher* ❷. Wollen Sie überprüfen, welche Apps wie viel Energie Ihres Rechnerakkus benötigen, nehmen Sie die ❹. Möchten Sie sehen, was die Festplatten gerade so tun, ist *Festplattenaktivität* ❸ die richtige Anlaufstelle. Und schließlich zeigt Ihnen ein Klick auf *Netzwerk* ❺, welche Daten von Ihrem Rechner gesendet bzw. über das Netzwerk empfangen werden.

Den Hauptteil des Fensters macht die Liste ❻ aus. Dort sehen Sie – je nachdem, was Sie bei ❼ eingestellt haben – die *Prozesse*. Entweder werden hier diejenigen Prozesse angezeigt, die Sie direkt gestartet haben, also Ihre aktiven Programme (*Meine Prozesse*), oder Sie wechseln zu *Alle Prozesse*, um zu sehen, was in der Summe derzeit alles auf Ihrem Rechner läuft. Und Sie werden staunen, wie viele Programme und Unterprogramme gestartet sind. Der Hintergrund ist, dass es sich bei macOS im Prinzip um ein Unix-Betriebssystem handelt, und Unix-Systeme teilen umfangreiche Funktionen auf sehr viele Unterprozesse auf.

Sollten Sie einmal ein Problem mit einem Programm haben, können Sie dieses in der Liste anklicken und über die Funktion *Prozess beenden* ❽ aus dem Arbeitsspeicher entfernen.

!

Dabei verlieren Sie natürlich alle noch nicht gespeicherten Änderungen in den vom Programm bearbeiteten Dokumenten. Allerdings nicht bei Programmen wie TextEdit, Vorschau, Pages etc., die macOS-ready sind und damit über die automatische Sicherung und die Versionsverwaltung verfügen.

!

Sollte ein Programm einmal hängen oder nicht mehr vernünftig reagieren, ist der Weg über die **Aktivitätsanzeige** meist zu umständlich, um das Programm gewaltsam zu beenden. Schneller und einfacher geht es, wenn Sie über das **Apfel-Menü** den Eintrag **Sofort beenden** aufrufen.

Aktive Programme können sofort beendet werden.

! Alternativ verwenden Sie die Tastenkombination **cmd + alt + esc**. Es verhält sich damit ähnlich wie unter Windows der Aufruf des **Task Managers**. Wählen Sie nun das Programm aus, das Ärger macht, und klicken Sie danach auf den Button **Sofort beenden**, um das Programm aus dem Arbeitsspeicher zu entfernen.

Aber noch einmal zurück zur *Aktivitätsanzeige*. Dort können Sie über den Menüpunkt *Darstellung* die Informationen über Ihren Prozessor, die Netzwerkaktivität usw. auch im Dock darstellen lassen. Wählen Sie hierfür beispielsweise *Darstellung –> Symbol im Dock –> Aktuelle CPU-Auslastung*. Und sogleich erscheint in Ihrem Dock ein kleines Icon, das Ihnen die Aktivität Ihrer Prozessoren anzeigt.

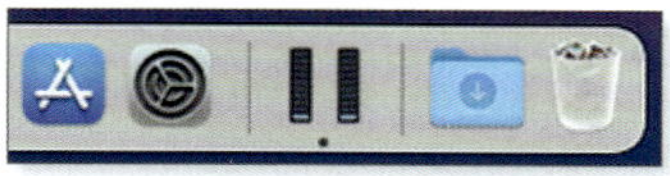

CPU-Auslastung im Dock.

Systeminformationen

Sind Sie weniger an der Software und mehr an der Hardware Ihres Rechners interessiert, könnte das Programm *Systeminformationen*, das sich ebenfalls im *Dienstprogramme*-Ordner befindet, für Sie von Interesse sein. Im Programm Systeminformationen erhalten Sie alle technischen Daten über die Hardwareumgebung Ihres Computers. Und Sie können auf diesem Wege rasch Informationen auslesen.

! Die **Systeminformationen** erreichen Sie am schnellsten, wenn Sie mit gedrückter **alt**-Taste das **Apfel-Menü** öffnen. Damit wird nämlich aus **Über diesen Mac** die Funktion **Systeminformationen**.

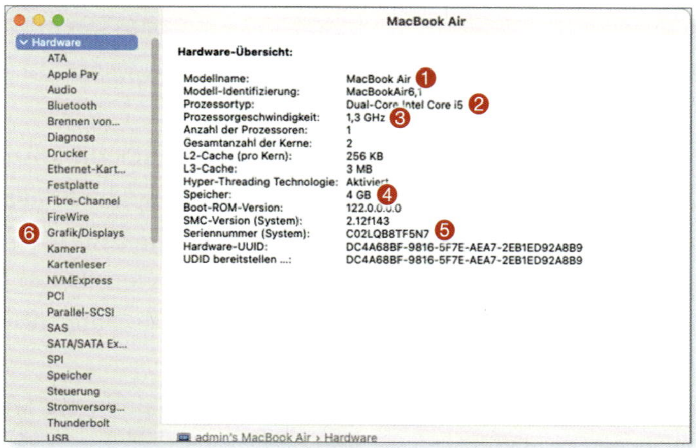

Die Systeminformationen am Beispiel eines MacBook Air.

Wie Sie anhand des Bildschirmfotos erkennen, arbeite ich derzeit an einem Computer namens *MacBook Air* ❶. Dieser ist mit einem *Intel Core i5*-Prozessor ❷ ausgestattet und läuft mit der Prozessorgeschwindigkeit *1,3 Gigahertz* ❸. Im Rechner befindet sich also ein Prozessor, der über zwei Kerne verfügt, was wir über die Aktivitätsanzeige auch sehen können. Des Weiteren sind vier Gigabyte Arbeitsspeicher eingebaut ❹. Und sollten Sie einmal ein technisches Problem haben, wird Apple Sie nach der *Seriennummer* des Geräts fragen. Diese finden Sie auch in der Übersicht ❺.

Sie sehen in der linken Spalte noch weitere Einträge, in denen Sie technische Informationen zur Hardware Ihres Computers finden. Klicken Sie zum Beispiel auf *Grafik/Monitore* ❻, so bekommen Sie die technischen Informationen über die in Ihrem Computer eingebaute Grafikkarte inklusive Arbeitsspeicher.

Aber damit nicht genug. Es gibt nämlich neben dem Bereich *Hardware* auch noch die Kategorie *Netzwerk* und darunter den Bereich *Software*. Und im Bereich *Software* ist insbesondere der Eintrag *Programme* sehr interessant.

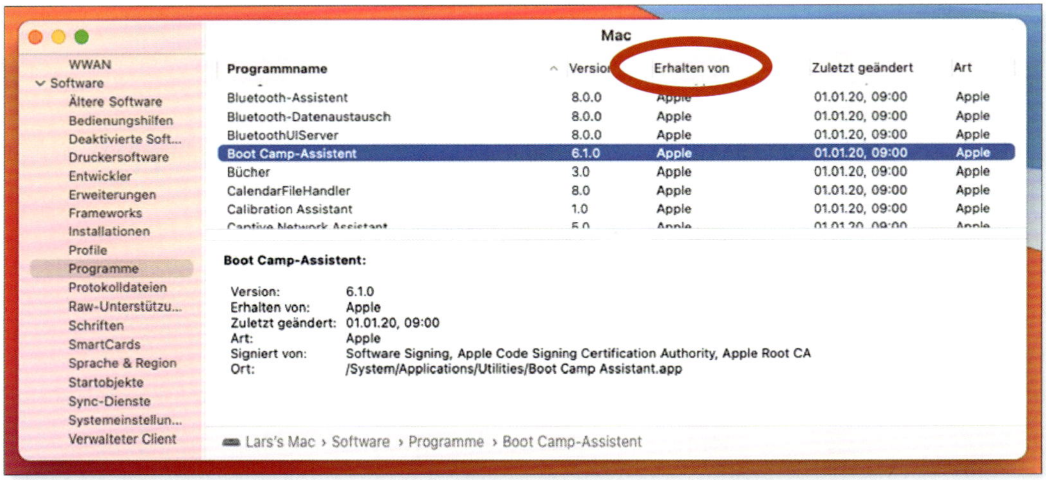

Systeminformationen zeigt die installierten Programme.

Nach kurzer Zeit erscheint eine sehr umfangreiche Liste, in der Sie alle installierten Programme auf Ihrem Mac inklusive Versionsnummer sehen. Ebenso sehen Sie eine Spalte *Erhalten von*, die Ihnen darüber Auskunft gibt, von wem die App stammt. Diese Information kann für Unternehmen interessant sein, um eine Bestandsaufnahme der Software einzelner Computer zu erstellen. Diese Liste kann nämlich über den *Drucken*-Dialog auf einem Drucker ausgegeben oder in eine PDF-Datei geschrieben werden.

! Wenn Sie den Menüpunkt **Fenster** ansteuern, dann finden Sie darin die **Speicherverwaltung**. Alles weitere dazu finden Sie ab Seite 532.

! Wenn Sie nur ganz wenige Systeminformationen rasch im Zugriff haben möchten, ist der Weg über die **Systemeinstellungen** genau richtig. Verwenden Sie dort den Eintrag **Allgemein –> Info** bzw. **Allgemein –> Speicher**. Sogleich erhalten Sie die wichtigsten Daten Ihres Computers grafisch ansprechend dargestellt.

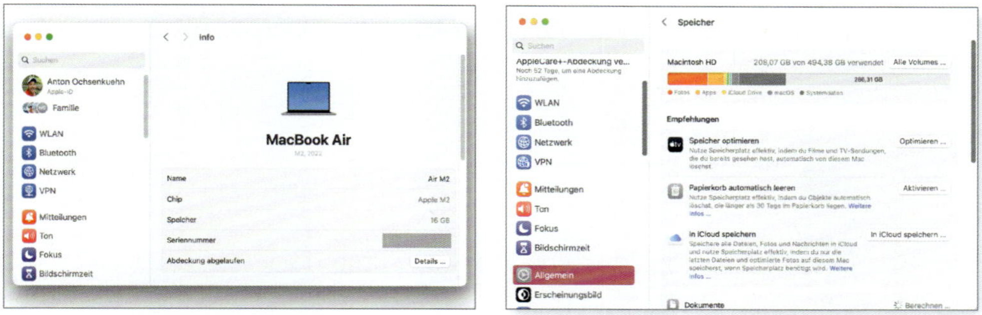

Über diesen Mac.

Schlüsselbundverwaltung

Es gibt Programme, die man bereits nach kürzester Zeit nicht mehr missen möchte. Ein derartiges Programm findet sich in den *Dienstprogrammen* und hört auf den Namen *Schlüsselbundverwaltung*. Das Programm erfüllt einen einfachen, aber sehr wichtigen Zweck: Wenn Sie möchten, sammelt es Ihre Passwörter zusammen. Sie benötigen Passwörter zum Beispiel, um Ihre E-Mails oder bestimmte Internetseiten aufzurufen. All diese Passwortinformationen können in einem *Schlüsselbund* gesichert werden.

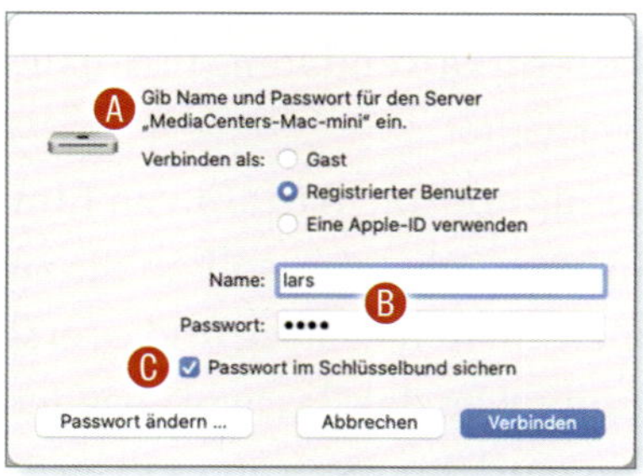

Passwort im Schlüsselbund sichern.

Anhand des Bildschirmfotos sehen Sie, dass derzeit über das Netzwerk Kontakt mit dem Server *macminiserver* Ⓐ aufgenommen wird. Um sich am Server anzumelden, sind Name und Passwort notwendig Ⓑ. Um in Zukunft die Kontaktaufnahme mit dem Server zu vereinfachen, können Sie über *Passwort im Schlüsselbund sichern* Ⓒ diese Informationen in der Schlüsselbunddatei ablegen, sodass zukünftig die Serververbindung ohne lästige Rückfrage vonstattengeht. Das Programm Schlüsselbundverwaltung liefert also bei Bedarf automatisch das Passwort an die entsprechenden Dienste aus.

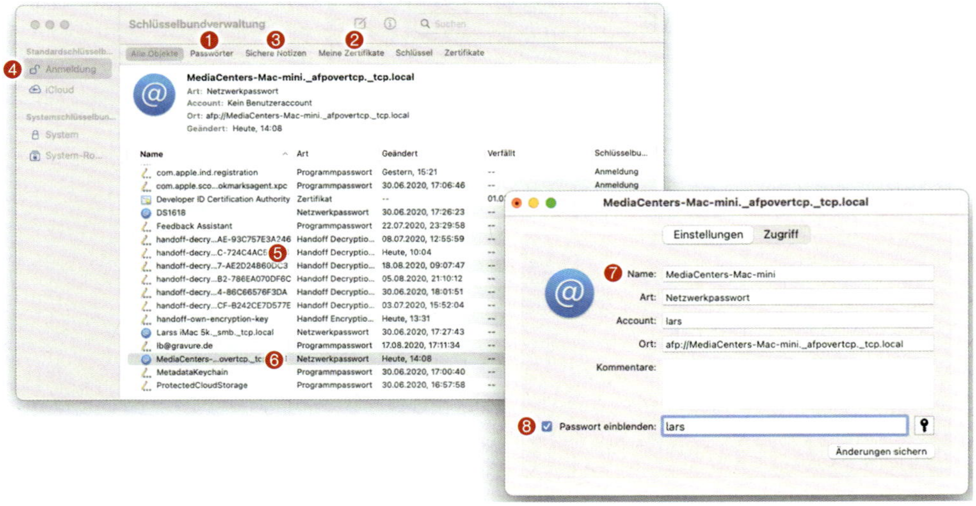

Passwort im Schlüsselbund wieder auslesen.

Die Schlüsselbundverwaltung sammelt nun all diese Passwörter ❶. Darüber hinaus können Sie aber auch Zertifikate verwalten lassen ❷. Zertifikate sind bisweilen notwendig, um gewisse Dienste über das Internet zu verwenden. Dort bekommen Sie eine Zertifikatsdatei zugesendet, die Sie hier ablegen können bzw. vom Betriebssystem automatisch hier abgelegt wird. Ebenso können Sie *Sichere Notizen* ❸ erstellen, also Notizzettel, auf denen Sie sich private Daten notieren, und diese im Schlüsselbund aufbewahren. Gängige Informationen für diesen Zweck sind zum Beispiel Passwörter, die Sie nicht im Zusammenhang mit dem Computer benötigen, oder Kreditkartendaten, PIN usw. All diese Informationen werden im Schlüsselbund *Anmeldung* ❹ für Sie verwaltet.

Sie sehen im Bildschirmfoto bereits eine enorme Anzahl von Einträgen ❺. Wenn Sie nun das Passwort für diese Serververbindung wieder auslesen möchten, sollten Sie zu der Zeile navigieren ❻, an der dieser Eintrag hinterlegt ist. Klicken Sie doppelt auf den Eintrag und es erscheint das Fenster, das den Namen des Servers ❼ und den Accountnamen angibt. Um das Passwort wieder auszulesen, bringen Sie das Häkchen bei *Passwort einblenden* ❽ an. Daraufhin wird das Programm Ihr Systempasswort abfragen. Falls Sie dieses richtig eingeben, wird das Passwort eingeblendet, das für diesen Zugriff hinterlegt wurde.

! Der Schlüsselbund **Anmeldung** trägt also seinen Namen zu Recht: Sobald Sie sich an diesem Computer mit Ihrem Passwort einloggen, wird der Anmeldeschlüsselbund geöffnet. Sie erkennen dies auch am geöffneten Schlossicon bei ❹. Damit ist gewährleistet, dass das Programm Schlüsselbund allen Applikationen sofort die jeweiligen Kennwörter ausliefern kann.

Wenn Sie den Mac-Rechner kurzfristig verlassen, dann sollten Sie den Schlüsselbund sperren und dafür verwenden Sie die Tastenkombination *ctrl* + *Shift* + ⏏ bzw. *ctrl* + *Shift* + ⏻. Das ist in etwa mit dem vergleichbar, was Sie unter Windows mit der Tastenkombination *Windows* + *L* oder unter Linux mit dem Befehl *xlock* aktivieren können. Dann ist ein erneuter Zugriff nur möglich, wenn das zugehörige Passwort für diesen Benutzer eingegeben wird. Alle Applikationen, die im Hintergrund laufen, bleiben gestartet, das heißt, Sie können kurzfristig Ihre Arbeit unterbrechen, den Rechner gesichert zurücklassen und später genau dort weiterarbeiten.

Manche Anwender haben zusätzlich die Funktion eingebaut, ihre hohe Anzahl an Passwörtern auf mehrere Schlüsselbunddateien aufzuteilen. Wenn Sie möchten, können Sie über den Menüpunkt *Ablage* einen neuen Schlüsselbund erzeugen und dort Daten vom bestehenden Schlüsselbund ablegen.

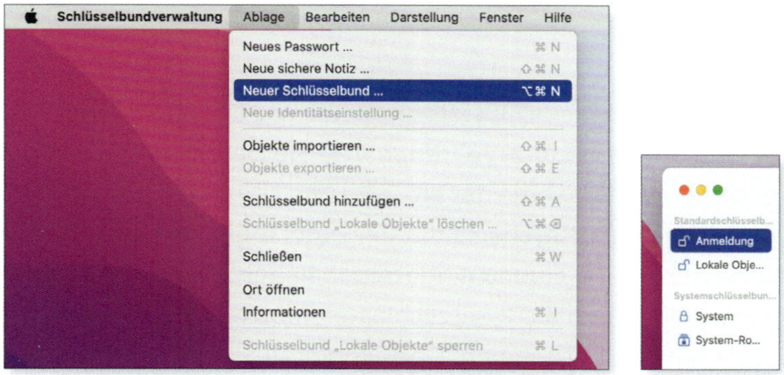

Ein neuer Schlüsselbund wird via „Ablage –> Neuer Schlüsselbund „erzeugt (links). Der iCloud-Schlüsselbund hingegen wird in den „Systemeinstellungen –> iCloud" angelegt und erscheint dann ebenfalls in der „Schlüsselbundverwaltung".

! Wenn Sie mehrere Schlüsselbunddateien haben, können Sie diese natürlich getrennt voneinander öffnen bzw. schließen, was manchmal eine durchaus praktische Funktion sein kann.

! Es gibt Programme, die eine eigene integrierte Passwortverwaltung haben, wie zum Beispiel der Browser Firefox. Die in Firefox hinterlegten Kennwörter werden nicht an das Programm Schlüsselbundverwaltung weitergegeben. Wenn Sie eine Software benötigen, die allumfassend Ihre Kennwörter gemeinsam verwalten kann und auch auf dem iPhone und iPad läuft, sei Ihnen **1Password** empfohlen.

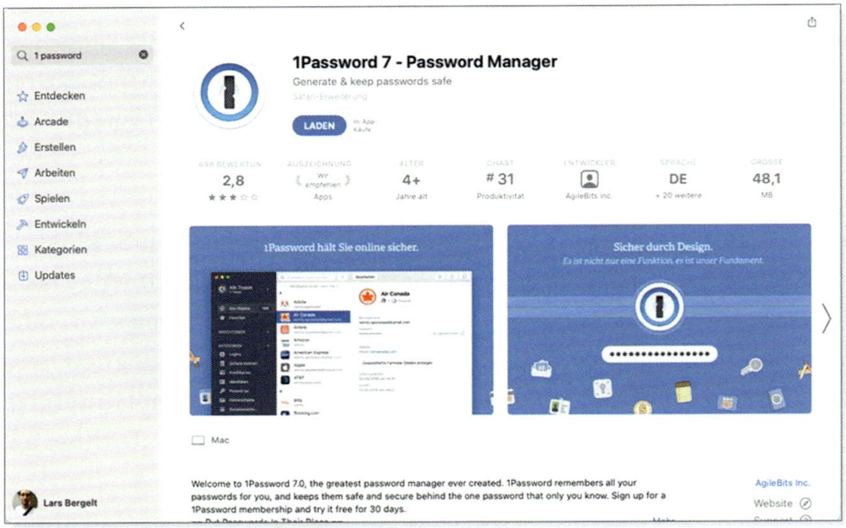

1Password kann man über den App Store erwerben.

Sie finden die Software im Internet unter der Adresse *www.agilebits.com/onepassword* oder auch im App Store.

!

Für professionelle Anwender: Die Schlüsselbunddatei finden Sie innerhalb des Benutzerordners in dem grundsätzlich unsichtbaren **Library**-Ordner. Wie Sie bereits wissen, können Sie über das **Gehe zu**-Menü im Finder unter Zuhilfenahme der **alt**-Taste den Library-Ordner zum Vorschein bringen. Dort finden Sie einen Ordner namens **Keychains** mit der Datei **login.keychain**. Darin enthalten sind all Ihre Kennwörter, die Sie in den Schlüsselbund eingetragen haben. Wenn Sie derzeit zum Beispiel an einem stationären Rechner arbeiten und Sie zusätzlich einen mobilen Mac kaufen, wäre es wünschenswert, die Passwörter auf diesen zu übernehmen. Dazu kopieren Sie einfach diese **login.keychain**-Datei auf den neuen Computer. Achten Sie dabei darauf, dass natürlich die Schlüsselbunddatei auf dem anderen Rechner das gleiche Passwort hat wie auf dem Rechner, an dem Sie die Datei bisher im Einsatz hatten. Alternativ können Sie den iCloud-Schlüsselbund nutzen. Dabei werden die Passwörter von Safari auf dem Mac automatisch mit iPhone und iPad abgeglichen (siehe Seite 77).

Wo ist?

Haben Sie im Programme-Ordner die App *Wo ist?* schon entdeckt? Die App ist klasse, denn damit können Sie den Standort Ihrer Geräte herausfinden. Besonders wertvoll ist die App dann, wenn Sie z. B. ein iPhone mal versehentlich irgendwo vergessen haben. Damit können Sie Geräte orten und aus der Ferne sperren oder andere Dinge tun.

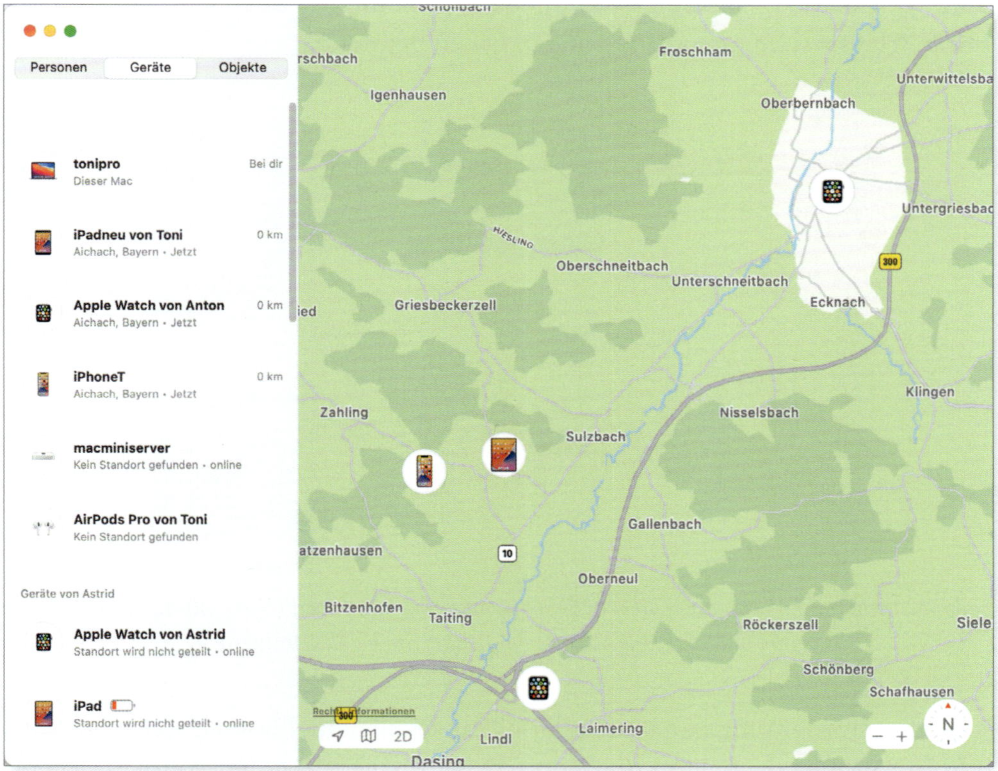

Über die App „Wo ist?“ kann man die Position der eigenen Geräte und von anderen Personen einsehen.

> **!** Haben Sie schon etwas von den Airtags gehört? Nein? Das ein kleiner Anhänger von Apple, den man an Dinge wie Schlüsselbund, Geldbörse, etc. anbringen kann, um diese zu finden, falls man sie verlegt oder verloren hat. Weitere Infos hierzu finden Sie im Internet unter **https://www.apple.com/de/airtag/**.

Festplattendienstprogramm

Wie der Name schon andeutet, kümmert sich das *Festplattendienstprogramm* um Datenträger, die Sie im Zusammenhang mit dem Mac verwenden möchten. Auf dem Bildschirmfoto sehen Sie einen sehr reichhaltig ausgestatteten Computer. Dieser verfügt derzeit über drei Datenträger mit unterschiedlichen Größen. Der wichtigste Datenträger ist das intern eingebaute SSD-Laufwerk ❶. Darüber hinaus ist ein externer Datenträger mit dem Computer verbunden ❷. Die interne SSD beinhaltet die Macintosh HD, auf der sich das Betriebssystem und alle wichtigen Daten befinden.

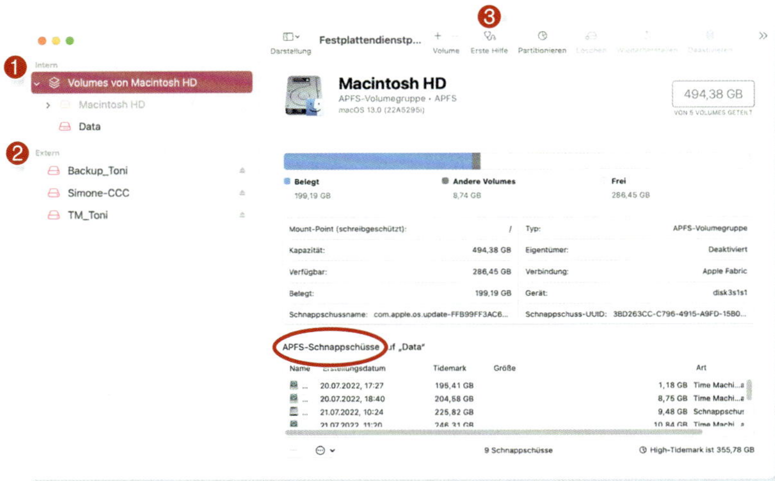

Das Festplattendienstprogramm kann auch die APFS-Schnappschüsse anzeigen (Darstellung –> APFS-Schnappschüsse einblenden). Diese können bei Bedarf auch gelöscht werden.

Das Festplattendienstprogramm kann nun allerlei Funktionen mit diesen Datenträgern und deren Partitionen ausführen. Die wichtigste Funktion ist die Kategorie *Erste Hilfe* ❸. Wenn Sie die Macintosh HD auswählen, die ja das Betriebssystem enthält, können Sie diese auf Probleme wie z. B. die Zugriffsrechte auf die einzelnen Dateien überprüfen und reparieren lassen. Diese Funktionen sollten Sie ab und an ausführen, denn bei der Installation und Deinstallation von Softwarepaketen kann es bisweilen dazu kommen, dass sich an den Zugriffsrechten, also am Rechtemanagement auf dem Computer ein Fehler einschleicht.

Die „Erste Hilfe“ überprüft die Partion und repariert bei Bedarf sofort.

Weiterhin prüft *Erste Hilfe* die Konsistenz Ihrer Daten auf dem Datenträger und repariert eventuell vorhandene Fehler.

Partition löschen

Sie können das Festplattendienstprogramm auch dazu verwenden, Partitionen zu löschen oder Datenträger in weitere Partitionen aufzuteilen. Zunächst zum Löschen von Partitionen. Klicken Sie den entsprechenden Datenträger oder die Partition an und schalten Sie zum Reiter *Löschen* um.

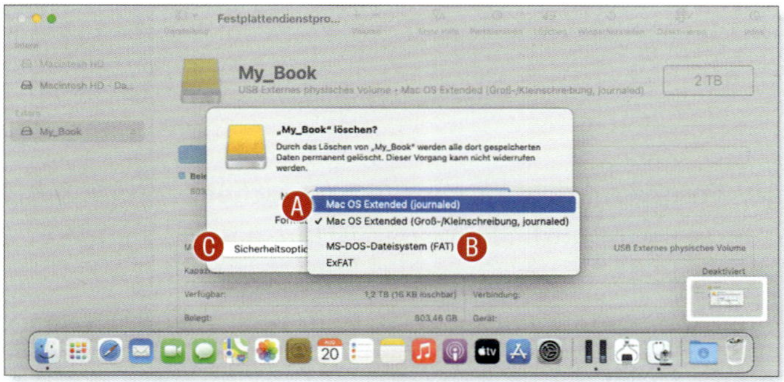

Datenträger bzw. Partition löschen.

Im Bereich *Format* können Sie auswählen, welche Formatierung auf den Datenträger aufgebracht werden soll. *Mac OS Extended (Journaled)* **A** (auch HFS+ genannt) ist die Standardformatierung für Apple-Festplatten. Im Normalfall werden Sie also diese Formatierung auswählen. *APFS* können Sie verwenden, wenn Sie ausschließlich macOS High Sierra oder neuer verwenden. Möchten Sie hingegen den Datenträger auch für die Verwendung mit Windows-Computern formatieren, können Sie das Dateiformat *MS-DOS-Dateisystem (FAT)* verwenden **B**.

> **!** Wenn Sie beispielsweise einen USB-Stick gekauft haben und diesen im Mac-Dateiformat formatieren, wird ein Windows-System mit den darauf gespeicherten Dateien nicht arbeiten können. Soll der USB-Stick also in beiden Betriebssystemwelten verwendet werden, ist die Formatierung als **FAT** erforderlich.

Wenn Sie einen Datenträger löschen möchten, können Sie zusätzlich über die *Sicherheitsoptionen* **C** gewährleisten, dass keine Daten, die vorher auf diesem Datenträger vorhanden waren, wieder zum Leben erweckt werden können. Dies kann dann sinnvoll sein, wenn Sie beispielsweise einen Datenträger einen Computer verkaufen. Je weiter Sie den Regler nach rechts zum Begriff *Am sichersten* bewegen, umso größer ist die Wahrscheinlichkeit, dass keine Daten mehr auf diesem Datenträger wiederhergestellt werden können. Doch machen Sie sich auf eine gefühlte Ewigkeit gefasst, bis dieser Datenträger dann auch tatsächlich formatiert ist. Ein guter Kompromiss ist die erste Stufe, die in einem Durchgang den Datenträger komplett mit Nullen überschreibt.

Sicherheitsoptionen.

> **!** Sind alle Einstellungen vorgenommen, klicken Sie auf **Löschen**, um den Datenträger neu zu formatieren. Das Betriebssystem weist Sie noch einmal darauf hin, dass dieser Schritt unweigerlich zum totalen Datenverlust führen wird. Bevor der Datenträger nun neu formatiert oder partitioniert wird, möchte ich Ihnen eine Besonderheit namens **Fusion Drive** vorstellen.

Datenträger löschen und partitionieren

Um einen Datenträger, und nicht eine einzelne Partition, komplett zu löschen, sollten Sie diese links in der Leiste auswählen und *Löschen* anklicken.

! Um einen ganzen Datenträger und nicht nur eine einzelne Partition zu löschen, müssen Sie erst unter Menü **Darstellung** die Funktion **Alle Geräte einblenden (cmd + 2)** ausführen. Daraufhin können die jeweiligen Datenträger ausgewählt werden. Wenn man Sie aufgeklappt, werden die einzelnen Partitionen aufgelistet.

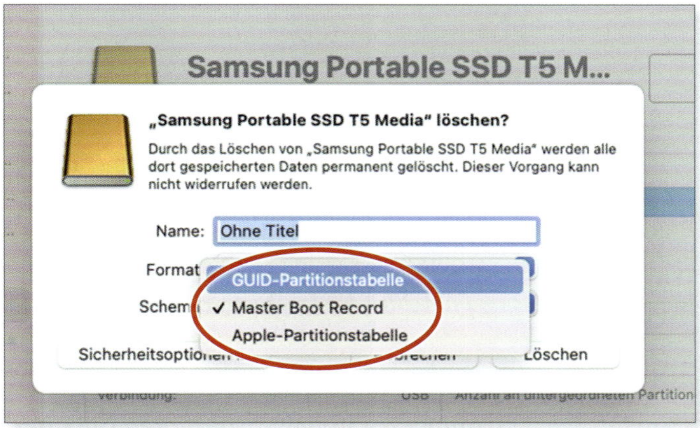

Beim Löschen eines Datenträger können Sie das sogenannte Partitionsschema auswählen.

Wählen Sie hier bei Schema im Normalfall *GUID-Partitionstabelle* aus. Damit kann von diesem Datenträger gestartet werden, sofern sich ein macOS-System darauf befindet. Es können aber auch ganz normal „nur" Daten abgelegt werden. *Master Boot Record* wäre für die Verwendung von Windows sinnvoll. Wenn Sie mit der App Boot Camp Assistent arbeiten, um Windows auf dem Mac zu installieren, dann wird dies automatisch für Sie erledigt. Und die *Apple Partitionstabelle* wäre für die Verwendung des Datenträgers an Apple Computern sinnvoll. Aber damit wäre dieser Datenträger nicht startfähig. Deshalb ist GUID hier in jedem Fall vorzuziehen.

Wenn Sie GUID wählen, dann ist das Format *APFS* allereste Wahl. Sobald Sie nun auf *Löschen* klicken werden alle Daten des Datenträgers unwiderruflich gelöscht!

! An dieser Stelle möchte ich es nicht versäumen, Sie nochmals an die Informationen aus Kapitel 1 zu erinnern: APFS-formatierte Datenträger können nur mit macOS Sierra und neuer sowie mit macOS gelesen und beschrieben werden. Wohingegen HFS+ (also Mac OS Extended) formatierte Datenträger auch von älteren Systemen verwendet werden können.

Einen HFS-Datenträger partionieren bedeutet, dass die physikalische Einheit in virtuelle Festplatten unterteilt wird. Dadurch ist es z. B. möglich, auf einem Mac mit nur einem internen Datenträger, der in mehrere Partionen unterteilt ist, unterschiedliche Betriebssysteme laufen zu lassen. So kann z. B. eine

Partition das aktuelle Betriebssystem enthalten, während mit einer anderen Partition ein älteres System betrieben wird oder sogar das Windows-Betriebssystem enthält.

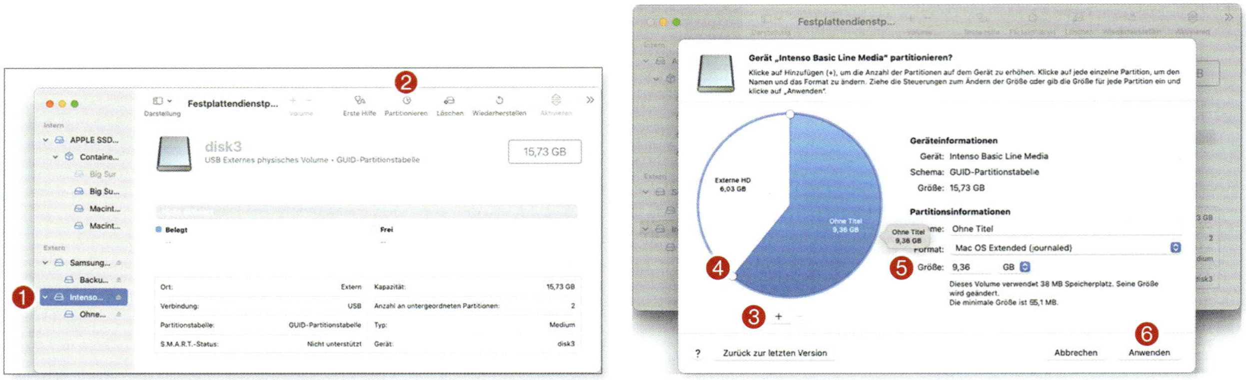

Partitionierung für einen HFS+-Datenträger ändern.

Um einen Datenträger zu partitionieren sollten Sie in der linken Leiste ❶ auswählen, um auch die Funktion *Partitionieren* ❷ anwählen zu können. Im Regelfall bestehen die meisten Datenträger aus einer Partition. Über das kleine +-Symbol ❸ können Sie auf dem Datenträger eine weitere Partition erstellen. Zwischen beiden Partitionen finden Sie eine Trennlinie mit Punkt ❹, mit der Sie die Größe der beiden Partitionen festlegen können. Alternativ dazu geben Sie die Partitionsgröße bei den *Partitionsinformationen* ❺ ein. Dort sind neben der Größe natürlich auch der Name und das Format zu wählen.

Sind alle Einstellungen erledigt, kann über den Button *Anwenden* ❻ die Aufteilung in zwei Partitionen erfolgen.

> **!** Das Festplattendienstprogramm kann also einen Datenträger, der bereits Daten enthält, von den Partitionsgrößen her ändern. Und das im Normalfall ohne Probleme und ohne Datenverlust. Dennoch sollten Sie vor der Änderung des Partitionsschemas oder der Größenänderung von Partitionen eine Sicherungskopie aller Daten erstellen. Sicher ist sicher!

APFS-Volumes erstellen

Möchten Sie einen APFS-Datenträger in mehrere Partitionen unterteilen, dann tun Sie dies am besten durch das Erstellen eines neuen Volumes.

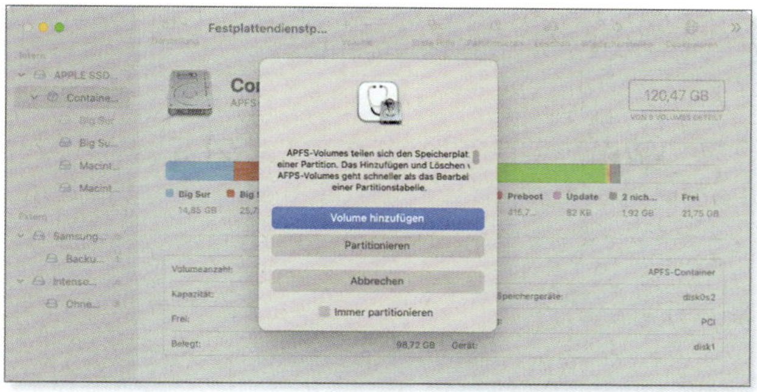

APFS-formatierte Datenträger werden im Regelfall nicht partitioniert, sondern mit weiteren Volumes versehen.

Klicken Sie dazu in der in Darstellung auf *Alle Geräte einblenden* und klicken dann in der linken seitlichen Leiste den Container an. Nun können Sie über *Bearbeiten –> APFS-Volume hinzufügen* eine weitere „Partition" (*APFS-Volume*) erzeugen.

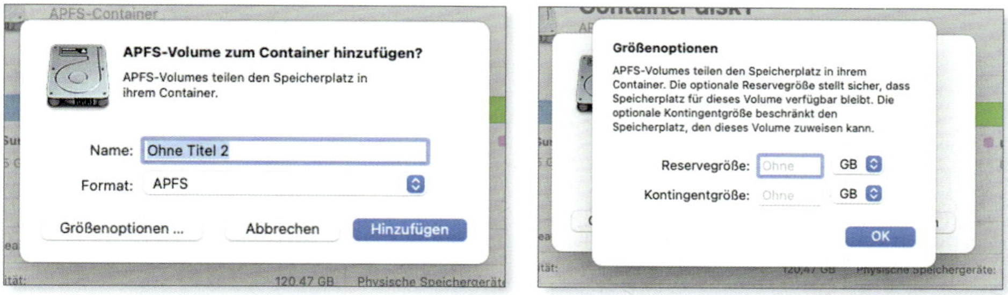

Ein APFS-Volume ist rasch erstellt und teilt sich den Speicherplatz im Container mit den anderen Volumes.

Im Regelfall werden Sie dem neuen APFS-Volume also keine Größe mit auf den Weg geben, weil über APFS die Speicheraufteilung im Container automatisch erfolgt. Sobald Sie auf *Hinzufügen* geklickt haben, wird das APFS-Volume erzeugt und kann via *Bearbeiten –> APFS-Volume löschen* jederzeit wieder entfernt werden.

Nun stellt sich die Frage, wann es sinnvoll ist, einen Datenträger in mehrere Bereiche (Partitionen bzw. APFS-Volumes) aufzuteilen? Nun, ein Grund könnte sein, dass Sie neben dem Apple-Betriebssystem auch Windows auf Ihrem Computer laufen lassen möchten. Dafür ist es notwendig, dass Sie eine zweite Partition erstellen, um darauf Windows zu installieren. Wie Sie wissen, arbeiten die Apple-Computer mit Intel-Prozessoren und verwenden ähnliche Hardware, wie es auch bei Windows-PCs der Fall ist. Das heißt: Windows auf dem Mac zu installieren, ist absolut problemlos. Um Windows auf den Mac zu bringen, benötigen Sie allerdings nicht das Festplattendienstprogramm. Denn Apple hat hierfür eine Spezialsoftware im *Dienstprogramme*-Ordner abgelegt, die sich um diese Aufgabe kümmert. Das ist der *Boot Camp-Assistent*. Dieser Assistent nimmt Sie Schritt für Schritt an die Hand, um Windows auf dem Mac zu installieren.

Boot Camp-Assistent (nur Intel-Macs)

Wie Sie dem Bildschirmfoto entnehmen können, rät Apple im Bereich *Wichtig* zu einer Sicherungskopie, bevor der Datenträger partitioniert wird. Diesen generellen Tipp, der bei Boot Camp gegeben wird, sollten Sie natürlich auch beherzigen, wenn Sie Festplatten zu einem anderen Zweck partitionieren.

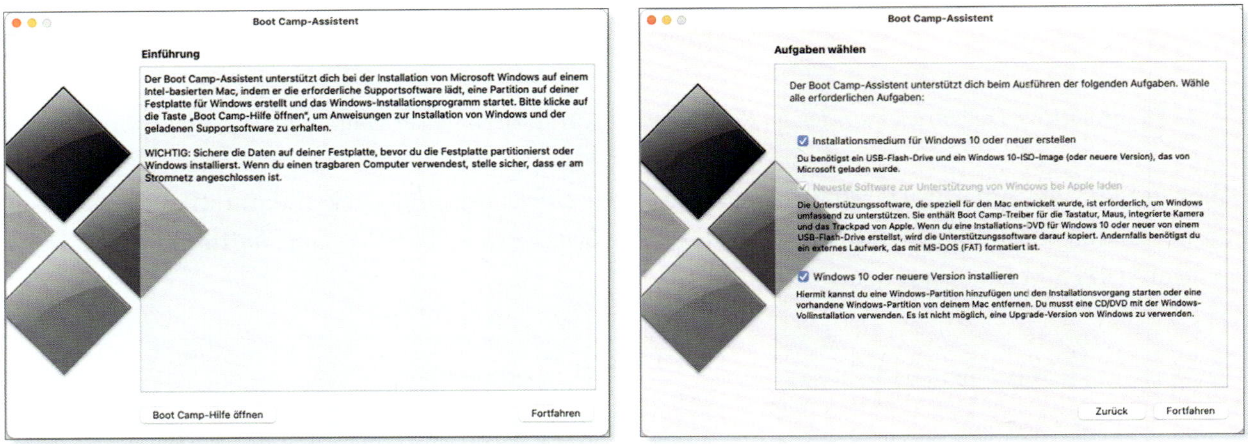

Boot Camp-Assistent.

! Bevor Sie einen Datenträger partitionieren, sollten Sie stets eine Sicherungskopie Ihrer Daten anfertigen.

Normalerweise wird die Partitionierung problemlos vonstattengehen. Aber für den Fall, dass nicht alles so funktioniert wie gedacht, sollten Sie in jedem Fall eine Sicherungskopie Ihrer Daten in der Hinterhand haben. Sofern Sie mit Time Machine arbeiten, ist eine Sicherungskopie meistens nur einen Klick entfernt.

! Noch ein Tipp zur Thematik Windows auf dem Mac: Mit der Funktion **Boot Camp** erhalten Sie eine komplett eigene Partition, auf der nur Ihre Windows-Umgebung existiert. Die Windows-Umgebung wird das Dateiformat **NTFS** verwenden. Auf dieses Dateiformat kann das Apple-Betriebssystem nicht schreibend, sondern nur lesend zugreifen. Das heißt, Sie müssen keine Angst haben, dass Sie vom Mac aus Ihre Windows-Partition in irgendeiner Form in Mitleidenschaft ziehen. Ebenso ist es ausgeschlossen, dass Schadsoftware, die unter Windows läuft, auf den Mac übergreifen kann, weil dieser schlicht und ergreifend ein anderes Dateiformat benutzt. Damit erklärt sich zudem, warum Time Machine kein Backup der Windows-Partition erstellen kann.

Um sich beim Start des Rechners zu entscheiden, welches Betriebssystem ausgeführt werden soll, halten Sie beim Einschalten des Rechners die *alt*-Taste gedrückt.

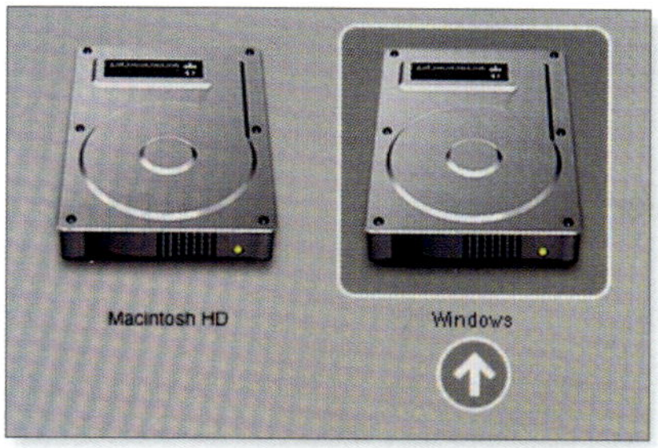

Der Bootmanager ermöglicht Ihnen die Wahl zwischen den beiden Partitionen.

> !
> Im Bootmanager können Sie die Windows-Partition auch als permanentes Startvolume festlegen. Wenn Sie die **ctrl**-Taste drücken, wird aus dem Pfeilsymbol, das unterhalb der Laufwerke erscheint, ein kreisförmiger Pfeil. Klicken Sie nun eine Partition an, wird diese als festes Startvolume definiert.

Und noch ein letzter Hinweis: Wollen Sie Windows und das Apple-Betriebssystem gleichzeitig verwenden, sollten Sie sich über Virtualisierungssoftware schlaumachen. Hierfür gibt es zwei wichtige Anbieter: Zum einen die Firma Parallels mit der Software *Parallels Desktop* und zum anderen die Firma VMware mit der Software *Fusion*. Damit können Sie Windows und macOS gleichzeitig laufen lassen und so komfortabel Daten austauschen.

Datenträger auswerfen

Aber wieder zurück zum Festplattendienstprogramm. Sie können damit auch externe Datenträger formatieren (löschen) oder in verschiedene Partitionen einteilen, um die Daten strukturiert abzulegen. Einen externen Datenträger erkennen Sie übrigens in der Seitenleiste daran, dass er ein *Auswurfsymbol* aufweist.

Auswurfsymbole in der Seitenleiste.

Mit einem Klick auf dieses Symbol können Sie ganz einfach dem Datenträger mitteilen, dass Sie ihn nicht weiter mit dem Apple-Betriebssystem verwenden wollen, bevor Sie ihn tatsächlich physikalisch vom Gerät abstecken.

! Sie sollten niemals ein Gerät abziehen, bevor es im Betriebssystem ausgeworfen wurde.

Alternativ zum Auswurfsymbol können Sie zum Auswerfen von optischen Datenträgern wie CD/DVD, auch die Auswurftaste auf der Tastatur verwenden. Diese finden Sie rechts oben auf der Tastatur und sie weist das entsprechende Icon auf.

Die Auswurftaste.

! Wenn Sie ein Volume auswerfen wollen, auf dem sich noch weitere Partitionen befinden, wird macOS Sie darauf hinweisen.

Datenträger mit mehreren Partitionen.

Via *Alle auswerfen* werden sofort alle Partitionen entfernt und Sie können den Datenträger (USB, Thunderbolt etc.) beruhigt vom Mac abziehen. Wollen Sie es via Shortcut lösen, verwenden Sie *cmd + E*, um ein Volume zu deaktivieren, bzw. *cmd + alt + E*, um den kompletten Datenträger inklusive aller Partitionen vom Mac abzumelden.

Images

Das *Festplattendienstprogramm* hat neben der Formatierung und Partitionierung von Datenträgern noch eine zweite wichtige Aufgabe, nämlich das Arbeiten mit Images.

Images haben Sie bereits kennengelernt. Viele Softwareprodukte, die Sie über das Internet herunterladen können, wie beispielsweise Firefox oder Skype, werden als Imagedateien geliefert. Sie erkennen eine Imagedatei an der Endung *.DMG*. Durch einen Doppelklick kann solch eine Imagedatei geöffnet und ihr Inhalt zugänglich gemacht werden. Das Image verhält sich dann wie ein neues virtuelles Laufwerk.

Mit dem Festplattendienstprogramm können Sie selbst Images erstellen, um darin Daten abzulegen. Dies kann zum Beispiel interessant sein, wenn Sie häufig mit externen Datenträgern arbeiten. Gerade USB-Sticks gehen gerne spurlos verloren. Und sofern sich darauf wichtige Daten befinden, hat derjenige, der den USB-Stick findet, sofort Zugriff auf diese Daten. Sinnvoll wäre es also, auf Datenträgern wie USB-Sticks ein Disk-Image zu erstellen, das verschlüsselt ist und somit sensible Daten nicht ungehindert preisgibt. Das Erstellen eines verschlüsselten Disk-Images ist mit dem Festplattendienstprogramm sehr einfach.

1. Drücken Sie die Tastenkombination *cmd + N* oder wählen Sie aus dem Menü *Ablage* die Funktion *Neues Image –> Leeres Image*.

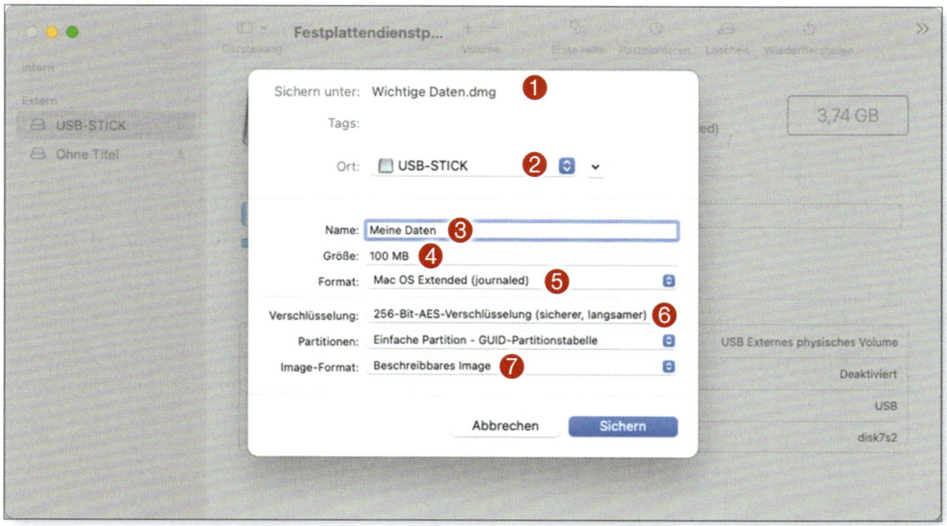

Neues Image erstellen.

Geben Sie dem Image zunächst einen *Namen* ❶ und geben Sie als *Ablageort* zum Beispiel den *USB-Stick* an ❷. Nachdem ein Image ins System als Laufwerk eingebunden (*gemountet*) wird, erscheint ein Datenträger auf dem Desktop Ihres Computers. Der Name dieses Datenträgers ist bei ❸ einzutragen. Des Weiteren können Sie die *Größe* ❹ der Disk-Image-Datei bestimmen. Voreingestellt sind 100 Megabyte, es sind aber alle anderen Größen denkbar. Wenn Sie das Pull-down-Menü aufklappen, finden Sie den Eintrag *Eigene*, womit Sie eine beliebige Größe definieren können. Wichtig ist nun, bei *Format* das Mac-Format *Mac OS Extended (Journaled)* zu verwenden ❺. Um die Daten vor fremden Blicken zu sichern, sollten Sie die 256-Bit-Verschlüsselung auswählen ❻ und anschließend gleich das Passwort für das Image. Damit haben Sie einen größtmöglichen Sicherheitsgewinn. Achten Sie darauf, dass bei *Partitionen* kein Eintrag besteht und dass als Imageformat die Eigenschaft *Beschreibbares Image* ❼ ausgewählt wurde. Sobald Sie auf *Erstellen* klicken, wird das Image erzeugt.

2. Jetzt wird das Disk-Image auf dem ausgewählten Datenträger erstellt, was je nach Größe des Images eine gewisse Zeit in Anspruch nehmen kann.
3. Ist die Aktion abgeschlossen, finden Sie auf dem USB-Stick nun Ihre Disk-Image-Datei. Sobald Sie auf die Datei doppelklicken, erscheint die Passwortabfrage, bevor das Disk-Image gemountet, also als Laufwerk in das System eingebunden wird.

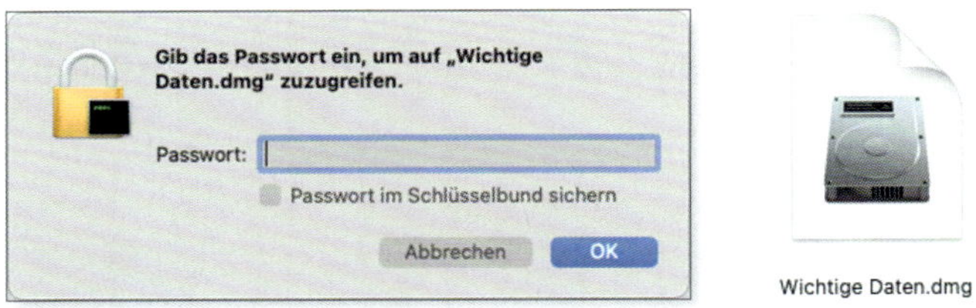

Passwortabfrage beim Mounten.

Haben Sie das richtige Passwort eingegeben, erscheint in der Seitenleiste und möglicherweise auf Ihrem Schreibtisch ein neuer Datenträger namens *Image*, der aktuell noch keine Daten enthält.

> **!** Sollte das Image-Icon nicht auf dem Schreibtisch erscheinen, können Sie das in den **Finder-Einstellungen** bei **Allgemein** noch definieren. Aktivieren Sie dazu die Eigenschaft **Externe Festplatten**.

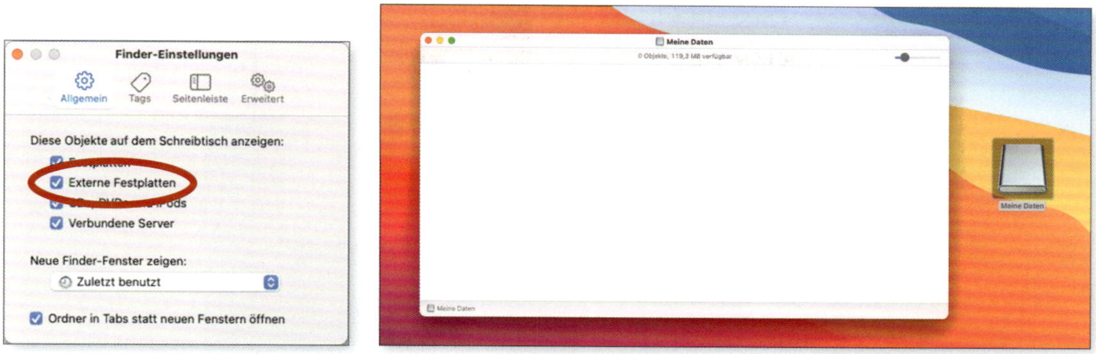

Wenn „Externe Festplatten“ aktiviert ist, erscheint das leere Disk-Image auf dem Schreibtisch

Sie können nun von Ihrem Computer per Drag & Drop Dateien in dieses Fenster hineinziehen, um sie dorthin zu kopieren. Ebenso ist es möglich, direkt aus Anwendungsprogrammen in dieses Disk-Image zu sichern. Bevor Sie nun den USB-Stick vom Computer entfernen, müssen Sie ihn noch auswerfen. Hierfür klicken Sie den USB-Stick auf Ihrem Schreibtisch an und drücken die Tastenkombination **cmd + E**.

> **!** Den USB-Stick können Sie alternativ auf den Papierkorb ziehen. Dadurch wird standardmäßig der Papierkorb zum Auswurfsymbol und Sie können den USB-Stick abziehen.

Papierkorb wird zum Auswurfsymbol.

> **!** Im Festplattendienstprogramm gibt es darüber hinaus die Funktion **Wiederherstellen (cmd + Shift + R)** aus dem Menü **Bearbeiten**.

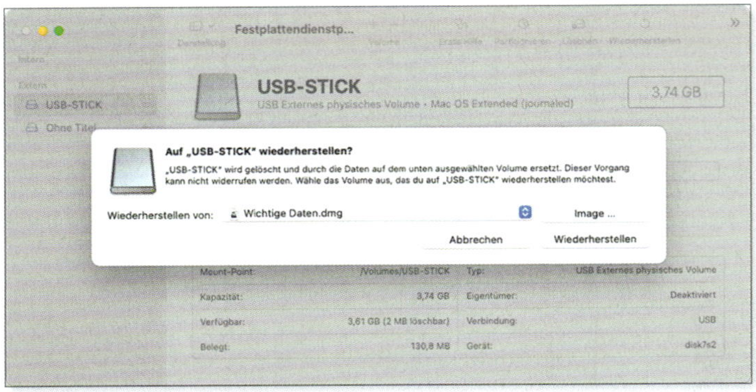

Wiederherstellen von Images auf Datenträgern.

Damit können Imagedateien wieder komplett auf einen Datenträger zurückgespielt werden. Das kann für Systemadmins von Interesse sein, die mehrere Rechner identisch installieren wollen. Dazu installiert und konfiguriert man einen Mac-Rechner vollständig und erstellt davon eine Imagedatei. Über *Wiederherstellen* kann diese Datei dann auf einen zweiten Rechner übertragen werden.

> **!** Soll ein externer Datenträger (USB-Stick, externe USB-Festplatte etc.) komplett verschlüsselt und nur unter macOS zur Verwendung kommen, können Sie diesen Datenträger über das Festplattendienstprogramm mit der Eigenschaft **Mac OS Extended (Journaled, Verschlüsselt)** formatieren bzw. den Datenträger nachträglich über das Kontextmenü verschlüsseln. Soll der Datenträger nur mit High Sierra oder neuer verwendet werden, können Sie ebenso **APFS (Verschlüsselt)** verwenden.

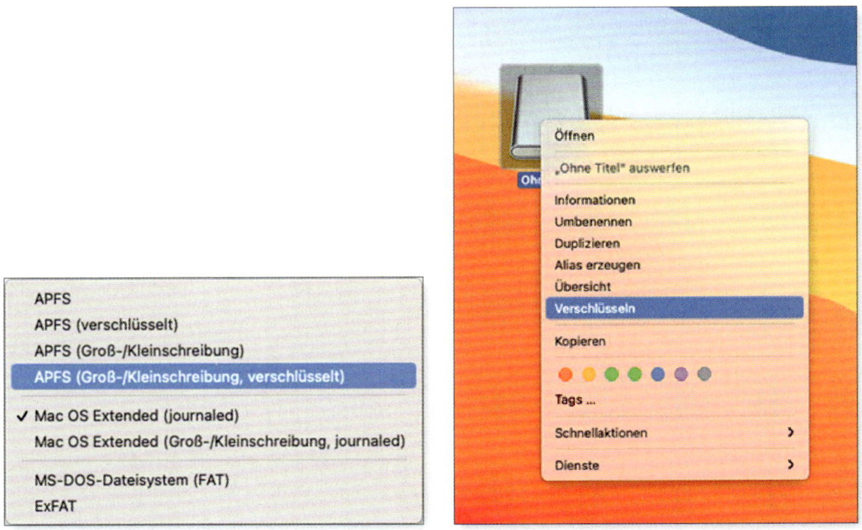

Ein Datenträger kann über das Festplattendienstprogramm bzw. über das Kontextmenü verschlüsselt werden.

Archivierungsprogramm

Immer dann, wenn Sie eine .zip-Datei entpacken, erscheint für kurze Zeit im Dock das sogenannte *Archivierungsprogramm*. Sie können die App auch ganz einfach via Spotlight oder Siri ausfindig machen. Dort finden Sie zusätzlich einige interessante *Einstellungen (cmd + Komma)*.

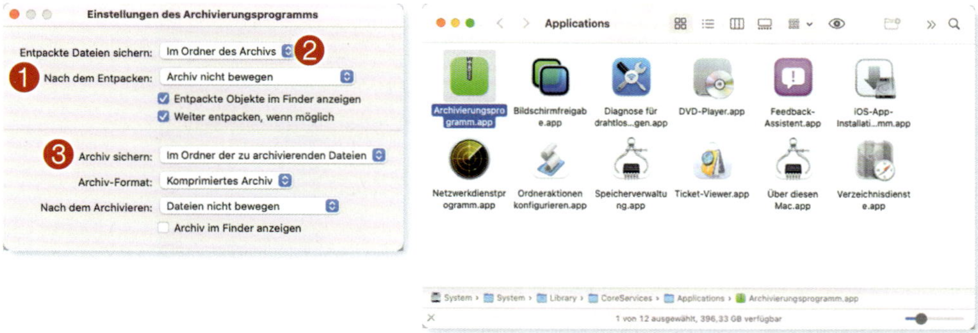

Das Archivierungsprogramm kümmert sich um das Verpacken und Entpacken von .zip-Dateien.

Dabei ist es eine gute Idee, nach dem erfolgreichen Entpacken das zip-Archiv sogleich in den Papierkorb zu befördern ❶. Weiterhin könnten entpackte Dateien, die normal immer an der Stelle der .zip-Datei entpackt werden, woanders abgelegt werden ❷. Die gleichen Einstellungen gibt es auch für den Ablageort der Archiv-Datei ❸, wenn Sie Daten als ZIP-Datei verpacken. Einmal konfiguriert, merkt sich das Archivierungsprogramm diese Einstellungen und verwendet sie automatisch.

Aktien

Mit der Aktien-App haben Sie immer einen Überblick über Ihre Aktien. Die App zeigt die aktuellen Kurse von ausgewählten Aktien, deren Charts sowie relevante News-Meldungen der Unternehmen.

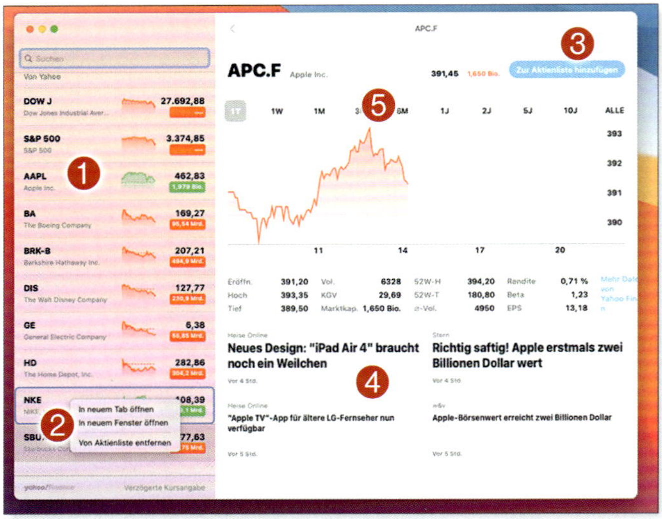

Mit der App „Aktien" haben Sie die Kurse von ausgewählten Aktien im Blick.

Die Aktien-App enthält bereits einige Aktien bzw. Indexe von einigen Firmen. Die Liste kann natürlich angepasst werden. Neben den Aktien sehen Sie in grünen bzw. roten Feldern die Kursentwicklung. Wenn Sie eines der Felder antippen ❶, können Sie die Anzeige zwischen prozentualer Änderung, Kursänderung und Marktkapitalisierung wechseln. ❷: Um eine Aktie aus der liste zu entfernen, klicken Sie mit der rechten Maustaste auf eine Zeile und wählen *Von Aktienliste entfernen*. Wenn Sie eine zusätzliche Aktie in der Liste haben wollen, dann tippen Sie auf das blaue Feld *Zur Aktienliste hinzufügen* ❸ links oben. Die Reihenfolge der Aktien in der Liste wird mit einfachem Ziehen, nach oben bzw. unten einer Aktie an eine andere Position vorgenommen.

In der Übersicht sehen Sie im rechten Bereich ❹ die *Wirtschaftsnachrichten*. Wenn Sie gezielt zusätzliche Informationen und Nachrichten zu einer Ihrer Aktien haben wollen, dann müssen Sie diese nur antippen. Die Aktie wird dann mit allen Details geöffnet. Weiterhin können Sie den Zeitraum des Charts ändern ❺.

Sprachmemos

Die App *Sprachmemos* gibt es schon seit längerem für iOS. Mit iOS 12 hat Apple die App nun auch für das iPad sowie für den Mac verfügbar gemacht. Das bedeutet, Sie können Sprachaufnahmen mit Hilfe von iCloud mit dem iPad synchronisieren.

Die Bedienung der App ist ganz einfach. Wenn Sie sie starten, müssen Sie nur einmal auf den Aufnahmeknopf ❶ tippen und Ihre Memo aufzeichnen. Nach der Aufnahme wird das Sprachmemo in die Liste einsortiert und kann abgespielt werden ❸. Mit zwei Buttons ❹ können Sie die Aufzeichnung jeweils 15 Sekunden vor- oder zurückspulen. Falls Sie die Ortungsdienste für die App aktiviert haben, wird automatisch der aktuelle Standort als Name für das Memo ❷ verwendet. Wollen Sie den Namen ändern, führen Sie einen Doppelklick auf den vorhandenen Namen aus.

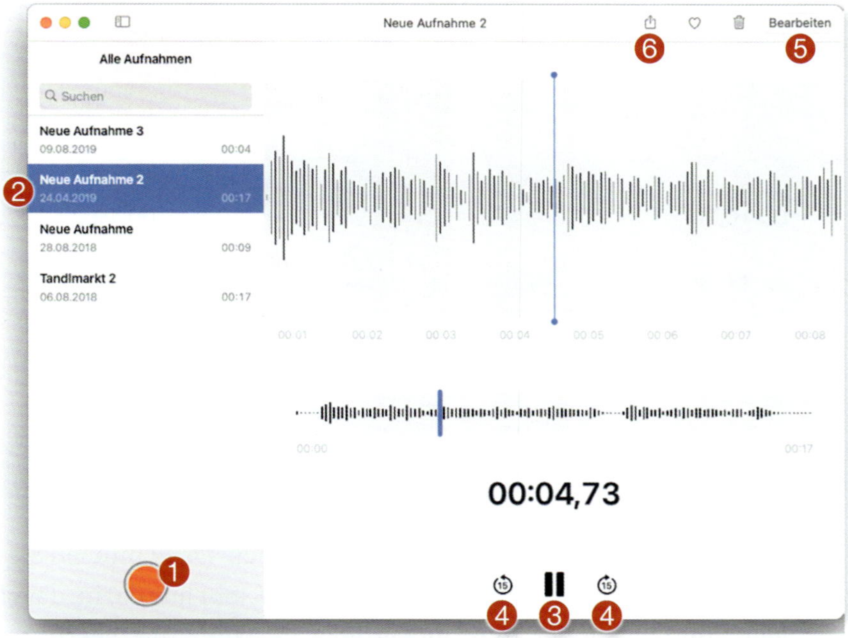

Die App „Sprachmemos“ zeichnet Ihre gesprochenen Gedanken auf.

Um eine Aufzeichnung zu löschen, müssen Sie sie nur anklicken und die *Löschen*-Taste auf der Tastatur drücken. Die Aufnahme wandert dann in den Bereich *Zuletzt gelöscht* und kann innerhalb von 30 Tagen von dort wieder hergestellt werden. Für die Bearbeitung müssen Sie den entsprechenden Begriff ❺ antippen. Zudem können Sie Aufnahmen duplizieren (*Ablage –> Duplizieren*) oder via *Teilen* ❻ weitergeben.

Aufnahmen kürzen

Wenn Sie eine Sprachmemo aufzeichnen, dann kann es schon mal passieren, dass Sie am Beginn oder am Ende störende Geräusche aufgezeichnet haben. Diese lassen sich aus der Sprachmemo sehr leicht entfernen, da Sie jede Aufzeichnung auch kürzen können. Tippen Sie auf *Bearbeiten* und wählen rechts oben das Werkzeug aus A. Mit den gelben Reglern B können Sie die Aufnahme vom Anfang oder Ende her kürzen. Sobald Sie dann auf die Schaltfläche *Kürzen* C klicken, wird die Aufnahme zugeschnitten.

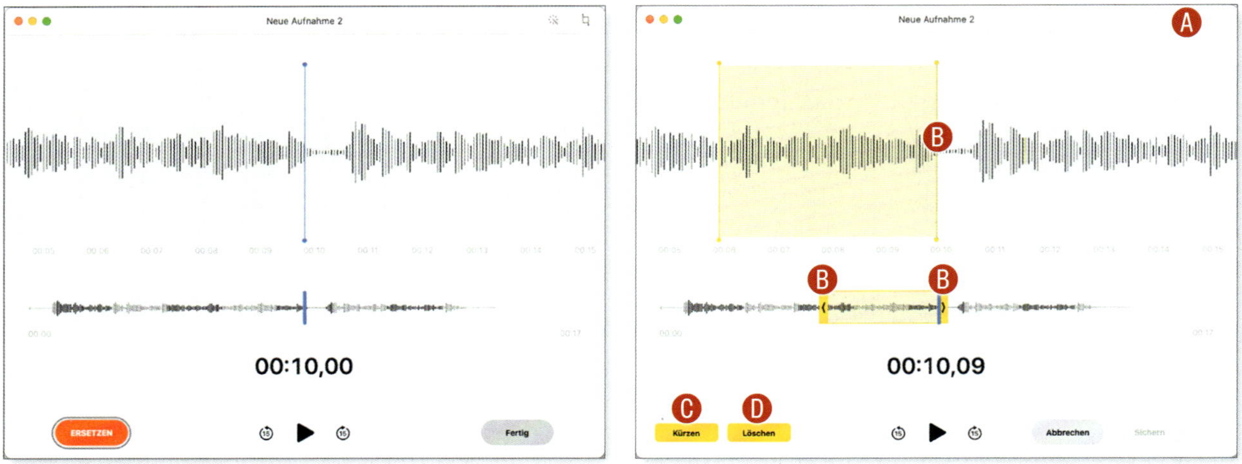

Aufgezeichnete Memos lassen sich auch nachträglich kürzen.

Teilbereiche löschen

Neben dem Kürzen können Sie auch Teile einer Aufnahme entfernen. Dazu müssen Sie genauso vorgehen wie beim Kürzen (siehe vorherigen Abschnitt). Der Unterschied besteht nur darin, dass Sie mit den beiden gelben Linien den Bereich eingrenzen, der entfernt werden soll. Wenn dies geschehen ist, dann tippen Sie auf *Löschen* D und der Bereich zwischen den beiden gelben Linien wird aus der Aufnahme entfernt.

Die Aufnahme überschreiben oder fortführen

Teilbereiche einer vorhandenen Sprachmemo können jederzeit überschrieben oder fortgeführt werden. Dazu müssen Sie zuerst in den *Bearbeiten*-Modus. Nun platzieren Sie die blaue Linie (Abspielkopf) an die Stelle die überschrieben bzw. an der die Aufnahme fortgesetzt werden soll. Jetzt müssen Sie nur noch auf den roten *Ersetzen*-Knopf tippen und die Aufzeichnung wird gestartet. Dabei werden die vorhandenen Bereiche überschrieben.

Mit iCloud und anderen Geräten synchronisieren

Seit iOS 12 und Mojave gibt es die Möglichkeit, die aufgezeichneten Sprachmemos via iCloud mit anderen Geräten zu synchronisieren. Falls Sie diese Synchronisation nicht haben wollen, dann öffnen Sie *Systemeinstellungen –> Apple-ID –> iCloud –> iCloud Drive* und dort die *Optionen*. Sie finden *Sprachmemos* ziemlich weit unten und können das Häkchen entfernen. Ebenso werden übrigens die Aktienwerte sowie die HomeKit-Daten über die iCloud abgeglichen.

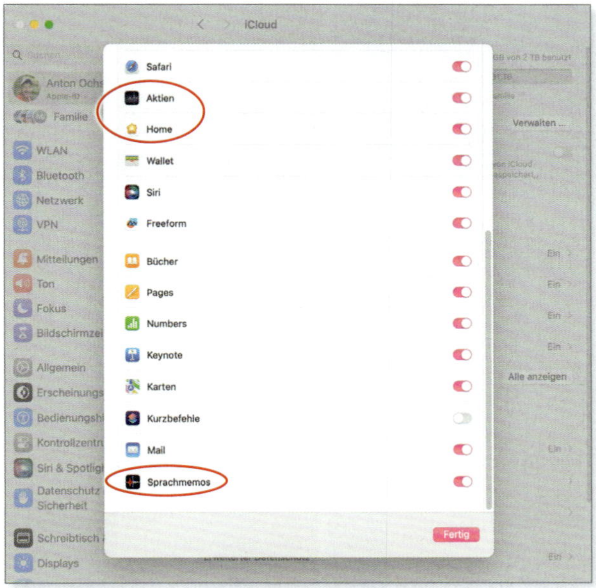

Die iCloud-Synchronisation gleicht Daten der Apps Aktien, Home sowie Sprachmemos ab.

Home bzw. HomeKit

Wenn Sie HomeKit-Produkte einsetzen und diese bislang über Ihr iPhone/iPad gesteuert haben, dann ist das nunmehr auch via Mac möglich. Die App *Home* zeigt die gleichen Räume und Geräte an, die Sie bislang im Einsatz hatten, denn via iCloud werden alle die Daten auf den Mac übertragen. Alles was also bisher die Home-App auf den iOS-Geräten konnte, kann nun ebenfalls Ihr Mac.

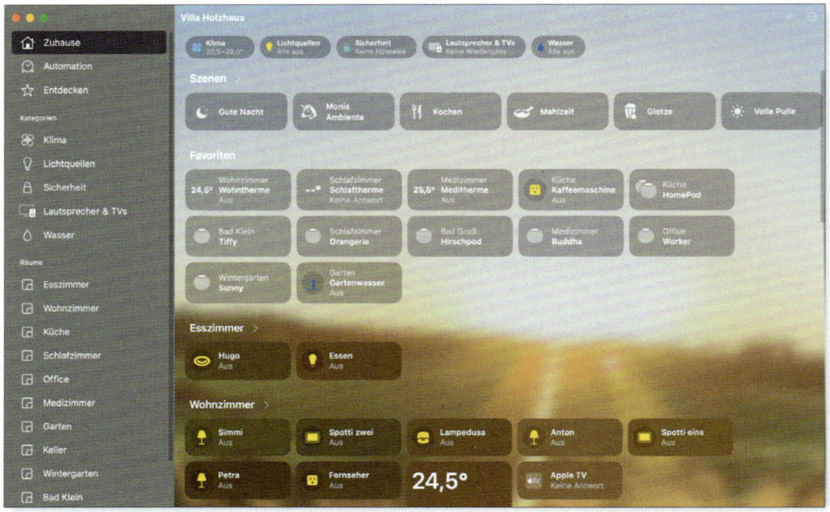

Via „Home" können Sie alle HomeKit kompatiblen Geräte steuern.

QuickTime Player

Der *QuickTime Player* dient dazu, Filmdateien abzuspielen. Doch Sie können den QuickTime Player auch für andere Dinge verwenden. Wenn Sie in das Menü *Ablage* sehen, finden Sie dort drei interessante Einträge:

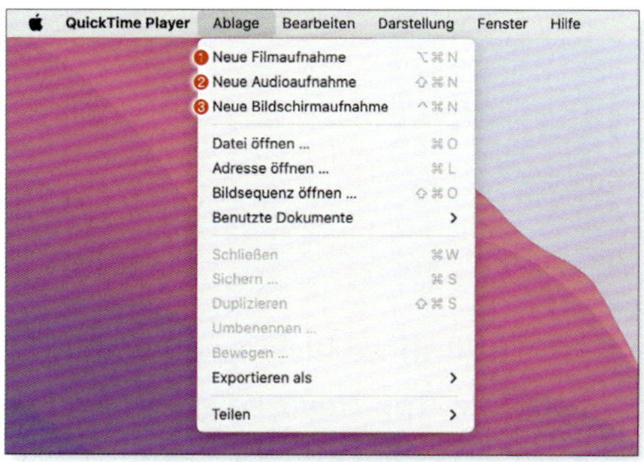

„Ablage"-Menü des QuickTime Players.

Über den Menüpunkt *Neue Filmaufnahme* ❶ sprechen Sie Ihre integrierte Kamera an. Sofern Sie über ein MacBook oder einen iMac verfügen, haben Sie ja oberhalb Ihres Bildschirms eine eingebaute Videokamera. Über *Neue Videoaufnahme* können Sie also jetzt einen Film mit dem QuickTime Player aufzeichnen. Möchten Sie lediglich eine Audiobotschaft aufnehmen, verwenden Sie den Eintrag *Neue Audioaufnahme* ❷.

Aber auch das ist möglich: Wenn Sie jemandem erklären möchten, wie er die eine oder andere Funktion auf dem Mac verwendet, wäre *Neue Bildschirmaufnahme* ❸ die richtige Funktion für Sie.

Mit ❷ können Sie wie im Beispiel gezeigt einen Bestimmten Bereich des Bildschirmes aufnehmen. Wenn Sie auf ❶ wechseln wird der gesamte Bildschirm aufgezeichnet.

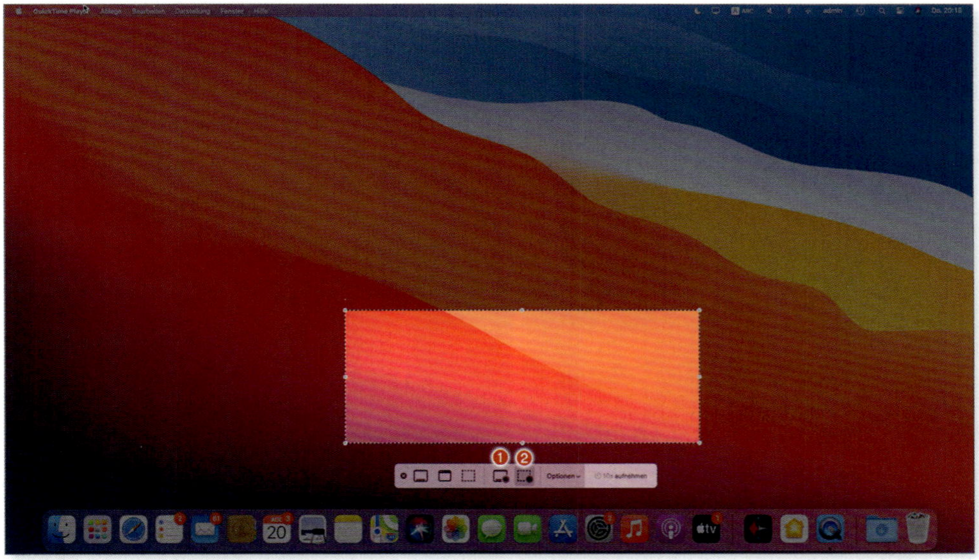

Hinweis bei der Bildschirmaufnahme.

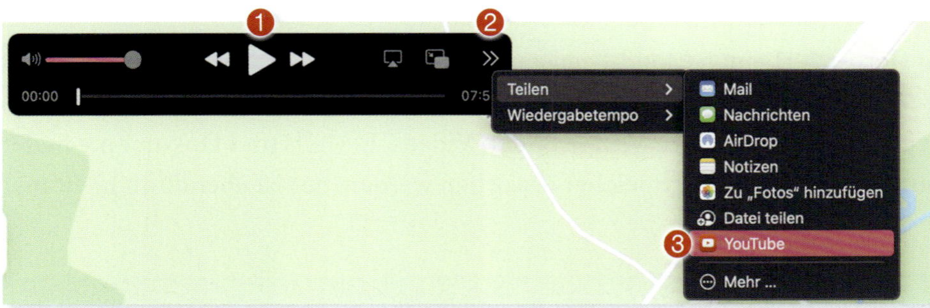

Steuerleiste des QuickTime Players.

Aber damit nicht genug – der QuickTime Player kann noch mehr! Nach Abschluss der Bildschirm- oder Videoaufnahme kann diese über die entsprechenden Steuerelemente ❶ abgespielt werden. Im rechten Bereich des Panels finden Sie ein Symbol, in dem Sie ein sehr interessantes Menü aufklappen können ❷. Ist die Videosequenz bearbeitet, können Sie sie mit zwei weiteren Klicks beispielsweise zu *YouTube* ❸ hochladen. Zuvor könnten Sie via *Bearbeiten –> Kürzen* den Film dafür noch optimieren. Mit dem QuickTime Player können Sie zwar keinen professionellen Videoschnitt erledigen – dafür hat Apple die Software *iMovie* im Portfolio –, aber für kurze Videosequenzen ist der QuickTime Player durchaus ausreichend.

> ! Wer öfters zum Beispiel mit seinem iPhone Filme dreht, findet im Menüpunkt **Bearbeiten** sehr nützliche Funktionen wie **Nach links** bzw. **rechts drehen** oder die Eigenschaften **Horizontal** bzw. **Vertikal spiegeln**.

macOS mit iCloud

Wir haben es bereits an mehreren Stellen erwähnt: Sofern Sie neben einem Apple-Computer auch ein tragbares Apple-Gerät wie ein iPad oder ein iPhone Ihr Eigen nennen, möchten Sie natürlich die Daten mit Ihrem mobilen Gerät abgleichen. Dabei sind derzeit zwei Methoden denkbar, um die Daten zu synchronisieren.

iCloud

Apple bietet seit Herbst 2011 einen Cloud-Dienst mit dem Namen *iCloud* an. Dieser Dienst steht jedem iPhone-, iPad-, Mac- oder Windows-Anwender kostenlos zur Verfügung. Jeder erhält 5 GB Speicherplatz bei iCloud. Das reicht aus, um eine ganze Menge Bilder, Videos, E-Mails und Dokumente in der Cloud zu speichern. Bei Bedarf kann zusätzlicher Speicher erworben werden, der ist aber dann nicht mehr kostenlos.

Voraussetzungen

Was benötigt man für iCloud? Zuallererst natürlich die entsprechenden Geräte und die Software, die das Cloud-Computing unterstützen. An mobilen Endgeräten wären da das iPhone, das iPad und der iPod touch zu nennen, auf denen mindestens iOS 5 installiert sein muss. Was den Mac betrifft, so kann mit jedem Rechner auf dem mindestens OS X Lion 10.7.2 oder neuer installiert ist, iCloud verwendet werden. Unter Windows kann jeder Rechner, der mit Windows Vista oder neuer arbeitet, den iCloud-Dienst von Apple nutzen. Jetzt benötigen Sie noch entsprechende Software. Mac-Anwender haben es da leicht, da diese Software bereits auf dem Mac installiert ist:

- Mail
- Kalender
- Erinnerungen
- Notizen
- Kontakte
- Karten
- Fotos
- Safari
- Musik, TV, Podcasts, Bücher
- TextEdit
- Schlüsselbund
- Aktien
- Sprachmemos
- Nachrichten
- Zusätzlich können noch die Dokumente der Apple-Programme *Pages*, *Numbers* und *Keynote* mit iCloud verteilt werden.
- Mit iCloud Drive können beliebige Daten bei iCloud abgelegt und übertragen werden.

Für fast alle dieser Programme gibt es ein jeweiliges Gegenstück auf den mobilen Geräten, womit dem Datenaustausch nichts mehr im Wege steht.

Windows-Anwender können die Daten von folgenden Programmen mit der iCloud synchronisieren:

- Microsoft Outlook
- iTunes für Windows ab Version 10.5
- Internet Explorer
- Google Chrome
- Firefox
- Zusätzlich können noch Bilder in der iCloud abgelegt werden und beliebige Daten bei iCloud Drive.

Welche Daten können bei iCloud abgelegt werden?

Beim Speichern von Daten gibt es Unterschiede zwischen Mac und Windows. Die Mac-Anwender haben mehr Möglichkeiten als die Windows-Nutzer. Das liegt vor allem daran, dass es die Programme des iWork-Pakets (*Keynote*, *Pages* und *Numbers*) nur für den Mac gibt.

Mac

Mit einem Mac können folgende Dinge in der iCloud abgelegt und dadurch mit anderen Geräten synchronisiert werden:

- E-Mails
- Regeln und Signaturen von Mail
- Notizen
- Kontakte
- Kalender
- Erinnerungen
- E-Books von der App Bücher herunterladen und synchronisieren
- Lesezeichen, Leselisten und Tab-Fenster
- Bilder von der App Fotos
- Dokumente bzw. Dateien vom iWork-Paket, TextEdit und Vorschau
- Musik von iTunes
- Schlüsselbund
- Meinen Mac suchen
- Blockierte Kontakte von FaceTime und Nachrichten
- seit OS X Yosemite jede Art von Datei mit Hilfe von iCloud Drive
- Apps die im App Store auf dem Mac erworben wurden
- WLAN-Einstellungen
- Aufnahmen von der App Sprachmemos
- Einstellungen der App Aktien
- Chats der App Nachrichten
- HomeKit-Einstellungen

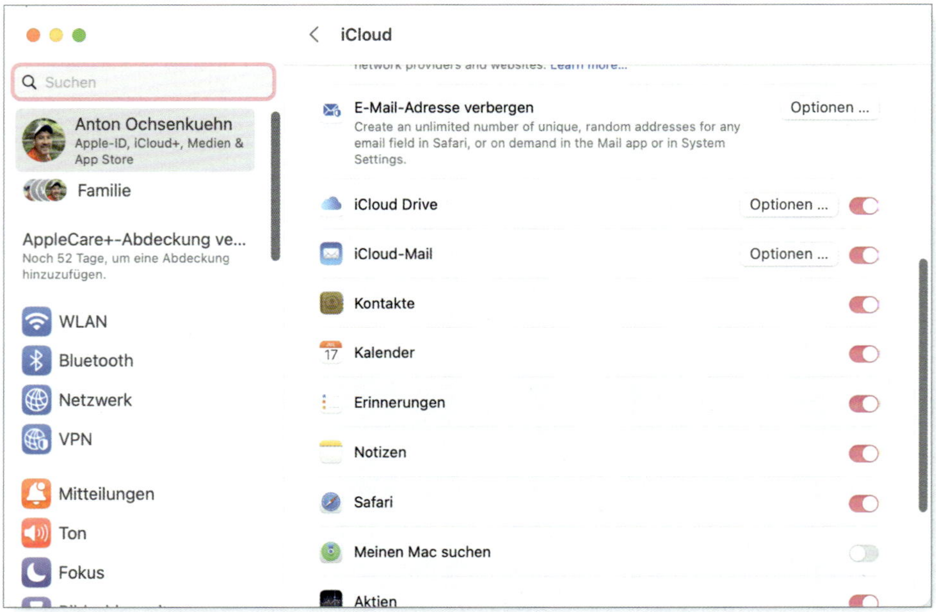

Am Mac können vielerlei Dinge mit iCloud verwendet werden.

iOS-Geräte

Die iOS-Geräte wie iPhone und iPad haben noch zusätzliche Funktionen, die mit der iCloud verwendet werden können. Sie können noch folgende Dinge tun:

- Apps für iPhone und iPad herunterladen und synchronisieren
- E-Books von der App Bücher herunterladen und synchronisieren
- Backups der Geräte anlegen
- Mein iPhone bzw. iPad suchen

iCloud einrichten

Apple-ID

Was Sie als Erstes benötigen, um mit iCloud zu arbeiten, ist eine Apple-ID. Mit einer Apple-ID erhalten Sie Zugang zur iCloud und damit auch den kostenlosen 5-GByte-Speicherplatz. Falls Sie keine Apple-ID haben, gibt es verschiedene Wege, um eine zu bekommen. Näheres dazu können Sie im Kapitel 1 nachlesen.

Einrichten am Mac

Wenn Sie eine gültige Apple-ID besitzen, können Sie damit beginnen, iCloud auf Ihrem Mac einzurichten. Dazu öffnen Sie die *Systemeinstellungen* aus dem *Apfel-Menü* und gehen auf *Auf deinem Mac anmelden*.

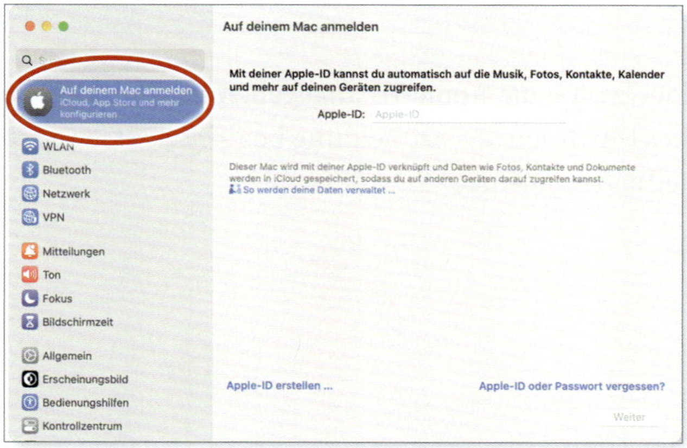

iCloud wird in den „Systemeinstellungen“ eingerichtet.

Anschließend werden Sie aufgefordert, Ihre Apple-ID und das dazugehörige Passwort einzugeben. An dieser Stelle haben Sie auch die Möglichkeit, eine neue Apple-ID zu beantragen, falls Sie noch keine haben.

! Eine neue Apple-ID auf Basis einer vorhandenen beliebigen E-Mail-Adresse muss zuerst verifiziert werden. Beim Anlegen einer neuen Apple-ID haben Sie eine E-Mail von Apple erhalten, in der Sie aufgefordert werden, den neuen Zugang zu bestätigen. Sie müssen nur auf den entsprechenden Hyperlink in der E-Mail klicken. Die Apple-ID wird damit verifiziert und der iCloud-Zugang freigeschaltet.

Wenn Sie allerdings beim Einrichten von iCloud entschieden haben, eine Gratis-E-Mail-Adresse von *icloud.com* zu benutzen, ist der iCloud-Zugang sofort freigeschaltet, und alle Funktionen sind verfügbar. Sie müssen also nicht auf die Verifizierungs-E-Mail von Apple warten.

! Die kostenlose iCloud-E-Mail-Adresse kann auf dem Mac, iPhone oder iPad angelegt werden. Sie erhalten Sie nicht, wenn Sie über einen Internetbrowser bei icloud.com eine neue Apple-ID erstellen.

Sind nun alle Bedingungen erfüllt, ist das Portal zu iCloud geöffnet und Sie können damit beginnen, die einzelnen Funktionen zu konfigurieren. Je nach Wunsch lassen sich die verschiedenen Funktionen ein- und ausschalten. Wenn Sie z. B. die Bilder von Fotos mit iCloud synchronisieren wollen, dann müssen Sie bei der Funktion *Fotos* nur das Häkchen setzen. Der Mac beginnt dann sofort, die Bilder, die im Fotostream-Bereich von Fotos liegen, mit Ihren mobilen Endgeräten zu synchronisieren bzw. umgekehrt die Bilder der mobilen Geräte mit dem Mac.

iPad und iPhone

Wie beim Mac muss für iCloud zuerst die Apple-ID angegeben werden. Unter *Einstellungen –> Beim iPhone/iPad anmelden* können Sie dies tun. Nach der Anmeldung beginnt das Gerät sofort mit dem Datenabgleich und aktiviert die unterschiedlichen Dienste.

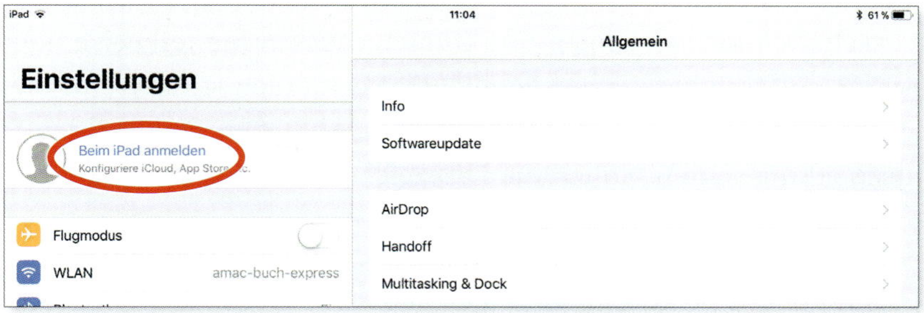

Die Apple-ID wird auch für das iPad bzw. iPhone zum Aktivieren von iCloud benötigt.

Danach müssen Sie auf den mobilen Geräten die *Push-Funktion* von iCloud aktivieren. Dadurch werden die Daten zwischen den Geräten automatisch abgeglichen, wenn die Geräte Zugang zu einem WLAN-Netz bzw. einem mobilen Internetzugang (z. B. 5G oder LTE) haben.

Die Push-Funktion für iCloud finden Sie in den Einstellungen bei *Einstellungen –> Mail –> Accounts –> Datenabgleich*. Die Push-Funktion kann dort für die einzelnen Accounts eingestellt werden. In der Account-Übersicht ist auch iCloud aufgelistet. Jetzt müssen Sie nur noch kontrollieren, ob dort die Push-Funktion aktiviert ist. Normalerweise ist das die Grundeinstellung.

Als Nächstes müssen Sie einstellen, welche Daten zwischen den Geräten synchronisiert werden sollen. Dies können Sie am iPhone bzw. iPad unter *Einstellungen –> Ihr Name (Apple-ID, iCloud, Medien & Käufe)* bei *iCloud* erledigen.

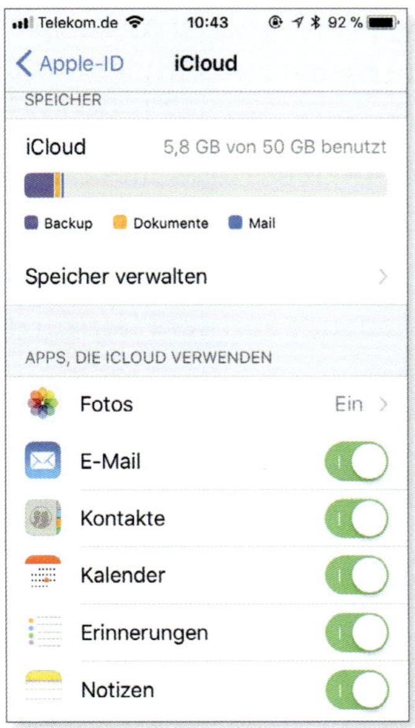

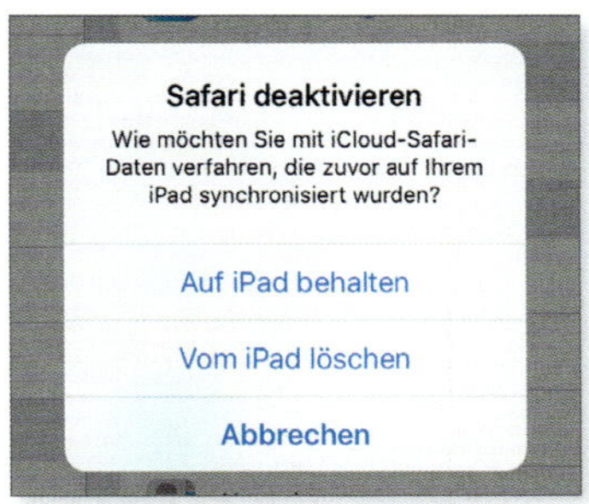

Die iCloud-Einstellungen auf dem iPhone (links). Beim Deaktivieren der Funktionen müssen Sie entscheiden, was mit den Daten passieren soll.

Beim Ein- bzw. Ausschalten der jeweiligen Funktionen müssen Sie teilweise noch entscheiden, was mit den Daten passieren soll, die bereits auf dem Gerät vorhanden sind. Wenn Sie z. B. auf dem iPad den Abgleich der Lesezeichen eingeschaltet und synchronisiert haben und nun den Dienst deaktivieren, müssen Sie eine Entscheidung treffen. Sollen die Lesezeichen von iCloud auf dem iPad verbleiben oder gelöscht werden?

iCloud Drive

Wie Sie ja bereits wissen, erhalten Sie mit iCloud einen kostenlosen Online-Speicher in Höhe von 5 GByte. Dieser Speicher wird normalerweise für die unterschiedlichen Funktion von iCloud genutzt (Mail Drop, Backups von iPhone/iPad, E-Mail usw.). Seit OS X Yosemite und iOS 8 können Sie den iCloud-Speicher auch als Online-Festplatte nutzen. Das Ganze wird von Apple als iCloud Drive bezeichnet.

Wie bei anderen Cloud-Diensten (Dropbox, OneDrive etc.) können Sie beliebige Dateien und Dokumente bei iCloud ablegen. Das kann entweder direkt im Finder geschehen oder beim Speichern eines Dokuments in einem Programm. Bevor wir uns iCloud Drive näher ansehen, sollten Sie zuerst diese Funktion aktivieren.

Die Aktivierung bzw. Aktualisierung von iCloud Drive machen Sie in den *Systemeinstellungen* bei *iCloud*. Setzen Sie dort den Haken bei *iCloud Drive,* um es einzuschalten. Nach erfolgreicher Aktivierung können Sie bei *Optionen* festlegen, welche Programme Ihre Daten im iCloud Drive ablegen dürfen. Diese Programme erhalten dann im Öffnen- und Speichern-Dialog einen eigenen Eintrag für iCloud Drive und zusätzlich wird bei iCloud Drive ein eigener Ordner für sie angelegt. Die Programme, die in der Liste stehen, sind derzeit ausnahmslos Apple-Programme wie z. B. TextEdit oder Pages und iMovie.

Interessant ist auch die Option *Mac-Speicher optimieren*. Damit wird der Inhalt von iCloud Drive nur dann komplett auf Ihren Rechner übertragen, wenn genügend Platz vorhanden ist. Außerdem werden automatisch ältere Dokumente zu iCloud Drive hochgeladen, wenn der Platz auf dem Rechner knapp wird.

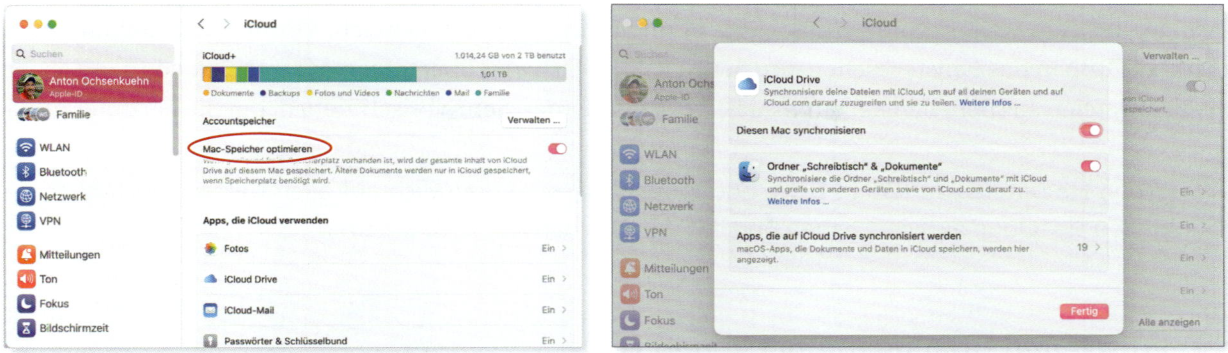

iCloud Drive ist aktiviert und kann konfiguriert werden.

iCloud Drive im Finder

Nachdem nun iCloud Drive aktiviert ist, können Sie beginnen, Dateien und Dokumente dort abzulegen. Zuerst sollten Sie sichergehen, dass iCloud Drive in der Seitenleiste im Finder-Fenster erscheint. Dazu öffnen Sie im *Finder* die *Einstellungen (cmd + ,)* und aktivieren in der Kategorie *Seitenleiste* den *iCloud Drive*. Wenn Sie dann anschließend in einem Finder-Fenster in der Seitenleiste auf iCloud Drive klicken, sehen Sie dessen Inhalt. Es kann sein, dass bereits einige Ordner der verschiedenen Programme vorhanden sind, besonders wenn Sie in der Vergangenheit schon Dokumente bei iCloud gespeichert haben.

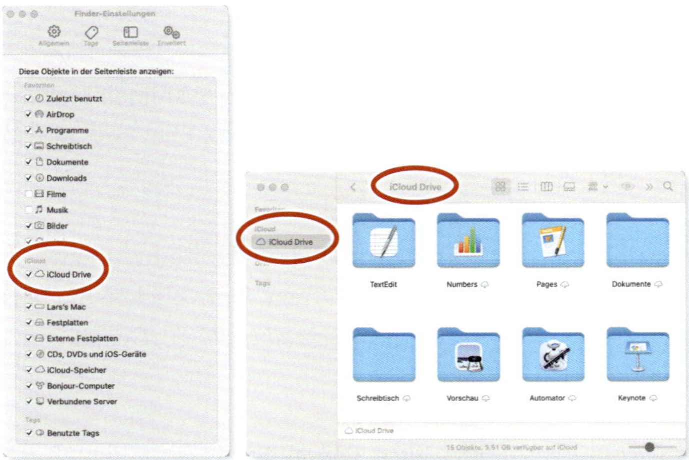

Das iCloud Drive ist in der Seitenleiste untergebracht und zeigt den Inhalt des Online-Speichers an. In diesem Fall sind bereits Ordner von diversen Programmen vorhanden, die die jeweiligen Dokumente der Programme enthalten.

Wie geht es nun weiter? Ganz einfach! Sie können nun beliebige Dateien, Ordner und Dokumente per Drag-and-Drop in das Fenster ziehen, um Sie zu iCloud Drive zu übertragen. Umgekehrt können Sie natürlich auch Dateien aus dem Fenster auf Ihre Festplatte oder den Schreibtisch ziehen, um Sie herunterzuladen.

> **!** Wenn Sie Dateien zu iCloud Drive hochladen, sind diese natürlich auf allen Geräten verfügbar, auf denen Sie iCloud aktiviert haben und mit der gleichen Apple-ID arbeiten.

Schreibtisch und Dokumente bei iCloud Drive

Eine Funktion von iCloud Drive ist die Möglichkeit, den Schreibtisch und den Dokumentenordner automatisch zu iCloud Drive hochzuladen. Auf diese Weise wird nicht nur der Festplattenplatz des Rechners entlastet, sondern Sie haben auch auf anderen Apple-Geräten (wie iPhone oder iPad) via iCloud Drive einen Zugriff auf die jeweiligen Dateien vom Schreibtisch und vom Dokumentenordner.

Voraussetzung für die Nutzung dieser Funktion ist eine schnelle Internetverbindung und ein entsprechend großer iCloud-Speicher. Mit dem kostenlosen iCloud-Zugang erhalten Sie 5 GByte Speicher bei iCloud. Falls dieser Speicherplatz nicht ausreicht, können Sie gegen ein geringes Entgelt zusätzlichen Speicher erwerben (*https://support.apple.com/de-de/HT201238*):

- 50 GByte zusätzlich kosten 0,99 Euro pro Monat,
- 200 GByte zusätzlich kosten 2,99 Euro pro Monat und
- 2 TByte zusätzlich kostet 9,99 Euro pro Monat.

> **!** Die Erweiterung des Speichers können Sie übrigens in den **Systemeinstellungen** bei **Apple-ID -> Verwalten -> Mehr Speicher kaufen** vornehmen. Dort können Sie auch die aktuellen Kosten für den benötigten Speicher einsehen.

Um nun die Dateien vom Schreibtisch und dem Ordner Dokumente zu iCloud Drive hochzuladen, müssen Sie *Systemeinstellungen -> Apple-ID -> iCloud* öffnen. Dort klicken Sie bei *iCloud Drive* auf *Optionen*. Nun müssen Sie nur noch das Häkchen bei *Ordner „Schreibtisch“ & „Dokumente“* setzen: Der Mac beginnt sofort, die jeweiligen Dateien hochzuladen.

> **!** Falls der iCloud-Speicher nicht ausreicht, um alle Dokumente hochzuladen, erhalten Sie einen Hinweis. Sie müssen dann entweder den iCloud-Speicher erweitern oder Dateien vom Schreibtisch bzw. aus dem Dokumentenordner löschen.

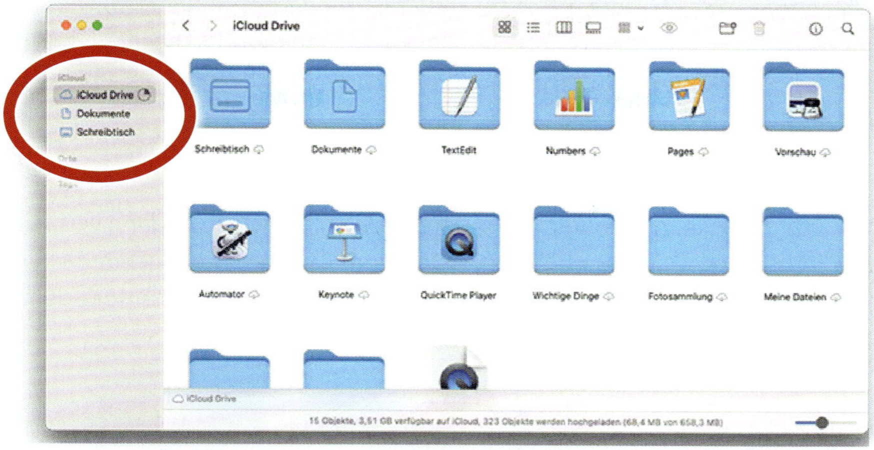

Der komplette Inhalt des Schreibtischs und des Dokumentenordners kann zu iCloud Drive hochgeladen werden.

Sobald die Dateien hochgeladen werden, erhalten Sie in der Seitenleiste des Finder-Fensters den Bereich *iCloud*, der nicht nur das *iCloud Drive* auflistet, sondern auch die beiden Ordner *Schreibtisch* und *Dokumente*. Die beiden Ordner sind nun von den *Favoriten* zu *iCloud* verschoben worden. Ab sofort wird jede Datei, die Sie z. B. auf den Schreibtisch speichern oder legen, zu iCloud hochgeladen.

Sollte der Platz auf dem Rechner knapp werden, dann können Sie zudem große Daten auch ausschließlich im iCloud Drive lagern (*Download entfernen*). Erst wenn Sie die Datei z. B. durch einen Doppelklick öffnen wollen, wird diese nun auf Ihren Computer heruntergeladen.

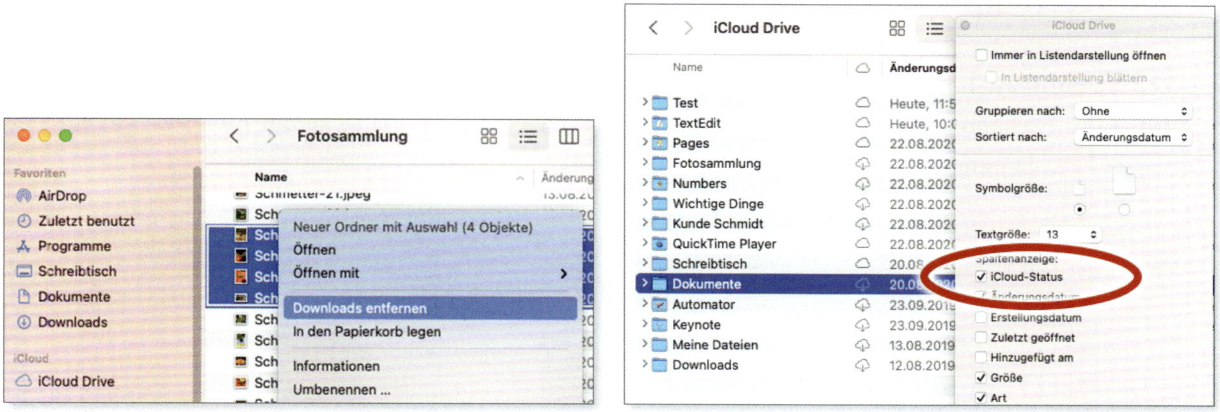

Wird hingegen eine Datei bzw. ein Ordner mit „Jetzt laden" versehen, dann wird das Objekt auf den Datenträger des Computers heruntergeladen und via „Downloads entfernen" gelöscht und nur in iCloud Drive gespeichert.

Aktivieren Sie in den Darstellungsoptionen **(cmd + J)** den Eintrag **iCloud-Status** in der Listenansicht. So erkennen Sie auf den ersten Blick, ob die Objekte nur in iCloud Drive liegen oder schon heruntergeladen wurden. Sie können übrigens das iCloud-Icon in der Spalte fürs Herunterladen der Daten direkt anklicken.

Wenn Sie die Funktion zu einem späteren Zeitpunkt wieder ausschalten, dann verbleiben die jeweiligen Dateien bei iCloud Drive, verschwinden aber von Ihrem Rechner. Sie müssen nach der Deaktivierung die gewünschten Dateien von iCloud Drive manuell auf Ihren Mac herunterladen, damit sie wieder auf dem internen Datenträger gespeichert sind.

Nach dem Ausschalten können Sie die Dateien von iCloud Drive wieder auf den Rechner herunterladen.

iCloud Drive im Browser

iCloud Drive kann auch mit einem Internetbrowser genutzt werden. Dazu müssen Sie sich zuerst bei *icloud.com* einloggen. Danach können Sie direkt zu iCloud Drive wechseln und sehen dort alle gespeicherten Dokumente bzw. Dateien.

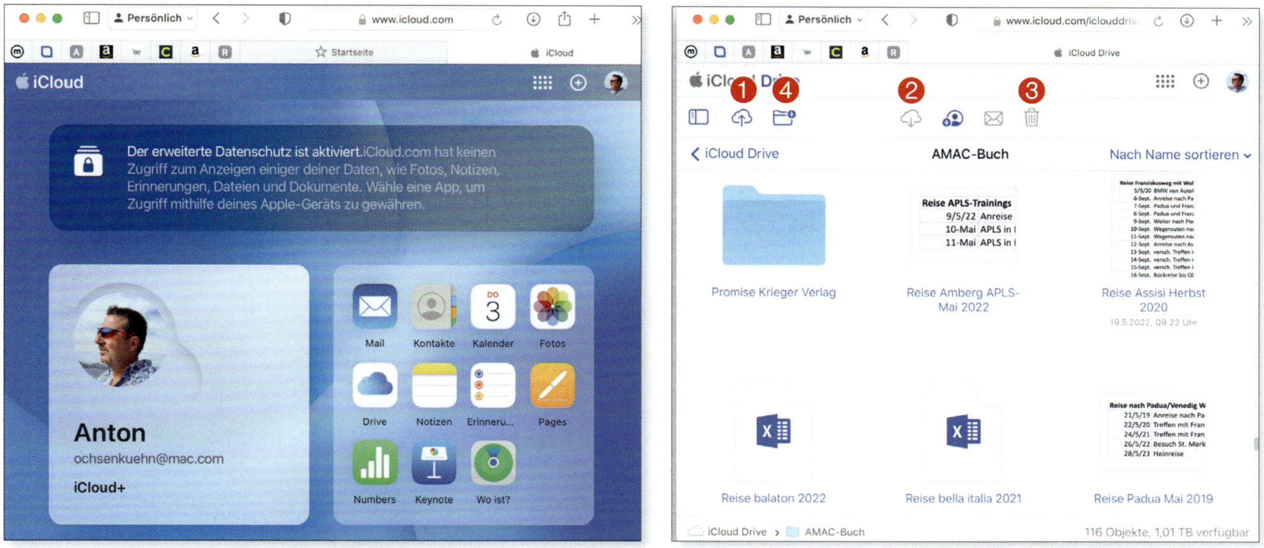

iCloud Drive gibt es auch bei „icloud.com" und zeigt alle Dateien des Online-Speichers.

Sie können nun neue Dateien hochladen oder vorhandene wieder herunterladen. Am einfachsten geht dies per Drag-and-Drop. Wenn Sie Dokumente bzw. Dateien in das Browserfenster ziehen, werden diese sofort hochgeladen. Alternativ dazu können Sie auch die Hochladen-Funktion ❶ verwenden und anschließend die Dateien auswählen. Das gleiche gilt für das Herunterladen ❷. Ebenso können Sie Dateien vom iCloud Drive entfernen ❸ und sogar neue Ordner anlegen ❹. In diese können Sie dann die Dateien verschieben. Rechts unten ❺ können Sie ablesen, wie viel Speicher auf dem iCloud Drive noch verfügbar ist.

> **!** Da iCloud Drive auch über einen Browser genutzt werden kann, ist der Zugriff nicht nur auf den Mac beschränkt. Auch andere Systeme (Windows und Linux) können über einen Internetbrowser die Dateien vom iCloud Drive herunterladen oder welche hochladen.

iCloud Drive in Programmen nutzen

Wie bereits weiter vorne erwähnt, können bestimmte Programme direkt beim Speichern oder Öffnen auf das iCloud Drive zugreifen. Prima klappt das mit Apple-Programmen wie z. B. TextEdit, Pages, Numbers oder Keynote.

Wenn Sie z. B. TextEdit starten, erhalten Sie bereits nach dem Start den Öffnen-Dialog. Dort können Sie dann entweder in der Seitenleiste den iCloud Drive wählen, oder aus dem Menü direkt den TextEdit-Ordner bei iCloud Drive.

> **!** Jedes Programm, dass Zugriff auf den iCloud Drive hat, bekommt automatisch einen eigenen Ordner, in dem die jeweiligen Dokumente gespeichert werden.

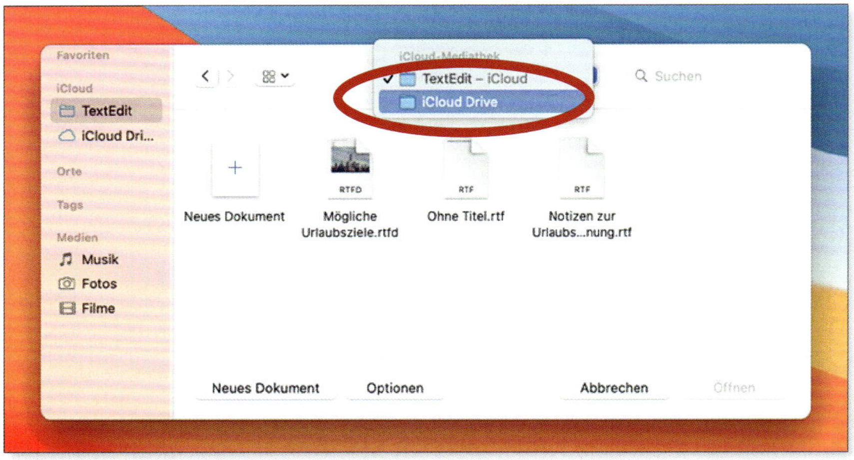

Der Öffnen-Dialog von TextEdit stellt das iCloud Drive zur Verfügung.

Das gleiche gilt auch für das Speichern von Dokumenten. Im Speichern-Fenster haben Sie auch Zugriff auf das iCloud Drive und können dort dann Ihre Dokumente bzw. Dateien ablegen.

iCloud Drive und Windows

Wie bereits erklärt, können Sie das iCloud Drive über jeden Internetbrowser nutzen, also auch unter Windows. Wenn Sie allerdings in Windows die iCloud-Systemsteuerung verwenden, wird es wesentlich einfacher und komfortabler für Sie. Sobald Sie nämlich *iCloud Drive* in der *iCloud-Systemsteuerung* unter Windows aktiviert haben, erhalten Sie im Windows-Explorer einen eigenen Eintrag in der Seitenleiste, genauso wie auf dem Mac. Im Windows-Explorer können Sie nun durch einfaches Kopieren und Einfügen Dateien zu iCloud Drive hoch- oder runterladen.

iCloud Drive unter Windows funktioniert erst ab der Version 4.0 der iCloud-Systemsteuerung. Diese können Sie kostenlos auf den Internetseiten von Apple herunterladen (https://support.apple.com/de-de/HT208684).

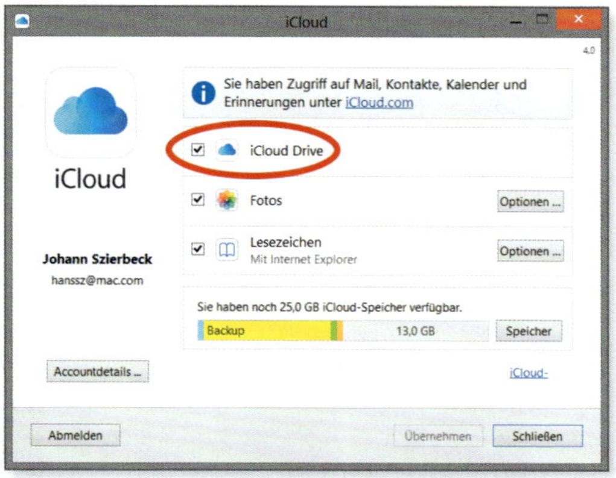

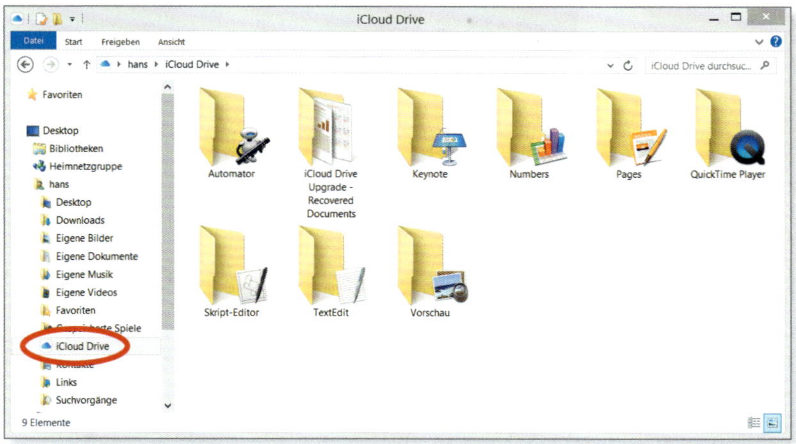

iCloud Drive in Windows.

Wie Sie einzelne Dokumente via iCloud Drive für andere Benutzer zugänglich machen, können Sie in Kapitel 12 ab Seite 511 nachlesen.

▶I iOS-Gerät und macOS 09_08

http://macos2023.amac-buch.de/#09_08

Ihr iOS-Gerät wie iPhone oder iPad kann auch unter macOS mit Daten Ihres Computers bespielt werden. Dazu einfach das Gerät per USB mit dem Rechner verbinden. Sofort wird es sich in der Finder-Seitenleiste im Bereich **Orte** melden. Klicken Sie es an, um weitere Einstellungen im Fenster rechts daneben vornehmen zu können.

Wenn Sie umfangreichere Informationen zum kombinierten Einsatz von iPhone, iPad, iCloud und Ihrem Mac benötigen, möchten wir Ihnen diese Fachbücher aus unserem Hause empfehlen. Weitere Titel finden Sie unter www.amac-buch.de.

Kapitel 10

Benutzer

Im Gegensatz zum iPhone/iPad oder auch iPod touch können auf dem Mac-Betriebssystem mehrere Anwender gleichzeitig eingeloggt sein und den Rechner verwenden. Jeder Benutzer bekommt dabei seine eigenen Einstellungen, weil jeder Anwender einen eigenen Benutzerordner hat. Auf dem iPhone oder iPad kann jeder Benutzer alle Dinge verwenden, die auf dem Gerät installiert sind. Dort existiert derzeit noch kein Multi-User-Konzept.

Jeder Anwender kann in seinem Benutzerordner eigene Einstellungen definieren, wie sein Touchpad aussieht, wie sein Dock konfiguriert ist, welche Elemente in seinem *Dokumente*-Ordner untergebracht sind, verfügt über eine eigene Fotos- und iTunes-Bibliothek. Was den Anwendern gemein ist, sind die installierten Programme im *Programme*- bzw. *Dienstprogramme*-Ordner, und alle Anwender verwenden gleiche Komponenten wie die installierten Drucker, die Netzwerkverbindung etc.

Uns soll es nun darum gehen, neue Benutzer auf dem Rechner anzulegen und die Funktionsweise im Detail zu betrachten.

Neuer Benutzer

> **!** Lediglich Anwender mit Administratorrechten dürfen an dem Rechner neue Benutzer hinzufügen. Ein normaler Anwender – auch Standardbenutzer genannt – hat keine administrativen Befugnisse und darf deshalb auch keine neuen Benutzer konfigurieren.

Loggen Sie sich also als Administrator ein, um neue Benutzer anzulegen.

> **!** Den Administratoraccount haben Sie bereits bei der Installation des Rechners spezifiziert.

In den *Systemeinstellungen* finden Sie das Icon *Benutzer:innen & Gruppen* und Sie sehen in der linken unteren Ecke ein Schloss, das Sie nur mit administrativen Berechtigungen öffnen können.

▶I Neuen Benutzer für den Mac anlegen 10_01

http://macos2023.amac-buch.de/#10_01

Über die **Systemeinstellungen** und **Benutzer:innen & Gruppen** können Sie weitere Benutzer erzeugen, die den Mac verwenden können. Achten Sie dabei auf die Unterscheidung zwischen **Administrator**, **Standard**, **Nur Freigabe** und **Gruppe**. Wie ein neuer User angelegt wird, zeigt dieses Video.

Administrator

Ein Administrator darf, wie schon einmal kurz erwähnt, Programme auf dem Rechner installieren, deinstallieren und auch updaten. Das heißt, er hat Schreibzugriff auf den *Programme*-Ordner und auch auf den *Library*-Ordner. Ein normaler Anwender hingegen (*Standard*) hat im Bereich des *Programme*-Ordners lediglich Lesezugriff. Er kann zwar die Programme starten und mit ihnen arbeiten, aber er darf keine Updates einspielen.

Auch das Einspielen von Betriebssystemupdates ist dem administrativen User vorbehalten. Selbst das Löschen von Programmen gehört eindeutig in die Kategorie administrativer Tätigkeit. Des Weiteren darf der Administrator den Ordner */Library* verändern: Dort liegen, wie bereits gesehen, Druckertreiber, aber auch für Programme notwendige Zusatzinformationen, beispielsweise */Library/Application Support*. Und wie wir jetzt gerade lernen, darf ein Administrator Benutzer anlegen, Benutzer löschen und Benutzereigenschaften modifizieren. Und ein Administrator darf sich auch den Zutritt zu anderen Userdaten verschaffen, indem er sich die Zugriffsrechte besorgt. Sie sehen also, ein Administrator hat sehr weitgehende Rechte.

Deshalb ist es zu empfehlen, dass es für jeden Rechner lediglich einen Administratoraccount gibt. Des Weiteren ist zu empfehlen, dass man selbst standardmäßig nie in einem Administratoraccount arbeitet. So verhält es sich auch an meinen Rechnern: Es gibt dort einen administrativen Account; gearbeitet wird aber an allen Rechnern in einem Standardaccount. Das bringt die Sicherheit, dass man nicht aus Versehen im *Programme*-Ordner etwas löscht, verschiebt, umbenennt oder wie auch immer. Denn stets, wenn ein Standard-User etwas *Kritisches* tut, fragt das Betriebssystem das Administratorpasswort ab, und so erkennen Sie, dass jetzt Aufmerksamkeit geboten ist.

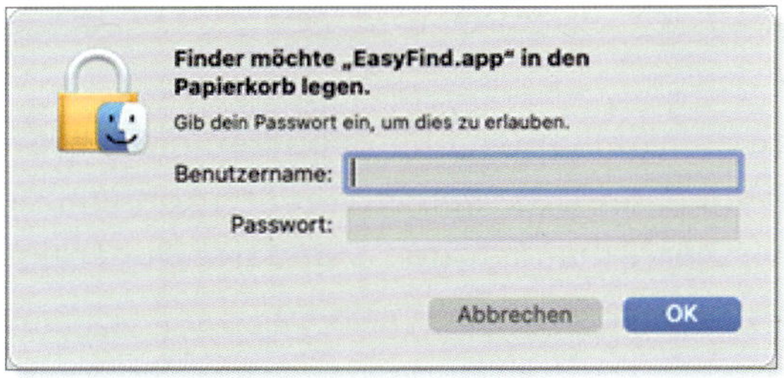

Ein Programm soll in den Papierkorb verschoben werden und dazu sind Administratorrechte notwendig.

Nehmen wir an, dass ein Programm aus dem *Programme*-Ordner in den Papierkorb entfernt werden soll. Sofern dies ein Anwender mit Standardrechten tut, wird sofort ein Fenster generiert, das nach einem Administratoraccount verlangt; nur ein Administrator mit seinem Passwort kann also derartige Eingriffe vornehmen. Zudem hat der Administrator sehr weitgehende Rechte, was die diversen Systemeinstellungen anbelangt.

Sollten lediglich Admins Zugriff haben, dann erscheint sogleich ein derartiges Fenster:

Diese Systemeinstellung ist nur für Admins zugänglich.

Standardbenutzer

Benutzer, die keine Administratoren sind, dürfen also in wichtigen Systemeinstellungen keine Modifikationen vornehmen. Ihnen stehen ausschließlich die Einstellungen zur Verfügung, die das Aussehen und das Erscheinungsbild des Betriebssystems ändern. Darüber hinaus darf der normale Benutzer

- in seinem Benutzerordner Ordner erstellen, Dateien erstellen, Ordner umbenennen, Dateien verschieben.
- im Ordner *Geteilt* Dateien ablegen, um anderen Anwendern diese zugänglich zu machen.

- die Seitenleiste, das Dock, die Symbolleiste, das Launchpad bzw. die gesamte Finder-Oberfläche seinen eigenen Bedürfnissen entsprechend anpassen.
- im Regelfall nahezu jedes Programm starten, das sich im Ordner *Programme* befindet. Lediglich im Ordner *Dienstprogramme* könnte das ein oder andere Programm dem Administrator vorbehalten sein.

Der Standard-User kann also ganz regulär am Rechner arbeiten und in gewissen Grenzen auch die Funktionalität des Computers seinen Bedürfnissen entsprechend anpassen.

Nun zurück zum Anlegen des neuen Benutzers: Sie werden also im Regelfall einen Standardbenutzer erstellen. Sobald der neue Benutzer angelegt ist, wird auch sein Benutzerordner kreiert, und ab jetzt kann der Anwender sich an diesem Rechner einloggen und beginnen, damit zu arbeiten.

Anmeldefenster.

Wird nun der Computer neu gestartet, erscheinen im Anmeldefenster alle Useraccounts, und der neue Anwender kann sich unter Verwendung seines Passworts an seinem Rechner einloggen. Sobald Sie mehr als Ihren eigenen Account auf dem Computer haben, sollten Sie dringend in den *Anmeldeoptionen* bei *Benutzer:innen & Gruppen* noch wichtige Einstellungen vornehmen.

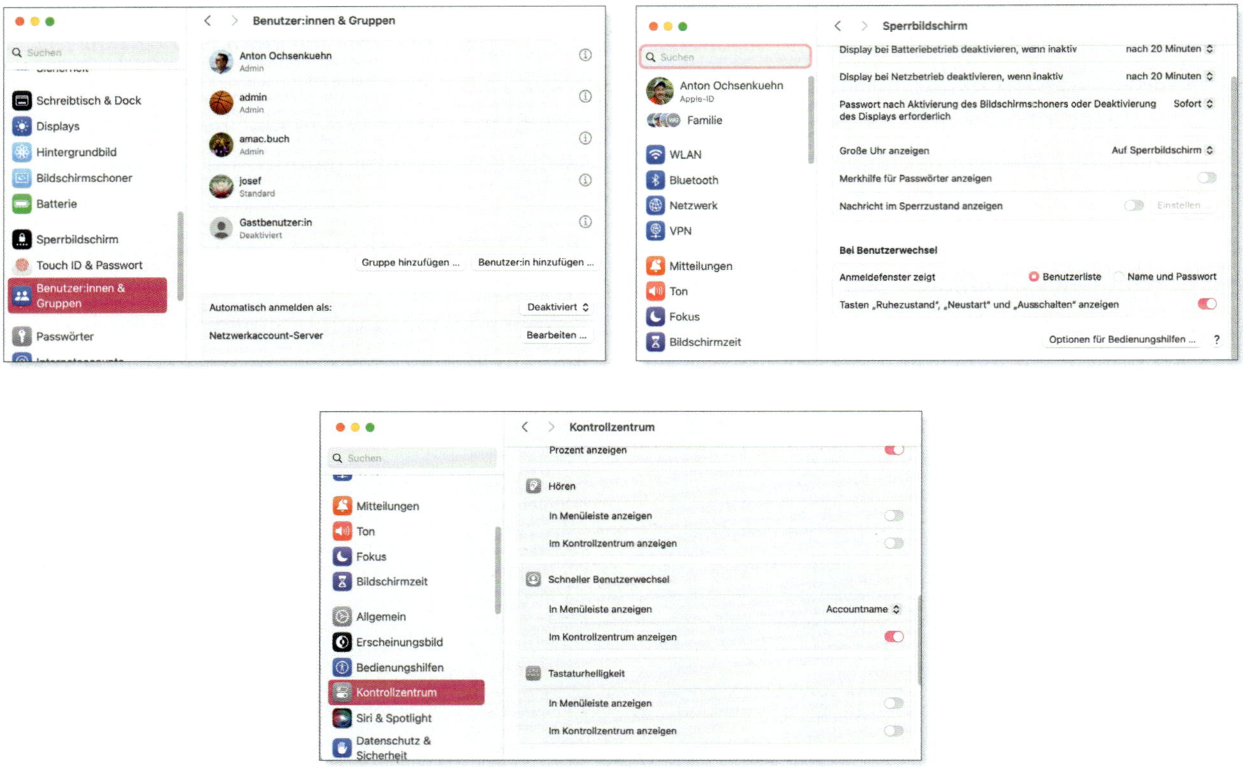

In den Systemeinstellungen gibt es eine Reihe von Möglichkeiten: Anmeldeoptionen bei „Benutzer:innen & Gruppen“, Benutzerwechsel im „Kontrollzentrum“ und Anmeldefenster bei „Sperrbildschirm“.

Sie sollten hier unbedingt die Eigenschaft *Automatische Anmeldung* auf *Deaktiviert* ❶ setzen, damit sich nicht, falls der Computer von einem anderen Anwender eingeschaltet wird, Ihr Account automatisch am Rechner anmeldet und so Ihre Daten schutzlos zugänglich sind. Die weiteren Einträge darunter definieren das Aussehen des Anmeldefensters. Legen Sie bei ❷ fest, ob beim Anmeldevorgang eine Liste der Benutzernamen erscheint oder ob jeder Benutzer seinen Namen und sein Passwort kennen muss, um sich einloggen zu können. Des Weiteren können Sie bei ❸ definieren, ob die Tasten *Ruhezustand*, *Neustart* und *Ausschalten* im Anmeldefenster erscheinen, was anzuraten ist.

Sie haben soeben gesehen, dass Sie bei jedem Account dem Passwort eine Merkhilfe zuordnen können. Sie können diese Merkhilfe auch im Anmeldefenster einblenden ❹. Nachdem macOS ein echtes Unix-Betriebssystem und somit multitasking- und multiuserfähig ist, gibt es die Funktion des schnellen Benutzerwechsels ❺. Aktivieren Sie diesen (*Systemeinstellungen –> Kontrollzentrum –> Schneller Benutzerwechsel*), um ganz rasch über die Menüleiste zwischen verschiedenen Benutzeraccounts wechseln zu können. Definieren Sie dabei, ob der vollständige Name, der Kurzname oder lediglich ein Icon in der Menüleiste erscheinen soll.

Kommen wir zurück zum schnellen Benutzerwechsel. Sobald diese Funktion aktiviert ist, sehen Sie in der Menüleiste Ihren Usernamen und darunter alle möglichen User, die auf diesem Rechner derzeit angelegt sind.

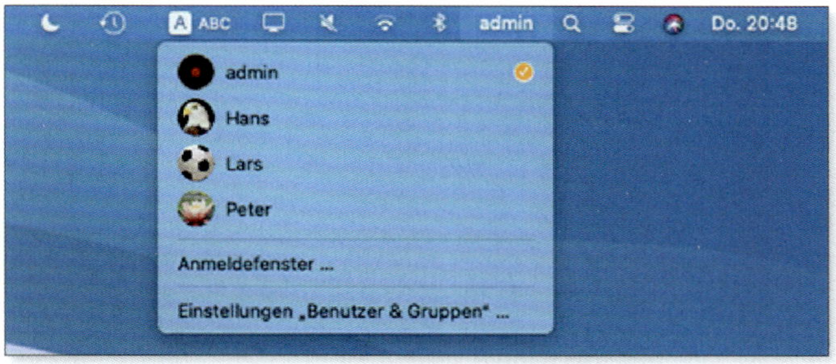

Schneller Benutzerwechsel in der Menüleiste.

Während Sie also am Rechner eingeloggt sind, können Sie zum Anmeldefenster umschalten, sodass sich gleichzeitig ein anderer User einloggen kann. Dabei bleibt alles, was Sie in Ihrem Account tun, in Aktion. Das heißt: Wenn Sie automatisch E-Mails empfangen, werden diese E-Mails weiterhin abgerufen. Wurde ein Download aus dem Internet gestartet, wird dieser vollständig ausgeführt. Haben Sie einen Druckauftrag gestartet, wird auch dieser fortgeführt und die Daten werden an den Drucker übermittelt. Mit dem Betriebssystem haben also mehrere Leute gleichzeitig die Möglichkeit, ein und dieselbe Ressource, z. B. den Computer, zu verwenden. Und damit keiner die Daten und die Einstellungen einer anderen Person zerstören kann, sind diese durch Name und Passwort geschützt.

> **!** Möchte ein User, der keine administrativen Rechte hat, den Rechner ausschalten, wird er einen Hinweis bekommen, dass dies nur durch einen Administrator erfolgen darf.

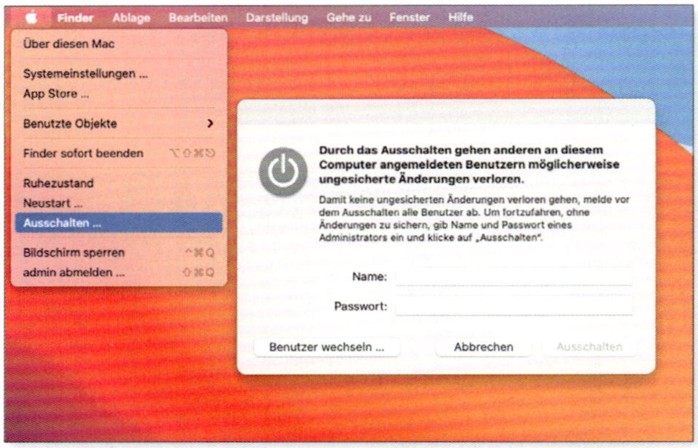

Sobald mehrere Anwender eingeloggt sind, darf nur ein Administrator ausschalten.

Solange auch andere User eingeloggt sind, könnte es ja sein, dass diese noch eigene Aktionen am Laufen haben, deshalb ist ein nicht administrativer Benutzer nicht berechtigt, diese Aktionen zu beenden. Ein administrativer Anwender gibt seine Daten bei *Name* und *Passwort* ein und kann den Rechner anschließend herunterfahren. Sollten andere Anwender Prozesse am Laufen haben, kann sich der Administrator darüber hinwegsetzen und diese Prozesse stoppen. Beim Benutzerwechsel erscheint übrigens erneut das Anmeldefenster sowie nach dem Einloggen die Möglichkeit, eine Apple-ID zu hinterlegen.

Neuer Benutzer – erster Login

Jeder neue Benutzer kann seine *Anredeform* und seine Apple-ID beim ersten Login direkt eintragen. Damit werden zum Beispiel die iCloud-Informationen sofort für den neuen User heruntergeladen und alle Termine, Kontakte etc. sind gleich einsatzbereit. Er kann sich aber auch eine neue Apple-ID für seinen Account besorgen. Darüber hinaus werden folgende Einstellungen beim ersten Einloggen abgefragt: *Bedienungshilfen*, *Datenschutz*, *Wo ist?*, *Bildschirmzeit*, *Siri*, *Touch ID* (optional) und *Aussehen* (hell, dunkel oder automatisch). Genauso wie die Apple-ID können all diese Einstellungen auch nachträglich in den *Systemeinstellungen* vorgenommen werden.

macOS arbeitet an vielen Stellen mit einer Apple-ID.

! Ich empfehle Ihnen hier, eine einheitliche **Apple-ID** sowohl für Ihre mobilen iOS-Geräte als auch für Ihre Macs zu verwenden. Weitere Informationen finden Sie in Kapitel 9 ab Seite 427.

Im nächsten Schritt können Sie noch die Bildschirmzeit und Siri aktivieren. Ob Ihre Dateien vom Schreibtisch und vom Dokumenten-Ordner automatisch im iCloud Drive gesichert werden sollen wird nur dann gefragt, wenn Sie eine Apple-ID eingetragen haben. Als letzten Schritt müssen Sie dann noch eine Entscheidung über das Aussehen der Arbeitsoberfläche treffen. Ist dies auch getan, ist das Einrichten abgeschlossen und der Schreibtisch erscheint.

Benutzerordner und Berechtigungen

Der soeben neu definierte User Peter hat sich nun erfolgreich eingeloggt und bekommt ein standardisiertes Aussehen des Betriebssystems. Sie sehen am unteren Rand das Dock ❶, so wie Apple es für einen neuen Benutzer vorbereitet hat. Ebenso erscheint dahinter ❷ das Standard-Hintergrundbild. Darüber hinaus erhält natürlich der User Peter seinen Benutzerordner mit den sieben sichtbaren Standardordnern ❸. Wenn Sie nun mit *cmd* + *I* zum Beispiel das *Informationen*-Fenster des *Dokumente*-Ordners hervorholen und den Bereich *Teilen & Zugriffsrechte* begutachten ❹, so sehen Sie, dass Peter Lesen und Schreiben als

Zugriffsberechtigung hat, wohingegen andere Personen keinerlei Rechte besitzen. Das ist das normale Rechtemanagement. Das heißt: Der Ordner *Downloads* gehört ausschließlich dem Anwender Peter.

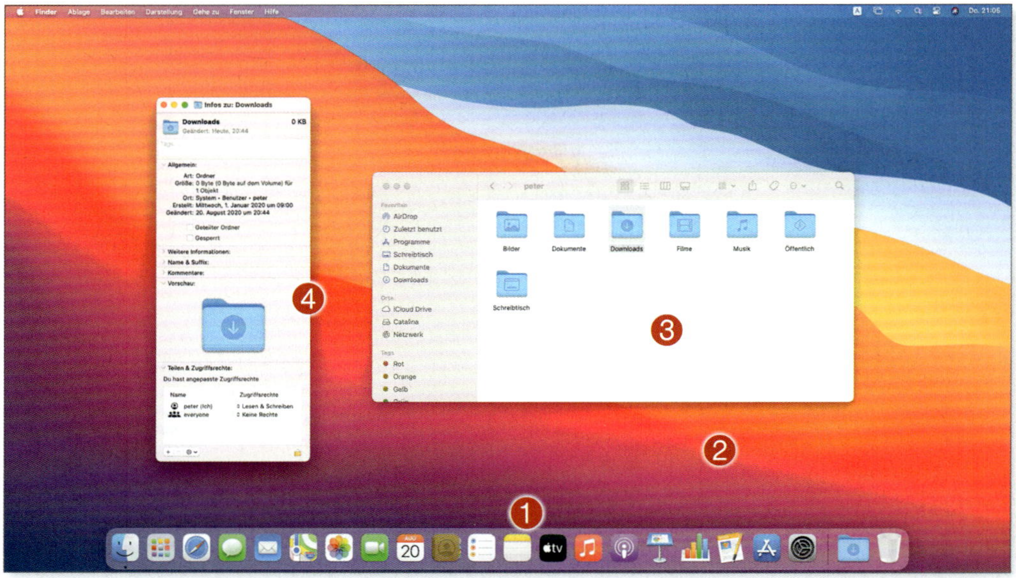

Neuer Standard-User erfolgreich eingeloggt.

Ähnlich verhält es sich, wenn der User Peter in andere Homeverzeichnisse hineinsehen möchte. Dazu kann er den Benutzerordner öffnen und sieht dort zunächst Ordner für die anderen Anwender. Öffnet er einen Ordner eines anderen Anwenders, sieht er, dass er darauf größtenteils keinen Zugriff hat.

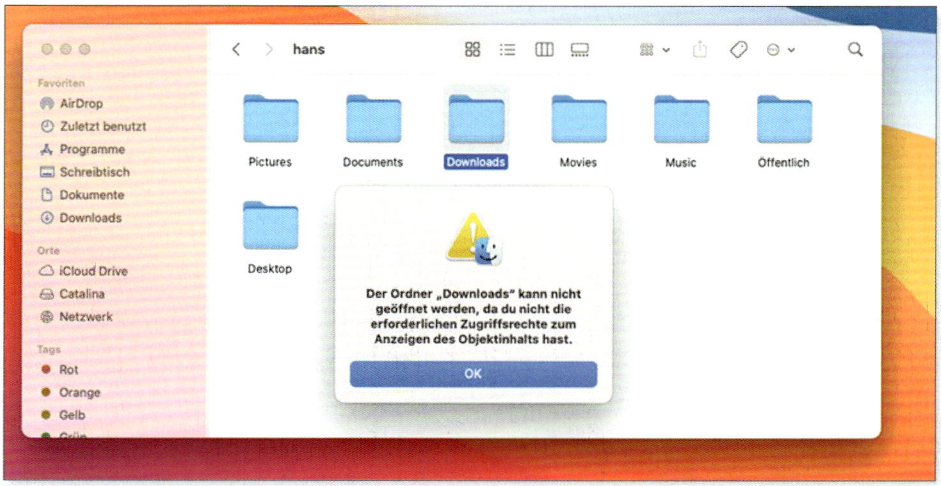

Anderer Benutzerordner.

Wie Sie sehen, erhält der Benutzer Peter bei dem Versuch, den Benutzerordner des Benutzers Hans einzusehen, eine Menge von Einbahnstraßenschildern. So ist es bei den Ordnern *Bilder*, *Dokumente*, *Downloads*, *Filme*, *Musik*, *Schreibtisch* standardmäßig der Fall. Wohingegen der Ordner *Öffentlich* auch von anderen Usern besucht werden kann. Der Ordner *Öffentlich* ist für die Netzwerkfunktionalitäten, den Datenaustausch im Netzwerk, zugänglich, was wir im nächsten Kapitel noch ansprechen werden. Sie sehen: Der User Hans hat zwei weitere Ordner mit eingebracht – einen Ordner *Vorlagen* und einen Ordner *Dropbox*. Und Sie sehen, dass einer der beiden Ordner für den User Peter zugänglich wäre – das ist der Ordner *Vorlagen* –, wohingegen der Ordner *Dropbox* zugesperrt ist. Jeder User, der neue Ordner in seinem Benutzerordner erstellt, kann natürlich Rechte für andere Anwender vergeben. Das funktioniert über das *Informationen*-Fenster bei *Teilen & Zugriffsrechte*.

! Wenn Sie als Anwender in Ihrem Benutzerordner Dateien, Dokumente und Ordner erstellen, ist es eine gute Idee, all diese Dinge in den **Dokumente**-Ordner zu tun, denn der **Dokumente**-Ordner ist standardmäßig für andere Anwender gesperrt. Das heißt: Alles, was Sie darin unterbringen, ist vor fremden Blicken sicher. Wenn Sie neue Ordner außerhalb des **Dokumente**-Ordners erstellen, kann es Ihnen passieren, wie hier bei dem **Vorlagen**-Ordner, dass andere Anwender dort Einblick nehmen können.

Ordner für alle Benutzer

Wenn Sie in die Benutzerordner navigieren, erscheinen eine Reihe von Ordnern. Auffällig ist das Symbol ❶. Daran erkennen Sie, wer an dem Rechner eingeloggt ist; in diesem Fall ist es toni. Dann wird aus dem Ordnersymbol dieses Häuschensymbol. Die Ordner Josef, Hans und Peter sind eben drei andere Anwender und stellen deren Benutzerordner innerhalb des Ordners *Benutzer* dar ❷. Darüber hinaus gibt es noch den Ordner *Geteilt* ❸, über den die lokalen Anwender an diesem Rechner bedingt Daten austauschen können. Werden Anwender wieder vom Rechner gelöscht, landen sie unter Umständen im Ordner *Gelöschte Benutzer:innen* ❹, was wir uns gleich noch genauer ansehen werden. Aber kommen wir zurück zum Ordner *Geteilt*.

Ordner „Benutzer:innen“.

Sie haben vorhin gesehen, dass jeder Anwender innerhalb seines Benutzerordners schalten und walten kann wie er mag, aber dass für andere Anwender der Benutzerordner tabu ist. Der Ordner *Geteilt* stellt damit eine Plattform zur Verfügung, damit die Anwender toni, admin, amac.buch und josef an diesem Gerät miteinander Daten austauschen können. Aber Vorsicht! Die Daten, die in den Ordner *Geteilt* gelegt werden, gehören nach wie vor der Person, die sie hineingelegt hat. Das heißt, wenn der User Admin dort beispielsweise mit TextEdit eine Datei hineinspeichert, gehört diese nach wie vor dem User Admin. Josef, Hans und Peter können sie zwar öffnen, sprich lesen, aber nicht überarbeiten.

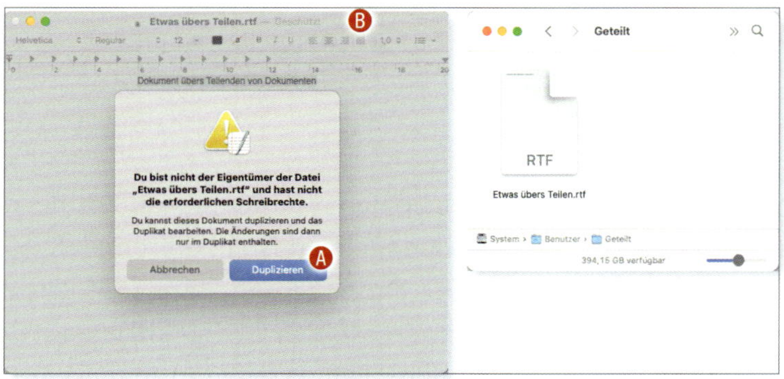

Datei eines anderen Anwenders.

Sie sehen anhand des Bildschirmfotos, dass ein Anwender die Datei *Etwas übers Teilen* öffnen möchte, die jemand dort abgelegt hat. Sobald er beginnt, diese Datei in TextEdit zu überarbeiten, meldet das Programm, dass er nicht die entsprechenden Zugriffsrechte besitzt. Er kann maximal die Datei duplizieren A und dann bearbeiten. Man sieht aber auch, dass das Dokument für den Anwender gesperrt ist: TextEdit weist oben in seinem Fenster darauf hin, dass es sich hier um eine geschützte Datei handelt B. Das heißt also, über den Ordner *Geteilt* können Sie nur bedingt Daten austauschen. Anwender, die nicht die Datei erzeugt haben, können die Datei lesen und einsehen, aber nicht überarbeiten. Und das ist auch gut so, weil der Eigentümer der Datei alle Rechte behält.

Benutzereinstellungen

Anbei noch ein paar Anmerkungen, was der Standard-User ohne Erlaubnis des Administrators alles ändern darf.

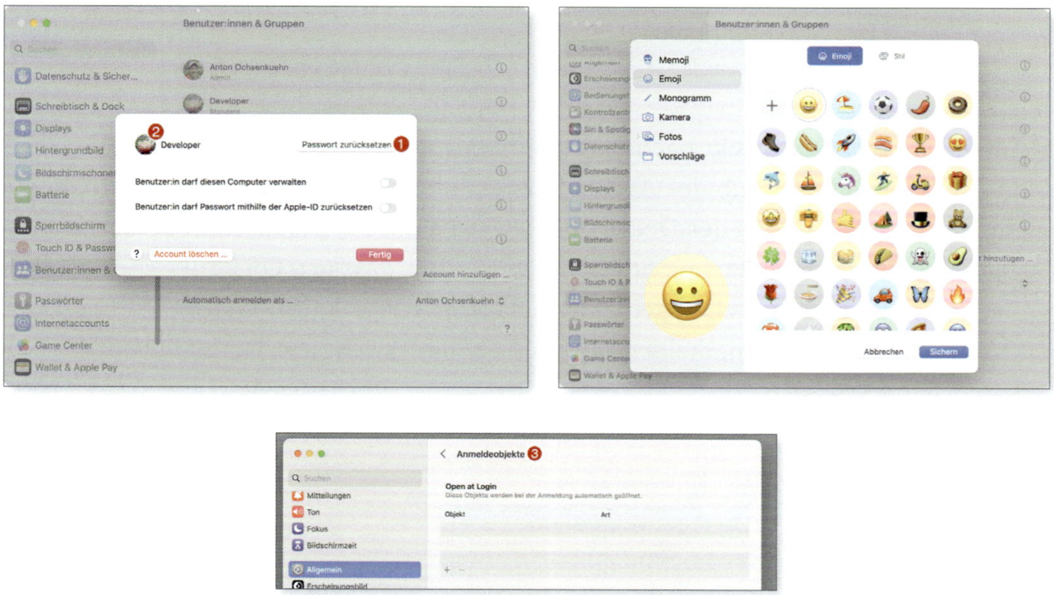

Die Einstellungen des Benutzers „Developer" im Überblick (links). Jeder User kann sich ein Profilbild aussuchen bzw. mit der integrierten Kamera ein Foto schießen (rechts).

Wenn ein User eingeloggt ist und in die Systemeinstellungen zu *Benutzer:innen & Gruppen* geht, kann er selbstverständlich das ihm zugewiesene Passwort ändern ❶. Wenn er möchte, kann er sich zudem ein eigenes Icon geben ❷. Wenn Sie dort hinklicken, erscheint eine Liste von vorgefertigten Symbolen. Sie können aber ebenso über *Kamera* auf die integrierte Kamera zugreifen und ein Bild von Ihnen aufnehmen.

Des Weiteren kann der Standardbenutzer bei *Allgemein –> Anmeldeobjekte* ❸ Objekte definieren, die beim Einloggen automatisch gestartet werden. Es gibt drei verschiedene Möglichkeiten, wie Dinge zu Anmeldeobjekten werden.

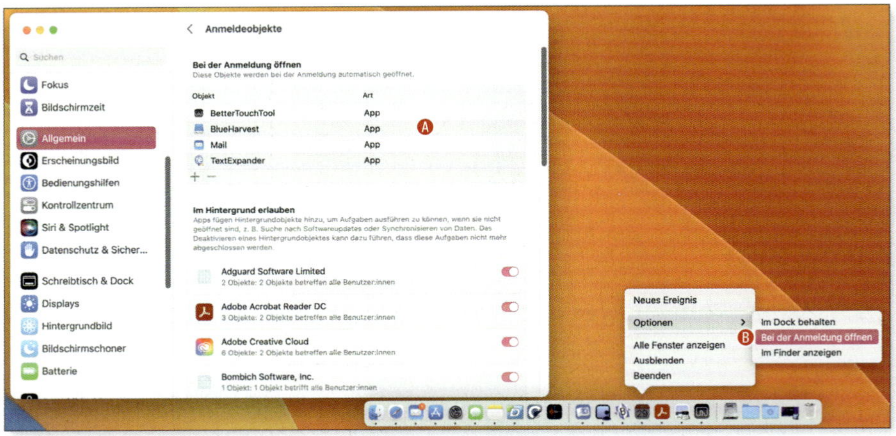

Anmeldeobjekte werden beim Neustart des Rechners automatisch gestartet.

Ein Anmeldeobjekt, das also direkt nach dem Login gestartet wird, erhalten Sie, indem Sie das dazugehörige Icon in die Liste unterhalb der Anmeldeobjekte hineinziehen Ⓐ. Alternativ können Sie auch Programme über das Kontextmenü des Docks über *Optionen* mit der Eigenschaft *Bei der Anmeldung öffnen* Ⓑ versehen. Und an dieser Stelle darf nicht vergessen werden, dass macOS ähnlich wie iPad und iPhone quasi den Zustand, an dem man sich abgemeldet hat, „einfrieren" kann. Wenn Sie über das *Apfel-Menü* die *Ausschalten*-Funktion aktivieren, meldet sich Ihr Rechner mit diesem Dialogfenster.

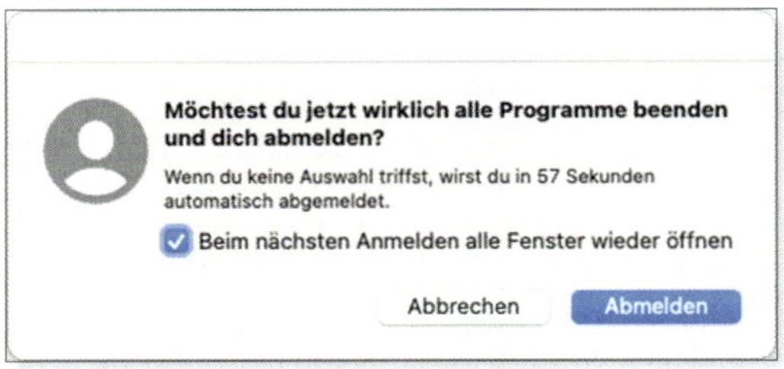

Alle Fenster wieder öffnen.

Sofern Sie das Häkchen bei *Beim nächsten Anmelden alle Fenster wieder öffnen* aktivieren, wird alles, was Sie derzeit in Bearbeitung haben, als Anmeldeobjekt deklariert. Somit wird beim nächsten Einloggen der Rechner versuchen, wieder so zu erscheinen, wie Sie ihn verlassen haben.

Apple-ID am Mac verwenden

Jeder Anwender kann seine eigene Apple-ID hinterlegen, die direkt beim ersten Einloggen angegeben werden kann. Nachträglich kann sie über *Systemeinstellungen* eingetragen werden. Ein administrativer Benutzer sollte noch die Eigenschaft *Benutzer:in darf Passwort mithilfe seiner Apple-ID zurücksetzen* (*Systemeinstellungen –> Benutzer:innen & Gruppen*) aktivieren, damit Option a) zugänglich ist.

Die Apple-ID kann dann an zwei Stellen direkt unter macOS zur Verwendung kommen.

a) Zum einen können Sie im Anmeldefenster über die Apple-ID das bisherige Passwort zurücksetzen.

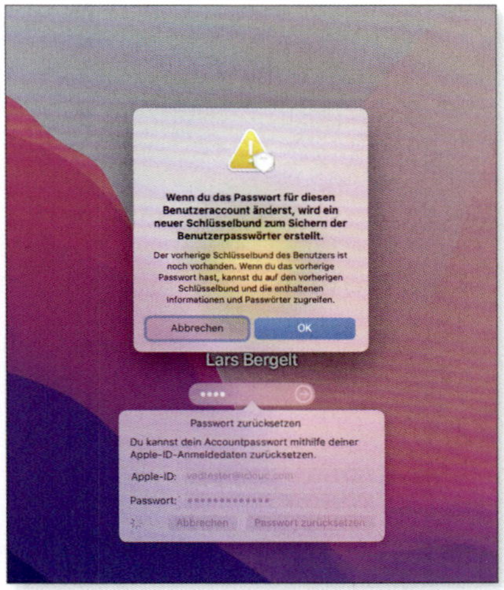

b) Auch der Netzwerkzugriff auf den eigenen Rechner kann über die Apple-ID erfolgen.

Netzwerkzugriff über die Apple-ID.

Benutzer löschen

Selbstverständlich können Sie als Administrator Benutzer auch wieder von Ihrem Rechner entfernen. Um einen Benutzer zu entfernen, gehen Sie in die *Systemeinstellungen* zu *Benutzer:innen & Gruppen*, klicken den Benutzer an und wählen darunter das – aus.

▶I Benutzer löschen 10_02

http://macos2023.amac-buch.de/#10_02

Der Administrator kann jederzeit ohne Rückfrage das Kennwort eines anderen Benutzers ändern oder dessen Account komplett vom Rechner tilgen.

Gast

Ein ganz besonderer Benutzer ist übrigens der *Gastbenutzer*.

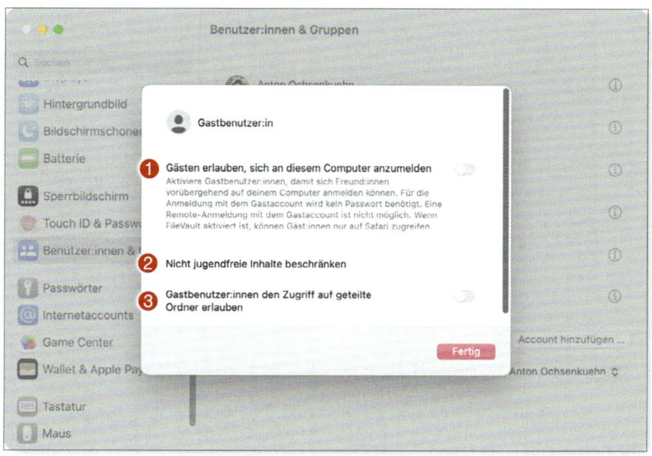

Die Einstellungen für Gastbenutzer:in.

Ein *Gastbenutzer:in* braucht, um sich an dem Rechner einloggen zu können, kein Passwort. Damit der *Gastbenutzer:in* vernünftig funktioniert, sollten Sie die Eigenschaft *Gästen erlauben, sich an diesem Computer anzumelden* ❶ aktivieren. Damit gibt es einen neuen Account – eben den Gast-Account –, mit dem man sich ohne Passwort einloggen darf. Und Sie sehen es am darunter stehenden Text: Der *Gast*-Benutzer kann sich einloggen, mit den Programmen arbeiten und in dem Moment, in dem er sich wieder abmeldet, wird sofort sein kompletter Benutzerordner gelöscht. Das ist zum Beispiel sinnvoll, wenn Freunde oder Bekannte bei Ihnen zu Besuch sind und schnell was im Internet nachschauen wollen. Dann können sie Ihren Rechner als Gast verwenden und in dem Moment, in dem sie sich abmelden, werden alle Spuren sofort vernichtet. Sie können darüber hinaus über *Nicht jugendfreie Inhalte beschränken* ❷ den Zugriff auf heikle Webseiten unterbinden.

> ! Unbedingt deaktivieren sollten Sie **Gastbenutzer:innen den Zugriff auf geteilte Ordner erlauben** ❸, damit sie nicht in irgendwelchen Ordnern auf Ihrem Rechner herumwerkeln. Denn dieser Zugriff ist auch über das Netzwerk aktiv und erfordert keinerlei Passwort.

Sehr viele Hotels verwenden diese Eigenschaft für ihre Internetrechner als Surfstation in der Lobby. Jeder Hotelgast kann sich dort bequem als Gast anmelden, benötigt keinerlei Passwort, kann arbeiten, und sobald er sich abmeldet, werden alle Daten, die er in der Zwischenzeit erstellt hat, wieder vernichtet. Meist werden die Hotelgäste gebeten, die Daten sicherheitshalber extern auf einen USB-Stick zu speichern. Sie sehen also, der *Gastbenutzer* ist eine sehr einfach zu implementierende Funktion mit einem sehr hohen Nutzwert.

Verzeichnisdienste und root-User

Für professionelle Einsatzzwecke hält das Apple-Betriebssystem noch weitere Dinge bereit. Hierfür zuständig ist das Programm *Verzeichnisdienste*.

Dieses starten Sie am besten über eine Spotlight-Suche.

Verzeichnisdienste.

Das Programm Verzeichnisdienste ist ein unerlässliches Werkzeug, wenn Sie in einem Unternehmen mit einem Mac arbeiten wollen. Denn in einem Unternehmen werden die Anwender nicht lokal auf den Geräten verwaltet, sondern über einen zentralen Verzeichnisdienstserver. Das Apple-Betriebssystem bringt zwei Schnittstellen zu häufig verwendeten Verzeichnisdienstservern mit, nämlich das *Active Directory*, das hauptsächlich in Unternehmen eingesetzt wird, die mit Windows-Systemen arbeiten, und das *LDAPv3*, mit dem Sie Kontakt zu einem macOS-Server aufnehmen. Es werden damit also auf den Servern die Userdaten hinterlegt und mit Berechtigungen versehen. Sobald Sie Ihren Rechner über das Programm Verzeichnisdienste mit diesem zentralen Server in Kontakt bringen, können Sie sich als User anmelden, der eigentlich auf einem Server definiert ist. Sie verwenden dabei die lokalen Ressourcen des Rechners und erhalten Ihre Berechtigungen und Konfigurationen über den Verzeichnisdienst zugewiesen. Für Unix-Kenner ist ganz interessant, dass man über das Programm Verzeichnisdienste auch den *root-Benutzer* aktivieren kann.

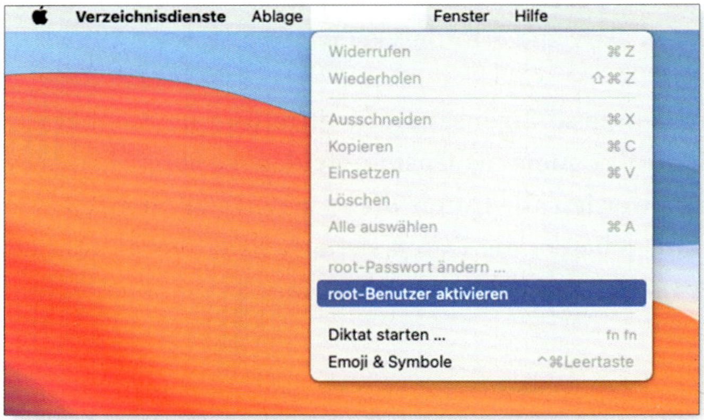

„root-Benutzer" aktiviert.

Der *root-Benutzer* ist quasi der Chef des Administrators. Er hat noch deutlich mehr Befugnisse, kann aber natürlich auch Dinge anstellen, die den Rechner in Mitleidenschaft ziehen. Die Anwendergruppen, die von Unix-Betriebssystemen auf den Mac umsteigen, wissen, welche Eigenschaften der *root-Benutzer* hat, und können diese für ihre Zwecke einsetzen.

Kapitel 11

Systemeinstellungen

In den *Systemeinstellungen* können Sie Ihren Computer Ihren Bedürfnissen entsprechend konfigurieren.

> **!** Wie bereits im vorherigen Kapitel bemerkt, können administrative Benutzer einige Einstellungen vornehmen, die dem normalen Standardbenutzer vorenthalten sind.

Dabei handelt es sich bei den Einstellungen, die nur für Administratoren zugänglichen sind, um globale Einstellungen für den Rechner, um den Zugang zum Netzwerk und Internet oder die Definition der Benutzeraccounts, die Aktualisierung des Betriebssystems etc. In diesem Kapitel werden wir nun noch die verbliebenen Systemeinstellungen kurz auflisten, die nicht bereits an anderer Stelle Erwähnung fanden. Dabei sollen zuerst die Systemeinstellungen gezeigt werden, die ein Administrator für den kompletten Rechner vornehmen kann.

> **!** Wenn Sie von älteren macOS-Versionen umgestiegen sind, dann werden Sie ja schon bemerkt haben, dass die Systemeinstellungen komplett neu strukutriert wurden. Um nunmehr rasch bekannte Funktion darin wieder finden zu können, sollten Sie die Suchfunktion der Systemeinstellungen nutzen.

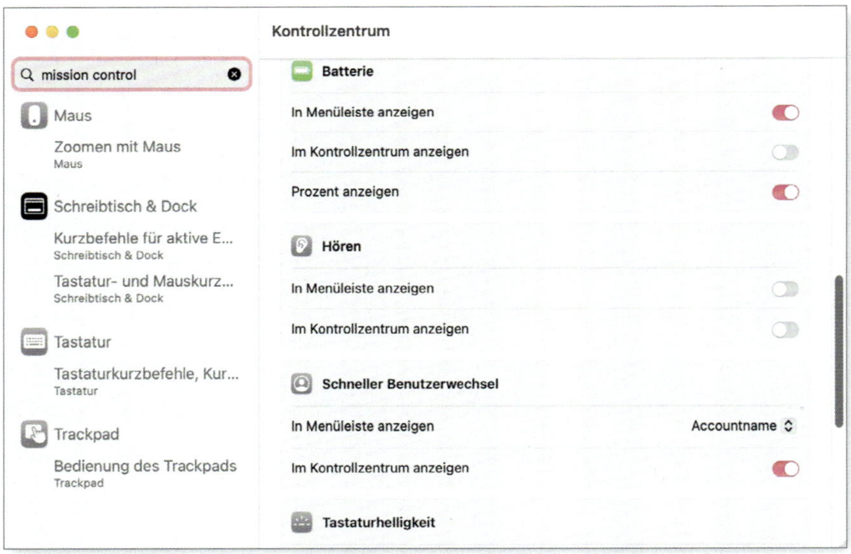

Über die Suche in den Systemeinstellungen werden Sie rasch fündig.

Sicherheit & Datenschutz

In den Systemeinstellungen befindet sich *drei* das Icon *Sicherheit & Datenschutz*. Und dort gibt es die Bereiche *Datenschutz, Sicherheit und Erweiterungen.*

Prüfen Sie zudem in regelmässigen Abständen die Einträge im Register *Datenschutz*. Denn neu installierte Apps wollen bisweilen Zugriff auf anderen Daten an Ihrem Rechner haben. Hier finden Sie also eine Übersicht, welche Programme auf welche Ressourcen zugreifen dürfen.

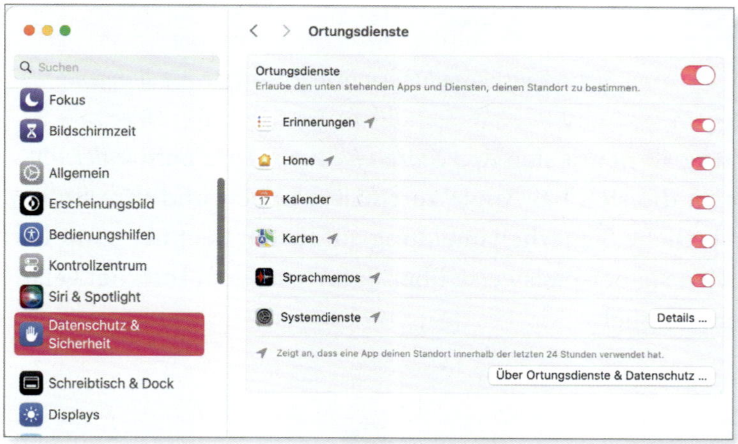

Überlegen Sie sich bitte ganz genau, welche Programme z. B. Ihre Kontakt- oder Ortungsdaten nutzen dürfen. Im Bereich „Festplattenvollzugriff“ bzw. „Automation“ sollten Sie besondere Vorsicht walten lassen.

Gatekeeper

Eine weitere wesentliche Funktion in den *Systemeinstellungen* befindet sich ebenfalls bei *Sicherheit & Datenschutz* im Bereich *Allgemein*.

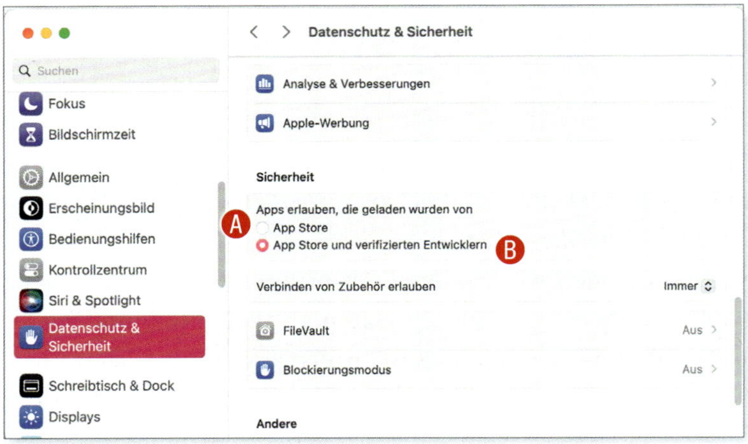

App-Sicherheitseinstellungen in den Systemeinstellungen.

Die Standardeinstellung **B** nennt sich *App Store und verifizierte Entwickler*. Das bedeutet: Alle Anwendungen von Entwicklern, die sich bei Apple zertifiziert haben und ihre Software über den *App Store* anbieten, werden ohne jegliche Sicherheitsmeldung auf Ihrem Rechner installiert. Kommt die Software aus anderen Quellen, wird sie beispielsweise über Safari aus dem Internet geladen, ist eine Installation ohne Überprüfung nicht möglich.

Firefox wird überprüft und danach gestartet.

! Wollen Sie diese Software dennoch installieren, obwohl sie nicht über den **App Store** erworben wurde und in diesem Fall auch nicht von einem verifizierten Entwickler stammt, müssen Sie beim ersten Start der App die **ctrl**-Taste gedrückt halten während Sie über das Kontextmenü **Öffnen** auswählen.

Wollen Sie den Schutz nur auf Programme aus dem App Store reglementieren, verwenden Sie die Funktion *App Store* **A**.

FileVault

Technologisch gesehen deutlich interessanter ist der Reiter *FileVault*. In den vorherigen Betriebssystemversionen war es so, dass man mit FileVault den Benutzerordner verschlüsseln konnte. Jeder Benutzer konnte entscheiden, ob er seinen Ordner verschlüsseln möchte. Seit El Capitan wird nunmehr der komplette Rechner verschlüsselt, inklusive der Programme, Systemordner und aller Benutzerordner. Die Vorgehensweise ist dabei Apple-like sehr einfach. Zunächst einmal sollten Sie in den *Systemeinstellungen* bei *FileVault* festlegen, dass Sie *FileVault aktivieren* möchten.

Damit FileVault aktviert werden kann, müssen alle Anwender auf dem Rechner ein Passwort für besitzen. Ist dies nicht der Fall, erhalten Sie eine Meldung und Sie müssen unter *Systemeinstellungen –> Benutzer & Gruppen* für die jeweiligen Benutzer Passwörter definieren.

Apple bietet Ihnen einen Wiederherstellungsschlüssel an. Das ist eine illustre Text- und Zahlenkombination, die im Falle eines Falles, sollten alle Kennwörter vergessen worden sein, ein Sicherheitsnetz darstellt, um sich an dem Rechner einloggen zu können. Sie können aber als Alternative auch Ihren iCloud-Account dafür verwenden. Sie können dann auf *Fortfahren klicken*, um die Aktivierung von FileVault abzuschließend.

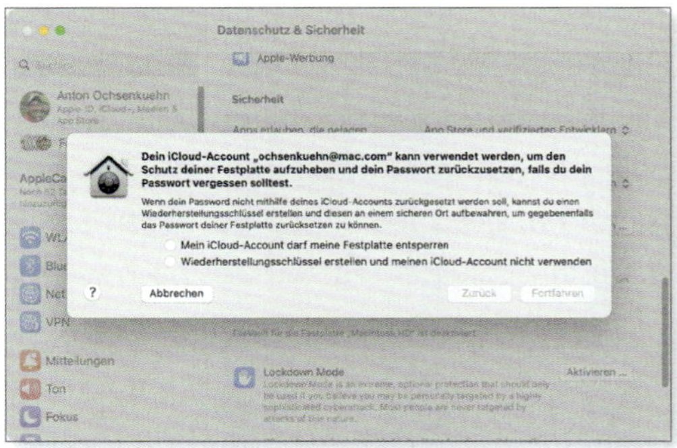

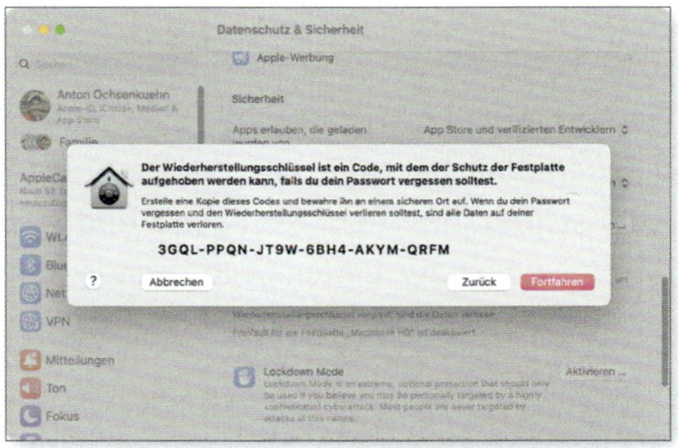

Entweder man generiert einen Wiederherstellungsschlüssel oder man verwendet den iCloud-Account.

> **!** Notieren Sie sich diesen Schlüssel bzw. drucken Sie diese Bildschirmansicht aus und verwahren Sie den Wiederherstellungsschlüssel an einem sicheren Ort.

Wie Sie es bereits von der Verschlüsselung bei Time Machine kennen, dauert es natürlich eine geraume Zeit, bis der komplette Rechner verschlüsselt ist. Ihr Vorteil als Anwender gerade eines tragbaren

Rechners ist jedoch enorm: Sollten Sie Ihren Rechner verlieren, sind alle Daten, die auf der Festplatte des Rechners vorhanden sind, vor fremden Blicken sicher.

Beim nächsten Neustart erscheint dann vor dem Bootvorgang sofort eine Liste aller User, die auf diesem Betriebssystem hinterlegt sind. Klicken Sie den entsprechenden Account an und geben Sie das dazugehörige Passwort ein. Erst danach wird der Startprozess fortgesetzt.

Ist der Rechner dann wieder neu gestartet, können Sie in den *Systemeinstellungen* zu *Sicherheit & Datenschutz* gehen und dort bei *FileVault* erkennen, dass es doch relativ lange dauert, bis diese Verschlüsselung abgeschlossen ist.

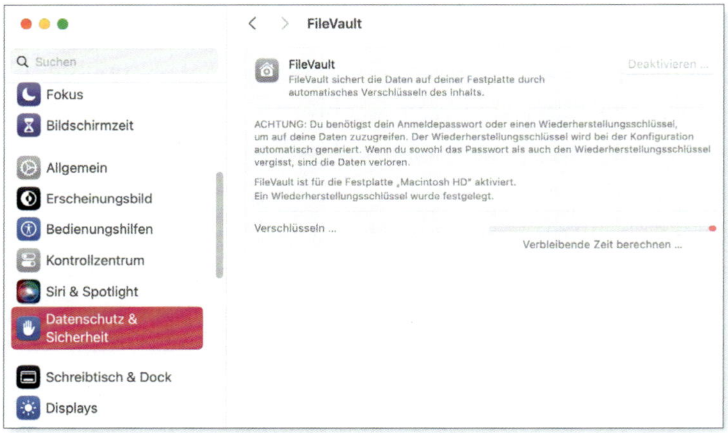

Verschlüsselung läuft.

> **!** Sie werden in der Praxis erleichtert feststellen, dass es nicht wirklich mehrere Tage dauert, sondern dass im Regelfall abhängig von der Datenmenge, die sich auf Ihrer internen Festplatte befindet, die Verschlüsselung innerhalb weniger Stunden vollständig abgeschlossen ist. Verfügen Sie über einen Mac mit T2-Chip bzw. einem M-Prozessor, dann ist die Verschlüsselung zumeist nach wenigen Sekunden abgeschlossen.

Selbstverständlich kann nach erfolgreicher Aktivierung der *FileVault*-Funktionalität diese auch wieder deaktiviert werden.

Rufen Sie dazu in den *Systemeinstellungen –> Sicherheit & Datenschutz* den Reiter *FileVault* auf und klicken Sie auf *Deaktivieren*. Anschließend erscheint eine Rückfrage des Systems, ob Sie die Verschlüsselung nun tatsächlich deaktivieren möchten. Klicken Sie auf *Verschlüsselung deaktivieren*. Wie zuvor, dauert das Entschlüsseln der Daten auf dem Datenträger eine gewisse Zeit.

Passwort festlegen

Mit einem Benutzerkennwort können Sie verhindern, dass unberechtigte Personen sich einloggen, um Ihre Daten zu sehen. Wählen Sie *FileVault*, um alle Daten auf dem Computer zu verschlüsseln. Möchten Sie nun auch noch das Booten Ihres Macs von einem anderen Datenträger (USB-Volume etc.) unterbinden, so hilft Ihnen hier das Setzen eines Firmware-Passworts weiter.

1. Starten Sie Ihren Mac via *cmd + R* oder mit *cmd + alt + R* von der Internet-Wiederherstellung. Wenn Sie einen Mac mit Apple Prozessor haben, dann schalten Sie den Rechner ein und halten dann die Einschalttaste gedrückt und wählen *Optionen* aus.
2. Wählen Sie im Menüpunkt *Dienstprogramm* den Eintrag *Startsicherheitsdienstprogramm* aus.
3. Tippen Sie nun auf *Firmware-Passwort aktivieren*, und geben Sie bei *Neues Passwort* und bei *Bestätigen* Ihr Kennwort ein. Bestätigen Sie die Eingabe mit *Passwort festlegen.*
4. Verlassen Sie nun das Startsicherheitsdienstprogramm, und starten Sie Ihren Rechner neu.

Wenn Sie nun vom gewohnten Startlaufwerk booten, werden Sie keinen Unterschied feststellen. Erst wenn Sie von einem anderen Laufwerk oder von der Wiederherstellungspartition starten möchten, ist zunächst die Eingabe des Firmware-Passworts notwendig.

Die Eingabe des Firmware-Passworts ist nun notwendig.

Drei wichtige Bemerkungen noch dazu:

e) Sollten Sie das Firmware-Kennwort einmal vergessen, hilft Ihnen nur der Apple autorisierte Service Partner weiter!

f) Um das Firmware-Passwort zu entfernen, müssen Sie erneut von der Internet-Wiederherstellung booten, das entsprechende Dienstprogramm starten und dann das Kennwort entfernen.

g) Nachdem Sie im Regelfall eine englische Tastatur nach dem Starten des Rechners zur Verfügung haben, sollte Sie „deutsche“ Spezialzeichen am besten nicht verwenden!!!

Blockierungsmodus

Mit dem Blockierungsmodus können Sie Ihren Mac in einen Lockdown bringen. Das kann dann sinnvoll sein, wenn Sie den Verdacht haben, das jemand versucht, an Ihrem Gerät Daten auszuspionieren. Der Sicherheitslevel wird also nochmals erhöht und damit der Schutz Ihrer Daten. Einige Apps funktionieren dann allerdings nicht mehr wie gewohnt.

Erweiterungen

Wie Sie anhand des Bildschirmfotos sehen, können Sie den Mac mit weiteren Funktionen ergänzen. So kann z. B. das *Teilen*-Menü oder der Finder im Bereich Schnellaktionen modifziert werden. All diese Erweiterungen können hier eingesehen und verwaltet werden.

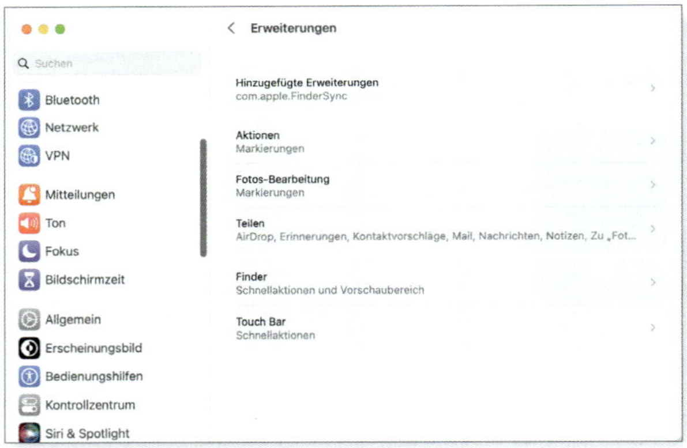

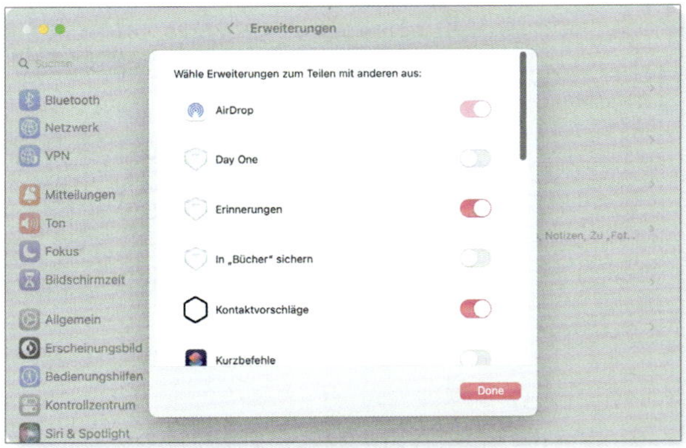

Aktivieren oder Deaktivieren Sie Zusatzfunktionen innerhalb der Erweiterungenübersicht.

Sperrbildschirm

Der Sperrbildschirm erscheint z. B. dann, wenn Sie über das Apfelmenü den *Ruhezustand* aktiviert haben. Weitere Optionen finden Sie bei *Sperrbildschirm* in den *Systemeinstellungen*.

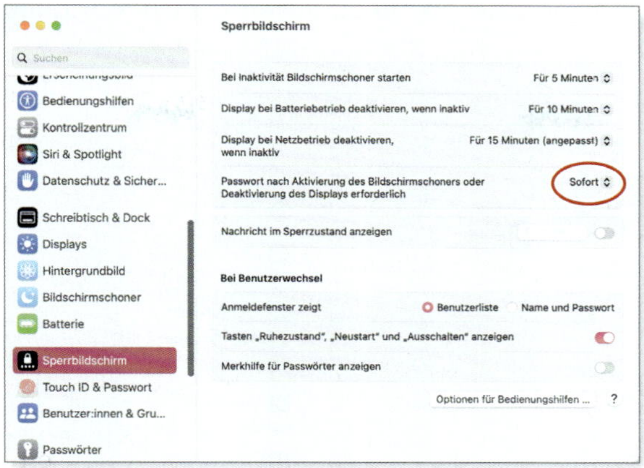

Wichtig ist, dass Sie die Passwortabfrage – roter Kringel – auf Sofort einstellen.

Displays

AirPlay ist eine ganz einfache Möglichkeit, wie Sie drahtlos Ihren Computerbildschirm zum Beispiel an Ihr Apple TV übertragen. Notwendig ist hierfür natürlich, dass sich ein Apple-TV-Gerät mit WLAN in der Nähe befindet und Sie sich mit Ihrem Computer im gleichen WLAN-Netzwerk befinden. Damit gelangen dann die Daten mit der maximalen Qualität von 1080p auf Ihren HD-Fernseher, der am Apple TV angeschlossen ist. Auch die Audio-Informationen werden übertragen.

Die Funktion der Übertragung via AirPlay kennen Sie eventuell bereits vom iPhone und iPad. Auch dort ist es möglich, die Bildschirminhalte auf das Apple-TV-Gerät zu übertragen.

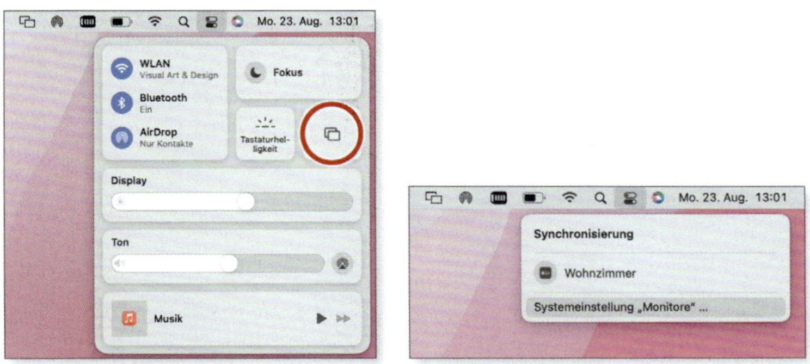

AirPlay auf dem Mac.

Des Weiteren kann hier die Monitorauflösung eingestellt werden. Zudem kann die Helligkeit des Bildschirms noch automatisch oder eben manuell eingestellt werden.

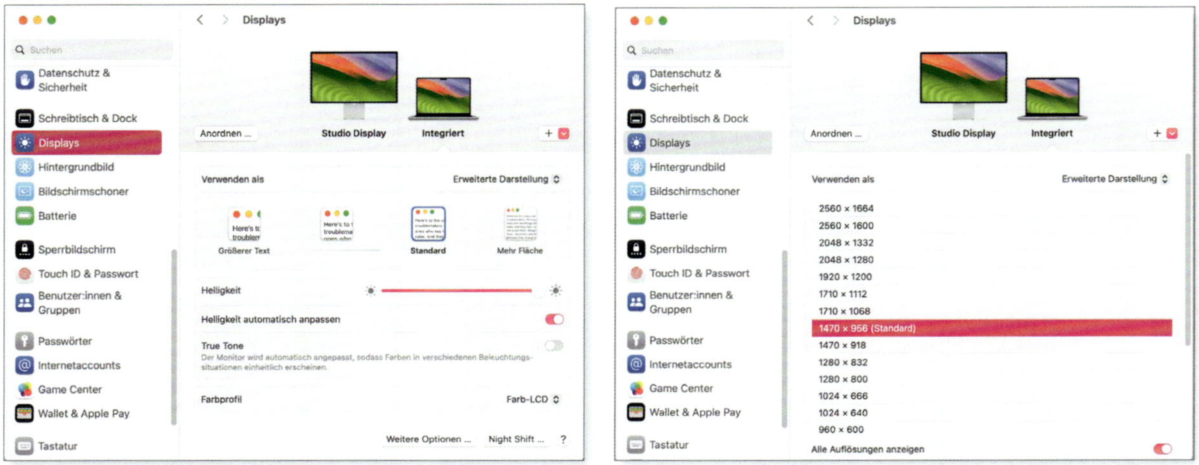

Die Bildschirmauflösung kann individuell je Monitor eingestellt werden. Wenn Sie mit gedrückter alt-Taste auf die Auflösungen klicken, dann erscheint eine Liste mit Einstelloptionen (rechts).

Über *Farbprofil* können Sie dem Monitor ein Farbprofil zuordnen. Für Personen aus dem Kreativbereich eine sehr wichtige Funktion. Und schlußendlich *Night Shift* verwendet wärmere Farbtöne für Ihren Monitor. Denn Studien haben ergeben, dass blaues Licht abends den Schlaf-Wach-Rhythmus beeinflussen kann. Geben Sie hier nun an, welches Zeitintervall von Night Shift verwendet werden soll. Sie können es auch automatisieren, wenn Sie Sonnenuntergang bis Sonnenaufgang einstellen.

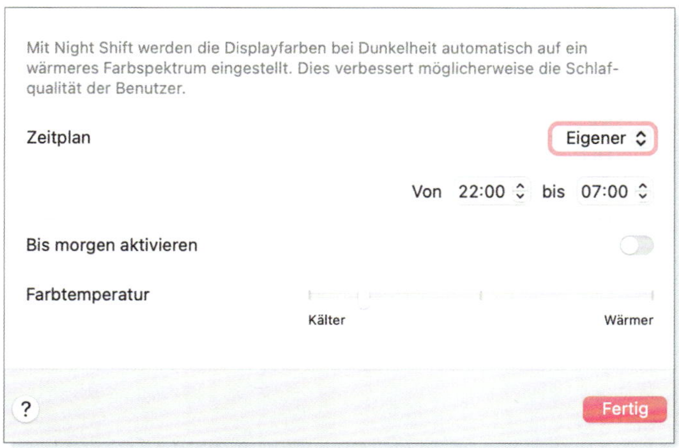

Wärmere Farbtöne vor allem abends sollen das Einschlafen erleichtern.

> **!** Sie können Night Shift jederzeit manuell aktivieren – entweder hier über die **Systemeinstellungen –> Displays** oder noch cleverer über das **Kontrollzentrum** in der Menüleiste.

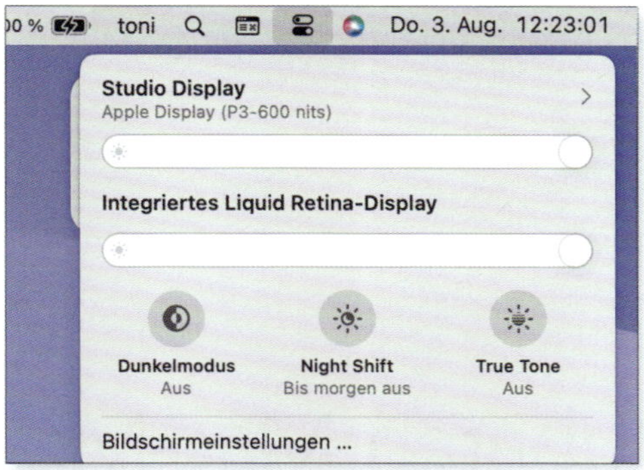

Übers das Kontrollzentrum –> Display erreichen Sie Night Shift ebenfalls.

Mehrere Monitore

Werden mehrere Monitore gleichzeitig verwendet, können die Einstellungen je Display vorgenommen werden. Jeder Monitor verfügt über seine eigene Menüleiste, eigene Spaces und eine eigene Mission Control. Sie könnnen einfach per Drag & Drop Fenster zwischen den Displays austauschen. Sofort wechselt die Menüleiste und bringt die Funktionen der App zum Vorschein. Das klappt auch, wenn Sie sich in der Mission-Control-Ansicht befinden. Einfach das Fenster auf das andere Display ziehen und schon wird die App dort eingeblendet.

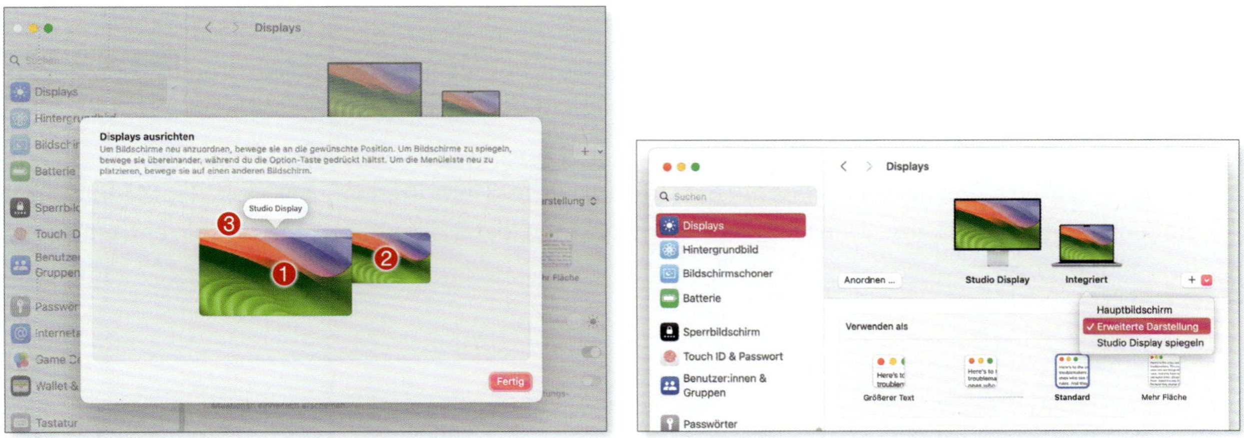

Dieser Computer verfügt über zwei Monitore.

Um die Anordnung der Bildschirme zu ändern, müssen Sie unter *Anordnen* nur die beiden Symbole der Monitore ❶ und ❷ verschieben. Mit der kleinen weißen Leiste ❸, wird festgelegt, welcher der Monitora der Hauptmonitor sein soll. Sie können diese Leiste mit der Maus anfassen und auf den anderen Monitor schieben. Soll auf den beiden Displays der gleiche Inhalt dargestellt werden, aktivieren Sie *xy spiegeln* ❹.

> **!** Sind Sie via AirPlay mit dem HD-Fernseher verbunden, können Sie diesen ebenfalls als eigenständiges Display nutzen.

Batterie bei tragbaren Mac-Modellen

Nutzen Sie die Batterie-Einstellungen, um zum einen den Akku-Verbrauch zu überwachen und zum anderen den Stromsparmodus zu aktivieren.

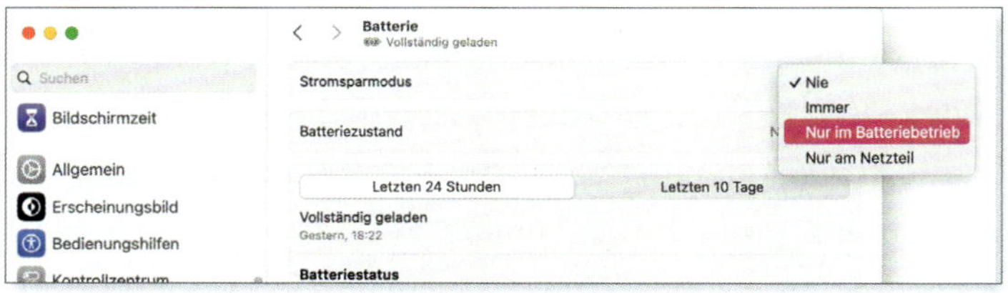

Definieren Sie, in welchem Zustand Strom gespart werden soll.

Wir der Stromverbrauch reduziert, dann wird die Bildschirmhelligkeit heruntergefahren und Prozessorleistung wird gedrosselt, so dass der Akku schlichtweg länger durchhält.

> **!** Sicher haben Sie schon bemerkt, dass der Batterieladezustand Ihres tragbaren Macs in der Menüleiste eingeblendet werden kann. Wenn Sie das ändern möchten, dann gehen Sie zum **Kontrollzentrum** und dort zu **Batterie**.

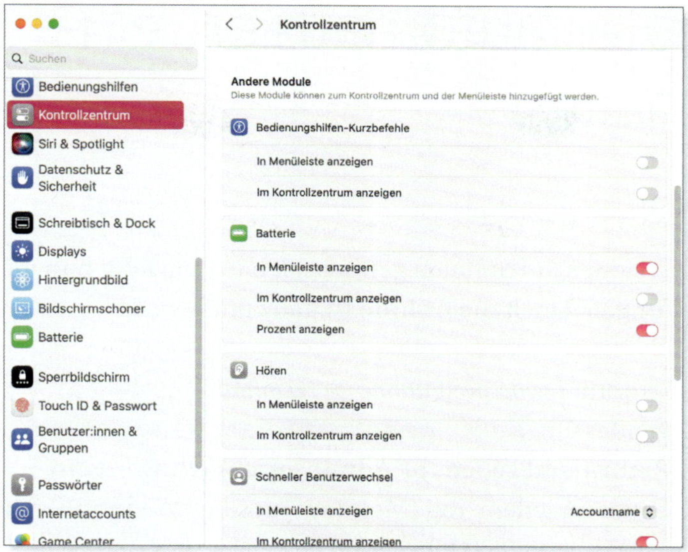

Die Anzeige mit Akkulaufzeit in Prozent.

Zudem kann Ihnen das Menüleistensymbol *Batteriestatus* noch besonders energieintensive Apps auflisten. An diesem Beispiel sehen Sie, dass der Adobe Acrobat Reader besonders viel Energie verbraucht.

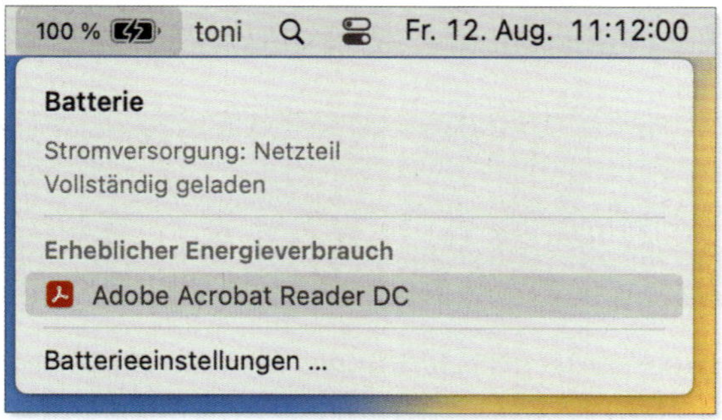

Energieintensive Apps erscheinen unter dem Batterie-Icon in der Menüleiste.

Den Computer automatisiert ein- bzw. ausschalten

Wer von älteren macOS-Versionen auf Sonoma gewechselt hat, dem fehlt nun möglicherweise diese Funktion in den Systemeinstellungen. Doch die Abhilfe ist ganz einfach:

a) Starten Sie das Programm *Dienstprogramme* -> *Terminal.*
b) Tippen Sie nun folgendes ein: `sudo pmset repeat wake MTWRFSU 9:00:00`
Bestätigen Sie mit Return und geben Ihr Administratorkennwort ein.
Damit wird Ihr Rechner an jedem Tag (Monday, Tuesday, Wednesdy, Thursday > R, Friday, Saturday und Sunday > U) um 9:00 Uhr gestartet.
c) Möchten Sie das Ausschalten ebenso steuern, dann lautet der Befehl:
`sudo pmset repeat shutdown MTWRFSU 21:00:00`
Damit wird der Computer um 21:00 Uhr heruntergefahren.
d) Überprüfen Sie Ihre Eingabe via `pmset -g sched`.

Sie sollten eine derartige Meldung erhalten:

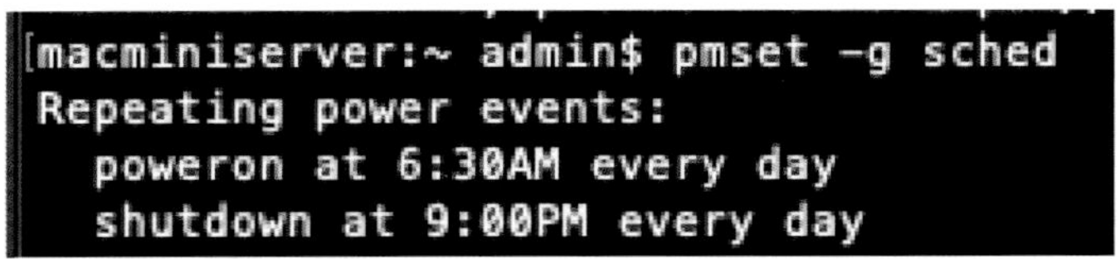

Der Computer startet um 6:30 Uhr und fährt um 21:00 wieder runter.

Möchten Sie den Zeitplan komplett verwerfen, dann ist hierfür dieser Befehl zuständig:
`sudo pmset repeat cancel`

Allgemein –> Datum & Uhrzeit

Deshalb ist es zu empfehlen, bei *Allgemein –> Datum & Uhrzeit* einen Timeserver zu verwenden. Sie können entweder den von Apple benutzen oder an dieser Stelle einen eigenen Timeserver eintragen, den Sie in Ihrem Netzwerk betreiben, um allen Rechnern in diesem Netzwerk das gleiche Datum und die gleiche Uhrzeit mitzuteilen. Überprüfen Sie noch im Register *Zeitzone*, ob Sie auch den richtigen Standort und die Zeitzone definiert haben.

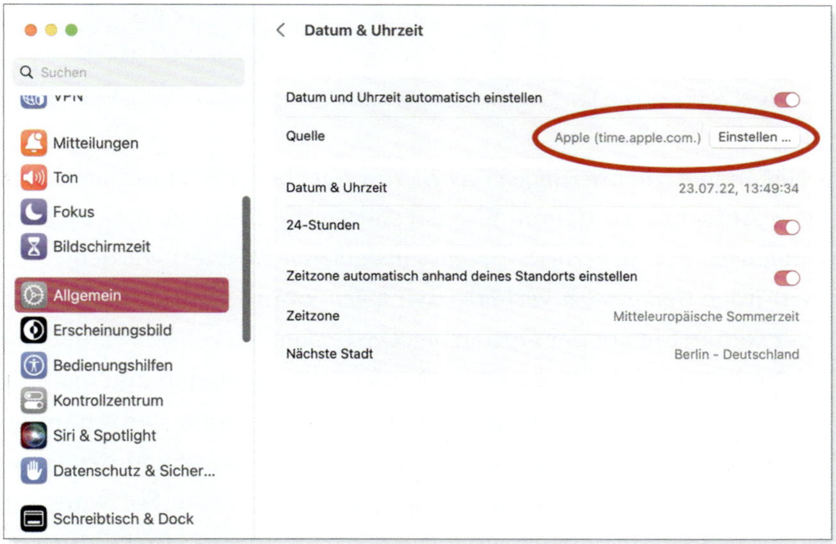

Datum & Uhrzeit.

Allgemein –> Softwareupdate

Bereits an anderer Stelle haben wir diskutiert, dass die Softwareaktualisierung das Betriebssystem ändert, und die Änderung des Betriebssystems darf nur ein Administrator durchführen.

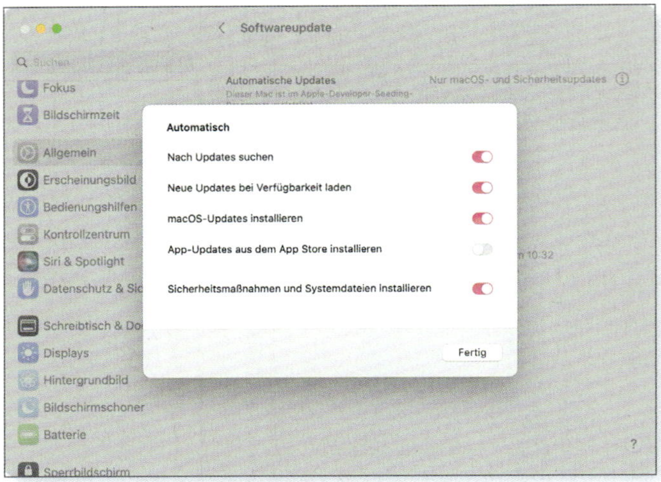

Über „Softwareupdate" regeln Sie, wie macOS mit Updates umgehen soll.

Aktivieren Sie das Häkchen *Aktualisierungen suchen*, um stets bei einer bestehenden Internetverbindung nach Aktualisierungen Ausschau zu halten. Ebenso sollten die Einträge *App-Updates aus dem App Store installieren* und *Systemdateien und Sicherheits-Updates installieren* aktiviert werden.

Auch die Eigenschaft *Neue Updates bei Verfügbarkeit laden* kann eigentlich unbedenklich aktiviert werden. Etwas vorsichtiger sollten Sie mit der Option *macOS-Updates installieren* sein. Damit werden nämlich Updates für das Betriebssystem wie z. B. macOS 14.2 automatisch geladen und installiert. Systemupdates sollten Sie immer ganz bewußt installieren. Eine neue Systemversion kann nämlich vorhandene Programme unbrauchbar machen, das gilt besonders für Treibersoftware von externen Geräten (Scanner, Kartenleser, Drucker etc.). Informieren Sie sich vorher bei den diversen Software- bzw. App-Herstellen, ob das jeweilige Programm mit dem neuen System auch kompatibel ist. Erst dann sollten Sie das Systemupdate manuell aufspielen.

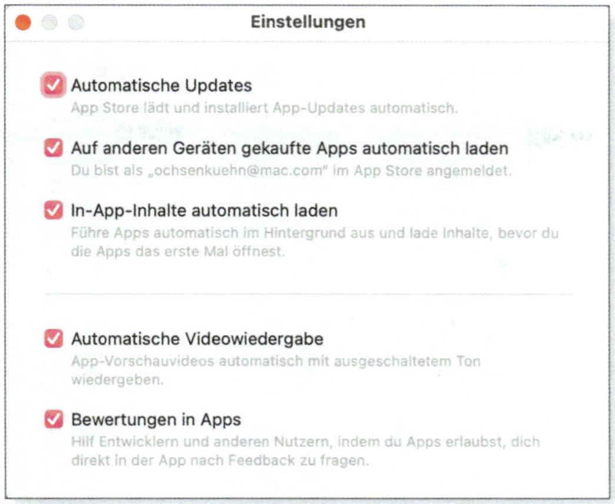

Starten Sie das Programm „App Store" und öffnen Sie die „Einstellungen", um weitere Optionen zu erhalten.

Gekaufte Apps automatisch auf andere Geräte laden bedeutet, dass verschiedene Mac-Rechner mit macOS über das Programm *App Store* automatisch auf dem gleichen Stand gehalten werden. Wird auf einem Computer ein Programm heruntergeladen, kann dies automatisch auch auf anderen Rechnern erfolgen, die mit der gleichen Apple-ID angemeldet sind. Eine sehr zeitsparende und nützliche Funktion, die Sie verwenden sollten.

Wenn ein Update das Betriebssystem aktualisiert, ist zwingend ein Neustart erforderlich, um dieses Update einzuspielen, wohingegen App-Updates nur möglich sind, wenn die dazugehörige App auch geschlossen ist.

> **!** Im Gegensatz zu Windows gibt es hier keine Möglichkeit, Softwareinstallationen an einer zentralen Stelle wieder rückgängig zu machen. Um ein Betriebssystemupdate wieder rückgängig machen zu können, müssen Sie über die Time Machine gehen und einen alten Zustand einspielen. Wollen Sie ein installiertes Programmpaket, wie zum Beispiel den Adobe Reader, wieder von Ihrem Rechner verbannen, müssen Sie die Deinstallationsroutine verwenden, die bei dem Adobe-Produkt dabei war.

Wollen Sie zu einem späteren Zeitpunkt prüfen, welche Updates installiert wurden, sollten Sie dazu im *Dienstprogramme*-Ordner die App *Systeminformationen* öffnen. Wählen Sie auf der linken Seite den Bereich *Software –> Installationen* aus.

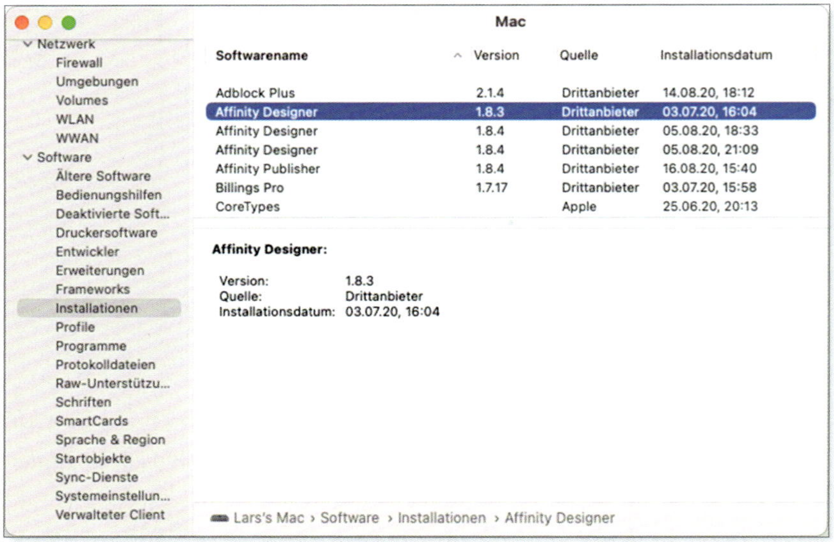

In den Systeminformationen sehen Sie auf einen Blick, welche Updates installiert wurden.

Allgemein –> Startvolume

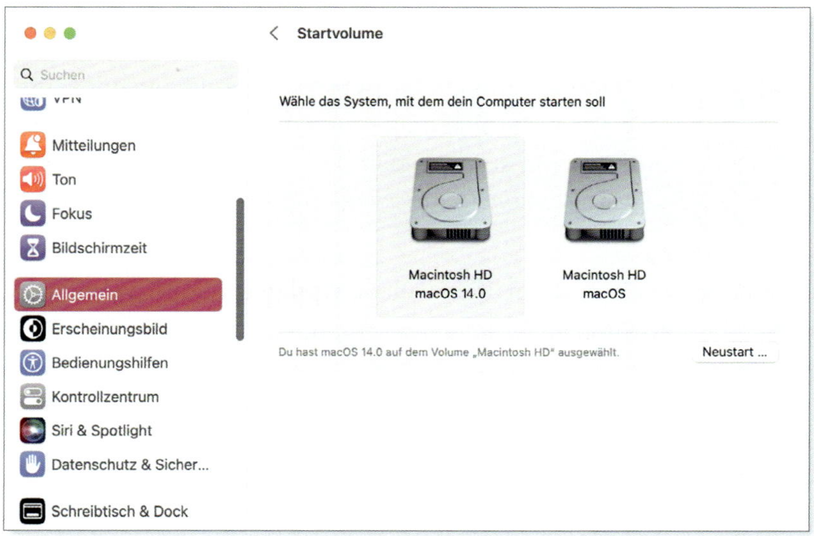

Startvolume auswählen.

Anhand meines Computers sehen Sie, dass dieser derzeit über verschiedene Laufwerke und verschiedene Betriebssystemversionen verfügt. Ich kann mich also über *Startvolume* entscheiden, mit welchem Betriebssystem ich beim nächsten Neustart booten möchte.

> !
> Wenn Sie den Rechner (mit Intel-Prozessoren) einschalten und sich dann entscheiden wollen, welches Betriebssystem starten soll, halten Sie die **alt**-Taste gedrückt, bis der Bootmanager Ihnen alle bootfähigen Laufwerke zeigt, und klicken dann das Laufwerk an, von dem gestartet werden soll. Bei einem Mac mit Apple Prozessor schalten Sie diesen ein und halten danach die Einschalttaste gedrückt, um die verschiedenen Startvolumes zu sehen.

Im Regelfall werden Sie dort nur ein Icon vorfinden, nämlich das mit dem Namen *Macintosh HD*, worauf Ihr Betriebssystem installiert ist.

Erscheinungsbild

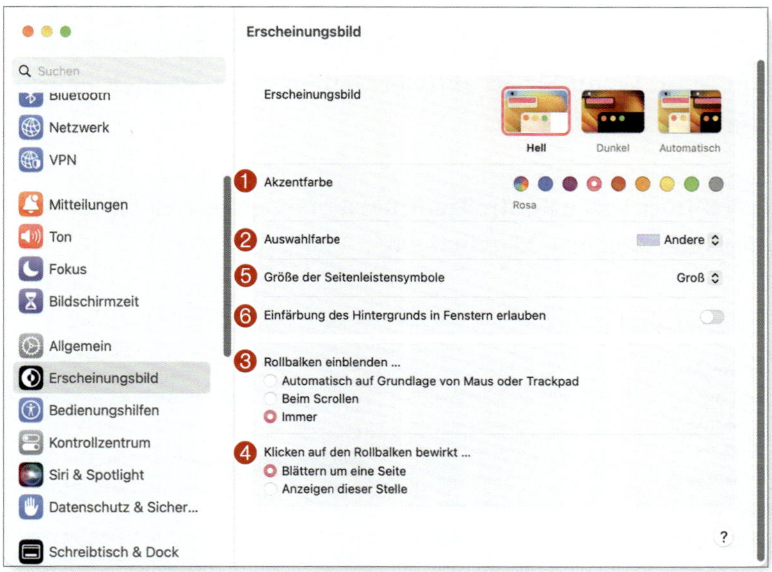

Im Bereich *Allgemein* können Sie eine Menge sinnvoller Einstellungen vornehmen, um noch zufriedener mit Ihrem Betriebssystem zu werden. Im ersten Bereich geht es um die Farbgebung. Standardmäßig verwendet Apple das *Erscheinungsbild* Hell und die *Akzentfarbe* Lila ❶. Mit dem Erscheinungsbild wird die allgemeine Darstellung der Benutzeroberfläche geändert. Wenn Sie lieber mit abgedunkelten Fenstern, Menüleisten und Dock arbeiten wollen, dann wechseln Sie auf *Dunkel*.Die Akzentfarbe ist für die Darstellung von Menüeinträgen und Tasten zuständig. Die Menüleiste wird immer dann eingeblendet, wenn Sie den Mauszeiger an die obere Bildschirmkante bewegen. Wenn Sie einen Text an irgendeiner Stelle markieren oder auch eine Markierung in einem Finder-Fenster vornehmen, wird als *Auswahlfarbe* ein helles Blau verwendet ❷, was Sie hier ändern könnten.

Grundsätzlich gilt: Sobald die *Akzentfarbe* geändert wird, wird ebenso die *Auswahlfarbe* auf den gleichen Farbton gesetzt. Aber Sie können die Auswahlfarbe nachträglich jederzeit ändern und so die Akzent- zur Auswahlfarbe verschieden einstellen.

Für viele Anwender mag es anfangs befremdlich sein, gerade wenn sie bereits mit einem Mac- oder Windows-Betriebssystem gearbeitet haben, dass die Rollbalken standardmäßig nicht eingeblendet bleiben, sondern nur bei Bedarf erscheinen. Sollte Sie diese Funktion stören, schalten Sie die Option *Immer* ❸ ein, um die Rollbalken stets zu sehen. Dann ist es natürlich auch sinnvoll, bei *Klicken in den Rollbalken bewirkt* ❹ zu definieren, ob durch Klick in den Rollbalken seitenweise geblättert oder ob an die jeweilige Stelle innerhalb eines Fensters gesprungen werden soll.

Bei *Größe der Seitenleistensymbole* ❺ können Sie sich zwischen den Größen *Klein*, *Mittel* und *Groß* entscheiden. Dies führt zur Änderung der Icongrößen im Finder in der Seitenleiste und ebenso zur Änderung der Icons im Programm Mail. Wenn Sie ❻ aktiviert haben, dann werden Fenster transparent und der Hintergrund scheint durch.

> **!** Unter **Schreibtisch & Dock** sowie **Kontrollzentrum** gibt es weitere Einstellungen, die auch das Erscheinungsbild und Verhalten von macOS definieren.

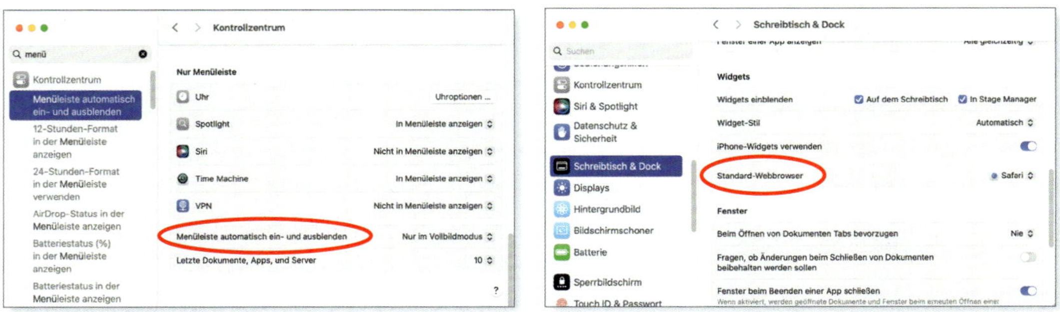

Sie können (links) die Menüleiste automatisch ein- bzw. ausblenden lassen und definieren, mit welchem Standardbrowser Sie arbeiten wollen (rechts).

Allgemein –> Sprache & Region

Im Bereich *Sprache & Region* verbergen sich u nter anderem die Spracheinstellungen des Betriebssystems, die diversen Einstellungen für Ihre Region und zudem die *Anredeform*. Voreingestellt ist Ihre Landessprache. Das ist standardmäßig so festgelegt, denn das Apple-Betriebssystem wird in verschiedenen Sprachen auf ein und demselben Installationsdatenträger zur Verfügung gestellt. Das heißt, es ist ein Leichtes, das Betriebssystem auf Englisch oder Französisch umzustellen. Klicken Sie dazu auf das Pluszeichen links unten, wählen Sie die gewünschte Sprache aus und definieren Sie diese anschließend als Primärsprache. Sobald Sie sich ab- und wieder anmelden, wird Ihr Benutzeraccount in dieser Sprachumgebung arbeiten.

> **!** Es kann sein, dass damit zwar der Finder in der gewünschten Sprache erscheint, aber viele andere Anwendungsprogramme immer noch in deutscher Sprache starten. Das liegt daran, dass nicht alle Programmhersteller ihre Applikationen in verschiedenen Sprachen ausliefern.

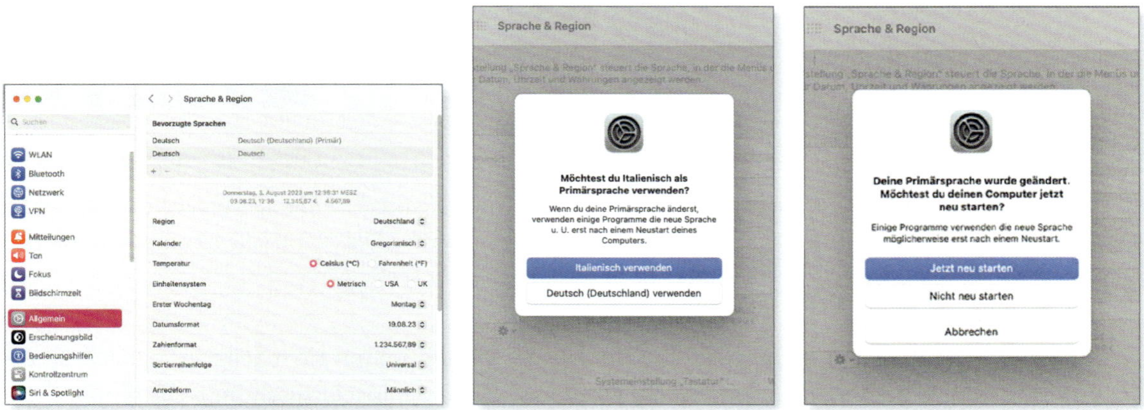

Die Systemsprache kann umgestellt werden.

Falls Sie Deutsch wieder als Primärsprache haben wollen, verschieben Sie sie in der Liste einfach nach oben an die erste Position. Damit wird die Sprache des Systems geändert.

Ansonsten hält die Systemeinstellung *Sprache & Region* noch Optionen für die Darstellung von Datum und Uhrzeit bereit.

Im Bereich *Apps* könnten Sie zudem noch festlegen, dass ausgewählte Apps nur in bestimmten Sprachen verwendet werden sollen.

Bildschirmschoner

In der Kategorie *Bildschirmschoner* können Sie nun definieren, wann ein Bildschirmschoner in Kraft tritt und welcher es denn sein soll, der die Pause verschönert. Sie sollten vielleicht einmal die Eigenschaft *Mobile – Fotos* oder *Origami* ausprobieren, um zu sehen, wie gut hier die Grafik ist.

Zudem können Sie nun auf verschiedene Bildmaterialien für Ihre Bildschirmschoner (*Andere -> Fotos*) zurückgreifen. Verwenden Sie entweder die neuen *Standardsammlungen* ❶ oder wählen Sie einfach einen Bilderordner ❷ aus.

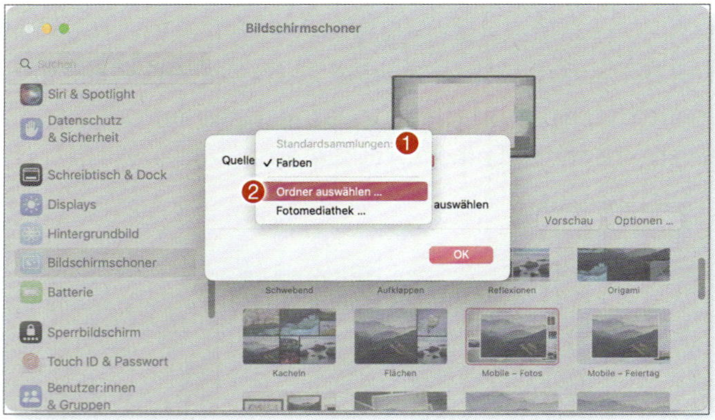

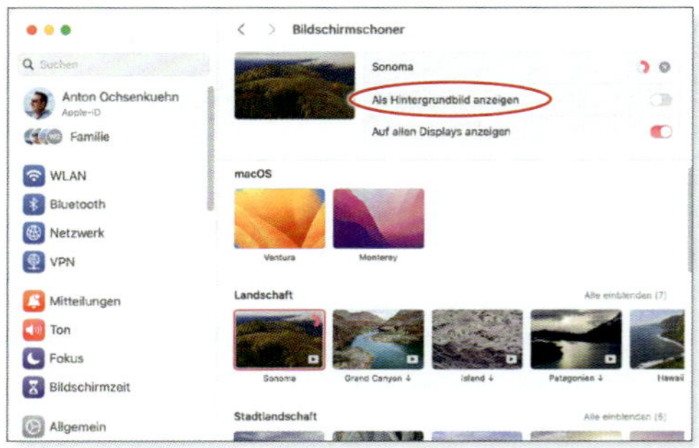

Verwenden Sie eigene Fotos für den Bildschirmschoner oder suchen Sie sich aus der Fülle der Angebote etwas Schönes aus. Viele davon können ebenso ein Hintergrundbild anbieten. Die Animation des Bildschirmschoners wird ebenso auf dem Sperrbildschirm dargestellt - sehr cool!

> **!** Neu seit Catalina ist der Bildschirmschoner **Verwehen**. Diesen sollten Sie mal in der Version **Spektrum** testen. Klicken Sie dazu nach Auswahl von **Verwehen** auf die **Bildschirmschoner-Optionen**.

Die Zeitdauer bis der Bildschirmschoner in Erscheinung tritt stellen Sie übrigens in den *Systemeinstellungen* bei *Sperrbildschirm* ein.

Tastatur

In den Tastatureinstellungen kann man zunächst definieren, ob die Funktionstasten – die Tasten *F1*, *F2* etc. – als Standardfunktionstasten verwendet werden oder für die alternativen Funktionen wie Lautstärkeregelung, Vor- und Zurückspulen, Helligkeit etc. (*Einstellungen –> Tastatur –> Tastaturkurzbefehle –> Funktionstasten*). Bei tragbaren Macs kann auch noch die Tastaturhelligkeit justiert werden. Deutlich interessanter ist der Eintrag *App-Tastaturkurzbefehle*.

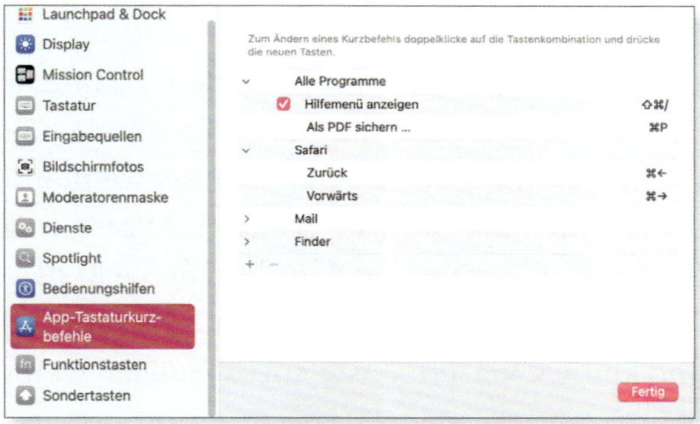

Die Kurzbefehle können vielfältig konfiguriert werden.

Wie Sie sehen, gibt es nämlich bereits eine Menge Shortcuts bei der Arbeit mit dem Betriebssystem. Den einen oder anderen Shortcut haben wir am Anfang des Buches ja schon besprochen. Was noch nicht erwähnt wurde, ist die Tastatur- und Texteingabe. Damit können Sie über die Tastenkombination *ctrl + F3* das Dock ansteuern, um dann beispielsweise mit den *Pfeiltasten nach links* oder *rechts* durch die Icons im Dock zu navigieren. Möchten Sie zur Menüleiste springen, verwenden Sie *ctrl + F2* und das Apfellogo wird hinterlegt. Mit der *Pfeiltaste nach unten* klappen Sie das *Apfel-Menü* auf. Verwenden Sie nun die *Pfeiltaste nach rechts*, werden sukzessive die Menüs *Ablage* etc. aufgeklappt. Sie sehen also, es gibt hier eine Reihe pfiffiger Shortcuts, die es zu entdecken gilt.

Wie bereits in einem früheren Kapitel gezeigt, können Sie natürlich eigene Programmkurzbefehle definieren. Das kann bisweilen eine sehr praktische und nützliche Funktion sein. Interessant ist zudem noch der untere Teil des Fensters.

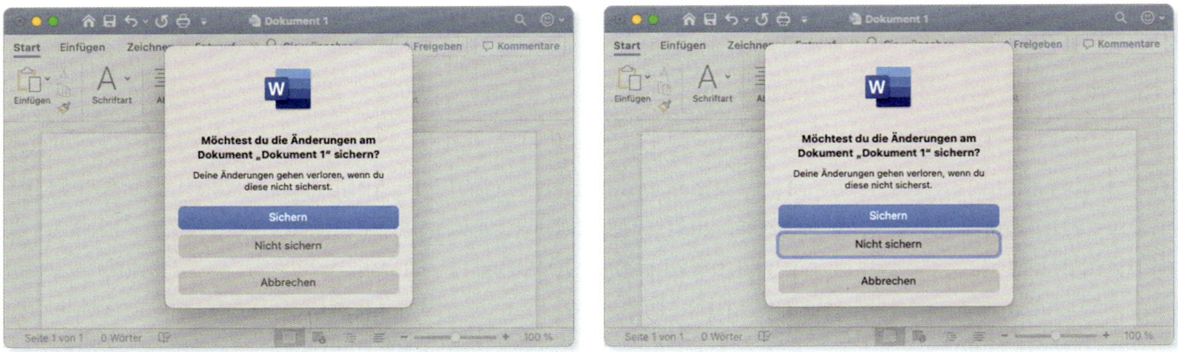

In Dialogen kann man ebenfalls über die Tastatur arbeiten, sobald man es aktiviert hat (rechts).

Insbesondere Windows-Anwender sind es gewohnt, in jedem Dialog durch die Eingabe von Tastenkürzeln arbeiten zu können. Wenn Sie sich das Bildschirmfoto ansehen, erkennen Sie, dass der Button *Speichern* hinterlegt ist. Durch ein *Return* wird diese Option ausgewählt und damit die Datei gespeichert. Das *Abbrechen* könnte zur Not noch über die *esc*-Taste erfolgen. Aber wie soll man jetzt über die Tastatur zum Eintrag *Nicht speichern* kommen? Das geht erst dann, wenn Sie in den Systemeinstellungen bei den *Tastatur* die Eigenschaft *Tastaturnavigation* aktiviert haben. Denn damit werden alle Elemente, die ein Dialog enthält, auswählbar und können via Tab-Taste angesprungen werden.

Verwenden Sie in den erscheinenden Dialogen die *Tab-Taste*, um zwischen den einzelnen Einträgen zu wechseln. Sie sehen durch einen blauen Rahmen, dass der Fokus mit Ihrer *Tab*-Taste mitwandert. Die Eigenschaft, die Sie ausführen möchten, quittieren Sie schlussendlich mit der *Leertaste*.

Auch die Kategorie *Text* bietet einige sehr interessante und hilfreiche Funktionen.

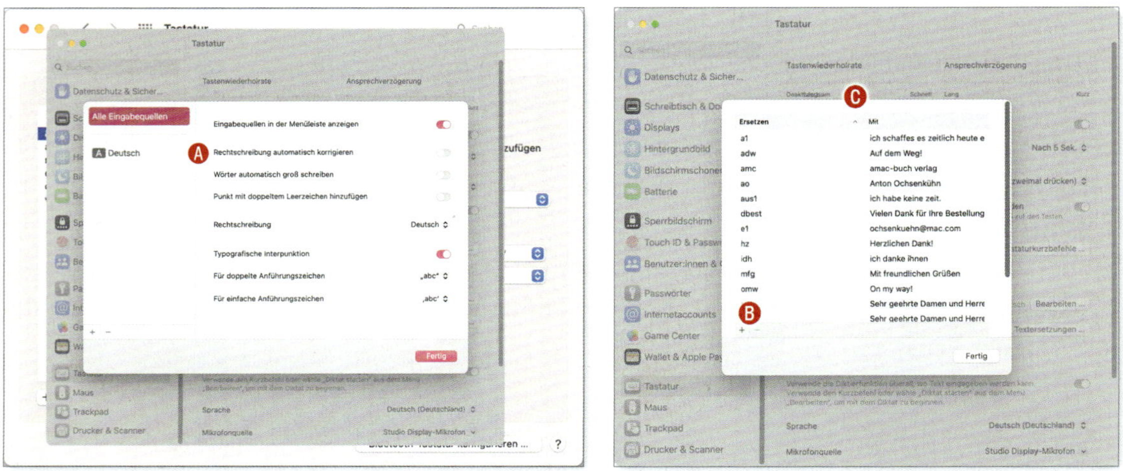

Hier sehen Sie die Funktionen im Bereich „Texteingabe".

Geben Sie dort grundsätzlich für das Betriebssystem an, ob die Rechtschreibung automatisch korrigiert (A) und welche Korrekturen automatisch ausgeführt werden sollen. Dies muss jedoch nicht bedeuten, dass jede Applikation diese Einstellung auch ausliest. Für viele Apple-Applikationen gilt dies aber. Sehr sinnvoll ist die automatische Textersetzung. Dort sehen Sie bereits einen zweispaltigen Bereich, wo Sie in der ersten Spalte bei *Ersetzen* Texte sehen, die dann druch die in der Spalte *Durch* angegebenen Texte substituiert werden können. Das Besondere an der Spalte ist, dass Sie hier eigene Einträge aufnehmen können. Sobald Sie unten auf das + klicken (B), können Sie bei *Ersetzen* ein Kürzel, wie zum Beispiel *mfg* (C) eintragen, und dies ersetzen lassen durch *Mit freundlichen Grüßen*. Das war's! Ab jetzt können Sie in Programmen, die diese Funktion auslesen, statt des vollständigen Textes stets das Kürzel eintragen. Die Programme TextEdit oder Mail können es beispielsweise. Geben Sie also dort *mfg* gefolgt von einem Leerzeichen ein, wird sofort der vollständige Text ergänzt. Das ist eine wirklich clevere Funktion! Allerdings gibt es nur wenige Softwareprodukte, die die Funktionalität der Textersetzung vonseiten des Betriebssystems nutzen.

> **!** Wenn Sie applikationsübergreifend immer gleiche Textpassagen eingeben möchten, empfehle ich Ihnen die Software **TypeIt4Me** oder **TextExpander**. Beide sind Shareware und stellen Ihnen die Funktionalität namens Textersetzung tatsächlich in allen Applikationen zur Verfügung, die es auf dem Mac gibt.

▶I Diktierfunktion 11_01

http://macos2023.amac-buch.de/#11_01

Ich liebe es, Dinge zu diktieren, das es für mich deutlich schneller geht, als das Eintippen mit der Tastatur. Wie effektiv das am Mac funktioniert, zeigt dieser Film.

> **!** Neben Satzzeichen können Sie neuerdings auch Emoji-Symbole diktieren, die dann eben in die entsprechenden Zeichen umgewandelt werden. Probieren Sie doch mal Zwinker Emoji, lachender Emoji, weinender Emoji etc.
>
> Und natürlich klappt das Diktieren in allen Apps, in denen eine Texteingabe möglich ist wie z. B. Mail, Nachrichten, Pages, etc.

Bedienungshilfen –> Gesprochene Inhalte

Die andere Seite der Sprachfunktionalität ist die Sprachausgabe, also die Idee, dass der Computer mit Ihnen spricht und mitteilt, was auf dem Bildschirm gerade passiert, oder Ihnen Texte vorliest. Die *Gesprochene Inhalte* finden Sie in den *Bedienungshilfen*. Standardmäßig ist als Systemstimme *Anna* hinterlegt. Sie können aber das Pull-down-Menü öffnen und über *Anpassen* ein Liste mit weiteren Stimmen bekommen.

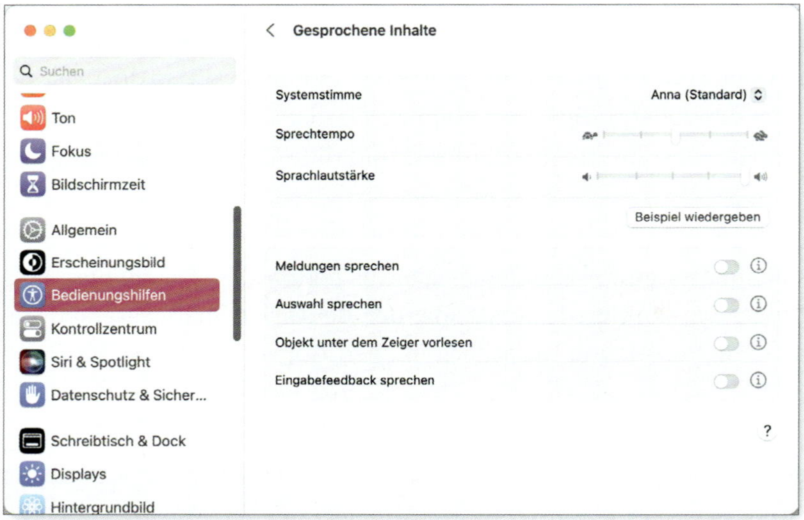

Sprachausgabe.

Darunter sind derzeit viele weitere deutsche Stimmen. Wenn Sie möchten, klicken Sie diese Stimmen an und laden sie, nachdem sie nicht auf dem Rechner vorinstalliert sind, über das Internet auf Ihren Computer. Via *OK* wird sie über das Internet auf Ihren Rechner runtergeladen und steht anschließend zur Verfügung. Wenn Sie die Sprachausgabe einmal testen wollen, könnten Sie dies zum Beispiel über TextEdit tun. Schreiben Sie dazu innerhalb von TextEdit einen Text, den Sie anschließend markieren. Wählen Sie dann über die rechte Maustaste die Funktion *Sprachausgabe* und dort *Sprachausgabe starten* – schon wird Ihnen der Text in TextEdit vorgelesen.

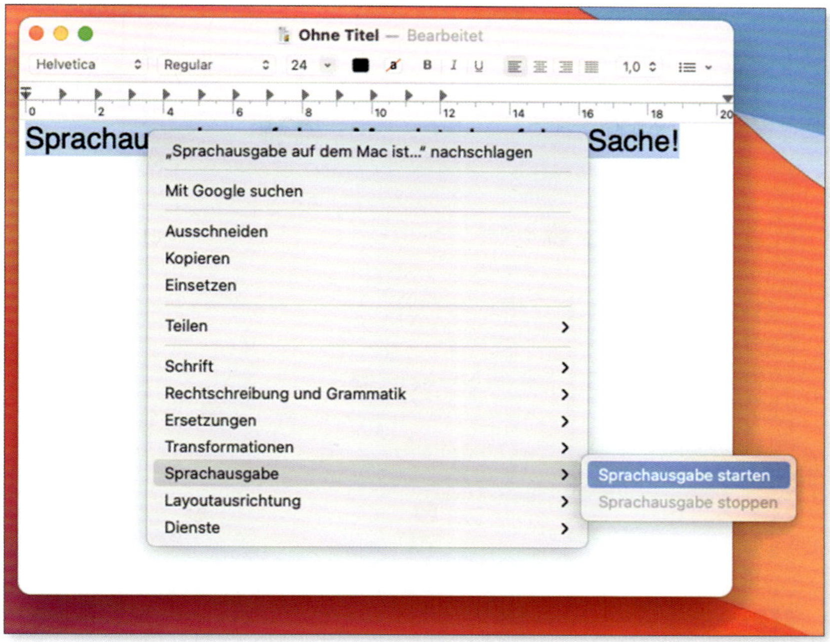

Sprachausgabe in TextEdit.

Natürlich können Sie die Sprachausgabe auch mit anderen Programmen testen. Lassen Sie sich eine E-Mail vorlesen oder auch den Text einer Internetseite. Die Sprachausgabe wird in den anderen Programmen genauso aktiviert wie in TextEdit: Sie verwenden einfach die rechte Maustaste, um die Sprachausgabe zu starten. Vorher müssen Sie natürlich einen Text markieren, damit die Sprachausgabe weiß, welchen Text sie Ihnen vorlesen soll.

Ton

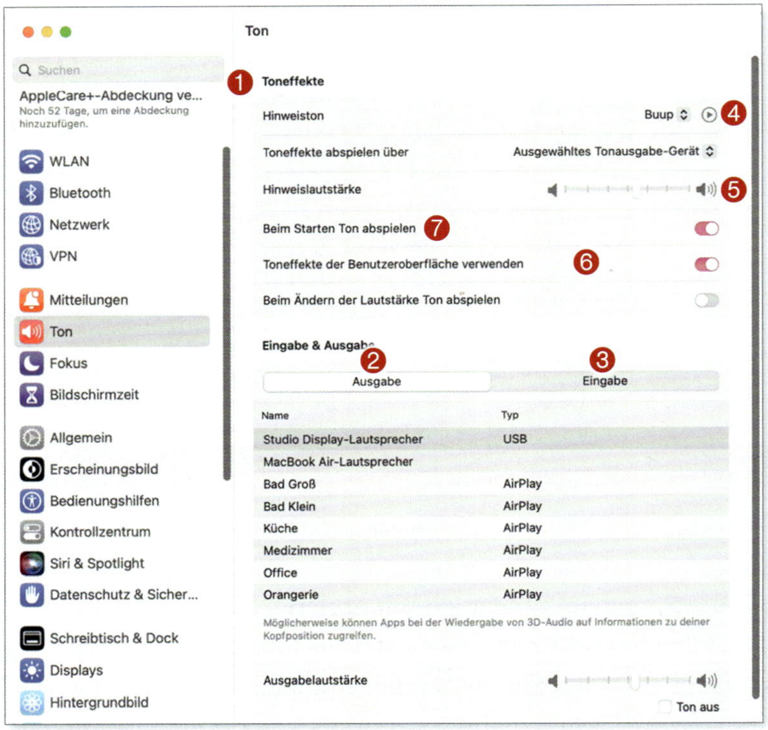

Bitte achten Sie darauf, dass ❼ eingeschaltet ist.

In den Systemeinstellungen *Ton* können Sie zunächst definieren, über welche Lautsprecher akustische Signale ausgegeben werden ❷ (*Ausgabe*). Ebenfalls geben Sie hier an, welches Gerät verwendet werden soll, um Signale in den Computer einzubringen ❸ (*Eingabe*).

> **!** Apple-Modelle wie MacBook, MacBook Pro oder auch iMac verfügen sowohl über integrierte Lautsprecher als auch über ein integriertes Mikrofon. Im Bereich **Ausgabe** und **Eingabe** werden Sie diese internen Geräte finden. Aber nichtsdestotrotz können Sie über USB oder über Bluetooth weitere Mikrofone oder Lautsprecher anschließen und diese dann in den jeweiligen Reitern auswählen.

Am interessantesten sind die *Toneffekte* ❶. Immer, wenn Sie etwas falsch machen, spielt das Mac-System einen Warnton an. Stellen Sie im Aufklappmenü ❹ ein, welchen Warnton Sie hören möchten. Die Lautstärke des Warntons kann darunter bei *Warnton-Lautstärke* ❺ geändert werden. Zudem gibt es an der einen oder anderen Stellen auch Toneffekte, wenn Sie mit dem Betriebssystem arbeiten. Wenn Sie diese hören wollen, aktivieren Sie die dazugehörige Funktion ❻. Wie Sie bereits wissen, können Sie über das Kontrollzentrum ebenfalls die Lautstärke ändern oder Ausgabe bzw. Eingabe korrigieren.

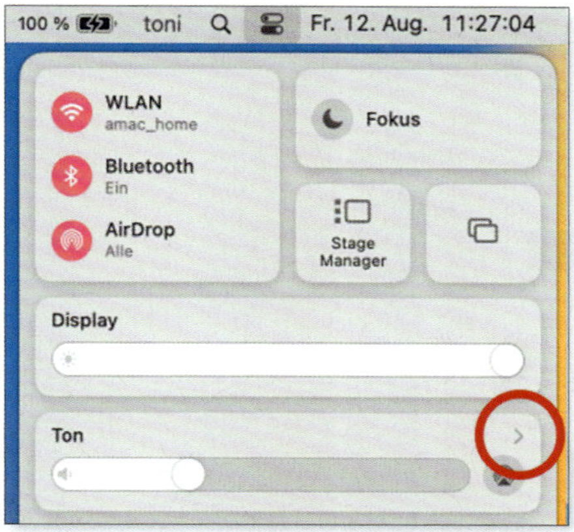

Tippen Sie mit gedrückter alt-Taste auf das kleine Dreieck um Ein- oder Ausgabe zu ändern. Ohne alt-Taste können Sie lediglich die Ausgabe modifizieren.

Bluetooth

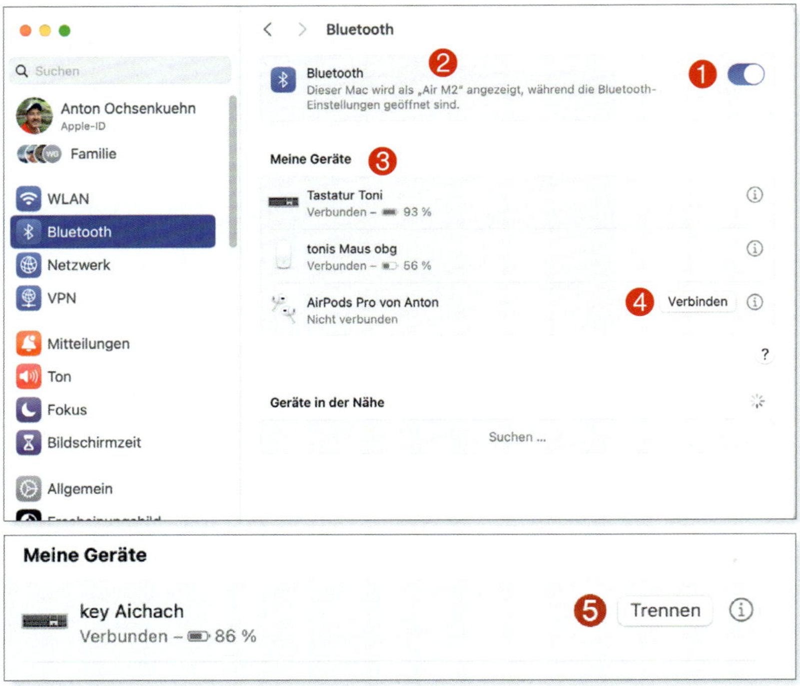

Auch *Bluetooth* haben Sie schon kennengelernt, um beispielsweise das Magic Trackpad mit dem Rechner in Kontakt zu bringen. Auch das iPhone kann den persönlichen Hotspot, also den Internetzugang, über Bluetooth dem Computer zur Verfügung stellen. Damit Ihr Computer Bluetooth verwenden kann, sollten Sie Bluetooth auch aktivieren ❶. Nach dem Einschalten ist der Rechner für andere Bluetooth-Geräte sichtbar ❷. Daneben sehen Sie eine aktuelle Liste der mit diesem Computer gekoppelten Geräte ❸. Dabei sind derzeit Tastatur und Maus verbunden, wohingegen die anderen Geräte nicht verbunden sind, weil die Kopplung noch nicht abgeschlossen wurde. Die Liste zeigt alle Bluetooth-Geräte in Reichweite an. Ist Bluetooth bei einem Gerät ausgeschaltet, erscheint es auch nicht in der Liste.

Um weitere Geräte hinzuzufügen, klicken Sie rechts auf die Schaltfläche *Verbinden* ❹. Möchten Sie ein Gerät aus der Liste entfernen, klicken Sie auf *Trennen* ❺ das daneben erscheint.

Wie auch bei anderen Funktionen ist es sinnvoll, den Bluetooth-Status in der im Kontrollzentrum zu nutzen. Auch hier gilt: Verwenden Sie die alt-Taste beim Dreieck hinter Bluetooth, um alle Einstellmöglichkeiten auf einen Blick zu erhalten.

Bedienungshilfen

Die Systemeinstellungen *Bedienungshilfen* kommen Menschen entgegen, die trotz Handicaps mit einem Computer arbeiten wollen. Apple gibt sich hierbei sehr große Mühe, viele Funktionen bereitzustellen, um auch diesen Menschen den Zugang zu moderner EDV zu ermöglichen. So kann über die *Bedienungshilfen* zum Beispiel das *VoiceOver*-Dienstprogramm gestartet werden mit einer ganzen Fülle von Einstellungen wie visuelle Effekte, Blindenschrift, Steuerung etc. So können auch externe Zusatzgeräte angeschlossen werden, um den Apple-Rechner damit zu bedienen.

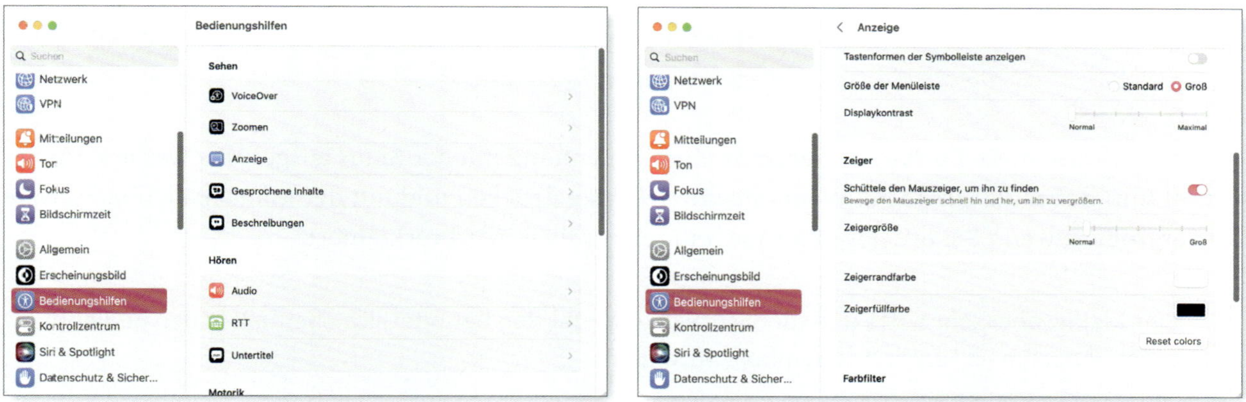

Bedienungshilfen.

Und es gibt in den Bedienungshilfen auch Funktionen, die für jedermann interessant sind. Dazu zählt z.B. die Schüttelfunktion für den Mauscursor. Besonders wenn man einen großen Bildschirm und viele Fenster oder Programme geöffnet hat, ist manchmal der Mauscursor nicht zu sehen. Wenn Sie nun die Maus schnell hin- und herbewegen (schütteln), dann wird der Mauscursor für wenige Sekunden in vergrößert, damit Sie ihn auffinden können. Standardmäßig ist die Funktion aktiviert, Sie können dies aber bei *Anzeige –> Zeiger –> Schüttele den Mauszeiger, um ihn zu finden* auch ausschalten. Und wenn Sie mögen aktivieren Sie die Fenstertitelsymbole und die große Menüleiste.

In der Kategorie *Zoomen* können Sie die Eigenschaft *Tastaturkurzbefehle zum Zoomen verwenden* einschalten und bekommen damit über die Tastenkombination *cmd* + *alt* + + (Pluszeichen) bzw. *cmd* + *alt* + – (Minuszeichen) zwei sehr einfache Shortcuts, um die Bildschirmdarstellung zu vergrößern bzw. zu verkleinern.

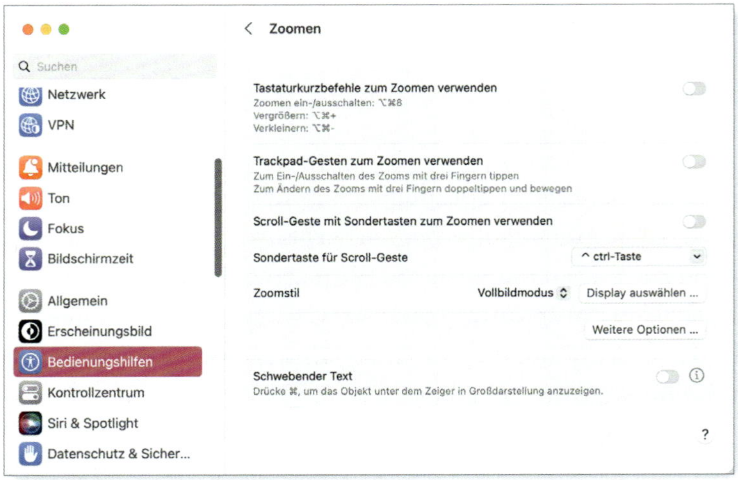

Bedienungshilfen –> Zoomen.

Zusätzlich kann diese Funktion ebenso im Zusammenhang mit der Maus ausgeführt werden. Im Standardfall hilft dabei die *ctrl*-Taste. Wenn Sie die *ctrl*-Taste drücken und mit der Maus nach oben scrollen, wird vergrößert; wenn Sie mit der Maus nach unten scrollen, wird verkleinert.

> !
>
> Eine kleine, aber sehr nette und für mich wichtige Funktion befindet sich ebenfalls in den Bedienungshilfen: **Anzeige –> Fenstertitelsymbole anzeigen**.
>
> Probieren Sie es einfach mal aus :-)

Und auch das ist möglich: Wenn Sie in den Bereich *Audio* navigieren, können Sie *Hintergrundgeräusche* aktivieren und dabei stehen sechs verschiedenen Klangmuster zur Verfügung.

Und wenn Ihnen diese Funktion gefällt, dann können Sie diese ebenfalls in das Kontrollzentrum einbauen und so deutlich schneller abrufen (*Systemeinstellungen - > Kontrollzentrum -> Hören -> In Kontrollzentrum zeigen*).

Und noch eine Info dazu: Via *Bedienungshilfen -> Eigene Stimme* können Sie Ihre Stimme digitalisieren und den Mac als mit Ihrer Stimme sprechen lassen.

Bildschirmzeit

▶I Bildschirmzeit 11_02

http://macos2023.amac-buch.de/#11_02

Meist verbringt man zuviel Zeit an einem Computer. Über **Bildschirmzeit** sehen Sie im Detail, wieviel Zeit Sie für welche App einsetzen. Und Sie können diese Information zudem geräteübergreifend anzeigen lassen, so dass auch die Nutzungsdauer der iOS-Geräte hier dargestellt werden kann. Über **Limits** und **Beschränkungen** können Sie Jugendliche und Kinder sowohl zeitlich als auch inhaltlich einschränken. Was alles möglich ist, zeigt dieser Film.

Wallet & Apple Pay

Apple Pay kompatible Kreditkarten von Anbietern wie Sparkassen, Raiffeisen und Volksbanken oder VIMPay können hier hinterlegt werden. Damit können Sie dann ganz einfach in Online-Shops mit der Bezahlmethode Apple Pay bezahlen.

Sidecar und Universal Control

Wenn Sie sowohl einen Mac als auch ein iPad besitzen, dann können die beiden noch enger zusammenarbeiten. Sie haben die Möglichkeit, Fenster vom Mac auf das iPad zu übertragen (Sidecar: das iPad als Zusatzmonitor zu benutzen) oder Tastatur und Maus am Mac und iPad gleichzeitig zu nutzen (Universal Control).

Möglich ist das nur auf neueren Geräten und natürlich bei Verwendung einer gleichen Apple-ID auf beiden Produkten und einigen anderen Voraussetzungen: *https://support.apple.com/de-de/HT210380*

Hier finden Sie ganz unten auf der Webseite die Bedingungen, die erfüllt sein müssen.

Wenn bei Ihnen alles passen sollte, dann können Sie die Funktionen aktivieren:

- iPad: *Einstellungen –> Allgemein –> AirPlay & Handoff –> Cursor und Tastatur*
- Mac: *Systemeinstellungen –> Displays*

Gehen Sie am Mac zu „Universelle Steuerung“ (Systemeinstellungen -> Displays -> Weitere Optionen) und aktivieren Sie zumindest die oberen beiden Einträge. Dann klicken Sie auf das Plus-Icon und fügen Ihr iPad hinzu. Das iPad kann als Bildschirm oder nur zur gemeinsamen Tastatur- und Mausverwendung eingesetzt werden (rechts).

Wenn Sie die Verbindung (*Spiegeln oder erweitern auf*) hergestellt haben, dann sollten Sie den iPad-Bildschirm noch an die gewünschte Position bringen (*Anordnen*).

Das iPad liegt aktuell links vom Mac-Bildschirm.

Ist das geschehen, können Sie nun z. B. die Maus in diese Richtung bewegen und dann damit auf dem iPad arbeiten. Zudem können Sie nun ganz einfach per Drag & Drop Inhalte zwischen macOS und iPadOS austauschen.

Möchten Sie hingegen Fenster des Macs auf das iPad bringen, um das iPad als zusätzlichen Monitor zu verwenden, dann benutzen Sie links oben den grünen Fensterknopf.

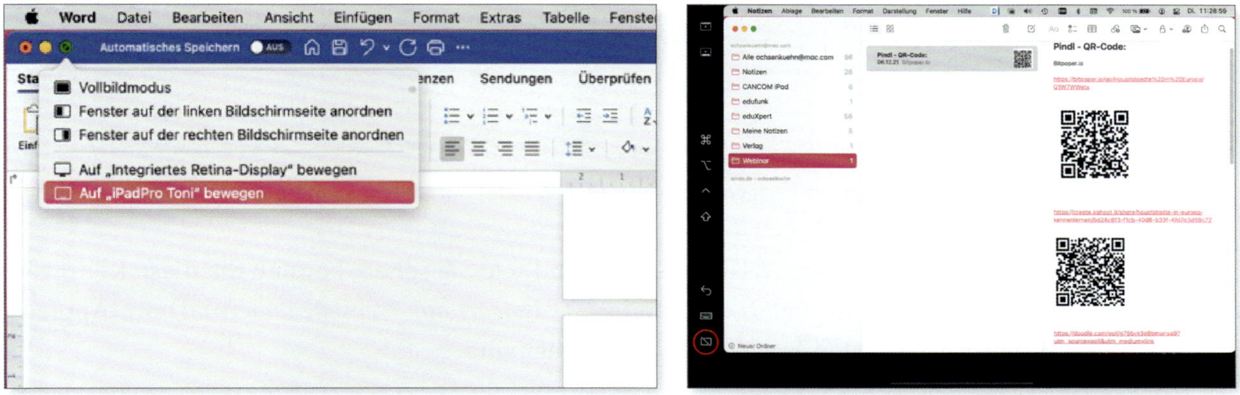

Damit können z. B. Word-Fenster (links) oder Notizen-Fenster (rechts) auf das iPad gesendet werden. Zur Trennung der Verbindung wählen Sie links in der Leiste das unterste Symbol.

Passwörter

Wie bereits an einigen Stellen erwähnt, kann sich macOS Kennwörter und Einlogdaten merken. Alle diese landen in den *Systemeinstellungen –> Passwörter*.

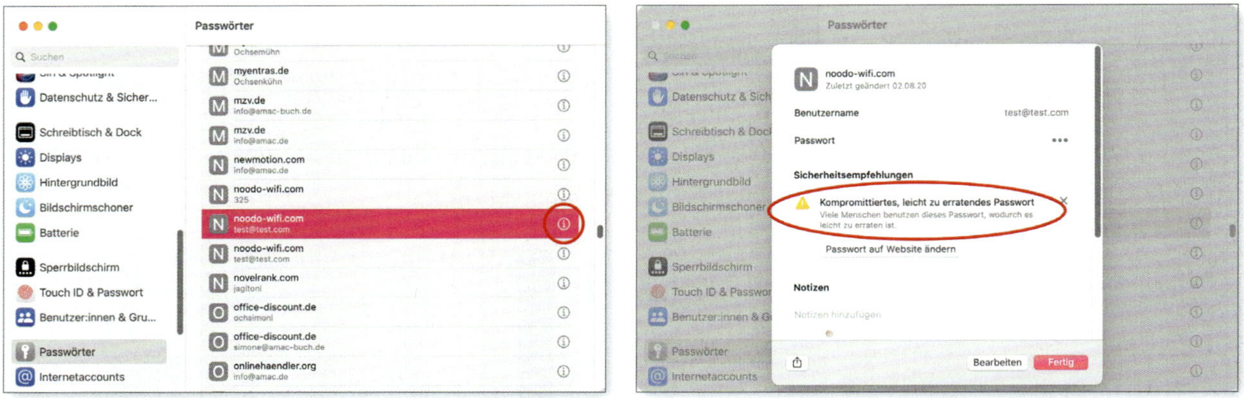

Hier finden Sie alle derzeit in Verwendung befindlichen Kennwörter fein säuberlich aufgereiht.

Diese *Passwörter* nutzen Sie beispielsweise in Safari. Und wie Sie sehen, können Sie diese Kennwörter hier einsehen (klicken Sie dazu auf das i) oder ändern *(Passwort auf Webseite ändern)*. Denn Apple gibt Ihnen Ratschläge, ob Ihre genutzten Passwörter auch sicher sind.

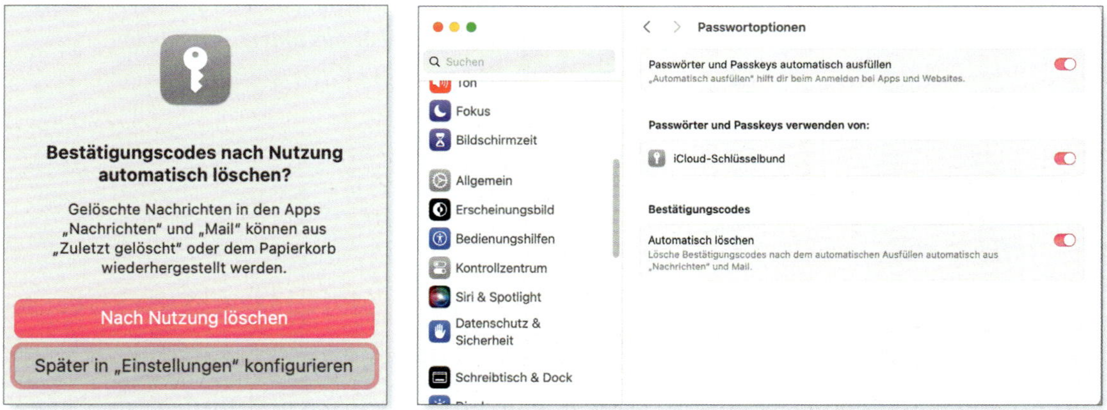

Bestätigungscodes können automatisch gelöscht werden.

Bei der Anmeldung auf vielen Webseiten wird mittlerweile eine SMS oder ein Code per E-Mail etc. versendet. Dieser ist nur einmalig gültig und macOS kann diese automatisch löschen.

Kapitel 12

Kontakt mit Netzwerkressourcen

Ein Mac möchte nicht gerne allein bleiben, und er kann ohne Hilfsmittel sofort mit weiteren Computern im Netzwerk – sei es drahtlos oder drahtgebunden per Ethernet – in Kontakt treten. Denn das Apple-Betriebssystem beherrscht alle Sprachen, die auch andere Computer sprechen, sodass es sich aus dem Stegreif mit allen anderen Computern unterhalten kann.

! Damit der Mac andere Rechner wie Window-Systeme etc. im Netzwerk sehen kann, müssen dort ebenfalls die Netzwerkfreigaben aktiviert werden. Konsultieren Sie dazu die jeweiligen Hilfeseiten der Betriebssysteme.

Zugriff auf Freigaben im Netzwerk

Bevor Sie vom Mac aus in das Netzwerk schauen und dort verfügbare Windows-, Mac- oder Unix-Rechner erkennen, sollten Sie gewährleisten, dass in der Seitenleiste auch die Freigaben erscheinen. Gehen Sie dazu im Menüpunkt *Finder* in die *Einstellungen* und achten Sie darauf, dass im Bereich *Orte* die Option *Verbundene Server* mit einem Häkchen versehen ist.

Finder-Einstellungen Seitenleiste.

Ist dies geschehen, können Sie ein neues Finder-Fenster öffnen. Verwenden Sie dazu die Tastenkombination *cmd + N* oder klicken Sie auf das Findersymbol ganz links im Dock. Anschließend sollte in der Seitenleiste bei *Orte* ein neuer Eintrag *Netzwerk* ❶ erscheinen, unter dem alle Rechner im Netz angezeigt werden. Alternativ dazu können Sie über *Gehe zu –> Netzwerk –> Durchsuchen* die Darstellung erhalten, die Sie auf dem folgenden Bildschirmfoto sehen.

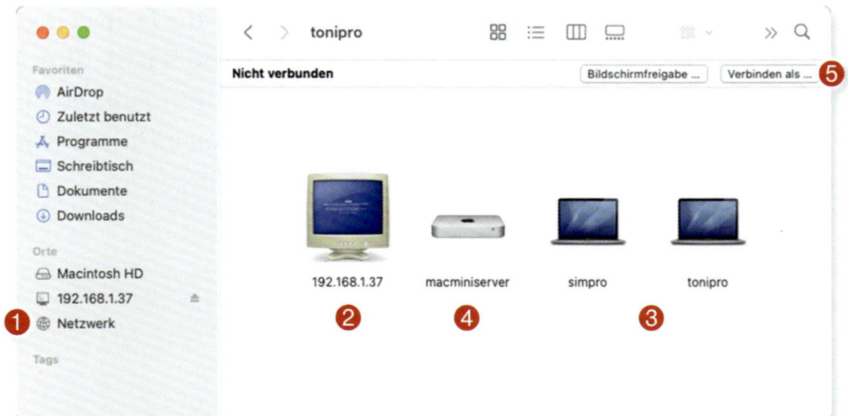

Netzwerkressourcen im Finder-Fenster.

Sie sehen anhand des Bildschirmfotos, dass sich in diesem Netzwerk mehrere Rechner zur Verfügung stellen. Zum einen ist es ein Windows-PC ❷, zum anderen zwei anderere Mac-Rechner ❸ (Sie sehen anhand des Bildschirmfotos sogar, dass diese Rechner MacBooks sind). Das hat Apple wirklich sehr gut gelöst! Sie können also auf den ersten Blick erkennen, mit welcher Art von Computer Sie in Kontakt treten. Und drittens ❹ sehen Sie den macminiserver, einen Rechner, der mit der Apple-Server-Software arbeitet und Daten im Netzwerk zur Verfügung stellt.

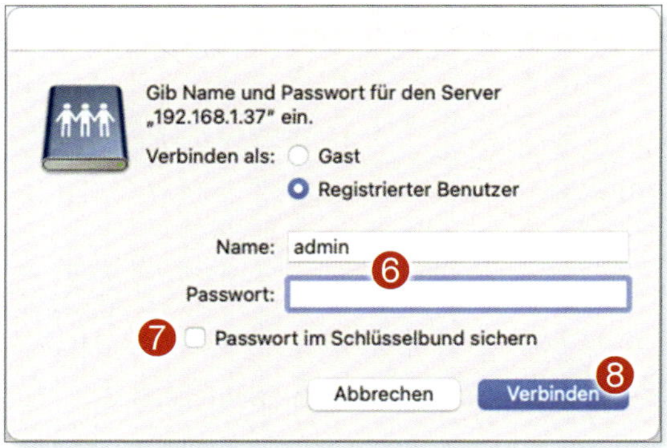

Kontaktaufnahme mit einem Windows-PC.

Um nun in Kontakt mit einem anderen Computer zu treten – egal, ob es ein Mac oder ein Windows-Rechner ist –, doppelklicken Sie in der Übersicht den betreffenden Computer an. Der Mac versucht nun eine Verbindung aufzubauen, kann diese aber noch nicht etablieren, da er die Zugangsdaten für den anderen Rechner nicht kennt. Deswegen klicken Sie im Finder-Fenster unterhalb der Symbolleiste auf den Button *Verbinden als* ❺. Sogleich erscheint ein Fenster, in dem Sie die Daten eingeben, mit denen Sie auf den anderen Rechner zugreifen können. Wenn Sie wünschen, können Sie Ihre Zugangsdaten, also Name und Passwort ❻, in den Schlüsselbund aufnehmen ❼, sodass Sie in Zukunft ohne weitere Eingabe der Zugangsdaten direkt mit diesem Rechner in Kontakt treten können. Anschließend klicken Sie auf *Verbinden* ❽, um den Kontakt mit dem Rechner herzustellen.

▶I Zugriff auf Netzwerkressourcen 12_01

http://macos2023.amac-buch.de/#12_01

Der Mac kann über die Seitenleiste und **Orte** auf die Ressourcen im **Netzwerk** zugreifen. Sind korrekte Zugangsdaten vorhanden, klappt alles auf Anhieb. Über **Gehe zu** im Finder bzw. dem Apfelmenü (**Benutzte Objekte**) kann die Kontaktaufnahme ebenfalls stattfinden.

Welche Protokolle können zum Einsatz kommen?

- *FTP:* Sie können ebenso per FTP mit einem Rechner, zum Beispiel im Internet, Kontakt aufnehmen, um von diesem Computer Dateien auf Ihren Rechner herunterzuladen. Aber Achtung! Per FTP unterstützt der Finder nur die Eigenschaft des Downloads. Wenn Sie Dateien per FTP uploaden wollen, sollten Sie sich ein Programm wie zum Beispiel *Cyberduck* besorgen.
- *SMB*: Darüber nehmen Sie Kontakt mit einem Windows-PC oder einem anderen Mac auf. Weiterhin können Sie so NAS-Systeme von Synology oder QNAP erreichen.
- *AFP*: Hiermit können Mac-Rechner und Mac-Server im Netz erreicht werden.
- *WebDAV:* Um mit einem WebDAV-Server im Internet Kontakt aufzunehmen, beginnen Sie die Kontaktaufnahme mit *https://IP-Adresse* oder *http://IP-Adresse* respektive Internetadresse, über die dieser Rechner verfügt.
- *VNC:* VNC ist eine Möglichkeit, andere Computer fernzusteuern. Auch diese Funktionalität beherrscht das Apple-System. Geben Sie also bei der Serveradresse *VNC://IP-Adresse* bzw. Name des Computers ein, den Sie fernsteuern wollen.
- *NFS:* Wenn Sie mit Unix-Systemen Kontakt aufnehmen wollen, können Sie beispielsweise auch das NFS-Protokoll verwenden, wiederum gefolgt von der IP-Adresse oder dem Namen des Computers.

Sie sehen also, dass das Apple-System wirklich alle Sprachen spricht und mit jeder Art von Computer in Kontakt treten kann. Über *Gehe zu –> Mit Server verbinden* haben Sie eine sehr praktische Liste, in die Sie Server, mit denen Sie öfter Kontakt aufnehmen, einfach eintragen können.

Aber Sie erinnern sich auch noch an den Menüpunkt *Benutzte Objekte* innerhalb des *Apfel-Menüs*. Dort werden im Bereich *Server* die letzten Kontaktaufnahmen protokolliert. Sie können so auf die zehn zuletzt verwendeten Server ganz rasch über die benutzten Objekte zugreifen.

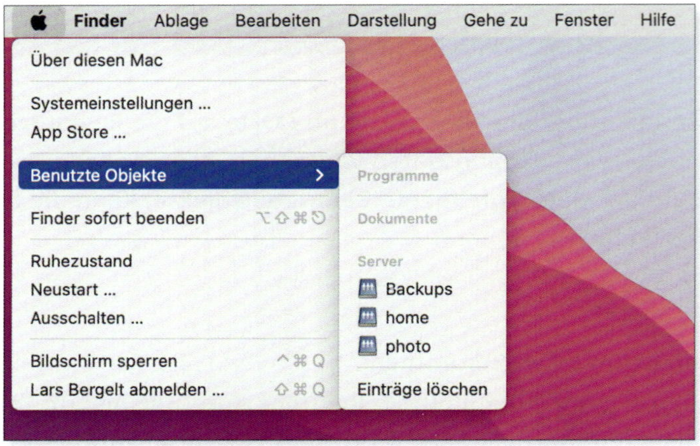

Benutzte Objekte –> Server.

Bildschirmfreigabe

> **!** Eine Besonderheit, die alle Apple-Rechner standardmäßig integriert haben, ist die Möglichkeit, per Bildschirmfreigabe auf einen anderen Mac zuzugreifen.

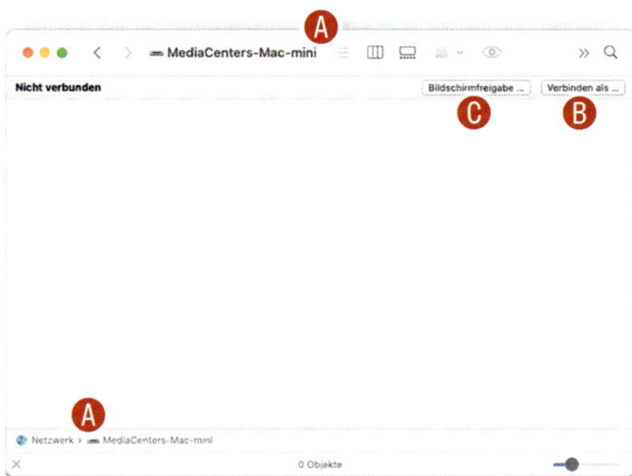

Bildschirmfreigabe.

Sie sehen, dass der Rechner namens *Mac-mini* Ⓐ sich über *Verbinden als* Ⓑ zum Datenaustausch zur Verfügung stellt, aber ebenso über die Bildschirmfreigabe Ⓒ. Sobald Sie auf den Button *Bildschirmfreigabe* klicken, wird das gleichnamige Programm gestartet.

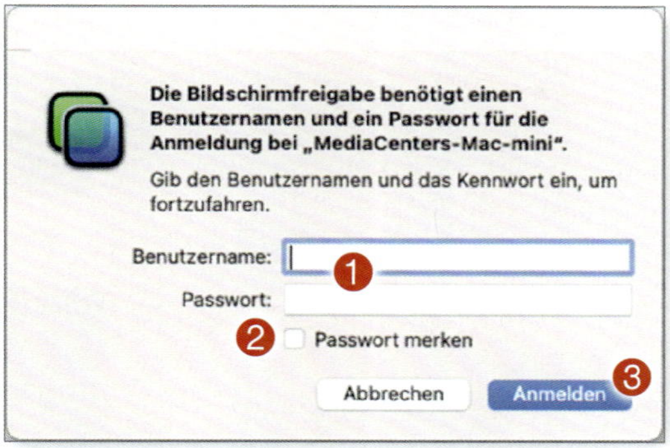

Geben Sie Name und Passwort ein ❶. Sollten Sie die Verbindung zu diesem Gerät öfter benötigen, ist es wieder eine gute Idee, via ❷ das Passwort im Schlüsselbund zu speichern. Klicken Sie hernach auf *Anmelden* ❸, um die Bildschirmfreigabe zu aktivieren.

Standardmäßig können Sie die Bildschirmfreigabe dazu verwenden, den entfernten Rechner, den Sie jetzt auf dem Monitor sehen, zu steuern. Das heißt, Sie übernehmen mit der Maus die Kontrolle über den fremden Computer.

Sie können sogar Dateien auszutauschen. Dazu zieht man diese einfach per Drag & Drop vom entfernten Rechner auf den eigenen und schon werden die Dateien übertragen.

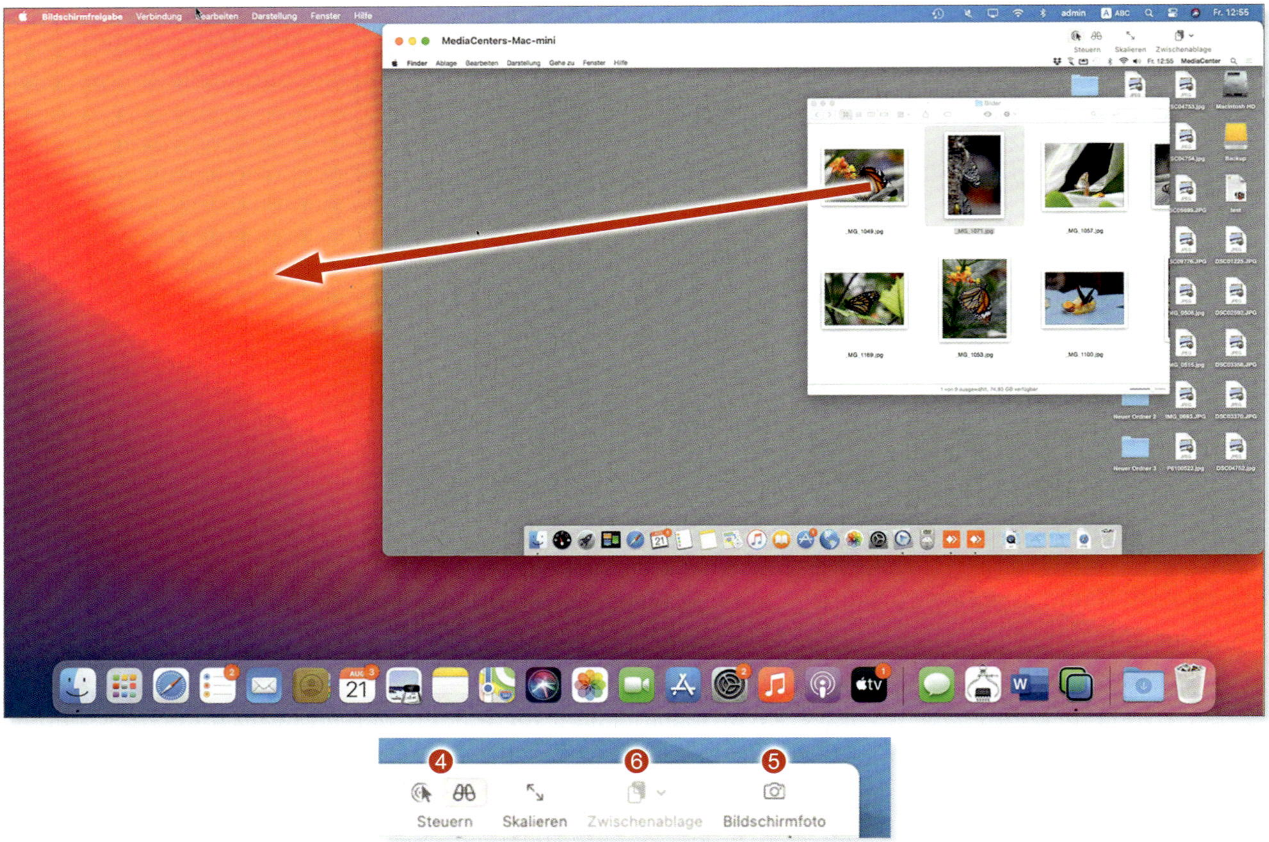

Über die Bildschirmfreigabe können nun bequem Dateien ausgetauscht werden.

Des Weiteren gibt es einige wichtige Funktionen im Titel des Fensters, wie zum Beispiel den Wechsel von *Steuern* zu *Beobachten* ❹ oder das Schießen eines *Bildschirmfotos* ❺ sowie den rechnerübergreifenden Austausch der Zwischenablagedaten ❻.

Allgemein –> Teilen

In den Systemeinstellungen bei *Allgemein –> Teilen* können Sie einstellen und konfigurieren, wie der Mac sich im Netzwerk für andere Computer zur Verfügung stellt.

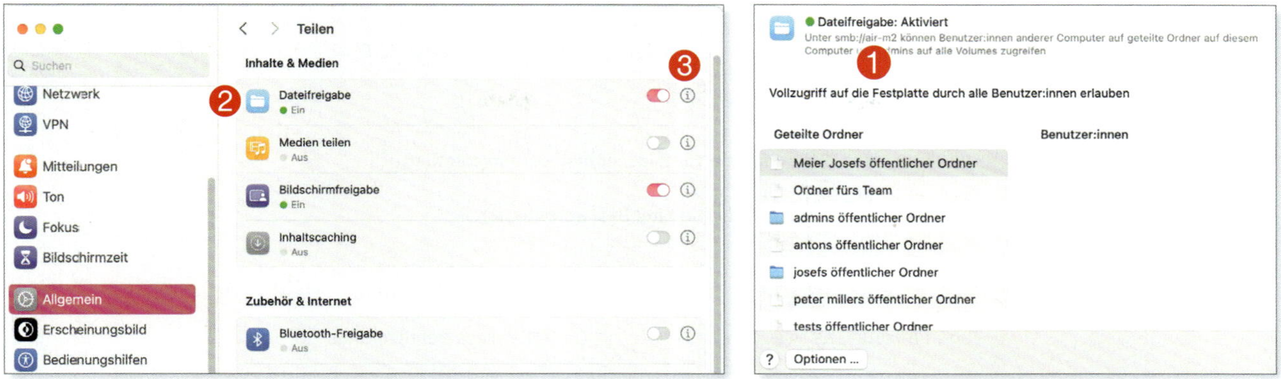

Systemeinstellungen –> Allgemein –> Teilen.

> **!** Aber zunächst eine Information in anderer Sache. Sie sehen im oberen Bereich des Fensters den Gerätenamen ❶. Mit diesem Namen meldet sich Ihr Rechner im Netzwerk und kann von anderen Computern kontaktiert werden. Wenn die anderen Computer ihre IP-Adresse wissen wollen, finden sie diese in den Systemeinstellungen bei **Netzwerk**.

Darunter sehen Sie eine Liste mit verschiedenen Diensten ❷, die Ihr Mac zur Verfügung stellen kann. Bei jedem Dienst, den Sie auswählen, können Sie über dem ⓘ die dazugehörigen Feineinstellungen vornehmen ❸.

Bildschirmfreigabe

Wie soeben gesehen, kann Ihr Mac via Bildschirmfreigabe einen anderen Rechner fernsteuern. Genauso können Sie umgekehrt sich selbst per Bildschirmfreigabe zur Verfügung stellen. Bringen Sie das Häkchen beim Dienst *Bildschirmfreigabe* an ❶. Definieren Sie darüber hinaus bei *Zugriffe erlauben für* ❷, welche Anwender per VNC auf den Rechner zugreifen dürfen.

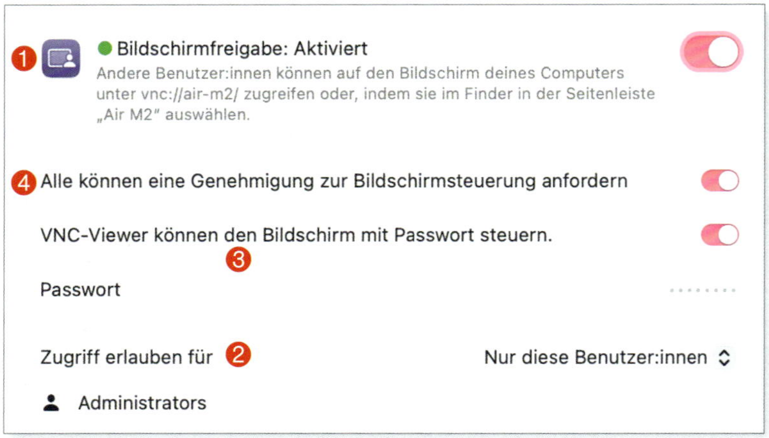

Über die Bildschirmfreigabe kann Ihr Mac von anderen Computern aus fremdbedient werden.

❹ *Alle können eine Genehmigung zur Bildschirmsteuerung anfordern*: Ein anderer Anwender startet also, wie vorhin beschrieben, eine Anfrage und Sie können überlegen, ob Sie diese annehmen. Noch cleverer ist *VNC-Viewer können den Bildschirm mit folgendem Passwort steuern* ❸. Sobald Sie hier ein Passwort eingeben, ist die Bildschirmfreigabe nicht mehr begrenzt auf Apple-Systeme; selbst Windows- oder Unix-Rechner können dann mit einer VNC-Software auf Ihren Mac zugreifen.

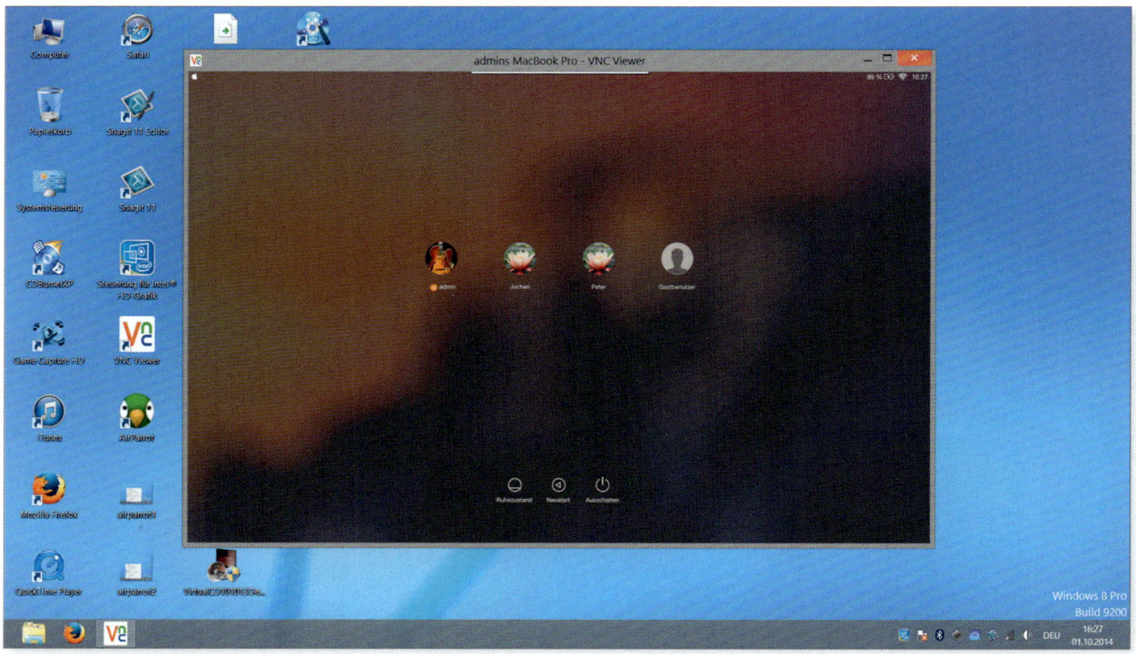

Windows greift per VNC auf den Mac zu.

Wenn Sie das Bildschirmfoto genau betrachten, sehen Sie, dass nun ein Windows-8-Rechner auf die Oberfläche von macOS Zugriff nimmt.

Was Sie anhand des Screenshots nicht sehen, ist wirklich sensationell: Zur gleichen Zeit arbeitet an dem Mac-System der User Admin, was Sie auch an dem Windows-Rechner sehen. Wenn Sie sich nun ebenfalls als Admin einloggen, übernehmen Sie die Bildschirmkontrolle dieses Benutzers. Aber Sie können sich ebenso als anderer Benutzer einloggen und damit so arbeiten, als hätten Sie einen Mac-Rechner vor sich. Das heißt: Das macOS ist eine Art Terminal-Server. Ein VNC-Benutzer kann sich als anderer Benutzer einloggen. Leider ist es nicht möglich, dass sich verschiedene Rechner via VNC als unterschiedliche User einloggen. Aber in der Summe ist das eine superklasse Funktion, um aus der Ferne auf einen Mac zuzugreifen, unabhängig von dem User, der lokal eingeloggt ist.

Dateifreigabe

Auch Ihr Mac kann natürlich seine Daten im Netzwerk zur Verfügung stellen. Aktivieren Sie dazu den notwendigen Dienst ❶. Im Bereich *Geteilte Ordner* ❷ können Sie Ordner definieren, die freigegeben werden sollen. Sie sehen dabei, dass standardmäßig von jedem User bereits ein Ordner für die Netzwerkfreigabe aktiviert ist, und zwar ist das der Ordner *Öffentlich* eines Benutzerordners. Über das Plus-Icon darunter können Sie weitere Ordner in die Freigabeliste aufnehmen.

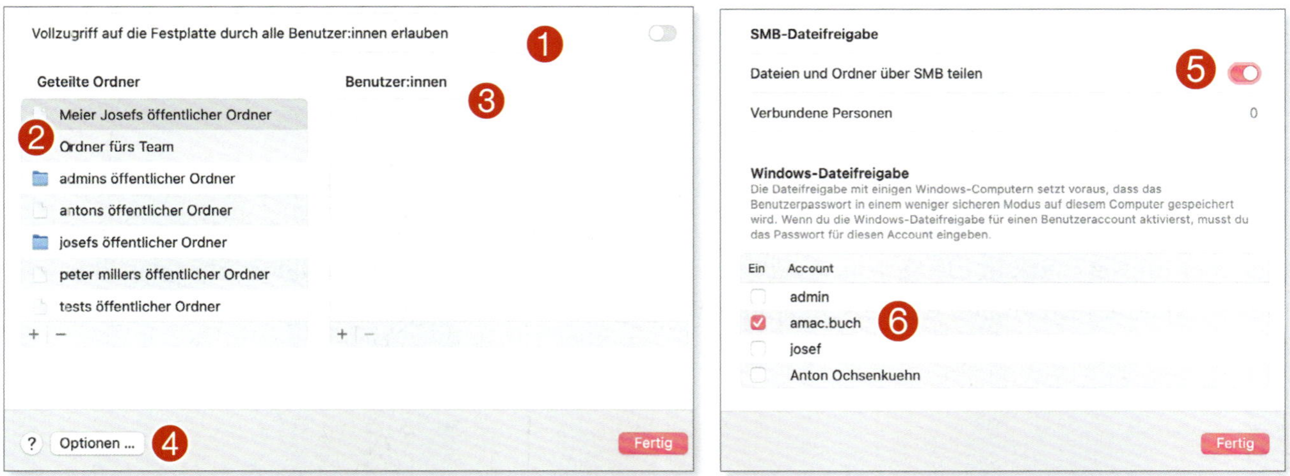

Dateifreigabe.

Damit andere Anwender auf die neuen Freigabeobjekte auch zugreifen können, geben Sie im Bereich ❸ bei *Benutzer:innen* an, wer welche Berechtigungen für diese Freigabe haben sollen. Sie sollten wieder nicht vergessen, auf *Optionen* ❹ zu klicken. Denn dort erscheint eine Reihe weiterer Einstellungen. Der Apple-Rechner stellt die Daten standardmäßig per SMB zur Verfügung. Dazu müssen Sie bei *Dateien und Ordner über SMB teilen* ❺ das Häkchen anbringen und zusätzlich die Accounts definieren, die einen Zugang zu den Daten erhalten sollen. Sobald Sie einen Account aktivieren ❻, müssen Sie das Passwort nochmals eingeben. Apple erklärt in dem Text darüber, warum das notwendig ist.

Druckerfreigabe

Sofern Sie über Geräte verfügen, die keine Netzwerkfunktionalität haben, wie zum Beispiel Drucker, die per USB an einen Computer angeschlossen werden, bietet die Druckerfreigabe eine hervorragende Möglichkeit, diese Geräte anderen Mac-Rechnern über das Netzwerk zur Verfügung zu stellen.

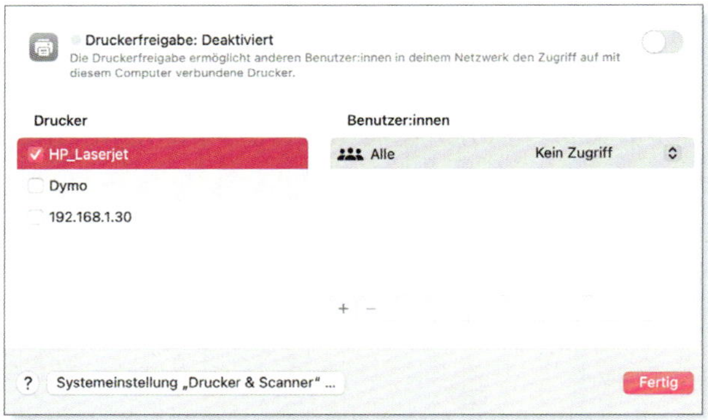

Drucker- und Scannerfreigabe.

Definieren Sie in der Spalte *Drucker*, welche Geräte Sie im Netzwerk zur Verfügung stellen wollen. In der Spalte daneben bei *Benutzer* geben Sie an, wer auf diese Geräte zugreifen darf. Wenn ein anderer Rechner im Netzwerk in die *Systemeinstellungen –> Drucker & Scanner* geht und dort über das Plus-Icon weitere Geräte hinzufügen will, erscheinen bei ihm nun neue Einträge, nämlich die von dem anderen Rechner freigegebenen Geräte.

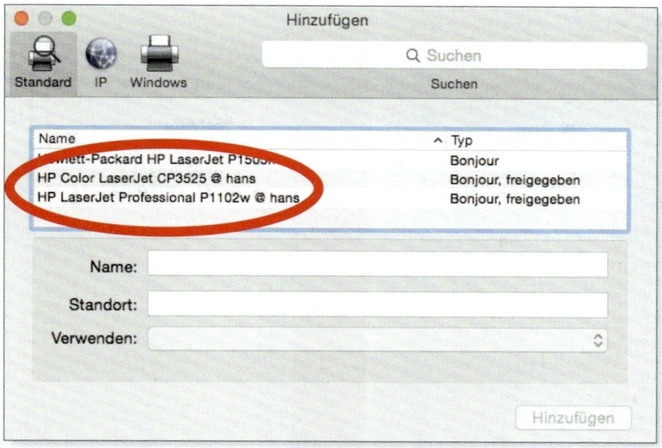

Rechner „hans" gibt zwei Drucker frei.

In diesem Fall sind es zwei Drucker, nämlich der LaserJet 3525 und der LaserJet Professional P1102w. Hinter beiden ist der Zusatz *@hans* zu sehen, was bedeutet, dass diese Geräte von diesem Rechner über das Netzwerk zur Verfügung gestellt werden. Das funktioniert natürlich nur dann, wenn der Rechner *hans* eingeschaltet ist.

Weitere Freigabedienste

Die verbleibenden Freigabedienste sind nachrangiger Natur. So können Sie zum Beispiel über die *Internetfreigabe* eine Internetverbindung, die Ihr Rechner etabliert, einem anderen Computer zukommen lassen. Im Regelfall verwenden Sie heute aber Router oder WLAN-Router, die für viele Geräte gleichzeitig den Internetzugang ermöglichen.

Die Eigenschaft *Entfernte Apple-Events* gibt Programmen die Fähigkeit, über das Netzwerk auf Funktionen Ihres Computers zuzugreifen; jedoch gibt es kaum noch Programme, die die Technologie Apple-Events unterstützen. Deshalb ist auch eine Freigabe der entfernten Apple-Events nicht notwendig.

Für einige Anwender kann die Eigenschaft *Entfernte Anmeldung* sinnvoll sein. Sobald die *Entfernte Anmeldung* aktiviert ist, können andere Computer im Netzwerk über SSH Zugriff auf Ihren Mac nehmen. User, die sich bisher mit Unix beschäftigt haben, kennen diese Vorgehensweise.

Auch der Mac selbst kann per SSH auf andere Rechner zugreifen. Dazu kann das Programm Terminal eingesetzt werden. Im *Terminal* finden Sie den Menüpunkt *Shell* und dort den Eintrag *Neue entfernte Verbindung* ❶.

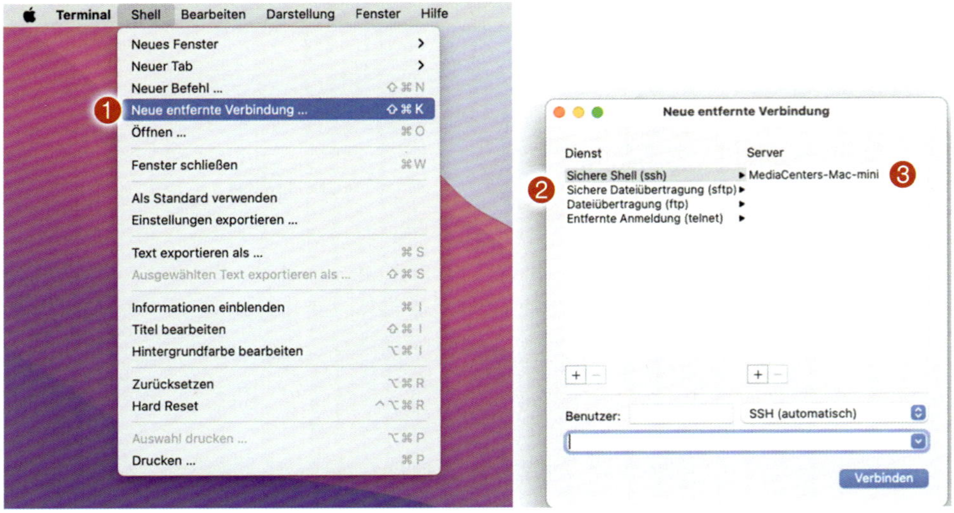

Terminal –> Neue entfernte Verbindung (SSH).

Daraufhin erscheint ein neues Fenster, in dem Sie den Eintrag *Sichere Shell (ssh)* ❷ auswählen können. Ihr Mac sucht dann im Netzwerk nach Rechnern, die sich per SSH zur Verfügung stellen, und listet diese auf ❸. Daraufhin kann der gewünschte Rechner angeklickt und via *Verbinden* die SSH-Sitzung aufgebaut werden. Natürlich ist es ebenso möglich, an einem beliebigen Computersystem eine Shell zu starten und den SSH-Befehl in der Form *SSH Benutzername@IP-Adresse* einzugeben.

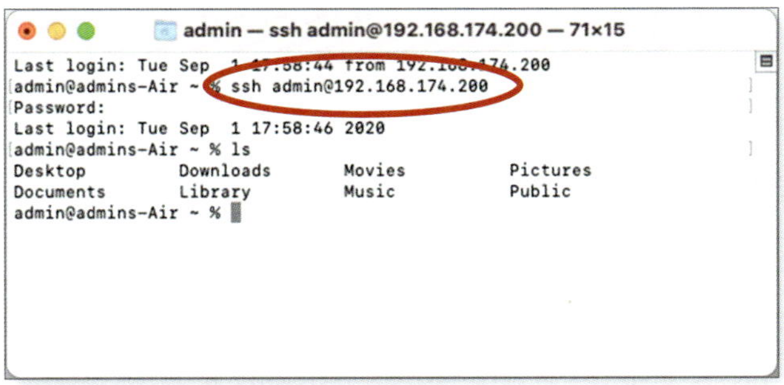

SSH-Befehl innerhalb einer Shell.

Und Sie sehen, dass sich der macOS-Rechner als ganz normaler SSH-Rechner zur Verfügung stellt. Der User „admin“ hat erfolgreich den Kontakt aufgenommen und kann nun in sein Homeverzeichnis auf dem entfernten Rechner hineinsehen und dort navigieren. Das Apple-Betriebssystem ist also zum einen durch seine grafische Oberfläche sehr, sehr einfach zu bedienen, weist aber das Leistungspotenzial und die Vielfalt eines Unix-Systems auf und wird so an vielen Stellen in Unternehmen und auch im privaten Bereich gerne eingesetzt.

Und schlußendlich gibt es noch das *Inhaltscaching*. Wie im Text zu lesen ist, können Sie Inhalte aus dem Internet einmal geladen und auf mehreren Rechnern dann verwendet werden. Sollten Sie diese Funktion nutzen, dann ist ein Blick in die *Optionen* unerlässlich. Dort definieren Sie den Speicherplatz, den Sie für das Puffern der Daten auf Ihrem Computer zur Verfügung stellen möchten. Ich empfehle Ihnen, die Funktion *Inhaltscaching* nur auf einem Mac-Rechner zu verwenden, der zugleich als Server in einem Netzwerk agiert.

Via *Medien teilen* können Sie Musik, Filme, etc. im lokalen Netzwerk mit anderen teilen. Und schlussendlich über *AirPlay-Empfänger* (*Systemeinstellungen -> Teilen -> AirDrop & Handoff -> AirPlay-Empfänger*) können Sie Ihr Display für andere Anwender freigeben, so das diese z. B. vom einem iPhone, iPad oder anderen Mac den Screen auf Ihr Display projezieren können.

▶I Freigaben im Netzwerk 12_02

http://macos2023.amac-buch.de/#12_02

Jeder Mac kann seine Daten und andere Dinge im Netzwerk zur Verfügung stellen. Wie einfach das geht, zeigt dieser Film.

Der ganz einfache Weg: AirDrop

Sie haben im Laufe des Kapitels gesehen, dass eine Kontaktaufnahme über das Netzwerk einige Einstellungen erfordert. Apple hat deswegen in das Betriebssystem eine ganz simple Funktion eingebaut, mit der man sehr schnell ohne weitere Konfiguration im Netzwerk Dateien austauschen kann. Das heißt: Für die Funktion namens *AirDrop* ist es nicht notwendig, dass Sie irgendwelche Freigaben in Ihren Systemeinstellungen vornehmen. AirDrop funktioniert Mac-like. An jedem Rechner, der an AirDrop teilnehmen soll, sollten Sie über die Seitenleiste das AirDrop-Icon anklicken alternativ dazu drücken Sie die Tastenkombination *cmd + Shift + R*.

! Damit Sie AirDrop am Mac nutzen können, muss unbedingt **Bluetooth** aktiviert sein.

Ohne aktiviertem Bluetooth funktioniert AirDrop nicht.

Nun wird überprüft, ob AirDrop andere Rechner im Mac-Netzwerk findet, dabei müssen die anderen Rechner nicht mal AirDrop geöffnet haben. Es werden automatisch alle Rechner angezeigt, die via AirDrop Daten austauschen können.

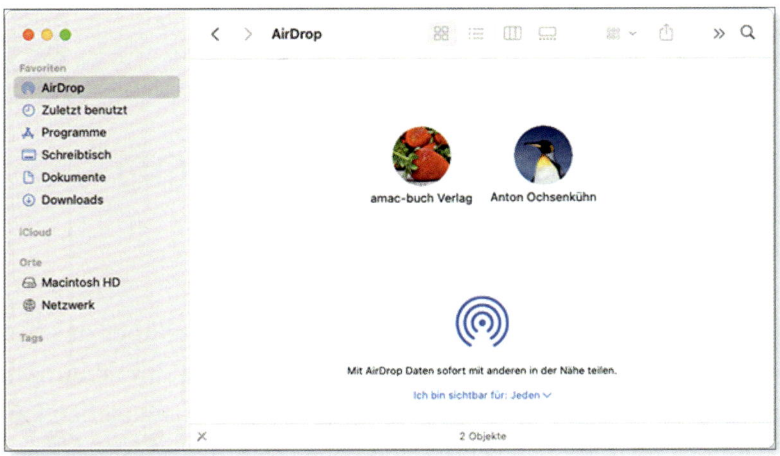

AirDrop findet weitere Rechner.

Um nun auf den anderen Rechner eine Datei oder einen Ordner zu übertragen, ziehen Sie dieses Objekt einfach per Drag & Drop auf das Symbol der jeweiligen Person bzw. Rechner. Der andere Rechner empfängt die Meldung, dass eine Datei an ihn versendet werden soll. Sobald dort der Empfang bestätigt wird, beginnt die Übertragung.

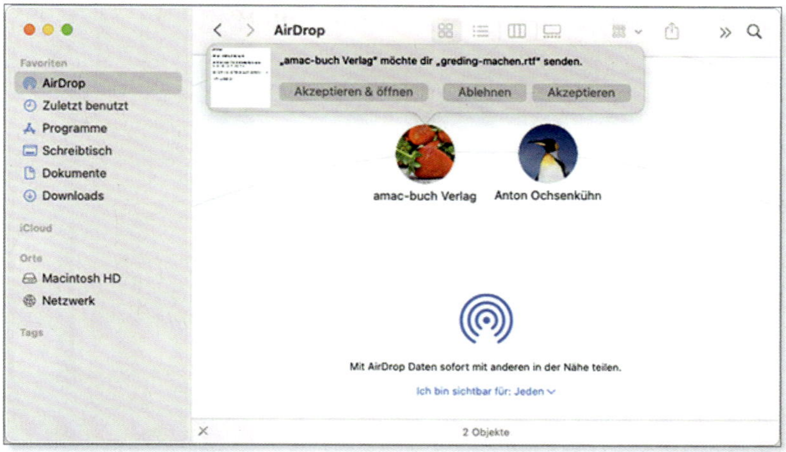

Der Empfangsrechner muss bestätigen.

Klickt die empfangende Person auf den Button *Akzeptieren*, werden die Objekte sofort übertragen und in den *Downloads*-Ordner kopiert. Haben Sie die Funktion *Öffnen* aktiviert, werden die Elemente nach der erfolgreichen Übertragung in den *Downloads*-Ordner sofort im dazugehörigen Programm geöffnet.

AirDrop mit iPhone und iPad

Wenn Sie im Besitz eines iPhone oder iPad mit installiertem iOS 8 oder neuer sind, dann können Sie via AirDrop auch Dateien mit diesen Geräten austauschen. Die Vorgehensweise ist genauso einfach, wie beim Kopieren zwischen zwei Macs.

Sobald auf dem iOS-Gerät WLAN und Bluetooth aktiviert sind, ist auch AirDrop verfügbar. Das iPhone bzw. iPad erscheint nun am Mac in der AirDrop-Funktion. Umgekehrt wird auch der Mac auf dem iPhone bzw. iPad für AirDrop eingeblendet.

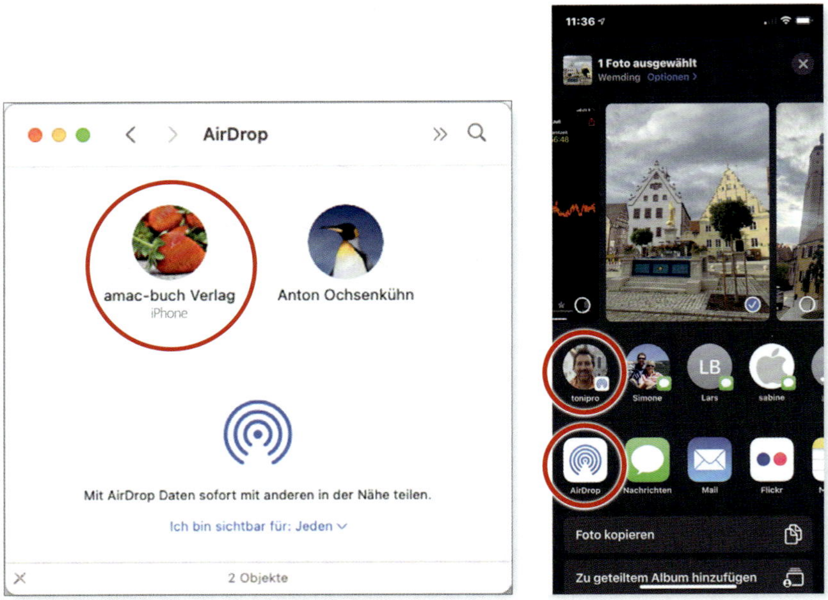

Der Mac (links) und das iPhone (rechts) sehen sich gegenseitig via AirDrop.

Die Datenübertragung funktioniert genauswo wie zwischen zwei Macs. Sie ziehen per Drag-and-Drop eine Datei auf das iPhone und dann muss nur noch der Empfang auf dem jeweiligen iPhone bestätigt werden. Einfacher geht es kaum!

AirDrop beschränken

In macOS gibt es eine Beschränkung für AirDrop. Besitzer eines iPhone oder iPad kennen dies bereits, dort gibt es die Beschränkungen bereits seit iOS 7. Die Beschränkungen beziehen sich auf die Personen, mit denen Sie über AirDrop Daten austauschen wollen.

Im unteren Bereich des AirDrop-Fensters gibt es die Funktion *Ich bin sichtbar für*. Mit dieser Funktion können Sie festlegen, für welche Personen Sie via AirDrop verfügbar sein sollen.

Die Einstellung *Jeder* macht Sie für alle Geräte in der Umgebung sichtbar. Wenn Sie allerdings *Nur Kontakte* auswählen, sind Sie nur für solche Personen sichtbar, dessen Kontaktdaten auf Ihrem Mac in der App *Kontakte* hinterlegt sind. Mit der Einstellung *Niemand* schalten Sie AirDrop quasi aus, da Sie für niemanden in der Umgebung im AirDrop-Fenster sichtbar sind.

Sie sehen also: AirDrop ist definitiv die einfachste Möglichkeit, um zwischen Mac-Rechnern peer-to-peer Dateien auszutauschen. AirDrop besticht dadurch, dass Sie keinerlei Konfigurationsaufwand haben.

! Die Namen, die innerhalb von AirDrop verwendet werden, sind übrigens diejenigen, die Sie in den **Systemeinstellungen** bei **Allgemein -> Teilen** unter **Gerätename** definiert haben.

Dateiweitergabe via iCloud Drive

Nutzen Sie den iCloud-Service von Apple und hat Ihr Gegenüber dies ebenfalls im Einsatz, dann kann das Teilen über iCloud Drive eine sehr angenehme Zusatzfunktion sein.

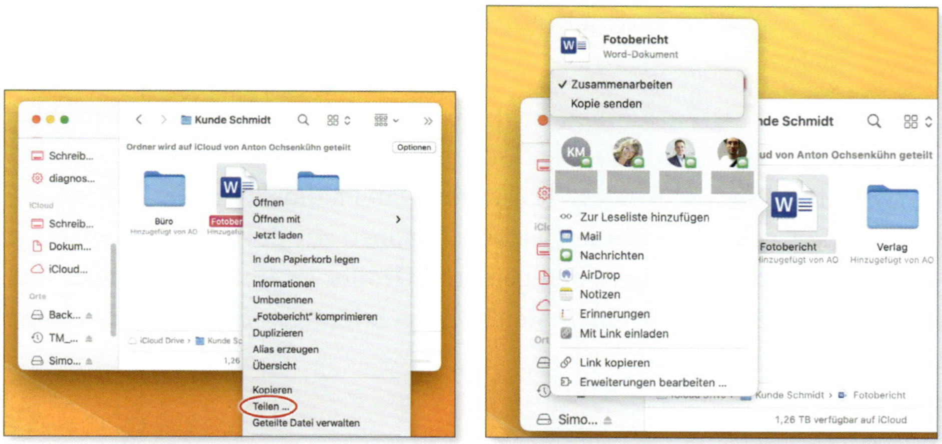

Führen Sie einen Rechtsklick bei der Datei aus, die Sie mit anderen Personen teilen wollen. Wählen Sie „Teilen" (links). Anschließend definieren Sie, wie Sie die Person kontaktieren (Mail, Nachrichten, etc.) wollen und schalten Sie auf „Zusammenarbeiten" um (rechts).

! Übrigens können Sie nicht nur Dateien sondern auch komplette Ordner für die Zusammenarbeit mit anderen Personen freigeben.

Ihr Gegenüber wird sofort informiert und bekommt z. B. diese Information, sobald er die Datei öffnen möchte:

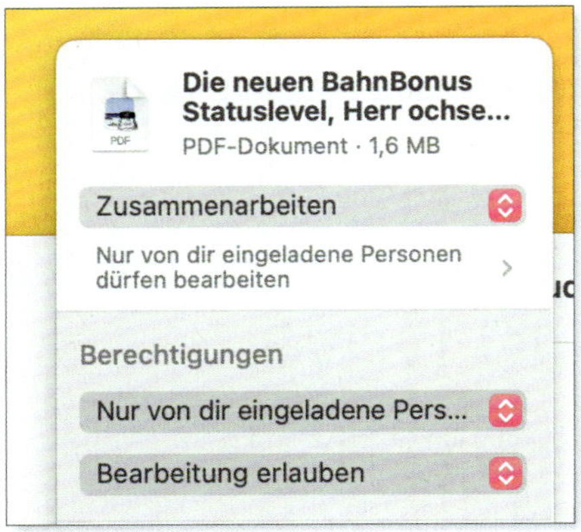

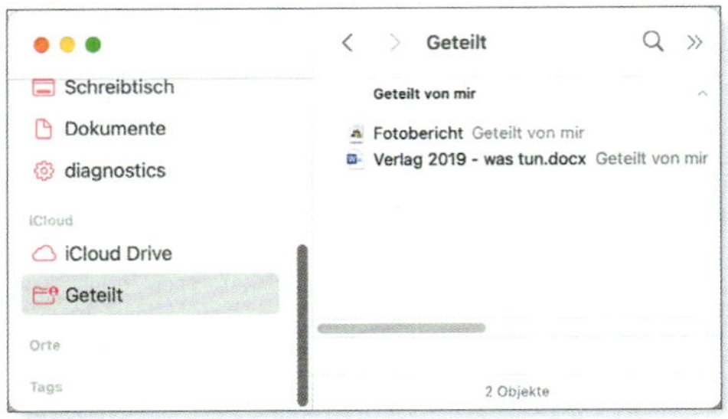

Die geteilte Datei bzw. der geteilte Ordner erscheint ebenfalls im iCloud Drive. Hat Ihr Gegenüber nun die Rechte, die Datei zu bearbeiten, dann kann er Änderungen durchführen und diese werden damit in Ihrer Originaldatei direkt ausgeführt (links bei „Berechtigungen“). In der Seitenleiste des Finder-Fensters gibt es den Ordner „Geteilt“, in dem sich alle von Ihnen geteilten Daten auf einen Blick erkennen lassen (rechts).

Sie sehen also, dass damit die Zusammenarbeit an Dokumenten einfach und problemfrei realisiert werden kann.

Und auch das ist möglich: Nachdem es sich ja um Ihre Datei handelt, können Sie jederzeit die Berechtigung entziehen bzw. ändern. Ebenso können weitere Personen zur Zusammenarbeit eingeladen werden.

Klicken Sie dazu die geteilte Datei bzw. den geteilten Ordner an und wählen über das Kontextmenü *Geteilte Datei/Ordner verwalten*. Dort können Sie die Berechtigungen ändern und weitere Personen zur Zusammenarbeit einladen.

Kapitel 13

Troubleshooting und Fitnesstraining

Sie haben sich den Mac ja unter anderem deswegen gekauft, weil er als ein sehr zuverlässiger Helfer bekannt ist, genauso wie ein iPhone oder ein iPad. Das kann ich nur bestätigen. Funktioniert aber ausnahmsweise einmal etwas nicht so, wie Sie es erwarten, müssen Sie versuchen, den Fehler zu lokalisieren. Ich gebe Ihnen nun wesentliche Tipps und Hinweise, mit denen Sie einen Großteil der Fehler rasch beheben können.

Ein Programm reagiert nicht mehr …

… oder tut nicht mehr das, was es tun sollte. Vielleicht ist es auch eingefroren und reagiert nicht mehr auf Ihre Eingaben. Dann ist es allerhöchste Zeit, das Programm aus dem Arbeitsspeicher zu entfernen. Gehen Sie hierzu in das *Apfel-Menü* und wählen Sie den Eintrag *Sofort beenden* aus. Alternativ können Sie die Tastenkombination *cmd* + *alt* + *esc* verwenden.

▶I Programme gewaltsam beenden 13_01

http://macos2023.amac-buch.de/#13_01

Zickige Programme müssen bisweilen gewaltsam beendet werden. Das kommt am Mac eher selten vor, aber Sie sollten wissen, wie es geht. Deshalb sehen Sie die Feinheiten in diesem Video.

! Sollte der gesamte Rechner nicht mehr reagieren, drücken Sie fünf Sekunden lang den Ein-/Ausschaltknopf. Daraufhin wird der Rechner ausgeschaltet. Natürlich gehen alle nicht gesicherten Dokumente verloren.

Ein Programm macht regelmäßig Ärger

Es gibt nämlich einen super simplen Trick, der Ursache auf die Schliche zu kommen.

> **!** Sie sollten über administrative Rechte verfügen und in den **Systemeinstellungen –> Benutzer:innen & Gruppen** einen neuen Benutzer anlegen. Ich nenne diesen Benutzer meistens **Test** und weise ihm das gleichnamige Passwort zu. Sodann logge ich mich als **Test**-Benutzer ein und starte das betreffende Programm unter dem neuen Account.

Nachdem ich nun als *Test*-Benutzer dieses Programm zum allerersten Mal starte, werden die grundlegenden Einstellungen für diese Applikation und für den *Test*-User angelegt. Arbeitet das Programm nun wunschgemäß, habe ich die absolute Sicherheit, dass bei meinem eigenen Account die Einstellungsdateien des Programms die Ursache für den Fehler sind. Arbeitet das Programm allerdings auch unter dem *Test*-Benutzer nicht wie erwartet und reagiert mit dem gleichen Fehler, liegt die Ursache beim Programm. Möglicherweise gibt es eine Aktualisierung für diese Applikation, damit sie wieder reibungslos auf dem Betriebssystem läuft.

Kommen wir aber zurück zur Annahme, dass die Applikation im Rahmen der Testbenutzerumgebung tadellos funktioniert. Dazu sollten Sie wissen, dass jedes Programm, das Sie als Anwender gestartet haben, in Ihrem Benutzerordner im unsichtbaren Ordner *Library* und dort wiederum in den Unterordnern *Preferences*, *Application Support* oder auch *Caches* Hilfsdateien ablegt, um arbeiten zu können.

> **!** Sie wissen ja bereits, dass Sie den zunächst unsichtbaren **Library**-Ordner im Benutzerordner zum Vorschein bringen, indem Sie im Finder das **Gehe zu**-Menü ansteuern und die **alt**-Taste gedrückt halten. Daraufhin erscheint darunter in der Liste der gesuchte **Library**-Ordner. Wenn Sie den User-Library-Ordner permanent sichtbar haben möchten, wechseln Sie zu Ihrem Benutzerordner (**cmd + Shift + H**) und öffnen die **Darstellungsoptionen** (**cmd + J**). Dort finden Sie dann die Option **Ordner „Library" anzeigen**, die Sie nur noch aktivieren müssen.

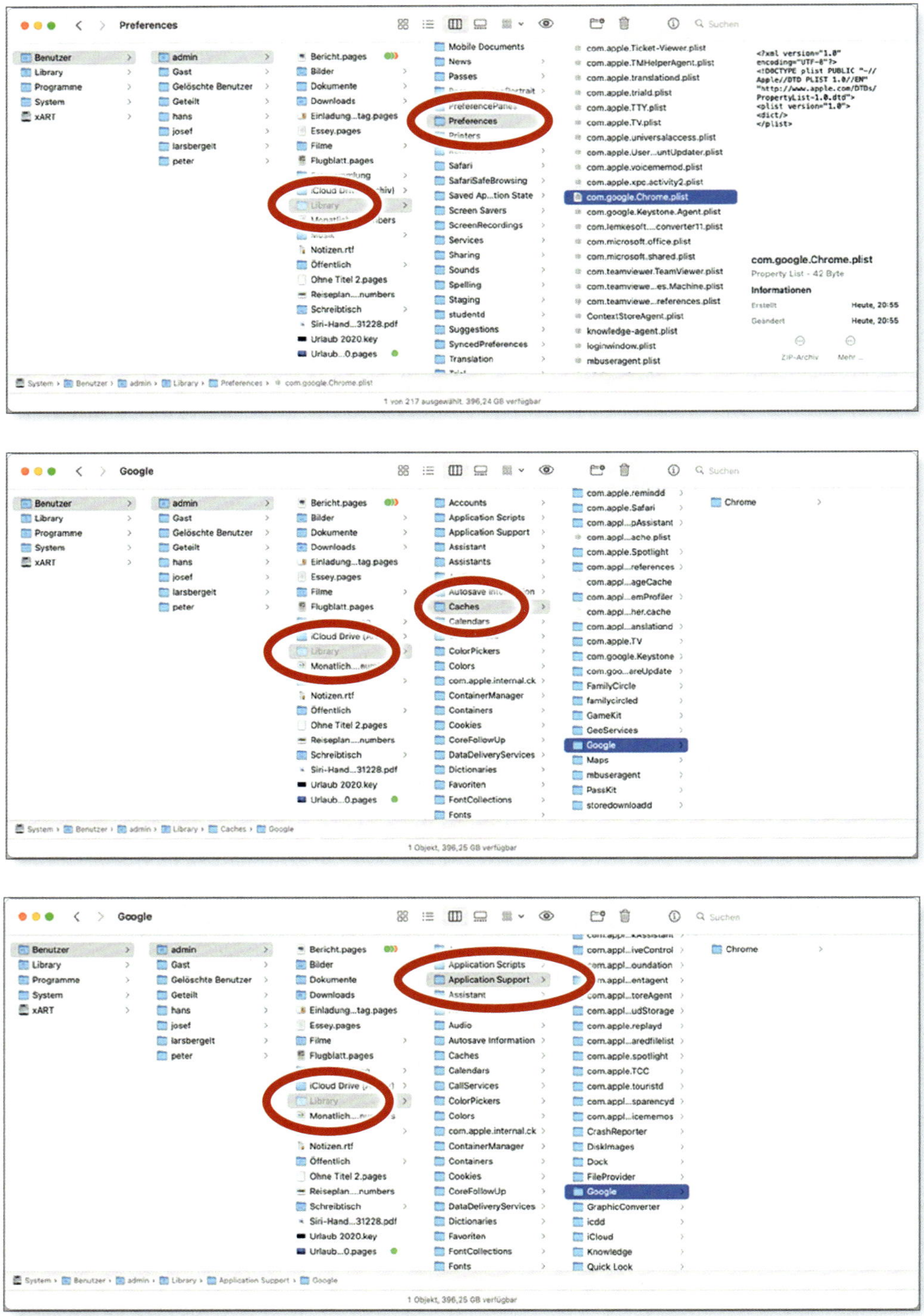

Programmgrundeinstellungen im Library-Ordner des Benutzers.

Wie Sie anhand der Bildschirmfotos sehen, legt beispielsweise Google an drei verschiedenen Stellen Hilfsdateien ab. Sie finden also Informationen im *Preferences*-, im *Caches*- und auch im *Application Support*-Ordner. Abhängig von dem Problem, das Sie mit dem Programm haben, kann sich nun an einer dieser drei Stellen ein Fehler eingeschlichen haben. Im einfachsten Fall entfernen Sie an allen drei Stellen (in unserem Beispiel mit Google Chrome) den *Google*-Ordner.

! Dabei muss Ihnen aber bewusst sein, dass Sie hierdurch auch Programmgrundeinstellungen, die unter Umständen wertvoll sein können, zunächst einmal verlieren. Aber oftmals ist das die einzige Möglichkeit, wenn sich in diesen Einstellungen Fehler befinden.

Ich gehe dabei meist so vor, dass ich zunächst einmal aus dem *Preferences*-Ordner in diesem Fall den *Google*-Ordner auf den Schreibtisch ziehe und das betreffende Programm anschließend erneut starte. Sollte das Programm danach wieder funktionieren, wurde der Fehler über das Entfernen des *Preferences*-Ordners behoben. Ist dies nicht der Fall, entferne ich als Nächstes die dazugehörigen Dateien im Ordner *Caches* und zu guter Letzt die Dateien im Ordner *Application Support*.

Meine Erfahrung zeigt, dass in fast allen Fällen falsche Voreinstellungen der Programme im *Preferences*-Ordner schuld an einem Fehlverhalten der Applikationen sind.

Kernel Panic

Sollten Sie den folgenden Bildschirm während der Arbeit an Ihrem Apple-Rechner zu Gesicht bekommen, haben Sie ein ernsthaftes Problem. Im Regelfall weist der Bildschirm darauf hin, dass das Betriebssystem seinen Dienst quittiert hat. In 99 Prozent der Fälle habe ich dabei folgende Erfahrung gemacht: Wenn Anwender darüber klagen, dass die *Kernel Panic* in unregelmäßigen Abständen immer wieder auf dem Bildschirm erscheint, sind die im Rechner verbauten Arbeitsspeichermodule (RAM-Module) defekt. Kontaktieren Sie in diesem Fall den Händler Ihres Vertrauens, damit er die Arbeitsspeichermodule testweise austauscht. Ich habe nur in ganz wenigen Ausnahmefällen erlebt, dass die Kernel Panic andere Ursachen als defekte Arbeitsspeichermodule hatte.

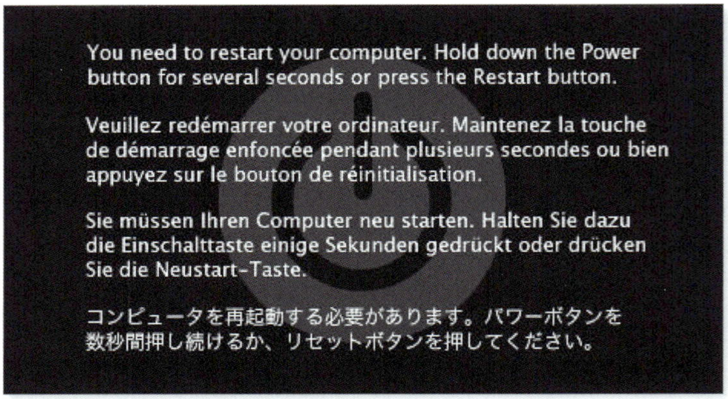

Wow – Kernel Panic.

Apple Hardware Test (Intel-Macs)

Neben dem Arbeitsspeicher (RAM) könnten auch andere Hardwarebestandteile für Fehlfunktionen verantwortlich sein. Herausfinden können Sie das über den *Apple Hardware Test*. Dazu starten Sie Ihren Rechner neu und halten dabei die Taste *D* gedrückt.

! Entfernen Sie für den Apple Hardware Test bitte alle extern mit Ihrem Rechner verbundenen Geräte.

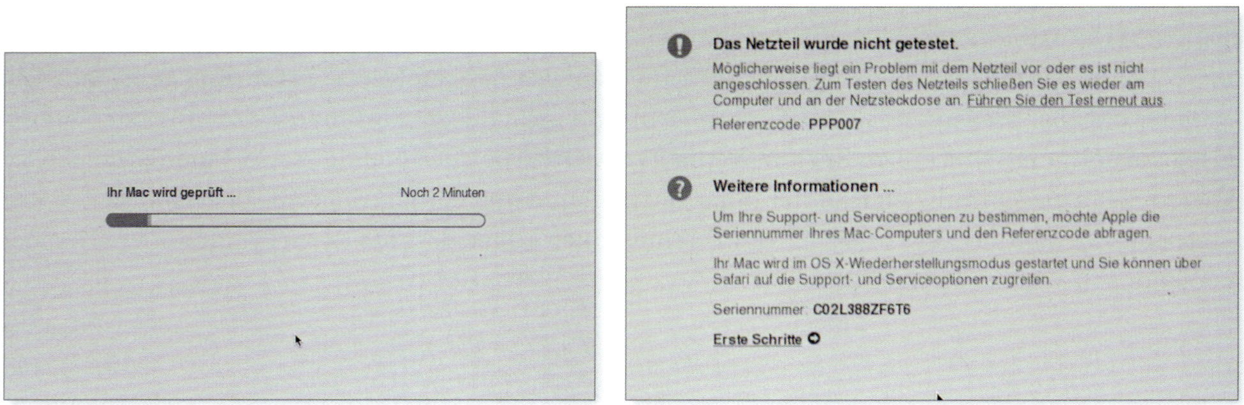

Das Apple Diagnose Tool kann Sie ebenfalls auf Hardwarefehler hinweisen.

Sofern Sie sich telefonisch mit Apple in Verbindung setzen, könnte es sein, dass Sie die *Seriennummer* Ihres Geräts angeben müssen.

Sollte Ihr Rechner noch funktionieren, finden Sie die Seriennummer heraus, indem Sie über das *Apfel-Menü* den Eintrag *Über diesen Mac* auswählen.

> **!** Sollte Ihr Rechner nicht mehr funktionieren, ist die Seriennummer auch irgendwo an der Hardware des Rechners aufgebracht. Bei tragbaren Rechnern finden Sie sie auf der Unterseite des Geräts, bei iMacs ist sie auf der Unterseite des Ständers.

Probleme beim Starten (Intel-Macs)

Will der Rechner nach dem Einschalten nicht starten, sollten Sie die folgenden Funktionen in dieser Reihenfolge ausprobieren:

- Löschen des *Parameter-RAM*: Halten Sie direkt nach dem Einschalten die Tasten *cmd* + *alt* + *P* + *R* gedrückt. Tun Sie das so lange, bis der Startton ein zweites Mal ertönt.
- Setzen Sie Ihren Mac auf die Werkseinstellungen zurück. Keine Angst – dabei werden keine Daten auf Ihrer Festplatte gelöscht. Halten Sie bei tragbaren Macs auf Ihrer Tastatur im linken Bereich die Tasten *Shift* + *alt* + *ctrl* gedrückt und drücken Sie zusätzlich noch die Einschalttaste des Computers. Der Rechner muss dabei am Netzteil angeschlossen sein. Lassen Sie die Tasten gleichzeitig los und machen Sie einen Neustart. Bei stationären Macs entfernen Sie das Stromkabel für 15 Sekunden und führen dann einen Neustart aus.
- Beim Starten kann die Taste *T* gedrückt werden. Dann kann der Mac als externe Festplatte an einem anderen Mac via FireWire oder Thunderbolt verwendet werden. Alternativ stellen Sie den *Festplattenmodus* vor dem nächsten Neustart bereits in den *Systemeinstellungen* ein. Nach einem Neustart erscheint am Mac ein FireWire- bzw. Thunderbolt-Symbol. Über ein Kabel kann der Rechner dann mit einem anderen Mac verbunden werden und die Daten sind verwendbar.

Der Mac meldet sich als externe Festplatte.

Wiederherstellen-Funktionalität (Intel-Macs)

Sollten Sie keinen Installationsdatenträger zur Hand haben hilft Ihnen der *Wiederherstellen-Modus* weiter.

> **!** Drücken Sie beim Starten die Tastenkombination **cmd + R** (Wiederherstellen Partition) oder **cmd + alt + R**, um über das Internet die Wiederherstellen-Funktionalität zu laden. Haben Sie einen Computer mit Apple Prozessoren, dann halten Sie nach dem Einschalten diesen Kopf noch gedrückt und wählen **Options**.

Einige Sekunden später erscheint ein Fenster auf Ihrem Bildschirm mit der Überschrift *macOS Dienstprogramme*. Darunter sind vier Einträge sichtbar:

Das Wiederherstellen wir über eine Internetverbindung (links) gestartet. Ist alles geladen, sehen Sie das Fenster „macOS-Dienstprogramme" (rechts).

Hier finden Sie das *Festplattendienstprogramm*, das Sie nun starten können, um die *Macintosh HD* über die Funktion *Erste Hilfe* wieder instand zu setzen. Des Weiteren können Sie, wie Sie der Liste der macOS-Dienstprogramme entnehmen, auch *macOS erneut installieren*, das heißt, das Betriebssystem neu auf Ihren Computer aufbringen. Wie Sie bereits aus dem ersten Kapitel wissen, bleiben bei einer Neuinstallation des Betriebssystems sämtliche Programme und Benutzerdaten erhalten. Es wird lediglich ein neues System angelegt.

Wollen Sie hingegen die Daten eines Time-Machine-Backups wieder auf den Computer zurückspielen, wählen Sie in der Liste den ersten Eintrag *Aus Time Machine-Backup wiederherstellen* aus. Daraufhin erscheint ein zweiter Bildschirm, der Ihnen weitere Informationen gibt und Sie dazu auffordert, den Datenträger anzuschließen, auf dem sich die Time-Machine-Backups befinden.

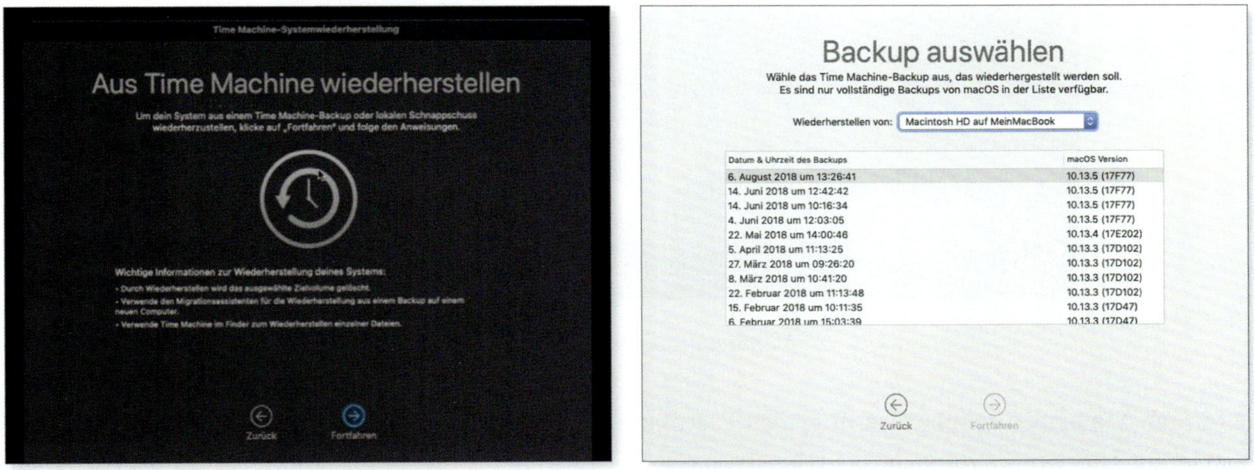

System aus Time-Machine-Backup wiederherstellen.

Klicken Sie auf *Fortfahren,* um die weiteren Schritte zum Einspielen Ihres Time-Machine-Backups zu veranlassen. Wie Sie rechts oben in der Menüleiste sehen, können Sie auf WLAN zugreifen. Damit ist auch das Einspielen von Backups im Netzwerk möglich.

Zugriff auf WLAN-Netzwerke.

Aber noch einmal kurz zurück zum Bildschirm, auf dem Sie die macOS-Dienstprogramme sehen. Dort finden Sie auch in der Menüleiste einen Eintrag *Dienstprogramme*, der Ihnen zusätzlich weitere Hilfsmittel wie das *Terminal* und die Funktionalität des *Firmware-Passworts,* das sich unter dem Punkt *Startsicherheitsdienstprogramm* befindet, zur Verfügung stellt.

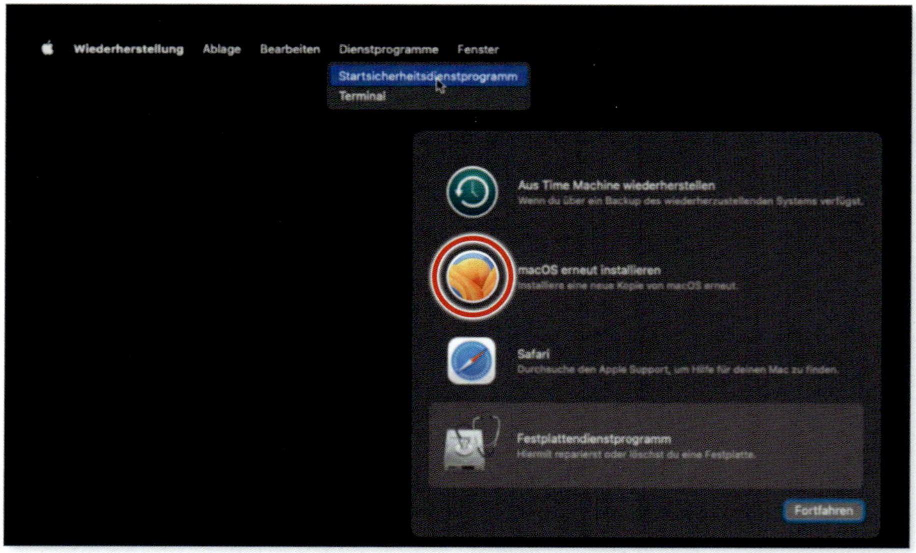

Menüpunkt „Dienstprogramme".

Konnten Sie erfreulicherweise über das Festplattendienstprogramm Ihre Macintosh HD erfolgreich reparieren, können Sie danach das Dienstprogramm mit *cmd* + *Q* beenden. Wenn Sie die *macOS-Dienstprogramme* verlassen wollen, dann wählen Sie *Startvolume* aus dem Apfelmenü.

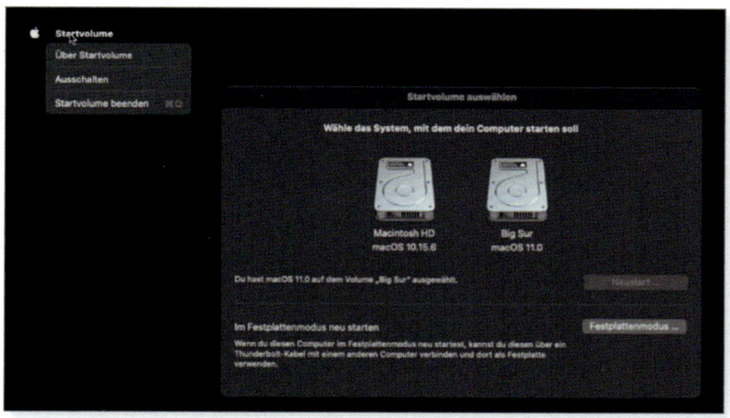

Auswahl des Startvolumes nach Beenden der Dienstprogramme.

Sie sehen also, dass Sie mit der *Wiederherstellen* eine sehr einfache und zugleich elegante Möglichkeit haben, den Rechner fremd zu booten und damit Reparaturmechanismen über das Festplattendienstprogramm zu starten.

! Sofern Sie FileVault aktiviert haben, steht diese Funktion nicht zur Verfügung.

Mac-Computer mit dem T2-Chip

Seit 2018 sind Rechnermodelle erschienen, die den neuartigen T2-Chip beinhalten. Das ist zum einen der iMac Pro in allen Konfigurationen, der Mac Pro und darüber hinaus tragbare Macs wie MacBook Pro oder MacBook Air mit Touch ID. Im Mac Book Pro kümmert sich der T2-Chip einmal um die Touch Bar und ebenso – wie beim iMac Pro – um andere Dinge: sichere Bootfunktionalität, automatische Datenverschlüsselung auf den internen SSD-Laufwerken, etc.

Deshalb ist es auf den Computern mit den integrierten T2-Chips nicht ganz so einfach, diese von z. B. externen Datenträgern zu starten. Verantwortlich hierfür sind die Einstellungen des sogenannten *Startsicherheitsprogrammes*. Dieses erreichen Sie, wenn Sie mit *cmd* + *R* oder *cmd* + *alt* + *R* über die Internet-Wiederherstellung booten und anschließend bei *Dienstprogramme* aufrufen.

Das „Startsicherheitsdienstprogramm“ kann über die Wiederherstellen-Partition augerufen werden.

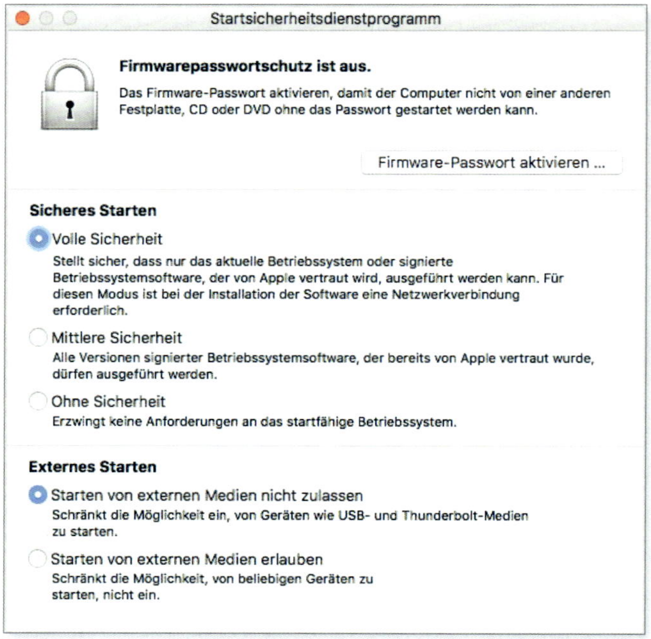

Sobald Sie die Sicherheit verringern, wird Ihr Mac-Rechner dadurch auch für Angriffe empfänglicher.

Möchten Sie beispielsweise das externe Starten ermöglichen, dann können Sie das über das *Startsicherheitsprogramm* einrichten.

Sie können nun über *macOS-Dienstprogramme –> Starvolume* Ihren Rechner wieder regulär booten. Anschließend verbinden Sie ein externes Medium mit einem startfähigen macOS mit Ihrem Rechner und wählen unter *Systemeinstellungen –> Startvolume* dieses aus, um den Computer extern zu starten.

Passwort eines Benutzers via Terminal ändern

Über die *Wiederherstellen-Partition* kann man ebenso das Programm *Terminal* starten. Ist dies geschehen, tippt man den Befehl *resetpassword* ein.

Über diese kleine App kann man das Passwort eines Users neu vergeben, ohne das bisherige Passwort zu kennen ;-).

Wiederherstellung etc. bei Mac-Modellen mit Apple-Prozessoren

Während man bei den Intel-Macs mit *cmd + R* die Wiederherstellungsfunktionen direkt beim Starten des Rechners aufrufen kann, schaltet man Macs mit Apple Prozessoren (wie dem M1, M2 etc.) ein und hält dann die *An/Aus*-Taste gedrückt. Das sollte noch vor dem Startton erfolgen.

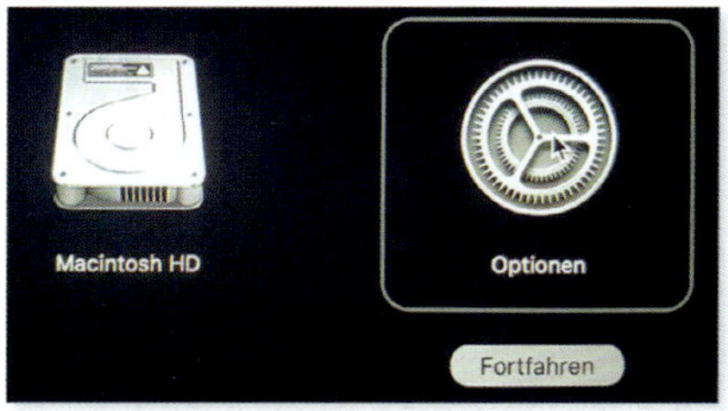

Über „Optionen“ erhalten Sie alle Wiederherstellen-Funktionen. Klicken Sie hingegen auf „Macintosh HD“, so wird der Bootvorgang fortgesetzt.

Sobald man *Optionen* ausgewählt hat, wird von einem Notfallsystem gestartet. Anschließend stehen Reparaturmechanismen wie *Time Machine*, *Festplattendienstprogramm*, *Safari* oder *macOS Sonoma erneut installieren* zur Verfügung. Über das Menü *Dienstprogramme* erreicht man zudem Funktionen wie das *Startsicherheitsdienstprogramme*, *Volume teilen* und *Terminal*. Via *Volume teilen* können Sie ähnlich wie beim Target-Disk-Modus die Daten diesmal übers Netzwerk (SMB) zur Verfügung stellen. An einem anderen Mac nutzen Sie die Netzwerkverbindung via *cmd + Shift + K* im Finder.

! Der sichere Systemstart, der durch Gedrückthalten der **Shift**-Taste direkt nach dem Start der Intel-Macs aktiviert werden kann, steht auf den Apple-Prozessor-Macs ebenfalls zur Verfügung. Halten Sie dazu die **Shift**-Taste gedrückt, sobald Sie auf Macintosh-HD links von **Optionen** klicken.

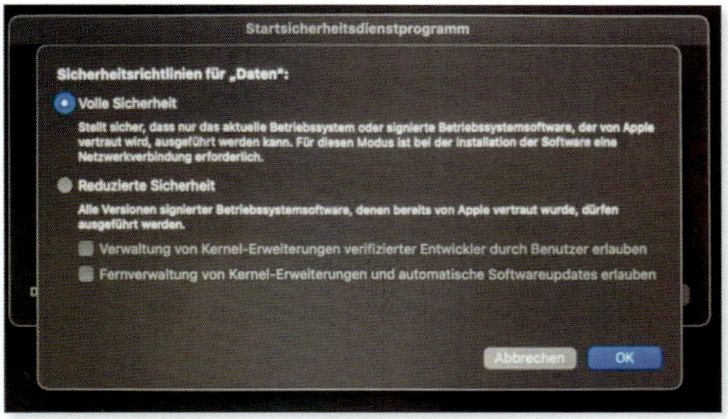

Das Startsicherheitsdienstprogramm bei den Mac-Rechnern mit Apple Prozessoren bietet lediglich zwei Optionen an. Das Starten von externen bootfähigen Medien ist also grundsätzlich möglich.

Anwender von Intel-Macs kennen darüber hinaus Funktionen wie das Zurücksetzen des SMC-Controllers oder des NVRAM bzw. PRAMS (Non Volatile RAM bzw. Parameter RAM). Beides ist auf den Apple-Silicon-Macs nicht möglich.

Wer Apple Diagnose (Hardwarediagnose) starten will, der tut das ebenfalls via *cmd + D*. Allerdings ist hierzu wiederum vorher der Wiederherstellungsmodus notwendig.

Fitnesstraining für Ihren Mac

Damit Ihr Apple-Rechner auch immer zuverlässig seinen Dienst verrichtet, sollten Sie ab und an kleine Fitnessübungen mit ihm durchführen. Die wichtigsten Übungen habe ich nachfolgend für Sie zusammengetragen.

Sicherer Systemstart

Wenn Sie direkt nach dem Einschalten Ihres Rechners die *Shift*-Taste gedrückt halten, wird Ihr Rechner den *sicheren Systemstart* ausführen. Bei den Mac-Modellen mit Apple Silicon starten Sie den Wiederherstellungsmodus (wie eben beschrieben) und drücken die Shift-Taste während des Klickens auf Macintosh HD.

Sicherer Systemstart.

Sie erkennen den sicheren Systemstart daran, dass im Anmeldedialog rechts oben die Bezeichnung *Sicherer Systemstart* steht. Der sichere Systemstart bietet Ihnen eine Reihe von nützlichen Funktionen:

- *Caches:* Bei der Arbeit mit macOS werden oftmals Pufferdateien (Cachedateien) angelegt. Insbesondere bei der Verwendung und der Arbeit mit Schriften ist dies erforderlich. Der sichere Systemstart löscht nicht notwendige Caches.
- *Festplatten überprüfen:* Zudem werden die Daten auf der Festplatte hinsichtlich ihrer logischen Struktur überprüft und kleinere Fehler dabei sofort behoben.
- *Sichere Treiber:* Sollte Ihr Rechner nicht mehr starten, weil Sie etwas installiert haben, das sich mit Ihrem Betriebssystem nicht verträgt, befinden sich Treiber auf Ihrem Rechner, die den Bootvorgang unterbinden. Der sichere Systemstart verwendet nur die Apple-eigenen Treiber, die sich im Ordner *System* befinden. Das heißt, Treiber, die Sie als Administrator beispielsweise in den *Library*-Ordner eingebracht haben, werden beim Booten über den sicheren Systemstart nicht beachtet. Der sichere Systemstart muss nämlich in jedem Fall dazu führen, dass Ihr Rechner wieder startet.

Der sichere Systemstart ist vergleichbar mit dem Starten von Windows im abgesicherten Modus, den man durch Drücken der Taste *F8* bewirkt

> **!** Nachdem der sichere Systemstart sowohl Pufferdateien entfernt als auch die Festplattenstruktur überprüft, ist es zu empfehlen, ab und an einen sicheren Systemstart durchzuführen. Sobald diese Routinen erledigt sind, erscheint das Anmeldefenster.

Es ist nun eine gute Idee, den Rechner wieder auszuschalten und anschließend regulär hochzufahren, damit Sie auch alle Softwarekomponenten zur Verfügung haben. War hingegen ein fehlerhafter Treiber die Ursache für eine Fehlfunktion, sollten Sie sich jetzt einloggen und die fehlerhaften Dateien (Treiber) von Ihrem Rechner entfernen.

App Store und Softwareupdates

Über *App Store* halten Sie Ihre Programme stets up to date. Um die aktuellste Systemsoftware zu erhalten, müssen Sie in den *Systemeinstellungen* die Funktion *Allgemein –> Softwareupdate* öffnen. Diese Funktion ist speziell für Systemupdates gedacht. Meist werden über die Aktualisierung Zusatzfunktionen bereitgestellt oder auch kleinere Fehler behoben.

▶I Immer up to date sein 13_02

http://macos2023.amac-buch.de/#13_02

Gerade an einem Computer ist es wichtig, aktuelle Software eingespielt zu haben. Denn damit werden oftmals Sicherheitslücken gestopft und bisweilen neue Funktionen zur Verfügung gestellt. Wie man den Mac und seine Apps aktuell hält, zeigt dieses Video.

! Bei einigen Updates ist ein Neustart des Rechners nach erfolgreicher Aktualisierung notwendig. Der Rechner wird Sie aber darauf hinweisen. Die Installation wird also erst ausgeführt, wenn Sie die Funktion **Neustart** auslösen.

! Berücksichtigen Sie bitte, dass andere Softwarehersteller im Regelfall eigene Programme mitliefern, um deren Applikationen auf dem aktuellen Stand zu halten. Die Firma Microsoft beispielsweise liefert das Programm **Microsoft AutoUpdate** mit.

Dieses Programm dient dazu, die Microsoft-Produkte auf Ihrem Rechner zu aktualisieren. Andere Softwarehersteller halten es ähnlich. Um also stets auf dem aktuellen Stand zu sein, sollten Sie bisweilen auch die diversen Updater anderer Hersteller ausführen.

Festplattendienstprogramm

Das *Festplattendienstprogramm* ist ebenfalls eine gute Anlaufstelle, um routinemäßig gewisse Fitnessübungen durchzuführen. So ist die Funktion *Erste Hilfe* in regelmäßigen Abständen durchaus sinnvoll. Denn bei der Installation von Softwarepaketen kann etwas durcheinandergeraten. Sollte bei der Prüfung der Zugriffsrechte ein Hinweis erscheinen, können Sie danach gleich mit dem Reparieren der Zugriffsrechte beginnen.

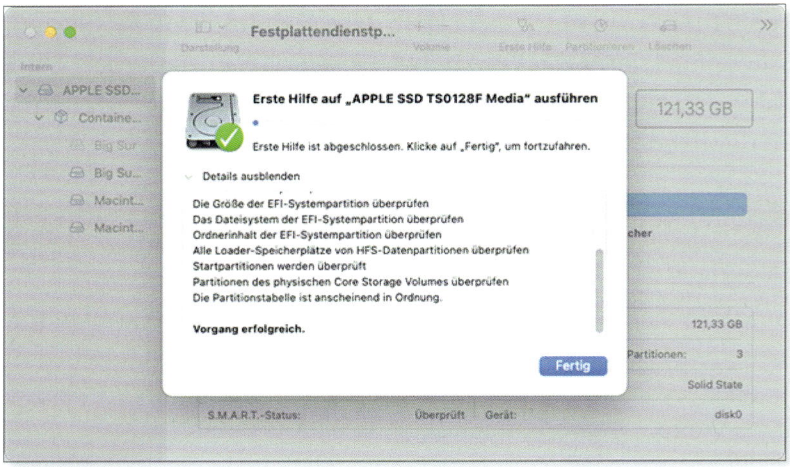

Festplattendienstprogramm hat den Datenträger überprüft.

Des Weiteren können Sie über das Festplattendienstprogramm auch Ihren Datenträger überprüfen, wenn Sie in auswählen und dann die Erste-Hilfe-Funktion verwenden. Wird dabei ein Problem festgestellt, versucht das Festplattendienstprogramm dieses sofort zu beheben. Sollte es nicht klappen, so booten Sie – wie vorhin gezeigt – von der *Wiederherstellen-Partition* oder der Installations-DVD bzw. dem -Stick, um von dort aus über das Festplattendienstprogramm den Fehler zu beheben.

! Zudem überprüft das Festplattendienstprogramm auch automatisch den S.M.A.R.T.-Status.

S.M.A.R.T.-Status überprüfen.

Der S.M.A.R.T.-Status gibt Ihnen Auskunft darüber, ob vonseiten der Elektronik mit Ihrer Festplatte noch alles in Ordnung ist. Erscheint dort der Eintrag *Überprüft*, sieht alles gut aus. Erhalten Sie anderweitige Meldungen, sollten Sie möglichst rasch Ihre Daten in Sicherheit bringen und den Datenträger austauschen.

Datenträgerspeicher optimieren

Durch das Installieren von Programmen und das Ablegen von Videos und Bildern kann der Platz auf der Macintosh HD sehr schnell knapp werden. Wenn die Festplatte voll ist, müsste man normalerweise damit beginnen, die Dateien entweder auf ein externes Speichermedium auszulagern oder zu löschen. Bevor Sie dies tun, sollten Sie allerdings einige Funktionen des Betriebssystems nutzen, um Platz auf der Festplatte zu schaffen.

iCloud Drive

Zuerst sollten Sie die Dateien kontrollieren, die Sie im iCloud Drive gesichert haben. Normalerweise ist es so, dass Dateien vom iCloud Drive nicht nur bei iCloud gespeichert sind, sondern auch auf Ihrem Rechner. Auf diese Weise können Sie offline mit den jeweiligen Dateien arbeiten. Um nun etwas Platz auf der Festplatte zu schaffen, können Sie das Betriebssystem veranlassen, ältere Dokumente von iCloud Drive automatisch vom Rechner zu löschen und sie nur noch bei iCloud zu belassen. So wird Stück für Stück etwas Platz auf dem Datenträger freigeschaufelt.

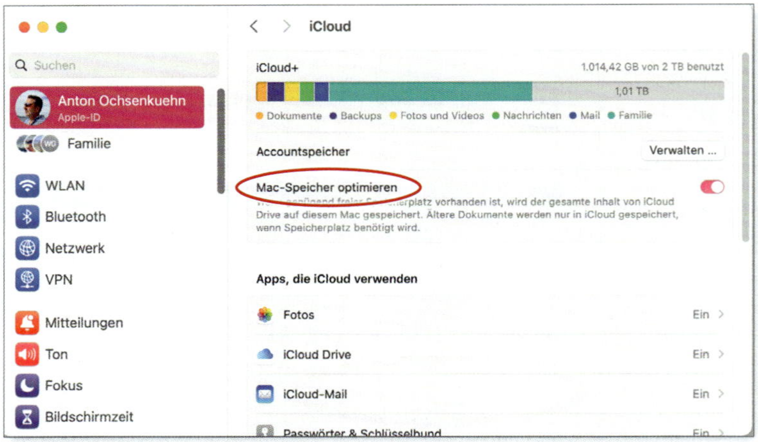

Der Platz auf der Festplatte kann mit Hilfe von iCloud Drive optimiert werden.

Die entsprechende Funktion mit dem Namen *Mac-Speicher optimieren* finden Sie in den *Systemeinstellungen* bei *Ihrer Apple-ID* unter *iCloud*.

Speicherverwaltung

Eine weitere Möglichkeit, um Platz auf dem Datenträger zu schaffen, ist die Nutzung der *Speicherverwaltung*. Mit dieser Funktion können Sie sozusagen eine „Optimierung" durchführen, da sich damit z. B. nicht mehr benötige Dateien löschen oder gekaufte Filme vom Rechner entfernen lassen. Die *Speicherverwaltung* erscheint, wenn Sie in den *Systemeinstellungen* unter *Allgemein* den Eintrag *Speicher* aufrufen.

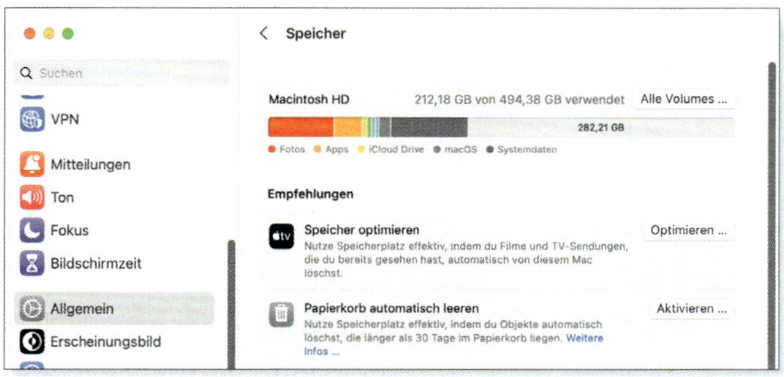

Die „Speicherverwaltung" hilft Ihnen, Platz auf der Festplatte zu schaffen.

Ist die Speicherverwaltung geöffnet, sehen Sie als erstes die *Empfehlungen*. Hier erhalten Sie einige Hinweise, wie Sie Platz auf der Festplatte schaffen können. So könnten Sie z. B. die gekauften Filme und

TV-Sendungen in iTunes automatisch entfernen lassen. Diese benötigen besonders viel Platz auf der Festplatte. Die gekauften Filme und TV-Sendungen können ja jederzeit wieder heruntergeladen werden. Aktivieren Sie das automatische Entleeren des Papierkorbes oder lagern Sie Dateien in das iCloud Drive aus.

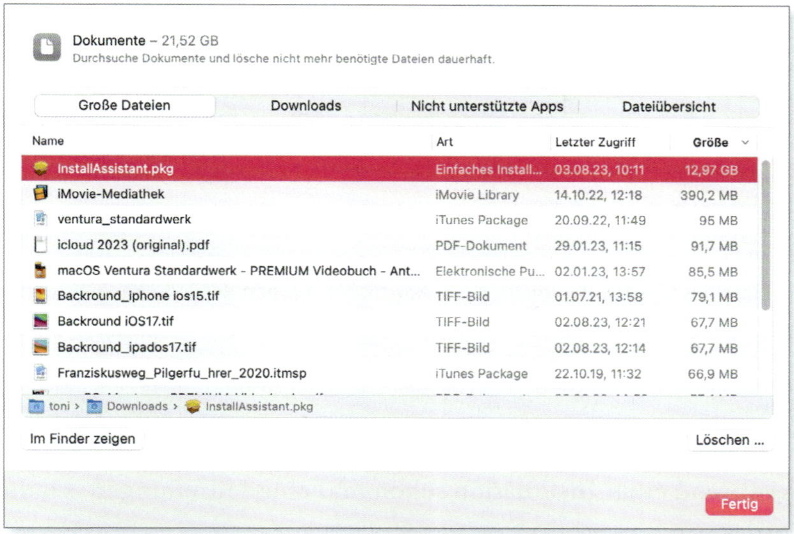

Klicken Sie ein Element an, um darunter den Ablageort zu sehen.

Darunter sind die wichtigsten Bereiche inklusive Speicherbelegung aufgelistet. Im Bereich *Dokumente* haben Sie z. B. Einsicht in den *Download*-Ordner. Dort lassen sich ältere Downloads entfernen, wenn Sie die jeweilige Datei anklicken und dann auf *Löschen* klicken.

Onyx bzw. UNIX-Wartungsskripte

Es gibt eine kostenfreie und sehr nützliche Software mit dem Namen *Onyx* (*https://www.titanium-software.fr*). Diese Software ist in der Lage, bestimmte Pufferspeicher und Logdateien zu leeren bzw. zu entfernen. Denn alles, was Sie an Ihrem Rechner tun, wird an den verschiedensten Stellen gepuffert, wie zum Beispiel heruntergeladene Internetseiten, Verbindungen zu Servern, geladene und später nicht mehr verwendete Schriften etc. Auch alle Aktionen, die auf dem Rechner durchgeführt werden, werden in Form vielfältigster Logdateien protokolliert.

> **!** Ich habe mir angewöhnt, das Programm **Onyx** etwa alle vier Wochen auf meinem Rechner laufen zu lassen und damit alle Puffer-, Log- und Cachedateien zu leeren.

Möchten Sie hingegen die wichtigsten Wartungsskripts ohne Hilfsprogramm ausführen, so sollten Sie das Dienstprogramm *Terminal* starten und diesen Befehl eingeben: *sudo periodic daily weekly monthly*

Geben Sie anschließend noch Ihr Admin-Kennwort ein und schon werden die regelmässigen Wartungsarbeiten durchgeführt. Nach wenigen Sekunden ist im Normalfall alles erledigt. Sie erkennen es daran, dass der Cursor wieder hinter dem Eingabe-Prompt steht.

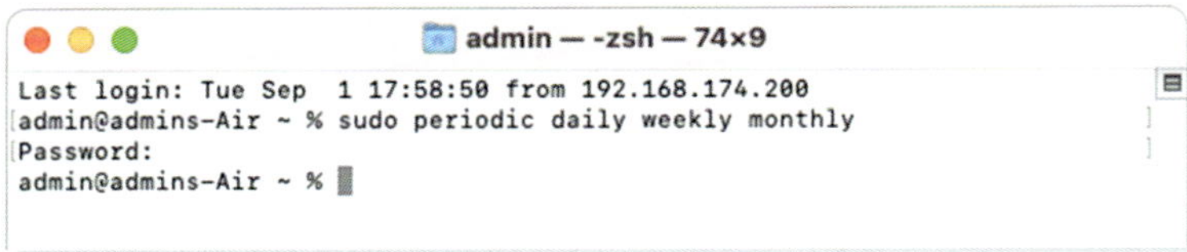

Durch die Eingabe eines Befehles werden die wichtigsten Routine-Aufgaben des UNIX-Systems automatisch abgearbeitet.

Anmeldeobjekte

Vielleicht haben Sie während einer Installation schon mal eine Mitteilungen erhalten, dass Anmeldeobjekte hinzugefügt wurden.

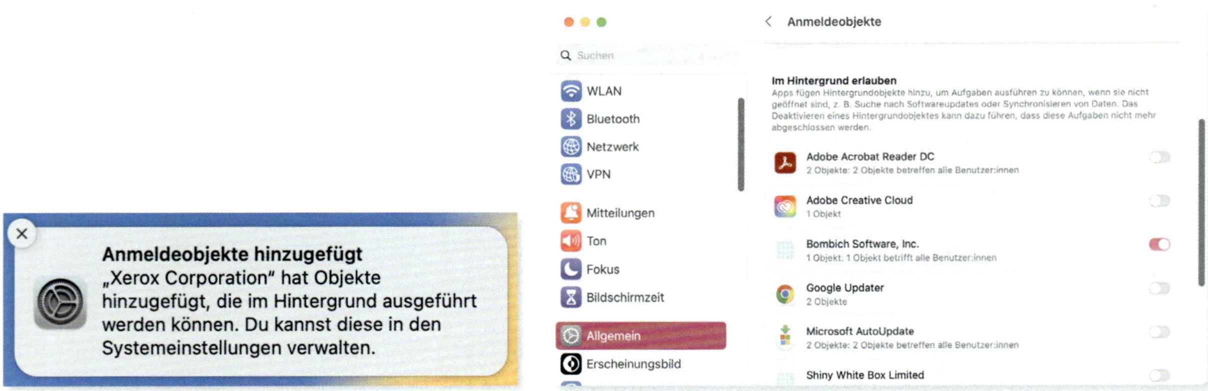

Diverse Softwareinstallationen platzieren „Anmeldeobjekte" in die „Systemeinstellungen –> Allgemein –> Anmeldeobjekte –> Im Hintergrund erlauben".

Problematisch hierbei ist allerdings, dass diese Objekte meist erhalten bleiben, auch wenn die Software wieder deinstalliert wurde. Prüfen Sie also ab und an diese Anmeldeobjekte und schalten diejenigen aus, die Sie nicht m mehr benötigen. Löschen müssen diese Dateien aber manuell in den Ordnern *LaunchAgents* und *LaunchDaemons* in Ihrem Home-Verzeichnis bei *Library* bzw. im übergeordneten Library Ordner auf der Macintosh HD.

Anhang

Neuinstallation des Betriebssystems

Um das Betriebssystem komplett neu auf einem Rechner zu installieren, gibt es mehrere Wege:

1. Intel-Mac: Haben Sie El Capitan oder neuer auf Ihrem Computer installiert, können Sie beim Booten über die *alt*-Taste den Bootmanager hervorholen, um von der Recovery HD (Lion) bzw. Wiederherstellen (ab Mountain Lion) zu starten. Alternativ dazu halten Sie die Tastenkombination *cmd* + *alt* + *R* beim Rechnerstart gedrückt. Das bringt Sie ebenfalls zur Wiederherstellen-Partition. Diese enthält das *Festplattendienstprogramm*, mit dem Sie Datenträger formatieren können, um anschließend macOS darauf neu zu installieren. Wenn Sie einen Mac mit Apple Silicon besitzen, dann ist die Vorgehensweeise im Kapitel 13 zu finden.

Recovery HD bzw. Wiederherstellen enthält das Festplattendienstprogramm.

2. Sie besitzen einen externen bootfähigen Datenträger für Ihren Mac. Auf diesen haben Sie nun das macOS-Installationsprogramm nach dem Download aus dem App Store übertragen. Starten Sie von dem externen Datenträger und verwenden Sie dort das *Festplattendienstprogramm*, um die interne HD zu formatieren und anschließend die Installation neu zu starten.
3. Zudem können Sie ein startfähiges Installationsprogramm z. B. auf einem USB-Stick erstellen. Sie könnten aber auch eine externe Festplatte oder eine SD-Karte nutzen. Die Anleitung hierfür finden Sie im Internet: *https://support.apple.com/de-de/HT201372.*

> **!** Damit ein Datenträger auf dem Mac bootfähig ist, muss er mit dem Schema GUID formatiert sein. Wie das funktioniert, können Sie in Kapitel 9 ab Seite 404, wenn die Funktionen des **Festplattendienstprogramms** beschrieben werden, nachlesen.

> **!** Es stellt sich allerdings generell die Frage, ob eine Neuinstallation bei einem bestehenden System sinnvoll ist. Denn das Updaten von früheren Versionen ist absolut unkompliziert. Dabei werden die Ordner **System** und **Library** ausgetauscht und so erhalten Sie ein absolut neuwertiges macOS-System. Auch das erneute Einspielen der Programme und Benutzerdaten wird durch ein Update hinfällig.

Haben Sie nun macOS frisch auf einem Datenträger installiert, können Sie mittels des *Migrationsassistenten* (*Programme –> Dienstprogramme*) Daten (Userdaten und Programme) von einem Time-Machine-Backup einspielen.

Der Migrationsassistent kann von einem anderen System (Mac, PC, Time-Machine-Backup) die Daten übernehmen.

Migrationsassistent

Migrationsassistent in Verbindung mit einem anderen Mac

Angenommen, Sie haben einen anderen Mac, auf dem noch ein älteres Betriebssystem läuft. Starten Sie dort im Ordner *Dienstprogramme* das Programm *Migrationsassistent* und wählen Sie im Fenster die Eigenschaft *Auf einen anderen Mac* aus. Klicken Sie dann auf *Fortfahren*.

Der Migrationsassistent ist bei beiden Rechnern gestartet. Am entfernten Mac-Rechner ist „Auf einen anderen Mac“ zu aktivieren.

Dann meldet sich der andere Mac und stellt seine Daten dem neu installierten Rechner zur Verfügung. Dabei werden alle Informationen aufgelistet, die über den Migrationsassistenten übertragen werden können. Sie sehen auf dem Bildschirmfoto der vorherigen Seite rechts unten, dass sowohl sämtliche Benutzerkonten als auch Programme und Einstellungsinformationen übertragen werden können. Befinden sich zusätzlich weitere Dateien und Ordner auf Ihrem ursprünglichen Rechner, können auch diese übernommen werden.

Migrationsassistent in Verbindung mit einem Windows-PC

Um die Daten von einem Windows-Rechner auf den Mac zu übernehmen, müssen Sie dort erst das Programm *Migrationsassistent* installieren. Sie finden dieses im Internet auf der Apple-Seite (*https://support.apple.com/de-de/HT204087*). Starten Sie das Programm, um die Verbindung mit dem Mac aufzunehmen.

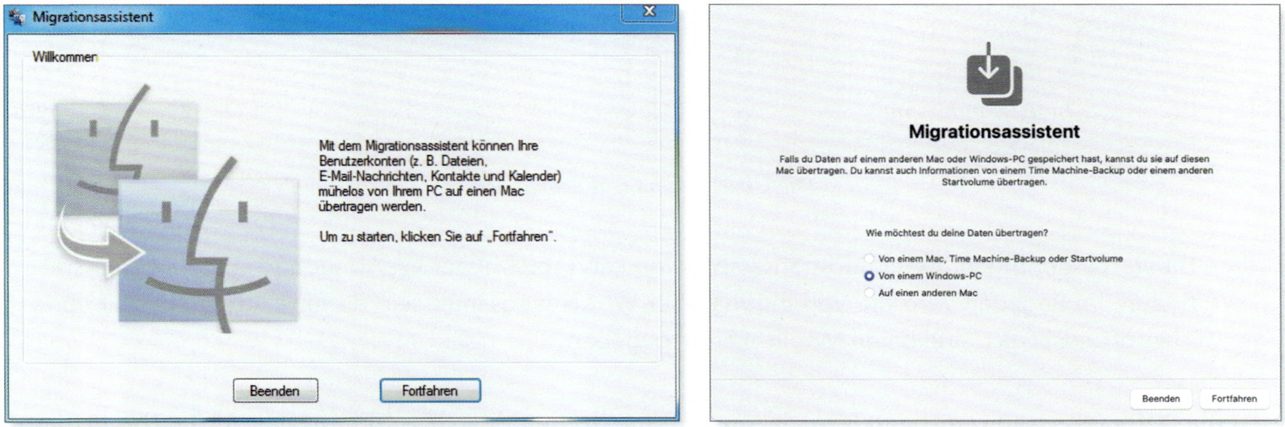

Der Migrationsassistent unter Windows wird gestartet, und der Mac sucht ebenfalls den Kontakt.

Klicken Sie auf *Fortfahren*, um den Windows-Rechner für die Datenübertragung bereit zu machen. Im nächsten Fenster meldet sich der Migrationsassistent unter Windows und wartet darauf, dass der Mac das Programm *Migrationsassistent* aufruft.

Sind diese vorbereitenden Tätigkeiten auf beiden Systemen erledigt, werden Sie auf dem Mac als neue *Quelle* den Windows-PC erkennen. Klicken Sie nun auf *Fortfahren* und es wird auf beiden Bildschirmen ein Code angezeigt, den Sie auf Ihrem Windows-Rechner bestätigen müssen. Damit ist gewährleistet, dass beide Rechner eine Verbindung aufgebaut haben.

Klicken Sie sodann auf Ihrem Windows-PC auf *Fortfahren*. Und nun funktioniert es ähnlich wie beim Mac: Ihr Windows-PC stellt seine Ressourcen zur Verfügung und Sie können entscheiden, welche Daten von Ihrem Windows-System auf den Mac übertragen werden sollen. Genauso wie beim Mac können die jeweiligen Benutzerkonten und auch andere Daten auf der Festplatte des Windows-PCs auf den Mac übernommen werden. Das Übertragen von Programmen ist hier nicht möglich.

Wählen Sie, wie schon vorhin beim Mac gezeigt, die Daten aus, die Sie übertragen möchten. Klicken Sie dann am Mac auf *Übertragen*, um die Daten des PCs auf den Mac zu kopieren. Sie sehen sowohl auf dem Windows- als auch auf dem Mac-System, welche Daten aktuell übertragen werden.

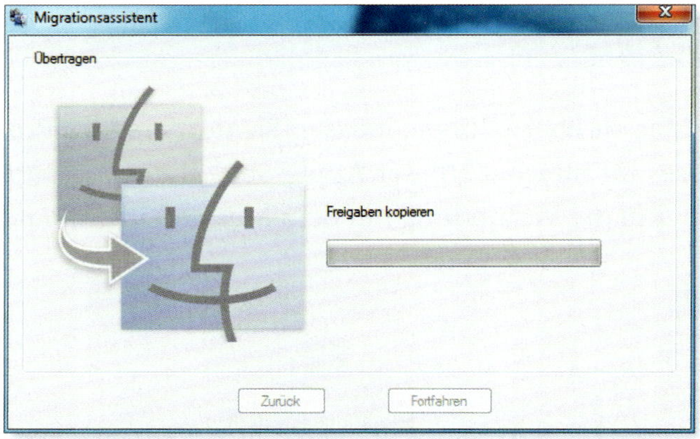

Die Übertragung war erfolgreich.

! Die Verbindung über den Migrationsassistenten kann sowohl per WLAN als auch per Ethernet stattfinden. Im Regelfall wird die Verbindung über WLAN langsamer sein als eine Ethernetverbindung. Aber grundsätzlich sind beide Möglichkeiten gegeben.

Ist die Datenübertragung abgeschlossen, meldet sich Ihr Windows-Rechner und bestätigt Ihnen dieses. Sie können nun am Mac über *Fortfahren* in der Konfiguration weitergehen.

Migrationsassistent in Verbindung mit Time Machine

Kommen wir zu einer weiteren Möglichkeit, wie Sie Daten auf Ihren neuen Mac übertragen können. Diese Funktion heißt *Time Machine*. Wenn Sie bereits mit einem Mac gearbeitet haben, können Sie die Daten vom vorherigen auf das neue System übertragen, oder aber Sie verwenden hierzu eine Time-Machine-Sicherungskopie, die Sie zuvor angefertigt haben.

Wählen Sie hier den entsprechenden Eintrag an, um danach den Time-Machine-Datenträger auszuwählen, den Sie natürlich mit Ihrem Rechner verbunden haben.

Hatten Sie bisher Time Capsule oder ein anderes WLAN-Time-Machine-Laufwerk im Einsatz, können Sie nun ebenfalls auf deren Backups zugreifen. Nach Eingabe der Kennwörter stehen die dort abgelegten Time-Machine-Backups zur Verfügung.

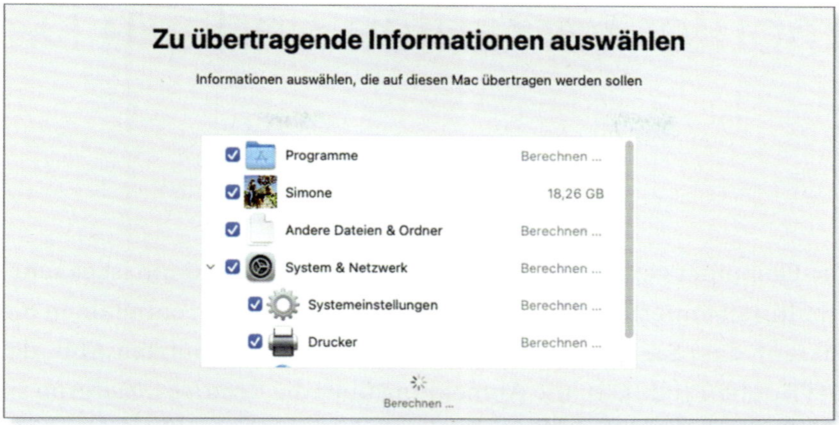

Ihre Daten können nun übertragen werden.

Und ähnlich wie vorhin können Sie nun definieren, welche Arten von Informationen vom Backup auf Ihren neuen Rechner übertragen werden. Sie können zwischen Benutzerdaten, Programminformationen und allgemeinen Einstellungen sowie weiteren Daten entscheiden. Wählen Sie also die entsprechenden Eigenschaften an und quittieren Sie Ihre Auswahl mit *Übertragen*. Sie übernehmen damit die Daten aus einem Time-Machine-Backup in Ihr neu installiertes Betriebssystem.

Fazit zum Migrationsassistenten

Wenn Sie bereits einen Mac im Einsatz hatten, ist der *Migrationsassistent*, der Daten vom bisherigen Mac auf Ihr neues Betriebssystem überträgt, eine perfekte Geschichte. Alle Einstellungen, die Sie an Ihrem System vorgenommen haben, werden exakt auf das neue System übernommen, seien es E-Mail-Einstellungen, Dateien innerhalb Ihres Benutzerordners oder das Aussehen des Docks etc. Wenn Sie Daten von einem Windows-Betriebssystem übernehmen, kennt auch dieses die Eigenschaft der Benutzerordner und der dortigen Unterordner. Selbst das Windows-System kennt z. B. einen Schreibtisch. Und die dort abgelegten Dateien werden auf den Mac-Schreibtisch übertragen. Haben Sie unter Windows bereits mit iTunes gearbeitet und einen Musik-Ordner verwendet, wird dieser ebenfalls auf den Mac übernommen. Der Migrationsassistent ist also eine sehr elegante Möglichkeit, Daten von einem bestehenden auf ein neues System zu übernehmen.

! Haben Sie von einem anderen Mac migriert, könnte es nach der Datenübertragung noch sinnvoll sein, in den **Systemeinstellungen –> Freigaben** den Gerätenamen des Computers anzupassen bzw. unter **Netzwerk** die IP-Adresse zu ändern, um nicht mit dem vorherigen Mac in Kollision zu geraten.

Mac-Computer verkaufen und alle Daten löschen

Wenn Sie einen Mac-Computer verkaufen oder weitergeben möchten, dann ist es sehr ratsam, alle Daten vom Rechner nachhaltig zu entfernen. Wie Sie exakt vorgehen sollten, entnehmen Sie dieser Liste:

1. Achten Sie darauf, dass Sie sämtliche Softwarelizenzen von genutzten Apps deaktiviert haben. So ist z. B. bei Adobe-Produkten die Abmeldung über die *Creative Cloud*-App sinnvoll.
2. Haben Sie ein Backup aller Daten Ihres Rechners in Form eines Time Machine-Backups? Das ist notwendig, um einen neuen Mac wieder mit Ihren Dingen zu bestücken.
3. Melden Sie Ihre Apple-ID vom System ab *(Systemeinstellungen –> Apple-ID –> Übersicht –> Abmelden).*
4. Starten Sie den Rechner über den Wiederherstellungsmodus (siehe Kapitel 13) und verwenden das *Festplattendienstprogramm*. Damit können Sie den internen Datenträger komplett löschen.

Alternativ dazu können Sie den Löschassistenten von macOS verwenden. Diese starten Sie über die *Systemeinstellungen –> Allgemein –> Übertragen oder Zurücksetzen.*

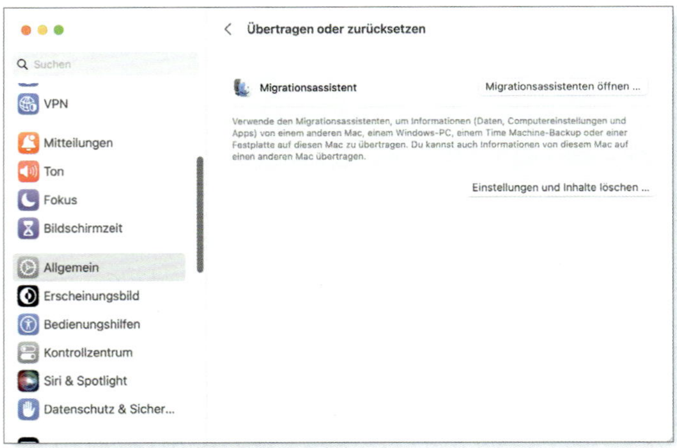

Der Löschassistent löscht Ihre Daten vom Mac und bittet Sie vorher ebenfalls um ein Time Machine-Backup.

Index

A

B

D

E

F

G

H

I

K

L

M

N